Wissenschaftliche Untersuchungen
zum Neuen Testament

Begründet von Joachim Jeremias und Otto Michel
Herausgegeben von
Martin Hengel und Otfried Hofius

35

Der Alte Bund
im Neuen

Exegetische Studien zur Israelfrage
im Neuen Testament

von

Erich Gräßer

J. C. B. Mohr (Paul Siebeck) Tübingen 1985

CIP-Kurztitelaufnahme der Deutschen Bibliothek

Grässer, Erich:
Der Alte Bund im Neuen: exeget. Studien zur
Israelfrage im Neuen Testament / von Erich Grässer. –
Tübingen: Mohr, 1985.
  (Wissenschaftliche Untersuchungen zum
  Neuen Testament; 35)
  ISBN 3-16-144938-X kart.
  ISBN 3-16-144939-8 geb.
  ISSN 0512-1604
NE: GT

Printed in Germany. Satz und Druck von Gulde-Druck GmbH in Tübingen. Bindung von Heinrich Koch in Tübingen.

Helmut Merklein

Dem Freund und Weggefährten
in Bonn und in Jerusalem

Inhaltsverzeichnis

Vorwort

Als Martin Hengel diesen Aufsatzband anregte und mir dafür die von ihm und Otfried Hofius herausgegebene Reihe „Wissenschaftliche Untersuchungen zum Neuen Testament" anbot, zögerte ich nicht lange. Ich konnte mich Hengels Argument nicht verschließen, daß die im Zusammenhang mit dem christlich-jüdischen Dialog innerhalb der evangelischen Theologie in Deutschland aufgebrochene Diskussion unbedingt weitergeführt werden sollte, weil die Unsicherheit bei Studenten und Pfarrern immer größer wird.

Um dem Wunsch nach Weiterführung der Diskussion in etwa zu entsprechen, habe ich dieser Aufsatzsammlung eine bisher unveröffentlichte Studie vorangestellt, die dem Band den Titel gibt: *Der Alte Bund im Neuen.* Diese Studie geht auf eine Vorlesung zurück, die ich auf Einladung der Theologischen Fakultät der Dormition Abbey in Jerusalem während des Studienjahres 1979/80 unter dem Thema „Bund im Neuen Testament" halten konnte. Sie wurde für den Druck von Grund auf überarbeitet und um die in den Anmerkungen geführte Diskussion erweitert. Gleichwohl habe ich den Vorlesungscharakter weitgehend beibehalten. Das erklärt die vielen Zitate sowie die gelegentliche Darstellung solcher Sachverhalte, die dem Fachmann keineswegs neu sind.

Bei den anderen Aufsätzen handelt es sich um bereits früher veröffentlichte Arbeiten. Sie sind chronologisch geordnet und greifen entweder vom Thema her direkt in den christlich-jüdischen Dialog ein oder sie tun es indirekt dadurch, daß sie solche Sachverhalte thematisieren, die das *Neue* des neutestamentlichen Heilsverständnisses betreffen. Einige Aufsätze wurden durch Literaturnachträge ergänzt.

Mir ist viel Hilfe zuteil geworden. Vor allen anderen gilt mein Dank Martin Hengel. Er hat nicht nur die Anregung zu diesem Band gegeben, sondern auch das Manuskript der Jerusalemer Vorlesung Seite für Seite kritisch durchgearbeitet. Die sich daraus entwickelnde Korrespondenz war mir wertvoll und hat in nicht wenigen Fällen dazu geführt, daß ich meine exegetischen Urteile überprüfte, präzisierte und korrigierte. Daß trotz sachlichen Widerspruchs, der sich in einigen Fällen nicht ausräumen ließ, Martin Hengel die Arbeit schließlich doch akzeptierte, sei ihm besonders gedankt.

Weiteren Dank schulde ich Georg Siebeck und seinen Mitarbeitern für die solide Verlagsarbeit. Es tut einem Autor wohl, wenn ihm auch von Verlegerseite Aufgeschlossenheit und sachliches Interesse entgegengebracht werden.

Schließlich danke ich meinem Assistenten Martin Evang. Er hat in der ihm eigenen Gewissenhaftigkeit Korrektur gelesen, unterstützt von stud. theol. Josef Groß.

Die Widmung sei der Dank für eine Freundschaft, die mir im Menschlichen und Theologischen viel bedeutet. Die mit Helmut Merklein zusammen abgehaltenen Bonner Oberseminare sind inzwischen Tradition geworden, ebenso die stets gleichzeitig wahrgenommenen Lehraufträge in Jerusalem mit den dort und auf dem Sinai gemeinsam gestalteten Gottesdiensten.

Bonn, im Februar 1985   Erich Gräßer

Der Alte Bund im Neuen

Eine exegetische Vorlesung

Inhalt

I. *Der Alte Bund im Neuen Testament – etymologisch gesehen*

Literatur: J. BEHM/G. QUELL, Art. διατίθημι, διαθήϰη: ThWNT II (105–137) 105–109.127–131. – W. BERNSDORF (Hg.), Wörterbuch der Soziologie. Stuttgart 1969. – O. DAVIDSEN, Bund. Ein religionssemiotischer Beitrag zur Definition der alttestamentlichen Bundesstruktur: Ling Bibl 48, 1980, 49–96. – K. A. KITCHEN, Egypt, Ugarit, Qatna and Covenant: UF 11, 1979, 453–464. – E. KUTSCH, Neues Testament, Neuer Bund? Eine Fehlübersetzung wird korrigiert. Neukirchen-Vluyn 1978, 49–87. – F. O. NORTON, A Lexicographical and Historical Study of διαθήϰη from the Earliest Times to the End of the Classical Period (HSLNT II 1,6) 1908. – G. OESTREICH, Die Idee des religiösen Bundes und die Lehre vom Staatsvertrag, in: Geschichte und

Problematik der Demokratie. Festgabe für Hans Herzfeld. Berlin 1958, 11. – M. WEINFELD, Covenant Terminology in the Ancient Near East and its Influence on the West: JAOS 93, 1973, 190–199.

Die in unserer deutschen Sprache gebräuchlichen Wörter „Testament" und „Bund" haben etymologisch überhaupt nichts miteinander zu tun. „Bund", mittelhochdeutsch „bunt" = „Fessel", „Bündnis" ist Bildung zu dem gemeingermanischen Wort „binden" mit der Grundbedeutung „Bindendes" oder „Gebundenes" im wörtlichen wie im übertragenen Sinne[1]. „Bund" ist primär eine soziologische Kategorie. Wichtigste Merkmale eines Bundes unter soziologischem Gesichtspunkt sind „die gemeinsame ideologische Orientierung der Bundesmitglieder, ihre personale Intimbeziehung (face-to-face relation), die mehr oder weniger weitgehende Abschließung gegen Nichtmitglieder und die unabdingbare Unterordnung unter die Führungsinstanzen des Bundes"[2].

„Testament" dagegen kommt vom Lateinischen *testamentum* = „der letzte Wille", von *testari*, etwas bezeugen, Zeuge von etwas sein, etwas bekunden, an den Tag legen, versichern. *Testamentum* ist primär eine juristische Kategorie. *Testamentum facere* bzw. *conscribere* meint das Rechtsgeschäft des Erblassers, mit dem er das rechtliche Schicksal des Nachlasses bestimmt *(aliquid testamento cavere)*, also eine letztwillige Verfügung, eine einseitige Verfügung von Todes wegen[3]. Es gab zu allen Zeiten und es gibt Klauseln, wonach ein abgefaßtes Testament zu Lebzeiten des Testators verändert werden kann. Mit seinem Ableben ist das Testament jedoch rechtsgültig und unabänderbar. „Niemand setzt das rechtsgültig festgelegte Testament *(κεκυρωμένη διαθήκη)* außer Kraft oder versieht es mit einem Zusatz" (Gal 3,15). Das gilt sowohl für das jüdische wie für das hellenistische Rechtsdenken[4]. Wie kommt es dann aber, daß wir die beiden Wörter „Testament" und „Bund", die von Hause aus nichts miteinander zu tun haben, theologisch dennoch promiscue gebrauchen? Nur die Übersetzungsgeschichte gibt auf diese Frage eine Antwort.

Das erste, worauf es in diesem Zusammenhang zu achten gilt, ist die Tatsache, daß die lateinischen Wörter *testamentum/testari* inhaltlich den

---

[1] MEL 5, 65; vgl. E. WASSERZIEHER, Woher? Ableitendes Wörterbuch der deutschen Sprache. Berlin [13]1952, 138.

[2] MEL 5, 65.

[3] MEL 23, 353; vgl. K. E. GEORGES, Kleines deutsch-lateinisches Handwörterbuch. Deutsch-lateinischer Theil. Gotha [4]1880, 2476f.

[4] Für das hellenistische Recht vgl. O. EGER, Rechtswörter und Rechtsbilder in den paulinischen Briefen: ZNW 18, 1917/18, 84–108. Für das jüdische Rechtsdenken vgl. E. BAMMEL, Gottes *ΔΙΑΘΗΚΗ* (Gal III. 15–17) und das jüdische Rechtsdenken: NTS 6, 1959/60, 313–319. – Zur Diskussion s. E. KUTSCH, Neues Testament 136–142.

griechischen Wörtern διαθήκη/διατίθεμαι entsprechen. Und zwar kommt allein die mediale Form des Verbs in ihren mannigfachen Bedeutungen in
Frage, nicht jedoch das Activum διατίθημι = „auseinanderlegen", „hier- und
dorthin stellen", „verteilen", „einrichten", „bestimmen", „verfügen", „in
einen Zustand versetzen", „behandeln" (lateinisch: dispono)[5]. Von den viel-
fachen Bedeutungen, die das Medium διατίθεμαι hat, kommen vor allen
Dingen folgende in Betracht: „nach freiem Belieben verfügen über", z. B.
über Menschen (Xenoph Cyrop V 2,7) und Sachen (Xenoph Mem I 6,13),
dann auch „Anordnungen, Bestimmungen treffen". Für uns wichtig ist
jedoch vor allem die seit Plato belegte Bedeutung, die διατίθεμαι als ein
terminus technicus des Privatrechtes hat: „letztwillig, von Todes wegen
verfügen, testamentarisch bestimmen, vermachen"[6]. Klassischen Ausdruck
findet dieser juristische Sachverhalt innerhalb des NT in Hebr 9,16f.: „Wo
ein Testament (διαθήκη, Vulg.: testamentum) vorliegt, muß der Tod des
Erblassers (διαθέμενος, Vulg.: testator) nachgewiesen werden; denn ein Testament wird erst im Todesfall rechtskräftig und gilt nicht, solange der
Erblasser noch lebt." Vgl. auch Gal 3,15.

Als termini technici der Rechtssprache treffen sich also hinsichtlich der
Wortbedeutung lateinisches testamentum mit griechischem διαθήκη, letzteres erstmals bei Aristophanes, Aves 440 und auf privatrechtlichen Papyri
belegt[7]. Danach ist auch mit διαθήκη eine unumstößliche, von niemandem
rückgängig zu machende Bestimmung gemeint. Voraussetzung ihrer Rechts-
wirksamkeit ist der Tod des Verfügenden. Die einseitige Rechtssetzung des
Testators und die Rechtsverbindlichkeit seines Testaments, das von niemandem ungültig gemacht oder verändert werden darf, stehen dabei ganz deutlich im Vordergrund.

In der griechischsprachigen Umwelt des NT kann διαθήκη aber auch
literarische Bezeichnung des Philosophentestamentes sein, des geistigen Ver-
mächtnisses eines Weisen also (Menipp: Diog L VI 101; Apollonius: Philostr
Vit App VII 35). „Letzte Anordnungen, Lehren und Mahnungen eines
solchen Mannes haben höchste verpflichtende Kraft."[8] Die Testamente der
zwölf Patriarchen gehören hierher, aber in gewisser Weise auch die Ab-
schiedsreden Jesu Joh 14–17[8a].

---

[5] J. BEHM, ThWNT II 105, 6ff.

[6] Zu den Belegen aus der klassischen Gräzität vgl. J. BEHM, ThWNT II 105.

[7] E. KUTSCH, Neues Testament 51.53 (mit weiteren Belegen). Zum folgenden vgl. bes. J.
BEHM, ThWNT II 127ff.

[8] J. BEHM, ThWNT II 127, 21ff.

[8a] Den Begriff Diatheke haben die TestXII freilich nur in der Überschrift (als t.t. für
Abschiedsrede), die joh Schriften gar nicht. Vgl. J. BECKER, Die Testamente der zwölf Patriarchen (JSHRZ III/1) ²1980, 32.

In der allgemeinen Bedeutung „Anordnung, Verfügung" erstarrt das Wort διαθήκη im außerneutestamentlichen Sprachbereich schließlich zur engeren juristischen Bedeutung von „Testamentsverfügung". Auch das rabbinische Judentum hatte Wort und Begriff διαθήκη in seine Rechtssprache übernommen[9].

Blicken wir von hier aus auf die Septuaginta, so stellen wir fest, daß sie das Nomen διαθήκη in der überwiegenden Mehrzahl, genauer gesagt: in 260 von 287 Fällen, als Entsprechung des hebräischen *berît* gebraucht. Nur in vereinzelten Fällen setzt sie es auch für andere hebräische Wörter ein: für *ʼaḥᵃwāh* „Bruderschaft" (Sach 11,14); *ʿedut* „Bezeugung" = Verpflichtung (Ex 27,21; 31,7; 39,35; Jos 4,16); *tôrāh* „Gesetz" (Dan 9,13); *dābār* „Wort" (Dtn 9,5); *kātûb* „Geschriebenes" (2Chr 25,4). Das heißt: Die Septuaginta sieht den Sinngehalt von *berît* im Wesentlichen durch διαθήκη umschrieben. Auch wenn sie an einigen Stellen an einen Bund oder Rechtsvertrag denkt (z.B. Gen 21,27.32), so ist doch ganz eindeutig nicht der Vertragsabschluß zwischen zwei Partnern der Leitgedanke, sondern die Idee der einseitigen Verfügung oder autoritativen, eine Ordnung setzenden Anordnung. So z.B. Num 25,12f.: „Siehe, ich gebe ihm eine Verfügung, die ihm Heil bringt." So wird διαθήκη vor allem zur Bezeichnung für die göttliche Willenskundgebung am Sinai – *die* Gottesverfügung oder Gottesordnung des Alten Testamentes (Ex 34,27; Dtn 4,13; 5,2ff.) – und für deren urkundliche Niederschrift auf den zwei Steintafeln (Dtn 9,9ff.; Ex 31,18), die in der κιβωτὸς τῆς διαθήκης, der Bundeslade also aufbewahrt werden (Ex 31,7; 39,14 LXX; Dtn 31,25; Hebr 9,4; Apk 11,19). Der Gedanke der Verfügung Gottes ist der beherrschende[10].

Die alttestamentlichen Apokryphen und Pseudepigraphen, Philo und das rabbinische Judentum variieren den Befund der Septuaginta kaum. Διαθήκη als autoritative Willenskundgebung, als Verfügung betont besonders die Qumrangemeinde. Ihre Glieder führen ihr streng gesetzesgemäßes Leben nach den Satzungen des Bundes, „in ihnen zu wandeln in der ganzen Zeit des Frevels, und außer diesen sollen sie nichts sinnen, bis dann auftritt der Lehrer der Gerechtigkeit am Ende der Tage" (CD 6,10f.). Hier zeigt sich, daß die Idee des Neuen Bundes aus Jer 31,31ff. im Judentum mit messianischen Erwartungen verknüpft worden ist.

Wenn Philo von einem „Vertrag" oder „Bund" spricht, wählt er immer den Begriff συνθήκη (Congr 78; LegGai 37). Dagegen hebt er mit dem ihm von der Septuaginta vorgegebenen religiösen Begriff διαθήκη θεοῦ (Det 68;

---

[9] BILL III 545ff.

[10] J. SCHARBERT, Bᵉrît im Pentateuch, in: De la Tôrah au Messie. Mélanges H. Cazelles. Paris 1981, 163–170.

Som II 224) aufs schärfste „das Moment der absoluten Einseitigkeit der Willensäußerung des gnädigen Gottes" hervor[11].

Schließlich ist auf das rabbinische Judentum zu verweisen. Es hält die gesetzliche Seite der *bᵉrît*-Vorstellungen fest. Grundsatz ist: „Es gibt keine *bᵉrît* außer dem Gesetze" (MEx 12,6). Die Vielzahl der Bündnisse im AT mit Noah, Abraham etc. werden reflektiert. Meist aber versteht man unter *bᵉrît* prägnant die *Beschneidung*, und zwar aufgrund von Gen 17,10: „Das ist meine *bᵉrît* . . . zwischen mir und euch . . ., daß bei euch alles Männliche beschnitten sein soll." Insofern wird der Begriff „Söhne der Beschneidung" zur Kennzeichnung der Israeliten. Wenn wir die paulinischen Stellen behandeln, werden wir uns daran zu erinnern haben.

Ehe wir zu unserer Übersetzungsgeschichte zurückkehren, halten wir also zum Sprachgebrauch von διαθήκη in der griechischen Umwelt der Urchristenheit fest: das Wort hat hier natürlich auch die profane Bedeutung von menschlichem Testament. Überwiegend aber ist die religiöse: Gott als absoluter Souverän verfügt seinen Willen. Διαθήκη muß deshalb klar unterschieden werden von συνθήκη = „Übereinkunft", „Verabredung", „Vertrag", dem die Vorstellung gemeinsamen Handelns mit wechselseitiger Verpflichtung zweier Partner zugrunde liegt. Die Septuaginta übersetzt daher auch nur ein einziges Mal – IV Βασ 17,15 A – *bᵉrît* mit συνθήκη. Das NT hat den Begriff gar nicht.

Doch nun zurück zu unserer Übersetzungsgeschichte, die uns allein erklären kann, warum in der kirchlichen Tradition „Bund" und „Testament" in gleicher Bedeutung nebeneinander stehen. Die Vetus Latina, die altlateinische Übersetzung der Septuaginta also, hat das dort vorgefundene Wort διαθήκη korrekt wiedergegeben, indem sie dafür *testamentum* eingesetzt hat. Hieronymus jedoch (347–420) gab *bᵉrît* mit *foedus* oder *pactum* wieder und

---

[11] J. BEHM, ThWNT II 131. – Für Philo ist der Begriff „unzentral" (H. BRAUN, An die Hebräer [HNT 14] 1984, 217: „öfter in atlichen Zitaten, nie mit καινή"), für Qumran dagegen ist er wichtig. Vgl. H. BRAUN, Qumran und das Neue Testament I 1966, 211f.261f.; K. G. KUHN, Konkordanz zu den Qumranschriften, 1960, 36f. notiert rund 140 Belege für bᵉrît. „Neuer Bund" freilich beschränkt sich fast nur auf CD (Ausnahme: 1QpHab 2,3). Vgl. H. BARUN, aaO. 212. – Auffällig ist das starke Zurücktreten des Begriffes Diatheke in der hell.-jüd. Literatur (M. HENGEL, Judentum und Hellenismus. Studien zu ihrer Begegnung unter besonderer Berücksichtigung Palästinas bis zur Mitte des 2. Jh.s v. Chr. [WUNT 10] ²1973, Register s. v. „Bund"). Ganz erstaunlich ist, daß Josephus, „der größte Apologet des Judentums" (M. HENGEL, brieflich), die theol. Bedeutung des Begriffes Diatheke überhaupt nicht kennt. Natürlich drückt sich in diesem „Bundesschweigen" keine Opposition gegen das atl. Judentum aus. Vielmehr mag es seine Gründe darin haben, „daß der Begriff Diatheke im Sinn von ‚Testament', Verfügung als letzter Wille, in seiner heilsgeschichtlichen Bedeutung für den Griechen und Römer schwer verständlich war, sie konnten wenig damit anfangen. Hier spielt die auf die Schöpfung bezogene Argumentation bzw. die Hervorhebung Moses als Gesetzgeber eine viel größere Rolle" (M. HENGEL, brieflich).

hat damit an die jüngeren griechischen Übersetzungen des Symmachus und vor allem des Aquila angeknüpft, die für *bᵉrît* in erster Linie (wenn auch wohl nicht durchgehend) *ovvθήκη* gesetzt haben[12]. Hieronymus ist also der Mann, der der abendländisch-christlichen Theologie das Verständnis des hebräischen Wortes *bᵉrît* in der autoritativen Übersetzung mit „Bund" vermittelt hat. Schematisch dargestellt sieht das folgendermaßen aus:

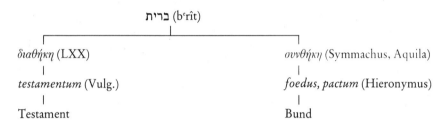

Mit Ernst Kutsch gesagt bedeutet das: „Die in der Bezeichnung der beiden Teile der Bibel nebeneinanderstehenden termini ‚Testament' und ‚Bund' gehen also auf zwei unterschiedliche Übersetzungstraditionen zurück. Beide haben ihren Ausgangspunkt bei dem hebräischen Wort *bᵉrît;* die eine führt über griech. *διαθήκη* zu lat. testamentum und deutsch ‚Testament', die andere über griech. *ovvθήκη* zu lat. foedus/pactum und deutsch ‚Bund'."[13]

Damit stehen wir vor dem Problem, welche der beiden Übersetzungstraditionen den Aussagegehalt von hebräisch *bᵉrît* richtig bewahrt hat. Terminologisch hat sich das NT, und zwar veranlaßt durch die Septuaginta, jenen griechischen Übersetzern des Alten Testamentes angeschlossen, die der Meinung waren, den Bedeutungsgehalt von *bᵉrît* am adäquatesten mit dem terminus *διαθήκη* wiedergeben zu können. Das erscheint in der Tat als überraschend angesichts des Sachverhaltes, daß in der Umwelt der Übersetzer *διαθήκη* im Sinne von „Testament", „letztwillige Verfügung", die mit dem Tod des Testators in Kraft tritt, verwendet wurde. „Diesen Sinn hat das hebr. *bᵉrît* nie und nirgends gehabt, weder im Alten Testament noch in irgendeinem anderen hebräischen Text."[14] Wie aber konnte ein Wort *dieser* Bedeutung gleichwohl als Äquivalent für *bᵉrît* verwendet werden?

Zur Erklärung dieses Vorganges macht sich Ernst Kutsch m.R. die Beobachtung zunutze, daß in dem Begriff „Testament" (*διαθήκη*) ja zwei Momente vereinigt sind, nämlich einmal die eigentliche Grundbedeutung „Anordnung", „Verfügung" *(dispositio),* also das Moment der einseitigen Setzung,

---

[12] M. WEINFELD, ThWAT I 785; E. KUTSCH, Neues Testament 1.
[13] E. KUTSCH, Neues Testament 1f.
[14] Ebd. 58.

bei dem der Testator allein bestimmt, was in einer gewissen Angelegenheit geschehen soll. Sodann enthält der Begriff das Moment des Letztwilligen, also das, was der Testator für den Fall seines Todes als seine letzte Entscheidung festsetzt. Im klassischen wie im hellenistischen Griechisch wurde das Substantiv διαθήκη allein in dieser Bedeutung verwendet. Für die Übersetzer der Septuaginta jedoch dürfte für die Wiedergabe von bᵉrît durch διαθήκη ausschlaggebend gewesen sein, daß das erste der beiden oben genannten Momente der Grundbedeutung des hebräischen Wortes entsprach, nämlich das Moment der einseitigen Setzung, Bestimmung, Verfügung. Das zweite Moment, das Moment des Letztwilligen, trat für sie zurück. „Mit anderen Worten: διαθήκη wurde von den Übersetzern der Septuaginta in dem ursprünglichen Sinn des Wortes gebraucht."[15]

Ob die geläufige deutsche Übersetzung „Bund" diesen ursprünglichen Sinn verfehlt, wird kontrovers diskutiert. Schon Emil Kautzsch nannte sie „irreführend"[16], und Ernst Kutsch spricht von einer „Fehlübersetzung"[17]. Demgegenüber hält M. Weinfeld für „die wahrscheinlichste Erklärung" die Verbindung von bᵉrît mit akkadisch birītu = „Band", „Fessel". Seiner Meinung nach könnte diese Etymologie die seit langem vorgeschlagene Lesart in Ez 20,37 („Ich will euch in das Band des Bundes eintreten lassen") stützen. Der bᵉrît läge dann also die Vorstellung von einem bindenden Abkommen zugrunde, und die deutsche Übersetzung mit „Bund" wäre durchaus sachgemäß[18]. Nun, wenn es richtig ist, daß in den theologischen bᵉrît-Aussagen des AT mit den zunächst einseitigen Verpflichtungshandlungen eine zweiseitige Verbindlichkeit gesetzt wird, wie sie im Lehnsherr-Verhältnis vorgebildet ist[19], dann ist die Übersetzung mit „Bund" nicht nur möglich, sondern sie sollte festgehalten werden „und im geeigneten Fall durch differenzierende Komposita wie ‚Verheißungsbund', ‚Verpflichtungsbund' präzisiert werden."[20]

---

[15] Ebd. 58, vgl. auch 85–87.
[16] E. KAUTZSCH, Biblische Theologie des Alten Testaments. Tübingen 1911, 60.
[17] Im Untertitel seines Buches „Neues Testament".
[18] M. WEINFELD, ThWAT I 783.
[19] Ebd. 797.
[20] H. HEGERMANN, EWNT I 720. Den Bundesbegriff verteidigen gegen E. KUTSCH W. EICHRODT, Darf man heute noch von einem Gottesbund mit Israel reden?: ThZ 30, 1974, 193–206; C. WESTERMANN, Genesis 17 und die Bedeutung von bᵉrît: ThLZ 101, 1976, 161–170; J. SCHARBERT, „Bᵉrît" im Pentateuch, in: De la Tôrah au Messie. Mélanges H. Cazelles. Paris 1981, 163–170.

II. Das Vorkommen des Begriffes διαθήκη
im Neuen Testament

1. Der statistische Befund

Literatur: K. ALAND (Hrsg.), Vollständige Konkordanz zum griechischen Neuen Testament I,1 (ANTT IV/1/1) Berlin-New York 1983. II. Spezialübersichten (ANTT IV/2) Berlin-New York 1978. – J. BEHM, Der Begriff *ΔΙΑΘΗΚΗ* im Neuen Testament. Leipzig 1912. – E. KUTSCH, Neues Testament – Neuer Bund? – DERS., Art. Bund: TRE 7, 397–410 (Lit.!). – E. LOHMEYER, Diatheke. Ein Beitrag zur Erklärung des ntl. Begriffs (UNT 2) 1913. – R. MORGENTHALER, Statistik des neutestamentlichen Wortschatzes. Zürich-Frankfurt am Main 1958.

B⁽e⁾*rît* ist zwar nicht eines der häufigsten Wörter des Alten Testamentes (287 Belege), aber eines der charakteristischsten, und es ist zutreffend, daß die Gedanken, die es in sich faßt, „die gesamte Geschichte Israels" durchziehen[21]. Ganz anders verhält es sich mit dem neutestamentlichen Äquivalent διαθήκη. Es kommt relativ selten (33mal) im Neuen Testament vor und hat nur auf den Hebr prägend gewirkt. Als ein anderes Wort für dieselbe Sache steht „Eid" (ὅρκος) in Lk 1,73. Andere Synonyma fehlen[21a].

Aufschlußreich ist die Streuung des nur wenig gebrauchten Begriffes: 4mal Synoptiker, 2mal Apostelgeschichte, 8mal Paulus, 1mal Epheserbrief, 17mal Hebräerbrief und 1mal Johannes-Apokalypse. Nennenswert ist das Vorkommen (statistisch gesehen!) also nur im Hebräerbrief und bei Paulus. Schlüsselt man es noch weiter auf, so ergibt sich folgendes Bild: 1mal Matthäus (26,28), 1mal Markus (14,24), 2mal Lukas (1,72; 22,20), 2mal Apostelgeschichte (3,25; 7,8), 2mal Römerbrief (9,4; 11,27), 1mal 1.Korintherbrief (11,25), 2mal 2.Korintherbrief (3,6.14), 3mal Galaterbrief (3,15.17; 4,24), 1mal Epheserbrief (2,12), 17mal Hebräerbrief (7,22; 8,6.8.9[2×].10; 9,4[2×].15[2×].16.17.20; 10,16.29; 12,24; 13,20) und 1mal Johannes-Apokalypse (11,19). Das besagt: Mehr als die Hälfte aller Belege im Neuen Testament – 17 von 33 – entfallen auf den Hebr, davon das Gros, nämlich 14 Vorkommen, auf den zentralen christologischen Mittelteil 7,1–10,18. Bei Paulus ist das Vorkommen dünn über die wichtigsten seiner Briefe gestreut; nur Phil, 1Thess und Phlm melden Fehlanzeige.

Bemerkenswert ist sodann, daß fast die Hälfte des geringen Vorkommens

---

[21] E. LOHMEYER, Diatheke 41. Siehe auch J. M. SCHMIDT, Biblische Vorstellungen von „Bund" als Grundlage und Orientierung für das jüdisch-christliche Gespräch, in: „Wenn nicht jetzt, wann dann?" FS H.-J. Kraus. Neukirchen-Vluyn 1983, 153–168.

[21a] H. HEGERMANN, EWNT I 720 sieht in der göttlichen „*Zusage*" Hebr 8,6, die durch den göttlichen *Eid* zusätzlich unverbrüchlich gemacht sei (Hebr 6,13–17), einen „synonymen Begriff". Aber Hebr 8,6 stehen gar nicht zwei Synonyma einander gegenüber. Der „höhere Bund" (κρείττων διαθήκη) wird vielmehr durch die „höheren Verheißungen", durch die er „gesetzlich festgelegt" ist, genauer qualifiziert.

von διαθήκη im Neuen Testament auf Zitate aus dem Alten Testament entfällt. Fünf weitere Belege sind Anspielungen auf alttestamentliche Aussagen. Das verbleibende *eigenständige* Drittel aller Belege finden wir nur im Hebr und bei Paulus.

Auch das Verb διατίθεμαι = *anordnen, verfügen* kommt – jeweils in deutlichem Rückverweis auf das Alte Testament – insgesamt nur 7mal vor, und zwar 4mal im Hebr (8,10; 9,16.17; 10,16) und 3mal bei Lukas (22,29[2×]; Apg 3,25).

Diese Statistik besagt: Unter den 27 Schriften des neutestamentlichen Kanons zeigt allein der Hebräerbrief eine gewisse Prägung durch den Begriff διαθήκη und seine Inhalte. Im übrigen Neuen Testament kommt er hier und da und insgesamt – läßt man die Belege aus 2Kor und Gal einmal beiseite – eher beiläufig vor.

2. *Der sachliche Befund*

Das Ergebnis der Statistik wird nachhaltig unterstrichen, wenn man den Befund unter sachlichen Gesichtspunkten ordnet. Bei einer vorläufigen Grobsortierung des Wortfeldes διαθήκη ergibt sich der nicht weiter verwunderliche Tatbestand, daß die Masse der Belege – 31 von 33 – in der *theologischen* Tradition des atl. Zentralbegriffes *berît* steht, den die LXX-Übersetzer regelmäßig[22] mit διαθήκη wiedergeben. Nur an zwei Stellen (Gal 3,15; Hebr 9,16f.) hat διαθήκη die erbrechtliche Bedeutung „letztwillige Verfügung, Testament" und folgt damit dem profangriechischen Sprachgebrauch, der fast durchgehend διαθήκη nur als Rechtsterminus kennt[23].

Nimmt man den theologischen διαθήκη-Begriff des Neuen Testamentes unter sachlichen Gesichtspunkten näher in Augenschein, so springt vor allem die *Fehlanzeige* in breiten Teilen der neutestamentlichen Überlieferung in die Augen.

Am auffälligsten ist zweifellos – sieht man einmal vom Kelchwort in der Abendmahlsparadosis Mk 14,24parr; 1Kor 11,25 ab – das völlige Fehlen von διαθήκη in der *Verkündigung Jesu*. Nun ist das Phänomen als solches nicht neu. Über das sogenannte „Bundesschweigen" bei den Propheten des 8. Jahrhunderts vor Christus z.B. gibt es eine umfängliche Diskussion[24]. Und in den Apokryphen und Pseudepigraphen des Alten Testamentes ist

---

[22] Nach E. Kutsch, TRE 7, 397 „in 90% der Belege" („rund 260 von 287 hebr Belegen", 401).

[23] Belege bei J. Behm, Art. διαθήκη: ThWNT II 105ff. Doch siehe auch E. Bammel, Gottes *ΔΙΑΘΗΚΗ* (Gal III. 15–17) und das jüdische Rechtsdenken: NTS 6, 1959/60, 313–319.

[24] L. Perlitt, Bundestheologie im Alten Testament (WMANT 36) 1969, 129ff.

nicht gerade häufig vom „Bund" die Rede[25]. Auch in der Apokalyptik tritt
der Begriff zurück[26]. Solches Schweigen muß nicht immer ein bewußtes
Verschweigen und also eine Kritik der Bundestheologie bedeuten. Und so
wenig wie bei den Propheten des 8. Jahrhunderts vor Christus darf man bei
Jesus daraus eine Traditionsfreiheit im Geiste eines Individualitätskults fol-
gern[27]. Gleichwohl hat solches „Bundesschweigen" jeweils seine Gründe,
die wir im Blick auf die Verkündigung Jesu in unserem letzten Kapitel
sorgfältig zu bedenken haben werden.

Da wir unterscheiden gelernt haben zwischen der *ipsissima vox* bzw.
intentio Jesu und der Redaktion der Evangelisten, ist auch das „Bundesschweigen" im jeweiligen theologischen Entwurf der einzelnen synoptischen
Evangelien (und der Logienquelle) außerordentlich bedenkenswert. Und
zwar vor allem deswegen, weil dieselben vor dem Hintergrund einer geschichtlichen Entwicklung zu sehen sind, in der z. B. Kirche und Gesetz
(Matthäus) oder Kirche und Israel (lukanisches Doppelwerk) zunehmend als
Problem empfunden werden.

Die von H. Frankemölle vorgenommene sachliche Parallelisierung von Jahwe-
Bund und Christus-Kirche – die Struktur des atl. Bundesformulars soll angeblich
auch die Struktur des Evangelienschlusses bei Mt sein bzw. Mt soll vor allem am
Anfang und Ende seines Evangeliums der Christologie starke Züge der atl. Bundestheologie aufgeprägt haben – scheint mir künstlich zu sein[28]. Es mag richtig sein, daß
Mt bei seinem Bemühen, „das AT theologisch in die universal orientierte Kirche" zu
integrieren (VII), auf „Denkmodelle" (19) zurückgreift, die das chronistische und dt-
dtr Geschichtswerk ihm geliefert haben. Aber daß dazu *zentral* auch die *Bundes*theologie gehört haben soll, ist zu bezweifeln. Denn wenn es richtig ist (und ich denke, es
ist richtig), daß Mt an kontinuierlichen Geschichtsabläufen uninteressiert ist, daß es
ihm vielmehr darauf ankommt, „den geschichtlichen Wandel von Israel als Gottesvolk zur Kirche als Anwärterin der Basileia (13,43) von Jahwes Treue her und von der
Bedeutung Jesu für Israel und die Kirche her zu deuten" (XI), dann scheint mir der
Redaktor des MtEv nur konsequent zu sein, wenn er nicht nur auf den Begriff
Diatheke, sondern auch auf die mit ihm vorgegebenen alttestamentlichen Inhalte,
genauer: auf die Konstitutiva des Bundes wie z. B. die Erwählung eines empirisch-
nationalen Volkes mitsamt dem Erwählungszeichen der Beschneidung verzichtet.
Nach Mt 16,18 läßt sich Ekklesia bei Mt nicht einfach mit dem traditionellen Gottes-

---

[25] E. LOHMEYER, Diatheke 115.
[26] K. MÜLLER, Art. Apokalyptik/Apokalypsen III. Die jüdische Apokalyptik. Anfänge und
Merkmale: TRE 3, 202ff. – Freilich ist die Bedeutung der Diatheke für Dan nicht zu übersehen
(9,4.27; 11,22). Und auch der Volksgedanke spielt hier eine wichtige Rolle (7,27; 10,14; 12,1.7).
Vgl. J. LEBRAM, Art. Daniel/Danielbuch: TRE 8, 325–349.
[27] L. PERLITT, Bundestheologie 154.
[28] Gegen H. FRANKEMÖLLE, Jahwe-Bund und Kirche Christi. Studien zur Form- und Traditionsgeschichte des „Evangeliums" nach Matthäus (NTA NS 10) ²1984, 42–72, bes. 59 und 72;
vgl. auch das „Vorwort zur zweiten Auflage" IX–XIII.

volk-Gedanken erfassen. Daß sie „das neue Bundesvolk Jesu aus allen Völkern" sei
(16f. mit Verweis auf Mt 1,21b und 28,19), läßt sich nur behaupten, wenn man den
Diathekebegriff so weitgehend formalisiert, daß das bloße Mitsein (Jahwes bzw.
Christi) und die Verpflichtung der Gemeinde („lehret sie halten alles, was ich euch
befohlen habe") schon als „Bundesstruktur" gelten können. Aber dann hat jede ntl.
Schrift Bundesstruktur! Im übrigen stammt das theologische *Leitzitat* des MtEv aus
Jes 7,14 LXX (in 1,23) und nicht aus einem bundestheologischen Kontext des
deuteronomistischen oder chronistischen Geschichtswerkes. Das hat vielleicht doch
mehr Gewicht, als Frankemölle zugesteht (X).

Doch selbst wenn es zutreffend sein sollte, daß „bei μεθ' ὑμῶν im atl, nicht weniger
aber im mt Kontext die gesamte Bundesterminologie und Bundestheologie impliziert" ist (18), bleibt doch der Tatbestand, daß Mt sehr „unauffällig auf den Bund"
hinweist, den Jahwe „auch in ntl Zeit", nämlich in der Kirche, „durchhält" (17).
Wenn das das mt *Hauptthema* ist, warum dann die Unauffälligkeit? Warum kommt
dann Diatheke nur einmal, im Abendmahlswort Mt 26,28, vor? Darauf bleibt das
sonst so vorzügliche Buch von Frankemölle die Antwort schuldig. Vielleicht haben
die bisherigen Untersuchungen zur Kirche im MtEv die bundestheologische Struktur
doch nicht bloß übersehen, sondern darum nicht gefunden, weil es sie nicht gibt. Die
gegenwärtige Kirche ist für Mt die Basileia des Menschensohnes (13,36ff.). Und
obwohl Mt wie kein anderes Evangelium vom Kirchengedanken geprägt ist, ist die
„Ekklesiologie, orientiert an der Kirche als einer selbständigen, empirisch umgrenz-
ten Größe, nur in sparsamsten Anfängen zu erkennen . . . Der Fülle christologischer
Titel und Aussagen entspricht in keiner Weise eine ebensolche Zahl ekklesiologischer
Begriffe und Worte. Niemals heißt es: ihr seid ,das wahre Israel', die ,Heiligen', die
,Erwählten', die ,Gemeinde des Neuen Bundes'"[29]. Im übrigen hat Frankemölle die
Schwierigkeit selbst gesehen, wenn er – seine These schwächend – sagt, es sei „das
umfassende mt Anliegen, atl Bundesterminologie ntl zu transformieren, wie es sich
bereits in der Kurzformel μεθ' ὑμῶν mit seiner das atl Verständnis übersteigenden
christologischen Tendenz dokumentierte" (245f.).

Daß für die Ausprägung der theologischen Entwürfe der Synoptiker die
Bundestheologie keine Rolle spielt, kann man nicht als zufällig bezeichnen.
Das von Jesus als βασιλεία τοῦ θεοῦ angesagte Heil Gottes, das die Synoptiker
bei aller Verschiedenheit der Motive und Zielsetzungen ihrer Entwürfe doch
übereinstimmend *christologisch*, d.h. von der Auferstehung Jesu her reflek-
tieren, ist möglicherweise von der Sache her als so „neu" empfunden worden,
daß es sich unbeschadet der Tatsache, daß Jesus sich zu Gesamtisrael gesandt
wußte, nicht mehr mit den traditionellen Denkfiguren einer wie auch immer
gearteten Bundestheologie adäquat beschreiben ließ[30].

Dasselbe wird man vom *Johannesevangelium* sagen dürfen. Auch hier

---

[29] G. BORNKAMM, Enderwartung und Kirche im Matthäusevangelium, in: DERS.-G. BARTH-
H. J. HELD, Überlieferung und Auslegung im Matthäusevangelium (WMANT 1) [7]1975, 36.

[30] Dieses Problem ist in der Forschung bisher noch kaum behandelt worden. Eine genaue
Untersuchung ist ein dringendes Desiderat. Siehe H. CONZELMANN, Heiden – Juden – Christen.
Auseinandersetzungen in der Literatur der hellenistisch-römischen Zeit (BHTh 62) 1981, 240–
242 sowie unser Schlußkapitel (u. S. 127ff.).

fehlt der Begriff διαθήκη und mit ihm jeder Bezug auf Elemente der alttestamentlichen Bundestheologie, obwohl die Auseinandersetzung mit „den Juden" die Darstellung durchzieht und Joh 1,17 in diesem Zusammenhang das Leitthema ist:

> Das Gesetz ist durch Mose gegeben,
> die Gnade und die Wahrheit kam durch Jesus Christus.

Wenn es sich dabei gar nicht um einen *antithetischen* (Rudolf Bultmann)[31], sondern um einen *synthetischen* Parallelismus handeln sollte[32], wenn also nicht Kontradiktorik, sondern „die *Überbietung* der bisherigen Gesetzesordnung durch die Gnadenwirklichkeit Jesu Christi" herausgestellt werden soll[33], dann ist das „Bundesschweigen" im 4. Evangelium auffällig. Unerklärlich ist es freilich nicht. Denn wenn die Inbeziehungsetzung der Christuswirklichkeit zur Bundeswirklichkeit, des Christentums zum Judentum heilsgeschichtliches Denken voraussetzt, und das tut es zweifellos, dann wird das Schweigen verständlich. Denn die Abfolge vom Alten zum Neuen Bund ist – anders als bei Paulus – kein Thema des 4. Evangelisten. Ihm fehlt mit der heilsgeschichtlichen Terminologie auch die „heilsgeschichtliche Perspektive". „Wohl beruft sich der joh. Jesus den Juden gegenüber auf Abraham und bestreitet ihnen die Abrahamskindschaft (8,33–58); auch weiß er im Streit mit den Juden Mose auf seiner Seite (5,45f.; vgl. 1,45). Aber der Gedanke des Bundes Gottes mit Israel bzw. des neuen Bundes, die Erwählung Israels und die Führung des Volkes spielen keine Rolle."[34] Der Grund ist sehr deutlich von Eduard Schweizer gesehen worden: „Hier ist nicht mehr heilsgeschichtlich gedacht. Freilich wird das Verhältnis Jesu zum Israel des A.T. durchs ganze Evangelium hindurch behandelt. Aber eine Analogie zu Röm. 9–11 fehlt. Und die nicht glaubenden Juden sind ja nur die Repräsentanten der Welt überhaupt. Andererseits ist auch der Glaubende von 4,46ff. kein Heide mehr, der einen Kontrast zum glaubenslosen Israel bildete (Matth. 8,10!). Glaube und Unglaube sind Möglichkeiten eines jeden. So wird denn auch die Erwählung Israels, die nicht geleugnet wird, eigentlich nur darin sichtbar, daß sein Unglaube der typische Unglaube, die Ablehnung κατ'ἐξοχήν ist. Es ist immer der Gegensatz zwischen dem Glauben, der sich Gottes Anrede aufschließt, und dem Unglauben, der sich ihr verschließt. In diesem Sinn wird Nikodemus als ‚*der* Lehrer Israels' angesprochen (3,10),

---

[31] R. BULTMANN, Das Evangelium des Johannes (KEK 2) [11]1950, 53. Siehe auch meinen Aufsatz unten S. 135ff.

[32] J. JEREMIAS, ThWNT IV 877, 9ff.

[33] R. SCHNACKENBURG, Das Johannesevangelium (HThK IV/1) [3]1972, 253.

[34] R. BULTMANN, Theologie des Neuen Testaments (NTG) [9]1984, 360.

Jesus als ‚König Israels‘ begrüßt (1,49; vgl. 19,19–22) und das Heil als ‚von den Juden kommend‘ bekannt (4,22). Es ist darum auch nie die Rede von dem speziell für Israel typischen Gegensatz von Glaube und Werk, Gnade und Gesetz, der bei Paulus im Mittelpunkt steht . . . Das heißt aber, daß im ‚wahren Weinstock‘ nicht einfach das neue dem alten Israel im Sinne zweier heilsgeschichtlicher Perioden auf dem Wege Gottes entgegengestellt wird, sondern die Kirche der Welt, der Raum Gottes dem Raum des Teufels, die Sphäre des Lichts der Sphäre der Finsternis. Wer abgeschnitten wird vom Weinstock, dem bleibt nur noch die Vernichtung.“[35]

Ein solches Verständnis von Gott und Welt, Heil und Unheil läßt sich offensichtlich nicht mehr mit der Terminologie einer Bundestheologie adäquat erfassen. Vielmehr ist sie durch das eschatologisch verstandene Christusgeschehen endgültig überholt.

Die jüngst von Johannes Beutler[35a] gegebene traditionsgeschichtliche Interpretation von Joh 14,15−24 auf dem Hintergrund der atl Verheißungen vom „Neuen Bund“, wie wir sie Jer 31,31 ff. und in verwandter Form Ez 36,26 ff.; 37,26 ff.; vgl. 11,19−21 finden bzw. seine Behauptung, Joh 14,15−24 sei „einheitlich und durchgängig geprägt von der alttestamentlichen Bundestheologie“ (83), stößt bei mir auf ähnliche methodische Vorbehalte, wie ich sie oben gegenüber Hubert Frankemölles ähnlichem Versuch hinsichtlich des Matthäusevangeliums geäußert habe. Natürlich sind die Aufforderung der Liebe zu Gott/Jesus und zum Halten seiner Gebote, die Verheißung Jesu vom Kommen des Vaters, von seinem eigenen Kommen, die Verheißung der Gabe des Geistes, der Liebe, des Lebens, der Erkenntnis und der Schau *Motive*, die sich so oder ähnlich auch in der Bundestheologie des Dtn finden. Aber in diesen Motiven zugleich den bewußten Rückgriff auf einen „in der Bundestheologie des Deuteronomiums“ vorliegenden „Motivkomplex“ zu sehen, heißt eine Traditionsgeschichte in Rechnung stellen, deren Nachweis mir im Blick auf Joh 14 nicht erbracht zu sein scheint. Auch hier gilt: Analogien sind noch keine Genealogien! Um nur ein Beispiel zu nennen: Wenn nach Ez 37,28 die Völker *erkennen* werden, daß Jahwe der Herr ist, weil er in der Mitte seines Volkes wohnt, nach Joh 14,17b die „Welt“ den Beistand aber gerade nicht erkennt, so ist das keineswegs eine *Variation* eines vorgegebenen Elementes der dtn Bundestheologie (64), sondern wie Joh 1,10f. Ausdruck einer in ganz andere religionsgeschichtliche Zusammenhänge gehörenden Offenbarungstheologie. Überhaupt ist auffällig, wie oft es heißt: „scheint von der alttestamentlichen Bundestheologie her zu verstehen zu sein“ (62); „in gewisser Weise vorgegeben“ (64); „es ist zumindest möglich“ (81); „es liegt nahe“ (82); „vermutliche traditionsgeschichtliche Wurzeln“ (83); „Johannes 14,16b könnte aus der Verheißung von der bleibenden Gegenwart Gottes bei den Israeliten nach Ez 37,26 ff herausentwickelt sein“ (84) usw. Das aber zeigt den hypothetischen – um nicht zu sagen: spekulativen – Charakter der ganzen Argumentation. Sie widerlegt jedenfalls nicht, daß der vierte Evangelist neuen Wein in neue Schläuche füllt.

---

[35] E. SCHWEIZER, Neotestamentica. Zürich 1963, 260f.

[35a] J. BEUTLER, Habt keine Angst. Die erste johanneische Abschiedsrede (Joh 14) (SBS 116) 1984.

Ähnliches ist im Blick auf das „Bundesschweigen" der Johannesbriefe, der Pastoralbriefe und der Katholischen Briefe zu sagen. Dagegen die Fehlanzeige in der Johannes-Offenbarung beweist nur, daß wir es hier mit einer klassischen Apokalypse jüdischer Provenienz zu tun haben. Zum theologischen Basiswissen der jüdischen Apokalypse gehört aber „die dem Grundaxiom von der wesentlichen Beziehungslosigkeit zwischen Geschichte und Erlösung implizite theologische Überzeugung, daß allein Gott die aus der Vergangenheit nicht mehr absehbare Macht hat, die Gegenwart aus ihrer vorletzten Stunde in ihre letzte hinüberzuführen"[36]. In dem Maße, wie die „Eschatologisierung des Geschichtsdenkens" „die Gültigkeit der alten Heilsordnungen im überkommenen Credo Israels" ausschaltet, verliert „Israel seine zentrale und bewegende Rolle in der Geschichte"[37]. Ungerechtigkeit und Selbstverschulden Israels sind so groß, daß der Rückgriff auf die heilsgeschichtliche Vergangenheit keine heilvolle Zukunft mehr garantieren kann. Diese hängt vielmehr allein – wie besonders die Zehnwochenapokalypse äthHen 93; 91,12–17 zeigt – von einem neuen erwählenden Handeln Gottes an den „auserwählten Gerechten" (nicht am Gesamtvolk Israel!) ab. „Das einzige, woran sich ‚Israel' noch halten kann, ist ein gänzlich neu ansetzendes Erlösungshandeln Gottes, das sich nicht mehr in Analogie zu den klassischen Rettungstaten realisieren wird, von denen die kanonischen Überlieferungen sprachen. Vielmehr ist der Geschehenszusammenhang, der sich auf dem Fundament des ‚kanonischen Schemas der Heilsgeschichte' erhob, unglaubwürdig geworden und zerrissen, so daß die asidäischen Verkündiger des apokalyptischen Glaubens den neuen Heilsgrund in ein kommendes Handeln Gottes ‚am Ende der Tage' und jenseits der kanonischen Geschichtsdaten hinausverlagern, für welches den Propheten noch jede Vorstellungsmöglichkeit fehlte und für dessen Einzelheiten die ersten Apokalyptiker eine Vielfalt von Annäherungsweisen bemühen."[38]

Die Johannes-Apokalypse steht in traditionsgeschichtlichem Zusammenhang mit diesem Denken, für das das Zurücktreten des Volksgedankens und damit auch der Bundestheologie als heilsrelevanter Größen charakteristisch ist[39].

Für das „Bundesschweigen" in weiten Teilen des neutestamentlichen Schrifttums kann man sicher nicht überall den rezeptionsgeschichtlichen Zusammenhang mit dem theologischen Grundwissen der Apokalyptik ver-

---

[36] K. MÜLLER, Apokalyptik, TRE 3, 212, 35–38.
[37] Ebd. 234.
[38] Ebd. 226, 33–42.
[39] H. MERKLEIN, Jesu Botschaft von der Gottesherrschaft. Eine Skizze (SBS 111) 1983, 42 mit Anm. 19.

antwortlich machen. So sehr das bei der Verkündigung Jesu und der Johannes-Apokalypse geboten ist, so wenig ist es angebracht bei dem johanneischen Schrifttum, den Pastoralbriefen oder den Katholischen Briefen. Aber es hat sicher überall damit zu tun, daß mit dem eschatologischen Handeln Gottes in Jesus Christus „am Ende der Tage" der neue Heilsgrund hinausverlagert ist jenseits der bisherigen heilsgeschichtlichen Daten. Es liegt an der *Neuheit* des endzeitlichen neuen Heiles in Christus (neu im Sinne des καινή von 2Kor 3,6.14; 5,17; Gal 6,15), das als solches schon in der späteren Prophetie und in der Apokalyptik vorgeprägt war (Jes 65,17; Jer 31,31 ff.; Apk 21,1; 2Petr 3,13)[40], daß die Vorstellung vom „Bund" so zurückgedrängt wird. Karl Barth schließt die „Solidarität" überschriebene Auslegung von Röm 9,1–5 mit den bemerkenswerten Sätzen: „Gott als *Gott* ist nicht ,auch schon dagewesen'. Gott als *Gott* ist das Neue. In Gott als *Gott* hört die Solidarität zwischen Paulus und den Pharisäern auf und der Protest und Kontrast fängt an." [41] Auch der zwischen Altem und Neuem Bund!

Doch wenden wir uns den Stellen im Neuen Testament zu, an denen das „Bundesschweigen" gebrochen wird. Faßt man sie näher ins Auge, lassen sie sich grob in zwei Gruppen teilen: eine, die bewußt an die prophetische Verheißung des Neuen Bundes Jer 31 (38), 31–34 anschließt und dieselbe in Christus verwirklicht sieht; eine andere, die Gottes einstigen Verheißungs- wie Verpflichtungsbund für die Völker in Erinnerung ruft, der ebenfalls durch das Christusgeschehen endgültig verwirklicht ist. Gemeinsam ist also beiden Gruppen, daß sie nicht von der Erneuerung der göttlichen Bundeszusagen (vgl. den Plural διαθῆκαι in Röm 9,4 und Eph 2,2; der Plural findet sich nur an diesen beiden Stellen im NT) sprechen, sondern von deren *eschatologischer* Vollendung und insofern von ihrer Auf-Hebung (im dialektischen Wortsinn) durch das Christusereignis.

Die Auskunft, daß das Gros der Diatheke-Belege im Neuen Testament in den Zusammenhang und Ausstrahlungsbereich der Herrenmahltradition gehöre[42], ist nur unter der Voraussetzung zutreffend, daß die Abendmahlsparadosis den ursprünglichen traditionsgeschichtlichen Haftpunkt aller Vorstellungen vom „Neuen Bund" im Neuen Testament bildet. Die Synoptiker,

---

[40] A. H. J. GUNNEWEG, Vom Verstehen des Alten Testaments. Eine Hermeneutik (GAT 5) 1977, 35.

[41] K. BARTH, Der Römerbrief. München ³1922, 324. Der Kontrast zwischen Paulus und den Pharisäern ist historisch gesehen keineswegs eine innerjüdische Diskussion, wie denn auch die Antithetik von Altem und Neuem Bund ein Element der Gesetzeskritik ist (s. u. S. 132f.), aber keine Absage an die Heilsgeschichte oder gar das AT. Der Marcionitismus samt seiner unheilvollen Wirkungsgeschichte beginnt nicht mit Paulus, sondern mit dessen Mißdeutung!

[42] H. HEGERMANN, EWNT I 719. Seine Folgerung, von daher stamme „das beträchtliche theologische Gewicht des Wortes im NT" (ebd.), ist problematisch.

die überhaupt nur im Zusammenhang mit dem Abendmahl vom „Bund" sprechen (Ausnahme: Lk 1,72), bilden die eigentliche Stütze dieser These. Und da Paulus ein früher Zeuge für diese Tradition ist (1Kor 11,25), hat die These natürlich eher Gewicht. Daß 2Kor 3,6 im weiteren Ausstrahlungsbereich dieser Tradition liegt, darf man vermuten[43]. Aber die übrigen Belege bei Paulus (2Kor 3,14; Gal 3,15ff.; 4,21ff.) stützen diese These nicht. An ihnen ist aufgrund typologischer bzw. allegorischer Exegese alttestamentlicher Schriftstellen vom Neuen bzw. Alten Bund die Rede.

Nicht anders ist der Befund im Hebräerbrief. 9,15; 10,16.29; 12,24 und natürlich 13,20 kann man im Ausstrahlungsbereich der Abendmahlstradition sehen, weil hier überall der Versöhnungstod Jesu das kennzeichnende Merkmal ist. Aber das sind 5 von 17 Belegen. Die übrigen 12 verdanken sich ebenso wie die bei Paulus der Schriftinterpretation.

Da der Hebräerbrief der einzige im Neuen Testament ist, der so etwas wie eine „Bundes-Theologie" vertritt, werden wir ihn in einem besonderen Abschnitt behandeln.

Bei Paulus liegen die Dinge so, daß von den 9 Stellen nur 3 die διαθήκη ausführlicher behandeln (2Kor 3,6.14; Gal 3,15ff.; 4,24). Sie werden wir daher ebenfalls gesondert behandeln, dagegen die übrigen paulinischen Stellen, in denen sich der Begriff nur in gelegentlicher Anspielung findet, „die fast keine weiteren Schlüsse erlaubt"[44], also Röm 9,4 und 11,27, behandeln wir in dem Abschnitt „Einzelbelege". Daß die Abendmahlsworte gesondert behandelt werden, versteht sich von selbst.

III. Einzelbelege: Die göttlichen διαθῆκαι im Neuen Testament

Wir beginnen die Durchmusterung der Belege mit den paulinischen Stellen. Wegen ihrer sachlichen Nähe zu ihnen folgt Eph 2,12. Dann behandeln wir die wenigen lukanischen Stellen und abschließend Hebr 9,4 und Apk 11,19.

Literatur: Die *Kommentare* zum Römerbrief von C. K. BARRETT (BNTC 6) 1957. – C. E. B. CRANFIELD (ICC 6) 1975/79. – E. KÄSEMANN (HNT 8a) [4]1980. – O. KUSS, Dritte Lieferung (Röm 8,19 bis 11,36) 1978. – O. MICHEL (KEK 4) [12]1963. – H. SCHLIER (HThK VI) 1977. – H. W. SCHMIDT (ThHK VI) [3]1972. – U. WILCKENS (EKK VI/2) 1980.

J. BEHM, Begriff 43–47. – L. CERFAUX, Le privilège d'Israel selon St. Paul: EThL 17, 1940, 5–26. – L. G. Fonseca, Διαθήκη-Foedus an Testamentum?: Bibl. 8, 1927, 31–50. 161–181.290–319.418–441; 9, 1928, 26–40.143–160. – F. HAHN, Zum Verständnis von Römer 11.26a: . . . und so wird ganz Israel gerettet werden, in: M. D. Hooker and S. G. Wilson (Hrsg.), Paul and Paulinism. Essays in honour of C. K. Barrett. London 1982, 221–234. – D. G. JOHNSON, The

---

[43] W. G. KÜMMEL bei H. LIETZMANN, An die Korinther I. II (HNT 9) [5]1969, 199.

[44] E. LOHMEYER, Diatheke 126.

Structure and Meaning of Romans 11: CBQ 46, 1984, 91–103. – B. KLAPPERT, Traktat für Israel (Römer 9–11). Die paulinische Verhältnisbestimmung von Israel und Kirche als Kriterium neutestamentlicher Sachaussagen über die Juden, in: M. Stöhr (Hrsg.), Jüdische Existenz und die Erneuerung der christlichen Theologie. Versuch der Bilanz des christlich-jüdischen Dialogs für die Systematische Theologie (ACJD 11) 1981, 58–137. – G. KLEIN, „Christlicher Antijudaismus". Bemerkungen zu einem semantischen Einschüchterungsversuch: ZThK 79, 1982, 411–450. – E. KUTSCH, Neues Testament 153–156. – E. Lohmeyer, Diatheke 126–129. – W. L. LORIMER, Romans IX, 3–5: NTS 13, 1966/67, 385f. – U. Luz, Das Geschichtsverständnis des Paulus (BEvTh 49) 1968, 26–28.269–274.286–300. – DERS., Der alte und der neue Bund bei Paulus und im Hebräerbrief: EvTh 27, 1967, 318–336. – J. MUNCK, Paulus und die Heilsgeschichte (AJut XXVI, 1. T 6) 1954, 26–30.99–105. – F. MUSSNER, Gesetz-Abraham-Israel: Kairos 25, 1983, 200–222. – CH. PLAG, Israels Wege zum Heil. Eine Untersuchung zu Römer 9 bis 11 (AzTh I. 40) 1969, 13f.36–47. – C. ROETZEL, Διαθῆκαι in Romans 9,4: Bibl. 51, 1970, 377–390. – P. STUHLMACHER, Zur Interpretation von Röm 11,25–32, in: Probleme biblischer Theologie, FS G. v. Rad, hrsg. v. H. W. Wolff. München 1971, 555–570. – R. STUHLMANN, Das eschatologische Maß im Neuen Testament (FRLANT 132) 1983, 164–188. – N. WALTER, Zur Interpretation von Römer 9–11: ZThK 81, 1984, 172–195. – D. ZELLER, Juden und Heiden in der Mission des Paulus. Studien zum Römerbrief (fzb 1) 1973, 245–262.

Mit der These des Römerbriefes, daß das Evangelium eine Kraft Gottes sei, „die jeden rettet, der glaubt, *zuerst* den Juden, aber ebenso den Griechen" (1,16; vgl. auch das πρῶτον in 2,9.10), hatte Paulus die heilsgeschichtliche Sonderstellung Israels mehr oder weniger nur behauptet und mit der Feststellung, daß ihnen die λόγια τοῦ θεοῦ anvertraut sind (3,2), noch einmal unterstrichen. Jetzt setzt er zu deren ausführlicher Darlegung an und beweist in Kap. 9–11, daß und warum es mit dem πρῶτον seine Richtigkeit hat und welche Konsequenzen sich daraus für seine „Brüder", die „Verwandten nach dem Fleische" ergeben (9,3).

1. Römer 9,4

Sie sind (nicht: sie waren!) *Israeliten.*

An die Stelle des bisher gebrauchten Ἰουδαῖοι tritt der Ehrenname Ἰσραηλῖται. Und wie zur Begründung, daß die Juden diesen Ehrennamen zu Recht tragen, zählt Paulus im folgenden diejenigen Privilegien auf, die das Volk der Juden zum erwählten Bundesvolk machen:

Ihrer sind die Kindschaft und die Herrlichkeit und die διαθῆκαι[45] und die Gesetzgebung und der Gottesdienst und die Verheißungen, ihrer die Väter, und aus ihnen (stammt) der Christus nach dem Fleisch.

In dieser Aufzählung nennt Paulus die Gnadenerweisungen Gottes, mit denen er Israel seine Israelschaft geschenkt hat und die ihn niemals gereuen

---

[45] Der Singular in P[46] und folgenden Lesarten ist Angleichung an den singularischen Kontext. Vgl. E. KÄSEMANN 249.

können. „Denn unwiderruflich sind Gnade und Berufung, die Gott gewährt" (11,29). Wie in der Erwartung einer heilvollen Zukunft, die Gott heraufführen wird, gründet die Israelschaft Israels daher auch in der Vergangenheit des Volkes. In vielen Psalmen steht das Gedenken an die frühere Zeit im Vordergrund, in der Gott dem Volk die Herrschaft verliehen hat (Ps 78; 89; 105; 106; 114; vgl. Dan 9,15; PsSal 17; dann die Gebete 1Makk 2,51–61; 4,9–10; 2Makk 8,19f.; 15,22; 3Makk 2,4–12; 6,2–8; schließlich vgl. den Ps in Lukas 1,68–79). Wir finden solche Erinnerung an die διαθῆκαι der Väter, in der die Gewißheit der Erwählung beruht[46], im Neuen Testament z.B. Lk 1,72; Apg 3,25; 7,8. Nicht anders betont auch Paulus in Röm 9,4.5a[47] die Erwählungsgeschichte, wenn hier als *notae* der Israelschaft aufgezählt werden die Einsetzung in die Sohnschaft, die Schechina, die Bündnisse, die Gesetzgebung, der Kult, die Verheißung und die Väter[48].

Eine dieser *notae* heißt διαθῆκαι. Der Plural begegnet seit Sir 44,12.18; 45,17; Sap 18,22; 2Makk 8,15. Er meint entweder die den Vätern gegebenen Zusagen oder Befehle oder ganz allgemein die aufeinanderfolgenden Bundesschlüsse bzw. die Bündnisse mit Noah (Gen 6,18; 9,9ff.), mit Abraham (Gen 15,18; 17,2ff. u.a.), mit Isaak und Jakob (Lev 26,42), mit Israel am Sinai (Ex 19,5; 34,10 u.a.). Paulus selbst nennt *eine* διαθήκη = „Gesetz", die vom Sinai (Gal 4,24; vgl. 2Kor 3,14), aber mindestens *zwei* διαθῆκαι = Verheißungen, Zusagen an Abraham (Gal 3,16) und an das Volk Israel (Röm 11,27). Also denkt er in Röm 9,4 an göttliche Verheißungen an Abraham (Gen 15,18; 17,2ff.) und an die Erzväter (Ex 2,24; 6,4f.), vielleicht auch an das Volk Israel (Jer 31,31.33)[49]. Diese διαθῆκαι der Väter werden als eine Auszeichnung unter anderen von Paulus erwähnt[50]. Er beläßt den Ausdruck in seiner Allgemeinheit. Und dort, wo er sonst das jüdische Erwählungsbewußtsein beschreibt, in Röm 2,17ff. und 3,1ff., erwähnt er den Bund und seine Zugehörigkeit zu ihm expressis verbis nicht. Und daß Paulus mit den διαθῆκαι in die Vergangenheit blickt, bestätigt schließlich Röm 11,27: Erst bei der

---

[46] Besonders charakteristisch ist PsSal 9,10f. S. u. S. 129; dazu siehe E. LOHMEYER, Diatheke 111ff.

[47] Das καὶ ἐξ ὧν ὁ Χριστὸς τὸ κατὰ σάρκα ist stark abgehoben. Es schließt die Klimax, macht sie achterlastig und zeigt an, daß sich die Prärogative Israels keineswegs auf die Gaben der Urzeit beschränkt. Vgl. E. KÄSEMANN 249.

[48] W. BOUSSET, H. GRESSMANN, Die Religion des Judentums im späthellenistischen Zeitalter (HNT 21) ⁴1966, 361f.

[49] E. KUTSCH, Neues Testament 154f. Daß Paulus an „messianische Verheißungen" denkt, schließt KUTSCH ausdrücklich aus (155 Anm. 255): „denn ‚messianisch' deutbare Texte mit dem terminus technicus διαθήκη wie 2Sam 23,5; Ps 89,4f. werden im Neuen Testament nicht herangezogen und sind also auch hier kaum vorauszusetzen".

[50] J. BEHM, Begriff 46.

Parusie wird Gott Israel *den* Bund geben, in dem die Christen jetzt schon sind: den eschatologischen Bund der Sündenvergebung (s. u.).

Die *notae* der heilsgeschichtlichen Privilegien Israels sind zugleich aber auch Merkmale der Unterscheidung zwischen Juden und Christen. Und bei aller Nähe zu Israel verschweigt Paulus doch nicht die Distanz. Die „Israeliten" sind Pauli „Brüder" nicht ohne präzisierende Apposition: als „seine Verwandten nach dem Fleisch"[51], nicht als die dem „Sohn" gleichgestalteten ἀδελφοί (vgl. Röm 8,29). Es ist dies übrigens das einzige Mal, daß Paulus überhaupt von den Juden als seinen „Brüdern" spricht; sonst ist der Begriff ἀδελφός ebenso wie Χριστός für ihn terminus technicus des christlichen Sprachgebrauches[52]. Sie sind längst so sehr mit christlichem Inhalt gefüllte Begriffe, daß sie sich nur durch einen ausdrücklichen Zusatz wie κατὰ σάρκα wieder auf die Juden beziehen lassen[53]. Nicht zu übersehen ist auch, daß die Privilegien Israels, soweit sie zugleich solche der Kirche sind (Sohnschaft: Röm 8,15.23; Gal 4,5; Doxa: 1Kor 2,7; Verheißungen: Gal 3,14 u.ö.), unverbunden nebeneinander stehen. Mit der Aufnahme des Begriffes λατρεία ist für Paulus gar eine deutliche Antithese zu dem alttestamentlichen Gedanken gegeben: Die Christen sind Tempel Gottes, und ihre weltlich-leibliche Existenz ist Gottesdienst (Röm 12,1ff.)[54]. Und daß keine der διαθῆκαι der Väter der eschatologische Sündenvergebungsbund war, in dem Christen heute schon sind, hatten wir bereits festgestellt.

Unüberhörbar ist schließlich auch die Differenz beim Messias. „Aus ihnen (stammt) der Christus nach dem Fleisch." Er ist geborener Jude (vgl. Joh 4,22), „aber nicht aufgrund dessen der Messias"[55]. Seiner *irdischen Herkunft* nach gehört er zu Israel, seiner Erhöhung nach (Röm 1,4), als der Kyrios, der der Geist ist (2Kor 3,17), markiert er die Scheidelinie[56]. Es erfolgt eben nicht

---

[51] Dieselbe Einschränkung κατὰ σάρκα auch bei Christus in V5 und in 1Kor 10,18 bei „Israel".
[52] W. MICHAELIS, Art. συγγενής κτλ.: ThWNT VII 741 Anm. 24.
[53] W. MICHAELIS, ThWNT VII 741, 22–25. Seine weitere Erwägung, daß so, wie aus dem Begriff ὁ Ἰσραὴλ κατὰ σάρκα 1Kor 10,18 geschlossen werden dürfe, daß Paulus die Christen als das wahre Israel angesehen habe, man auch aus συγγενεῖς κατὰ σάρκα schließen dürfe, daß er die Christen als seine jetzigen συγγενεῖς, als seine συγγενεῖς κατὰ πνεῦμα angesehen habe, ist problematisch. Denn außer 1Kor 10,18 und der polemischen Stelle Gal 6,16 erscheint „Israel" bei Paulus nicht zur Bezeichnung der neuen Gottesgemeinde, „da Pls, wie eben etwa R 9–11 zeigt, diesen Namen doch nicht eigentlich trennen wollte und konnte von denen, die auch blutmäßig zu Israel gehören" (W. GUTBROD, Art. Ἰσραήλ κτλ.: ThWNT III 391,4–6). – Vgl. jetzt W. SCHRAGE, „Israel nach dem Fleische" (1Kor 10,18), in: „Wenn nicht jetzt, wann dann?" FS H.-J. Kraus. Neukirchen-Vluyn 1983, 143–151.
[54] U. LUZ, Geschichtsverständnis 272.
[55] U. WILCKENS 188.
[56] Selbst wenn man den Zusammenhang von Röm 9,5 mit 1,3 entgegen E. KÄSEMANN 249 nicht für „fraglich" hält (so WILCKENS 188 u.a.), sehe ich in der von B. KLAPPERT, Traktat 88 daraus gezogenen Schlußfolgerung: „Nur als der Christus Israels ist er auch der Herr der

einfach „die Einfügung Jesu Christi selbst in die Privilegien Israels"[57], son-dern die des Χριστὸς κατὰ σάρκα. Er ist ein Signum der Erwählung Israels wie alles zuvor Angeführte, das letzte und gewichtigste zwar[58], aber eben doch *ein signum electionis*. Und der mit dem allen markierte Vorzug Israels ist „geschichtlich-kollektiver", nicht eschatologischer Art[59]. Dieser Vorzug bleibt bestehen. Unter allen Völkern besteht nur für Israel *als Volk* eine „kollektive" Heilshoffnung[60]. Eschatologisch aber hat Israel keinen Vor-sprung (vgl. Röm 1–3), sondern bleibt wie „alles Fleisch" angewiesen auf die sich in Christus gnadenweise offenbarende Gerechtigkeit Gottes, die sich als solche für Israel in besonderer Weise mit dem Parusie-Christus herausstellen wird (Röm 11,25ff.)[61]. „Denn Gott hat alle in den Ungehorsam eingeschlos-sen, um sich aller zu erbarmen" (Röm 11,32).

2. *Römer 11,27*

„Ich frage nun: Hat etwa Gott sein Volk verstoßen? Unmöglich!" (Röm 11,1). Das ist das Argumentationsziel, dem sich Paulus wahrlich „auf unge-wöhnlich mühevollem Wege und doch planmäßig und mit kunstvoller Dia-lektik genähert hat"[62] und das jetzt erreicht ist:

Kirche" eine problematische Exegese. Möglich ist in der Tat allein die Umkehrung des Satzes, die z.B. KÄSEMANN vertritt: Als der Herr der Kirche ist der Messias auch der kerygmatische Christus Israels (gegen KLAPPERT, Traktat 88).

[57] Gegen G. EICHHOLZ, Die Theologie des Paulus im Umriß. Neukirchener Verlag 1972, 291. EICHHOLZ schreibt: „Zu den Privilegien Israels gehört zuletzt, daß Jesus ein *geborener Jude* ist – daß der Christus deshalb *primär der Christus Israels* ist, daß er der Herr der Kirche eben *als der Christus Israels* ist" (ebd.). Folgt man der Logik dieses Satzes, so besagt er, daß Jesus *als geborener Jude* der Herr der Kirche ist. Das kann niemals die Meinung des Paulus sein! Schon deswegen nicht, weil für ihn „nicht alle, die aus Israel stammen, Israel sind" (Röm 9,6). Vgl. auch Gal 4,21–31.

[58] U. WILCKENS 188. Die Wichtigkeit belegt vor allem Röm 15,8: „Christus ist um der Wahrheit Gottes willen zum Diener der Beschnittenen geworden, nämlich um die Verheißun-gen für die Väter als gültig zu bestätigen." Gleichwohl ist auch hier mit dem Dienst auf Jesu *irdisches* Werk geblickt. „Jesus hat sich irdisch als Diener des jüdischen Volkes bekundet" (E. KÄSEMANN 372). Dagegen die in der Erhöhung Christi gründende Erwählung der Heiden (V 9a) ist als *Überbietung* gemeint: „Die Bundestreue wird kosmisch ausgeweitet" (E. KÄSEMANN 373).

[59] H. CONZELMANN, Grundriß der Theologie des Neuen Testaments (EETh 2) 1967, 274. Daß der Vorzug ein „historisch-relativer" sei (ebd.), ist mißverständlich, was CONZELMANN selbst zum Ausdruck bringt mit dem auch für ihn unanfechtbaren Satz: „Israel ist erwählt – das bleibt gültig" (ebd.). Schade, daß B. KLAPPERT in seiner Polemik gegen CONZELMANN solche Sätze verschweigt.

[60] Vgl. N. WALTER, Interpretation 181.

[61] Richtig N. WALTER, Interpretation 181: „. . . dieses Volk als Volk von (künftig-endzeit-lich!) Glaubenden – anders kann es Paulus nach dem, was er in 10,3–21 ausgeführt hat, nicht gesehen haben! – steht dann auf genau gleicher Ebene vor Gott mit den Glaubenden aus den Heiden."

[62] E. KÄSEMANN 302.

Denn ich will euch, Brüder, nicht in Unkenntnis lassen im Blick auf dieses Geheimnis, damit ihr nicht in euch selbst klug seid: Verstockung ist teilweise Israel widerfahren bis zu dem Zeitpunkt, da die Vollzahl der Heiden eingegangen ist, und so wird ganz Israel gerettet werden (11,25–26a).

Mit einem autoritativen Schriftbeweis[63] stellt Paulus sicher, daß er dieses „Mysterium" richtig gedeutet hat[64]:

> Kommen wird aus Zion der Retter.
> Er wird abwenden die Frevel von Jakob.
> Und dies wird der Bund für sie sein,
> der ihnen von mir (gegeben wird),
> wenn ich wegnehmen werde ihre Sünden (VV 26b.27; *Übersetzung Wilkens*).

In dem Mischzitat aus Jes 59,20f. LXX und Jes 27,9 LXX (zusätzliche Anspielungen auf Ps 14,7 und Jer 31,33f. mag man erwägen)[65], das auf seine Weise die apokalyptische Erwartung der Restitution Israels rezipiert[66], ist Paulus ein Dreifaches wichtig:

1. Der vom Zion, d.i. vom „oberen Jerusalem" (Gal 4,26) wiederkommende erhöhte Christus[67] ist der ῥυόμενος = Retter (vgl. 1Thess 1,10; Röm 7,24), der das σῴζεσθαι ganz Israels eschatologisch realisieren wird.
2. Israels Sünden werden getilgt.
3. Eben das wird (nicht die „Anordnung"[68], sondern) der „Bund" bzw. die

---

[63] Vgl. dazu Ph. Vielhauer, Paulus und das Alte Testament, in: Studien zur Geschichte und Theologie der Reformation. FS E. Bizer, hrsg. von L. Abramowski, J. F. G. Goeters. Neukirchen 1969, 33–62 = Ders., Oikodome. Aufsätze zum Neuen Testament, Band 2 (TB 65), hrsg. von G. Klein, 1979, 196–228, bes. 218–220.

[64] Das Zitat beschreibt also nicht den Modus der Errettung Israels (er steht in V 25a.b.), sondern gibt den Rechtsgrund für das Mysterium an. Mit R. Stuhlmann 165 gegen P. Stuhlmacher, FS v. Rad 560.

[65] Vgl. J. Behm, Begriff 44 Anm. 1; auch Nestle-Aland, Novum Testamentum Graece, 26. Auflage.

[66] Ob in Verbindung mit dem Motiv von der Völkerwallfahrt zum Zion (so P. Stuhlmacher, passim; R. Stuhlmann, Maß 164ff., bes. 172), ist zumindest fraglich. Einmal: Als Basis der auf die ganze Menschheit bezogenen heilvollen Zuwendung Gottes hat sich weder der Sinai (er gebiert in die Knechtschaft, Gal 4,24f.) noch der Zion bewährt, „der in Röm 9,33 und 11,26 nur zu Israel in Beziehung gesetzt wird, nicht zu den Heiden!" (N. Walter, Interpretation 184), sondern allein die Auferweckung des Gekreuzigten (ebd. 182). Zum andern: Das Motiv der Völkerwallfahrt ist – entgegen seiner ursprünglichen Zions-zentripetalen Ausrichtung – entscheidend umgeprägt. Denn theologisch ist das Gegenüber von Israel und Heiden aufgelöst (G. Klein, Rekonstruktion und Interpretation. Ges. Aufs. z. N.T. [BEvTh 50] 1969, 180ff.; N. Walter, Interpretation 182).

[67] E. Käsemann 304 mit P. Stuhlmacher, FS v. Rad 561. Anders U. Wilckens 257: Aus Zion meint: „Es wird der Mittelpunkt Israels sein, von dem nicht nur jetzt die Heidenmission ausgeht (vgl. 15,19), sondern aus dem heraus auch das abgefallene Israel in den Bund wiederaufgenommen werden wird."

[68] So O. Michel 282; Chr. Plag, Israels Wege 37; D. Zeller, Juden und Heiden 261f.

„Setzung" sein[69], die Israel von Christus her das endgültige Heil sichert. In dieser eschatologischen Perspektive bleiben die Israel gegebenen Verheißungen gültig. Sie fallen nicht dahin, sondern werden in das „Menschheits-Gottesvolk" hinein aufgehoben[70].

Ohne hier auf die Einzelheiten dieser im Neuen Testament einzigartigen eschatologischen Perspektive einzugehen[71], bleibt im Blick auf unser Thema festzuhalten:

Unter allen paulinischen διαθήκη-Stellen ist Röm 11,27 als einzige alttestamentliches Zitat. Und nur hier wird die durch Christus vollendete Sündenvergebung „Bund" genannt, der jedoch partiell Israel zugehört[72]. Nach rabbinischer Methode entnimmt Paulus dem ihm vorliegenden Text die für ihn wichtigen Worte[73]. „Wegnehmen werde ich ihre Sünden", der Schlußvers also, enthält das wichtigste Wort. Es ist der Sündenvergebungsbund, das „gesamtmenschheitliche Gottesvolk", das die „Gemeinde Gottes" (1Kor 1,2) schon jetzt darstellt (2Kor 3; Gal 4,21–31), in das der Parusiechristus sein „Erst-Volk" hineinnehmen wird[74]. Darin sieht Paulus den Beweis der

---

[69] E. KÄSEMANN 301; U. WILCKENS 251; E. KUTSCH, Neues Testament 155f.

[70] N. WALTER, Interpretation 184.185. – Nach U. WILCKENS 257 geschieht das Wiedergegebenwerden des Bundes „in der gleichen Weise der Aufhebung der Sünden, der Rechtfertigung der Gottlosen (ἀσεβείας!), wie zuvor die Heiden in den Israel-Bund aufgenommen worden sind". Jedoch die Rettung der Heiden ist nicht ihre Aufnahme in den Israel-Bund bzw. ihre Hinzunahme zu dem schon vorhandenen λαός Israel. Vielmehr hat sich Gott die, die bisher „nicht sein Volk" (9,25f.) waren, zu seinem λαός gemacht. Vgl. N. WALTER, Interpretation 186.

[71] Vgl. nur die gegenläufige Perspektive in 1Thess 2,16: „Auf sie (sc. die Juden) ist der Zorn εἰς τέλος gekommen." – Einzigartig ist Röm 11,26ff. aber auch darin, daß die jüdische Erwartung charakteristisch umgebogen wird: Israels Erlösung geht der Annahme der Heiden nicht voraus, sondern folgt ihr nach. Anders R. STUHLMANN, Maß 172: „Die Umkehrung der Tradition trägt in V.25–27 nicht den Ton, sondern sie wird als gegeben vorausgesetzt und dann zugunsten der ursprünglichen Intention der Zionstradition, d.h. zugunsten Israels eingeschränkt." Das ist ebenso Wunschexegese wie die von B. KLAPPERT, Traktat 85f. vertretene Ansicht, die von Paulus für ganz Israel erwartete eschatologische Rettung sei „transkerygmatisch und transekklesiologisch". „Indem Paulus erst von der Parusie des kommenden Kyrios-Menschensohnes und nicht von der durch das Evangelium bestimmten Völkersendung die Rettung von ganz Israel erwartet, kennt er eine unmittelbare Beziehung des kommenden Parusie-Kyrios auf ganz Israel an der Kirche vorbei." Zu Unrecht beruft sich KLAPPERT für diese Exegese auf K. Barth!

[72] Vgl. U. LUZ, Bund 319 Anm. 5; N. WALTER, Interpretation 184.

[73] E. KUTSCH, Neues Testament 155.

[74] N. WALTER, Interpretation 185. Anders H. W. WOLFF, Bibelarbeit über Jeremia 31,31–34, in: Handreichung ... der Evangelischen Kirche im Rheinland ... Nr. 39. Mülheim/Ruhr 1980, 44–55, der in diesem Punkt auch einen eschatologischen Vorbehalt für Christen behauptet (50). M. E. läßt das eschatologische νῦν des NT dies nicht zu (vgl. nur 2Kor 5,17ff.). Und weiß das NT wirklich etwas davon, daß wir „zwischen den Stufen der Erfüllung des neuen Bundes" leben (51)? Leben wir nicht in ihr (vgl. neben dem Kelchwort in der Abendmahlsüberlieferung besonders 2Kor 3,6 und den Hebräerbrief mit seiner Bundestheologie, s.u.)? Oder ist WOLFF wirklich der Meinung, daß das nur vom Christusereignis her im Blick auf die σωζόμενοι sagbare τῇ γὰρ ἐλπίδι ἐσώθημεν Röm 8,24 in gleicher Weise auch für die noch im Alten Bund lebenden Juden gilt?

Treue Gottes, daß die 9,4 genannten διαθῆκαι der Väter nicht gekündigt sind, sondern eschatologisch vollendet werden in dieser διαθήκη Gottes, die mit der Vergebung der Sünden für Israel zur Wirklichkeit werden wird (ἥξει, Futur!) bzw. im eschatologischen „Jetzt" schon ist[75].

Wichtig ist, daß innerhalb der Kapitel 9–11 von der διαθήκη „nur im Zusammenhang mit der Sonderrolle gesprochen (wird), die für Israel noch bleibt, nachdem Gottes Heilshandeln in Jesus Christus neu konstituiert und fundiert ist"[76]. Insoweit kann man in der Tat dem Einspruch Klapperts gegen die „Subsumierung" des Besonderen der Erwählung Israels „unter das Allgemeine der Rechtfertigung des Gottlosen" zustimmen[77]. Jedoch muß man mit Nikolaus Walter sofort hinzufügen, daß daraus eben nicht die einfache Umkehrung folgt, wonach „Israel und die Völkerwelt . . . unter das Besondere des Bundes des Gottes Israels"[78] zusammengeschlossen sind[79]. Röm 11,25b spricht überhaupt „nicht vom Eingehen der Heidenchristen in das Volk Israel, auch nicht von ihrem Eingehen in Gottes Bund mit Israel oder in den mit dem Sinai-Bund geschaffenen Heilsraum, sondern es spricht vom Eingehen in den Heilsraum Gottes, den er einst Abraham verheißen und den dieser schon zu seinem Heil geglaubt hat, den er ,jetzt' (Röm 3,21) in Jesus Christus neu eröffnet hat – für alle Menschen"[80].

---

[75] Vgl. Ph. Vielhauer, Paulus und das Alte Testament 219. – Zur Diskussion um das νῦν vgl. U. Wilckens 261f.

[76] N. Walter, Interpretation 184.

[77] B. Klappert, Traktat 64.

[78] B. Klappert, ebd.

[79] N. Walter, Interpretation 184 Anm. 30. Vgl. auch J. M. Schmidt, Biblische Vorstellungen (s. o. Anm. 21) 167: „Was die Teilhabe der Völker an dem Verhältnis von Gott und seinem Volk Israel anbelangt, so ist wohl zu beachten, daß sie an keiner Belegstelle unmittelbar in den jeweiligen ,Bund' hineingenommen werden."

[80] N. Walter, Interpretation 185. Der vorzügliche Aufsatz von Walter zeigt überdies, daß der „Synodalbeschluß zur Erneuerung des Verhältnisses von Christen und Juden" der Landessynode der Evangelischen Kirche im Rheinland vom 11. 1. 1980 den als Leit-Motto gewählten Vers Röm 11,18b „Nicht du trägst die Wurzel, sondern die Wurzel trägt dich" (Handreichung für Mitglieder der Landessynode, der Kreissynoden und der Presbyterien der Evangelischen Kirche im Rheinland Nr. 39, Mühlheim/Ruhr 1980, 9) gegen den Textsinn verwendet. Denn trotz Jer 11,16f. „ist" die Wurzel nicht = Israel. „Israel" ist „die Bezweigung des Ölbaums, die jetzt – um der Nichtannahme des Christus Jesus willen – zum überwiegenden Teil (11,25b) aus dem Ölbaum entfernt wird. Ebensowenig ,sind' die Heiden der wilde Ölbaum (wollte man in 11,17 ἀγριέλαιος in diesem Sinne übersetzen, so würde ja gleich der gesamte wilde Ölbaum auf den edlen Baum aufgepfropft werden!), sondern die Glaubenden aus den Heiden sind die neue, jetzt eingepfropfte Bezweigung des ,heiligen' Ölbaums, die Zweige, die aus dem ihnen ,natürlichen', wilden Baum – dem Heidentum – herausgeholt sind." Aber Israel ist nicht die Wurzel, nicht der Stamm, das Fett. Sondern das sind Gottes Erwählen und Verheißen, „die von ihm ausströmende Heilsgnade". Jedenfalls sagt der oft angezogene Satz 11,18b „eben nicht, daß die Heidenchristen von Israel als ihrer ,Wurzel' getragen werden" (N. Walter, Interpretation 180f.; vgl. auch G. Klein, „Antijudaismus" 426ff.; anders F. Mussner, Gesetz 213ff.).

Für die alttestamentlichen Zitate in 11,26a.27 heißt das, daß Paulus hier
wie auch sonst die Schrift von der Rechtfertigungslehre her gelesen hat. Und
für die eschatologische Errettung Israels bedeutet es, daß Paulus darin keinen
„Sonderweg" sieht, sondern das eschatologisch ans Ende der Geschichte
versetzte Datum der *Allen*, den Juden wie den Völkern, in gleicher Weise
„dank seiner Gnade" zuteil werdenden „Erlösung, die in Christus Jesus
geschah" (Röm 3,24). „Während die Christenheit bereits gegenwärtig im
neuen Bunde lebt, wird Israel das erst in der Parusie zuteil, und zwar durch
den gleichen Geber Christus und mit der auch in Jub 22,14f. damit verbunde-
nen Gabe der Sündenvergebung. Nicht das Heil ist anders, wohl aber der
Termin, und die Schrift bestätigt solche Hoffnung des Apostels."[81]
    Wir halten fest: Nur innerhalb der Israelkapitel Röm 9–11 spricht Paulus
im Rückgriff auf traditionelle Topoi – Privilegienliste, Bundeserneuerung –
auch und ganz vereinzelt (nämlich 2mal) von der διαθήκη. Folgerungen im
Sinne einer expliziten Bundestheologie zieht er daraus in keiner Weise.
Innerhalb der paulinischen Theologie bleiben die beiden Bundeserwähnun-
gen in Röm 9,4 und 11,27 auf Israel bezogen. Dagegen wo Paulus die διαθήκη
theologisch wertet, wird daraus die schroffe Alternative „Alter Bund –
Neuer Bund", wie später zu zeigen ist. Für den Vorgang als solchen aber ist
die Erklärung einfach: „Bund" ist mit der Nation-Bezogenheit, also mit
Israel, engstens verknüpft. Mit dem Überschreiten der Nation-Bezogenheit
der Heilsverheißungen aber und der Aufrichtung des Individualprinzips des
Heils, wie es Paulus vertritt und mit der Relation Wort – Glaube – Rettung
gerade auch in Röm 9–11 festhält (vgl. 10,6–17), wird der Bundesbegriff
theologisch unbrauchbar[82]. Es ist daher nur sachgemäß, wenn nicht nur
Paulus, sondern das Neue Testament insgesamt weitgehend auf ihn verzich-
ten. Seine Fortschreibung könnte nämlich dahingehend mißverstanden werden, als sei das in Christus eröffnete Heil Gottes für *alle* Menschen seinem
Wesen nach eine Erweiterung des Bundes Gottes mit seinem Volk, „sozusagen eine Öffnung, die auch Heiden den Zutritt in diesen Bund ermöglicht,
also schließlich nichts anderes als die für das Judentum seiner Zeit bereits
selbstverständliche Öffnung für Proselyten"[83]. So wird es in einer bestimmten theologischen Richtung zwar heute gerne verstanden. Aber so steht es
nicht da. Sondern so steht es da, daß durch das Rechtfertigungshandeln
Gottes in Jesus Christus, das die allzumal Gottlosen betrifft, das bis dahin

---

[81] E. Käsemann 304. Zur Diskussion des ganzen Komplexes vgl. jetzt H. Hübner, Gottes
Ich und Israel. Zum Schriftgebrauch des Paulus in Römer 9–11 (FRLANT 136) 1984, bes.
114 ff.; E. Brandenburger, Paulinische Schriftauslegung . . .: ZThK 82, 1985, 1–47.
[82] N. Walter, Interpretation 183ff.
[83] N. Walter, Interpretation 184.

gültige Gegenüber von Juden und Heiden wesenlos wird: „Vom Rechtfertigungsgeschehen her, das alle Menschen – Juden wie Heiden – in die gleiche Position vor Gott bringt, kann es nach Paulus nur *ein gemeinsames* Volk aller ‚Abrahamskinder‘, und das heißt ja: aller Glaubenden aus Juden und Heiden, geben, also ein gemeinsames Gottesvolk, gebildet aus dem erstberufenen Gottesvolk Israel und aus den Glaubenden aus allen anderen Völkern, ein gemeinsames endzeitliches Gottesvolk, das nun keinen Nationalnamen mehr tragen kann, da es so, wie es jetzt in Kreuz und Auferweckung Jesu konstituiert ist, nicht mehr auf dem israelbezogenen Bund vom Sinai basiert."[84] Nicht zufällig wird *Schöpfungsterminologie* bemüht, um das Wesen des neuen Gottesvolkes aus Juden und Heiden sachgemäß zu beschreiben (vgl. Röm 4,17; 2Kor 4,6; 5,17f.; Gal 6,15; 4,21–31). Und selbst noch die Rede vom „neuen Bund" – von Paulus nur 2Kor 3,6 und in der übernommenen Formel 1Kor 11,25 benutzt und nur im Hebr von nennbarem Gewicht – unterstreicht das „Bundesschweigen" des Neuen Testamentes eher, als daß sie es bricht. Er ist eben ein *neuer* Bund, nicht eine Fortschreibung des *alten*, auch nicht des *erneuerten alten* (vgl. Gal 4,21–31 und 2Kor 3,6–18), sondern καινὴ διαθήκη, d. i. die auf den ganzen Kosmos bezogene heilvolle Zuwendung Gottes. Natürlich meint das nicht das Abreißen der heilsgeschichtlichen Kontinuität! Nur sieht Paulus diese nicht mehr in der historisch aufweisbaren Zugehörigkeit zum erwählten Volk, die „in Christus" auf-gehoben ist (im dialektischen Wortsinn; vgl. Gal 3,28; 5,6; 6,15; 1Kor 7,19). Sondern er sieht sie in Gottes Verheißung und Erwählung Abrahams, die sich in Christus eschatologisch vollendet und alle Glaubenden Same Abrahams sein läßt und damit zu Erben der Verheißung macht (Röm 4,16; Gal 3,7–9).

3. Epheser 2,12

Literatur: Die *Kommentare zum Epheserbrief* von H. CONZELMANN (NTD 8) [14]1976. – J. ERNST (RNT) 1974. – J. GNILKA (HThK XX/2) 1971. – E. LOHMEYER (KEK 9) [11]1956. – F. MUSSNER (ÖTK 10) 1982. – H. SCHLIER, [3]1962. – R. SCHNACKENBURG (EKK X) 1982 (Lit.!).
M. BARTH, Israel und die Kirche im Brief des Paulus an die Epheser (TEH 75) 1959. – DERS., Das Volk Gottes. Juden und Christen in der Botschaft des Paulus, in: Paulus – Apostat oder Apostel? Jüdische und christliche Antworten. Regensburg 1977, 45–134, zu Eph: 98–101. – M. HENGEL, Die Synagogeninschrift von Stobi: ZNW 57, 1966, 145–183, bes. 179–181. – A. LINDEMANN, Die Aufhebung der Zeit. Geschichtsverständnis und Eschatologie im Epheserbrief (StNT 12) 1975, 145–192. – H. MERKLEIN, Christus und die Kirche. Die theologische Grundstruktur des Epheserbriefes nach Eph 2,11–18 (SBS 66) 1973. – DERS., Das kirchliche Amt nach dem Epheserbrief (StANT 33) 1973, 152–156. – DERS., Zur Tradition und Komposition von Eph 2,14–18: BZ NF 17, 1973, 79–102. – DERS., Eph 4,1–5,20 als Rezeption von Kol 3,1–17 (zugleich ein Beitrag zur Problematik des Epheserbriefes), in: Kontinuität und Einheit. FS F. Mußner. Freiburg, Basel und Wien 1981, 194–210. – F. MUSSNER, Christus, das All und die

---

[84] N. WALTER, Interpretation 184f.

Kirche. Studien zur Theologie des Epheserbriefes (TThSt 5) ²1968, 76–104. – Ders., Eph 2 als
ökumenisches Modell, in: Neues Testament und Kirche. FS R. Schnackenburg. Freiburg, Basel
und Wien 1974, 325–336. – Ders., Traktat über die Juden. München 1979, 45–48. – W. Rader,
The Church and Racial Hostility. A History of Interpretation of Ephesians 2,11–22 (BGBE 20)
1978. – M. Rese, Die Vorzüge Israels in Röm 9,4f. u. Eph 2,11: ThZ 31, 1975, 211–222. – H.
Sahlin, Die Beschneidung Christi. Eine Interpretation von Eph 2,11–22 (SyBU 12) 1950, 5–22.
– R. Schnackenburg, Die Politeia Israels in Eph 2,12, in: De la Tôrah au Messie. Mélanges H.
Cazelles. Paris 1981, 467–474. – Ders., Zur Exegese von Eph 2,11–22 im Hinblick auf das
Verhältnis von Kirche und Israel, in: The New Testament Age: Essays in honor of Bo Reicke.
Macon 1984, 467–491. – P. Stuhlmacher, „Er ist unser Friede" (Eph 2,14). Zur Exegese und
Bedeutung von Eph 2,14–18, in: Neues Testament und Kirche, FS R. Schnackenburg. Freiburg
1974, 337–358. – P. Tachau, „Einst" und „Jetzt" im Neuen Testament. Beobachtungen zu
einem urchristlichen Predigtschema in der ntl. Briefliteratur und zu seiner Vorgeschichte
(FRLANT 105) 1972. – Ph. Vielhauer, Oikodome. Aufsätze zum Neuen Testament, Bd. 2,
hrsg. v. G. Klein (TB 65) 1979, 115–136.

Der zur Paulusschule gehörende unbekannte Verfasser des Eph erinnert die
von ihm Angeredeten an ihre vorchristliche (nicht heidnische!) Vergangenheit:

> Deshalb erinnert euch,
> daß einst ihr, die Heiden im Fleische,
> die „Unbeschnittenheit" Genannten (so genannt von . . .)
> von der sogenannten Beschneidung,
> die im Fleische besteht und mit Händen gemacht ist,
> daß ihr zu jener Zeit fern von Christus wart,
> ausgeschlossen aus der Gemeinde Israels
> und fremd den Bündnissen der Verheißung,
> ohne Hoffnung zu haben
> und ohne Gott in der Welt (Eph 2,11f.)[85].

Als eine Art Gegenstück zu Röm 9,4f. und vermutlich sogar in rezeptionsgeschichtlichem Zusammenhang damit[86] stellt Eph 2,12 zum dortigen Positivkatalog einen „Negativkatalog" auf und macht so anhand der „Minus-
punkte des Heidentums"[87] deutlich, was „Israels" Vorzug ist: Es hat die
Messiashoffnung, bildet den $q^e hal\ Jahwe$[88], hat die Bündnisse der Verheißung, lebt in der Hoffnung und in der Gottesgemeinschaft[89]. An alledem

---

[85] Übersetzung H. Merklein, Christus 13. – Daß nicht eigentlich die heidnische, sondern
die vorchristliche Existenz im Blick ist, erhellt aus der Relativierung der Beschneidung („mit
Händen gemacht") bzw. der Unbeschnittenheit (so wurden die Heiden nur „genannt"). Siehe
unten! Nicht Juden und Heiden werden in ein Verhältnis gerückt, sondern vorchristliche
Vergangenheit („ohne Christus") und christliche Gegenwart („in Christus", V13). Vgl. A.
Lindemann, Aufhebung 147f.

[86] R. Schnackenburg 108f.

[87] Die Begriffe bei J. Ernst 312.

[88] Zur *πολιτεία* in der Bedeutung „Gemeinde", „Volksgemeinschaft" vgl. M. Hengel, ZNW
1966, 179–181 (Belege mit Bezug auf das Judentum).

[89] F. Mussner 179; ders., Traktat 47f. Anders A. Lindemann, Aufhebung 148–151, für den
sich die Defizite auf Heiden *und Juden* beziehen: „ohne Christus", d.h. ohne „das Heilsereignis

hatten und haben die Heiden keinen Anteil. Der „Gemeinde Israels" stehen sie fern, d. h. sie gehören nicht zu dem Volk, das Gott sich als sein Eigentum erwählt hat. Und gegenüber den „Bündnissen der Verheißung" waren sie „Fremdlinge". Solche Hinsicht auf die Heiden hat eine weit ins Alte Testament zurückreichende Tradition. Weil Heiden einen verführerischen, fremden Götzendienst haben und das erste Gebot verwerfen, gelten sie Israel als „Fremde" (vgl. Jer 5,19; Mt 27,7; 1Makk 1,11ff.). Der Bundesschluß Israels mit Gott, der nur für dieses Volk selbst galt, verschärfte diese Fremdlingschaft noch dadurch, daß er eine Mauer zwischen Israel und den fremden Völkern aufrichtete, die dadurch als Menschen ohne Gottesgemeinschaft (ἄθεοι) galten[90]. Rechtlich und heilsgeschichtlich waren die Heiden also die Außenstehenden schlechthin. Die rabbinische Auslegung von Jes 57,19 (auf diese Stelle bezieht sich der Eph, vgl. 2,17) bestätigt das (vgl. Midrasch NumR 8 [149d]; Midrasch Esth 3,9 [96a])[91].

Auffällig ist in Eph 2,12, daß es nicht einfach heißt: Fremdlinge gegenüber der Verheißung, sondern: Fremdlinge gegenüber den entsprechenden „Verfügungen". Aber das ist nur konsequent, weil es ja die διαθῆκαι, die „Verfügungen", „Kundgebungen", „Testamente" Gottes sind, die Israel allererst in den Rang einer Politeia, d. i. der q^ehal Jahwe, erheben, von der die Völker ausgeschlossen sind. Jüdisch gedacht sind die διαθῆκαι τῆς ἐπαγγελίας die Verheißungszusicherungen Gottes z. B. an Abraham (Gen 15 und 17), die an Isaak und Jakob erneut ergingen (Gen 26,3ff.; 28,13ff.), an David (2Sam 7,8ff.)[92], oder auch die prophetischen Verheißungen des *ewigen* Bundes (Jes 55,3; Jer 32,40; Ez 37,26; vgl. Hebr 13,20)[93]. Aber der Eph-Autor denkt so nicht, wie die im Singular stehende ἐπαγγελία zeigt. Er weiß mit Paulus, daß für alle „Verheißungen Gottes" in Jesus Christus das Ja ist (2Kor 1,20). D. h., die Verheißung hat für den Eph-Autor „eine christliche Sinnspitze". Es ist das Verheißungswort, das jetzt in Christus erfüllt ist[94]. Der Vergleich zwischen Juden und Heiden steht für ihn von vornherein unter *ekklesiologischem Aspekt*[95]. Das besagt, daß die Kategorialisierung der Menschheit vor dem Hintergrund ihrer Aufhebung in Christus vorgenommen wird. Man

---

als Ganzes" sind *alle* Nichtchristen = ohne Heil (148.151). Aber gerade, wenn die vorchristliche Vergangenheit „als Negativfolie der Gegenwart" vor dem Hintergrund der Privilegien Israels erscheint, dann kann der nicht neutral gesehen sein, sondern er hat positiven Sinn.

[90] Vgl. J. H. Friedrich, Art. ξένος: EWNT II 1189f.
[91] Bill III 586.
[92] Vgl. J. Behm, Begriff 47f.
[93] E. Kutsch, Neues Testament 95.
[94] H. Merklein, Christus 20f.
[95] Besonders klar herausgearbeitet von H. Merklein, Christus, *passim;* vgl. auch A. Lindemann, Aufhebung 145ff.

erkennt das schon an der Nivellierung der Unterschiede zwischen Juden und
Heiden in 2,1–3: *alle* sind Sünder. Man erkennt es vor allem an der negativen
Beurteilung der Beschneidung in V 11 („am Fleisch mit Händen gemacht")
und damit der Relativierung der Scheidung zwischen Juden und Heiden als
einer „sogenannten" (wir kommen darauf zurück). Und sowenig „Christus"
in V 12 reiner Messiastitel ist[96], sowenig ist „Israel" einfach das auserwählte
jüdische Volk. „Israel" ist nämlich weder mit dem physischen Israel gleich-
zusetzen (das scheitert an der negativen Beurteilung der Beschneidung in
V 11: „am Fleisch mit Händen gemacht" heißt ja: vor Gott irrelevant) noch
mit der Kirche. Helmut Merklein hat den Sachverhalt differenzierter zu
verstehen gelehrt[97]: Die „Gemeinde Israels" ist für den Eph kein konkreter,
sondern ein „theologischer" Begriff, der von der Gottesvolkidee getragen
wird, die in der Verheißung gründet. „Sofern innerhalb des mit ‚Beschneidung' zu umgrenzenden Gebildes die Idee des Gottesvolkes lebendig war,
die jetzt aus christlicher Sicht mit dem Begriff ‚Verheißung' umschrieben
werden kann, kann der Verfasser die ‚Beschneidung' mit der ‚Gemeinde
Israels' in Zusammenhang bringen und sagen, daß die Heiden getrennt waren
von diesem Israel. Sofern aber die ‚Verheißung' auf das ‚in Christus' begründete eschatologische Gottesvolk der Kirche hintendiert, realisiert sich ‚Gemeinde Israels' in der Kirche. Das heißt, die Heiden sind dadurch, daß sie zur
Kirche stoßen, nicht mehr getrennt von Israel. ‚Israel' steht demnach unter
dem Blickpunkt des Eschatons Ekklesia."[98] Unter dem dominierenden ekklesiologischen Aspekt werden also die Begriffe „Messias" und „Gemeinde
Israels" nicht mehr nur gesehen als das, was sie einmal waren, sondern was
sie inzwischen geworden sind: durch *Jesus Christus* bzw. durch das Blut Jesu
Christi geeinte Gemeinde Gottes aus Juden *und* Heiden. Damit steht Eph
2,12 trotz des rezeptionsgeschichtlichen Zusammenhanges mit Röm 9,4f. in
einem ganz anderen Horizont als die Paulusstelle und hat auch eine völlig
andere Intention. Röm 9–11 gibt Paulus im Blick auf das dem Evangelium
nicht folgende Judentum einen prophetischen Überblick über Israels Geschichte bis zu deren Vollendung, der doxologisch eröffnet (Röm 9,5b) und
doxologisch abgeschlossen wird (11,33–36)[99]. Der Eph-Autor beantwortet

---

[96] Mit H. MERKLEIN, Christus 18f., gegen F. MUSSNER, Christus 77. Hauptargument Merk-
leins: die als *Heidenchristen* angesprochenen Leser konnten „fern von Christus" kaum anders
als fern von *Jesus Christus* verstehen. Die sonstige Verwendung des bloßen „Christus-Titels"
(ohne „Jesus") im Eph bestätigt das: Eph 1,3.10.12.20; 2,5; 3,4.8.17.19.Vgl. auch A. LINDE-
MANN, Aufhebung 151f.; P. TACHAU, „Einst" 141f. Anders K. M. FISCHER, Tendenz und
Absicht des Epheserbriefes (FRLANT 111) 1973, 80.
[97] Christus 16ff., bes. 21 und 72–76.
[98] H. MERKLEIN, Christus 21.
[99] Vgl. E. KÄSEMANN, Römerbrief 305.

anhand einer dem urchristlichen Predigtschema entstammenden Gegenüberstellung von „Einst" und „Jetzt"[100] die Frage, wie Juden und Heiden das
eine eschatologische Gottesvolk sein können, und hat dabei das dem Evangelium nicht folgende Judentum überhaupt nicht im Blick[101]. Ihm geht es
vielmehr um die *Kirche* aus ehemaligen Juden und Heiden, „in der die
früheren Unterschiede, Beschneidung (vgl. V 11) und Gesetz (vgl. V 15) ihre
Bedeutung verloren haben, und es geht ihm um das rechte Verhältnis, die
Einheit von Juden- und Heidenchristen in der Kirche, vielleicht besonders
um das Verständnis der Heidenchristen für die Judenchristen, aber nicht um
das Verhältnis zum außenstehenden Judentum"[102]. Das erklärt, warum im
ganzen Eph nie von den „Juden" die Rede ist und von der „Gemeinde
Israels" nur einmal. Und das erklärt auch die Veränderungen im „Negativkatalog" gegenüber dem „Positivkatalog" Röm 9,4f.: Dort stehen die διαθῆκαι
in Verbindung mit „Gesetzgebung, Kult und Verheißungen", während hier
alles konzentriert ist auf die Bündnisse der *Verheißung*, die Israel zum
auserwählten Volk Gottes konstituiert. Schließlich: Die in Röm 9,4f. nicht
vorkommende Betonung der Gottesgemeinschaft dürfte der Eph-Autor aus
demselben Grunde vornehmen, wie die mittels des modalen Genitives τῆς
ἐπαγγελίας erreichte engere Anbindung der Verheißung(en) an die göttlichen
Verfügungen: für den gegenwärtigen Horizont ist das Entscheidende, daß
die eigentliche Misere des Heidentums, das χωρὶς Χριστοῦ (εἶναι) sich durch die
Annahme des Evangeliums erledigt hat und es nun zusammen mit den Juden
einen neuen Zugang zu Gott, die Erfüllung des Heils also, hat[103].

Wenn man den ekklesiologischen Aspekt nicht beachtet, unter dem der
Eph-Autor das Ganze von vornherein sieht, erhält die Gedankenlogik einen
empfindlichen Knick. Denn wenn das Unheil der Heiden darin besteht, daß
sie nicht an den Privilegien Israels partizipieren, müßte ihr Heil ja darin
bestehen, daß ihnen das nun ermöglicht wird. Aber diese Konsequenz, daß
die ehemaligen Heiden nun Juden geworden sind, will der Verfasser nicht
ziehen und er braucht sie auch nicht zu ziehen, weil „Israel" für ihn von
vornherein eine zur Kirche hin offene Größe darstellt. Heidnische Heillosig-
keit wird darum nicht durch Ausweitung der Privilegien Israels auf die

---

[100] P. TACHAU, „Einst" 133; MUSSNER 72.

[101] So richtig R. SCHNACKENBURG 108.110; J. GNILKA 134. – Indirekt wird das auch daraus
ersichtlich, daß der Eph-Autor den Israelbegriff nicht direkt aus der jüdischen Theologie
übernimmt, wo der Zusammenhang mit Beschneidung und Gesetz wesentlich war, sondern aus
paulinischer Tradition, wo die Verheißung „Konstitutivum Israels geworden war" (H. MERK-
LEIN, Christus 76).

[102] R. SCHNACKENBURG 108. Anders F. MUSSNER, Traktat 47f. – Die Einigung von Juden und
Heiden in der Kirche liegt Röm 11,36 als *Tendenz* vor, der Gedanke wird aber nicht ausgeführt.
Vgl. KÄSEMANN, Römerbrief 307f.

[103] R. SCHNACKENBURG 110.

Völker beendet, auch nicht durch ihre Eingliederung in den Bund Gottes mit Israel[104], sondern durch Inkorporation in das σῶμα Χριστοῦ (2,16), in dem auch die Israel konstituierende „Verheißung" ihre Erfüllung findet. Denn nach der Unterbrechung der Anamnese VV 11–13 in VV 14–18 wird das Ergebnis dieses Christusteiles in VV 19–22 im Blick auf die heidenchristlichen Adressaten wie folgt zusammengefaßt:

> So seid ihr also nicht mehr Fremde und Beisassen,
> sondern Mitbürger der Heiligen und Hausgenossen Gottes,
> erbaut auf dem Fundament der Apostel und Propheten,
> wobei der Schlußstein Christus ist;
> in ihm wächst der ganze Bau festgefügt zu einem heiligen Tempel im Herrn;
> in ihm werdet auch ihr miterbaut zur Wohnung Gottes im Geist.

Nicht in den *Bund,* ja, nicht einmal in den *Neuen Bund* (er kommt terminologisch im Eph gar nicht vor!), sondern in den *Bau* sind sie eingefügt, in das σῶμα, welches vom „Haupt" her, Christus, zusammengefügt und gefestigt ist (4,15f.). Dadurch, daß die „Verheißung" auf das „in Christus" begründete eschatologische Gottesvolk der Kirche hin tendiert, realisiert sich „Gemeinde Israels" in der Kirche[105].

Wie der rechtfertigungstheologische Aspekt bei Paulus, so bedingt der ekklesiologische beim Eph-Autor eine merkwürdige Gebrochenheit der Israel-Aussagen. Die Privilegien Israels bleiben erhalten, aber sie sind relativer, nicht absoluter Art. Israel hat den Heiden voraus, daß es durch die „Verheißung" zum berufenen Volk Gottes konstituiert ist, nicht „fern von Christus" ist, kurz, daß es vor allen Völkern erwarten darf, des eschatologischen Heilstuns Gottes teilhaftig zu werden. Aber die *Erfüllung* dieser Hoffnung teilt es mit den Heiden: den Ruf des Evangeliums in das *regnum gratiae,* d.i. der durch Christus für *beide,* Juden und Heiden, eröffnete neue Zugang zu Gott (2,18; 3,12).

Es mag ja richtig sein, daß der Eph die Ekklesiologie „vor dem Horizont

---

[104] Besonders vertreten von M. BARTH, Israel und die Kirche im Brief des Paulus an die Epheser (TEH 75) 1959; DERS., „Das Volk Gottes. Juden und Christen in der Botschaft des Paulus", in: Paulus – Apostat oder Apostel? Jüdische und christliche Antworten. Regensburg 1977 (45–134) 98–101. Für M. BARTH ist „die Aufnahme der Heiden in den Haushalt Gottes . . . vergleichbar dem Empfang, der dem Verlorenen Sohn bereitet wird" (Israel 8). – Zur Kritik vgl. den sehr sorgfältig wägenden Beitrag von R. SCHNACKENBURG, Zur Exegese von Eph 2,11–22, in: FS Bo Reicke 468ff.

[105] H. MERKLEIN, Christus 21.72–76; R. SCHNACKENBURG 110 mit Anm. 255; J. GNILKA 137. Vgl. auch A. LINDEMANN, Aufhebung 155: „Gemeint ist nicht, ‚Nahe' und ‚Ferne' seien miteinander vereinigt, die Heiden in ein zuvor bestehendes Gottesvolk ‚eingegliedert' worden, es geht vielmehr darum, daß diejenigen, die ‚einst' fern von Gott waren, ihm jetzt nahe sind." Dem stimmt H. CONZELMANN, Heiden – Juden – Christen. Auseinandersetzungen in der Literatur der hellenistisch-römischen Zeit (BHTh 62) 1981,239 ausdrücklich zu.

Israels" entwirft[106]. Und auch das mag sein, daß der Eph-Autor ein beachtliches „instinktives" Wissen um den „heilsgeschichtlichen Zusammenhang von Israel und Kirche" besitzt, daß es für ihn „keine Ekklesiologie ohne Blick auf Israel" gibt[107]. Aber es ist ausschließlich das vorchristliche Israel, auf dem sein Blick ruht, nicht das gegenwärtige, das nicht den Weg zum Evangelium gefunden hat. Wer – wie der Eph-Autor – die Kirche als „in Christus geschehene Realisation des Gottesvolkes Israel begreift"[108], dem stellt sich das Problem von Röm 9–11 nicht. Denn „von der Kirche aus sind eben die Juden qua Israel, gleichgültig ob sie nun gläubig wurden oder nicht, in Tendenz zur Kirche"[109]. Entsprechend ist auch das eschatologische „Mysterium" von Röm 11,25 kein Reflexionsgegenstand. Die theologische Konzeption des Eph ist vielmehr auf einen inhaltlich anders gefüllten Begriff des Mysteriums zentral zugespitzt, nämlich darauf, daß jetzt das Geheimnis offenbart wurde, daß die Heiden Miterben und Miteinverleibte und Mitteilhaber der Verheißung sind in Christus Jesus durch das Evangelium (3,5f.; vgl. 1,9; 3,9f.; 6,19). D. h. *beide*, Juden und Heiden, haben *einen* Zugang „in einem einzigen Pneuma zum Vater" (2,18). Dieser Satz stellt in der Tat „das kerygmatische Zentrum des Briefes dar"[110].

Aus dem „Blick auf Israel" kann m. E. nicht gefolgert werden, der „Leib", der durch Jesu Heilstat als ein „einziger" konstituiert ist, sei schon im „Gemeinwesen" Israel „vorkonstituiert"[111]. Eph 3,6 ist kein exegetisches Argument für diese Behauptung. Im Gegenteil! Mit-Erben, Mit-Eingeleibte und Mit-Teilhaber sind die Heidenchristen nicht als Partner an den altbundlichen Privilegien, sondern (wie besonders der ad hoc gebildete Ausdruck σύσσωμα beweist) als in das σῶμα Χριστοῦ hinein *Getaufte*[112]. Dadurch werden aus ehemals „Fremden" Beisassen, Mitbürger der Heiligen und Hausgenossen *nicht des Alten Bundes,* sondern der *Kirche* (2,19f.). Mit dem kosmischen Friedenswerk, das in der Stiftung der Kirche vollbracht wurde, ist *neue Schöpfung* auf den Plan gerufen, die auch Israel mit umfaßt: der

---

[106] F. Mussner 179.

[107] Ebd. 74. Allerdings stehen der Annahme, es gehe in Eph 2,11–22 um die Entfaltung eines heilsgeschichtlichen Aufrisses, beträchtliche Schwierigkeiten entgegen. Das „Einst-Jetzt-Schema" macht sie offenkundig: nicht ein Prozeß, der *Kontrast* steht im Vordergrund. „Eine geschichtliche Entwicklung von Vergangenheit zur Gegenwart wird nicht geschildert, und so darf c.2 nicht etwa als geschichtlicher Abriß der Bekehrung verstanden werden. Vielmehr dient die Erwähnung der Vergangenheit ausschließlich der Qualifizierung der Gegenwart" (P. Tachau, „Einst" 142f.). Vgl. auch A. Lindemann, Aufhebung 145f.191f.

[108] H. Merklein, Christus 26.

[109] Ebd. 27; vgl. R. Schnackenburg 108f.110.

[110] F. Mussner 88.

[111] Gegen F. Mussner 180.

[112] Vgl. R. Schnackenburg 135f.121f.

„einzige Leib", der „die zwei (Juden und Heiden) in sich zu einem einzigen neuen Menschen" schafft[113]. Dieser schöpferische Akt der Wiedergeburt, im Heilstod Christi gründend und in der Taufe sich an jedem einzelnen realisierend, setzt ein Neues auch für Israel, das die altbundlichen Privilegien aufgehoben sein läßt in des Wortes dialektischer Bedeutung[114]. Insofern sind alle Verhältnisbestimmungen von Israel und Kirche, die die Besonderheit Israels leugnen – Substitutionsmodell, Integrationsmodell, Typologiemodell, Illustrationsmodell, Subsumptionsmodell – verfehlt. Aber auch das „Partizipationsmodell" ist aus allen bisher genannten Gründen auf Eph 2,11–18 nicht anwendbar[115] – es sei denn in *der* Form, daß beide, der Jude mit seinen Privilegien und der Heide mit seinen diesbezüglichen Defiziten, an dem kosmischen Friedenswerk Christi partizipieren. Darin besteht das Mysterium, das der Eph geoffenbart weiß, nicht aber darin, daß die Heiden zu dem alten Gottesvolk *hinzu*genommen werden.

Wir halten also fest: Eine merkwürdige Spannung durchzieht den ganzen Abschnitt Eph 2,11–18. Einerseits bleibt der Vorzug Israels als das von Gott berufene Volk anerkannt, und die „Bündnisse der Verheißung" sind *das* signum der Erwählung (V 12). Andererseits wird der Vorzug Israels in einer erheblichen Weise relativiert. Der den Abschnitt beherrschende ekklesiologische Aspekt läßt die Dimension der ehemaligen Spaltung zwischen Juden und Heiden *begrenzt* erscheinen. Sie bestand „im Fleisch", ist jetzt also irdisch und *coram Deo* bedeutungslos. Streng genommen war sie eine Spaltung zwischen „so genannten" Heiden (λεγόμενοι ἀκροβυστία) und „sogenannten" Juden (λεγομένη περιτομή), deren Kennzeichen der Bundeszugehörigkeit, die Beschneidung also, überdies abgewertet wird durch den Zusatz „die am Fleisch mit Händen gemacht ist"[116]. Relativiert ist der Vorzug Israels aber auch dadurch, daß nach V 15 die „Feindschaft" zwischen Juden und Heiden dadurch beendet wird, daß Christus dasjenige einreißt, was nach jüdischem Selbstverständnis *das* Privileg schlechthin ist: das Gesetz der Gebote, also die Tora und ihre Halacha[117]. Das ist etwas, „was kein richtiger

---

[113] Vgl. R. SCHNACKENBURG 111: „Auch der Status Israels ist dadurch ein anderer geworden; dem einst nahen Gottesvolk Israel ist in Christus ein neuer Zugang zu Gott gewiesen."

[114] R. SCHNACKENBURG 136: „Gewiß besaß Israel einmal die aus dem ihm gewährten ‚Bund' Gottes stammende Verheißung (2,12); aber dieser Horizont ist in Christus überschritten und verändert. Jetzt ist die einstige Verheißung (des Messias) in Christus erfüllt, und diese Erfüllung bringt zugleich die neue Verheißung des vollen Heilserwerbs mit sich (vgl. 1,13f.). ‚Mitteilhaber' der Verheißung sind die Heiden also mit ihren Mitchristen, seien es ehemalige Juden oder Heiden."

[115] Gegen F. MUSSNER 180.

[116] Die Wendung „mit Händen gemacht" hat im NT immer negativen Klang: Mk 14,58; Apg 7,48; 17,24; Hebr 9,11.24. Vgl. J. GNILKA 134.

[117] Wenn die „Mauer" nicht gemäß dem gnostisch-dualistischen Mythos als kosmische

Jude tun darf"[118]. Diese Spannung zwischen Anerkennung und Depravation des jüdischen Vorzugs wird noch größer, wenn man auf die Rechtfertigungstheologie als den *cantus firmus* der ganzen Argumentation achtet (2,4f.8f.; 3,6ff.).

Warum dann aber die Erwähnung des Vorzugs Israels? Eine theologische und eine historische Antwort können gegeben werden. Die *theologische:* Vor dem Hintergrund der Privilegien Israels, an denen die Heiden keinen Anteil hatten, kann der Eph-Autor klarmachen, daß sie, was sie jetzt sind, *aus Gnade* sind. „Um den Tatbestand ‚allein aus Gnade' in Klarheit festzustellen, wird ihre Vergangenheit von derjenigen der einstigen Juden abgehoben."[119] Die Abgründigkeit heidnischer Verlorenheit läßt sich nicht deutlicher darstellen als vor dem Hintergrund jüdischer Erwähltheit. Die *historische Antwort:* Eine konkrete Veranlassung, die dazu geführt hat, in Abwandlung der paulinischen Verkündigung die Einheit der Kirche aus Heiden und Juden zu betonen, läßt sich zwar nicht erkennen. Gleichwohl darf mit Werner Georg Kümmel angenommen werden, daß der Eph „in eine allgemeine geistige Krise des nachpaulinischen Heidenchristentums hinein geredet" ist, „in der betont werden muß, daß die Kirche der Heiden die *jüdische* Vergangenheit der Kirche einschließt, weil sie die in jedem Sinne universale Kirche ist, die ‚zum ausgewachsenen Maß der Christusfülle' 4,13 erst noch gelangen soll und in der die Heidenchristen vor einem Rückfall in ihre vorchristlichen moralischen Grundsätze gewarnt werden müssen (4,17ff.; 5,6ff.)"[120].

Es ist diese *universale Kirche,* die den an der alttestamentlichen Gottesvolkidee haftenden Begriff der διαθήκη desolat werden läßt, ja auch den prophetischen Begriff der καινὴ διαθήκη zur Beschreibung des „Mysteriums" untauglich macht. Der Eph versucht das auch erst gar nicht. Er greift zur Bauallegoristik, in der er das adäquate Mittel sieht, um das kosmisch dimensionierte Heilsgeschehen zu verkünden:

Ihr seid auf das Fundament der Apostel und Propheten gebaut; der Schlußstein ist Jesus Christus selbst. Durch ihn wird der ganze Bau zusammengehalten und wächst

---

Scheidewand zwischen Himmelswelt und Erdenwelt zu verstehen ist (H. SCHLIER, H. CONZELMANN), sondern gemäß jüdischer Vorstellung als Zaun des Gesetzes und der Halacha (F. MUSSNER 76, hier auch die entsprechenden Belege), so verschärft das noch die Problematik. Denn für jüdische Ohren wäre der Satz dann eine ungeheure Provokation. Jedoch wird das religionsgeschichtliche Problem von Eph 2,14ff. sehr kontrovers diskutiert. Vgl. dazu vor allem A. LINDEMANN, Aufhebung 152ff.

[118] F. MUSSNER 77.

[119] H. CONZELMANN 99.

[120] W. G. KÜMMEL, Einleitung in das Neue Testament. Heidelberg ²¹1983, 321; vgl. H. MERKLEIN, Christus 76 Anm. 19.

zu einem heiligen Tempel im Herrn. Durch ihn werdet auch ihr im Geiste zu einer Wohnung Gottes erbaut (2,20–22, Einheitsübersetzung).

Insgesamt hat der Rekurs auf die διαθῆκαι der Väter im Eph eine hermeneutisch-theologische und eine paränetische Funktion. Der dominierende *ekklesiologische* Aspekt legt ihn von vornherein und ausschließlich darauf fest.

4. Weitere Einzelvorkommen

a) Lukas 1,72

Literatur: Die *Kommentare zum Lukasevangelium* von W. GRUNDMANN (ThHK 3) ⁶1971. – J. SCHMID (RNT 3) ²1953. – W. SCHMITHALS (ZBK NT 3.1) 1980. – G. SCHNEIDER (ÖTK 3/1) ²1984. – H. SCHÜRMANN (HThK III/1) 1969. – E. SCHWEIZER (NTD 3) 1982.
J. GNILKA, Der Hymnus des Zacharias: BZ 6, 1962, 215–238. – H. GUNKEL, Die Lieder in der Kindheitsgeschichte Jesu bei Lukas, in: Festgabe ... A. v. Harnack. Tübingen 1921, 43–60. – O. HAGGENMÜLLER, „Der Lobgesang des Zacharias": BiLe 9, 1968, 249–260. – F. HAHN, Christologische Hoheitstitel. Ihre Geschichte im frühen Christentum (FRLANT 83) ³1966. – M. RESE, Alttestamentliche Motive in der Christologie des Lukas (StNT 1) 1969. – A. VANHOYE, Structure du „Benedictus": NTS 12, 1965/66, 382–389. – PH. VIELHAUER, Das Benedictus des Zacharias (Lk 1,68–79), in: DERS., Aufsätze zum Neuen Testament (TB 31) 1965, 28–46.

Lukas macht von dem Bundesschweigen der Synoptiker – läßt man das Kelchwort innerhalb der Abendmahlsüberlieferung einmal beiseite – insofern eine Ausnahme, als er innerhalb der sogenannten Vorgeschichte Lk 1,5–2,52 *einmal* von der διαθήκη spricht. Dabei handelt es sich aber um jene berühmte Ausnahme, die die Regel bestätigt. Gemeint ist der V 72 im sogenannten Benedictus des Zacharias Lk 1,68–79. Nach der Feststellung, daß Gott sein „Volk besucht", ihm „Erlösung geschaffen" und ein „Horn des Heils im Hause seines Knechtes David aufgerichtet" habe (VV 68b–69), wird vom „Herrn, dem Gott Israels" gesagt:

> Wie er es von Ewigkeit her durch den Mund seiner heiligen Propheten angekündigt hat:
> Uns zu retten von unseren Feinden und aus der Hand aller, die uns hassen;
> Barmherzigkeit zu üben an unseren Vätern und an seine heilige διαθήκη zu denken,
> an den Eid, den er unserem Vater Abraham geschworen hat (VV 70–73)[121].

Wir können im Blick auf diesen Text und seinen Zusammenhang von einigermaßen gesicherten Erkenntnissen der Forschung ausgehen[122]:
1) Die Johanneslegende, die mindestens Lk 1,5–25.57–66 (vielleicht auch 1,26–38 als eine ursprüngliche *Annuntiatio* an Elisabeth) umfaßt, stammt aus

---

[121] Übersetzung E. KUTSCH, Neues Testament 93.
[122] Zum folgenden vgl. vor allem PH. VIELHAUER, Benedictus 28ff.

Kreisen der Täuferbewegung und ist ihrer Art nach jüdisch und nicht christlich. Lukas hat in dieses Dokument nicht redaktionell eingegriffen. Die mit ihm verfolgte christliche Tendenz erreicht er anders, nämlich durch die kunstvolle Komposition der parallel laufenden Erzählungen von Johannes und Jesus: Die Superiorität des Letztgenannten über den Täufer soll schon in ihrer beider Vorgeschichte erwiesen werden.

2) Die Lieder in Lk 1, das Magnificat (VV 46–55) und das Benedictus (VV 68–79), gehören nicht ursprünglich zu dieser Johanneslegende, sondern sind selbständige Psalmen, genauer: jüdisch-eschatologische Hymnen[123], „die Jahwes zukünftige Großtaten proleptisch als Erfüllung besingen"[124].

3) Das Benedictus ist in seiner jetzigen Gestalt keine ursprüngliche Einheit. Es besingt in einem ersten Teil in allgemein gehaltener Form den Anbruch der Heilszeit (VV 68–75), in einem zweiten Teil (durch Wechsel von Person und Tempus markiert und stilistisch als Genethliakon dargeboten) die Geburt des Kindes Johannes (VV 76–79).

4) Unbeschadet der jüdischen Herkunft des ersten Teiles des Benedictus paßt dieser nicht mit den in 1,14–17 und 1,76f.79b zum Audruck kommenden täuferischen Anschauungen zusammen. Das Benedictus setzt ganz klar die nationale Messiashoffnung voraus, während die Täufergemeinde in der Tradition von Mal 3,1.23f. den „Propheten" erwartet, der als Vorläufer des zu seinem Volk kommenden Gottes dieses bekehrt und durch Sündenvergebung für Gott zubereitet. Deutlich gesagt: Es liegen zwei verschiedene Messiasvorstellungen vor, eine heilsgeschichtlich-politische und eine universal-soteriologische, wonach der „prophetische Messias" das Heil als den Besuch der Barmherzigkeit Gottes aus der Höhe bringt[125].

Ob das Benedictus teilweise oder ganz täuferischer oder christlicher Herkunft ist, ob es sekundär zur Johanneserzählung hinzugedichtet wurde oder schon immer mit ihr zusammengehört hat, dieses und anderes mehr ist umstritten und braucht hier nicht weiter verhandelt zu werden. Für unsere Fragestellung können wir uns an den nicht umstrittenen ersten Teil des Benedictus als eines ursprünglich selbständigen Psalmes halten, der den Anbruch der Heilszeit besingt. Und zwar unverkennbar als Erfüllung der Verheißungen des Bundesgottes[126]. Die Heilszusagen sind die alten, und

---

[123] H. GUNKEL, Lieder 43–60; R. BULTMANN, Die Geschichte der synoptischen Tradition (FRLANT 29) ³1957, 322f.
[124] PH. VIELHAUER, Benedictus 30.
[125] Vgl. PH. VIELHAUER, Benedictus 31ff. 36ff., bes. 39 Anm. 60; F. HAHN, Hoheitstitel 371ff. – Im Judentum konnte das Kommen dieses Messias mit dem Aufgang eines Gestirns verglichen werden (Num 24,17; Jes 9,2; 60,1–3; CD 7,18f.; 1 QM 11,6f.; 4 QTest 12f.; TestJud 24,1; TestLev 18,3). Siehe dazu G. SCHNEIDER 62.
[126] PH. VIELHAUER, Benedictus 34.

Jahwe wird so besungen, wie Israel ihn aufgrund seiner geschichtlichen
Erfahrungen besungen hat: als *Retter* von seinen Feinden (Ps 106,10), als
Erbarmer der Väter (ähnlich Mi 7,20; 1Makk 4,10), der ewig an seinen Bund
gedenkt (Ps 105,8; 106,45) und die eidliche Zusage an Abraham einzulösen
verspricht (Gen 22,16ff.; vgl. Gen 17.7.8; Ex 2,24; Lev 26,42). Die wichtigste dieser Zusagen ist das „Horn des Heiles", das er seinem Volk aufrichten
will, d. h. er wird ihm den davidischen Messias senden (vgl. Ps 18,3; 132,17;
1Sam 2,10; Ez 29,21)[127]. In diesen idealen Vorstellungen mögen die akuten
politischen Heilserwartungen der Makkabäer sich bewegt haben: Friede als
das Ende der politischen Not und Gerechtigkeit als Aufrichtung der Theo-
kratie. Jedenfalls vergegenwärtigt sich Israel in solcher Anamnese das erwäh-
lende, zukunfteröffnende Tun Gottes. Sie hat ihren Ort in der Geschichts-
schreibung, der prophetischen Predigt und kultischen Praxis Israels[128]. Das
in unserem Text besonders erwähnte Gedenken Gottes[129] an seine „heilige
Diatheke" wird durch den epexegetischen Satz V 73 inhaltlich eindeutig
gemacht: Heilige Diatheke ist die *eidliche*, einseitige *Zusage* Gottes, und
zwar in unserem Falle an Abraham: „Weil du das getan hast und deinen
einzigen Sohn mir nicht vorenthalten hast, will ich dir Segen schenken in
Fülle und deine Nachkommen zahlreich machen wie die Sterne am Himmel
und den Sand am Meeresstrand. Deine Nachkommen sollen das Tor ihrer
Feinde einnehmen. Segnen sollen sich mit deinen Nachkommen alle Völker
der Erde, weil du auf meine Stimme gehört hast" (Gen 22,16–18, Einheitsübersetzung). Diese eidliche Zusage Gottes wird VV 74f. inhaltlich noch
näher als göttliche Befreiungstat bestimmt mit dem Zweck der uneingeschränkten Kultausübung: „Er hat uns geschenkt, daß wir, aus Feindeshand
befreit, ihm furchtlos dienen in Heiligkeit und Gerechtigkeit vor seinem
Angesicht all unsere Tage" (Einheitsübersetzung). Die Hoffnung geht auf
einen endzeitlichen Gottesdienst der gänzlichen Gesetzeserfüllung, den das
messianisch erneuerte Israel als einen irdischen Endzustand feiern wird[130].

Zum *christlichen* Text wird das Loblied auf den Gott Israels dadurch, daß
die Weissagung V 76 auf Jesus geht (VV 78f.). So jedenfalls liest es Lukas und
so sollen auch wir es lesen. Davon unberührt bleiben die mit der heiligen
Diatheke gesetzten Heilszusagen: es sind unverändert diejenigen, die *Israel*
seine Doxa verleihen (2,32). Anders gesagt: Der erste Teil des Benedictus

---

[127] H. Schürmann 86 Anm. 33.

[128] Die von G. Schneider 62 erwogene „christliche Entstehung in früher Zeit" halte ich für
ausgeschlossen.

[129] Vgl. O. Michel, ThWNT IV 678–687; H. Gross, Zur Wurzel zkr: BZ NF 4, 1960, 227–
237; P. A. H. de Boer, Gedenken und Gedächtnis in der Welt des AT. Stuttgart 1962; W.
Schottroff, „Gedenken" im Alten Orient und im Alten Testament (WMANT 15) 1964.

[130] H. Schürmann 88.

schreibt die Heilserwartung der nationalen jüdischen Eschatologie unverändert fort. Die jüdischen Zukunftserwartungen werden nicht überschritten[131]. Durch einen politischen Messias aus dem Hause Davids soll „für Israel" das Reich aufgerichtet werden (vgl. Apg 1,6) und so die „heilige Zusage" Jahwes an sein Volk eingelöst werden.

Bezeichnenderweise bleibt aber *diese* Eschatologie mit ihrer dominanten nationalen und politischen Komponente für den heilsgeschichtlichen Entwurf des Lukas folgenlos[132]. Vielmehr orientiert er sich dabei – wie die programmatische Antrittspredigt Jesu in Nazareth Lk 4,16ff. zeigt[133] – an der Erwartung des „prophetischen Messias", wie sie im zweiten Teil des Benedictus (VV 76–79) in rezeptionsgeschichtlichem Zusammenhang mit Jes 60,1f.; Sach 6,12 LXX; Mal 3,20; Jes 9,1 und 42,7 vorliegt. Die universal gedachte zentrale Aufgabe *dieses* Messias ist die Sündenvergebung und der Friede für die in Todesschatten Wohnenden. Jesus, wie ihn Lukas sieht, verwirklicht *diese* Heilsverheißung, nicht die der nationalen jüdischen Eschatologie, wie sie der erste Teil des Benedictus ausspricht. Die Sprache der nationalen Hoffnung weitet sich bei ihm zur universalen frohen Botschaft, die bis an das Ende der Erde zu hören sein wird (Apg 1,8). Das ist in VV 76–79 des Benedictus schon vorbereitet, indem hier die Befreiung von den Feinden als Vergebung der Sünden interpretiert wird[134].

Wir halten als Ergebnis fest: Auch in Lk 1,72 geschieht die Erwähnung der Diatheke wie sonst im Neuen Testament die Erwähnung der Diatheke eher beiläufig. Das ist in einem Evangelium, das so ausgeprägt heilsgeschichtlich denkt und keine Gelegenheit ausläßt, Israel und Kirche entsprechend zu verknüpfen, besonders auffällig[135]. Aber Lukas markiert eben scharf die Zäsur: „Das Gesetz und die Propheten reichen bis zu Johannes. Von da an wird das Gottesreich als frohe Botschaft verkündet und jedermann wird dringlich eingeladen" (Lk 16,16, Übersetzung E. Schweizer). Von daher mag es nicht zufällig sein, daß Lukas als einziger der Synoptiker, aber mit Paulus im Kelchwort der Abendmahlstradition von dem „*Neuen* Bund" spricht.

---

[131] Vgl. W. GRUNDMANN 69.

[132] Auch die Botschaft Jesu steht nicht in *dieser,* sondern in einer frühjüdischen Tradition, die im Gefälle von Deuterojesaja (vgl. 41,17; 49,13) und Tritojesaja (vgl. Jes 61,1f.; 66,2) steht (vgl. 4 QpPs 37, 2,10; 3,10; 1 QpHab 12,3.6.10; 1 QM 11,9f.; 1 QH 5,22; 14,3; 1 QM 14,9). Vgl. dazu H. MERKLEIN, Jesu Botschaft von der Gottesherrschaft (SBS 111) 1983, 37ff.

[133] Vgl. M. RESE, Alttestamentliche Motive in der Christologie des Lukas (StNT 1) 1969, 143ff.

[134] E. SCHWEIZER 30.

[135] W. SCHMITHALS 35ff. (Lukas und das Alte Testament).

b) Apostelgeschichte 3,25; 7,8

Literatur: Die *Kommentare zur Apostelgeschichte* von O. Bauernfeind (ThHK 5) 1939 (=
ders., Kommentar und Studien zur Apostelgeschichte. Einleitung von M. Hengel. Tübingen
1980. Zitate im folgenden nach der Erstfassung). – H. Conzelmann (HNT 7) 1963. – E.
Haenchen (KEK 3) ⁷1977. – J. Roloff (NTD 5) 1981. – W. Schmithals (ZBK NT 3.2) 1982.
– G. Schneider (HThK V/1) 1980. – G. Stählin (NTD 5) 1962. – A. Weiser (ÖTK 5/1) 1981.
– A. Wikenhauser (RNT 5) 1956. –
    M. Dibelius, Aufsätze zur Apostelgeschichte, hg. v. H. Greeven (FRLANT 60) ⁵1958. – W.
Eltester, Israel im lukanischen Werk und die Nazarethperikope in: E. Grässer, A. Strobel,
R. C. Tannehill, W. Eltester, Jesus in Nazareth (BZNW 40) 1972, 76–147. – E. Grässer,
Acta-Forschung seit 1960: ThR NF 42, 1977, 35–42. – E. Haenchen, Judentum und Christen-
tum in der Apostelgeschichte, in: ders., Die Bibel und wir. Tübingen 1968, 338–374. – T.
Holtz, Untersuchungen über die alttestamentlichen Zitate bei Lukas (TU 104) 1968. – J.
Jervell, Luke and the People of God. A New Look at Luke-Acts. Minneapolis 1972. – H. G.
Kippenberg, Garizim und Synagoge (RVV 30) 1971. – K. Klisch, Das heilsgeschichtliche
Credo in den Reden der Apostelgeschichte (BBB 44) 1975. – E. Kränkl, Jesus, der Knecht
Gottes. Die heilsgeschichtliche Stellung Jesu in den Reden der Apostelgeschichte. Regensburg
1972. – E. Plümacher, Art. „Apostelgeschichte": TRE 3, 502–506 (Lit.!) – O. H. Steck, Israel
und das gewaltsame Geschick der Propheten (WMANT 23) 1967, 265–269. – G. Stemberger,
Die Stephanusrede (Apg 7) und die jüdische Tradition, in: A. Fuchs (Hg.), Jesus in der
Verkündigung der Kirche (SNTU Serie A, Bd. 1) 1976, 154–174. – R. Storch, Die Stephanusrede Acta 7,2–53. Diss. Göttingen 1967. – U. Wilckens, Die Missionsreden der Apostelgeschichte. Form- und traditionsgeschichtliche Untersuchungen (WMANT 5) ³1974.

Beide Acta-Belege für διαθήκη finden sich in *Reden,* der erste innerhalb der
Petrusrede auf dem Tempelplatz 3,11–26, der zweite innerhalb der Stephanusrede 7,1–53. Schon dieser Tatbestand ist vielsagend. Sind doch die Reden
literarische Gebilde des Lukas, die er als wichtiges schriftstellerisches Gestal-
tungsmittel einsetzt[136]. Sie markieren entscheidende Wendepunkte der Kirchengeschichte. Die Petrusrede 3,12–26 bewirkt den folgenreichen Gegensatz zwischen Jesuskerygma und Judentum[137]. Die Stephanusrede 7,2–53
„eröffnet den Abschnitt der Acta (6–12), der den Übergang des Evangeliums
an die heidnische Welt schildert"[138]. In dem durchgehend gleich gehaltenen
Aufbauschema der Reden[139] findet sich der erste Diathekebeleg bezeichnenderweise im Zusammenhang des stereotypen *Schriftbeweises,* der zweite in
dem nicht weniger stereotypen *Überblick über die Geschichte Israels.* Beide
Bauelemente dienen dem Lukas einmal dazu, die neue Heilsepoche mit der
alten zu verknüpfen. Zum andern kann er damit die negative Entwicklung
der Trennung des Christentums vom Judentum verständlich machen (so
z. B. in der Stephanusrede). Jedenfalls lassen Fundort und Beiläufigkeit der
Bundeserwähnung in der Apostelgeschichte von vornherein nicht erwarten,

---

[136] M. Dibelius, Aufsätze 157.
[137] E. Plümacher, TRE 3, 504.
[138] M. Dibelius, Aufsätze 146.
[139] E. Schweizer, Neotestamentica. Zürich 1963, 418–428.

daß es Lukas thematisch und in positiver Entfaltung um die διαθήκη und eine ihr zuzuordnende Theologie geht. Die genauere Betrachtung der beiden Einzelbelege wird das Urteil bestätigen.

Wir beginnen mit Apg 3,25.

Der Beleg ist Bestandteil einer Rede, die Petrus vor „Israeliten" hält (V 12b)[140]. Anlaß dazu gibt ihm die Heilung des Gelähmten am Tempel 3,1–10. In Anknüpfung an diese Situation stellt er zunächst das Mißverständnis richtig, als hätten die Apostel „durch eigene Kraft oder Frömmigkeit" das Wunder der Heilung vollbracht; Gott hat es durch Jesus getan, der damit verherrlicht wurde (VV 12c–13a). Danach entfaltet er das christologische Kerygma: Den von den Juden ausgelieferten und getöteten „Urheber" des Lebens, den hat Gott auferweckt. Ihn bezeugen die Apostel. Und der dadurch beim Gelähmten geweckte *Glaube* hat diesem „die Unversehrtheit vor euch allen gegeben" (VV 13b–16). Mit erneuter Anrede eingeleitet („Und nun, Brüder", V 17a) folgt die Erklärung des jüdischen Fehlverhaltens mit einer gleich doppelten Entschuldigung: „Unwissenheit" war im Spiel und Gottes unaufhaltsamer Wille (VV 17b–18). Daran an schließt sich die *Umkehrforderung* als Bedingung für das Wiederkommen des für Israel vorherbestimmten Messias Jesus, „den der Himmel aufnehmen muß bis zu den Zeiten der Wiederherstellung von Allem, wovon Gott durch den Mund seiner heiligen Propheten von Anfang an gesprochen hat" (VV 19–21). Ein einzelner und ein allgemeiner *Schriftbeweis zur Umkehrforderung* bildet schließlich den Abschluß der Rede (VV 22–26), in dem sich unsere Bundeserwähnung findet:

> Mose hat gesagt: Einen Propheten wie mich wird der Herr, euer Gott, aus eueren Brüdern erwecken. Auf ihn sollt ihr hören in allem, was er zu euch spricht (Dt 18,15). Jeder aber, der nicht auf jenen Propheten hört, wird aus dem Volk ausgerottet werden (Lev 23,29). Und alle Propheten von Samuel an und den folgenden, die gesprochen haben, haben diese Tage angekündigt. Ihr seid die Söhne der Propheten und des Bundes, den Gott mit eueren Vätern geschlossen hat, indem er zu Abraham sprach: In deinem Samen sollen alle Geschlechter der Erde gesegnet sein (Gen 22,18; 26,4). Für euch zuerst hat Gott seinen Knecht erweckt und ihn gesandt, daß er euch segne, wenn sich ein jeder von eueren Bosheiten abkehrt[141].

Was zunächst den Begriff διαθήκη in unserem Zusammenhang anbetrifft, so ist eindeutig vom Abrahambund die Rede, in dem alle Geschlechter

---

[140] Daß und wie sie als Ganze Komposition des Lukas ist, braucht uns hier nicht weiter zu interessieren. – Die vielfältigen Septuagintismen als literarisches Stilmittel (LXX-Mimesis) behandelt E. PLÜMACHER, Lukas als hellenistischer Schriftsteller. Studien zur Apostelgeschichte (StUNT 9) 1972, 43f.
[141] Übersetzung A. WEISER 111.

gesegnet sein sollen (Gen 12,3; 22,18)[142]. Ursprünglich meint das: Die
Heidenvölker werden keinen anderen Segen kennen und erfahren als den
Segen des Samens, das war einst der Segen der Nachkommenschaft Abrahams und ist jetzt der Segen schlechthin, nämlich Jesus selbst. Den „Israeliten", Abrahams Nachkommenschaft also, gilt diese Verheißung vor allen
anderen. Aufgrund dieses heilsgeschichtlichen Privilegs heißen sie „Söhne
der Propheten und des Bundes".

Den Begriff *vioì τῆς διαθήκης* findet Lk in der LXX (Ez 30,5) bzw. in PsSal
17,15[143]. „Söhne der Propheten und des Bundes" meint nichts anderes als die
vioì 'Ιοραήλ Apg 7,37 und bezeichnet wie diese immer das vorchristliche
Israel (Mt 27,9 Zitat; Lk 1,16; 2Kor 3,7.13)[144]. Dabei schillert der Begriff
hier in einer Doppelbedeutung, wie Ernst Haenchen bemerkte: „Die Juden
sind die Nachkommen derer, mit denen Gott den Gnadenbund geschlossen
hatte, und damit zu diesem Bunde ‚zugehörig', ‚Söhne des Bundes'."[145]
Gerade *ihnen* gilt die Verheißungszusage Gottes an Abraham, die Gen 22,18
zwar nicht als b‘rît deklariert ist, vom Inhalt der Zusage her aber hier zu
Recht als *διαθήκη* bezeichnet wird[146]. Der Begriff ist also in derselben Weise
verwandt wie Lk 1,72. Daß Lukas ihn in der Petrusrede Apg 3,12–26
zusammen mit den anderen ihn umgebenden Septuagintismen „nur aus
stilistischen Gründen eingeflochten" habe[147], ist als Erklärung zu kurz ge-
griffen. Denn ganz offensichtlich pflegt Lukas nicht nur die heilige Patina der
von ihm geschilderten Heilsepoche, sondern verfolgt auch ein eminent theologisches Sachinteresse, wie das *ὑμῖν πρῶτον* V 26 (vgl. 13,46; Röm 1,16)
deutlich anzeigt: Die Heilstat Gottes, die in V 13 als Verherrlichung Jesu
zusammengefaßt wird, geht vor allem Israel an. Darum auch die im feierli-
chen Sprachklang von Ex 3,6.15 LXX stattfindende Prädizierung Gottes als
„Gott Abrahams, Isaaks, Jakobs, Gott unserer Väter" (V 13)[148]. Israels
heilsgeschichtliche Prärogative ist angesprochen. Aber doch deutlich aus der
fortgeschrittenen kirchengeschichtlichen Perspektive.

Wenn Otto Bauernfeind recht hat, zeigt sich diese schon darin, daß Lukas
im Zitat Gen 22,18 LXX das Wort *ἔθνη* durch *πατριαί* ersetzt: er will Israel

---

[142] Zur Veränderung des Zitates – aus „Völkern" werden „Geschlechter" – siehe unten und J.
ROLOFF 78. – Zum Abrahambund vgl. W. J. DUMBRELL, The Covenant with Abraham: RTR
41, 1982, 42–50.
[143] Die hebräische Bibel freilich spricht von den „Söhnen des Landes, mit dem ich einst
meinen Bund schloß", hebt also auf das Bundes*land* ab.
[144] E. SCHWEIZER, Art. *vioç κτλ.*: ThWNT VIII 366.
[145] E. HAENCHEN 208 Anm. 3; vgl. E. KUTSCH, Neues Testament 94.
[146] E. KUTSCH, Neues Testament 94.
[147] E. PLÜMACHER, Lukas 44.
[148] Vgl. A. WEISER 116; E. HAENCHEN 210f.

und die anderen Völker damit umfassen[149]. Und zwar ist Jesus in *erster Linie* zu den Juden gesandt (V 26a ὑμῖν πρῶτον), in zweiter Linie zu den anderen Völkern. Die traditionelle Sichtweise ist also verändert: Nicht durch Anschluß an das Heilsvolk, zu dem Jesus gesandt ist, werden die Völker gerettet. Jesu Sendung gilt von vornherein Israel *und* den Völkern. „Der Unterschied zwischen beiden Auffassungen ist für die Perspektive jener Zeit bedeutungsvoll, dem Apostel Paulus würde viel Kampf und Leid erspart geblieben sein, wenn dem Judenchristentum die hier aus des Petrus Mund ertönende Auffassung gleich zu eigen gewesen wäre."[150]

Die andere Auffassung des Lukas gegenüber der des Paulus zeigt sich aber auch daran, daß die heilsgeschichtliche Prärogative Israels, das ὑμῖν πρῶτον, *konditioniert* ist: „Wenn ihr euch ein jeder abkehrt von euren Sünden" (V 26)[151]. Wo dies nicht geschieht, wo „Israeliten" nicht auf den von Mose verheißenen Propheten Jesus hören, verfallen sie dem Gericht: Gott wird (ἐξολεθρευθήσεται = Pass. divinum) – so betont der 2. Teil des Mischzitates in direkter Weiterführung von V 20[152] – jeden, der den Gehorsam verweigert, aus dem Volk der Verheißung ausrotten (Lev 23,29 LXX; vgl. Dtn 18,19). Das Jesuskerygma fordert die israelitischen Zuhörer also zu einer Entscheidung von eschatologischer Dimension heraus: entscheiden sie sich gegen Jesus, entscheiden sie sich gegen ihr Israelsein. Denn Mose und mit ihm übereinstimmend alle Propheten „von Samuel an und die folgenden" (VV 22.24) haben Jesus als den eschatologischen Propheten verheißen, und der Gott Israels hat ihn durch die Totenauferweckung legitimiert. Das besagt, daß das wahre Israel nur da ist, wo Jesu Stimme gehört wird[153].

---

[149] O. BAUERNFEIND 70.

[150] Ebd.

[151] Auch Paulus weiß, daß das πρῶτον der Juden sich im Gericht gerade *gegen* sie wendet (Röm 2,9). Aber er hält an der bleibenden Erwähltheit Israels fest, das am Ende als Ganzes gerettet wird (Röm 11,25f.). Davon weiß Lukas nichts. Das sieht auch W. ELTESTER, Israel 118f. Gleichwohl findet er das Kontinuitätsproblem bei Lukas personal gelöst. Mit Verweis auf das nicht ungehört gebliebene Dankgebet des Simeon Lk 2,29–32 (Jesus = Licht zur Erleuchtung der Heiden und zur Verherrlichung Israels) und die in der Apg berichteten Massenbekehrungen der Juden schlußfolgert er: „Für Lukas, den Leser des griechischen Alten Testaments, ist Israel das auserwählte Volk geblieben. Er kann die Verheißungen, die ihm gelten, nur verstehen, wenn sie nicht dahinfallen" (115). – Aber das ist eine von Paulus her eingelesene Perspektive. Nicht „dahingefallen" sind für Lukas die Israel gegebenen Verheißungen, aber im Erfüllungsgeschehen der Gegenwart, das der *Geist* leitet, sind sie auf-gehoben. Bleibende Erwähltheit sieht Lukas nur in der Heilsgemeinde aus Juden *und* Heiden gewährleistet.

[152] J. ROLOFF 78.

[153] J. ROLOFF 78 und mit ihm die meisten Kommentatoren. Sie alle handeln sich mit der Gleichsetzung Kirche = wahres Israel heute leicht den Vorwurf des Antijudaismus ein. Wie wenig er angebracht ist, zeigt G. KLEIN, „Christlicher Antijudaismus". Bemerkungen zu einem semantischen Einschüchterungsversuch: ZThK 79, 1982, 411–450.

Alfons Weiser hat richtig gesehen, daß die starke Betonung des Fehlverhaltens der Juden und dessen gleichzeitige Entschuldigung der Vorbereitung der Umkehrforderung dienen: sie ist durch die apostolische Verkündigung, in der sich die altbundliche Prophetie erfüllt, *möglich* – aber auch unumgänglich *nötig*[154].

Auf die „Söhne des Bundes" und damit die διαθῆκαι der Väter überhaupt blickt Lukas als auf eine heilsgeschichtlich *zurückliegende* Epoche des „Gesetzes und der Propheten" (Lk 16,16). Auffällig ist, wie er den Juden Petrus sagen läßt: „*Ihr* seid die Söhne der Propheten und des Bundes." Hatte Paulus noch betont: „Sie sind Hebräer – ich auch. Sie sind Israeliten – ich auch. Sie sind Nachkommen Abrahams – ich auch" (2Kor 11,22; vgl. Phil 3,5; Röm 9,1–4), so spricht der lukanische Petrus unüberhörbar aus der Distanz: wir – ihr! Er hat das Faktum vor Augen, daß das Heilsvolk aus denen besteht, die sich zum Glauben an Christus bekennen, daß es daneben aber noch Juden gibt, die ungehorsam dem Ruf nicht folgen. Damit aber verlieren sie ihren Status als „Söhne der Propheten und des Bundes"[155]. Das „Kontinuitätsproblem" löst Lukas so, daß er die einst an Israel ergangenen Verheißungen sich in der Kirche erfüllen läßt[156]. „Gerade weil (nicht: obwohl) die Kirche das Israel der Verheißung ist, ist der Konflikt nur dadurch lösbar, daß sich die Juden bekehren und dadurch zur Erfüllung der Verheißung gelangen (und wahre Juden werden)."[157] Was Ernst Käsemann im Blick auf das Israelproblem bei Paulus sagt, gilt also auch hier: „Wie es Kirche nicht ohne Israel gibt, so bleibt Israel allein Gottesvolk, wenn es Kirche wird."[158] Im Blick auf den heilsgeschichtlichen Entwurf des Lukas kann darum überhaupt nicht davon die Rede sein, daß die Heidenchristen in den Heilsbund Gottes mit Israel inkorporiert würden. Nein! Die jüdischen Massenbekehrungen, die Lukas geflissentlich erwähnt (2,41; 4,4; 5,13f.), machen umgekehrt deutlich, „daß Israel im Lager des Christentums steht, ja um es noch genauer zu sagen, daß das Christentum Israel ist"[159]. *Diesem* Christentum als der „Mitte der

---

[154] A. WEISER 117f.

[155] O. BAUERNFEIND 69; W. ELTESTER, Israel 129.

[156] Der Zusammenhang mit Israel ist ein zentrales Thema des Lukas. Aber nicht der formelhaft nur zweimal im Zusammenhang der Abrahamsverheißung erscheinende Begriff διαθήκη (3,25; 7,8; vgl. Lk 1,72) ist dabei federführend, sondern die Begriffe ἐκκλησία und ἐπαγγελία. Vgl. P. ZINGG, Das Wachsen der Kirche. Beiträge zur lk Redaktion u. Theologie (OBO 3) 1974, 154ff. – Andere Auffassungen über die Lösung des Kontinuitätsproblems bei Lukas siehe bei W. ELTESTER, Israel 120–131.

[157] H. CONZELMANN, Heiden – Juden – Christen. Auseinandersetzungen in der Literatur der hellenistisch-römischen Zeit (BHTh 62) 1981, 239. Solchen und ähnlichen Sätzen von CONZELMANN ist jüdischerseits scharf widersprochen worden: K. HAYAM, Nur die Glaubensfrage: RKZ 122, 1981, 228–230.

[158] E. KÄSEMANN, Römerbrief 300.

[159] W. ELTESTER 116.

Zeit", als der Zeit Jesu, werden die Heidenchristen zugeordnet. Denn hier lebt das Israel der Verheißung weiter[160].

Da Lukas die weitgehend abgeschlossene *negative* Entwicklung des Verhältnisses von Kirche und Synagoge vor Augen hat, überträgt er die διαθήκη als *das* Signum der Erwählung *nicht* auf die Christengemeinschaft und spricht als einziger der Synoptiker nur einmal – in der Abendmahlsparadosis – vom *Neuen* Bund. Anders als bei Paulus ist das empirische vom „wahren" Israel nicht nur *unter*schieden, sondern *ge*schieden[161]. Es kommt für ihn nur noch in den Blick, sofern es gegen die Christen agiert (z. B. 9,22f.29; 12,3.11; 14,19; 17,5.13; 18,6.12; 20,3; 21,27ff.)[162]. Hans Conzelmann hat mit Recht darauf aufmerksam gemacht, daß dort, wo Lukas sich direkt an Heiden wendet – in den Reden des Paulus auf dem Areopag Kap. 17 und in Lystra 14,15ff. –, Israel *keine* Rolle spielt, „sondern das Walten Gottes in der Welt von der Schöpfung bis zum Tag des Gerichts über die Ökumene" (17,31)[163].

Der nächste Einzelbeleg ist Apg 7,8. Er findet sich in der längsten und auffälligsten Rede, die wir in der Apg lesen (man hat ihren Umfang auf 5% des Gesamtumfanges geschätzt)[164]. *Stephanus* trägt sie vor. Er muß sich gegen die jüdische Anklage (6,9) verteidigen, daß er „gegen Mose und Gott" lästere und Tempel und Gesetz ablehne (6,13f.). Seine Apologie, die gar keine ist, besteht aus einem Überblick über die Geschichte Israels, der mit der Erwählung Abrahams beginnt und mit einer Kritik am Tempel („Der Höchste wohnt nicht in dem, was von Menschenhand gemacht ist", 7,48) mit entsprechendem Schriftbeweis aus Jes 66,1f. endet („Der Himmel ist mein Thron . . .", V 49f.). Auf die Beziehungslosigkeit der Apologie zur Anklage und alle übrigen traditionsgeschichtlichen Probleme der Stephanusrede brauchen wir nicht einzugehen. Denn gleichgültig, ob Lukas Tradition

---

[160] H. CONZELMANN, Heiden 239.

[161] Siehe dazu H. CONZELMANN, Heiden 236ff. Gegen ihn ist freilich die differenzierende Sicht von W. ELTESTER geltend zu machen. Nicht der radikale *Bruch* wird von Lukas erklärt, sondern die Umwandlung des Heilsvolkes zu einer Einheit aus Juden und Heiden, in der die biblischen Verheißungen in Geltung bleiben (Israel 111ff.). Zum Problem vgl. auch F. MUSSNER, Wohnung Gottes und Menschensohn nach der Stephanusperikope (Apg 6,8–8,2), in: R. Pesch u. R. Schnackenburg (Hrsg.), Jesus und der Menschensohn. FS A. Vögtle. Freiburg/ Basel/Wien 1975, 283–299, bes. 295.

[162] W. ELTESTER, Israel 113. – Zur Diskussion über das Verhältnis von Kirche und Judentum in der Apg vgl. E. PLÜMACHER, Acta-Forschung 1974–1982: ThR 48, 1983, 46–51; 49, 1984, 166–168.

[163] H. CONZELMANN, Heiden 240.

[164] J. ROLOFF 117. – Zur Diskussion um die Acta-Reden vgl. E. GRÄSSER, Acta-Forschung seit 1960: ThR 42, 1977, 35–51; E. PLÜMACHER, Acta-Forschung 1974–1982: ThR 49, 1984, 131–133. Speziell zur Stephanusrede vgl. E. GRÄSSER, aaO., 17–25; E. PLÜMACHER, aaO., 133–135.

aufgreift oder ganz frei gestaltet, an der Tatsache ändert sich nichts, daß in dem Abschnitt, in dem die Bundeserwähnung geschieht – Gottes Verheißung an Abraham VV 2c–8 –, ohne jede erkennbare Tendenz und ohne jede Wertung auf die Vergangenheit zurückgeblickt wird[165]:

> Und er gab ihm die διαθήκη der Beschneidung. So wurde Abraham der Vater Isaaks und beschnitt ihn am achten Tag, ebenso Isaak den Jakob, und Jakob die zwölf Patriarchen (V 8).

Der Vers bildet den Übergang zur Patriarchengeschichte, die durch die διαθήκη τῆς περιτομῆς mit der Abrahamgeschichte fest verklammert ist: Kraft dieser Gabe Gottes (καὶ οὕτως: vgl. 27,44; 28,14) zeugte und beschnitt Abraham den Isaak (vgl. Gen 21,4), der den Jakob und der „die Patriarchen" (= die zwölf Söhne Jakobs, vgl. Hebr 7,4)[166]. Die Generationenfolge gewährleistet Kontinuität, deren sichtbarer Faktor die Beschneidung ist[167].

Mit der „Diatheke der Beschneidung" blickt Stephanus auf Gen 17,10–14 zurück, insbesondere auf Gen 17,13: „Beschnitten werden soll der im Haus geborene und der um Geld gekaufte Sklave. Das soll mein Bund an eurem Fleisch sein, ein ewiger Bund." Mit Bezug auf diese Stelle ist bMen 53b begrifflich von der bᵉrît mîlāh die Rede[168]. Der in Gen 17 zu Wort kommende Priestertheologe will mit diesem Kapitel zusammenfassend die Verheißung Gottes an Abraham darstellen und zugleich damit das Gebot der Beschneidung in ihr verankern[169]. Er tut es am Leitbegriff der bᵉrît, der Gebot und Verheißung miteinander verbindet. Jahwe verheißt in einer der „Bundesformel" entsprechenden Zusage (vgl. Ex 29,45; Lev 11,45; 22,33; 25,38; 26,45; Num 15,41)[170], daß er Abraham und seinen Nachkommen Gott sein will (V 7). Abraham wird die Beschneidungsverpflichtung auferlegt (V 10). Und zwar wird die Beschneidung als *Bewahrung* des Bundes bezeichnet (VV 9b–10). Sie ist das *Zeichen* des Bundes, der als ein *ewiger* zugesagt ist, das „Bekenntniszeichen" der Zugehörigkeit zum Jahwevolk, das „Bundeszeichen" schlechthin[171].

Claus Westermann hat darauf aufmerksam gemacht, daß die Einbeziehung

---

[165] Das gilt auch für die folgenden Abschnitte bis V 34. Vgl. M. Dibelius, Aufsätze 144.

[166] G. Schneider 455.

[167] H. Conzelmann 46; J. Roloff 120.

[168] O. Betz, Art. περιτομή: EWNT III 187; H. Wissmann/O. Betz/F. Dexinger, Art. Beschneidung: TRE 5, 714–724 (Lit.).

[169] C. Westermann, Genesis. 2. Teilband. Genesis 12–36 (BK.AT I/2) 1981, 307.

[170] Zur „Bundesformel" s. R. Smend, Die Bundesformel (ThSt 68) 1963; H. H. Schmid, Ich will euer Gott sein, und ihr sollt mein Volk sein. Die sogenannte Bundesformel und die Frage nach der Mitte des Alten Testaments, in: Kirche. FS G. Bornkamm. Tübingen 1980, 1–25.

[171] C. Westermann 315.317.318.320. Vgl. auch Bill IV 23–40; R. Meyer, Art. περιτέμνω κτλ.: ThWNT VI 72–83.

der Beschneidung in den Bund den bᵉrît-Begriff in Richtung auf ein „Wechselgeschehen" zwischen Gott und Volk erweitert: Der „Bund" beruht auf Gottes Verheißung, aber wird bewahrt von seinem Volk im Halten seines Gebotes[172]. *Dieses* Wechselgeschehen ist mit διαθήκη τῆς περιτομῆς exakt auf den Begriff gebracht.

Auf die Etablierung dieses „Beschneidungsbundes" also blickt Stephanus sozusagen objektiv zurück. Jedenfalls enthält er sich jeglicher Wertung. Mit anderen Worten: Der Bundeserwähnung in Apg 7,8 ist *nichts* für das neutestamentliche Verständnis der Diatheke zu entnehmen, weder negativ noch positiv. Mit ihr wird auf eine alttestamentliche Gegebenheit zurückgeblickt, nicht anders als mit der Aufzählung der alttestamentlichen Kultgeräte in Offb 11,19 und Hebr 9,4, zu denen u.a. die „Lade des Bundes" bzw. die „Tafeln des Bundes" gehörten. Selbst der Streit um den *Begriff* („Setzung" = Gebot der Beschneidung[173] oder „Bund" der Beschneidung[174]) ist hier fruchtlos. Da die zunächst einseitige Verpflichtungshandlung Jahwes (bᵉrît) eine zweiseitige Verbindlichkeit setzt, wie sie im Lehnsherr-Verhältnis vorgebildet ist[175], ist die Übersetzung mit „Bund" problemlos, zumal dann, wenn man sie mit differenzierenden Komposita wie „Verheißungsbund" oder „Verpflichtungsbund" präzisiert[176]. Denn unstreitig redet unsere Stelle im Anschluß an Gen 17,9–14 von dem Beschneidungsgebot (Verpflichtungsbund), das von jetzt an unverzichtbar in die Abrahambund-Verwirklichung hineingehört. Also ist die Rede vom Beschneidungs-*Bund* korrekt.

Über ihn fällt die Stephanusrede im Gesamtzusammenhang der Apostelgeschichte gleichwohl ein Urteil, und zwar nicht nur das der historischen Abständigkeit, sondern auch das der theologischen Irrelevanz. Denn ein Bund, der die Beschneidung und die Beschneidungsvorschrift (beides ist ja in dem Begriff vereint) zum Inhalt hat, gehört nicht zur Wirklichkeit der Christengemeinden, für die Lukas schreibt, sondern zu den „Bräuchen des Mose" (21,21), durch die man nicht gebunden ist[177]. Christliches „Bekenntniszeichen" ist die *Taufe* (2,41). Und die *Bewahrung* des Heilsstandes geschieht durch Festhalten „an der Lehre der Apostel und an der Gemeinschaft, am Brechen des Brotes und an den Gebeten" (2,42).

Wie sonst bei den Reden der Apostelgeschichte erfaßt man den Sinn des Gesagten auch hier nicht im Achten auf die einzelnen Abschnitte der Ge-

---

[172] C. WESTERMANN 318f.
[173] E. KUTSCH, Neues Testament 95.
[174] So die Mehrzahl der Exegeten und Übersetzungen.
[175] M. WEINFELD, Art. bᵉrît: ThWAT I 784ff.
[176] H. HEGERMANN, Art. διαθήκη: EWNT I 719; selbst E. KUTSCH, Neues Testament 24.
[177] E. HAENCHEN 267.

schichte Israels und die sie evtl. charakterisierenden Vorgänge (z.B. „Bund der Beschneidung"), sondern nur im Achten auf die Auswahl und Darstellungsweisen derselben. Dann aber tritt als eigentliches Thema der Rede heraus: Gottes Verheißungstreue in seinem Handeln – Israels konstanter Widerstand dagegen[178]. Daß ein Teil des jüdischen Volkes dem Jesuskerygma den Gehorsam verweigert, ist also nichts Neues, führt aber in der Gegenwart zu einer *Wende* in der Heilsgeschichte, die durch die Stephanusrede eingeleitet wird: das Heil geht von den Juden zu den Heiden[179]. Zugehörigkeit zu Tempel und Kultverband sind noch nicht der „rechte Gottesdienst" (V 7b), sondern erst das *Hören* auf die von Gott gesandten Propheten und „Anführer" Mose und Jesus (VV 17–43.51–53). Stephanus zählt sich zu diesen Gehorsamen. Seine innere Entfernung vom Judentum ist evident[180]. Der harte Subjektwechsel in V 4 (Gott siedelte Abraham um in „euer Land"; vgl. auch VV 51f.: „eure Väter") deutet seinen kirchengeschichtlichen Standpunkt an, der dann in der aggressiven Anklage gegen das Synhedrium als dem Repräsentanten des offiziellen Judentums voll zum Ausbruch kommt (VV 51–53): Die Juden, „unbeschnitten an Herzen und Ohren" (vgl. Dtn 10,16; Jer 4,4; 6,10 u.a.), d.h. im Widerspruch zum Beschneidungsbund nicht aufgeschlossen für Gott (vgl. Röm 2,29; Phil 3,3; Kol 2,11), sind trotz der gemeinsamen Geschichte („unsere Väter" VV 11f.15.19.38f.44f.; vgl. V 2) von ihm geschiedene Leute. Er selbst, Stephanus, steht mit seinem Sterben auf der im Geschichtsüberblick aufgezeigten Linie der Verfolgung der Gottesboten durch die Abtrünnigen (VV 9.27.35.39ff.51f.) und bringt so den großen Umschwung der Missionsgeschichte in Gang *und* leitet den Konflikt zwischen Christentum und Judentum ein[181]. Wie bei der im vorigen Abschnitt behandelten Petrusrede ist auch der Sinn der Stephanusrede im Gesamtaufbau des lukanischen Doppelwerkes deutlich ein doppelter: „Sie bringt einerseits durch den Geschichtsabriß die heilsgeschichtliche Kontinuität der Kirche mit Israel zur Sprache und andererseits durch die polemischen Teile die Distanzierung von dem Judentum, das sich dem Wirken des Heiligen Geistes widersetzt."[182] Das damit aufbrechende theologische Di-

---

[178] J. ROLOFF 118.

[179] Es ist die Absicht der Apg insgesamt, »den Weg des Evangeliums von dem ungläubigen Israel zu den Völkern" zu beschreiben. Vgl. dazu den wichtigen Aufsatz von M. HENGEL, Zwischen Jesus und Paulus. Die „Hellenisten", die „Sieben" und Stephanus (Apg 6,1–15; 7,54–8,3): ZThK 72, 1975, 151–206 (Zitat: 154).

[180] M. DIBELIUS, Aufsätze 146.

[181] M. DIBELIUS, Aufsätze 146; G. STÄHLIN 112f.; M. HENGEL, Zwischen Jesus und Paulus 185ff. – Zum Stephanuskreis vgl. neuerdings die großangelegte Monographie von H.-W. NEUDORFER, Der Stephanuskreis in der Forschungsgeschichte seit F. C. Baur. Gießen 1983.

[182] A. WEISER 188.

lemma löst Lukas jedoch nicht durch eine Spaltung des *einen* Gottesvolkes, „sondern historisch durch ein Nacheinander von zwei Epochen"[183]. Er wendet viele Mittel an, um beide Epochen heilsgeschichtlich zu verklammern, einmal – in der Abendmahlsparadosis – auch die Vorstellung des *Bundes,* den er freilich als einziger von den Synoptikern einen *neuen* Bund nennt (Lk 22,20).

c) Hebräer 9,4 und Johannes-Apokalypse 11,19

Literatur: Die *Kommentare zum Hebräerbrief* von F. BLEEK, Berlin II 2, 1840. – H. BRAUN (HNT 14) 1984. – O. KUSS (RNT 8,1) ²1966. – O. MICHEL (KEK 13) ¹²1966. – J. MOFFATT (ICC) 1924. – E. RIGGENBACH (KNT 14) ²·³1922. – F. J. SCHIERSE (Geistliche Schriftlesung 18) 1968. – C. SPICQ (EtB) II 1953. – H. STRATHMANN (NTD 9) ⁹1968. – A. STROBEL (NTD 9) 1975. – H. WINDISCH (HNT 14) ²1931. –

Die *Kommentare zur Johannes-Apokalypse* von W. BOUSSET (KEK 16) ⁶1906, Neudruck 1966. – CH. BRÜTSCH (ZBK) ²1970, 2. Bd.: Kap. 11–20. – W. HADORN (ThHK XVIII) 1928. – E. LOHMEYER (HNT 16) ²1953. – E. LOHSE (NTD 11) ⁹1966. – H. KRAFT (HNT 16a) 1974. – A. WIKENHAUSER (RNT 9) ³1959. – U. B. MÜLLER (ÖTK 19) 1984. – P. PRIGENT (CNT 14) 1981. –

A. CODY, Heavenly Sanctuary and Liturgy in the Epistle to the Hebrews. The Achievement of Salvation in the Epistle's Perspectives. St. Meinrad (Indiana) 1960. – O. HOFIUS, Das „erste" und das „zweite" Zelt. Ein Beitrag zur Auslegung von Hbr 9,1–10: ZNW 61, 1970, 271–277. – E. KÄSEMANN, Das wandernde Gottesvolk. Eine Untersuchung zum Hebräerbrief (FRLANT 55) ⁴1961. – S. LACH, Les ordonnances du culte israélite dans la lettre aux Hébr. (Sacra Pagina II) 1959, 390–403. – F. LAUB, Bekenntnis und Auslegung. Die paränetische Funktion der Christologie im Hebräerbrief (BU 15) 1980, 19ff. – U. LUZ, Der alte und der neue Bund bei Paulus und im Hebräerbrief: EvTh 27, 1967, 318–336. – O. MOE, Das irdische und das himmlische Heiligtum. Zur Auslegung von Hebr. 9,4f.: ThZ 9, 1953, 23–29. – A. OEPKE, Das neue Gottesvolk in Schrifttum, Schauspiel, bildende Kunst und Weltgestaltung. Gütersloh 1950. – L. SABOURIN, Sacrificium ut liturgia in Epistula ad Hebraeos: VD 46, 1968, 235–258. – F. J. SCHIERSE, Verheißung und Heilsvollendung. Zur theologischen Grundfrage des Hebräerbriefes (MThS.H 9) 1955, 26ff. – A. VANHOYE, Expiation ancienne et sacrifice du Christ: AssS 72, 1964, 18–35. –

W. BOUSSET, Die Religion des Judentums im späthellenistischen Zeitalter (HNT 21) ⁴1966, 254–256. – H. BRAUN, Qumran und das Neue Testament, Bd. I. Tübingen 1966, 312f. – M. DIBELIUS, Die Lade Jahves (FRLANT 7) 1906. – A. FEUILLET, Essai d'Interprétation du Chapître XI de l'Apocalypse: NTS 4, 1957/58, 183–200. – H. W. GÜNTHER, Der Nah- und Enderwartungshorizont in der Apokalypse des hl. Johannes (fzb 41) 1980. – T. HOLTZ, Die Christologie der Apokalypse des Johannes (TU 85) ²1971. – K.-P. JÖRNS, Das hymnische Evangelium. Untersuchungen zu Aufbau, Funktion und Herkunft der hymnischen Stücke in der Johannesoffenbarung (StNT 5) 1971, 90–108. – M. RISSI, Das Judenproblem im Lichte der Johannesapokalypse: ThZ 13, 1957, 241–259. – DERS., Was ist und was geschehen soll danach (AThANT 46) ²1965, 13f.

Die noch verbleibenden zwei Einzelbelege für „Bund" im NT, die wir oben schon erwähnt haben (s. S. 45), lassen sich zusammen und kurz behandeln, weil sie beide von ein- und demselben Kultgegenstand reden, der Bundeslade.

---

[183] W. ELTESTER, Israel 124.

Wir beginnen mit *Hebräer 9,4.*

Nachdem Kap. 8 Christus als Mittler des neuen Bundes geschildert hat, arbeitet der Hebr-Autor in 9,1–10,18 die überragende Bedeutung des Hohenpriesters Christus so heraus, daß er dessen einmaliges Opfer (9,12.28; 10,12) mit den Opfern des „ersten Bundes" vergleicht (9,1). Die theologische Bedeutung dieser Komparativik wird uns noch in unserem Hebr-Teil beschäftigen (s. u. S. 95ff.). Hier genügt eine Beschränkung auf den engeren Kontext 9,1–5, der vom irdischen Heiligtum und seiner Ausstattung handelt:

> Der erste Bund hatte gottesdienstliche Vorschriften und ein irdisches Heiligtum. Es wurde nämlich ein erstes Zelt errichtet, in dem sich der Leuchter, der Tisch und die heiligen Brote befanden; dieses Zelt wurde das Heilige genannt. Hinter dem zweiten Vorhang aber war ein Zelt, das sogenannte Allerheiligste, mit dem goldenen Rauchopferaltar und der ganz mit Gold überzogenen Bundeslade; darin waren ein goldener Krug mit dem Manna, der Stab Aarons, der Triebe angesetzt hatte, und die Bundestafeln; über ihr waren die Kerubim der Herrlichkeit, die die Sühneplatte überschatteten. Doch es ist nicht möglich, darüber jetzt im einzelnen zu reden[184].

Der uns interessierende V 4 zählt als eines unter anderen Kultgeräten im „irdischen Heiligtum" des „ersten Bundes" (V 1) die Bundeslade und darin neben anderen Gegenständen als wichtigsten[185] die „Tafeln des Bundes" auf.

Die *κιβωτὸς τῆς διαθήκης* (ארון הברית) war nach Ex 25,10 ein Kasten aus Akazienholz mit den Maßen 1,25 × 0,75 × 0,75 m[186]. Er war mittels Tragstangen transportabel (1Kön 8,7; Ex 25,13–15; 2Sam 6,13) und begleitete zur Zeit der Philisterkämpfe das Heer in den Krieg. Später stand sie im Allerheiligsten des salomonischen Tempels (1Kön 8,8). Bei dessen Zerstörung geriet sie in Verlust. Einen Ersatz gab es für sie im zweiten Tempel nicht[187].

Die vom Hebr erwähnte Vergoldung (vgl. Ex 25,11.13 P) kennen die alten Quellen (vgl. noch Dtn 10,3) nicht[188]. Auch die Hebr 9,5 erwähnte *kappōræt* (τὸ ἱλαστήριον) ist vermutlich erst sekundär mit der Lade verbunden worden. Überhaupt ist unser Wissen über Ursprung und Frühgeschichte der Lade wenig sicher. Auch über ihre ursprüngliche Bedeutung gehen die Auffassungen auseinander[189]. Dem Jahwisten und dem Elohisten galt sie als „ein göttliches Führungssymbol der vom Sinai/Horeb abziehenden Israeliten"

---

[184] Einheitsübersetzung. Διαθήκη ist von ihr in V 1 sinngemäß ergänzt (so schon Theod Mops und in der Neuzeit Luther, Calvin, Bengel und die meisten neueren Kommentatoren; vgl. BRAUN 247). Die alten Hss P[46] א A B D K L P f vg sy[ph] u. a. haben den Zusatz freilich nicht.

[185] So m. R. O. MICHEL 302.

[186] E. KUTSCH, Art. Lade Jahwes: RGG[3] IV 197; vgl. BILL. III 165ff.737ff.

[187] BILL III 165.

[188] E. KUTSCH, RGG[3] IV 197. – BRAUN 251 hat eine Erklärung, warum Hebr das Vergoldetsein so betont: „Das viele Gold . . . kontrastiert um so schärfer zur Heilsungenügsamkeit des atlichen Kultes 9,1–10."

[189] Vgl. H.-J. ZOBEL, Art. *ᵃrôn* (ארון): ThWAT I 391–404 (Lit.).

(Num 14,10–45), als Verkörperung der vollgültigen Gegenwart Jahwes (vgl. 2Sam 7,6)[190]. Dagegen dem Deuteronomiker (ca. Mitte 6. Jahrhundert) und dann dem Priestertheologen (P) galt sie als Gesetzesbehälter, den sie als das wichtigste Gerät im heiligen Zelt ansahen (Ex 25 P; Dtn 10,1ff.; 1Kön 8,9). Als Behälter der πλάκες τῆς διαθήκης, der Tafeln des Bundes also (Dtn 9,9 LXX; vgl. 2Kor 3,7), bzw. der Gesetzestafeln[191] heißt er „Lade des Bundes (Gottes oder Jahwes)" (Dtn 9,9.11) bzw. bei P „Lade des Zeugnisses" (vgl. Ex 25,16.21)[192]. So oder so ist die Lade jedoch dem Volksglauben ein untrügliches Unterpfand des Heils (Micha 3,11; Jer 3,16; 14,9; Jos 6,1ff.)[193]. Was sie sonst an Gegenständen enthielt, ist uneinheitlich überliefert. Folgen wir also der Meinung des Hebr, daß es „nicht möglich ist, darüber jetzt im einzelnen zu reden" (9,5b). Er hat auch überhaupt kein aktuelles Interesse, über alle diese Kultgegenstände präzise zu berichten, weil es sie in seiner Gegenwart nicht mehr gibt. Längst ist in seiner Zeit an die Stelle des Tempels mit dem Allerheiligsten die Synagoge mit dem Toraschrein getreten. Die Kultgegenstände des Alten Bundes sind für den Hebr-Autor jedoch nicht nur historisch vergangen, sondern auch sachlich-qualitativ überholt, weil er den καιρὸς διορθώσεως V 10 (= neuer Äon bzw. Neuer Bund)[194] bereits angebrochen (1,2; 9,26; 10,5ff.) und den Weg ins himmlische Allerheiligste (= Zugang zu Gott) eröffnet sieht. Im Neuen Bund kann es sich nicht mehr „um Speisen und Getränke, allerlei Waschungen und äußerliche Vorschriften" (δικαιώματα σαρκός) handeln (V 10a), die nichts „vollenden", d.h. nicht zum Eintritt in das Allerheiligste zu ermächtigen vermögen (VV 9.10a)[195], sondern es kann sich nur noch darum handeln, daß wir – durch Jesu Selbstopfer im Gewissen von toten Werken gereinigt – „dem lebendigen Gott dienen" (9,14), indem wir schon jetzt im Gottesdienst zum Thron seiner Gnade hinzutreten (4,16; 7,25; 10,22)[196].

Wir halten also fest: Bei der 9,1–10 intonierten und 9,11ff. weiter explizierten Gegenüberstellung von Altem und Neuem Bund sind die 9,2ff. genannten Gegenstände selbst und mit ihnen der ganze alttestamentliche Kult gar nicht *Thema*, das etwa die Aufhebung all dessen als eigenständiges Ziel der Gedankenführung vor Augen hätte. Nein! Der alttestamentliche

---

[190] H.-J. ZOBEL, ebd. 400.402.
[191] K. GALLING, Art. Lade Jahves: RGG² III 1450.
[192] BILL III 502ff.
[193] E. KUTSCH, RGG³ IV 198; vgl. H.-J. ZOBEL, ThWAT I 399f.
[194] O. HOFIUS, Zelt 277; anders F. LAUB, Bekenntnis 191ff.
[195] O. HOFIUS, Zelt 277.
[196] Vgl. A. VANHOYE, „Par la tente plus grande et plus parfaite . . ." (He 9,11): Bib. 46, 1965, 1–28; P. ANDRIESSEN O.S.B., Das größere und vollkommenere Zelt (Hebr 9,11): BZ N.F. 15, 1971, 76–92.

Kult ist lediglich hermeneutisches *Mittel* zum paränetischen Zweck[197]. Und der ist es, die Überlegenheit des himmlischen Kultes herauszustellen, um so die Gewißheit für eine im Glauben müde gewordene Gemeinde zurückzugewinnen[198]. Dafür macht sich der Hebr eine *dualistische Denkstruktur* zunutze: Die von Menschenhänden gemachten *irdischen* Kultgegenstände (8,2; 9,24), die fleischlichen Satzungen (9,10), überhaupt der irdische Opferdienst der irdischen Priester, das alles ist nur Schatten der himmlischen Wirklichkeit (9,23; 10,1), das darum auch im Entscheidenden versagt: Es vermag keine Weihe der Gewissen zu gewähren (9,9) und kann die Sünden nicht vergeben (10,4). Und dann auch: Die Menge der Kultgeräte im irdischen Heiligtum, das dauernde Hineingehen der Priester, die Vielzahl der heiligen Dienste, „dadurch deutet der Heilige Geist an, daß der Weg in das Heiligtum noch nicht sichtbar geworden ist" (9,8). Das alles ist παραβολή, *Sinnbild* auf die gegenwärtige Zeit (ὁ καιρὸς ὁ ἐνεστηκώς V 9 = alter Äon bzw. Alter Bund)[199], in der durch Jesu Hineingehen in das himmlische Heiligtum an die Stelle der Vielheit, der Wiederholung, der Zersplitterung, der Unvollkommenheit die *Vollkommenheit*, die Einheit und Einmaligkeit getreten ist. „Die Einheit steht also über der Vielheit."[200] Das stärkt die Hoffnungsgewißheit: „Während im καιρὸς ἐνεστηκώς nicht einmal die Priester (geschweige denn das Volk!) – und selbst der Hohepriester nur ein einziges Mal im Jahr – das irdische Allerheiligste betreten durften, das doch bloß ein Abbild und Schatten des wahren Allerheiligsten war, sind im καιρὸς διορθώσεως alle Glieder des λαὸς τοῦ θεοῦ (4,9) Priester, ja mehr noch: Hohepriester, die am Tag der Heilsvollendung in das himmlische Sanctissimum einziehen dürfen zur ewigen Anbetung Gottes. Dieser eschatologische Einzug in das himmlische Allerheiligste und die Anbetung vor dem Thron Gottes werden schon jetzt im Gottesdienst der Gemeinde antizipiert: in ihrem προσέρχεσθαι (4,16; 7,25; 10,22) und im ‚Lobopfer der Lippen, die seinen Namen preisen' (13,15)."[201]

---

[197] F. J. SCHIERSE, Verheißung 27; H. BRAUN 247: „Negativfolie".

[198] H. BRAUN, Die Gewinnung der Gewißheit in dem Hebräerbrief: ThLZ 96, 1971, 321–330, bes. 326ff.

[199] O. HOFIUS, Zelt 276f.

[200] O. MICHEL 297. – Der Streit, ob die „Stiftszelt-Symbolik" des Hebr-Autors *kosmologisch* (F. J. SCHIERSE; H. BRAUN; E. KÄSEMANN u. a.) oder heilsgeschichtlich orientiert ist (O. HOFIUS), geht ins Leere. Denn ob der Hebr das Heiligtum des Alten Bundes als Abbild des Kosmos oder als Abbild der himmlischen ἅγια versteht: wichtig ist die daraus folgende *Wertung*, daß sie „bloß ein Abbild und Schatten des wahren Allerheiligsten" sind (O. HOFIUS, Zelt 277). Das nennt man mit Fug und Recht eine dualistische Denkstruktur. Die im ersten Zelt vollzogenen Handlungen „vollenden" nichts, sondern erst Jesu Eingang in das himmlische Allerheiligste, wodurch die alttestamentlichen δικαιώματα σαρκός bedeutungslos werden (V 10b). – Zur Diskussion des Problems vgl. bes. F. LAUB, Bekenntnis 191ff.

[201] O. HOFIUS, Zelt 277.

Der letzte hier zu behandelnde Einzelbeleg, der ebenso wie alle anderen im NT eine *alttestamentliche* Färbung hat[202], steht in der *Johannes-Apokalypse 11,19*:

Und es öffnete sich der Tempel Gottes im Himmel, und sichtbar wurde die Lade seines Bundes in seinem Tempel. Und es geschahen Blitze und Getöse und Donner und Erdbeben und großer Hagel[203].

Mit diesem Vers schließt die in 8,2 beginnende Sieben-Posaunen-Vision ab[204]. Sechs von diesen Posaunen lösen die dem Endgericht vorhergehenden Plagen aus. Mit der siebten (letzten) Posaune findet die Posaunen-Vision ihren Höhepunkt. Denn sie verkündet, daß bereits jetzt Gott endgültig seine Herrschaft antritt: „Die Königsherrschaft über die Welt ist unseres Herrn geworden und seines Christus, und er wird in alle Ewigkeit herrschen" (11,15b). Zu diesem eschatologischen Herrschaftsantritt gehört das Gericht über die Toten (V 18a) und die Lebenden (V 18b.c). Der symbolkräftige V 19 mit seinen „Theophaniemomenten" rundet die ganze Szene ab: Der geöffnete Tempel (vgl. 15,5) versinnbildlicht die Aufhebung der Trennung zwischen Gott und seinem Volk, und die im himmlischen Tempel sichtbar werdende Lade ist das anschauliche Zeichen der Anwesenheit Gottes (Num 10,35f.)[205]. Denn auf der Lade bzw. der Kapporeth ruht die Herrlichkeit Jahwes (vgl. Jahwe als „Kerubenthroner" 2Kön 19,15 = Jes 37,16; Ps 80,2; 99,1; 1Sam 4,3–7; 2Sam 6,2).

Die Exegeten sehen unsern V 19 m. R. im Zusammenhang jener jüdischen Traditionen, wonach die Lade vor der Zerstörung des ersten Tempels im Tempelbezirk verborgen worden sei (syrBar 6,5–10) bzw. vom Propheten Jeremia auf dem Berg Nebo verwahrt wurde (2Makk 2,1.4–8)[206]. Vitae prophetarum, Jeremia 14 deutet an, daß Gott sie in den Himmel bringen ließ[207], so daß sie wieder erscheinen konnte, wenn Jahwe „sein Volk sammeln wird" (2Makk 2,8). Solchen Traditionen zufolge hat die Lade, zumal ihr himmlisches Urbild, eschatologische Bedeutung. Ihr Sichtbarwerden am Ende der Tage symbolisiert die Heilsvollendung, da Gott „mit seinem Volk

---

[202] J. BEHM, Begriff 59 Anm. 3.

[203] Übersetzung U. B. MÜLLER 222.

[204] Die traditionsgeschichtlichen und literarkritischen Analysen lassen wir hier beiseite. Vgl. dazu bes. W. BOUSSETS „Exkurs zu 11,1–13": 324–330; A. WIKENHAUSER 88f.; U. B. MÜLLER 185f.; C. H. GIBLIN, Revelation 11,1–13: Its Form, Function, and Contextual Integreation: NTS 30, 1983/84, 433–459.

[205] Rabbinica bei BILL III 172ff. Vgl. auch G. V. RAD, Zelt und Lade (1931), in: DERS., Gesammelte Studien zum Alten Testament (TB 8) 1958, 115: „Wo die Lade ist, da ist Jahwe."

[206] Vgl. BILL III 179f.

[207] H. KRAFT 162.

sein wird"[208]. Die Hütte Gottes ist nicht mehr fern, sie ist bei den Menschen (21,3).

Daß der Seher Johannes gerade diese Symbole – Öffnung des himmlischen Tempels und Erscheinung der Lade als Sitz der Schechina – wählt, um den eschatologischen Heilszustand zu charakterisieren, ist auffallend und verständlich zugleich. *Auffallend*, weil er sich das neue Jerusalem *ohne* Tempel vorstellt: „Denn der Herr, ihr Gott, der Herrscher über die ganze Schöpfung, ist ihr Tempel, er und das Lamm" (21,22). Das „Siehe, ich mache *alles* neu" (21,5) ist also umfassend gemeint und spart auch die bisherige Form des Mitseins Gottes mit seinem auserwählten Volk nicht aus. Im übrigen ist die Unausgeglichenheit spannungsvoller Aussagen in der Apk leicht mit der Annahme zu erklären, daß ihr Verfasser verschiedenes Material in selbständiger Weise verwendet hat[209]. Nicht nur viele literarische Brüche, auch manche sich widersprechenden Sachaussagen lassen sich dann leicht auf die Selbstmächtigkeit der Tradition verrechnen. Man wird dem Urteil recht geben, daß wir die Apk primär als *Dichtung* zu verstehen haben, „die geprägte Metaphern ineinander verschlingt, ohne sie aufeinander abzustimmen ... Symbole und Metaphern aus alttestamentlicher Tradition stehen aussagekräftig nebeneinander."[210] Der Hymnus in unserem Text z.B. (11,17–18) trägt an sich keinen spezifisch christlichen Charakter. „Thema ist vielmehr die Verwirklichung der Herrschaft Gottes (ursprünglich Thronbesteigung) und in Verbindung damit das Gericht über die Völker; ein Thema also, mit dem sich die jüdische Apokalypse häufig beschäftigt. Sehr wahrscheinlich benutzt der Verfasser einen jüdischen Hymnus als Grundlage, der in der Liturgie des Bundeserneuerungsfestes Jahwes beheimatet war."[211] Und auch in V 19 wird von Israel her auf das Ende geschaut. Das alles gehört jedoch zu den Stilmitteln der jüdischen Apokalypsen, die unser Verfasser übernimmt, ohne daß er damit einfach die jüdische Geschichtsapokalyptik fortschreibt. Diese erhält vielmehr „durch die geschichtliche Erscheinung Jesu einen neuen Unterbau" und erfährt damit zugleich eine entscheidende Umprägung: Jesu Erlösungstod (1,5; 7,14; 12,11) und seine sieghafte Erhöhung (3,21; 5,5) bedeuten die eschatologische Wende und sind das Unterpfand der göttlichen Geschichtsvollendung[212]. Die kann unser Verfasser in 11,19 auch mit dem apokalyptischen Motiv der Tempelöffnung im Himmel

---

[208] E. LOHMEYER 96; vgl. A. WIKENHAUSER 91f.

[209] W. G. KÜMMEL, Einleitung in das Neue Testament. Heidelberg ²1983, 409.

[210] H.-M. SCHENKE/K. M. FISCHER, Einleitung in die Schriften des Neuen Testaments II. Berlin 1979, 281f.

[211] A. SATAKE, Die Gemeindeordnung in der Johannesapokalypse (WMANT 21) 1966, 51; vgl. CH. BRÜTSCH II 42.

[212] W. G. KÜMMEL, Einleitung 407.

zur Darstellung bringen. Es wäre aber verfehlt, wollte man diese Darstellung isoliert betrachten. Ihren Aussagesinn erhält sie von der Gesamtaussage der Apk[213].

Das führt uns bereits zu unserem zweiten Punkt, wonach *andererseits* der Rückgriff auf das Symbol des geöffneten Tempels mit der darin sichtbaren Bundeslade etwas durchaus Verständliches ist innerhalb einer apokalyptischen Schrift, die unaufhörlich mit Anspielungen auf das AT arbeitet[214]. Ausschlaggebend dafür ist nicht allein die Tatsache, daß die seit Tod und Auferstehung Jesu zum Ende hindrängenden Ereignisse „bereits in Gottes Ratschluß festgelegt sind"[215], sondern auch der Umstand, daß die stilgerecht konzipierte Apokalypse wahrscheinlich zur Verlesung im Gottesdienst gedacht war[216]. Unter diesen Umständen ist es gar nicht verwunderlich, daß V 19 die Enderfüllung unter ausgiebiger Verwendung alttestamentlicher Bilder beschreibt. Sie dienen jedoch nicht der Reaktivierung alttestamentlicher Bundesgedanken. Im Gegenteil! Den alten Bund lassen sie „weit hinter sich"[217].

Damit rühren wir an ein Problem, das kontrovers diskutiert wird, nämlich ob die Israel-Frage in Kap. 11 und überhaupt in der Apk eine Rolle spielt[218]. Eine klare Antwort läßt sich von Kap. 11 her kaum geben. Dafür ist dieser Text – was seinen Ursprung und seine Aussage im Gesamtzusammenhang der Apk anbetrifft – viel zu dunkel[219]. Zwar *kann* man den hier berichteten Zug, daß bei der Profanierung der Heiligen Stadt der eigentliche Tempelbezirk und eine kleine gläubige Schar von Gott wunderbar bewahrt bleiben, auf die eschatologische Errettung Israels deuten. Und die Darstellung der Heilsvollendung als Öffnung des himmlischen Tempels mag ein Hinweis darauf sein, daß das christologisch begründete Endheil auch dem „Israel nach dem

---

[213] H.-M. SCHENKE/K. M. FISCHER, Einleitung 281.

[214] E. LOHMEYER 197–199; vgl. A. SCHLATTER, Das Alte Testament in der johanneischen Apokalypse (BFChTh 16,6) 1912; E. LOHSE, Die alttestamentliche Sprache des Sehers Johannes. Textkritische Bemerkungen zur Apokalypse: ZNW 52, 1961, 122–126.

[215] Vgl. E. LOHSE, aaO. 122f.

[216] K.-P. JÖRNS, *passim;* vgl. PH. VIELHAUER, Geschichte der urchristlichen Literatur. Einleitung in das Neue Testament, die Apokryphen und die Apostolischen Väter. Berlin 1975, 500; H.-M. SCHENKE/K. M. FISCHER, Einleitung 286ff.

[217] CH. BRÜTSCH II 43.

[218] Siehe einerseits M. RISSI, der die Frage bejaht, andererseits H. CONZELMANN, Heiden 241f., der die Frage verneint. Zur Diskussion vgl. CH. BRÜTSCH II 7ff.

[219] Vgl. A. WIKENHAUSER 88f.; H. KRAFT 153ff.; H.-M. SCHENKE/K. M. FISCHER, Einleitung 289f.; A. STROBEL, Art. Apokalypse des Johannes: TRE 3 (174–189) 178. – Vor allem 11,1–13 macht den Eindruck einer vom Verfasser der Apk „nur notdürftig bearbeiteten" apokalyptisch-jüdischen Quelle, in der schon Julius Wellhausen ein zelotisches Flugblatt hat sehen wollen, das auf die kurz bevorstehende Zerstörung Jerusalems vorausblicke (H.-M. SCHENKE/K. M. FISCHER, Einleitung 288ff.).

Fleische" gilt. Dann läge hier eine Art Entsprechung zu dem Mysterium von
Röm 11,25f. vor, wonach Israel vom Parusie-Christus gerettet wird[220]. Aber
sehr wahrscheinlich ist diese Deutung nicht. Denn die heilsgeschichtliche
Kontinuität Israel-Kirche ist *kein* Thema unserer Schrift. In Ausscheidung
eines konstitutiven Elementes der jüdischen Apokalyptik, nämlich des
Rückblicks in die Vergangenheit, redet sie vielmehr nur von dem, was ist und
was hernach geschehen wird (1,19). Ihr Blick richtet sich in die Zukunft, auf
den neuen Himmel und die neue Erde[221]. Und die dauernden Anspielungen
auf die Heilige Schrift stellen als solche noch keine Kontinuität her. Denn das
AT ist unserem Verfasser als *christliches* Buch wegen seiner heiligen Sprache
wichtig, „die er sich ohne eine bewußte geschichtliche Beziehung angeeignet
hat"[222]. Wohl ist es richtig, daß der Verfasser ein judenchristlicher Prophet
namens Johannes war[223], den seine große Vertrautheit mit jüdischen Apokalypsen maßgebend geprägt hat. Aber daß er „von Religion und Geist des
Judentums gerade in der Aufnahme jüdischer Vorstellungen schärfer geschieden (ist), als es ein Paulus war", wird man mit Ernst Lohmeyer ebenfalls
für richtig halten[224]. Lohmeyer sieht hier eine Parallele zur „judenchristli-
chen" Haltung des 4. Evangeliums. Hier wie dort ist die Trennung von
Kirche und Synagoge das vorausgesetzte Faktum. „Hier wie dort ist das Heil
an keine Schranken der Nation gebunden; die Gläubigen entstammen grundsätzlich allen Völkern und Stämmen" (Apk 5,9)[225]. Von den heilsgeschichtlichen Privilegien Israels ist in der Apk nirgendwo die Rede[226]. Im Gegenteil!
Die Juden sind „die Synagoge Satans", welche die christlichen Gemeinden
verfolgt (2,9; 3,9). Von daher und von dem parakletischen Gesamtzweck der
Apk her – die äußerlich bedrängten Gemeinden sollen getröstet werden –
liegen Gedanken an eine Heimholung Israels wie bei Paulus (Röm 9–11) fern.
Jedenfalls wäre es mehr als kühn, wollte man von der eher beiläufigen
Erwähnung des geöffneten himmlischen Tempels mit der darin sichtbar
werdenden Bundeslade[227] schließen, der Apokalyptiker verstehe das escha-

---

[220] So deuten A. WIKENHAUSER 88f. und CH. BRÜTSCH II 7ff.; vgl. auch H. SCHLIER, Die Zeit
der Kirche. Exegetische Aufsätze und Vorträge. Freiburg ²1958, 18 mit Anm. 3.

[221] H. CONZELMANN, Heiden 241f.

[222] H.-M. SCHENKE/K. M. FISCHER, Einleitung 302.

[223] W. G. KÜMMEL, Einleitung 417.

[224] E. LOHMEYER 195.

[225] Ebd.

[226] Das jüdische Gesetz als Ganzes steht nicht mehr zur Diskussion, sondern lediglich
einzelne rituelle Vorschriften. Vgl. U. B. MÜLLER, Zur frühchristlichen Theologiegeschichte.
Judenchristentum und Paulinismus in Kleinasien an der Wende vom ersten zum zweiten
Jahrhundert n. Chr. Gütersloh 1976, 17–21.

[227] Der Lade wird im NT überhaupt nur ganz selten „und in beiläufigster Form Erwähnung
getan" (G. v. RAD, Gesammelte Studien 129; vgl. CH. BRÜTSCH II 44).

tologische Heil primär als die Rettung Israels, an der die Völker Anteil bekommen. Wenn das Verhältnis beider in dieser Hinsicht in Kap. 11 überhaupt bedacht ist, dann eher umgekehrt, nämlich „daß sich Israel in der Endzeit zu Christus bekehren wird"[228].

Wir halten *zusammenfassend* zu den Einzelbelegen für Diatheke im NT fest: Das Neue Testament redet nicht nur numerisch selten vom Bund, sondern auch sachlich ohne großes Gewicht. Wo aber ein solches Gewicht vorliegt – bei Paulus (Gal 3 und 2Kor 3) und in der Abendmahlsparadosis – dient dieses gerade der Herausarbeitung einer theologisch grundsätzlichen Antithetik zwischen Altem und Neuem Bund. Das ist vorerst nur eine Hypothese. Sie wird aber im Laufe dieser Erörterungen hoffentlich zu einer begründeten These. Soviel wird man jedenfalls aufgrund des statistischen Befundes sagen dürfen: Der entscheidende Zugriff nach dem, was nach neutestamentlichem Verständnis das Heil Gottes ist, geschieht in keiner der 27 neutestamentlichen Schriften mit Hilfe des für das alttestamentliche Heilsverständnis konstitutiven und zentralen Bundesbegriffes. Es könnte sein, daß dies von erheblichem theologisch-sachlichen Gewicht ist, daß nämlich das Neue das ganz Andere ist: eben das eschatologische Heilsgeschehen, durch das das alttestamentliche auf-gehoben ist im Hegelschen doppelten Sinne des Wortes[229]. Freilich nicht im Sinne einer aufhebenden „Erfüllung", sondern so, daß es im Evangelium seine *Zukunft* findet[230].

IV. Die expliziten Diatheke-Stellen bei Paulus

Zieht man die mehr oder weniger beiläufig erwähnten und partiell auf Israel bezogenen Einzelbelege Röm 9,4 und 11,27 sowie die in 1Kor 11,25 zitierte Abendmahlsparadosis ab, so bleiben nur drei Kapitel innerhalb des Corpus Paulinum, in denen der Apostel mit dem Begriff διαθήκη theologisch argumentiert: Gal 3; 4 und 2Kor 3. Daß es ausschließlich polemische Kapitel sind, in denen gegnerische Positionen bekämpft werden, ist von erheblichem

---

[228] A. WIKENHAUSER 88.

[229] Zumindest die Möglichkeit muß diskutiert werden, das Christusereignis sei „Gottes Gnadenerweis in grundsätzlich anderer Weise als die Gnadenerweise Gottes, von denen das Alte Testament redet" (R. BULTMANN, Glauben und Verstehen I 332).

[230] Zur Dialektik von Verheißung und Erfüllung als einer Struktur auch des Neuen Bundes vgl. H. J. KRAUS, Geschichte der historisch-kritischen Erforschung des AT. Neukirchen ³1982, 558 bzw. 576; W.-H. SCHMIDT, Vielfalt und Einheit alttestamentlichen Glaubens. Konstruktionsversuch an einem Pfeiler der Brücke „Biblische Theologie", in: „Wenn nicht jetzt, wann dann?" FS H. J. Kraus. Neukirchen-Vluyn 1983, 13–22.

Gewicht. Denn nicht nur erklärt das die schroffe Antithetik, in die Alter und Neuer Bund zueinander gerückt werden[231], sondern damit wird auch angezeigt, daß Paulus von sich aus keine Veranlassung hat, das mit dem Christusereignis eröffnete Heil als Bundestheologie zu explizieren[232]. Man denke nur an den Römerbrief.

1. Galater 3,15.17

Literatur: Die *Kommentare zum Galaterbrief* von J. BECKER (NTD 8) ²1981. – H. D. BETZ, Galatians. A Commentary on Paul's Letter to the Churches in Galatia. Philadelphia 1979. – R. BRING, Der Brief des Paulus an die Galater. Berlin u. Hamburg 1968. – F. F. BRUCE (NIC) 1982. – G. EBELING, Die Wahrheit des Evangeliums. Eine Lesehilfe zum Galaterbrief. Tübingen 1981. – H. LIETZMANN (HNT 10) ⁴1971. – D. LÜHRMANN (ZBK NT 7) 1978. – F. MUSSNER (HThK IX) 1974. – A. OEPKE (ThHK IX), bearb. v. J. Rohde, ³1973. – H. SCHLIER (KEK 7) 1949. –
   E. BAMMEL, Gottes *ΔΙΑΘΗΚΗ* (Gal. III. 15–17.) und das jüdische Rechtsdenken: NTS 6, 1959/60, 313–319. – E. BERNECKER, Diatheke: KP 1, 1514–1517. – H. D. BETZ, Geist, Freiheit und Gesetz: ZThK 71, 1974, 78–93. – V. BORSE, Der Standort des Galaterbriefes (BBB 41) 1972. – K. M. CAMPBELL, Covenant or Testament?: EvQ 44, 1972, 107–111. – M. CONRAT, Das Erbrecht im Galaterbrief (3,15–4,7): ZNW 5, 1904, 204–227. – A. v. DÜLMEN, Die Theologie des Gesetzes bei Paulus (SBM 5) 1968, 36–48. – O. EGER, Rechtswörter und Rechtsbilder in den paulinischen Briefen: ZNW 18, 1917/18, 84–108. – F. HAHN, Das Gesetzesverständnis im Römer- und Galaterbrief: ZNW 67, 1976, 29–63. – A. HALMEL, Über römisches Recht im Galaterbrief. Eine Untersuchung zur Geschichte des Paulinismus. Essen 1895. – O. HOFIUS, Das Gesetz des Mose und das Gesetz Christi: ZThK 80, 1983, 262–286. – H. HÜBNER, Das Gesetz bei Paulus. Ein Beitrag zum Werden der paulinischen Theologie (FRLANT 119) ²1980. – G. KLEIN, Rekonstruktion und Interpretation. Ges. Aufs. z. NT (BEvTh 50) 1969, 202–224. – U. LUZ, Das Geschichtsverständnis des Paulus (s. o. S. 17) 168–186. – H. RÄISÄNEN, Paul and the Law (WUNT 29) 1983. – W. SELB, *Διαθήκη* im Neuen Testament: Randbemerkungen eines Juristen zu einem Theologenstreit: JJS 25, 1974, 183–196. – A. VANHOYE, Un médiateur des anges en Ga 3,19–20: Bib. 59, 1978, 403–411. – PH. VIELHAUER, Paulus und das Alte Testament, in: DERS., Oikodome 196–228.

Für die Frage nach dem theologischen Verständnis von *διαθήκη* bei Paulus trägt Gal 3 indirekt nur insofern etwas bei, als die Argumentation mit Hilfe des bildlichen Sprachgebrauches von *διαθήκη* deutlich dahin tendiert, den Neuen Bund die Ablösung des Alten sein zu lassen. In Gal 4,24–26 kommt diese Tendenz *der Sache nach* zum Ziel, in 2Kor 3,6.14 auch *terminologisch*. Wir betrachten zunächst *Gal 3,15–18*. Im übergreifenden Kontext, 2,11–

---

[231] Daß die Antithetik traditionell ist, beweist 1Kor 11,25 (nicht gesehen von W. C. VAN UNNIK, La conception Paulinienne de la Nouvelle Alliance, in: Littérature et Théologie Paulinienne. Bruges, 1960, 118ff.). Aber innerhalb des NT wird sie nur von Paulus und dem Hebr „redaktionell" bearbeitet. Vgl. U. LUZ, Bund 318f.

[232] Von daher scheint es mir nicht unproblematisch, wenn P. STUHLMACHER ganz grundsätzlich die These aufstellt: „Die christliche Gemeinde lebt kraft des Todes und der Auferweckung Jesu schon in der Zeit und Verwirklichung der neuen Bundes-‚Verpflichtung' von Jer 31,31ff." (Das Gesetz als Thema biblischer Theologie, in: DERS., Versöhnung, Gesetz und Gerechtigkeit. Aufsätze zur biblischen Theologie. Göttingen 1981, 156). S. u. S. 67f.

4,7, behandelt Paulus das zentrale Kapitel seiner Theologie, die Gerechtigkeit aus Glauben. Ausgangspunkt ist der sog. antiochenische Konflikt 2,11–
21. Petrus und die übrigen Judenchristen haben in Antiochien Gemeinschaft
auch mit den Heidenchristen, verleugnen diese aber, als „Leute aus dem
Kreis um Jakobus" eintreffen, und zwar – wie es ausdrücklich heißt – aus
Furcht vor den „Beschnittenen" (2,12). Eine solche Heuchelei entspricht
nicht der „Wahrheit des Evangeliums" (2,14), derzufolge niemand durch
Werke des Gesetzes gerecht wird (2,16). Darum wird sie von Paulus öffentlich getadelt. „Denn käme die Gerechtigkeit durch das Gesetz, so wäre
Christus vergeblich gestorben" (2,21).

Die Galater nun sind ohne Verpflichtung auf das Mosegesetz Christen
geworden. Nach einer entsprechenden Mahnung, diese Gaben Gottes nicht
um der Gesetzesgerechtigkeit willen preiszugeben (3,1–5), zieht Paulus in
3,6–14 das Alte Testament zum Beweis dafür heran, daß das Gesetz nichts
mit dem rechtfertigenden Glauben zu tun hat (3,11f.). Welche Rolle spielt es
dann aber überhaupt noch in der Heilsgeschichte Gottes (V 19)? Ehe Paulus
darauf in VV 19b–25 eine grundsätzliche Antwort gibt (das Gesetz hat in der
Zeit zwischen Mose und Christus die zeitlich befristete Funktion des „Auf-
passers", der die Sünder in ihrer Sünde wie in einem Gefängnis verhaftet hält.
Mit dem Kommen des Glaubens erledigt sich diese Funktion), führt Paulus
in 3,15–18 den Beweis dafür, daß das Gesetz schon immer ausgeschaltet war,
sowohl bei der Verheißung Gottes an Abraham, als auch bei deren Erfüllung
in Christus.

Brüder, ich nehme einen Vergleich aus dem menschlichen Leben: Niemand setzt
das rechtsgültig festgelegte Testament eines Menschen außer Kraft oder versieht es
mit einem Zusatz. Abraham und seinem Nachkommen wurden die Verheißungen
zugesprochen. Es heißt nicht: ‚und den Nachkommen', als wären viele gemeint,
sondern es wird nur von einem gesprochen: und deinem Nachkommen; das aber ist
Christus. Damit meine ich: Das Testament, dem Gott einst Gültigkeit verliehen hat,
wird durch das vierhundertdreißig Jahre später erlassene Gesetz nicht ungültig, so
daß die Verheißung aufgehoben wäre. Würde sich das Erbe nämlich aus dem Gesetz
herleiten, dann eben nicht mehr aus der Verheißung. Gott hat aber durch die
Verheißung Abraham Gnade erwiesen (Einheitsübersetzung).

Paulus argumentiert im Sinne seiner Rechtfertigungstheologie. Die Alternative lautet: Erbe (κληρονομία) aufgrund des Gesetzes oder aufgrund der
Verheißung? Oder: Erweist Gott Gnade aufgrund der Verheißung oder
aufgrund des Gesetzes (V 18)? Gerechtigkeit aus Glauben oder Gerechtigkeit
aus Werken des Gesetzes, das ist die Frage, um die es geht. Paulus hat sie in
V 6 bereits entschieden. Von Abraham wird gesagt: „Er glaubte Gott, und
das wurde ihm als Gerechtigkeit angerechnet" (Zitat aus Gen 15,6). Durch
Werke des Gesetzes kann niemand vor Gott gerecht werden. Jeder derartige

Versuch steht unter dem Fluch Gottes, weil das Gesetz es nicht mit dem Glauben, sondern mit der Tat (ὁ ποιήσας αὐτά) zu tun hat (VV 10–12).[233] Darum: „Wer gerecht ist aus *Glauben*, der wird leben" (V 11b). Für Paulus ist das sogar *offenkundig* (δῆλον V 11a; vgl. 1 Kor 15,27). „Söhne Abrahams" und damit Erben der Verheißung sind für Paulus nicht die, die es im physischen Sinne sind, sondern „nur die, die glauben, sind Abrahams Söhne" (V 7). Das entspricht Gottes Verfügung, Gottes Testament, Gottes letztgültigem Willen von Anfang an.

Um das zu verdeutlichen, wählt er einen Vergleich aus dem menschlichen Leben (V 15). Die Formulierung κατὰ ἄνθρωπον λέγω hat weder verurteilenden Sinn (wie 1,11; 1 Kor 3,3; 15,32), noch neutralen (wie Röm 3,5). Es handelt sich vielmehr um eine technische Formel etwa der folgenden Bedeutung: Ich greife auf einen jedem Menschen unmittelbar einsichtigen, verständlichen und unwidersprochenen Sachverhalt zurück. „Vom Allgemeinmenschlichen her erläutere ich es."[234] Dieses Allgemeinmenschliche bzw. der allgemein bekannte und anerkannte Sachverhalt ist das juristische Prinzip der Unveränderbarkeit einer letztwilligen Verfügung von Todes wegen: „Niemand setzt das rechtskräftig gewordene Testament eines Menschen außer Kraft oder versieht es mit einem Zusatz" (V 15c). Bis in die Begrifflichkeit hinein ist das rechtstechnische Sprache, die sich in den VV 15 und 17 verdichtet: κυροῦν = rechtskräftig machen (V 15); προκυροῦν = vorher rechtskräftig machen (V 17); ἀθετεῖν = für ungültig erklären (V 15); καταργεῖν = außer Kraft setzen (V 17); ἐπιδιατάσσεσθαι = eine Klausel, ein sog. Kodizill anbringen (V 15). Der Streit, ob römische, griechische (Eger; Kutsch)[235] oder jüdische Rechtsgrundsätze (Bammel, Mußner) zum Vergleich herangezogen werden müssen, ist m. E. unergiebig[236]. Man kann ihn ungeschlichtet lassen[237], da das *tertium* des

---

[233] Richtig H. SCHLIER 91f.: „Der Fluch haftet also offenbar für Paulus an dem ποιεῖν selbst, sofern es sich auf die ἔργα νόμου bezieht. Er ist nicht erst damit gegeben, daß das Gesetz quantitativ nicht ganz erfüllt wird, sondern schon damit, daß es überhaupt ‚getan' werden muß, daß es sich bei ihm um ein Tun handelt, das auf eine Forderung des Gesetzes hin geschieht, also um ἔργα νόμου. Der innere Grund für diesen Sachverhalt wird hier nicht deutlich gemacht. Er ist aber aus Röm 7,7ff. zu erkennen."

[234] So die Übersetzung bei G. EBELING, Wahrheit 246; vgl. auch J. BEHM, Begriff 38–42. Ferner auch C. J. BJERKELUND, „Nach menschlicher Weise rede ich". Funktion und Sinn des paulinischen Ausdrucks: StTh 26, 1972, 63–100, bes. 90–92.

[235] Für E. KUTSCH, Neues Testament 136ff., liegen die Papyrusurkunden für einen Vergleich deshalb näher, weil in ihnen das Adjektiv κύριος nicht „gültig", „rechtskräftig", sondern „maßgeblich" bedeutet (139). Er verweist dafür auf S. M. HÄSSLER, Die Bedeutung der Kyria-Klausel in den Papyrusurkunden (Berliner Juristische Abhandlungen 3). Berlin 1960, 19ff., bes. 23.

[236] E. BAMMEL, Diatheke 314ff., sieht einen Zusammenhang mit dem jüdischen Institut der måttanät barî, der „Schenkung zu Lebzeiten" und faßt das Spezifische dieser Institution in folgenden drei Punkten zusammen: „(1) Der Gegenstand des Rechtsgeschäfts geht sofort in den Besitz des so Begabten über, der Verfügende behält sich nur das Nutznießungsrecht bis zu

Vergleichs zwischen zivilrechtlich gültigem Testament und göttlich gültig gemachter Abrahamverheißung unmißverständlich klar das Moment der „Unverbrüchlichkeit"[238] bzw. „Unaufhebbarkeit"[239] ist. Der Analogiecharakter des Beispiels ist jedenfalls unzweideutig: Selbst eines Menschen rechtsgültiges „Testament" (das ist die unmißverständliche Bedeutung von διαθήκη an unserer Stelle) kann von niemandem (anderen) annulliert oder durch einen Zusatz erweitert werden, erst recht nicht Gottes „Testament"[240].

Aber ehe Paulus in V 17 zu dieser Anwendung kommt, stellt er zuerst fest, daß es sich bei dem göttlichen Testament um die Verheißungen handelt, die Abraham und seinem Samen gegeben wurden, und daß es sich bei dem Samen um Christus handelt. Heinrich Schlier meint zu Recht, daß für Paulus „die Identität der διαθήκη mit den ἐπαγγελίαι so selbstverständlich (ist), daß er die letzteren einfach für die erstere einsetzt"[241]. Klar ist, daß Paulus mit den „Verheißungen" an Gen 12,2f.7; 13,15f.; 15,4ff.; 18,18; 22,17ff.; 24,7, besonders aber an Gen 17,17ff. denkt. Im alttestamentlichen Text schließen diese Verheißungen dreierlei ein[242]: 1. die Fruchtbarkeit Abrahams und seines Samens, 2. den ewigen Besitz des Landes, 3. das „Dein und deines Sohnes Gott Sein". Weniger klar ist, wie Paulus die Verheißung der Nachkommenschaft auf Christus eingrenzen kann. Die dazu bemühte Exegese, nämlich die Abstützung der christologischen Ausrichtung der Verheißung auf den Singular τῷ σπέρματί σου, ist freilich in der *Methode* nicht neu[243]. In der *Sache* jedoch ist sie unerhört neu und nur im Rahmen der christologischen Perspektive des Apostels nachvollziehbar. Χριστός ist titular gemeint, d.h. es wird auf den Inhalt des Evangeliums wie des Glaubens hingewiesen.

---

seinem Tode vor; (2) die Verfügung kann ... unter keinen Umständen widerrufen oder abgeändert werden; (3) es handelt sich um die Verfügung eines Gesunden, der Gedanke an den Tod bleibt, soweit dies bei einem solchen Akte überhaupt möglich ist, im Hintergrund." – Zur Kritik vgl. jedoch H. RÄISÄNEN, Paul 129; bes. aber E. KUTSCH, Neues Testament 138f.

[237] H. RÄISÄNEN, Paul 129: „The illustration fits neither Greek nor Roman legal practice." Und was die jüdische Rechtspraxis anbetrifft, stellt er m.R. die Frage, ob die Galater sie verstanden hätten (ebd., Anm. 13; vgl. auch H. D. BETZ z. St.).

[238] J. BEHM, Begriff 40.

[239] E. KUTSCH, Neues Testament 139. 141.

[240] Auch die exegetische Debatte darüber, ob διαθήκη in *einem* Gedankengang *einerlei* (bildlichen) Sinn hat (J. BEHM) oder *zweierlei*, einen profanen in V 15 und einen theologischen in V 17 (E. KUTSCH), ist in dieser Weise verfehlt. Natürlich wirkt der bildliche Sprachgebrauch auch noch in V 17 nach (die Verheißung an Abraham ist Gottes rechtsgültiges „Testament"), und doch ist theologisch von jener διαθήκη die Rede, die sich in Christus erfüllt hat. Vgl. G. EBELING, Wahrheit 256.

[241] H. SCHLIER 99.

[242] Nach H. SCHLIER 100.

[243] Vgl. H. SCHLIER 100 und die anderen Kommentare z. St.

Beides besagt aber, was Paulus in VV 6–14 exegetisch aus Gen 15,6 entwik-
kelt hatte: Aus Glauben ward Abraham gerecht, nicht aus Werken. „Söhne
Abrahams" sind entsprechend nicht die Gesetzestäter, sondern die Glaubenden, und zwar alle an Christus Glaubenden. Denn die an Abraham ergange-
ne Verheißung realisiert sich erst im Glauben an diesen Christus (Röm 4,23–
25). So kann Paulus den *einen* Samen auf *Christus* deuten, weil Christus es
ist, der den Segen Abrahams vermittelt, und zwar dadurch, daß er in der
Beendigung des Fluches die Möglichkeit des Glaubens eröffnet und selber
Inhalt des Glaubens ist. Grund und Inhalt des Glaubens fallen für Paulus in
eins zusammen. Die Möglichkeit des Glaubens und dessen Bedingung eröffnet Christus. „Die Logik der paulinischen Deutung des ‚Samens‘ auf Christus ergibt sich also nicht aus einem üblichen Assoziationszusammenhang,
sondern aus der in V. 6–14 entwickelten Exegese von 1.Mose 15,6"[244].

Nach diesem schwierigen exegetischen Zwischenstück kehrt Paulus zu
dem einfachen Grundgedanken des Beispiels von V 15 zurück und liefert
jetzt in V 17 die Anwendung:

> Ich meine nun dies: Einen Testamentstext, der schon früher von Gott rechtskräftig
> ausgefertigt worden ist, kann das 430 Jahre später zustande gekommene Gesetz nicht
> ungültig machen, so daß es die Verheißung außer Kraft setzte[245].

Mit dieser Historisierung des Gesetzes stellt sich Paulus gleich mehrfach in
einen Widerspruch zur jüdischen Tradition. Diese weiß natürlich darum –
das ist zum einen zu sagen –, daß die Zeit vor der Sinai-Diatheke keine
„gesetzesfreie" Epoche war. Vielmehr gibt es die Tora von Ewigkeit her:
„Bevor die Welt geschaffen war, verwahrte Gott die Tora für Abraham",
heißt es in einem Midrasch[246]. Und selbstverständlich beachtete Abraham
die Tora (z.B. mit der Beschneidung, Gen 17; 21,4), obwohl sie noch nicht
„gegeben" war: „Zu jener (Abrahams) Zeit war das Gesetz ungeschrieben bei
ihnen allgemein bekannt, und die Werke der Gebote wurden damals (von
Abraham) vollbracht" (ApkBar 57,2)[247]. Entsprechend heißt es Sir 44,19–
21:

> Abraham, der Vater einer Menge von Völkern –
> nicht ist seinem Ruhme gegenüber ein Tadel gestattet!
> Denn er beachtete das Gesetz des Höchsten
> und war in einem Bund mit ihm.
> An seinem Fleisch machte er mit ihm einen Bund,

---

[244] D. LÜHRMANN 61.
[245] Übersetzung G. EBELING, Wahrheit 246f.
[246] Zitiert bei BILL III 186. – Zur Ewigkeit der Tora s. u. S. 63.
[247] Weiteres Material aus der rabbinischen Tradition bei BILL III 186. 205f.; vgl. H. SCHLIER
101 Anm. 5. Im übrigen ist das auch gut hellenistisch. Man denke an Philos νόμος ἄγραφος!

und in der Versuchung wurde er treu gefunden.
Deshalb setzte er ihm mit Eid fest,
daß in seinem Samen Völker gesegnet werden sollten,
daß er ihn zahlreich machen wolle wie den Sand auf der Erde
und seinen Samen erhöhen wie Sterne
und ihnen das Land zum Erbe geben
vom Meer bis zum Meer
und vom Strom (Eufrat) bis zum Ende der Erde[248].

Zum andern ist zu sagen: Nicht nur den „gesetzesfreien" Glauben Abrahams muß Paulus gegen die Tradition behaupten, sondern ebenso auch, daß das Gesetz keine Veränderung der Verheißung bewirken kann. Das Umgekehrte steht z. B. in Dtn 28,62. Die Verheißung der zahlreichen Nachkommenschaft wird hier zurückgenommen mit der Begründung: „Du hast nicht auf die Stimme des Herrn, deines Gottes, gehört." Der Fluchcharakter des Gesetzes, den es für den Fall des Ungehorsams des Volkes hat, kann also die Verheißung annullieren. Gott ist frei, sein „Testament" zu ändern.

Und schließlich ist darauf hinzuweisen: Erbe der Verheißung ist, wer die Tora befolgt. Denn es gilt der Grundsatz: „Alle diese Segnungen werden über dich kommen und dich erreichen, wenn du auf die Stimme des Herrn, deines Gottes, hörst" (Dtn 28,2). Also gerade nicht das Verhältnis der Ausschließlichkeit von Verheißung *oder* Gesetz wie bei Paulus, sondern das Verhältnis von Grund und Folge! Wenn Paulus dagegen sagt, daß das vierhundertdreißig Jahre später hinzugekommene Gesetz *keine* Veränderung an der dem Abraham gegebenen Verheißung bewirken kann, dann macht er wie aus Glaube und Gesetz (VV 22.29) so auch aus Gesetz und Verheißung einander ausschließende Gegensätze. Das verheißene Erbe gehört allein denen, die aus dem Glauben sind. „Denn käme die Erbschaft aus dem Gesetz, so käme sie nicht mehr aus der Verheißung. Gott hat sich aber dem Abraham durch Verheißung gnädig erwiesen" (V 18)[249].

Die Argumentation ist ein unerhörter Affront gegen das Judentum und sein Toraverständnis. In der zusammenfassenden Interpretation Heinrich Schliers kommt das am deutlichsten heraus: „Das Gesetz kam zu spät und konnte an der Verheißung nichts ungeschehen machen. Es eröffnet keinen realen Besitz. Es vermittelt kein eschatologisches, göttliches Erbe und macht niemanden reich. Wer vom Gesetz oder unter dem Gesetz lebt, erwirbt nur einen Scheinbesitz. Wer von der Verheißung und vom Gesetz leben will, zehrt sein Erbe durch den verfluchten Anteil des Gesetzes, den Zorn, den es verschafft, auf. Nur wer von der Verheißung Gottes allein lebt, wird mit dem

---

[248] Vgl. D. Lührmann 51f.
[249] Vgl. D. Lührmann 62.

Erbe Gottes gesegnet. Er steht ja auch in der δικαιοσύνη πίστεως, in der
Gerechtigkeit, die der Glaube vermittelt, wie Röm 4,13 formuliert ist.“[250]
  Diese Interpretation mag richtig oder falsch sein. Jedenfalls werden durch
den von Paulus geltend gemachten temporalen Vorsprung der Verheißung
vor dem Gesetz, aus dem er einen uneinholbaren Vorrang der ἐπαγγελία vor
dem Nomos folgert[251], und mehr noch durch das behauptete Konkurrenz-
verhältnis von Verheißung und Gesetz Abraham- und Sinaidiatheke in eine
Perspektive gerückt, in der sie *unvereinbar* sind[252]. In der Exegese wirft das
immer wieder die Frage auf, ob es Entwicklungen, Brüche, ja Widersprüche
im paulinischen Gesetzesverständnis gibt[253]. Während Paulus in Röm 9,4
z. B. die διαθῆκαι *unterschiedslos* zu den Heilsprivilegien Israels rechnet und
die νομοθεσία als eines der Erwählungszeichen ausdrücklich betont, macht er
in Gal 3 aus Verheißungsbund (Abraham) und Sinaibund (Mose) Gegensätze, die sich „als Quelle der messianischen Hoffnung“ gegenseitig ausschließen[254]. Nur jenen, den Abrahambund, nennt Paulus eine διαθήκη[255], an
deren Segnungen allein die Glaubenden teilhaben (3,9; Röm 4,16). Das
Sinaigeschehen hat damit grundsätzlich nichts zu tun (3,12.18). Διαθήκη wird
also als gemeinsamer Oberbegriff für Verheißung und Gesetz von Paulus
fallengelassen. In seiner christologischen Sichtweise reserviert er ihn allein

---

[250] H. Schlier 104.

[251] Richtig G. Eichholz, Die Theologie des Paulus im Umriß. Neukirchen/Vluyn 1972,
249: „Der *zeitliche Ursprung* der Verheißung vor der Tora fällt für Paulus mit der *sachlichen
Überlegenheit* der Verheißung gegenüber der Tora zusammen“ (Hervorhebungen von Eichholz). Vgl. auch Ph. Vielhauer, Paulus und das Alte Testament, in: Ders., Oikodome.
Aufsätze zum NT, Bd. 2. Hrsg. von G. Klein (TB 65) 1979, 209: „Der chronologische Abstand
von Verheißung und Gesetz ist auch hier der Beweis für den inferioren (und nur interimistischen) Charakter des Gesetzes und für die unverbrüchliche Gültigkeit der Verheißung (V. 15–
18). So wenig Paulus diesen Zeitabstand von 430 Jahren als Epoche der Verheißungen deutet, so
wenig interessiert ihn die Zeit zwischen Abraham und Christus als geschichtlicher Ablauf.“

[252] Vgl. H.D. Betz 159; G. Ebeling, Wahrheit 253. 256f. Anders R. Bring 137. 139. – Daß
für Paulus das Sinai-Gesetz „kraft des Sühnetodes Jesu zur Tora des Christus geworden“ ist, die
„Gottes Forderung als Gebot der Liebe proklamiert“ (P. Stuhlmacher [s. o. Anm. 232] 113),
wäre von daher differenzierter zu betrachten. Vgl. G. Haufe, ThLZ 108, 1983, 589–591, bes.
591.

[253] Vgl. neben H. Hübner, Gesetz, *passim* vor allem H. Räisänen, Paul, *passim*, bes. 128ff.

[254] H. Schlier 103. Mit Hinweis auf die unter Alttestamentlern geführte Diskussion,
wieweit man in den ältesten Texten der Sinai-Erzählung in Ex 19 und 24 überhaupt von einem
„Sinaibund“ (L. Perlitt, Bundestheologie im AT [WMANT 36] 1969) bzw. von einer Zusammengehörigkeit von Bund und Gesetz sprechen darf (O. Eissfeldt, Das Gesetz ist zwischen-
eingekommen. Ein Beitrag zur Analyse der Sinai-Erzählung Ex 19–34: ThLZ 91, 1966, 1–6),
behauptet F. Mussner 202 Anm. 52 sehr entschieden, „daß Paulus das Gesetz nicht als
Bundessatzung, sondern als ‚einseitige‘ Willensäußerung Gottes verstanden hat; ihm kommt es
ganz und gar auf den Verpflichtungscharakter des Gesetzes an. Er denkt in der Tat Bund und
Gesetz nicht zusammen.“ – Mehr als eine Vermutung ist das freilich nicht.

[255] In Gal 4,24 wird allerdings auch das Sinaigeschehen διαθήκη genannt, freilich eine Diatheke, die „zur Knechtschaft gebiert“ (s. u.).

für die Abrahamverheißung, die sich in Christus als ihrem eschatologischen Ziel erfüllt hat. Damit ist zum Ausdruck gebracht, daß diese διαθήκη[256] endgültigen Charakter hat und für alle Ewigkeit erfüllt ist. Demgegenüber ist das geschichtlich relativ späte Sinaigeschehen, die Tora also, zeitlich befristet. Auch mit dieser Aussage setzt sich Paulus in einen Widerspruch zur jüdischen Tradition, die um die *Ewigkeit* der Tora weiß (Sir 24,9; Sap 18,4; 4Esr 9,37; 1Hen 99,2; AssMos 1,11ff.; Jos.c.Ap 2,38; Philo Mos 2,14)[257]. Erst recht die Auskunft, daß das Gesetz die Funktion eines παιδαγωγός hat, die sich mit dem Kommen Christi erledigt (Gal 3,23–25), unterstreicht den inferioren Charakter des Gesetzes. Die νομοθεσία wird dadurch zu „einer Anordnung zweideutiger Art", die „jedenfalls nicht wie die Abrahamverheißung und das Kommen des Glaubens den eindeutigen Charakter der göttlichen Anordnung (ordinatio divina)" hat[258]. Das deutet Paulus schon mit der doppelten Betonung des Menschlichen in V 15 an: κατὰ ἄνθρωπον λέγω ὅμως ἀνθρώπου κεκυρωμένην διαθήκην. M. R. weist Gerhard Ebeling darauf hin, daß das mehr ist als nur die Ankündigung des Schlusses *a minori ad maius:* wenn schon menschliche Testamente unveränderbar sind, wieviel mehr dann göttliche! Natürlich ist das die Hauptaussage, die Paulus mit dem zur Verdeutlichung herangezogenen profanen Rechtsgrundsatz machen will. Aber im Hintergrund dürfte tatsächlich schon der Gedanke stehen, „daß sich auch das Gesetz als etwas Minderes von der uneingeschränkten Gotteszugehörigkeit der Verheißung unterscheidet"[259]. Denn in dem Anwendungsbereich, auf den der Vergleich zwischen göttlichem und menschlichem Testament zielt, spielt die Differenz zwischen menschlicher Verfügung und Verheißung Gottes, „zwischen dem, was von Gott kommt: der Verheißung, und dem, was keineswegs ohne weiteres auf ihn zurückzuführen ist: dem νόμος", eine Rolle[260].

Erst recht verschärft sich die sachliche Differenz zwischen Verheißung und Gesetz in V 19. Auf die Frage: „Warum gibt es dann das Gesetz?" gibt Paulus eine vierfache Antwort, die den inferioren Charakter weiter unterstreicht. Das Gesetz wurde

1. wegen der Übertretung *hinzugefügt,* V 19b
2. bis der Nachkomme käme, dem die Verheißung gilt, V 19c
3. durch Engel erlassen
4. durch einen Mittler.

---

[256] G. EBELING, Wahrheit 256. 255.
[257] Jüdisches Material bei BILL I 245–247.
[258] G. EBELING, Wahrheit 252.
[259] G. EBELING, Wahrheit 253.
[260] Ebd.

Zur interimistischen negativen Funktion treten hier nun auch noch seine
subalternen Vermittler hinzu, die es zu einer Größe minderer Herkunft
zurückstufen[261].

In dieser Polemik erreicht die paulinische Torakritik fraglos ihren Gipfel,
der so steil ist, daß man gelegentlich den (freilich vergeblichen) Versuch
gemacht hat, ihn Paulus abzusprechen[262]. Der Beweisgang des Apostels setzt
nämlich stillschweigend voraus, daß beide Verfügungen – Abrahamverheißung und Sinaitora – auf verschiedene Urheber zurückgehen[263]. Jedenfalls
ruht darauf die Schlüssigkeit des Beweises. Denn das Argument, daß die
Abrahamverheißung von der vierhundertdreißig Jahre später ergangenen
Tora nicht annulliert werden konnte, lebt davon, daß ein Testator konkur-
rierend gegen einen anderen auftritt. Im anderen Falle, im Falle der selbstverständlichen Identität des Testators, wäre das Argument stumpf. Warum
sollte Gott nach vierhundertdreißig Jahren sein „Testament" nicht ändern
können? Paulus bestreitet also, daß die Tora in derselben Weise wie die
Abrahamverheißung auf Gott zurückgeht[264]. Sie ist „erlassen von Engeln,
durch (wörtlich: in der Hand = hebraisierender Ausdruck für „durch")[265]
einen Mittler" (3,19c). Engelbeteiligung bei der νομοθεσία ist geläufige alttestamentliche, jüdische und neutestamentliche Überzeugung, die das Geschehen in seinem Rang nicht herabsetzt, sondern eher anhebt (Dtn 33,2
LXX; Jos Ant XV 136; Jub 1,29; TestDan 6,2; Philo, Somn I 141ff.; Apg
7,38.53; Hebr 2,2; ApkMos 1)[266]. Dagegen in gnostischen Kreisen[267] enthält
der Gedanke das Moment, auf das es Paulus im Zusammenhang unserer Stelle
(vgl. die Dämonisierung des Gesetzes durch die στοιχεῖα τοῦ κόσμου Gal
4,3.5)[268] besonders anzukommen scheint: Gegenüber der Verheißung ist die
Tora zweitrangig, allenfalls mittelbare Gabe Gottes[269], vielleicht sogar „überhaupt keine Gabe Gottes"[270].

---

[261] H.D. Betz 163–171. – Vgl. auch H. Riesenfeld, The Misinterpreted Mediator in Gal
3:19–20: The New Testament Age. FS Bo Reicke. Macon 1984 (Bd. II) 405–412.

[262] So z.B. J.C. O'Neill, The Recovery of Paul's Letter to the Galatians. London 1972, 51f.

[263] G. Ebeling, Wahrheit 252ff. Zum Problem, ob und wie dieser radikale Standpunkt mit
der übrigen Sichtweise des Paulus – z.B. in Röm 7 – vereinbar ist, vgl. bes. H. Räisänen, Paul
128–133.

[264] G. Ebeling, Wahrheit 257.

[265] Bl.-Debr.-Rehk. §217,2; vgl. E. Lohse, Art. χείρ: ThWNT IX 420,1ff.

[266] Weiteres rabbinisches Material bei Bill III 554–556.

[267] Die Texte bei H. Schlier 110ff.

[268] Vgl. dazu A. Schweitzer, Die Mystik des Apostels Paulus. Tübingen 1930, 70ff.; G.
Klein, Rekonstruktion 215f.; ders., Art. Gesetz III. Neues Testament: TRE 13, 69; Ph.
Vielhauer, Gesetzesdienst und Stoicheiadienst im Galaterbrief, in: Ders., Oikodome
(s. Anm. 63) 183–195; H. Hübner, Gesetz 28f.

[269] Nicht einmal mittelbare Gabe Gottes! So verstehen die meisten Ausleger. Vgl. H. Räisä-

Mit dem μεσίτης in V 19b ist Mose gemeint[271], den die jüdische Tradition in dieser seiner Funktion ebenfalls nur positiv kennt und verehrt[272]. Paulus hat den Mittler-Begriff nur an unserer Stelle. Seine theologisch inferiore Bedeutung hebt er in einer eigens beigefügten und sich auffälligerweise am Schᵉma Dtn 6,4 orientierenden Erläuterung ausdrücklich hervor: „Einen Mittler gibt es jedoch nicht, wo nur einer handelt; Gott aber ist ‚der Eine‘" (3,20, Einheitsübersetzung). Abgesehen von allen exegetischen Schwierigkeiten, die der Vers im einzelnen bereitet, ist der Aussagesinn doch klar: Alles, was im Kontrast zum Einzigsein Gottes steht, ist inferior[273]. Mit dem jüdischen Zentralbekenntnis vom Einzigsein Gottes schließt Paulus also jeden Gedanken an eine Zwischeninstanz bei der Offenbarung aus[274]. Wo eine solche gleichwohl auftritt, tut sie es in fremdem Auftrag. Auf die Sinaitora gewendet heißt das: sie ist „ein fluchbringender (3,19), die Sünden erweckender, zeitlich begrenzter Zusatz zur Verheißung, den die Engelmächte machten und nicht Gott"[275]. Solche Sichtweise des Paulus entspricht seiner Einschätzung des Gesetzes als Heilsweg[276], die man durch psychologische Erwägung

---

NEN, Paul 130ff. und zuletzt G. Ebeling, Wahrheit 259. Anders allerdings H. Riesenfeld (s. o. Anm. 261) 405ff.

[270] H. Schlier 112 (1962 allerdings von Schlier im Sinne der traditionellen Exegese modifiziert: Seinem Ursprung nach bleibe das Gesetz für Paulus „Gottesgesetz": 158); G. Klein, Rekonstruktion 219f. Man fragt sich in der Tat, ob Paulus den Gedanken überhaupt denken konnte, daß die Engel eigenmächtig an Gott vorbei handeln können. In dieser Allgemeinheit sicher nicht. Aber Gal 3,19ff. ist Polemik gegen ein *kraftloses* Gesetz, aus dem die Gerechtigkeit nicht kommen kann (V 21), und zwar Polemik aus der christologischen Sichtweise des Paulus.

[271] A. Oepke, ThWNT IV 622, 39; H. Riesenfeld (s. o. Anm. 261) 407.

[272] H.D. Betz 170.

[273] H.D. Betz 171f.: „Since the concept of mediator presupposes by definition a plurality of parties, it is inferior and, consequently, renders the Torah inferior. The true revelation of the one God does not need this concept."

[274] Anders R. Bring 147–155, der wie folgt versteht: Der Mittler dient nicht einem einzigen Volk, Israel. Denn Gott ist ein *einziger* Gott für alle Menschen und Völker, Röm 3,29f. – Die Exegese hat m. R. keinen Anklang gefunden. Anders als in Röm 3,29f. legt Paulus das εἷς-Sein Gottes nicht als Für-sein für alle Völker aus, sondern als das Einzigsein im Akt der Offenbarung. – Zu Röm 3, 29f. vgl. E. Grässer, „Ein einziger ist Gott" (Röm 3,30). Zum christologischen Gottesverständnis bei Paulus, in: „Ich will euer Gott werden." Beispiele biblischen Redens von Gott (SBS 100, Jubiläumsband) 1981, 177–205 (s. u. S. 231–258).

[275] H. Schlier 112. Anders Mussner 194: Der Abschnitt Gal 3,16–20 dient „weniger der Sichtbarmachung der Insuffizienz des Gesetzes als vielmehr dem Nachweis, daß durch die Gesetzgebung die Verheißung Gottes an Abraham nicht außer Geltung gesetzt wurde und das Gesetz kein Kodizill zur Verheißung darstellt." Eine schwache Harmonisierung! Siehe nächste Anmerkung.

[276] G. Ebeling, Wahrheit 259; F. Mussner 190, der m. R. darauf hinweist, daß die Beurteilung des Gesetzes des Paulus „nicht mehr gestattet, die Sinaigesetzgebung und den Bund Gottes mit Israel am Sinai so zu verstehen, wie das das gläubige Judentum schon seit langem tut". – Auf die Frage, worin Paulus die Insuffizienz des Gesetzes sieht, antwortet Mussner 191–198 mit neun Sätzen, die jeweils erläutert werden: 1. Im Unvermögen des Gesetzes, das Leben zu vermitteln. 2. In der „Schwäche" des Fleisches, das die Forderungen des Gesetzes nicht erfüllen

nicht abschwächen sollte[277]. Daß die Polemik gegen das „andere Evangelium" (Gal 1,6) der Gegner der Grund für die nach jüdischem Verständnis
blasphemischen Sätze des Paulus ist, versteht sich[278]. Aber das erklärt den
Stil, nicht die *Sache*. Die Sache erklärt sich vielmehr aus der für Paulus
grundlegenden Einsicht, daß das Gesetz mit der fides salvificans nichts zu
tun hat (3,12a). Der Geist ist lebendigmachend, nicht das Gesetz (Gal 3,1–5;
Röm 8,2; 2Kor 3,6)[279]. Es muß also bei dem Widerspruch bleiben, daß
Paulus sonst dasselbe Gesetz „heilig" und „geistlich" nennen kann (Röm
7,12.14) und von der Liebe als der Erfüllung des Gesetzes weiß (Gal 5,14;
Röm 13,8), daß er sowohl vom göttlichen wie vom widergöttlichen Ursprung des Gesetzes bzw. (wie es eine Mehrzahl der Exegeten sieht) von der
direkten und der indirekten Herkunft des Gesetzes von Gott sprechen
kann[280]. Gleichwohl ist an der Integrität solchen Denkens nicht zu zweifeln,
wie die von Paulus selbst aufgeworfene und beantwortete Frage zeigt, ob
denn das Gesetz *gegen* Gottes Verheißung sei (3,21a). Die Antwort lautet:
„Keineswegs! Wäre ein Gesetz gegeben worden, das die Kraft hat, lebendig
zu machen, dann käme in der Tat die Gerechtigkeit aus dem Gesetz; statt
dessen hat die Schrift alles der Sünde unterworfen, damit durch den Glauben
an Jesus Christus die Verheißung sich an denen erfüllt, die glauben"

---

kann und will. 3. In der Fluchandrohung, die mit dem Gesetz verbunden ist. 4. In den
eigenartigen Umständen der Sinaigesetzgebung. 5. In der Priorität der „Verheißung". 6. In den
Schriftaussagen über die Rechtfertigung des Menschen „aus Glauben". 7. In dem dem Geist
inhärierenden „Prinzip". 8. In der mit dem gesetzlichen Leben gegebenen Gefahr des Selbst-
ruhms vor Gott und den Menschen. 9. Im Christusereignis, in dem allein das Heil für den
Gläubigen gründet.

[277] Vgl. dazu die bei H. RÄISÄNEN, Paul 133 Anm. 31 Genannten.

[278] Wer immer die Gegner des Paulus in Galatien waren: in der Einschätzung der Tora
vertreten sie die jüdische Position, daß das Gesetz Gerechtigkeit und Leben schafft. Vgl. H.D.
BETZ 174. – M.R. hält P. STUHLMACHER, Das paulinische Evangelium I. Vorgeschichte
(FRLANT 95) 1968, 67 die These für vertretbar, daß die Gegner Paulus den Vorwurf gemacht
hätten, „er sei nichts als ein Gemeindeapostel der Antiochener, also Sprecher eines illegitimen
(weil die Tora abrogierenden) Evangeliums."

[279] Zur Sache vgl. E. KÄSEMANN, Geist und Buchstabe, in: DERS., Paulinische Perspektiven.
Tübingen 1969, 237ff. – H.D. BETZ 174 vertritt die ansprechende These, daß der „totale
Dualismus" zwischen Mosetora und Abrahamverheißung in Gal 3 Ziel gegnerischer Attacken
war, gegen die Paulus sich verteidigt: „A contradiction between the Torah of Moses and the
promise to Abraham can be perceived only if the Torah retains its traditional Jewish role. This is
done by his opponents, not by Paul himself. If, therefore, there is such an objection against him,
it is based upon a misunderstanding of his theology."

[280] Anders O. HOFIUS, Gesetz 274: Die Engel disqualifzieren das Gesetz nicht als Gabe
widergöttlicher Macht, sondern sie sind „Anwälte der göttlichen Heiligkeit und der *middat
had-dîn*, der strengen richterlichen Gerechtigkeit Gottes". Noch einmal anders erklärt den
Befund D. LÜHRMANN 63f.: Paulus bleibe kurz vor der Konsequenz, daß das Gesetz gar nicht
selber auf Gott zurückgehe, stehen. – Mit seiner Auslegung widerlegt sich LÜHRMANN freilich
selbst.

(VV 21b.22). Das besagt: Wo das Gesetz auf die Sünde auftrifft, unter die die „Schrift" alles beschlossen hat, wo es diese Sünde nicht nur nicht verhindert, sondern sogar selbst provoziert (Röm 7,7–11), da entbirgt sich das Gesetz als ein „widergöttliches"[281] und nicht in bloßer Anklage- und Verurteilungs-funktion, mit der es integriert bleibt in Gottes übergreifenden Heilsplan. Wer sagt: Die Tora „wirkt das Unheil nicht, aber sie bringt es durch ihren Urteilsspruch zur Geltung". „Die Tora hält den Menschen nicht zum Bösen fest, sondern auf den verheißenen Tag seiner Befreiung, auf den in Christi Tod und Auferweckung angebrochenen ‚Tag des Heils' (2Kor 6,2b)."[282] „Thus the law, at the deepest level, serves in all its negativity God's good purposes"[283], der verharmlost den Sachverhalt, daß das Gesetz die in jenen Unheilsstand bannende Macht ist, aus dem allein das Christusgeschehen rettet.

Es ist kaum nötig zu betonen, daß eine theologische Argumentation, in der die Sinaitora mitsamt ihrem Mittler Mose derart in einen Widerspruch zur göttlichen Verheißung gesetzt werden, jede Möglichkeit ausschließt, das eschatologische Christusgeschehen als den erneuerten Alten Bund im Sinne von Jer 31,31–34 zu beschreiben[284]. Denn wer Verheißung und Gesetz als

---

[281] G. KLEIN, Rekonstruktion 209 Anm. 105; DERS., Art. Gesetz III. Neues Testament: TRE 13, 67.

[282] O. HOFIUS, Gesetz 274. 275. Zur Integrität des paulinischen Denkens in der Gesetzesfra-ge vgl. bes. E. JÜNGEL, Paulus und Jesus. Eine Untersuchung zur Präzisierung der Frage nach dem Ursprung der Christologie (HUTh 2) ⁴1974, 50–60. JÜNGEL spricht von der „Als-Struktur des Gesetzes: es ist als geschichtliches Phänomen immer nur als Gesetz der Sünde oder als Gesetz des Lebens usw. da. Aber es ist jeweils dasselbe Gesetz, das zur Sprache kommt: das fordernde Gesetz" (57). Und: „Von Christus als dem positiven, dem Glaubenden Gerechtigkeit schenkenden Ende des Gesetzes her fällt auf das Gesetz in seiner negativen Funktion als Paidagogos (auf Christus als sein Ende hin) ein positiver Schein" (52). – Zur Sache vgl. auch den schönen Aufsatz von O. HOFIUS, Gesetz 262–286.

[283] H. RÄISÄNEN, Paul 132. – Freilich wäre die Zurückstufung der Wirkung des Gesetzes auf eine bloß apophantische Funktion (Anzeige des Bösen; Erkenntnis der Sünde) ein grobes Mißverständnis. Aufgrund seines christologisch radikalisierten Sündenverständnisses weiß Paulus davon nichts und kann nichts davon wissen (mit G. KLEIN, Gesetz: TRE 13,64ff.). Vielmehr dort, wo Christi Herrschaft sich „daseinsprägend durchsetzt, gilt dem Apostel das derart in seine eschatologische Krise geratene Gesetz als menschliche Verlorenheit konstitu-ierende Macht" (ebd., 66).

[284] Es ist also mehr als ein bloßes „Vermeiden", wenn Paulus den Gedanken des „Neuen Bundes" (den er aus der Abendmahlstradition kennt: 1 Kor 11,25) nicht mit dem einer neuen (besseren) Tora wie Jer 31,31–34 zusammendenkt. Und schwerlich fürchtete er – dies von MUSSNER als hypothetischer Grund dafür angenommen –, „auf diese Weise das Gesetz doch wieder ‚zur Hintertür' reinkommen zu lassen, das er aus seinem theologischen Haus verwiesen hatte" (F. MUSSNER 200). – Daß die Gemeinde auch nach Gal 4,21ff. und 2 Kor 3 „in der Zeit und im Dienste der neuen Bundes-‚Verpflichtung'" von Jer 31,31ff. lebe, ist nicht einsehbar (gegen P. STUHLMACHER, Versöhnung 156 [s. o. Anm. 232]). Denn Jer spricht von der erneuer-ten Sinaidiatheke, Paulus aber von der erfüllten Verheißungsdiatheke mit Abraham. Abraham-

Gegensätze versteht, der reißt Tora und Gnade[285], Bund und Gesetz auseinander – nach Hans-Joachim Schoeps „Das grundlegende Mißverständnis" am Anfang der paulinischen Gesetzes- und Rechtfertigungstheologie[286]. Als ein solches muß sie in der Tat dort erscheinen, wo man von ihren *christologischen Voraussetzungen* absieht[287]. Wer aber in Gal 3,16; Röm 3,21; 10,4 – um nur die wichtigsten Stellen zu nennen – die „Wahrheit des Evangeliums" erkannt hat, der *muß* so vom Gesetz reden, wie Paulus es in Gal 3,23–25; Röm 3,20; 7,4–13; 8,3; 1Kor 15,56; 2Kor 3,6–9 und an anderen Stellen tut[288]. Der „Neue Bund" kommt dann aber in gar keiner Hinsicht mehr als der erneuerte Alte in den Blick, sondern nur noch als radikale Antithese zur παλαιὰ διαθήκη, die in der Sache keine geringeren Gegensätze meint als Freiheit oder Knechtschaft (Gal 4,21–31), Leben oder Tod (2Kor 3,6f.). Beide διαθῆκαι sieht Paulus auch nicht als ein zeitliches *Nach*einander dergestalt, daß der Neue Bund den Alten ablösen, überbieten oder an seine Stelle treten würde[289]. Sie stiften nicht im geringsten eine heilsgeschichtliche Kontinuität[290]. Strenggenommen ist der *Neue* Bund der „ältere", der mit der Abrahamdiatheke gesetzt und in Christus erfüllt ist. Ihr gegenüber ist die Sinaidiatheke „jünger" und sachlich schon immer durch die ἐπαγγελία als die παλαιὰ διαθήκη qualifiziert, die zur Verheißungsdiatheke in einem diametralen Gegensatz steht. Denn allein die Glaubenden sind es, die „Söhne Abra-

---

und Mosebund sind nach Gal 3 u. 4 und nach 2 Kor 3 jedoch *diametrale Gegensätze*. Vgl. U. LUZ, Bund 319ff.

[285] Vgl. dazu E. WÜRTHWEIN, Der Sinn des Gesetzes im Alten Testament: ZThK 55, 1958, 255–270; H. GROSS, Tora und Gnade im Alten Testament: Kairos N.F. 14, 1972, 220–231; E. KUTSCH, Gesetz und Gnade. Probleme des alttestamentlichen Bundesbegriffs: ZAW 79, 1967, 19–35.

[286] H.-J. SCHOEPS, Paulus und die Theologie des Apostels im Lichte der jüdischen Religionsgeschichte. Tübingen 1959 (Nachdruck Darmstadt 1972) 224ff.

[287] Zur Diskussion mit SCHOEPS in diesem Sinne s. F. MUSSNER 188–204.

[288] Eine etwas andere Erklärung erwägt H.D. BETZ 167: „Therefore, the formulation in 3:19b that the Torah ‚was given in addition' may come from a pre-Pauline tradition, where it expressed the view that the introduction of the Torah was due to a later state of depravation in the Jewish religion. Unfortunately we do not have the sources that would allow us to investigate whether Paul has had any connection with these ‚Hellenizers'. Philo at least shows that they were still active at his time, so that such a connection is entirely within the range of possibility."

[289] Gegen E. LOHMEYER, Diatheke 131.

[290] Gegen P. STUHLMACHER, Versöhnung (s.o. Anm. 232) 156–158. Ich übersehe dabei nicht,daß STUHLMACHER sehr differenziert auch von der mit Christus angebrochenen „Zeit der Freiheit vom mosaischen Gesetz" spricht (156). Darum formuliert er schließlich: „Als Lebensordnung der neuen Bundes-‚Verpflichtung' von Jer 31,31ff. ist die eschatologisch verwandelte Mosetora die eschatologische Tora vom Zion, die nunmehr allen Völkern gilt…" (159). Nicht nur eine schwierige Sprache, sondern auch eine schwierige Exegese, die postuliert, was zu beweisen wäre: daß Paulus sich auf Jer 31 bezieht. Die Schwierigkeiten einer solchen Annahme diskutiert H. RÄISÄNEN, Paul 240ff. und U. Luz, Gesetz (s. u. Anm. 320). Keine Probleme indes sieht O. HOFIUS, Gesetz 273, Anm. 41.

hams" (3,7), die das Erbe erlangen, weil die δικαιοσύνη nicht ἐκ νόμου kommt, sondern ἐκ πίστεως Ἰησοῦ Χριστοῦ τοῖς πιστεύουσιν gegeben wird (3,21f.).

Damit haben wir sogleich den Übergang zu den noch verbleibenden Paulusstellen gewonnen, die diesen exegetischen Befund unterstreichen und präzisieren, ohne sachlich über ihn hinauszuführen.

2. Galater 4,24

Literatur: Die *Kommentare zum Galaterbrief* (s. o. S. 56). – C. K. Barrett, The Allegory of Abraham, Sarah, and Hagar in the Argument of Galatians, in: Rechtfertigung. FS E. Käsemann. Tübingen 1976, 1–16. – K. Berger, Abraham in den paulinischen Hauptbriefen (Gal 3; 4,21–31; Röm 4; 9–11; 2Cor 11,22): MThZ 17, 1966, 47–89. – H. Gese, *Τὸ δὲ Ἁγὰρ Σινὰ ὄρος ἐστὶν ἐν τῇ Ἀραβίᾳ* (Gal 4,25), in: Ders., Vom Sinai zum Zion. Alttestamentliche Beiträge zur biblischen Theologie (BEvTh 64) 1974, 49–62. – W. Klaiber, Rechtfertigung und Gemeinde. Eine Untersuchung zum paulinischen Kirchenverständnis (FRLANT 127) 1982, 163–170. – E. Lohse, Art. *Σινᾶ:* ThWNT VII 284f. – U. Luz, Der alte und der neue Bund bei Paulus und im Hebräerbrief: EvTh 27, 1967, 318–336. – F. Mussner, Hagar, Sinai, Jerusalem: ThQ 135, 1955, 56–60. – Ders., Theologische „Wiedergutmachung". Am Beispiel der Auslegung des Galaterbriefes: FrRu 26, 1974, 7–11.

Im eben verhandelten Abschnitt Gal 3,15ff. hatte Paulus mit der Antithetik von Verheißung und Gesetz indirekt den diametralen Gegensatz von Altem und Neuem Bund thematisiert. In Gal 4,21–31 tut er es direkt, um ihn schließlich in 2Kor 3,6.14 auch terminologisch zur Sprache zu bringen. Daß es sich dabei jeweils um midraschartige Textabschnitte handelt, in denen also schulmäßige AT-Exegese getrieben wird, ist alles andere als eine bloße Stilfrage. Aus zwei Gründen hat es sachliches Gewicht. Einmal: Es ist nicht auszuschließen, daß Paulus die Midraschim in Gal 4 und 2Kor 3 exegetischen Schultraditionen entlehnt[291]. Für den Galaterbrief bedeutete das, daß Paulus der eigenen Problemlösung in 3,6–4,7 jetzt in 4,21–31 eine vorgegebene folgen läßt, um damit seinem Gedankengang Nachdruck zu verleihen[292]. Zum andern: Die midraschartige Einkleidung der Gedanken in Gal 4,21–31 und 2Kor 3,7–18 macht – gleichgültig, ob vorgegeben oder von Paulus selbst vorgenommen – deutlich, daß die Gegenüberstellung der beiden διαθῆκαι hier wie dort nicht eigentlich Thema, „sondern Hilfsgedanke" ist, „um etwas anderes zu bekräftigen"[293]. Das andere, das er bekräftigen will (wir nehmen die Ergebnisse vorweg), ist in 2Kor 3 die unbestreitbare, weil heilsgeschichtlich verankerte Doxa des paulinischen Apostolates; und in Gal 4 ist es „die Unmöglichkeit des Gesetzeswegs als neben dem Evangelium

---

[291] H. Conzelmann, Paulus und die Weisheit: NTS 12, 1965/66, 233.
[292] J. Becker 55.
[293] U. Luz, Bund 319.

möglichen Heilswegs"[294]. Gleichwohl ist die Stoßrichtung aller expliziten paulinischen διαθήκη-Stellen dieselbe: Es geht um das ἀδύνατον τοῦ νόμου (Röm 8,3). Nicht das Gesetz führt εἰς ζωήν, sondern das Pneuma[295]. Deswegen ist es nicht nur von den Galatern „unvernünftig" (3,3), wenn sie sich von den Gegnern des paulinischen Evangeliums unter die Knechtschaft des Gesetzes zurückführen lassen. Grundsätzlich gilt es für jeden Glaubenden, in der Freiheit zu bestehen, zu der ihn Christus befreit hat (Gal 5,1).

„Freiheit" ist dann auch der Gesichtspunkt, unter dem in Gal 4,21–31 noch einmal[296] das Thema von 3,6–4,7 verhandelt wird: Nicht ἐκ νόμου leitet sich die κληρονομία her, sondern ἐξ ἐπαγγελίας (3,18). Und wieder wird die Abrahamgeschichte ausgelegt – „allegorisch", wie Paulus selbst sagt (V 24). Solche Auslegungsweise spielt in allen Religionen mit heiligen Urkunden eine große Rolle, weil es mit ihr möglich ist, den verschriftlichten Wahrheiten einen neuen und zeitgenössischen Inhalt beizulegen[297]. Voraussetzung der allegorischen Exegese ist, daß die Textaussage sich nicht in ihrem Literalsinn erschöpft, sondern einen tieferen Sinn hat. So war Philo z.B., der Meister der Allegorese, überzeugt, daß alle Realien der Schrift (Dinge, Lebewesen, Namen, Zahlen etc.) noch eine hintergründige Bedeutung haben, die es mittels sorgfältig ausgebildeter Auslegungsmethoden zu finden gilt. Aufs Ganze gesehen verfährt das NT diesen Auslegungsmethoden gegenüber eher zurückhaltend; stärker ausgeprägt ist die typologische Exegese. In Gal 4,21–31 scheinen sich Allegorie und Typologie zu mischen[298], was – wie wir noch sehen werden – sachlich von Gewicht ist.

Sagt mir doch, die ihr unter dem Gesetz sein wollt, hört ihr das Gesetz nicht? Es ist doch geschrieben, daß Abraham zwei Söhne hatte, einen von der Magd und einen von der Freien. Jedoch der von der Magd wurde auf fleischliche Weise gezeugt, der von der Freien dagegen kraft der Verheißung. Das ist allegorisch gesagt: Diese Frauen sind zwei Bundesverfügungen, die eine vom Berg Sinai, die zur Knechtschaft gebiert, die ist Hagar. Das Wort Hagar bedeutet nämlich auf Arabisch den Berg Sinai. Das entspricht der heutigen Stadt Jerusalem, denn sie befindet sich samt ihren Kindern in der Knechtschaft. Das obere Jerusalem hingegen ist eine freie Stätte, sie ist unsere Mutter. Denn es ist geschrieben: ‚Freue dich, Unfruchtbare, du, die nicht gebiert;

[294] U. Luz, Bund 319.
[295] Vgl. E. Grässer, Römer 8,1–2. (3–9) 10–11: GPM 38, 1984, 259–266.
[296] Der Nachtragscharakter unseres Abschnittes wird häufig betont, u.a. von U. Luz, Bund 319; F. Mussner 316f. Zur Textanalyse s. jedoch H.D. Betz 238–240.
[297] C.M. Erdsman, Art. Allegorie I. Religionsgeschichtlich: RGG³ I 238. – Zur allegorischen Schriftauslegung bei Paulus vgl. R. Bring 191–198; W.G. Kümmel, Art. Schriftauslegung III. Im Urchristentum: RGG³ V 1517–1520; Ph. Vielhauer, Oikodome 196ff.; H.D. Betz 243. Siehe auch die nächste Anmerkung.
[298] Vgl. L. Goppelt, Typos. Die typologische Deutung des Alten Testaments im Neuen (1939). Nachdruck Darmstadt 1981, 167; U. Luz, Bund 320.

brich in lauten Jubel aus, du, die keine Wehen hat. Denn zahlreich sind die Kinder der Einsamen, weit zahlreicher als derer, die den Mann hat.' Ihr aber, Brüder, seid Isaak entsprechend Kinder der Verheißung. Wie aber einst der nach dem Fleisch Geborene den nach dem Geist Geborenen verfolgte, so auch jetzt. Doch was sagt die Schrift? ‚Wirf die Magd und ihren Sohn hinaus. Denn der Sohn der Magd soll nicht erben zusammen mit dem Sohn der Freien.' Somit, Brüder, sind wir nicht der Magd Kinder, sondern der Freien.[299]

Wir gehen den Text zunächst exegetisch durch und achten dann noch einmal besonders auf sein Verständnis der διαθήκη.

Die Schrift sagt, daß Abraham zwei Söhne hatte (vgl. Röm 9,7ff.). Ohne die Namen zu nennen, denkt Paulus natürlich an Ismael und Isaak (Gen 16,15; 21,2.9). Trotz gleicher Vaterschaft sind es – auf den Grund ihrer Existenz geblickt – ungleiche Söhne. Diese Ungleichheit rührt daher, daß sie verschiedene Mütter haben, die in ihrem Status radikal voneinander getrennt waren. Ismaels Mutter war Sklavin, Isaaks Mutter aber eine ἐλευθέρα, eine Freie. Und es galt der Grundsatz: Wer von der Sklavin geboren ist, der ist Sklave; wer von der Freien geboren ist, der ist Freier.

In V 23 tritt zur Verschiedenheit der Mütter auch noch die Verschiedenheit der jeweiligen Geburt der Söhne. Der von der Sklavin Hagar geborene Sohn ist κατὰ σάρκα gezeugt. Der von der Freien Sarah geborene Isaak ist δι' ἐπαγγελίας gezeugt. Gemeint ist: Ismaels Geburt vollzieht sich ganz im Rahmen des Natürlichen und kraft eines kreatürlichen Willens von Mann und Frau, dagegen bei Isaaks Geburt scheiden menschlich-natürliche Faktoren vollkommen aus. Er verdankt seine Geburt nicht menschlichem Willen, nicht natürlichem Begehren, nicht der ganz normalen kreatürlichen Beziehung von Mann und Frau. Sondern Isaak ist die Frucht göttlicher *Verheißung.* Gen 15,4 ergeht erstmals an Abraham die Verheißung, daß ein leiblicher Sohn ihn beerben wird. Gen 17 wird die Verheißung wiederholt. „Da fiel Abraham auf sein Gesicht nieder und lachte (Anspielung auf die Bedeutung des Namens Isaak = er lacht). Er dachte: Können einem Hundertjährigen noch Kinder geboren werden, und kann Sarah als Neunzigjährige noch gebären?" (Gen 17,17). Und bei dem seltsamen Besuch zweier Männer (= Gott) bei Abraham unter den Eichen von Mamre (Gen 18,1ff.) wird die Verheißung erneut bekräftigt: „Da sprach der Herr: Übers Jahr komme ich wieder zu dir. Dann wird deine Frau Sarah einen Sohn haben. Sarah hörte am Zelteingang hinter seinem Rücken zu. Abraham und Sarah waren schon alt; sie waren in die Jahre gekommen. Sarah erging es längst nicht mehr, wie es Frauen zu ergehen pflegt. Sarah lachte daher still in sich hinein und dachte:

---

[299] Übersetzung G. Ebeling, Wahrheit 312f.

Ich bin doch schon alt und verbraucht und soll noch das Glück der Liebe erfahren? Auch ist mein Herr doch schon ein alter Mann!" (Gen 18,10–12).

Hier wird offen ausgesprochen, warum Isaaks Geburt nicht eine solche κατὰ σάρκα gewesen sein kann. Die Zeugungsunfähigkeit Abrahams schließt sie ebenso aus wie die Empfängnisunfähigkeit Sarahs. Daß es gleichwohl zur Geburt des Isaak kam, darin sieht Paulus das Schöpfungswerk des Gottes, „der die Toten lebendig macht und das, was nicht ist, ins Dasein ruft" (Röm 4,17). In gar keiner Hinsicht kommen Abraham und Sarah als ἐργαζόμενοι in Frage (vgl. Röm 4,4). „Gegen alle Hoffnung hat er (Abraham) voll Hoffnung geglaubt, daß er der Vater vieler Völker werde, nach dem Wort: *So zahlreich werden deine Nachkommen sein.* Ohne im Glauben schwach zu werden, war er, der fast Hundertjährige, sich bewußt, daß sein Leib und auch Sarahs Mutterschoß erstorben waren. Er zweifelte nicht im Unglauben an der *Verheißung* Gottes, sondern wurde stark im Glauben, und er erwies Gott Ehre, fest davon überzeugt, daß Gott die Macht besitzt zu tun, was er verheißen hat. Darum wurde der Glaube *ihm als Gerechtigkeit angerechnet"* (Röm 4,18–22).

Der qualitative Unterschied zwischen Ismael und Isaak – auf den Grund ihrer Existenz gesehen – ist also evident. Der eine verdankt sein Leben natürlich kreatürlichem Begehren, der andere göttlicher Verheißung. Wahrscheinlich um Mißverständnisse auszuschließen, vermeidet Paulus die Antithese κατὰ σάρκα – κατὰ πνεῦμα, wie sie hier eigentlich zu erwarten wäre. Denn das Pneuma könnte als göttliche Zeugungskraft mißverstanden werden. So wählt er lieber das Wort „Verheißung" als Oppositum zu „Fleisch". Jedenfalls: Nachkomme ist nicht gleich Nachkomme. Sohn ist nicht gleich Sohn. Aus einem doppelten Grunde: Die Mutter des einen ist eine Sklavin, die Mutter des anderen ist eine Freie. Die Mutterschaft der einen beruht auf natürlichem Begehren. Die Mutterschaft der anderen auf göttlicher Verheißung.

V 24 zeigt jedoch, daß Paulus diese Feststellungen nicht um ihrer selbst willen trifft. Nicht die Tatsache als solche, also die qualitative Verschiedenheit der beiden Söhne, will er zum Ausdruck bringen. Sondern was die Schrift gesagt hat, ist „allegorisch" zu verstehen. Tatsächlich aber interpretiert Paulus die Sara-Hagar-Geschichte nicht nur allegorisch, sondern zugleich auch typologisch, wobei die *Antithese* federführend ist[300]. D.h. die beiden Frauen entsprechen sich nicht wie Typos und Antitypos, sondern wie Satz und Gegensatz, weswegen man m.R. von einer „negativen Typologie"

---

[300] U. Luz, Bund 321.

spricht[301]. Die so in einem Gegensatz zueinander stehenden Typoi legt Paulus allegorisch aus – und das ist nun der entscheidende zweite Schritt –, indem er jede der beiden Frauen mit einer διαθήκη gleichsetzt. Von allen formalen, religionsgeschichtlichen und exegetischen Schwierigkeiten jetzt einmal abgesehen, die die Hagar-Sara-Typologie bereitet[302], hebt Paulus doch ganz deutlich auf die folgenden beiden Linien ab: Hagar, die Magd = der Berg Sinai (Sinai-Diatheke) = das jetzige Jerusalem = die in der Knechtschaft lebenden Juden (die auf Ismael, den „nach dem Fleisch Erzeugten", zurückgehen, VV 23.29)[303]. Sodann: Sara, die Freie (= der Neue Bund)[304] = das obere Jerusalem = die Mutter der in Freiheit lebenden Christen (die auf Isaak, den durch „die Verheißung" bzw. „nach dem Geist Erzeugten", zurückgehen, VV 23.29). Die radikale Antithetik von Sinaibund[305] und Christusbund, wie wir sie bereits in 3,15ff. kennengelernt haben, beherrscht also auch diese Typologie[306]. Jedoch signalisiert der plötzlich hinzutretende Begriff der Mutterschaft das eigentliche Interesse des Apostels[307]. Es richtet sich auf die Identität von himmlischem Jerusalem[308] und christlicher Kirche. Die Apokalyptik erwartet das Hervortreten des himmlischen Jerusalem am Ende der Tage. Es ist der Aufenthaltsort der Gerechten. Paulus jedoch spricht „in radikaler Eschatologisierung" von jenem himmlischen Gemeinwesen, dem die Christen schon hier auf Erden angehören (Phil 3,20)[309]. Und zwar findet Paulus die Legitimität der Verbindung von himmlischem Jerusalem und christlicher Gemeinde im Schriftzitat Jes 54,1, das er wortwörtlich aus der Septuaginta übernimmt. Es wird auf Sara bezogen: „Die Unfruchtbare wird reiche Nachkommen haben. Diese vielen Kinder aber erwartet der

---

[301] E. KUTSCH, Neues Testament 143.

[302] Vgl. dazu PH. VIELHAUER, Oikodome 200; 205 Anm. 37; 209f.

[303] G. EBELING, Wahrheit 318: „Die Hagar-Ismael-Linie, die geschichtlich auf die Araber hinführt, läuft nun auf die Juden zu, die Sara-Isaak-Linie dagegen, auf die der abstammungsmäßig die Juden ihren Ort haben, läuft auf die Christen zu."

[304] Wir setzen dieses Glied in Klammern, weil Paulus den Bezug Sara = καινὴ διαθήκη auffallenderweise nicht herstellt. Zum Grund für die nicht durchgehaltene parallele Struktur der Aussagen (welche διαθήκη wäre es, die der Sara entspricht?) vgl. F. MUSSNER 321; E. KUTSCH, Neues Testament 144f. und unten S. 77.

[305] Paulus bemüht einen geographischen Beweis dafür, daß das Wort Hagar in Arabien den Berg Sinai bedeutet. Der V 25 ist jedoch in seiner Auslegung bis heute nicht vollständig klar. Neben den genannten Kommentaren sei besonders auf H. GESE sowie auf S. HERRMANN, Art. Sinai: BHH 3, 1801–1802 verwiesen.

[306] H. SCHLIER 157; F. MUSSNER 320; E. KUTSCH, Neues Testament 145.

[307] Vgl. PH. VIELHAUER, Oikodome 209f.; U. LUZ, Bund 318ff.

[308] Die Unterscheidung von irdischem und himmlischem Jerusalem ist vorgegeben. Vgl. Jes 54,10ff.; Tob 13,9ff.; 1QH 6,24ff.; äthHen 53,6; 4 Esr 7,25; Offb 3,12; 21 u. ö.

[309] G. EBELING, Wahrheit 318. – Gegen eine Identifikation Gemeinde = oberes Jerusalem wendet sich W. KLAIBER, Rechtfertigung 164ff.: Die christliche Gemeinde lebt aus der „neuen ‚Heilsordnung', ist sie aber nicht" (166).

Prophet noch. Die Verheißung ist also nicht mit dem irdischen Israel als den leiblichen Nachkommen Isaaks eingelöst. Vielmehr redet der Prophet ... von der Endzeit und kann darum nur die christliche Gemeinde meinen."[310]

V 28 ist Abschluß der Beweisführung: „Ihr aber, Brüder, seid nach der Weise Isaaks Kinder der Verheißung." Daran ändert auch die Tatsache nichts, daß sie Gemeindeverfolgungen durch die ungläubigen Juden erleiden (VV 29.30). Doch brauchen uns diese Verse jetzt nicht mehr näherhin zu beschäftigen. Der Skopus der Hagar-Sara-Typologie jedenfalls ist eindeutig. Sie will zeigen, „daß wir nicht Kinder der Magd, sondern der Freien sind" (V 31), d.h. daß die Glaubenden frei vom Gesetz sind[311].

Sachlich liest sich unser Abschnitt wie ein Kommentar zu Gal 3,15ff. Dort hatte Paulus den Begriff διαθήκη für die Abrahamverheißung reserviert. Hier wird nun ausdrücklich auch die Sinai-Gesetzgebung damit bezeichnet (zu μία in V 24 ist διαθήκη zu ergänzen). Aber Paulus ist weit davon entfernt, so etwas wie ein Geschichtsbild von Altem und Neuem Bund, vom alten und vom neuen Gottesvolk zu entwerfen. Wie der Gegensatz jetziges Jerusalem/ oberes Jerusalem zeigt, spielt das geschichtliche Nacheinander überhaupt keine Rolle[312]. Und noch weiter entfernt ist er davon, im Neuen Bund die Erfüllung des Alten zu sehen. Es fehlt in Gal 4,21ff. jede Anspielung auf Jer 31,31ff.[313]! Nicht die Vollendung des Alten Bundes im Neuen ist das Thema des Paulus. Es geht vielmehr darum, daß der Alte Bund im Gegenüber zum Neuen gleichsam seine *Nichtigkeit* zeigt. „Die Typologie macht das Alte zur Folie, die durch das Neue völlig überholt oder sogar zu seinem negativen Hintergrund wird." Das aber bedeutet, daß für Paulus die beiden διαθῆκαι in diametralem Gegensatz zueinander stehen.[314] Ein positives Entsprechungs- verhältnis wäre ja auch nur dann möglich, wenn zwischen beiden διαθῆκαι etwas Gemeinsames bestünde. Das aber ist gerade nicht der Fall. Im Gegen- teil! Die beiden Bünde haben soviel Gemeinsames wie die beiden Frauen, nämlich gar nichts. Denn die eine ist die Sklavin, die andere ist die Freie. Die Kinder der Freien leben daher in der Knechtschaft (des Gesetzes), die ande- ren in der Freiheit (vom Gesetz).

Dasselbe gilt für das jetzige und das obere Jerusalem. Auch hier waltet nicht das Vorstellungsschema von Urbild und Abbild (vgl. Hebr 8,5; 10,1).

---

[310] J. BECKER 57.

[311] PH. VIELHAUER, Oikodome 210; vgl. auch K. KERTELGE, Gesetz und Freiheit im Galater- brief: NTS 30, 1983/84, 382–394 („Befreiung zur Freiheit vom Gesetz": 386ff.).

[312] PH. VIELHAUER, Oikodome 210.

[313] Von U. LUZ, Bund 322 m.R. ausdrücklich vermerkt. Anders P. STUHLMACHER (s.o. Anm. 232).

[314] U. LUZ, Bund 320f.

Sondern auch hier waltet der diametrale Gegensatz[315]. Die Dinge so zu sehen wie Paulus ist nur möglich, weil er von der Erfüllung des Verheißungsbundes mit Abraham und damit vom Ende des Gesetzes in Christus her denkt. Ulrich Luz hat also recht: „Die Typologie wird hier nicht um des *alten* Bundes willen verwendet, um vergangene Gottesgeschichte aufzunehmen und zu deuten, sondern um des *neuen* Bundes willen."[316] Das völlig negativ gedeutete Wesen des Alten Bundes dient Paulus dazu, die „Wahrheit des Evangeliums" (2,14) zu unterstreichen, daß man den Geist und damit die Gerechtigkeit nicht durch die Werke des Gesetzes, sondern durch die Botschaft des Glaubens empfängt (3,2). In dieser christologischen Perspektive erweist der Alte Bund dem Neuen gegenüber seine völlige Nichtigkeit. Und wieder hat Ulrich Luz recht, daß die typologische Gegenüberstellung eher dazu verwendet wird, um „das völlig Neue, das totaliter Aliter, das in Wirklichkeit Analogielose der neutestamentlichen Heilssetzung zu erweisen"[317]. Nur muß man sehen, daß dieses „völlig Neue" für Paulus eigentlich *älter* ist als die Sinaidiatheke, die von Paulus so genannte παλαιὰ διαθήκη (2Kor 3,14), die erst vierhundertdreißig Jahre später „hinzugefügt" wurde, ohne daß sie an der Verheißungsdiatheke etwas hätte ändern können. Mit der an Abraham ergangenen ἐπαγγελία (Gal 3,6ff.) reicht der Neue Bund jedoch nicht nur in die Vergangenheit hinein. Sondern damit, daß das obere Jerusalem mit der Existenz der Kirche auf Erden bereits in die Jetztzeit hereinreicht, ist die Gegenwart des Neuen Bundes bereits ein Stück auch seiner Zukunft[318]. Es ist also nicht so, daß Paulus in einer heilsgeschichtlichen Schau den Neuen Bund neben den Alten stellt, diesen gleichsam durch jenen abgelöst sein läßt. Sondern schon in der Verheißung an Abraham war hörbar, was jetzt als oberes Jerusalem in die Gegenwart hereinreicht. Anders gesagt: „Das Verhältnis zur Vergangenheit ist dialektisch. Die typologische Gegenüberstellung der beiden Bünde markiert die eine Seite dieser Dialektik: die schroffe Antithese. Daneben steht die Verheißung. Sie stiftet aber keine Epoche, sondern Paulus hütet sich in Gal. 3 in fast doketisch anmutender Scheu, sie geschichtlich verfügbar zu machen."[319]

So können wir als *Ergebnis* unserer Beschäftigung mit dem Vorkommen von διαθήκη im Gal folgendes feststellen: Eine durch Gegner ausgelöste

---

[315] U. Luz, Bund 319.
[316] U. Luz, Bund 320.
[317] U. Luz, Bund 320f.
[318] U. Luz, Bund 321.
[319] U. Luz, Bund 322 mit Verweis auf Gal 3,16ff., wo die vierhundertdreißig Jahre in V 17 nicht als Epoche der Verheißung von der dann durch den Nomos bestimmten Folgezeit abgegrenzt werden.

Kontroverse um das Gesetzesverständnis nimmt Paulus zum Anlaß, Verheißungsdiatheke und Sinaidiatheke in eine Perspektive zu rücken, in der sie
miteinander unvereinbar werden. Sein eigentliches theologisches Interesse
dabei ist der Ausschluß des Gesetzes als Heilsweg. Dieses Ziel erreicht er
einerseits durch den Aufweis der Inferiorität des Gesetzes, andererseits – in
der Hagar-Sara-Typologie – durch die Qualifizierung der beiden Bünde als
Knechtschaft einerseits und Freiheit andererseits. Obwohl die Begriffe jetzt
noch nicht fallen (sondern erst in 2Kor 3), läuft das in der Sache auf einen
diametralen Gegensatz von *Altem* und *Neuem Bund* hinaus. Möglich ist
solche Antithetik nur in der christologischen Sichtweise des Paulus: Christus
ist die eschatologische Erfüllung der Verheißungsdiatheke an Abraham, die
dieser ihren definitiven und für alle Ewigkeit gültigen Charakter verleiht.
Von daher wird dann auch deutlich und verständlich, warum Paulus die
durch das Christusgeschehen gebildete neue Heilsgemeinde nicht als den
erneuerten alten Bund, nicht als Erfüllung von Jer 31,31ff. verstehen
kann[320], sondern nur als Christus-Diatheke, die den Mosebund zur παλαιὰ
διαθήκη werden läßt, zu einer nichtigen Größe, was die Frage des Erbes und
der Gerechtigkeit anbetrifft. Und zwar war die Sinaidiatheke mit ihrem
Nomos schon immer über-holt, zeitlich und sachlich, nämlich durch die dem
Abraham zuteil gewordene Verheißungsdiatheke, die in Christus als dem
„Samen Abrahams" zu ihrer Erfüllung gelangt ist und an der die Glaubenden
als die legitimen Söhne Abrahams Anteil bekommen durch den Geist der
Gnade. Leitziel bei dem Vergleich der beiden διαθῆκαι ist jedoch nicht die
Absicht, eine der alttestamentlichen Bundestheologie korrespondierende
oder sie überholende neutestamentliche Bundestheologie zu entfalten. Son-
dern woran Paulus liegt, ist die Entfaltung des gesetzesfreien Evangeliums.
Und die radikale Antithetik der beiden Bünde ist das ihm in der aktuellen
Auseinandersetzung mit seinen Gegnern abgerungene Sprachmittel, seine
Rechtfertigungslehre so zur Geltung zu bringen, daß die wankend gewordenen Galater wieder zur Freiheit zurückfinden, zu der sie durch Christus
befreit worden sind (Gal 5,1). Den Schlußstrich, den Paulus mit der Folge-
rungspartikel διό beginnend zieht – „Deshalb, Brüder, sind wir nicht der
Magd Kinder, sondern der Freien!" –, hat Martin Luther wie folgt kommen-

---

[320] H. GESE urteilt, daß Paulus „in Fortsetzung von Jer 31,31ff." den Gegensatz Alter/Neuer
Bund in aller Schärfe erkenne. „Ἀγάρ ist dabei für Paulus die Sinaitora" (Zur biblischen
Theologie. Alttestamentliche Vorträge [BEvTh 78] 1977, 82). Dahinter steht die These, daß
schon im AT die „Zionstora" von der „Sinaitora" unterschieden wird (ebd. 75), was freilich so
eindeutig nicht ist. Vgl. R. SMEND in: DERS./U. LUZ, Gesetz. Biblische Konfrontationen.
Kohlhammer Taschenbücher 1015. Stuttgart 1981, 43f. – Zum Problem, ob Paulus in diesen
Zusammenhängen auf Jer 31,31ff. zurückgreift, vgl. H. RÄISÄNEN, Paul 240–245.

tiert: „„Nos sumus non ancillae': last da bey bleiben. Istum locum de abroga-
tione legis nota pro confirmatione conscientiarum nostrarum et confirmando
articulo propter ista scandala et turbationes, die wir da von haben."[321]

Das Bundesschweigen des Paulus aber ist in diesem Zusammenhang außerordentlich beredt. Um es genauer zu sagen: Es fehlt in den beiden parallel
gestalteten Linien Hagar/Sara ein Pendant zu dem „einen" Bund vom Berg
Sinai. Darf man es als Bund vom Berg Zion oder gar vom Berg Golgatha
ergänzen, weil Paulus in V 24 von *zwei* Diatheken spricht? Vielleicht. Jedenfalls: Die dem Abraham gegebene Verheißung nennt Paulus einen Bund/
Testament (3,15.16). Dagegen ist von einem „Neuen Bund" in 3,6–14 terminologisch so wenig die Rede wie in 4,21–31. Wir finden ihn nur in der
Abendmahlsparadosis 1 Kor 11,25 sowie in 2 Kor 3,6. Im einen Falle verdankt sich das Vorkommen der Tradition, im andern der Polemik. Eine
positiv ausgeführte Bundestheologie dagegen findet sich in der paulinischen
Theologie nicht. Und es ist bezeichnend, daß dasjenige Stück, das ganz vom
Motiv der „Bundeserneuerung" her formuliert ist, nämlich Röm 3,25, wiederum der Tradition zugehört und zudem das Stichwort „Bund" vermissen
läßt. Aus diesem Befund zieht Dieter Lührmann den zutreffenden Schluß:
„,Bund' ist keine Grundkategorie seiner (des Paulus) Bestimmung des Zu-
sammenhangs von Gerechtigkeit, Christologie, Glaube, Gesetz usw., was
um so erstaunlicher ist, als das Reden vom Bund ja in der jüdischen Überlieferung hier seinen Ort hat und Paulus die mit dem Bund gegebenen Verheißungen zur Begründung seiner Neuorientierung des ganzen Zusammen-
hangs macht." Jedoch, die dafür gegebene Erklärung: „Offenbar ist ihm der
Bund, und auch noch der ,neue Bund' von Jer. 31,31–34, zu sehr vom Gesetz
her definiert, weshalb er dann nur noch von der Verheißung spricht"[322],
reicht nicht aus. Es ist die oben S. 24 schon genannte Aufrichtung des
Individual-Prinzips des Heils und damit verbunden der Wegfall seiner Na-
tional-Bezogenheit, der den Bundesbegriff theologisch unbrauchbar werden
läßt.

3. 2Korinther 3,6.14

Literatur: Die *Kommentare zum 2. Korintherbrief* von C. K. BARRETT (BNTC) 1973. – R.
BULTMANN (KEK Sonderband), hrsg. von E. Dinkler, 1976. – H. LIETZMANN (HNT 9), 4., von
W. G. Kümmel ergänzte Aufl., 1949. – A. SCHLATTER, Paulus, der Bote Jesu. Stuttgart ³1962. –
H. WINDISCH (KEK VI) ⁹1924. –
C. K. BARRETT, Paul's Opponents in II Corinthians: NTS 17, 1970/71, 233–254. – J. BERGER,
Die Hülle des Moses nach Exodus 34 und 2Kor 3: BZ 16, 1922–1924, 1–17. – G. BORNKAMM,

---

[321] WA 40,1,688.
[322] D. LÜHRMANN 79.

Die Vorgeschichte des sogenannten zweiten Korintherbriefes: SAH 1961, 2 (= DERS., Geschichte und Glaube. Zweiter Teil. Ges. Aufs. Bd. IV [BEvTh 53] 1971, 162–194). – H. BRAUN,
2. Korinther 3,3–9: GPM 16, 1961/62, 276–278. – J.-F. COLLANGE, Enigmes de la deuxième
épître de Paul aux Corinthiens – Étude exégétique de 2 Cor. 2,14–7,4 (MSSNTS 18) 1972. – E.
DINKLER, 2. Korinther 3,12–18: GPM 14, 1959/60, 77–83. – E. E. ELLIS, Paul's Use of the Old
Testament. Edinburgh 1957. – K. GÁBRIŠ, Neuer Bund zum Dienst am Leben (Exegesis von
2 Kor. 3,1–18): CV 7, 1964, 57–72. – D. GEORGI, Die Gegner des Paulus im 2. Korintherbrief
(WMANT 11) 1964. – I. HERMANN, Kyrios und Pneuma. Studien zur Christologie der paulini-
schen Hauptbriefe (StANT 2) 1961. – J. JERVELL, Imago Dei. Gen 1,26f. im Spätjudentum, in
der Gnosis und in den paulinischen Briefen (FRLANT 76) 1960. – E. KÄSEMANN, Geist und
Buchstabe, in: DERS., Paulinische Perspektiven. Tübingen 1969, S. 237–285. – E. KAMLAH,
Buchstabe und Geist: EvTh 14, 1954, 276–282. – H. KITTEL, Die Herrlichkeit Gottes. Studien
zu Geschichte und Wesen eines Neutestamentlichen Begriffs (BZNW 16) 1934. – W. KLAIBER,
Rechtfertigung und Gemeinde. Eine Untersuchung zum paulinischen Kirchenverständnis
(FRLANT 127) 1982. – U. LUZ, Der alte und der neue Bund (s. o. S. 17). – M. RISSI, Studien
zum zweiten Korintherbrief. Der alte Bund – Der Prediger – Der Tod (AThANT 56) 1969. – J.
ROLOFF, Apostolat – Verkündigung – Kirche. Ursprung, Inhalt und Funktion des kirchlichen
Apostelamtes nach Paulus, Lukas und den Pastoralbriefen. Gütersloh 1965, 100–103. – S.
SCHULZ, Die Decke des Moses. Untersuchungen zu einer vorpaulinischen Überlieferung in
2Kor 3,7–18: ZNW 49, 1958, 1–30. – H. ULONSKA, Die Doxa des Mose. Zum Problem des Alten
Testaments in 2. Kor. 3,1–16: EvTh 26, 1966, 378–388. – W. C. VAN UNNIK, Ἡ καινὴ διαθήκη – a
Problem in the Early History of the Canon (StPatr IV/2) 1961, 212–227.

Das letzte hier zu verhandelnde explizite Vorkommen von διαθήκη bei
Paulus steht formal und sachlich dem Befund im Galaterbrief nahe. Wieder
ist es ein *polemischer* Kontext, in dem das Thema „Bund" zur Sprache
kommt. Und wieder stellt es sich als *schroffe Antithetik* von Mosediatheke
und Christusdiatheke dar.

In 2Kor 2,14–7,4 – dies der weitere Kontext – haben wir es mit einer
Apologie zu tun. Paulus verteidigt die Legitimität seines Apostolates. Um
kein Thema wird im 2Kor insgesamt leidenschaftlicher gestritten. Das
apostolische Amt ist *das* Thema des Briefes. Und obwohl der Brief dadurch
zu einem biographischen Dokument wird, handelt es sich für Paulus um
seine Person nur, sofern er der Träger des apostolischen Amtes ist[323]. D. h.,
es geht nicht um eine administrative Ordnungsfrage, sondern um eine eminent theologische Sachfrage: Im Apostel spricht Christus (13,3). Paulus
verkündigt nicht sich selbst, sondern Christus Jesus als Herrn (4,5). Dahinter steht eine ausgesprochene Theologie des Wortes, auf die wir sehr achten
müssen. Das Heil ist das *verkündigte* Heil. Im Jetzt der Wortverkündigung
der Kirche ereignen sich Gnade und Gericht. Darum ist für Paulus die Frage,
ob er legitimer Apostel ist, identisch mit der Frage, ob er das wahre oder das
falsche Evangelium verkündet[324]. Der Herausarbeitung der entsprechenden
Kriterien dient die gesamte Apologie.

---

[323] R. BULTMANN 21.
[324] Vgl. dazu den schönen Aufsatz von G. BARTH, Die Eignung des Verkündigers in 2 Kor
2,14–3,6, in: Kirche. FS Günther Bornkamm. Tübingen 1980, 257–270.

Am Ende des ersten Teilabschnittes 2,14–3,6[325] spricht Paulus erstmals in *eigener* Formulierung von der καινὴ διαθήκη[326]. Diese eine Stelle bleibt zugleich auch die einzige im *corpus Paulinum*.

Weil in der Verkündigung der Apostel sich Gnade und Gericht ereignen (VV 14–16ab), lautet die entscheidende Frage: wer ist dazu ἱκανός = passend, geeignet, geschickt, tauglich, tüchtig, auch mit dem Beigeschmack *würdig* (V 16c)[327]. Die Abgrenzung, die Paulus in V 17 zuerst einmal vornimmt, zeigt, daß die Frage nicht ohne Not aufgeworfen wurde. Andere, namentlich nicht genannte Opponenten, die offensichtlich die Mehrheit haben (οἱ πολλοί), verstehen den Aposteldienst anders und üben ihn auch anders aus. Sie machen Geschäfte mit dem Wort Gottes, sie „verhökern" es[328], wie Paulus sofort scharf inkriminiert. Für sich selbst nimmt er die „lautere Gesinnung" in Anspruch[328a] und setzt damit zugleich zur Antwort auf die Frage nach der ἱκανότης eines Apostels an: sie ist gegeben damit, daß er „aus Gott vor Gott in Christus" redet. Ἐκ θεοῦ wird durch das Oppositum ἀφ᾽ ἑαυτῶν bzw. ἐξ ἑαυτῶν in 3,5 expliziert. Kein Apostel verdankt das Evangelium sich selbst, nicht menschlicher Weisheit und nicht persönlicher Begabung. Sondern: „*Gott* sei Dank, der . . . den Duft *seiner* Erkenntnis durch uns an jedem Ort *offenbar* macht" (2,14).

Bei der Ausübung des Aposteldienstes ist also Gott selber das handelnde Subjekt, der Apostel jedoch ist διάκονος (3,6) bzw. δοῦλος (4,5). Aber er ist es nicht in *eigener* Verantwortung oder in Verantwortung gegenüber irgendwelchen menschlichen Instanzen. Er ist es allein in der Verantwortung vor Gott[328b]. Κατέναντι θεοῦ meint immer das eschatologische Stehen vor Gott im Gericht (vgl. 12,19). „Aus Gott vor Gott in Christus" – das letzte Glied in der Kette ist eine Wiederaufnahme des ἐν τῷ Χριστῷ aus 2,14: „Gott aber sei Dank, der uns überall *in Christus* herumführt . . ." Die Wendung erhält ihr Gewicht durch die Reziprozität von ἐν Χριστῷ λαλεῖν und Χριστὸς λαλεῖ ἐν ἐμοί,

---

[325] Zur Disposition vgl. R. BULTMANN 65.

[326] 1 Kor 11,25 zitiert er Tradition. Freilich wird auch das kontrovers diskutiert. Vgl. W. KLAIBER, Rechtfertigung 159 Anm. 437.

[327] W. BAUER, Wörterbuch 740.

[328] Das Verb καπηλεύειν (von κάπηλος „Krämer") geht für H. WINDISCH 100 auf die von Plato inaugurierte Polemik gegen das Sophistenwesen zurück. Es kritisiert hier bildhaft das Feilschen mit geistigen Gütern, um daraus Gewinn zu schlagen. Paulus denkt eher an ein Profitieren als an ein „Verfälschen" (Luther). Vgl. C. SPICQ, Notes de lexicographie Néo-Testamentaire I (OBO 22/1) 1978, 403–406; EWNT II 615.

[328a] Das Substantiv εἰλικρίνεια kommt im Neuen Testament nur bei Paulus vor (1 Kor 5,8; 2 Kor 1,12; 2,17). Und zwar verwendet es Paulus ausschließlich im Zusammenhang mit seinem Apostolat, den er damit hinsichtlich seiner *Integrität* (2 Kor 1,12) unterstreicht. Vgl. H. GOLDSTEIN, EWNT I 949f.

[328b] Vgl. G. BARTH, Eignung (s. Anm. 324) *passim*.

13,3[329]. Die Autorisation zur Evangeliumsverkündigung und damit die Legitimation zum Apostelamt geschieht dadurch, daß Christus den Apostel mit seiner Macht in Beschlag nimmt und eben so zur διακονία τοῦ πνεύματος bzw. τῆς δικαιοσύνης befähigt (3,8 f.). „Mit solcher Anschauung wird offensichtlich die Botschaft von der Rechtfertigung der Gottlosen aufgegriffen und fortgeführt: Selbst die Apostel sind als Träger des Evangeliums unfähig, ihrer Aufgabe nachzukommen, wenn nicht Gnade sie dazu bevollmächtigt. Das dürfte der Grund dafür sein, daß Paulus die von Hesekiel geprägte Formel ‚fleischliche Herzen‘ in V.3 übernommen hat. Gott arbeitet an und mit untauglichem Material in Schöpfung und Erlösung. Wie in 2Kor 4,7ff. vom tönernen Geschirr, von den im Mangel Befindlichen, den Verworfenen und Sterbenden, in 2. Kor 12,9 von den der Gnade Bedürftigen, in allen Peristasenkatalogen von den in jeder Weise Angefochtenen als den Werkzeugen des siegreichen Evangeliums gesprochen wird, so verhält es sich auch hier: Die in sich selbst Ohnmächtigen sind die eschatologischen Manifestationen des irdisch wirkenden Geistes."[330]

Der folgende Abschnitt 3,1–6 treibt die Antwort auf die in 2,16b gestellte Frage nach der ἱκανότης weiter voran. Woher nimmt Paulus das Recht, seinem apostolischen Dienst die Wirkung beizumessen, „Todesgeruch, der Tod bringt", zu sein oder „Lebensduft, der Leben verheißt"? Die Antwort ist eine doppelte: 1. das Recht gibt ihm das geleistete Werk (d.h. Gottes Handeln durch ihn), 3,1–3; 2. das Recht gibt ihm sein Amt (d.h. Gottes Handeln an ihm), 3,4–6[331].

Das geleistete Werk, also die korinthische Gemeinde, ersetzt für Paulus die „Empfehlungsbriefe", mit denen einige (τινές) in die Gemeinde gekommen sind bzw. die sie von der Gemeinde verlangt haben[332]. Diese Empfehlungsbriefe waren alles andere als bloße persönliche Referenzen. Vielmehr bestätigten solche Briefe ihrem Besitzer, daß er (als Verkündiger) über die göttliche δύναμις verfügt und zu entsprechenden Krafttaten fähig ist (z. B. zur Ekstase, vgl. 5,13)[333]. Wenn Paulus also darauf verweist, daß die Gemeinde

---

[329] Vgl. die analoge Reziprozität von εἶναι ἐν Χριστῷ und Χριστὸς ἐν ὑμῖν Röm 8,2.10 und dazu E. KÄSEMANN, Römerbrief 214f.

[330] E. KÄSEMANN, Perspektiven 257f.

[331] Vgl. R. BULTMANN 73.

[332] Diese τινές sind vermutlich identisch mit jenen Leuten in 10,12.18 und 11,22, die auch mit Empfehlungsschreiben auftauchen, die man allerdings nicht als Ausweise deuten darf, die die apostolischen Nobilitäten in Jerusalem ausgestellt hätten (KÄSEMANN), denn die τινές verlangen sie ja auch von den Korinthern, 3,1. So richtig D. GEORGI, Gegner 258–282. – Anders E. KÄSEMANN, Die Legitimität des Apostels. Eine Untersuchung zu II Kor 10–13: ZNW 41, 1942, 33–71. Mit KÄSEMANN setzt sich kritisch auseinander R. BULTMANN, Exegetische Probleme des zweiten Korintherbriefes, in: DERS., Exegetica. Tübingen 1967, 298ff.

[333] Religionsgeschichtlich ist durchaus denkbar, daß das Phänomen der „Himmelsbriefe" im

sein „Brief" sei bzw. „Brief Christi, ausgefertigt durch unsern Dienst" (3,2f.), so ist das „unverkennbar" (φανερούμενος) ein Hinweis auf die *göttliche* Kraft, die in seinem apostolischen Wirken zur Geltung kommt, ein „Empfehlungsschreiben", das „alle Menschen lesen und verstehen können" (V 2).

Wichtig sind die zwei Antithesen, mit denen Paulus die Gemeinde in ihrem Charakter als göttliches Werk kennzeichnet:

1. nicht mit Tinte geschrieben, sondern mit dem Geist des lebendigen Gottes;
2. nicht auf Steintafeln, sondern – wie auf Tafeln – in Herzen aus Fleisch (V 3b).

Während die erste Antithese die Empfehlungsbriefe der Konkurrenten des Paulus vernichtend abqualifiziert – was ist ein mit Tinte beschriebenes Stück Pergament gegen ein Werk des lebendigen Gottes selbst! –, bringt die zweite Antithese zusätzlich einen sachlichen Gegensatz herein, der im Vorblick auf V 6 und seine Kommentierung in VV 7–18 formuliert scheint: Die Opponenten sind Vertreter der Sinaidiatheke, deren Bundesurkunde auf vergängliche Steintafeln geschrieben war (Ex 31,18; 32,15; Dtn 9,10f.)[334]. Viele Exegeten gehen davon aus, daß diese beiden Antithesen in V 3 und vor allem die Redeweise vom „Neuen Bund" in V 6 von Paulus in Anlehnung an die Prophetie in Jer 31,31ff. (38,31ff. LXX) gebildet worden sei. Doch es gibt gute Gründe, das zu bezweifeln[335]. Es fällt ja auf, daß Jer 31,31ff. von Paulus weder in Gal 4 noch in 2Kor 3 *zitiert* wird. Und selbst noch bei 1Kor 11,25 ist es nicht sicher, daß die Stelle von Jer 31 beeinflußt ist. *Wenn* aber Paulus in 2Kor 3,3 oder 3,6 einen Bezug zu Jer 31 intendierte, ist es „all the more conspicuous that he *omits* what Jer 31 says about the *law*"[336]. Richtig dagegen ist, daß er Ex 31,18; Dtn 9,10 in den antithetischen Zusammenhang von Ez 11,19; 36,26 stellt, was wahrlich eine Textmanipulation im Interesse der Antithetik von Altem und Neuem Bund ist, die auch deren jeweilige

---

Hintergrund steht. Das sind vom Himmel gefallene oder gesandte Briefe, die unter wunderbaren Umständen auf der Erde erscheinen. In allen Fällen ist der Sinn deutlich: Solche Briefe bringen die Wahrheit und die Kraft der Götter auf die Erde. In unserm Fall: Solche Briefe exponieren ihre Besitzer und verleihen ihnen Tabucharakter. Vgl. L. RÖHRICH, Art. Himmelsbriefe: RGG³ III 338f.; D. GEORGI, Gegner 166–249.

[334] Das ab V 7 ins Spiel kommende καταργέω ist hier wohl schon mitgedacht. I. HERMANN, Kyrios 28. Vgl. auch C. K. BARRETT 118: καταργούμενον V 11 steht in Bezug auf das Gesetz „as a transient phenomenon belonging to a past age". So auch H. RÄISÄNEN, Paul 45.243f.

[335] Einen solchen Einfluß bestreitet z. B. CHR. WOLFF, Jeremia im Frühjudentum und Urchristentum (TU 118) 1976, 131–134. WOLFF vertritt die These, daß der Gedanke des Neuen Bundes im Judentum (Bar 2,35; Qumran) nicht auf Jer 31 zurückgeht, sondern auf die deuteronomistische Theologie insgesamt (ebd. 117–130, bes. 146).

[336] H. RÄISÄNEN, Paul 245.

Diener auseinandertreten läßt[337]. Paulus weiß sich als Diener des Neuen Bundes, der durch neuen Geist und Beschriftung der fleischlichen Herzenstafeln gekennzeichnet ist (Ez 11,19; 36,26; Spr 7,3)[338]. Der theologische Gedanke ist dabei kein anderer als der in Gal 3,2f.: Nicht durch die Werke des Gesetzes, sondern durch die Botschaft des Glaubens lebt die Gemeinde auf Grund und in der Kraft des Geistes. Wo aber der Geist des Herrn ist, da ist Freiheit (vom tötenden Buchstaben des Gesetzes), 3,17; vgl. Gal 4,2ff.; 5,1.13[339].

Mit VV 4–6 kommt Paulus zu der zweiten und eigentlichen Antwort auf die Frage nach der ἱκανότης: Das Recht zu seiner über Tod oder Leben entscheidenden Verkündigung gibt ihm sein Amt:

> Wir haben durch Christus so großes Vertrauen zu Gott. Doch sind wir dazu nicht von uns aus fähig, als ob wir uns selbst etwas zuschreiben könnten; unsere Befähigung stammt vielmehr von Gott. Er hat uns fähig gemacht, Diener des Neuen Bundes zu sein, nicht des Buchstabens, sondern des Geistes. Denn der Buchstabe tötet, der Geist aber macht lebendig (Einheitsübersetzung).

Der Gedankenfortschritt dieser Antwort besteht darin, daß jetzt nicht mehr zur Debatte steht, worin sich die ἱκανότης auswirkt (in Lauterkeit, 2,17, und im geleisteten Werk, 3,1–3), sondern woher sie kommt (οὐχ . . . ἀφ᾽ ἑαυτῶν, sondern ἐκ θεοῦ)[340], wie sie Bestand hat (als πεποίθησις διὰ τοῦ Χριστοῦ πρὸς τὸν θεόν) und wozu sie inhaltlich-theologisch befähigt: zum Diener des Neuen Bundes. Letzteres wird sogleich doppelt präzisiert: διάκονος καινῆς διαθήκης heißt negativ: nicht Diener des Buchstabens, wie es Mose gewesen ist, und es heißt positiv: Diener des Geistes, d.h. Diener Christi. „Denn der Kyrios ist der Geist" (3,17). Hier stehen sich Christus und Mose in der gleichen ausschließenden Gegensätzlichkeit gegenüber wie Christus und Adam in Röm 5,12ff.[341]

---

[337] Vgl. E. KÄSEMANN, Perspektiven 255.261f. – Zur inkonzinnen Fortsetzung des Bildes „mit Tinte geschriebener Brief" durch „steinerne Tafeln" und der damit gegebenen sachlichen Umsetzung des Bildes vgl. G. EBELING, Art. Geist und Buchstabe: RGG³ II 1290f.

[338] Zu Gemeinsamkeit und Unterschied der paulinischen Aussage zu Jer 31,31ff. vgl. H. GRAF REVENTLOW, Rechtfertigung im Horizont des Alten Testaments (BEvTh 58) 1971, 64f. Ferner H.J.S. ATIGE, The New Covenant of Jeremiah and the Expression ‚New Covenant' from Jeremiah to the New Testament. Diss. Pont. Univ. Urbaniniana 1980.

[339] Vgl. W. KLAIBER, Rechtfertigung 161f. KLAIBER betont m.R., daß es nicht expressis verbis um die Rechtfertigung aus Werken des Gesetzes geht, jedoch „um Legitimierung der apostolischen Verkündigung durch Mose und um die Begründung der Gemeinde auf aufweisbare Kriterien. Für Apostel wie für Gemeinde gilt jedoch, daß ihr Ausweis nur in der Beauftragung und Begnadung von Untauglichen durch Gott liegen kann. Wo sie so leben, sind sie Brief Christi, Urkunde des neuen Bundes" (163).

[340] Das Ereignis der *Berufung* im Sinne von Gal 1,15f. ist damit ins Auge gefaßt: H. WINDISCH 109.

[341] E. KÄSEMANN, Perspektiven 268.

Die Frage ist müßig, ob die Genitive γράμματος und πνεύματος zu καινὴ διαθήκη[342] oder zu διάκονος gehören[343]. Der Sinn bleibt nämlich der gleiche[344]. Denn es ist jeweils das Wesen des Bundes, das den Diener qualifiziert – und umgekehrt[345]! Das Wesen des Alten Bundes aber nennt Paulus abgekürzt γράμμα (= νόμος)[346], welches tötet. Das Wesen des Neuen Bundes aber nennt er ebenso abgekürzt πνεῦμα, welches lebendig macht[347]. Die Antithese von Geist und Buchstabe begegnet im NT nur noch in Röm 2,29 und 7,6, dürfte also paulinische Bildung sein. „Besonders deutlich macht es R 7,6, daß der νόμος nach seinem γράμμα-Charakter, als nicht in der καρδία waltendes Gesetz, es nicht zu einem δουλεύειν Gott gegenüber bringt. Es bestätigt sich hier wieder, daß Paulus immer, wenn er vom Gesetz spricht, die Frage bewegt, wie es zur Erfüllung des Gotteswillens kommt . . . Nur im Wesen des Geistes läßt sich das Ziel des δουλεύειν erreichen. Ohne Christus und den Geist ist das Geschriebene das absolut Unwirksame."[348] Wieder geht es also um das ἀδύνατον von Röm 8,3: Was dem Gesetz unmöglich war, worin es schwach war „wegen des Fleisches", nämlich die Freiheit vom Gesetz der Sünde und des Todes herzustellen, das tat der „Geist des Lebens in Christus Jesus" (Röm 8,2). Rudolf Bultmann hat also recht: „Der paulinische Gegensatz γράμμα und πνεῦμα stellt nicht die eigentliche Tendenz des Gesetzes und seinen inadäquaten Ausdruck in der historisch schriftlichen Fixierung zueinander in Gegensatz, sondern zwei Tendenzen, bzw. zwei Prinzipien oder Mächte. Das Gesetz ist die Macht, die, als Forderung begegnend, den Menschen in die Leistung aus eigener Kraft weist, der Geist die Macht Gottes, die, als Gabe begegnend, dem Menschen möglich macht, was er aus

---

[342] H. WINDISCH 110; G. SCHRENK, Art. γράμμα: ThWNT I 767; I. HERMANN, Kyrios 27.

[343] E. KUTSCH, Neues Testament 146.

[344] H. LIETZMANN 111.

[345] „Das Wesen des apostolischen Dienstes im neuen Bund erhellt also das neue Sein der Gemeinde und umgekehrt" (W. KLAIBER, Rechtfertigung 161).

[346] G. SCHRENK, ThWNT I 768; E. KAMLAH, Buchstabe 278; I. HERMANN, Kyrios 27; E. KÄSEMANN, Perspektiven 252: Die Identität von Buchstabe und Gesetz gilt nicht grundsätzlich, sondern *faktisch*, „weil die jüdische Wirklichkeit, wie Paulus sie sieht, durch die Realität des pervertierten Gesetzes beherrscht wird und sich so der gefallenen Menschheit einordnet, welche in einer pervertierten Schöpfung lebt". Aber selbst in solcher Gestalt der faktisch herrschenden Perversion des dokumentierten Gotteswillens beläßt Paulus dem Gesetz „noch göttliche Herrlichkeit" (E. KÄSEMANN, Perspektiven 264).

[347] PH. VIELHAUER, Oikodome 210. Zur Bildung der Antithese Gramma/Pneuma vgl. I. HERMANN, Kyrios 27f.: Pneuma muß von V 3 her interpretiert werden und darf nicht als nur zum Bild des Briefschreibens gehörig verstanden werden: „Der Neue Bund, der ein Bund des lebendigen Geistes ist (Vers 6), ist das deshalb, weil er *mit dem Geist des lebendigen Gottes* in die Herzen seiner Träger gegraben ist. Das bedeutet für unsere Frage nach dem Sinn von Pneuma in der Gramma-Pneuma-Antithese: der Sinngehalt von Pneuma ist nicht nur durch den Gegensatz zu Gramma bestimmt, sondern näherhin auch durch den zu τὸ μέλαν."

[348] G. SCHRENK, ThWNT I 766, 21–31.

eigener Kraft nicht vermag."[349] Im Zeichen der Rechtfertigungsbotschaft
also treten Geist und Buchstabe auseinander. „Von ihr her trennen sich auch
der Alte und der Neue Bund."[350]

Der Sinn der Gramma-Pneuma-Antithese ist demnach nicht voll erfaßt,
wenn man γράμμα „als das nur Geschriebene und Vorgeschriebene" versteht
und πνεῦμα „als das ausschließlich ins Herz, ins Innere des Menschen gegebene neue Gesetz des Neuen Bundes"[351]. Sondern Paulus versteht den sprachlich so gefaßten Gegensatz als die grundsätzliche Antithese von Gesetz und
Evangelium, ja als den „geschichtliche(n) Gegensatz von alttestamentlicher
Offenbarung und Christusoffenbarung"[352]. Anders gesagt: Die theologische
Pointe der anthropologisch orientierten Antithetik von Buchstabe und Geist
ist keine andere als die von Gal 4,21–31: Die Mosediatheke gebiert in die
Knechtschaft, die Christusdiatheke in die Freiheit.

Nur tritt jetzt noch die besondere Nuance hinzu, daß Schrift gegen Schrift
steht, das mit dem Griffel des Heiligen Geistes in die Herzen geschriebene
lebendig machende Wort gegen die schriftlich fixierte alttestamentliche Mosetora. „Das bloß Geschriebene und Vorschreibende kann nicht anders als
töten. Lebendig machen kann nur der Geist, nicht die Schrift. Der neue Bund

---

[349] R. BULTMANN 80; vgl. E. KÄSEMANN, Perspektiven 258f.; DERS., Exegetische Versuche
und Besinnungen I 222: Paulus unterscheidet vom „Gesetz als Gotteswillen" jenes Gesetz, „das
vom frommen Menschen in die Forderung nach der eigenen Gerechtigkeit verkehrt wird. Eben
dieses zum Mittel unserer Selbstgerechtigkeit verkehrte Gesetz nennt er in 2. Kor.3 Buchstaben". Anders J. KREMER, „Denn der Buchstabe tötet, der Geist aber macht lebendig". Methodologische und hermeneutische Erwägungen zu 2Kor 3,6b, in: Begegnung mit dem Wort. FS H.
Zimmermann (BBB 53) 1980, 225f., und H. RÄISÄNEN, Paul 45: mit dem tötenden Buchstaben
meine Paulus nicht das mißbrauchte Gesetz, sondern die Tora als solche. Deswegen sei in V 7
vom Mosedienst als vom Dienst des Todes die Rede. Vgl. auch C.K. BARRETT z. St. und O.
HOFIUS, Das Gesetz des Mose und das Gesetz Christi: ZThK 80, 1983, 267: „Nicht die faktisch
übertretene oder in die Hand der Sünde geratene Tora, auch nicht die als Aufforderung zur
Werkgerechtigkeit mißverstandene, zum Leistungsprinzip pervertierte und zum Selbstruhm
vor Gott mißbrauchte Tora, sondern dieTora in ihrer ursprünglichen Bestimmung und Funktion ist gemeint, wenn Paulus Gal 3,21 erklärt: ‚Nur wenn ein Gesetz gegeben wäre, das da
lebendigmachen könnte, käme die Gerechtigkeit (d.h. das Heil) wirklich aus dem Gesetz'".
Hofius hält es von daher für unmöglich, daß Paulus „zwischen einer ursprünglichen Zweckbe-
stimmung der Tora einerseits und ihrer faktischen Wirkung andererseits" unterschieden habe
(266).

[350] E. KÄSEMANN, Perspektiven 261. Vgl. auch A. SCHLATTER, Paulus 505: „Der Brief, durch
den Christus ihn (sc. Paulus) beglaubigt, überragt nicht nur jedes menschliche Dokument, wie
es ihm etwa ein Apostel oder seine Gemeinde ausstellen könnte, sondern ist auch weit herrlicher
als die von Gott geschriebene Schrift, durch die Israel als Gottes Volk beglaubigt ist. Denn der
Brief, den Christus für Paulus schrieb, macht, weil er durch den Geist geschrieben ist, die
Herrlichkeit des neuen Bundes offenbar. Dieser ist aber vom alten Bund verschieden, wie Geist
von der Schrift verschieden ist."

[351] I. HERMANN, Kyrios 28 und andere. Zur Kritik vgl. E. KÄSEMANN, Perspektiven 256.

[352] W. G. KÜMMEL bei H. LIETZMANN 199. Vgl. auch G. EBELING, Geist und Buchstabe:
RGG³ II 1291; E. KÄSEMANN, Perspektiven 253ff.

aber ist ganz und gar geistbestimmt."[353] Paulus als διάκονος καινῆς διαθήκης tut seinen Dienst also im Bereich des lebendig machenden, von der Todesmacht des Gesetzes befreienden Geistes, und zwar im Gegensatz zum Dienst an der παλαιὰ διαθήκη (3,14), den er als „Dienst an der tötenden Gesetzesvorschrift" versteht[354].

Im folgenden versucht Paulus die Charakteristik des Neuen Bundes durch eine typologische Exegese von Ex 34,29–35 LXX zu erhärten und verbindet dabei ausdrücklich das Thema der beiden Bünde mit der Frage der Interpretation der alttestamentlichen Schrift[355].

Als aber Mose vom Berg herabstieg, da waren die beiden Tafeln in Moses Händen. Als er aber vom Berg herabstieg, wußte Mose nicht, daß das Aussehen seiner Gesichtshaut strahlend geworden war, als (Gott) mit ihm redete. Und Aaron und alle Ältesten Israels sahen Mose, und das Aussehen seiner Gesichtshaut war strahlend geworden, und sie fürchteten sich, ihm zu nahen. Und Mose rief sie heran, da wandten Aaron und alle Obersten der Gemeinde sich zu Mose, und Mose redete zu ihnen. Danach traten alle Israeliten zu ihm heran, und er gebot ihnen alles, was der Herr auf dem Berg Sinai zu ihm gesagt hatte. Und nachdem er aufgehört hatte, zu ihnen zu sprechen, legte er eine Hülle auf sein Gesicht. Sooft aber Mose hineinging vor den Herrn, um mit ihm zu reden, legte er die Hülle ab, bis er wieder herauskam. Und wenn er herauskam, sagte er allen Israeliten alles, was ihm der Herr geboten

---

[353] G. SCHRENK, ThWNT I 767, 23–25. – Für H. WINDISCH 110 handelt es sich um eine „echt marcionitische Antithese". Dagegen betont G. SCHRENK m.R., daß sich die Antithese nicht schlechthin gegen die γραφή als solche richtet (ThWNT I 768f.). Gramma ist bei Paulus Charakterisierung des Gesetzes hinsichtlich seiner negativen Funktion und Ohnmacht: es kann nicht lebendig machen (Gal 3,21), ja, es hat sogar tötende Kraft (Röm 7,7ff.; 8,2). So kann Paulus am AT als der göttlichen γραφή festhalten und doch zugleich das Gesetz als Heilsweg verwerfen. Vgl. H. CONZELMANN, Theologie 181; E. KÄSEMANN, Perspektiven 264f. – Sehr schön beschreibt A. SCHLATTER, Paulus 506f. die Gramma/Pneuma-Antithese: „Wenn Gottes Schrift nur die Tafeln oder das Pergament beschreibt, bleibt der Mensch sich selbst überlassen. Er vernimmt auf diese Weise nur den Anspruch Gottes, der ihn zum Wollen beruft und zum Wirken verpflichtet, wodurch er erfährt, daß er den Willen Gottes nicht will und mit dem, was er tut, nicht Gottes Werk wirkt. ‚Das Geschriebene' ist das, was Gott für den Sünder schreibt, und darum spricht es über ihn das Todesurteil. Dieses Urteil ist aber kein leeres Wort; es ist die uns tötende Macht. Dagegen tritt durch den Geist Gottes Wirken in das inwendige Leben des Menschen hinein. Damit ist Gottes Wort nicht gegen ihn, sondern in ihn hineingesprochen mit schöpferischer Gnade. Nun verkündet es nicht unsere Trennung von Gott, sondern wirkt unsere Einigung mit ihm. ‚Gottes Liebe ist durch den Geist in unseren Herzen ausgeschüttet', Röm. 5,5. Damit hat er an die Stelle des Todesurteils die Gabe des Lebens gesetzt."
[354] I. HERMANN, Kyrios 26. Richtig betont A. SCHLATTER, Paulus 504, daß „die neue Formel ‚Diener eines Neuen Bundes' eine neue Verordnung Gottes meint, durch die er sein Verhältnis zur Menschheit in neuer Weise bestimmt. Neu ist Gottes Verhalten gegen die Menschen geworden verglichen mit der Ordnung, die aus Israel Gottes Volk gemacht hat". Der Begriff „Neuer Bund" bedarf deswegen keiner besonderen Erläuterung, weil die Gemeinde ihn aus der Herrenmahlfeier kennt, 1 Kor 11,25.
[355] E. KÄSEMANN, Perspektiven 256.264ff.

hatte. Dann sahen die Israeliten, daß das Gesicht Moses strahlend geworden war. Und Mose legte eine Hülle über sein Gesicht, bis er hineinging, mit ihm zu reden[356].

Es ist gar keine Frage, daß Paulus in 2Kor 3,7ff. diesen Text nicht das sagen läßt, was er von sich aus zu sagen hat. Um nur die wichtigsten Veränderungen zu nennen: Paulus schreibt, die Doxa sei vergänglich gewesen (VV 7.11), obwohl sie nach dem alttestamentlichen Bericht und der jüdischen Tradition ein Dauerzustand war (Pesiqta Rabbati: 21 [102a]; Targ. Onkelos Dtn 34,7)[357]. Sodann: Nach Ex 34 geschieht die Verhüllung des Mose, um den Israeliten die Furcht zu nehmen. Nach Paulus geschieht sie, damit die Israeliten nicht sehen konnten, daß die Doxa des Mose eine vergängliche war (V 13)[358]. Endlich: Aus Ex 34,34 („Sooft Mose hineinging vor den Herrn, . . . legte er die Hülle ab") macht Paulus eine Verheißung an Israel: „Sobald es sich zum Herrn bekehrt, wird die Hülle weggenommen" (V 16). Im übrigen ist von der dreifachen Verwendung der „Decke" in VV 13.14.15 (auf dem Gesicht des Mose; auf der Verlesung des AT; auf den Herzen der verstockten Israeliten bis auf diesen Tag) nur die erste im alttestamentlichen Text vorgegeben.

Diese „Interpretation" hat also keinen Anhalt an den alttestamentlichen Aussagen über den Alten und Neuen Bund (Jer 31,31ff.; Ez 11,19; 36,26). „Sie steht in Gegensatz sowohl zur jüdischen Tradition als auch zur urgemeindlichen Auffassung von Mose und den beiden Bünden."[359] Da ein Gedächtnisirrtum bei dem bibelkundigen Apostel ausscheidet, bleibt als Erklärung nur: er deutet bewußt um[360]. Mit welchem Recht er das tut, haben wir weiter unten noch zu fragen.

Der traditionsgeschichtliche Befund von 2Kor 3,7–18 wird kontrovers diskutiert. In neueren Arbeiten (Siegfried Schulz, Dieter Georgi) ist die Ansicht vertreten worden, Paulus kommentiere bzw. glossiere hier einen Midrasch seiner hellenistisch-judenchristlichen Gegner in Korinth. In die-

---

[356] Übersetzung PH. VIELHAUER, Oikodome 210f.

[357] Vgl. BILL III 515.

[358] P. V. D. OSTEN-SACKEN, Geist im Buchstaben. Vom Glanz des Mose und des Paulus: EvTh 41, 1981, 231 unterzieht die Kommentierung der Verben in VV 7.11.13.14 bei R. BULTMANN 86ff. einer ungerechtfertigten Kritik. Er beanstandet, daß BULTMANN sie als Formen des Präteritum wiedergibt, obwohl sie bei Paulus präsentische Formen seien. VON DER OSTEN-SACKEN legt Wert darauf, daß die Doxa des Mose noch Gegenwart ist, beseitigt *wird,* aber noch nicht beseitigt worden ist. Aber nicht die Tempora entscheiden über die Obsoletheit des Alten Bundes, sondern die sachliche Qualifikation. In Christus ist der „Dienst des Todes" an sein Ende gekommen. Die alte Heilsordnung ist durch eine neue abgelöst.

[359] PH. VIELHAUER, Oikodome 212. E. KÄSEMANN, Perspektiven 255 spricht gar von „Manipulation".

[360] PH. VIELHAUER, Oikodome 216.

sem Midrasch werde die einzigartige Gottesschau des Mose als Typus der Gottesschau aller Christen ausgelegt (Schulz) bzw. werde Mose als ein θεῖος ἀνήρ verehrt, dessen θεῖον auf den Empfang der Gesetzestafeln am Sinai zurückgehe, weswegen die Pflege der *Tradition* dieses Gesetzes auch das besondere religiöse Merkmal der hinter diesem Midrasch stehenden religiösen Gruppe sei (Georgi). Erwogen wird auch, daß Paulus eine geprägte Tradition aus seiner „Schule" verarbeitet[361]. Neben diesen Hypothesen steht noch immer die gut begründete Annahme, daß wir es mit einem original paulinischen Midrasch zu tun haben[362]. Ob so oder so: Die *Funktion* des Midrasch ist unstreitig: Paulus stützt damit die Legitimität seines Apostolates, und zwar in Antithese zu andern Aposteln, die gegen das gesetzesfreie Evangelium des Paulus Mose und die Autorität des Alten Testamentes betont haben. Von seinen christologischen Prämissen aus aber muß Paulus nun zwischen Altem und Neuem Bund unterscheiden, „statt beides vom Gedanken des erneuerten Bundes aus als geschichtliche Kontinuität zu sehen". Und es ist in der Tat nicht zufällig, daß von V 7 ab der Kontrast zwischen Altem und Neuem Bund in der Frage nach der Bedeutung und rechten Interpretation des Alten Testamentes als heiliger Schrift mündet[363]. Von da aus muß Paulus „die Steintafeln des Mose dem ‚Briefe Christi' gegenüberstellen, der in die Herzen der Christen durch den Geist eingegraben wurde. Zwei Schriften treten hier auseinander, und für die letzte ist auch kennzeichnend, daß sie nicht mit Tinte fixiert wurde. Denn so bezieht sie ihre Autorität nicht von einem Wortlaut her, dessen sich exegetische und dogmatische Tradition ein für alle Male bemächtigen könnte. Umgekehrt ist genau das mit dem Alten Testament im Judentum geschehen. Eben deshalb konnte Jer 38,31ff. (LXX) sich hier nicht erfüllen. Damit ist der Übergang zu der midraschartigen und allegorisierenden Deutung von Ex 34,30ff. gewonnen, welche offensichtlich polemisch sich gegen jüdische und vielleicht auch judenchristliche Interpretation des Textes wendet und mit dessen Intention die Möglichkeiten rabbinischer Exegese, die sich an den Wortsinn gebunden weiß, vergewaltigt."[364]

In der Tat ist das der Fall, wie ein knapper exegetischer Durchgang durch 2Kor 3,7–18 zeigt:

---

[361] So H. Conzelmann, Paulus und die Weisheit, in: ders., Theologie als Schriftauslegung (BEvTh 65) 1974, 181f.; U. Luz, Bund 319–324; ähnlich schon H. Windisch z. St.

[362] Vgl. E. Richard, Polemics, Old Testament, and Theology. A Study of II.Cor. III,1–IV,6: RB 88, 1981, 340–367.

[363] E. Käsemann, Perspektiven 264.265.

[364] E. Käsemann, Perspektiven 265f. – Vgl. Ph. Vielhauer, Oikodome 216f.

Es lassen sich deutlich zwei Teile unterscheiden, nämlich der Vergleich der beiden διακονίαι (VV 7–11) und die aus diesem Vergleich gezogene Folgerung (VV 12–18).

a) Der Vergleich der beiden διακονίαι (VV 7–11):

Wenn aber schon der Dienst, der zum Tod führt und dessen Buchstaben in Stein gemeißelt waren, so herrlich war, daß die Israeliten das Gesicht des Mose nicht anschauen konnten, weil es eine Herrlichkeit ausstrahlte, die doch vergänglich war, wie sollte da der Dienst des Geistes nicht viel herrlicher sein? Wenn schon der Dienst, der zur Verurteilung führt, herrlich war, so wird der Dienst, der zur Gerechtigkeit führt, noch viel herrlicher sein. Eigentlich kann von Herrlichkeit in jenem Fall gar nicht die Rede sein, wo das Verherrlichte vor der größeren Herrlichkeit verblaßt. Wenn nämlich schon das Vergängliche in Herrlichkeit erschien: die Herrlichkeit des Bleibenden wird es überstrahlen (Einheitsübersetzung).

In 3,7–11 wird deutlich gemacht, daß wie Alter und Neuer Bund, so auch die Dienste (διακονίαι) daran einander ausschließende Gegensätze sind. Stehen Alter und Neuer Bund in V 6 einander gegenüber wie tötender Buchstabe und lebendigmachender Geist, so ist entsprechend der Dienst am Alten Bund διακονία τοῦ θανάτου (V 7), τῆς κατακρίσεως (V 9), ein καταργούμενον (V 11), der Dienst am Neuen Bund aber eine διακονία τοῦ πνεύματος (V 8), τῆς δικαιοσύνης (V 9)[365], ein μένον (V 11).

Mit den drei Qal-Wachomer-Schlüssen in VV 7–11 (εἰ δὲ ... πῶς οὐχὶ μᾶλλον; εἰ γὰρ ... πολλῷ μᾶλλον; εἰ γὰρ τὸ καταργούμενον διὰ δόξης, πολλῷ μᾶλλον τὸ μένον ἐν δόξῃ) will Paulus auf ein einziges Motiv hinaus: Die δόξα des Neuen Bundes ist unvergleichlich viel größer als die des Alten Bundes. Genauer: Wenn schon dem Alten Bund des Todes Doxa eignete, wieviel mehr dann dem Neuen des Lebens[366]! Ja, Paulus geht sogar noch einen Schritt weiter und stellt selbst eine relative Doxa des Alten Bundes in Frage: Im Vergleich

---

[365] Ein forensisches Verständnis der Genitivverbindung im Sinne von „Dienst, der Gerechtigkeit wirkt", liegt nahe. Aber nach Ausweis der parallelen Stellen 1Kor 15,45 und 2Kor 11,15.22 können πνεῦμα ζῳοποιοῦν und δικαιοσύνη auch christologische Prädikate sein. „Geist und Gerechtigkeit sind nicht nur die *Gaben* des Neuen Bundes für die Gemeinde, sondern die *Kräfte*, die Wesen und Dienst der Gemeinde bestimmen" (W. KLAIBER, Rechtfertigung 161f.).

[366] Es ist natürlich richtig, daß nur die Konzession, daß auch der Alte Bund Doxa hatte, die Möglichkeit zu den Qal-Wachomer-Schlüssen gibt (P. v. D. OSTEN-SACKEN, Geist 231; ähnlich U. LUZ, Bund 324 mit Anm. 27). Aber dadurch, als *was* das Leichtere mit dem Schwereren verglichen wird, nämlich als Dienst des Todes mit dem Dienst des Geistes, wird das Positive des Ersteren nicht festgehalten, sondern vollends destruiert. Insofern kann ich auch A. SCHLATTER, Paulus 510f. nicht beipflichten, wenn er einerseits feststellt: „Es war nicht die Absicht des Paulus, die Größe Moses herabzusetzen", andererseits sagt: „Vom Dienst Moses unterscheidet sich aber der des Paulus, wie das Leben vom Tode verschieden ist..." Mose ist doch Repräsentant des tötenden Gesetzesdienstes! Vgl. unten Anm. 384.

zu der δόξα des Neuen Bundes ist sie überhaupt keine Doxa (V 10: „Ist doch auch in dieser Hinsicht das Verherrlichte *nicht* herrlich wegen der überragenden Herrlichkeit"). Das aber besagt: Der neue Bund „bedeutet nicht die Wiederherstellung des obsolet gewordenen alten – denn dieser ist von Anfang an ein Dienst des Todes und der Verdammnis –, sondern seine Abschaffung und Ersetzung durch die Heilsordnung des Evangeliums von Christus"[367]. In der Sache liegt dieselbe radikale Antithetik im Verhältnis der beiden Bünde vor wie in Gal 3 und 4. Was dort der Gegensatz von Freiheit und Knechtschaft ist, das ist hier der Gegensatz von Pneuma und Gramma. Von der Doxa des Evangeliums her wird die Doxa des Alten Bundes verschlungen, „so daß von *hier* aus jede andere Heilsmöglichkeit ausgeschlossen, jede Reflexion über eine unabhängig vom Neuen vorhandene δόξα des Alten überflüssig und von der vergangenen Heilssetzung nur noch in der Form der Antithese zu reden ist"[368].

b) Die Folgerungen aus dem Vergleich der beiden διακονίαι (VV 12–18):

> Weil wir eine solche Hoffnung haben, treten wir mit großem Freimut auf, nicht wie Mose, der über sein Gesicht eine Hülle legte, damit die Israeliten das Verblassen des Glanzes nicht sahen. Doch ihr Denken wurde verhärtet. Bis zum heutigen Tag liegt die gleiche Hülle auf dem Alten Bund, wenn daraus vorgelesen wird, und es bleibt verhüllt, daß er in Christus ein Ende nimmt. Bis heute liegt die Hülle auf ihrem Herzen, wenn Mose vorgelesen wird. Sobald sich aber einer dem Herrn zuwendet, wird die Hülle entfernt. Der Herr aber ist der Geist, und wo der Geist des Herrn wirkt, da ist Freiheit. Wir alle spiegeln mit enthülltem Angesicht die Herrlichkeit des Herrn wider und werden so in sein eigenes Bild verwandelt, von Herrlichkeit zu Herrlichkeit, durch den Geist des Herrn (Einheitsübersetzung).

Es sind zwei Folgerungen, die sich daraus für den Diener des Neuen Bundes, also den Apostel, ergeben: Er ist durch παρρησία (Offenheit, Freimut, V 12) und ἐλευθερία (Freiheit, V 17) charakterisiert. Wichtig ist, daß Paulus dieses Charakteristikum von V 17 an nicht mehr auf die Apostel beschränkt sein läßt, sondern es der ganzen Gemeinde zubilligt. Alle Glaubenden sind durch den Charakter des Neuen Bundes bestimmt, also durch Offenheit und durch Freiheit[369].

War es im ersten Unterabschnitt VV 7–11 das Motiv der Doxa, so ist es jetzt das des κάλυμμα, der *Decke* also, das Paulus wählt, um die Inferiorität des Alten Bundes zu demonstrieren. Und zwar verwendet es Paulus gleich dreifach: a) in V 13 ist es die Hülle auf Moses Gesicht, also wie Ex 34; b) in

[367] PH. VIELHAUER, Oikodome 211.
[368] U. LUZ, Bund 327.
[369] R. BULTMANN 82.

V 14 ist es die Hülle, die „bis auf den heutigen Tag auf der Verlesung des Alten Bundes (liegen) bleibt und nicht aufgedeckt wird, weil sie nur in Christus abgetan wird"[370]; c) schließlich ist es in V 15 die Hülle, die „bis auf den heutigen Tag, sooft Mose vorgelesen wird, auf den Herzen (der verstockten Israeliten) liegt".

Die theologische Absicht des Paulus wird damit vollends deutlich. Mit der Antithese Alter Bund/Neuer Bund ist im Grunde die Antithese Mose/ Christus aufgestellt. Das ist mit Rudolf Bultmann und Philipp Vielhauer aus 2Kor 4,4.6 zu erschließen, wonach die Doxa des Neuen Bundes die Doxa Christi ist[371]. Die Schärfe dieser Antithese muß man klar sehen: „Mose" ist für Paulus die Personifikation des als Heilsweg verstandenen Gesetzes (= tötender Buchstabe), und damit ist der Alte Bund qua Sinaibund geradezu als der alte Äon charakterisiert. Entsprechend ist Christus Personifikation des als Heilsgabe verstandenen Geistes und damit der Neue Bund als der neue Äon charakterisiert. Denn mit der (nicht logischen, sondern) „erklärenden Identifikation" ὁ δὲ κύριος τὸ πνεῦμά ἐστιν V 17a greift Paulus ja ganz offensichtlich auf den Gegensatz Gramma/Pneuma von V 6 zurück. „Ebenso wie er hätte sagen können: Moses ist der Buchstabe, so sagt er: der Herr ist der Geist."[372] Das will sagen: Wo der eine oder der andere gegenwärtig ist – entweder Mose als Geber des Gesetzes oder Christus als Urheber des Geistes –, da ist entweder Tod oder Freiheit gegenwärtig. Das aber besagt im Blick auf die Mosediatheke und das auf sie fixierte Israel: „Bis auf den heutigen Tag ist Israel blind. Erst wenn es sich zu Christus bekehrt, kann sein Blick frei werden, denn Christus ist jene Wirklichkeit, die den Neuen Bund als Bund des Lebens und der Gerechtigkeit charakterisiert gegenüber dem Alten Bund, dessen Merkmal die tötende Gesetzesvorschrift ist. Diese Wirklichkeit (hat Paulus) in Vers 6 und 8 das Pneuma genannt. Das, was der Diener des Neuen Bundes (und die Gemeinde, V 18) als lebenschaffendes Pneuma an sich erfährt, das, was den apostolischen Dienst mit der Glorie Gottes ausstattet – das ist in Wirklichkeit Christus der Herr, zu dem Israel sich bekehren muß. Denn nur da, wo dieser als Pneuma erfahrbare Christus gegenwärtig ist, da ist jene Freiheit, welche die erkenntnishemmende Decke

---

[370] Die Verbindung der Worte läßt sich verschieden deuten. Μὴ ἀνακαλυπτόμενον kann auch ein für sich stehender Akkusativ sein, wodurch παλαιὰ διαθήκη zum Subjekt von καταργεῖται wird: „da nicht aufgedeckt wird, daß der Alte Bund in Christus beseitigt wird". Doch das von Paulus gewählte Präsens ist dem Gedanken der Aufhebung des Alten Bundes nicht günstig. Vgl. A. SCHLATTER, Paulus 516f.

[371] R. BULTMANN, Exegetica 375; PH. VIELHAUER, Oikodome 212.

[372] J. MUNCK, Paulus und die Heilsgeschichte (AJut 26,1) 1954, 51 Anm. 54.

beseitigt und auch Israel Unverzagtheit (4,1), Zutrauen (3,4), Hoffnung und Freimut (3,12) ermöglicht."[373]

Somit läßt sich folgender Skopus der paulinischen Argumentation benennen: Es geht um den Aufweis der Exklusivität der in Christus gesetzten καινὴ διαθήκη, „der eschatologischen Heilsordnung, durch deren διακονία die ‚Freiheit' angeboten wird (2Kor 3,17), dh. die Freiheit von den Mächten des alten Bundes und Äons, von Gesetz, Verdammnis und Tod"[374].

Hinzuweisen bleibt nur noch darauf, daß Paulus auch in diesem polemischen Text die Mose-Diatheke nicht um ihrer selbst willen, sondern um der Christusdiatheke willen thematisiert. Um die Neuheit der καινὴ διαθήκη möglichst scharf zu profilieren, bildet Paulus (wahrscheinlich erstmals) für die Sinaidiatheke den Begriff παλαιὰ διαθήκη und setzt beide antithetisch in Beziehung zueinander. Mit Ulrich Luz gesagt: „Nicht vom alten Bund will Paulus jetzt sprechen, dessen δόξα ja nur dazu da ist, vor der unendlich viel größeren δόξα des neuen Bundes zu verschwinden."[375] Insofern sind es nicht zwei heilsgeschichtliche Epochen, die Paulus einander konfrontiert. Sondern er macht mit der Antithese Alter Bund/Neuer Bund ein *gegenwärtiges Entweder-Oder* unausweichlich: Gesetz oder Christus[376].

Und schließlich: In 2Kor 3,14 begegnet erstmalig der Begriff παλαιὰ διαθήκη. Und zwar verwendet ihn Paulus als Buchbezeichnung, genauer: als Bezeichnung für die in der Synagoge zur Verlesung kommende Schriftrolle der Tora. Und er ist der Meinung, daß seit dem Sinai eine verhüllende Decke über der Tora liegt, auch dann und dort, wo sie gottesdienstlich verlesen und gehört wird[377]. Gesagt wird mit diesem Bild, daß man zwar lesen und hören kann, aber gleichwohl nicht versteht, was eigentlich geschrieben ist. Vor allem aber bleibt auf diese Weise verhüllt, daß das tötende Gramma in Christus ein Ende nimmt (V 14; vgl. Röm 10,4). Die Entfernung der Hülle,

---

[373] I. HERMANN, Kyrios 49f. – Dagegen stellte die Ev. Landeskirche in Baden auf ihrer Frühjahrssynode 1984 „mit Schmerz und Trauer" fest, daß ihr Bekenntnis zu „dem für alle gekreuzigten, auferstandenen und wiederkommenden Herrn, dem Heiland der Welt", sie vom jüdischen Volk trennt (EK 17, 1984, 335).

[374] PH. VIELHAUER, Oikodome 212.

[375] U. LUZ, Bund 326.

[376] PH. VIELHAUER, Oikodome 213.

[377] E. KÄSEMANN, Perspektiven 266. – Weil διαθήκη Ausdruck für die Tora sein kann (J. BEHM, ThWNT II 129,9ff.) und weil im Zusammenhang Mose-Dienst und Apostel-Dienst verglichen werden, will O. HOFIUS, Gesetz (s. o. Anm. 349) 272f. unter der παλαιὰ διαθήκη nicht den Alten Bund und auch nicht das Alte Testament verstehen, sondern die „Sinai-Tora". „Entsprechend meint die καινὴ διαθήκη (V. 6) nicht den ‚Neuen Bund', sondern das Evangelium, das zu verkündigen Paulus als ‚Diener des Evangeliums' berufen ist". M.E. liegen Tora/Alter Bund und Evangelium/Neuer Bund für Paulus so sehr ineinander, daß eine solche Differenzierung sachlich kaum einen Unterschied macht.

und zwar sowohl die vor dem Herzen der Israeliten als auch die über der
Verlesung des Alten Testamentes, bleibt an eine einzige, aber unumgängliche
Bedingung geknüpft: daß man sich dem Herrn zuwendet (V 16). „Der Herr
aber ist der Geist, und wo der Geist des Herrn wirkt, da ist Freiheit" (V 17).
Dieser Begründungssatz läßt keinen Zweifel darüber, was sich nach der
Beseitigung der Hülle durch Christus als der wahre Sinn der Mosetora
enthüllt. Das ist nicht etwa die Weissagung auf Christus, sondern das Zeug-
nis, daß sich von Christus her das Wesen des Alten Bundes als tötendes
Gramma, als Gesetz, das in den Tod führt, offenbart, das Wesen des Neuen
Bundes aber als die in die Freiheit entlassende Rechtfertigung sola gratia[378].
Trotz der terminologischen Identifikation von „Altem Bund" und „Altem
Testament" muß man aber gleichwohl sachlich zwischen diesen beiden
Größen streng unterscheiden. Denn Paulus läßt ja das „Alte Testament" als
das Dokument des Alten Bundes nicht fallen, sondern er nimmt es als
autoritatives prophetisches, geistgewirktes Zeugnis für den Neuen Bund in
Anspruch[379]. Aber es ist als heiliges Buch für ihn keine formale Autorität.
Von daher erklärt es sich, daß Paulus den Text unter Mißachtung der
damaligen methodischen Regeln der Schriftauslegung bewußt umdeuten
kann[380].

Damit stellt sich die oben schon aufgeworfene Frage, ob es nicht ein
Widerspruch ist, wenn das Alte Testament als Autorität festgehalten und
zugleich gegen den Strich gebürstet wird. Nun, nimmt man alle Stellen
zusammen, an denen Paulus den alttestamentlichen Wortsinn massiv um-
biegt und verändert (also z.B. auch Röm 10,5ff.[381]; 4,3ff.), so ist leicht zu
sehen, daß sie alle von der soteriologischen Bedeutung des Gesetzes handeln,
welche man als *die* Wende im Leben und Denken des Paulus bezeichnen
kann. In seiner „Bekehrung" hat er erkannt, daß Gott die Gottlosen und
nicht die Gesetzesfrommen rechtfertigt (Phil 3,4–9). Und diese Rechtfertigungslehre ist der hermeneutische Schlüssel für seine Auslegung des Alten
Testamentes[382]. „Von daher wird beides verständlich: daß Paulus die Schrift
als undiskutierte Autorität beibehält *und* daß er sie trotzdem so auslegt, wie
er sie auslegt."[383] Was ihn am AT als autoritativem Schriftzeugnis festhalten

---

[378] Ph. Vielhauer, Oikodome 213.
[379] Ph. Vielhauer, ebd.
[380] Ph. Vielhauer, Oikodome 216.
[381] Vgl. dazu bes. E. Käsemann, Perspektiven 267ff.
[382] Vgl. dazu bes. O. Hofius, Gesetz (s. o. Anm. 349) 263f.; ferner P. Stuhlmacher, „Das
Ende des Gesetzes". Über Ursprung und Ansatz der paulinischen Theologie, in: ders., Versöhnung, Gesetz und Gerechtigkeit. Aufsätze zur biblischen Theologie. Göttingen 1981 (166–191)
178f.
[383] Ph. Vielhauer, Oikodome 219.

läßt, ist die Selbigkeit des im Alten und Neuen Bund handelnden Gottes: der Gott, der Israel erwählt hat, ist der Gott, der Jesus erweckt hat. Was ihn andererseits das AT so souverän umdeuten und als formale Autorität verwerfen läßt, ist die Erkenntnis in Christus Jesus, daß das Gesetz als Heilsweg ausscheidet (Röm 10,4)[384]. Man kann das mit Hilfe rabbinischer Terminologie so formulieren: „Das Gesetz ist als Halakha, als Heilsweg, abgetan, als Offenbarung, als Haggada, behält es gültige Autorität."[385]

Allerdings: Die Verkehrung von Ex 34 in 2Kor 3 in sein Gegenteil bleibt hinsichtlich des quo iure eine offene Frage[386]. Nur dies lehrt uns die Freiheit des Paulus gegenüber dem alttestamentlichen Text: Sie setzt *Sachkritik* frei. „Man ist von der Sorge befreit, die Zusammengehörigkeit von Altem und Neuem Testament in historisch aufweisbaren Konvergenzen suchen zu müssen. Die Sachkritik, die Paulus am Alten Testament übt, legitimiert auch heutige Sachkritik und ebenso die historisch-kritische Erforschung der Bibel und sie lehrt, die Diskrepanzen zwischen Altem und Neuem Testament getrost in Kauf zu nehmen. Das bedeutet, daß das Faktum des zweiteiligen Kanons kein hermeneutisches Prinzip ist, nach dem man das Alte Testament vom Neuen Testament und das Neue Testament vom Alten Testament her auszulegen hätte – wobei es notorisch zu Vergewaltigungen der Texte auf beiden Seiten käme, zB. hinsichtlich des Gesetzes und des Messias. Vielmehr befreit der hermeneutische Ansatz des Paulus gerade zu der Freiheit, die biblischen Autoren in der ganzen Vielfalt und Widersprüchlichkeit ihrer Selbstverständnisse zu hören und auszulegen."[387]

---

[384] O. HOFIUS, Gesetz 276f. weist die Ansicht zurück, daß nach Röm 10,4 „das Gesetz als *Heilsweg* abgetan sei". Denn das sei es für Paulus „nie" – auch seiner ursprünglichen Funktion nach – gewesen, sondern immer nur das verklagende und verurteilende Wort, „das jeden Menschen bei seinem Tun behaftet (s. V.5)". Aber Paulus *hat* einmal die Gerechtigkeit in der Tora gesucht (Phil 3,6b), und Israel *sucht* sie darin (Röm 9,31; 10,2f.). *Dieser* Heilsweg (warum sollte man ihn nicht so nennen?) ist seit Christus abgetan, weil durch ihn klar ist, daß Gerechtigkeit *in der Tora* suchen heißt, sie dort suchen, „wo sie nicht zu finden ist und nie zu finden war" (HOFIUS, Gesetz 277).

[385] PH. VIELHAUER, Oikodome 220. Wichtig ist VIELHAUERS Hinweis, daß Paulus die Selbigkeit Gottes nicht als theoretischen Monotheismus interpretiert, sondern als universales Heilshandeln des Schöpfers: „weil ja Gott nur einer ist, der die Beschnittenen aus Glauben *und* die Unbeschnittenen durch den Glauben *rechtfertigen* wird (Röm 3,30). Deshalb *kann* Paulus das Alte Testament nicht verwerfen (wie zB. Markion) oder seinen Umfang reduzieren oder zwischen verpflichtenden und nicht verpflichtenden Stoffen unterscheiden, sondern er muß es von seiner soteriologischen Erkenntnis Christi her neu interpretieren" (220). – P. V. D. OSTEN-SACKEN, Geist, *passim* erschließt kein besseres Verständnis des Textes von 2Kor 3. Daß sonst von Mose auch positiv geredet wird, versteht sich von selbst. Hier aber spricht Paulus von „Mose" und meint das jüdisch verstandene Gesetz, dessen „Zeit" durch die Endzeit abgetan ist, wie er manchmal auch umgekehrt „Gesetz" sagt, wenn er den Pentateuch oder die ganze Schrift meint (PH. VIELHAUER, Oikodome 220 Anm. 65).

[386] PH. VIELHAUER, Oikodome 220.

[387] PH. VIELHAUER, Oikodome 227f. – Mit Hinweis auf Ez 20,25f. und die Tempelrolle als

Die Konsequenzen, die das für die Hermeneutik hat, hat Ernst Käsemann bündig formuliert: „Das Alte Testament ist ein Dokument, auf welches sich Judentum und Christentum zugleich berufen. Es wird mißbraucht, wenn man diesen Sachverhalt nur für einen Augenblick vergißt. Wenn die Heidenchristenheit das Alte Testament dem Judentum einfach wegnahm, mußte sie das damit bezahlen, daß sie es nur noch allegorisch oder moralisch oder vom Schema einer heilsgeschichtlichen Entwicklung zwischen Verheißung und Erfüllung zu deuten vermochte. Sie vergaß, daß Paulus es als ‚Buchstaben‘ hatte bezeichnen können, oder mißverstand das als Ruf zu einer spiritualisierenden oder historisch-kritischen Auslegung. Die Heidenchristenheit ist darum zumeist den Spuren Philos gefolgt oder bei Marcion gelandet. Paulus hätte sie vor beidem warnen können. Er hat weder die Schrift noch die Tradition verworfen, sondern beide als ‚sprechendes Wort‘, als Dokumentationen des Geistes anerkannt. Er hat jedoch zugleich die Verbindlichkeit von Schrift und Tradition in der christlichen Gemeinde davon abhängig gemacht, daß sie vom Geist her interpretiert wurden und sich vom Geist her interpretieren ließen. Weil er aber in der Auseinandersetzung mit Judentum und Schwärmertum gezwungen war, den Geist christologisch zu definieren, mußte er dem Alten Testament gegenüber kritisch fragen, wo in ihm die Stimme der Glaubensgerechtigkeit oder die andere der Leistungsfrömmigkeit laut würde. Das konnte er nur tun, wenn er aus der Glaubensgerechtigkeit nicht eine Form der Frömmigkeit unter andern werden ließ, sondern sie das Werk und die Herrschaftsweise jenes Christus nannte, der sich vor und nach seiner Erhöhung den Gottlosen gesellte.“[388]

Zu διαθήκη in 2Kor 3 halten wir als *Ergebnis* also fest: Im Kampf um die Legitimität seines Apostelamtes vergleicht sich Paulus mit Mose, „dem Prototyp der Gegner“[389], und stellt die Gemeinde neben die Synagoge als ihr *Gegenbild*, „mit dem sie sich zu vergleichen und von dem sie sich zu trennen hat, weil es ihr ihre Vergangenheit, aber nun ernsthaft ihre Vergangenheit zeigt“[390].

„neue Tora“ legt M. HENGEL (brieflich) allerdings Wert auf die Feststellung, daß die Schrift nie nur formale Autorität war und Sachkritik am AT schon im AT selbst geübt wird. Für Ez 20,25f. danke ich ihm den Hinweis auf H. GESE, Zur biblischen Theologie. Alttestamentliche Vorträge (BEvTh 78) 1977, 67, wo es heißt, „daß das der Offenbarung entsprechende Gesetz nicht eine ein für allemal gegebene, unveränderliche, statische Größe ist, sondern der Beziehung Gott-Israel, dem Inhalt der Offenbarung Ausdruck gibt, und diese Beziehung schließt eine heilsgeschichtliche, eine dynamische Entwicklung, ein Wachstum mit ein.“
[388] E. KÄSEMANN, Perspektiven 284f.
[389] D. GEORGI, Gegner 281 Anm. 2.
[390] A. SCHLATTER, Paulus 522.

Und wie in Gal 4 rücken dabei die Sinaidiatheke und die Christusdiatheke in ein Verhältnis von einander ausschließender Gegensätzlichkeit[391], ohne daß Paulus damit Marcion den Weg bereitet hätte. Denn an der Selbigkeit des in beiden Diatheken redenden Gottes läßt er sowenig wie Hebr 1,1f. einen Zweifel. Nicht Demiurg und Gott baut er als Gegensätze auf, sondern Gramma und Pneuma, Gerechtigkeit aus Werken des Gesetzes und Gerechtigkeit aus Glauben. Der Vorrang der Gnade vor dem Werk ist *das* Thema des Paulus, nicht die Einheit der Schrift Alten und Neuen Testamentes – ein Thema, das es für ihn noch gar nicht gab.

V. Diatheke im Hebräerbrief

Literatur: Die *Kommentare* von H. BRAUN (HNT 14) 1984. – G. W. BUCHANAN (AncB 36) 1972. – R. JEWETT 1981. – O. KUSS (RNT 8,1) ²1966. – O. MICHEL (KEK 13) ¹²1966. – E. RIGGENBACH (KNT 14) ²˙³1922. – C. SPICQ (EtB) II 1953 (Excursus IX. – Les deux Alliances, 285–299). – DERS. (SBi) 1977. – H. STRATHMANN (NTD 9) ⁹1968. – F. J. SCHIERSE (Geistliche Schriftlesung 18) 1975. – A. STROBEL (NTD 9) ²1981. – H. WINDISCH (HNT 14) ²1931.

J. BEHM, Begriff (s. o. S. 8) 72–97. – A. CARR, Convenant or Testament? A Note on Hebr. IX,16–17 (Exp. VIII 7, 1909) 347–352. – V. P. GORDON, Studies in the Covenantial Theology of the Epistle to the Hebrews in the Light of its Setting: DissAb 41, 1981, 3627. – E. KÄSEMANN, Das wandernde Gottesvolk. Eine Untersuchung zum Hebräerbrief (FRLANT 37) ⁴1961. – G. D. KILPATRICK, Διαθήκη in Hebrews: ZNW 68, 1977, 263–265. – F. LAUB, Bekenntnis und Auslegung. Die paränetische Funktion der Christologie im Hebräerbrief (BU 15) 1980. – E. LOHMEYER, Diatheke (s. o. S. 8) 144–149. – U. LUZ, Der alte und der neue Bund bei Paulus und im Hebräerbrief: EvTh 27, 1967, 318–336. – J.-P. MICHAUD, Le Passage de l'ancien au nouveau, selon l'Épître aux Hébreux: ScEs 35, 1983, 33–52. – O. PETERSON, The Prophecy of the New Covenant in the Argument of Hebrews: RTR 38, 1979, 74–81. – E. RIGGENBACH, Der Begriff διαθήκη im Hebräerbrief: Theologische Studien, Th. Zahn . . . dargebracht. Leipzig 1908, 289–316. – F. SCHRÖGER, Der Verfasser des Hebräerbriefes als Schriftausleger (BU 4) 1968. – C. SPICQ, La théologie des deux Alliances: RSPhTh 33, 1949, 15–30. – G. THEISSEN, Untersuchungen zum Hebräerbrief (StNT 2) 1969. – J. UNGEHEUER, Der große Priester über dem Hause Gottes. Würzburg 1939, 58–67. – A. VANHOYE, De instauratione novae dispositionis: VD 44, 1966, 113–130.

1. Wir hatten schon bei der statistischen Erfassung des Diatheke-Begriffes darauf hingewiesen, daß unter allen im NT gesammelten 27 Schriften allein der Hebr so etwas wie eine „Bundes-Theologie" vertritt[392]. Jedenfalls ist der unbekannte *Auctor ad Hebraeos* neben Paulus und Johannes der dritte große Theologe im NT[393] und als solcher der einzige, der nicht beiläufig und

---

[391] Vgl. H. RÄISÄNEN, Paul 45f.: „Both in Gal 3 and in 2 Cor 3 Paul speaks quite clearly of the inferior, transient and temporary character of the law given at Sinai."
[392] S. o. 8f. – Ferner C. SPICQ 297: „L'Épître aux Hébreux est de loin l'écrit du Nouveau Testament qui a le plus insisté sur la notion d'alliance – comparer le royaume de Dieu dans les Synoptiques, et l'Église dans saint Paul . . ."
[393] Vgl. E. HOSKYNS/N. DAVEY, Das Rätsel des Neues Testaments (TB 7) 1957, 153. ·

vereinzelt, sondern überlegt und nennenswert häufig (17 mal, nimmt man 8,7.13 und 9,1.18 noch hinzu, wo jeweils Diatheke stillschweigend zu ergänzen ist, sogar 23 mal) den Diatheke-Begriff hat und ihn auch sachlich für die Ausformung seines christologischen Traktates heranzieht. Freilich nicht in eigener theologischer Ausprägung! Unser Vf. tradiert im wesentlichen den theologischen Sinn des Wortes Diatheke, wie er durch die Septuaginta vorgegeben ist: *göttliche Anordnung, Setzung, Verfügung.* Und zwar greift er – darin sich von Paulus unterscheidend – besonders auf Jer 31 (38),31–34 und Ex 24,(6–)8 zurück, während der Verheißungsbund Gottes mit den Vätern, der bei Paulus eine gewisse Rolle spielt, fast ganz zurücktritt. Genau aufgeschlüsselt ergibt sich folgender Befund:

Mit Ausnahme von 12,24 und 13,20 findet sich Diatheke ausschließlich im zentralen Mittelteil 4,14–10,39, in dem die Hohepriesterchristologie breit entfaltet wird. Hier haben wir 15 (bzw. 21) Vorkommen von insgesamt 17 (bzw. 23). Zwei davon können wir unbeachtet lassen, weil sie theologisch ohne große Bedeutung sind: Bei der Beschreibung des Stiftszeltes in 9,2–4 nennt unser Vf. unter dem Inventar auch die Bundeslade (ἡ κιβωτὸς τῆς διαθήκης) und die Bundestafeln (αἱ πλάκες τῆς διαθήκης), V 4b.e. Von diesen beiden Kultgegenständen war bereits anläßlich unserer Beschäftigung mit Hebr 9,4 die Rede (s. o. S. 47ff.). Dem Hebr sind sie nicht als solche wichtig. Sondern die Auflistung des kultischen Inventars der Stiftshütte dient ihm insgesamt zur Kennzeichnung des „irdischen Heiligtums" (9,1), das er gemäß seinem hermeneutischen Schema von Entsprechung, Andersartigkeit und Überbietung zu dem himmlischen Heiligtum und dessen Kult in Beziehung setzt, um die Überlegenheit des letzteren darzutun[394]. Dabei macht er sich ein platonisierendes Denken, das die irdischen Realitäten an ihrer himmlisch-urbildlichen Wirklichkeit mißt und abwertet, ebenso zunutze (8,5; 9,11.23f.; 10,1) wie den geschichtlichen Gedanken, daß die Vielfalt der Einzigkeit grundsätzlich unterlegen ist. Jedenfalls ist die Menge der Kultgeräte im irdischen Heiligtum und das iterative Hineingehen der Priester in dasselbe samt der Häufigkeit ihrer Darbringungen (9,6) Ausdruck der Insuffizienz des „ersten Bundes" und seiner δικαιώματα λατρείας[395]. Überhaupt ist das irdische Stiftszelt nur παραβολή (Sinnbild), das auf die gegenwärtige Zeit hinweist:

---

[394] H. BRAUN, Die Gewinnung der Gewißheit in dem Hebräerbrief: ThLZ 96, 1971, 321ff.
[395] Schon in dem programmatischen Exordium 1,1–4 steht Vielfalt gegen Einmaligkeit. Vgl. E. GRÄSSER, Hebräer 1,1–4: EKK.V 3. Zürich-Köln 1971, 55–91 (= DERS., Text und Situation. Gesammelte Aufsätze zum Neuen Testament. Gütersloh 1973, 182–228).

Denn es werden Gaben und Opfer dargebracht, die das Gewissen des Opfernden nicht zur Vollkommenheit führen können; es handelt sich nur um Speisen und Getränke und allerlei Waschungen, äußerliche Vorschriften, die bis zu der Zeit einer besseren Ordnung auferlegt worden sind (9,9f.)[396].

Dieser καιρὸς διορθώσεως dient dem Hebr-Autor als Beurteilungsmaßstab, mit dem er den „ersten Bund" mißt. Hebr 9,10 schließt einen in 9,1 beginnenden Gedankengang ab[397], der die Obsoletheit der δικαιώματα λατρείας des Alten Bundes dadurch unterstreicht, daß er sie als δικαιώματα σαρκός qualifiziert, „die das Gewissen des Opfernden nicht zur Vollkommenheit führen können" (9,9)[398]. Zwar können diese δικαιώματα – da sie aus der richtigen Einsicht in die faktische Lage der Menschen vor Gott (sie leben durch Sünden von ihm getrennt) auf die Notwendigkeit der Versöhnung Gottes schließen – als Hinweis auf die eschatologische Christus-Diatheke gewertet werden[399]. Das hebt jedoch nicht auf, daß die Insuffizienz ihrer Wirkung gleich doppelt unterstrichen wird: 1. durch ihre Zuweisung in die Sphäre der σάρξ, 2. durch ihre zeitliche Befristung[400]. Seit jedoch das κεφάλαιον von 8,1 gilt, seit Jesus „mit seinem eigenen Blut ein für allemal in das Heiligtum hineingegangen ist" (9,12), das πρῶτον aufgehoben (ἀναιρεῖ) hat, steht das δεύτερον in Kraft (10,9; vgl. 8,13). Die „Zeit der richtigen Ordnung" (9,10) ist jetzt da (3,7.13.15; 4,7), und die Unmöglichkeit des Alten Bundes (9,9) ist zur Wirklichkeit des Neuen Bundes geworden, nämlich, daß unsere Gewissen gereinigt werden von den toten Werken, damit wir dem lebendigen Gott dienen (9,14. Wir kommen auf diesen Sachverhalt weiter unten noch ausführlicher zu sprechen.)

---

[396] Daß die *Stiftszelt-Symbolik* im Hebr nicht kosmologisch, sondern *heilsgeschichtlich* orientiert sei, davon hat mich O. HOFIUS nicht überzeugt: Der Vorhang vor dem Thron Gottes (WUNT 14) 1972. – Zur Kritik vgl. die Besprechung des Buches von F.J. SCHIERSE, in: ThRv 70, 1974, 212f. Zur Diskussion vgl. F. LAUB, Bekenntnis 172ff., bes. 174 und 177 Anm. 14.

[397] Das folgende nach meinem Aufsatz „Rechtfertigung im Hebräerbrief", in: Rechtfertigung. FS E. Käsemann. Tübingen u. Göttingen 1976, 86f.

[398] Gestützt wird das durch das Urteil 10,4 (vgl. auch 9,13f.), was freilich im Blick auf das alttestamentlich-jüdische Denken nicht haltbar ist: Der dortige Kultus hat nicht nur äußere, rituelle Reinheit, sondern auch Reinheit vor Gott durch Tilgung der Schuld vermittelt. Vgl. den Abschnitt „Die Opfer" in G. v. RAD, Theologie des Alten Testaments I. München 1957, 249–271; C.-H. HUNZINGER, Art. ῥαντίζω: ThWNT VI 982.

[399] Vgl. E. KÄSEMANN, Gottesvolk 155.

[400] Vgl. E. SCHWEIZER, Art. σάρξ: ThWNT VII 142, 19f.; 143,10ff. Σάρξ und πνεῦμα sind im Hebr eingezeichnet in den kosmischen Dualismus. Der alttestamentliche Kultus wird – wie der promiscue Sprachgebrauch von δικαιώματα λατρείας (9,1) und δικαιώματα σαρκός (9,10) zeigt – als Ganzer der sarkischen Sphäre zugewiesen. Vgl. dazu vor allem F.J. SCHIERSE, Verheißung 26ff.; G. THEISSEN, Untersuchungen 69f. Wichtig bei der ganzen Kultkritik ist dem Hebr, einen einzigen Gedanken herauszustreichen: die Überlegenheit des himmlischen Kultes. Sie ist die „Hauptsache" an der Christologie des Hebr (8,1). Die zentrale Stellung, die dabei Jer 31(38),31ff. einnimmt, zeigt U. LUZ, Bund 328ff.

Jedenfalls ist schon jetzt deutlich: Wie das irdische Heiligtum dem himmlischen als ἀντίτυπος τῶν ἀληθινῶν gegenübersteht (9,24), so auch der „erste Bund" dem „besseren" bzw. „neuen Bund": jener hat nichts zur Vollendung gebracht, d.h. er hat die Reinigung von Sünden (1,3) nicht bewirkt; dieser dagegen ist „auf bessere Verheißungen gegründet" (8,8) und hat die Vergebung der Sünden realisiert (10,16–18).

Doch fahren wir zunächst mit der Bestandsaufnahme fort. Neben den Diatheke-Stellen in 9,4 (Bundeslade und -tafeln), die lediglich eine (freilich negativ bewertete!) Reminiszenz an vergangene alttestamentliche Gegebenheiten darstellen, kennt und verwendet der Hebr-Autor wie Paulus in Gal 3,15–17 (siehe dort!) Diatheke auch als „Testament" im rechtsterminologischen Sinn:

> Und darum ist er der Mittler eines neuen Bundes; sein Tod hat die Erlösung von den im ersten Bund begangenen Übertretungen bewirkt, damit die Berufenen das verheißene ewige Erbe erhalten. Wo nämlich ein Testament vorliegt, muß der Tod des Erblassers nachgewiesen werden; denn ein Testament wird erst im Todesfall rechtskräftig und gilt nicht, solange der Erblasser noch lebt. Daher ist auch der erste Bund mit Blut in Kraft gesetzt worden (9,15–18, Einheitsübersetzung).

Wichtig an diesem rechtsterminologischen Gebrauch von Diatheke ist, daß er zu dem theologischen hin transparent ist. Der „Erbfall" καινὴ διαθήκη tritt erst ein, nachdem der Testator gestorben ist. Der Fall ist mit Christi Tod eingetreten. Schlüssig wäre der Beweisgang allerdings erst, wenn es hieße, daß Gott gestorben sei, da ja er der eigentliche Erblasser ist. Tatsächlich ist dieser Gedanke inkludiert. Das *cur Deus homo* von 2,5–18 wird hier fortgeführt bis zu der die Gemeinde anfechtenden Antwort: um am Kreuz zu sterben[401]. Denn nur so konnte der Neue Bund seine Wirksamkeit erlangen, „rechtskräftig" werden. Jedenfalls wird die erbrechtliche Überlegung in 9,15–18 als *Begründung* dafür herangezogen, daß Jesu Tod die Inkraftsetzung des Neuen Bundes (VV 15.18; vgl. 13,20) und damit die Überbietung (7,22;8,6) bzw. Außerkraftsetzung des „ersten Bundes" ist (8,13). Und noch etwas anderes scheint mir an dem rechtsterminologischen Gebrauch von Diatheke an unserer Stelle bemerkenswert zu sein: Wenn ein Theologe vom Format des Hebr-Autors das Kreuzesereignis als die Mitte aller neutestamentlichen Theologien[402] so klar und eindeutig als „letztwillige Setzung,

---

[401] Das ist für O. Kuss „Der theologische Grundgedanke des Hebräerbriefes". Zur Deutung des Todes Jesu im Neuen Testament: MThZ 7, 1956, 233–271 (= ders., Auslegung und Verkündigung I. Aufsätze zur Exgese des Neuen Testaments. Regensburg 1963, 281–328).

[402] Vgl. U. Luz, Theologia crucis als Mitte der Theologie im Neuen Testament: EvTh 34, 1974, 116–141.

Verfügung"[403], ja als „Erbverfügung" versteht[404], so hat es von daher sein sachliches Recht, wenn wir den zweiten Teil des biblischen Kanons, der uns das Evangelium von Jesus Christus, dem Gekreuzigten und Auferweckten, bezeugt, als „Neues *Testament*" bezeichnen.

Zur entscheidenden Kategorie wird der Neue Bund – und das ist bei einem so sorgfältig komponierenden Verfasser wie dem Hebr-Autor alles andere als eine Zufälligkeit[405] – in dem Moment, in dem das κεφάλαιον, die „Hauptsache" also, zur Sprache kommt[406]. Das ist 7,1–10,18 der Fall. Hier zeigt schon die literarische Struktur, daß unser Vf. auch jetzt bei seinem hermeneutischen Verfahren der antithetischen Parallelisierung bleibt: 8,1–9,10 handeln von den δικαιώματα λατρείας (9,1) des Alten, 9,11–18 von denen des Neuen Bundes. Die beiden Abschnitte widersprechen sich „strictement"[407]. Was die Sinaidiatheke gleichwohl Gleichnis der Christus-Diatheke sein läßt, ist allein die Tatsache, daß auch jene göttliche Setzung einen Tod zur Voraussetzung hatte (Ex 24,3–8; vgl. Hebr 9,18–22). Insofern ist sie Typus der neuen Diatheke, die „im Blute unseres Herrn Jesus" gründet (13,20; 10,29). Darüber hinaus denkt unser Vf. bei der antitypischen Parallelisierung der Bünde an die göttliche Heilsökonomie überhaupt, und zwar vornehmlich hinsichtlich ihrer *kultischen* Verfaßtheit. Darauf führt vor allem die Tatsache, daß er zwischen Nomos (= Ordnung) und Diatheke kaum unterscheidet (7,11.18f.)[408].

Nicht weiter verwunderlich ist im Hebr die Tatsache, daß die eigentlich gewichtigen theologischen Diatheke-Vorkommen ihren *Ort* ausschließlich in der Schriftexegese haben. Und zwar sind es zwei LXX-Texte, die er seiner Argumentation dienstbar macht: Ex 24,(6–)8 und Jer 31(38),31–34. Beide Stellen sind als Glieder in eine Beweiskette eingefügt, die sich exegetisch vor allem mit der Szenerie des großen Versöhnungstages von Lev 16 beschäftigt. Praktisch ist es jeweils nur *ein* Motiv, das er den beiden Stellen entnimmt. Das ist bei Ex 24 das αἷμα τῆς διαθήκης, bei Jer 31 die καινὴ διαθήκη[409]. Im Laufe des Argumentationsganges knüpft er beide Motive zu *einem* soteriologischen Gedanken zusammen: Jesus ist insofern „Bürge" bzw. „Mittler"

---

[403] E. KUTSCH, Neues Testament 106.

[404] A. VANHOYE, Der Brief an die Hebräer. Deutsche Übersetzung mit Gliederung. Fano 1966, 22.

[405] Vgl. dazu zuletzt J.-P. MICHAUD, *passim*, bes. 38–40.

[406] Zu κεφάλαιον 8,1 als term. techn., der die *argumentatio* anzeigt, vgl. J.-P. MICHAUD 38 Anm. 22.

[407] J.-P. MICHAUD 38.

[408] Mit U. LUZ, Bund 329 Anm. 38 und vielen anderen gegen E. LOHMEYER, Diatheke 147f.

[409] Vgl. den Nachweis bei S.G. SOWERS, The Hermeneutics of Philo and Hebrews. A Comparison of the Interpretation of the Old Testament in Philo Judaeus and the Epistle to the Hebrews (BST 1) 1965, 97–105, bes. 99.

eines „besseren" bzw. „neuen Bundes" geworden (7,22; 8,6; 9,15a; 12,24), als erst *er* „die Erlösung von dem im ersten Bund begangenen Sünden bewirkt hat, damit die Berufenen das verheißene Erbe erhalten" (9,15b). Noch deutlicher erkennt man diese Verknüpfung der Motive in 10,14: „Durch ein einziges Opfer hat er die, die geheiligt werden, für immer zur Vollendung geführt." Diese Vollendung aber ist nichts anderes als die bei Jeremia verheißene und durch Christus realisierte Sündenvergebung. Denn die vor allem vernimmt er als Zeugnis des *Heiligen Geistes* aus Jer 31,33f.:

> Denn zuerst sagt er:
>> Das wird der Bund sein, den ich nach diesen Tagen mit ihnen schließe –
>> spricht der Herr:
>> Ich lege meine Gesetze in ihr Herz
>> und schreibe sie in ihr Inneres;
> dann aber:
>> An ihre Sünden und Übertretungen denke ich nicht mehr (10,15).

„Vollendung" bzw. „vollendet werden", dieses für den Hebr so wichtige Wort (7,19.28; 9,9; 10,1.14; 11,40), meint die „Freiheit von der Sünde"[410]. Der Neue Bund ist demnach der Sündenvergebungsbund, in dem das Heil Gottes sich endgültig realisiert hat. Für die altbundliche Heilsökonomie selbst hat das eine folgenschwere Konsequenz: Weil der „erste Bund" nicht „ohne Tadel" (ἄμεμπτος) war, sucht man einen „zweiten" an seine Stelle zu setzen (8,7). Deutlicher noch: „Indem er (Gott) von einem *neuen Bund* spricht, hat er den ersten für veraltet erklärt. Was aber veraltet und überlebt ist, das ist dem Untergang nahe" (8,13).

Diesen Textbefund, den wir bisher hauptsächlich hinsichtlich seiner theologischen Motivik geordnet vorgestellt haben, gilt es im folgenden noch etwas näher in Augenschein zu nehmen.

2. Erstmals in Kapitel 7, in dem das bereits 3 mal intonierte christologische Prädikat aus Ps 110(109),4 „Hoherpriester nach der Ordnung Melchisedeks" (5,6.10; 6,20) thematisiert wird, erscheint das Wort διαθήκη. Von da an bildet es eine Art Schlüsselwort für die christologische Erörterung im zentralen Mittelstück 7,1–10,18, ohne daß es als solches systematisch entfaltet würde. Vielmehr bleibt die Entfaltung des Hohepriestertums Christi orientiert an der Szenerie des großen Versöhnungstages Lev 16 und am alttestamentlichen Bundesritual Ex 24,3ff., wird aber immer wieder unterbrochen durch eine Hinwendung unseres Verfassers zu dem Begriff des *Neuen Bundes*.

In Kapitel 7 werden gemäß dem hermeneutischen Verfahren von Entsprechung, Andersartigkeit und Überbietung Melchisedek und Jesus bzw. das

---

[410] G. THEISSEN, Untersuchungen 86. Zu τελειωθῆναι in diesem Sinne vgl. auch E. GRÄSSER, FS E. Käsemann 86 ff.

alte und das neue Priestertum zueinander in Beziehung gesetzt. Dabei wird zunächst einmal in freier Nacherzählung von Gen 14,18–20 LXX und unter Zuhilfenahme von Ps 110(109),4 *Melchisedek* vorgestellt (7,1–10)[411]. Das *tertium comparationis* des Vergleiches zwischen ihm und Jesus liegt gewiß in V 3c: ἀφωμοιωμένος δὲ τῷ υἱῷ τοῦ θεοῦ. Da Jesus als Sohn Gottes die Attribute der Prae- und Postexistenz erfüllt (1,2), die auch Melchisedek eignen (μήτε ἀρχὴν ἡμερῶν μήτε ζωῆς τέλος ἔχων V 3b), entspricht (vgl. das κατὰ τὴν ὁμοιότητα in V 15!) das Priestertum Jesu dem *Urbild* des himmlischen Priesters, Melchisedek. Zwei Momente werden dabei besonders hervorgehoben. Einmal: Die Gestalt des Jerusalemer Priesterkönigs und ihr „gleichsam metaphysisches Geheimnis"[412] – *vaterlos, mutterlos, ohne Stammbaum* (V 3a) – macht diese zum „Typus Christi, des Gottessohnes und ewigen Hohenpriesters"[413]. Zum andern: Das neue Melchisedek-Priestertum Jesu *überbietet* das irdische (levitische) Priestertum. Denn es ist *„älter und vornehmer*" als die sich aus Levi herleitenden Priestergeschlechter des Alten Bundes. Selbst Abraham hat sich diesem ewigen Priestertum durch Zahlung des Zehnten gebeugt."[414] Der Einwand, daß „unser Herr bekanntlich aus Juda entsprossen ist, für welchen Stamm Mose nichts von Priestern gesagt hat" (7,14), vermag daher die Legitimität des Priesteramtes Jesu überhaupt nicht in Frage zu stellen[415]. Denn – so erläutert[416] unser Verfasser selbst die Neuheit des Melchisedek-Priestertums Jesu – er ist Hoherpriester „nicht nach dem Gesetz eines fleischlichen Gebotes geworden, sondern nach der Kraft unauflöslichen Lebens" (V 16)[417]. Daß er deshalb Priester *für immer* bleibt (εἰς τὸ διηνεκές, V 3d), dieser parakletische Zielgedanke der ganzen Argumentation hat darin seinen eigentlichen Grund.

---

[411] Die Frage, ob und wie weit der Hebr alte Melchisedektraditionen kennt und auswertet, kann hier außer Betracht bleiben. Vgl. dazu aber G. WUTTKE, Melchisedech, der Priesterkönig von Salem (BZNW 5) 1927; O. MICHEL 256–258.259; F. SCHRÖGER, Schriftausleger 139ff.; G. THEISSEN, Untersuchungen 130ff.; F. LAUB, Bekenntnis 236ff.; F.L. HORTON JR., The Melchizedek Tradition. A Critical Examination of the Sources to the Fifth Century A.D. and in the Epistle to the Hebrews (MSSNTS 30) 1976.

[412] F.J. SCHIERSE 62.

[413] Ebd.; vgl. auch F. SCHRÖGER, Schriftausleger 133. Anders U. LUZ, Bund 382f. mit Anm. 54, der sich auf L. GOPPELT, Typos 198 beruft: es gehe lediglich um Charakterisierung des Hohepriestertums Jesu. – Aber das ist kein Widerspruch gegen eine Feststellung typischer bzw. antitypischer Zusammenhänge der Heilsgeschichte. Und um die ist es dem Hebr zu tun!

[414] F.J. SCHIERSE 64.

[415] Vgl. E. GRÄSSER, Der historische Jesus im Hebräerbrief: ZNW 56, 1965, 63–91 (= DERS., Text und Situation 152–181).

[416] Vgl. die Wendung περισσότερον ἔτι κατάδηλόν ἐστιν = und in noch höherem Maße wird die Sache klar (7,15).

[417] Den Gegensatz betont auch E. SCHWEIZER, ThWNT VII 144, lehnt aber die Deutung „das vom Fleisch ausgehende, zur Sünde reizende Gebot" ausdrücklich ab (ebd. Anm. 343).

Seinem rationalen Grundzug folgend zieht der Hebr-Autor die folgende
Konsequenz: „Wenn das Priestertum gewechselt wird, tritt notwendig auch
ein Wechsel des Gesetzes ein" (V 12)[418]. Von diesem *Wechsel* ist im folgenden die Rede, in dem die beiden Priestertümer einander entgegengestellt
werden. 7,11–19 handelt vom Ungenügen des alten Priestertums und seiner
Abschaffung „wegen seiner Schwäche und Nutzlosigkeit, hat doch das Gesetz (= die alte Kultordnung, der Alte Bund) nichts zur Vollendung gebracht" (VV 18.19a; vgl. V 11). 7,20–28 handelt von der Überlegenheit des
neuen Priestertums, der „Einführung einer besseren Hoffnung", die eschatologisch vollendet, was der alten unmöglich war: den ungehinderten Zugang zu Gott (ἐπεισαγωγὴ δὲ κρείττονος ἐλπίδος, δι' ἧς ἐγγίζομεν τῷ θεῷ, V 19b).
  In diesem Zusammenhang ist nun terminologisch erstmals im Hebr von
der Diatheke die Rede:

> Und in dem Maße (als sich dies) nicht ohne Eidschwur (vollzogen hat) – denn die
> zwar sind ohne Eidschwur Priester geworden, der aber mit Eidschwur durch den, der
> zu ihm sagt: ‚Geschworen hat der Herr, und nicht wird es ihn gereuen: Du bist
> Priester in Ewigkeit' (Ps 110,4) – insofern auch ist eines besseren Bundes Bürge
> geworden Jesus. Und die zwar sind in der Mehrzahl Priester geworden, weil der Tod
> sie hinderte zu bleiben. Der aber wegen seines Bleibens in Ewigkeit, unvergänglich
> hat er das Priestertum. Daher auch retten für immer kann er die Hinzutretenden
> durch ihn zu Gott, immerdar lebend zum Eintreten für sie (7,20–25)[419].

  Der uns schwerfällig anmutende Argumentationsduktus hat gleichwohl
einen klar erkennbaren Aussagesinn. Es geht darum, die Überlegenheit der
christlichen Heils- und Kulturordnung noch kräftiger herauszustreichen.
Und zwar durch weitere Komparativik. Da ist einmal die Priestereinsetzung
„ohne Eidschwur" (levitisches Priestertum) und die „mit Eidschwur" (Mel-
chisedekpriestertum). Der Eidschwur Gottes, von dem schon einmal im
Zusammenhang mit der Abrahamsverheißung die Rede war (6,13–17), gehört für den Hebr-Autor zu den zwei unabänderlichen Dingen (δύο πραγμάτων ἀμεταθέτων, 6,18), nämlich *Verheißung* (ἐπαγγελία) und *Schwur* (ὅρκος
bzw. ὁρκωμοσία), auf denen die Unverbrüchlichkeit und Endgültigkeit des
göttlichen Heilsratschlusses beruht[420]. Die Unterscheidung „mit Eid-

---

[418] Ἀνάγκη (noch 9,16.23; vgl. 8,3) ist neben ὤφειλεν 2,17 und πρέπει bzw. ἔπρεπεν eines der
Worte, die das Bemühen um Plausibilität signalisieren. Vgl. E. v. Dobschütz, Rationales und
Irrationales Denken über Gott im Urchristentum. Eine Studie besonders zum Hebräerbrief:
ThStKr 95, 1923/24, 247ff.; W.C. Linss, Logical Terminology in the Epistle to the Hebrews:
CTM 37, 1966, 365–369.

[419] Übersetzung F.J. Schierse 66f.

[420] Wie wenig der Hebr darin originell ist (AT, Philo, Qumran, Rabbinische Texte und
Paulus [Röm 11,29; vgl. 9,11] bieten Parallelen), zeigt O. Hofius, Die Unabänderlichkeit des
göttlichen Heilsratschlusses. Erwägungen zur Herkunft eines neutestamentlichen Theologumenon: ZNW 64, 1973, 135–145.

schwur/ohne Eidschwur" dient der Klassifizierung. Das χωρὶς ὁρκωμοσίας eingesetzte levitische Priestertum konnte sich nicht als eine ewig gültige, suffiziente göttliche Einrichtung verstehen, das Melchisedek-Priestertum Jesu sehr wohl (V 21); und „wie das Priestertum mit Eid dem ohne Eid überlegen ist, so auch der Neue Bund dem Alten"[421].

„Insofern auch ist eines besseren Bundes Bürge geworden Jesus" (V 22). Ἰησοῦς steht mit Nachdruck am Ende[422]. Das Korrelativum κατὰ τοσοῦτο knüpft unmittelbar an καθ' ὅσον V 20 an: „In eben dem Maße ist Jesus der Bürge eines besseren Bundes geworden."[423] D.h., die Qualifikation des Bundes als „besser"[424] ergibt sich notwendig aus der Einsetzung Jesu in ein Priesteramt, das „vollenden" kann, was dem Priesteramt des Alten Bundes unmöglich war, nämlich durch Überwindung der Unheilsmächte Tod und Sünde den Zugang zu Gott zu öffnen. Dieses entscheidende Moment der unüberbietbaren Würde, nämlich die „Reinigung der Sünden", hatte schon das Exordium als das zentrale Heilswerk Jesu benannt (1,3c). Aufgrund dieser seiner Würde ist er der „Bürge" eines Bundes, der das Prädikat „besser" verdient (vgl. 8,6)[425]. Seine Etablierung ist nicht gerade eine Notmaßnahme. Aber immerhin hätte sie sich erübrigt, wäre der erste Bund ohne Mangel gewesen (8,7; vgl. 8,13; 9,1). Nun aber hat er im Entscheidenden versagt, in der τελείωσις, in der Hinwegschaffung der Sünde also und damit in der Erreichung des ewigen Heils, dem Eintritt in die zukünftige Welt der göttlichen Ruhestätte[426]. So mußte ein „besserer" bzw. „neuer Bund" an seine Stelle treten, dessen Bürge bzw. „Mittler" Jesus ist[427].

---

[421] O. MICHEL 274.   [422] F. BLEEK II 2, 392.

[423] B. WEISS, Der Brief an die Hebräer (KEK 13) ⁶1897, 189.

[424] Zu diesem charakteristischen Begriff des Hebr vgl. A. VANHOYE, Situation du Christ. Hébreux 1–2. Paris 1969, 88.93.

[425] Ἔγγυος (hap. leg. im NT) als christologischer Titel hat seinen Ort in einem Heilsverständnis, das von gegenwärtiger Erfüllung (6,4f.; 12,12ff.) und zukünftiger Vollendung (4,1; 6,11f.; 9,15; 10,36) gleicherweise geprägt ist. Die noch nicht völlig abgegoltenen Verheißungen Gottes erfordern Sicherungen und Bürgschaften. Mit seiner Erniedrigung und Erhöhung hat sie Jesus übernommen. Insofern erscheint er im Hebr unter dem Bild des „Bürgen". Wichtig ist, daß ἔγγυος διαθήκης nicht juristisch gemeint ist, „sondern Hinweis und Bild für das (ist), was Jesus – man beachte den schlichten Namen ohne Zusatz – bedeutet. ,Bürge' ist daher Jesus allein, weil er als Erhöhter für das eintritt, was Gott verheißt" (O. MICHEL 275f.). Vgl. auch H. PREISKER, Art. ἔγγυος: ThWNT II 329.

[426] Zur Bedeutung von τελειοῦν im Hebr vgl. G. DELLING, ThWNT VIII 83f. Das Verb ist vor allem auf den Priester gemünzt, der zum kultischen Dienst fähig gemacht wird. Dazu gehört aber vor allem die Überwindung der Sündhaftigkeit. Das gilt ebenso für den durch Leiden Erhöhten (2,10; 5,8f.) wie für die durch ihn Entsühnten, die dadurch ebenfalls befähigt sind, unmittelbar vor Gott zu treten (10,14; vgl. 7,19). Vgl. auch L.K.K. DEY, The Intermediary World and Patterns of Perfection in Philo and Hebrews (SBLDS 25) 1975.

[427] Μεσίτης hat im wesentlichen die Bedeutung wie ἔγγυος (s. Anm. 425). Vgl. O. MICHEL 292; A. OEPKE, Art. μεσίτης: ThWNT IV 602ff., bes. 628.

Seine Überlegenheit wird in 7,23ff. durch eine weitere Klassifizierung der
Priestertümer unterstrichen: Im Alten Bund *Vielzahl* und ständiger Wechsel
der Priester, weil sie sterbliche Menschen waren und daher stets ergänzt
werden mußten; *Einzigkeit* aber im Neuen Bund, weil in Jesus die „Kraft
unauflöslichen Lebens" wohnt (7,16) und er deshalb sein Priestertum „als ein
unvergängliches" hat (7,24), d.h. er bleibt in alle Ewigkeit der einzige
Priester seiner Ordnung[428]. Was zunächst wie ein Entsprechungsverhältnis
aussah, spitzt sich damit zu einer radikalen Antithetik zu: Die beiden Priestertümer und damit der erste und der zweite Bund unterscheiden sich
voneinander wie Tod und Leben! Denn der Tod der vielen Opfer konnte
nicht nur keine Sünden wegnehmen (10,11; vgl. 10,4), konnte nicht nur
keine Gewissen von toten Werken reinigen (9,14; vgl. 9,9), und er war nicht
nur unfähig, jemals „die Hinzutretenden zur Vollkommenheit zu führen"
(10,1; vgl. 7,11.18f.). Der Tod der vielen Opfer konnte vor allem *den* nicht
zunichte machen, der die Gewalt über den Tod hatte, das ist der Teufel, und
konnte die nicht erlösen, die durch Todesfurcht ihr ganzes Leben hindurch
in Knechtschaft verhaftet waren (2,14f.). Erst der Tod des Sohnes hat das
bewirkt, hat die Sünden hinweggeschafft (9,15.26.28; 10,12.18), die Gewissen gereinigt (9,14) und so den „Eingang in das Heiligtum" als „einen neuen
und lebendigen Weg" erschlossen (10,19f.). Und zwar hat er „mit einer
einzigen Darbringung vollendet für immer, die geheiligt werden" (10,14;
vgl. 10,10.12; 1,3c). Er, und nur er, „hat das Priestertum als ein unvergängliches; daher kann er auch für immer retten die, die durch ihn zu Gott
hintreten, da er immerdar lebt, um für sie einzutreten" (7,24f.).

Der Sache nach ist damit derselbe ausschließende Gegensatz zwischen den
beiden Bünden aufgewiesen, wie ihn Paulus in 2Kor 3 mit der Antithese von
tötendem Buchstaben und lebendigmachendem Geist, von Dienst des Todes
und Dienst der Gerechtigkeit aufweist. Ja, der Gegensatz ist fast noch
schärfer markiert. Denn der Alte Bund war nach Meinung des Hebr eine
nutzlose (ἀνωφελές) Ordnung (νόμος), weil er nichts zur Vollendung gebracht
hat (7,18), was vor allem meint, daß er die *Sünde* als die den Menschen von
Gott trennende Schranke nicht hinwegschaffen konnte. Gerade dies aber ist
das Qualifikationsmerkmal des Neuen Bundes, wie Kapitel 8 und besonders
10,15–18 zeigen werden. *Die Kraft zur Sündenvergebung ist das Wesen des
Neuen Bundes*, macht seine *Neuheit* aus. Bei solcher Gegensätzlichkeit der
Bünde aber ist es nur konsequent, wenn der Hebr feststellt: „Das erste hebt
er auf, damit er das zweite aufrichte" (10,9b).

---

[428] F.J. SCHIERSE 68. Beachte die Antithese von νόμος und λόγος τῆς ὁρκωμοσίας in 7,28: Jener
„stellt Menschen zu Priestern auf, die mit Schwachheit behaftet sind", dagegen dieser „einen,
der Sohn ist, auf ewig vollendet".

Die Frage wird noch aufzuwerfen sein, ob es damit sinnlos geworden ist, nach irgendeiner Kontinuität zu fragen. Zunächst ist nur festzustellen, daß die von unserem Verfasser bemühte Methode der Komparativik bzw. die ihm eigene „proportionale Denkform" (1,4; 3,8; 8,6)[429] die radikale Antithetik nicht abschwächen kann und auch nicht abschwächen will. Denn sie dient hermeneutisch (nicht polemisch!)[430] der Absicht, im Interesse der müde gewordenen Glaubensschar die Neuheit, Einzigartigkeit und Überlegenheit des von Christus gestifteten Neuen Bundes herauszustreichen. „So endgültig, einmalig und unüberholbar wie sein Priestertum ist auch das Heil, das er denen verschaffen kann, die durch ihn zu Gott hinzutreten."[431] Bei der argumentativen Sicherung dieses Sachverhaltes besteht paradoxerweise „der einzige positive Wert des alten Bundes" in der Tat darin, „daß er vom neuen überboten und vereinnahmt wird und so durch seine eigene Wirkungslosigkeit indirekt die Macht des neuen Bundes bezeugt"[432]. Und es gehört zu den Merkwürdigkeiten unserer Schrift, daß sie das alles in der Form der (freilich christologisch vollzogenen) *Schriftexegese* vorträgt!

Hatte Kapitel 7 die *Person* Christi beschrieben, so geht es in 8,1–10,18 um das „*Werk* Christi"[433]. Wir nähern uns damit dem κεφάλαιον (8,1), der „Hauptsache" des Hebr. Er stellt sie zunächst thesenartig voran: „Wir haben einen solchen Hohenpriester, der sich gesetzt hat zur Rechten des Thrones der Majestät in den Himmeln, als Diener des Heiligtums und des wahren Zeltes, das erbaut hat der Herr und nicht ein Mensch" (8,1b–2). Wie im urchristlichen Kerygma allgemein, so ist auch für den Hebr die „Hauptsache" die Erhöhung Jesu zur Rechten Gottes, die er jedoch nach der für ihn eigentümlichen Weise als Priesterdienst am himmlischen Heiligtum auslegt, um so ihre bleibende soteriologische Bedeutung zum Ausdruck zu bringen. Das Verfahren bleibt das gleiche wie in Kapitel 7: typologische Parallelisierung. Was alle Hohenpriester verbindet, ist ihre Darbringung von Gaben und Opfern (8,3). Was jedoch die irdischen Hohenpriester vom himmlischen unterscheidet, ist der *Ort* ihrer Darbringungen: Jene verrichten ihren Dienst bei einem „schattenhaften Modell der himmlischen Dinge", also im Stiftszelt, das Mose nach dem Vorbild errichtet hatte, das ihm auf dem Berge gezeigt worden war (8,5; vgl. Ex 25,40). Der Hohepriester Christus jedoch

---

[429] O. MICHEL 274.

[430] Mit Recht stellt H. CONZELMANN, Heiden 239 fest, daß der Hebr zur Gattung der theoretischen Auseinandersetzung mit der Synagoge gehört. Bei einer aktuellen Polemik wäre schwer erklärbar, warum der Gegensatz Juden-Heiden sowie Judenchristen-Heidenchristen fehlt (ebd., Anm. 121).

[431] F.J. SCHIERSE 68.

[432] U. LUZ, Bund 332.

[433] U. LUZ, Bund 328.

verrichtet seinen Dienst in dem himmlischen Urbild dieses Stiftszeltes selbst,
„das nicht mit Händen gemacht, das heißt, nicht von dieser Schöpfung ist"
(9,11). Diese antitypische Parallelisierung wird in Kapitel 8 jedoch noch
nicht ausgeführt, sondern nur angedeutet: Auf Erden könnte Jesus nicht
einmal Priester sein, „da hier solche da sind, die nach dem Gesetz die Gaben
darbringen" (8,4), d.h., den Kriterien für ein legitimes Priesteramt auf
Erden könnte Jesus schon aufgrund seiner irdischen Herkunft aus Juda
(7,14) nicht entsprechen. Nun aber – damit kommt unser Verfasser zu dem
Thema, um das es ihm im folgenden eigentlich geht und das er wiederum als
Vergleich der beiden Bünde abhandelt –

> Nun aber hat Jesus „einen um so viel erhabeneren Dienst erhalten, als er eines
> höherstehenden Bundes Mittler ist, dessen Gesetzgebung auf höheren Verheißungen
> ruht (8,6).

Dieser als vorgeschobene These zu wertende Satz wird im folgenden
exegetisch erhärtet. Und zwar geht es zunächst einmal um die Verifikation
der Behauptung, daß der zweite Bund auf bessere Verheißungen hin festgelegt wurde (ἥτις ἐπὶ κρείττοσιν ἐπαγγελίαις νενομοθέτηται)[434]. Denn das ist die
Voraussetzung dafür, von Jesus als dem Mittler eines besseren Bundes zu
sprechen[435], wovon dann wiederum die Behauptung abhängt, daß er einen
vorzüglicheren Dienst versieht als alle irdischen Priester (νυνὶ δὲ διαφορωτέρας
τέτυχεν λειτουργίας)[436].

Den Beweisgang nimmt unser Vf. als Auslegung einer alttestamentlichen
Stelle vor – Jer 31,31–34 –, die er an den Anfang (8,8ff.) und an den Schluß
seiner Erörterung (10,16f.) setzt[437]. Auffallend daran ist nicht, *daß* der
Hebr-Autor die besseren Verheißungen aus Jer 31(38),31–34 LXX heraus-
liest, sondern *warum* er sie dort sucht und wie er sie auswertet. Auskunft

---

[434] Das Verb νομοθετέω kommt im NT nur 2 mal (pass.) im Hebr vor: 7,11: „Das Volk hatte
das Gesetz empfangen". 8,6 ist unsere Stelle: der bessere Bund ist „aufgrund besserer Verheißungen eingerichtet worden". Der in dem Verb νομοθετέω steckende Nomos ist „hier in allge-
meinerem Sinn zu verstehen, nicht mit Bezug auf das AT" (W. GUTBROD, ThWNT IV
1083,17f.).

[435] „Mittler" in Verbindung mit Diatheke macht die Hälfte der neutestamentlichen Belege für
μεσίτης im Hebr aus. Daß der sachliche Sinn kein anderer ist als der von „Bürge eines besseren
Bundes", betont auch D. SÄNGER, Art. μεσίτης: EWNT II 1012. – Vgl. auch J. BEHM, Begriff 77–
97; F.J. SCHIERSE: HThG II 169–172; C. SPICQ, Notes II 549–552.

[436] Auch λειτουργεῖν/λειτουργία ist eine für den Hebr charakteristische Wortgruppe. Der
kultische Gebrauch ist dominierend. Mit ihm „vermag der Verf. das Heilsgeschehen in Christus
vor allem als Überwindung des bisherigen vergeblichen Gottesdienstes auszulegen; dem früheren wirkungslosen Dienst von Menschen steht nun die ein für allemal wirksame Tat Gottes in
Christus gegenüber" (H. BALZ, Art. λειτυργία: EWNT II 859. Hier 858 auch weitere Literatur!).

[437] U. LUZ, Bund 328 spricht darum mit Recht von einer Ringkomposition.

darüber geben uns vor allem die Rahmenverse 7.8a und 13, aber auch der nochmalige Rückgriff auf das Prophetenwort selbst in 10,15–18.

Besonders aufschlußreich ist sogleich der Vers 7 des 8. Kapitels:

Wäre nämlich jener erste (Bund) ohne Mangel gewesen, würde wohl nicht für einen zweiten Platz gesucht werden.

Ausdrücklich wird also die Insuffizienz des Alten Bundes als Ursache dafür genannt, daß er einem besseren Bund weichen mußte[438]. Die nüchterne Feststellung lautet, daß der erste Bund nicht „ohne Tadel" (ἄμεμπτος) war. Gemeint ist damit nicht nur der in 3,7ff. geschilderte Sachverhalt, „daß die erste Diatheke am Unglauben Israels unwirksam geworden ist" und *deshalb* eine mit feierlicher Eidesleistung verbundene Außerkraftsetzung (ἀθέτησις) erfuhr (3,11.18; 4,3; 7,18.12)[439]. Sondern mehr noch gilt die Insuffizienz im Blick auf die *inhaltliche Unterlegenheit* des irdischen Kultes gegenüber dem himmlischen, also hinsichtlich seiner Unfähigkeit zur Sündenvergebung (7,18f. u. ö.)[440]. Die Kritik greift also auf schon früher Festgestelltes zurück: Der νόμος ἐντολῆς σαρκίνης (7,16) als Exponent der alten Diatheke ordnet diese irreversibel „dem vergänglichen Weltstatus" zu[441], degradiert sie zum bloßen *Schatten* und ὑπόδειγμα der zukünftigen Güter (10,1; 8,5; 9,23), welchem nicht das „wahre Zelt" zu Gebote stand (8,2), sondern nur „ein irdisches" (9,1), mit Händen gemachtes (9,11.24), in dem bloß Menschen mit ihrer Schwachheit (7,28) und Vergänglichkeit (7,23) gemäß zeitlich befristeter „Rechtsordnung des Fleisches" (9,10) ihren Dienst tun. Und zwar tun sie ihn unter dem Zwang dauernder Wiederholung der nichts ewig Endgültiges und Einmaliges bewirkenden Gaben und Opfer, die sich nur auf die fleischliche Reinheit (9,13), nicht aber auf die Befreiung unseres Gewissens von den toten Werken beziehen (9,14).

Das Verhältnis der beiden am Sinai und am Berge Zion geoffenbarten Diatheken ist nach Hebr 8,7 also nicht das von vorläufiger und endgültiger Ordnung, von Verheißung und Erfüllung, Gesetz und Evangelium, sondern es ist das Verhältnis „der zwiefachen göttlichen Heilsordnung im Lauf der irdischen Geschichte"[442]: die eine hat ihre Zeit gehabt; ihre Gültigkeit ist vorüber. Die andere steht in der Gegenwart eschatologisch in Geltung.

---

[438] Der Ausdruck ζητεῖν τόπον ist in diesem Zusammenhang vielsagend. Wie die parallele Stelle in Hebr 12,17 zeigt, handelt es sich bei der Schaffung einer Gelegenheit bzw. Möglichkeit zur Buße um etwas, das eines besonderen göttlichen Handelns bedarf. So auch in unserm Fall: Der neue Bund ist die neue göttliche Setzung! Vgl. H. KÖSTER, Art. τόπος: ThWNT VIII 206.

[439] E. KÄSEMANN, Gottesvolk 33; anders O. MICHEL 295.

[440] E. KÄSEMANN, Gottesvolk 33.34.

[441] E. KÄSEMANN, Gottesvolk 33.

[442] E. KÄSEMANN, Gottesvolk 33.

Irdische Kontinuität von jener zu dieser besteht nicht. Vielmehr ersetzt die zweite Diatheke die erste: ἀναιρεῖ τὸ πρῶτον ἵνα τὸ δεύτερον στήσῃ (10,9). „Für beide ist nebeneinander kein Platz."[443]

Dadurch, daß der Hebr-Autor sich für die besseren Verheißungen auf Jer 31 beruft und die prophetische Verheißung eines neuen Bundes in der Christus-Diatheke als erfüllt ansieht, setzt er sich mit seiner Verneinung der irdischen Kontinuität keineswegs ins Unrecht. Im Gegenteil! Er bestätigt sie. Das zeigen die Zitateinleitungen in 8,8a und die *conclusio* in V 13.

Die Zitateinleitung zeigt es insofern, als sie deutlich macht, daß Jer 31 gar nicht mehr als Verheißungswort für Israel gelesen wird, sondern als *Scheltwort:*

Nun aber ergeht das sie tadelnde Wort: Siehe, es kommen Tage, usw. (folgt Jer 31,31ff.).

Das dem ἄμεμπτος V 7 korrespondierende μεμφόμενος γὰρ (nämlich im Blick auf den ersten Bund) αὐτοῖς[444] ist also durch die Wirkungslosigkeit der ersten Diatheke motiviert[445]. Von ihr her soll mit Hilfe von Jer 31 keineswegs eine Brücke zur zweiten Diatheke geschlagen werden. Im Gegenteil! Der vollkommene Gegensatz der beiden soll dargetan werden.

Das wird durch die in V 13 gezogene *conclusio* bestätigt:

Indem er sagt ‚einen neuen', hat er den ersten für veraltet erklärt. Was aber veraltet ist und greisenhaft, das ist dem Verschwinden nahe.

Auffallender noch als das pejorative Vokabular[446] ist die Schlußfolgerung als solche. Denn wenn allein *das* die Quintessenz aus dem lang und breit zitierten Prophetenwort ist – göttliche Ankündigung des Neuen beweist das Erledigtsein des Alten[447] –, so liegt die andere Akzentuierung auf der Hand.

---

[443] E. Käsemann, Gottesvolk 33.

[444] Die Lesart αὐτοῖς statt αὐτούς, die gut bezeugt ist (P[46] א[2] B D[2] 𝔐), wird neuerdings als ursprünglich verteidigt von J.L.P. Wolmarans, The Text and Translation of Hebrews 8,8: ZNW 75, 1984, 139–144. Die Übersetzung lautet dann: „For he (God), finding fault with (the first covenant), says to them (the people of Israel)" (140). Mit dem prophetischen Verheißungswort würde Gott also die Unvollkommenheit des ersten Bundes demonstrieren (144). Wolmarans stützt seine These vor allem mit der logischen Struktur der Argumentation des Hebr-Autors und macht sie in der Tat wahrscheinlich. Aber ob so oder so: „Die Weissagung auf den ‚Neuen Bund' ist eine verhüllte Kritik am ersten" (O. Michel 294). Besser wäre noch: eine *offenkundige* Kritik!

[445] G. Lünemann, Handbuch über den Hebräerbrief (KEK 13) ³1867, 266.

[446] Die Verben παλαιοῦν und γηράσκειν sowie das Qualifikationsmerkmal ἐγγὺς ἀφανισμοῦ drücken die Obsoletheit des Alten Bundes außerordentlich drastisch aus. Denn fast ist man geneigt, an den biologischen Prozeß des Verfalls und des Absterbens zu denken. Bezeichnen doch die inkohativen Präsentia auf −σκω durativ ein *allmähliches* Werden: γηράσκω „werde mehr und mehr alt" (Bl.-Debr.-Rehk. §331 Anm. 1).

[447] Der Schluß noch 4,8 und 7,11; vgl. Philo, Her 278.

Denn während Jeremia mit dem ins Herz geschriebenen Gesetz die *Neu*verpflichtung *(bᵉrît ḥᵃdāšāh)* des alten Gottesvolkes und damit die Kontinuität betont, hebt der Hebr mittels der Erfüllung von Jer 31 in der Christus-Diatheke auf die „Unbrauchbarkeit und Todesnähe" der ersten Setzung samt ihres Gesetzes ab (vgl. 7,18f.)[448]. Zwar nicht in unserem Zusammenhang, aber sonst in seinem Traktat erwähnt der Hebr-Autor neben der Sündenvergebung (sie ist ihm das wichtigste: 10,16ff. s. u.!) wenigstens der Sache nach auch die anderen Güter, die Jeremia der neuen Diatheke zuschreibt, nämlich das ins Herz geschriebene Gesetz und die Stiftung unmittelbarer Gotteserkenntnis, welche die gegenseitige Belehrung aufhebt. So, wenn er die Tauferfahrung als Erleuchtung, inneres Verkosten himmlischer Gaben und Geistempfang beschreibt (6,4f.). Oder wenn er vom „aufrichtigen Herz" (10,22) und von der „Erkenntnis der Wahrheit" spricht (10,26). Aber das alles ist für ihn in der Christus-Diatheke bereits verwirklichte und noch ausstehende *ἐπαγγελία* (vgl. 8,6 mit 9,15)[449], während es für den Alten Bund *nur* ausstehende Verheißung blieb, weswegen ihm Abschaffung widerfährt. Ernst Kutsch weist darauf hin, daß die Urchristenheit die *καινὴ διαθήκη* in Jer 31,31ff. also ganz anders verstanden hat als der Urtext und seine Übersetzungen. Dort war *bᵉrît* = „Gesetz", und die Qumrangemeinde hat diesen Sinn bewahrt (Dam VI,19; VIII,21; XIX,33). „Jetzt wurde die *διαθήκη* zur heilvollen Gabe."[450] Die Zeit dieser Diatheke ist eschatologische Zeit. Denn die *δευτέρα (διαθήκη)* stellt die *εἰκὼν τῶν πραγμάτων*, die Realität des Vollkommenen also, selbst dar und ist als solche *qualitativ* von dem ersten Bund unendlich verschieden[451], welcher der Welt des Irdischen angehört. Dieser ins hellenistische Judentum (Philo) weisende kosmische Dualismus, in den der Hebr die beiden Bünde einspannt, stellt deren Disparatheit schärfer noch heraus als die letztlich auf apokalyptischen Denkstrukturen beruhende antithetische Typologisierung in Kapitel 7 (und bei Paulus). Denn auf diese Weise wird die Obsoletheit des Alten Bundes auch noch *ontologisch* untermauert[452]. Der kosmische Charakter des Alten Bundes, der ihn der vergehenden Welt zuweist, wird schließlich dadurch unterstrichen, daß das neue Gottesvolk seinem Charakter gemäß aufgefordert wird, aus dem Lager herauszugehen (13,13), d. h. „immer und überall das Kosmische aufzuge-

---

[448] H. BRAUN 246; vgl. J.-P. MICHAUD 38.
[449] Vgl. dazu E. KÄSEMANN, Gottesvolk 16ff.; F.J. SCHIERSE, Verheißung 138ff.; H. BRAUN 218: Der neue Bund ist „von himmlischer Qualität, nicht nur relativ unterschieden". Er gehört „zur eschatologischen Hoffnung, Verheißung, Heimat, Auferstehung".
[450] E. KUTSCH, Neues Testament 99.
[451] U. LUZ, Bund 330; H. BRAUN 245f.
[452] U. LUZ, Bund 332; H. BRAUN 246.

ben"[453]. Denn das die Gnade gewinnende Opfer ist allein der Tod Jesu –
„außerhalb des Tores" (13,12).

Aus dem allen wird deutlich, wie ausschließlich für den Hebr der Alte
Bund auf den Neuen hin gerichtet ist: wird dieser in Kraft gesetzt, tritt jener
außer Kraft[454]. Und der Prophetentext Jer 31,31ff. fungiert nicht als heilsgeschichtliche Klammer, sondern als *Konkursanzeiger* des ersten Bundes[456].

Bei der Wiederaufnahme von Jer 31(38),31ff. in Hebr 10,16f. kommt an
den Tag, daß die eigentliche Aussage von Wert für unsern Vf. die über die
Sündenvergebung ist. Das zeigt die Reduktion des Zitates (es wird nur noch
Jer 31,33f. zitiert), vor allem aber die Zuspitzung des Zitierten allein auf die
ἄφεσις in V 18: „Wo aber Vergebung ist, da findet auch keine Darbringung für
Sünde mehr statt." Mit der Sündenvergebung ist das Erlösungswerk vollendet (9,12.15), die Gemeinde in den Stand der ἀγιαζόμενοι versetzt (2,11), die
schon jetzt „herzugetreten sind zum Berge Zion und zur Stadt des lebendigen
Gottes, zum himmlischen Jerusalem und zu Myriaden von Engeln einer
Festversammlung und zu einer Gemeinde von Erstgeborenen, die im Himmel eingeschrieben sind, und zu Gott, dem Richter aller, und zu den Gei-
stern der vollendeten Gerechten und zu dem Mittler des Neuen Bundes,
Jesus, und zum Blute der Besprengung, das stärker redet als das des Abel"
(12,22–24). Im übrigen kommt auch beim nochmaligen Zitat von Jer 31 in
10,16ff. die Radikalisierung gegenüber dem AT zwar in anderer Weise, aber
nicht weniger scharf als in Kapitel 8 zum Ausdruck:

a) durch die Einleitungsformel μαρτυρεῖ δὲ ἡμῖν καὶ τὸ πνεῦμα τὸ ἅγιον. Der
Heilige Geist bestätigt also der christlichen Heilsgemeinde (Vf. und Leser
werden durch das ἡμῖν zusammengefaßt) die Richtigkeit des in VV 11–14
Ausgeführten[457];

b) durch die Adressatenerweiterung. Nicht mehr τῷ οἴκῳ Ἰσραήλ gilt die
Verheißung (so MT und LXX), sondern πρὸς αὐτούς. Die Christus-Diatheke
als die eschatologisch erfüllte Sündenvergebungsdiatheke ist der ethnisch
entgrenzte Bund;

c) durch die *conclusio* unseres Vf.s in V 18: Es bedarf keiner weiteren
Opfer mehr. Damit wird – wie in 8,13 – wiederum der Ton auf etwas gelegt,
was im zitierten Text direkt gar nicht steht, nämlich daß das *eine* Opfer Jesu
das Erledigtsein der iterativen Opfer des Alten Bundes und damit dessen
Ende selbst beweist. Die alttestamentlichen Opfer gehören nämlich „gänzlich dem Bereich des Abbildlichen, Schattenhaften an, sowohl was Ort wie

---

[453] E. KÄSEMANN, Gottesvolk 34.
[454] U. LUZ, Bund 329 Anm. 40.
[456] Vgl. J.-P. MICHAUD 39: „En somme, l'auteur fait le récit d'une faillite."
[457] F. SCHRÖGER, Schriftausleger 177f.

Gegenstand und Umstände der Darbietung angeht"[458]. Nur im wahren
Allerheiligsten (9,24), nur mit einer himmlischen Opfergabe (10,15) und nur
ein für alle Male (10,2.10) kann die Reinigung der Gewissen erfolgen. Der
kosmologische Gegensatz von Himmel und Erde ebenso wie der anthropologische von Fleisch und Gewissen lassen keinen Zweifel darüber aufkom-
men, welchem Bereich jeweils der Alte und der Neue Bund zuzuordnen
sind. Jener ist „Symbol des gegenwärtigen Äons, der bald vergehen wird, um
dem καιρὸς διορθώσεως Platz zu machen"; er ist Gleichnis dieser vergehenden
Welt, die ἐγγὺς ἀφανισμοῦ ist. Dieser aber, der Neue Bund, ist εἰκὼν τῶν
πραγμάτων (10,1), Symbol und Gleichnis der himmlischen Welt selbst[459].

Die Neuheit des Neuen Bundes also ist *eschatologischer* Art und gründet in
dem äonenwendenden Ereignis von Tod und Erhöhung Jesu (13,20; vgl.
1,1ff.). Das ist es, was die unter Anziehung von Ex 24,8 LXX formulierten
Diatheke-Stellen unterstreichen wollen, die vom „Blut des Bundes" sprechen, den Gott für uns eingesetzt hat (9,20; 10,29; 13,20). Der Wirkungszu-
sammenhang zwischen Tod und Sündenvergebung ist dabei offenkundig; er
vertieft das Thema der Christusdiatheke, verändert es aber sachlich nicht,
wie der in diesem Zusammenhang wichtigsten Stelle 9,18–22 zu entnehmen
ist:

> Daher ist auch der erste Bund nicht ohne Blut eingeweiht worden. Denn nachdem
> verkündigt war jedes Gebot gemäß dem Gesetz von Moses vor dem ganzen Volk,
> nahm er das Blut der Stierkälber und der Böcke mit Wasser und Purpurwolle und
> Ysop und besprengte sogar das Buch und das ganze Volk, indem er sagte: ‚Dies das
> Blut des Bundes, den angeordnet hat für euch Gott' (Ex 24,8). Aber auch das Zelt und
> alle Geräte des (heiligen) Dienstes besprengte er gleicherweise mit dem Blut. Und
> beinahe (gilt), daß durch Blut alles gereinigt wird nach dem Gesetz, und ohne
> Blutausgießung geschieht kein Nachlaß (der Sünde)[460].

Ohne auf die Einzelheiten dieses Textes näher einzugehen[461], stellen wir
fest, daß das alttestamentliche Bundesritual, wie es in Ex 24,3ff. geschildert
wird, unserem Vf. vor allem dazu dient, die Notwendigkeit des Blutes zu
veranschaulichen. Christi Tod war notwendig, damit die Gemeinde in den
Genuß der Sündenvergebung kam. Daß solche Gedanken sich im Zusammenhang mit der Abendmahlstradition gebildet haben, liegt auf der Hand
(9,20; 10,29). Besonders 9,20 scheint unser Vf. die „Einsetzungsworte" zu
zitieren: mit τοῦτο τὸ αἷμα τῆς διαθήκης weicht er vom LXX-Text ἰδοὺ τὸ αἷμα

---

[458] F.J. SCHIERSE, Verheißung 39.
[459] Vgl. G. THEISSEN, Untersuchungen 69.
[460] Übersetzung F.J. SCHIERSE 83.
[461] Vgl. dazu bes. E. KUTSCH, Neues Testament 100ff.

ab[462]. Ob und wieweit die Erinnerung an das Abendmahl für ihn eine *kritische* Funktion hat, soll hier nicht weiter untersucht werden[463]. Jedenfalls will er deutlich machen, daß der Neue Bund, von dem die Einsetzungsworte reden, ein Bund ohne Opfer ist. „Das Blut, das für viele vergossen wurde, ist Christi Blut, das er einmal am Kreuz geopfert: der Leib ist Christi einmal dahingegebener Leib, der die Gläubigen für immer vollendet."[464] Daß die naheliegende Verbindungslinie zur Herrenmahlfeier weder hier noch an einer anderen Stelle unseres Briefes ausdrücklich gezogen wird, bleibt jedenfalls merkwürdig[465]. Wahrscheinlich hängt das damit zusammen, daß die Beschreibung des Christusgeschehens in kultischen Vorstellungen gleichwohl das Ende, besser: die Transformation allen Kultes ist: Nach 13,15f. besteht der Kult aus dem Lobopfer, das wir darbringen alle Zeit unserm Gott, das ist: Frucht der Lippen, die seinen Namen bekennen, das Nichtvergessen des Wohltuns und des Mitteilens. „Denn an solchen Opfern hat Gott sein Wohlgefallen."[466]

Ziehen wir die *Summe*. Im zentralen Mittelteil des Hebr ist der Neue Bund die entscheidende Kategorie, durch die der Alte aufgehoben ist, „d.h. sowohl beseitigt als auch in seinem typologischen Sinn enthüllt"[467]. Insofern ist Hebr 8,13 keineswegs ein antijudaistischer Spitzensatz innerhalb des Hebr[468]. Sondern er faßt pointiert zusammen, was von Anfang bis Ende Thema ist: der Aufweis der eschatologischen Überlegenheit der Heilsvermittlung durch Jesus mittels eines Vergleiches mit der altbundlichen „Ordnung" (Nomos). Das setzt freilich voraus, „daß die Heilseinrichtungen des AT nicht der beliebige Kult eines vorderorientalischen Volkes sind, sondern

---

[462] G. THEISSEN, Untersuchungen 72.

[463] G. THEISSEN, Untersuchungen 75. Zur Abwertung der Sakramente und Aufwertung Christi ebd., 79ff. Zur Diskussion vgl. H. FELD, Das Verständnis des Abendmahls (EdF 50) 1976, 74–76; P. ANDRIESSEN, O.S.B., L'Eucharistie dans L'Epître aux Hébreux: NRTh 94, 1972, 269–277.

[464] G. THEISSEN, Untersuchungen 75. – Hebr 13,20 spricht vom αἷμα διαθήκης αἰωνίου nach Jes 55,3; Sach 9,11; Ez 37,26. In dieser Formulierung (wie überhaupt in dem hymnischen Schlußgruß) verdichtet sich für den Hebr die Zentralidee seines christologischen Traktates: Jesus ist Hoherpriester, der mit seinem Tod (αἷμα) und seiner Erhöhung die Heilsordnung (διαθήκη) in Kraft gesetzt hat, die endgültig (αἰώνιος) ist.

[465] F.J. SCHIERSE 85.

[466] Vgl. J.-P. MICHAUD 49–51.

[467] H. CONZELMANN, Heiden 239.

[468] Die Vergleiche Christus-Engel, Mose-Jesus, levitisches Priestertum-Melchisedek-Priestertum Jesu, irdischer Kult-himmlischer Kult usw. verdanken sich keiner aktuellen Polemik, sondern hermeneutischer Absicht. „Konstitutiv ist die Konfrontation des einstigen Redens Gottes zu den Vätern und seines Redens zu ‚uns' am Ende der Tage ‚im Sohn'", während „das empirische Israel und sein Geschick kein Thema des Glaubens" ist (H. CONZELMANN, Heiden 239). So auch H. WINDISCH 74 und E. GRÄSSER, Mose und Jesus. Zur Auslegung von Hebr 3,1–6: ZNW 75, 1984, 2–23(= unten S. 290–311).

die Heilsvermittlung des bisherigen – freilich auf Israel beschränkten – Bundes zwischen Gott und Mensch"[469]. Damit ist die Frage nach der Kontinuität aufgeworfen, die Ernst Käsemann im Hebr dialektisch beantwortet sieht: die alte Diatheke ist zugleich aufgehoben und doch wiederum überboten, findet folglich als „Schatten" und „Beispiel" Anerkennung. Solche Dialektik sei aus der Sache selbst gefordert. Auch der Alte Bund war göttliche Setzung, in der es darum ging, sich gegenüber der Sünde als der Realität des irdischen Lebens durch Gaben und Opfer der göttlichen Gnade zu versichern. „So wie künftig Jesus zum Bürgen und Garanten der neuen Diatheke gegenüber menschlicher Sünde werden sollte, hatten einst die sakralen Institutionen Garantie für den Bestand der at.lichen Diatheke trotz menschlicher Schuld zu leisten."[470] Deshalb auch könne der Hebr seine Botschaft in die Form einer Überbietung der atl. Ordnung kleiden: bessere Hoffnung (7,19), Diatheke (7,22; 8,6), Verheißungen (8,6) und Opfer (9,23), vollkommenere Hütte (9,11) usw. Und mit „Schatten und Beispiel" (8,5; 9,23; 10,1) bzw. „Gegenbild" der himmlischen Güter (9,24) werde Israels Besitz insofern seine Göttlichkeit und Größe belassen, als sie ihn als Nachahmung des himmlischen Urbildes und Verweis auf das Kommende erscheinen lassen[471]. Damit wäre zugleich auch anerkannt, daß das alte Gottesvolk mit dem Vollzug des Kultes an der göttlichen Offenbarung partizipierte. Daß er gleichwohl nichts zur Vollendung gebracht hat, also die Sünden nicht wirklich hinweggeschafft hat, das lag daran, daß er nach dem νόμος ἐντολῆς σαρκίνης statt nach der Kraft unzerstörbaren Lebens vollzogen ward, womit tatsächlich wie bei Paulus das Scheitern des göttlichen Offenbarungswillens der Sündenmacht angelastet wird, die wie die Tora so auch den Kult zum Instrument der Selbstrechtfertigung pervertiert. Also: *Nicht das Vorhandensein des at.lichen Kultes wird ... getadelt ... Aber die Weise seiner Ausübung ist unnütz.*"[472] „Wie in Christus jedoch die erste Diatheke neu aufgenommen wird, so wird auch von Christus her der Sinn des at.lichen Kultes neu erschlossen und nunmehr in der Kraft unzerstörbaren Lebens gehandhabt."[473]

Es sei nicht bestritten, daß eine solche Deutung ihre sachliche Berechtigung hat. Nur darf darüber die Tatsache nicht verdrängt werden, daß es im Hebr kaum positive Aussagen über den Alten Bund gibt, die unabhängig vom Neuen gemacht wären. Wo die grundsätzliche Aufhebung des ersten

---

[469] L. GOPPELT, Theologie des Neuen Testaments (UTB 850) ³1978, 575.
[470] E. KÄSEMANN, Gottesvolk 35.
[471] E. KÄSEMANN, Gottesvolk 36.
[472] E. KÄSEMANN, Gottesvolk 36.
[473] E. KÄSEMANN, Gottesvolk 36f.

Bundes durch die Christus-Diatheke die *Voraussetzung* für die dialektische
Inbeziehungsetzung desselben zum zweiten Bund und mehr noch für die
antithetische Parallelisierung ist, da erschöpft sich die positive Bedeutung des
Alten Bundes zuletzt doch darin, das *negative* Gegenbild des Neuen zu
sein[474]. Völlig verfehlt wäre es allerdings, darin eine konkrete Abrechnung
mit dem Judentum zu erblicken[475]. Das ist nur noch dort möglich, wo man
trotz Ernst Käsemanns in diesem Punkte nicht überholter Untersuchung die
große Diastase des Hebr „irdisch-himmlisch" unter der Hand in den Gegensatz „christlich-jüdisch" verwandelt[476]. Denn es geht gar nicht polemisch um
das Widereinander zweier Gottesvölker, sondern theologisch um den Offen-
barungsbegriff. Im Grunde ist der ganze Hebr Entfaltung dieses einen Themas: „Nachdem Gott vor alters vielmals und vielfach zu den Vätern geredet
hat durch die Propheten, hat er am Ende dieser Tage zu uns geredet im Sohn"
(1,1f.). Damit sind Kontinuität und Diskontinuität zugleich festgehalten.
Kontinuität: Der redende Gott ist im Neuen Bund kein anderer als im Alten.
Diskontinuität: Das Reden im Sohn läßt im Neuen Bund etwas Wirklichkeit
werden, was der Alte nie erreicht hat: die eschatologische Sündenvergebung.
Mit der Gegenüberstellung der beiden Diatheken will der Hebr. gerade das
zeigen, daß erst in dem durch Christus realisierten Sündenvergebungsbund
das ewige Heil zugleich verheißen und verbürgt ist. „Insofern teilt Hebr.
genau das Anliegen des Römerbriefes. Nur wird in Hebr. die $\varkappa\lambda\eta\rho\sigma\nuo\mu\acute\iota\alpha$
nicht primär in der $\delta\iota\varkappa\alpha\iotao\sigma\acute\upsilon\nu\eta$, sondern im himmlischen Jerusalem und seiner
kultischen $\pi\alpha\nu\acute\eta\gamma\upsilon\rho\iota\varsigma$ erblickt. Darum muß sich hier das Anliegen der Absolutheit christlicher Offenbarung nicht an der Frage der Gesetzeswerke,
sondern an der des at.lichen Kultes entzünden. So hat aber die Auseinandersetzung mit der at.lichen Offenbarung bei Paulus wie in Hebr. weiter das
gleiche Ergebnis. Beide Male wird Gottes Offenbarungswille im A.T. als
gültig anerkannt. Beide Male wird jedoch auch das Scheitern des göttlichen
Offenbarungswillens am Verhalten des sarkisch-kosmisch orientierten Menschen festgestellt. So wenig der zur Aufrichtung der eigenen Gerechtigkeit
führende Nomos zu erlösen vermag, so wenig kann es der sich im $\H\alpha\gamma\iotao\nu$
$\varkappao\sigma\mu\iota\varkappa\acuteo\nu$ abspielende Kult. *Das at.liche Gottesvolk gelangt nach Paulus wie*
nach Hebr. nicht zum Ziel, weil es vom Gesetz wie vom Kult her auf Erden
sucht, was es nur vom Himmel her finden kann. Darum führt auch keine
irdische Kontinuität von ihm zum zweiten. Irdisch stehen sich die beiden
Offenbarungsträger nur gegenüber, durch ein neues Gotteshandeln vonein-

---

[474] Vgl. U. Luz, Bund 332.335.
[475] So z. B. H. Strathmann 128.
[476] Gottesvolk 34ff. Das folgende danach.

ander getrennt. Die einen müssen zugrundegehen, damit die anderen die Verheißung erhalten. Auf dem Ende des irdisch ausgerichteten Nomos erbaut sich die Gerechtigkeit in Christus, auf dem irdisch ausgerichteten Kult und seinem Ende die Versöhnung durch den himmlischen Hohenpriester."[477]

VI. Diatheke in den Abendmahlstexten

Literatur: J. BEHM, Begriff 60–72. – G. BORNKAMM, Herrenmahl und Kirche bei Paulus: ZThK 53, 1956, 312–349 (= DERS., Studien zu Antike und Urchristentum. Ges. Aufs. II [BEvTh 28] 1959, 138–176). – H. CONZELMANN, Der erste Brief an die Korinther (KEK 5) ¹¹1969 (Exkurs: Die Abendmahlsüberlieferung 235–237). – G. DELLING, Art. Abendmahl II. Urchristliches Mahl-Verständnis: TRE 1, 47–58 (Lit.!). – H. FELD, Das Verständnis des Abendmahls (EdF 50) 1976. – H. GESE, Zur Herkunft des Herrenmahls, in: DERS., Zur biblischen Theologie. Alttestamentliche Vorträge (BEvTh 78) 1978, 107–127. – F. HAHN, Die alttestamentlichen Motive in der urchristlichen Abendmahlsüberlieferung: EvTh 27, 1967, 337–374. – DERS., Zum Stand der Erforschung des urchristlichen Herrenmahls: EvTh 35, 1975, 553–563. – J. JEREMIAS, Die Abendmahlsworte Jesu. Göttingen ⁴1967. – E. KÄSEMANN, Anliegen und Eigenart der paulinischen Abendmahlslehre: EvTh 7, 1947/48, 263–283 (= DERS., Exegetische Versuche und Besinnungen I. Göttingen ⁴1965, 11–34). – K. KERTELGE, Das Abendmahl Jesu im Markusevangelium, in: Begegnungen mit dem Wort. FS H. Zimmermann (BBB 53) 1980, 67–80. – B. KLAPPERT, Art. Herrenmahl: TBLNT II, 1, 1969, 667–678. – E. KUTSCH, Neues Testament 107–135. – DERS., Von der Aktualität alttestamentlicher Aussagen über das Verständnis des Neuen Testaments: ZThK 74, 1977, 273–290. – F. LANG, Abendmahl und Bundesgedanke im Neuen Testament: EvTh 35, 1975, 524–538. – DERS., Gesetz und Bund bei Paulus, in: Rechtfertigung. FS E. Käsemann. Tübingen u. Göttingen 1976, 305–320. – H. MERKLEIN, Erwägungen zur Überlieferungsgeschichte der neutestamentlichen Abendmahlstraditionen: BZ N.F. 21, 1977, 88–101.235–244. – H. PATSCH, Abendmahl und historischer Jesus (CThM, Reihe A Bd. 1) 1972. – R. PESCH, Wie Jesus das Abendmahl hielt. Der Grund der Eucharistie. Freiburg ²1977. – J. ROLOFF, Neues Testament (Neukirchener Arbeitsbücher) 1977, 211–227. – K. H. SCHELKLE, Das Herrenmahl, in: Rechtfertigung. FS E. Käsemann. Tübingen u. Göttingen 1976, 385–402. – H. SCHÜRMANN, Das Mahl des Herrn, in: DERS., Ursprung und Gestalt. Erörterungen und Besinnungen zum Neuen Testament. Düsseldorf 1970, 77–196. – E. SCHWEIZER, Das Herrenmahl im Neuen Testament. Ein Forschungsbericht: ThLZ 79, 1954, 577–592. – V. WAGNER, Der Bedeutungswandel von ברית חדשה bei der Ausgestaltung der Abendmahlsworte: EvTh 35, 1975, 538–544. – W. WREDE, Tò αἷμά μου τῆς διαθήκης: ZNW 1, 1900, 69–71.

Die einzige Stelle im Neuen Testament, an der Diatheke *im Munde Jesu* vorkommt, ist das Kelchwort innerhalb der Abendmahlsberichte Mk 14,22–25parr.; 1Kor 11,22–26. Für den Historiker ist dieser Tatbestand alles andere als befriedigend. Denn schon ein flüchtiger Blick in die Synopse muß ihn davon überzeugen, daß er mit den stark differierenden Mahlberichten nicht den festen Boden historischer Tatsachen betritt, sondern den schwankenden Grund religiöser Kultätiologien. Jedenfalls liegen keine historischen Berichte vor, sondern liturgische Überlieferungen, deren Sitz im Leben die Herren-

---

[477] E. KÄSEMANN, Gottesvolk 37.

mahlsfeier der Gemeinde ist, die sehr unterschiedlich ausgeformt sind und deren Historisierung vermutlich sekundär ist[478].

Angesichts dieses Sachverhaltes, den die exegetische Forschung sehr uneinheitlich bewertet[479], kann es sich in unserem Zusammenhang nicht darum handeln, alle mit der geschichtlichen Problematik zusammenhängenden Fragen *in extenso* zu erörtern. Auch die theologische Diskussion über das Abendmahlsproblem bleibt – soweit sie nicht durch die Sache geboten ist – weitgehend ausgeklammert. Vielmehr konzentrieren wir uns von vornherein auf den Begriff (καινὴ) διαθήκη und fragen – natürlich im Textzusammenhang![480] – erstens, wie er der urchristlichen Überlieferung zufolge in den Einsetzungsworten Jesu verstanden wurde, und zweitens, ob und wie Jesus ihn möglicherweise selbst verstanden hat.

Das Kelchwort lautet bei jedem der vier Referenten anders.

Mt	*Mk*	*Lk*	*Paulus*
τοῦτο γάρ ἐστιν τὸ αἷμά μου τῆς [καινῆς] διαθήκης τὸ περὶ πολλῶν ἐκχυννόμενον εἰς ἄφεσιν ἁμαρτιῶν	τοῦτό ἐστιν τὸ αἷμά μου τῆς διαθήκης τὸ ἐκχυννόμενον ὑπὲρ πολλῶν	τοῦτο τὸ ποτήριον ἡ καινὴ διαθήκη ἐν τῷ αἷματί μου τὸ ὑπὲρ ὑμῶν ἐκ – χυννόμενον	τοῦτο τὸ ποτήριον ἡ καινὴ διαθήκη ἐστὶν ἐν τῷ ἐμῷ αἷματι

Der synoptische Überblick zeigt sofort, daß Mk/Mt einerseits, Lk/Paulus andererseits einer von Hause aus unterschiedlichen Tradition folgen. Im einzelnen ist die Mt-Fassung nach Meinung der meisten Exegeten nur die Erweiterung des Mk-Textes und fällt daher als selbständiger Zeuge aus. Ebenso stellt Lk nur die erweiterte Form der Tradition dar, der auch Paulus folgt[481]. Auch sie lassen wir deshalb weitgehend unbeachtet. Für unsere Betrachtung genügt eine Beschränkung auf Mk und Paulus. Sie bieten das Kelchwort jeweils in einer Form, die nicht voneinander ableitbar ist. Daß sie gleichwohl in der Sachaussage nahe beieinander sind, wird sich zeigen.

---

[478] J. ROLOFF, Neues Testament 213.

[479] Vgl. dazu H. FELD 123ff. und die gedrängte Übersicht bei J. ROLOFF, Neues Testament 221f.

[480] Daß sich der Sinn des Kelchwortes jeweils nur bei Kenntnis des gesamten Bezugsrahmens ergibt, ist klar: J. ROLOFF, Neues Testament 214.

[481] Zur gemeinsamen älteren Vorlage, die Lukas und Paulus in je unterschiedlicher Weise variiert haben, vgl. H. MERKLEIN, *passim;* H. PATSCH 77ff.

1. 1Kor 11,25

1Kor 11,23–26 ist das literarisch älteste Traditionsstück, das Paulus an dieser Stelle nur zitiert, nicht interpretiert. Durch die Einleitung „der Herr Jesus, in der Nacht, in der er überantwortet wurde" soll nicht historische Erinnerung gepflegt, sondern der sakrale Rechtscharakter der Stiftung des Sakraments festgestellt werden[482]. Daß er das Sakrament selbst als Passamahl verstanden hätte, ist von Paulus durch nichts angedeutet[483]. Im Gegenteil! An der einzigen Stelle, an der Paulus ausdrücklich vom Passafest redet (1Kor 5,7: unser Passalamm ist schon geopfert – Christus), erwähnt er das Abendmahl nicht.

Die sogenannten Einsetzungsworte sind parallel gestaltet, müssen also im Zusammenhang betrachtet werden. Klar ist das Brotwort: „Das ist mein Leib für euch (V 24). Durch das Stichwort ὑπὲρ ὑμῶν wird der Tod Jesu hinsichtlich seiner soteriologischen Wirkung ins Auge gefaßt. Denn „in christologischen Aussagen wird mit Hilfe von ὑπέρ die Hinwendung der Heilstat ausgedrückt: das Leiden und Sterben Christi geschieht *für* die Menschen und kommt ihnen *zugute*"[484]. Ob damit der Tod Jesu als Sühneopfer gemeint ist, wird von F. Hahn ebenso energisch bestritten[485], wie es von E. Kutsch bejaht wird[486].

Schwieriger noch ist das Kelchwort zu deuten, das überraschenderweise nicht αἷμα in Parallele zu σῶμα setzt (etwa: Das ist mein Blut für euch gegeben; vgl. Mk 14,24), sondern σῶμα und διαθήκη parallelisiert. Und zwar verursacht das betonte ἡ καινὴ διαθήκη ἐστίν diese Inkongruenz des Kelchwortes. Das wirft für die Exegeten zwei Fragen auf. a) Ist der „neue Bund" paulinischer Zusatz oder Tradition? b) Weist die Inkongruenz 1Kor 11,25 als ursprünglicher als Mk 14,22ff.[487] oder als jünger aus[488]? Während bei der

---

[482] Vgl. H. Conzelmann 240.

[483] Übrigens auch nicht im Überlieferungskern der synoptischen Referenten. Ihre Meinung, daß Jesu letztes Mahl ein Passamahl war (Mk 14,12–16parr.), kommt nur im chronologischen, nicht jedoch im *theologischen* Bezugsrahmen zum Ausdruck. „Nichts von dem, was Jesus tut, würde nicht auch in den Rahmen eines gewöhnlichen Festmahles passen" (J. Roloff, Neues Testament 216; so auch W.G. Kümmel, Die Theologie des Neuen Testaments nach seinen Hauptzeugen Jesus. Paulus. Johannes [GNT 3] ⁴1980, 82. Anders freilich J. Jeremias 9–28). Nur Lk 22,15–22 ist das Mahl in einen Passarahmen gestellt.

[484] H. Riesenfeld, Art. ὑπέρ: ThWNT VIII 511, 30ff.

[485] Motive 362. Für Mk/Mt bestreitet es Hahn natürlich nicht.

[486] Vgl. E. Kutsch, Neues Testament 116f. – Zur Diskussion und den umstrittenen Texten vgl. M. Hengel, The Atonement. The Origins of the Doctrine in the New Testament. London 1981.

[487] So z.B. G. Bornkamm 161; F. Hahn, Motive 371; F. Lang 527.

[488] So z.B. J. Jeremias 162; E. Käsemann, 30f.; J. Roloff, Neues Testament 225. Dagegen hat W.G. Kümmel ein starkes Argument: Die nachträgliche Angleichung der Einsetzungsworte aneinander sei „wesentlich wahrscheinlicher" als ihre nachträgliche Differenzierung, „und die

zweiten Frage eine sichere Entscheidung kaum möglich ist[489], läßt sich bei
der ersten immerhin geltend machen, daß Paulus an dieser Stelle auf das
Bundesmotiv nicht weiter eingeht und daß deshalb eine Abänderung der
Tradition zumindest im Zusammenhang der Niederschrift des 1.Korinther-
briefes unwahrscheinlich ist[490]. Jedoch sollen die vielleicht niemals ganz zu
klärenden Prioritätsfragen uns hier nicht weiter aufhalten. Wichtiger für uns
ist das sachliche Verständnis des Kelchwortes in 1Kor 11,25.

Ποτήριον steht metonymisch für den Wein, der aus dem Kelch getrunken
wird[491]. Also ist gemeint: Der Wein „ist die neue Diatheke", und zwar
vermöge oder kraft der Wirkung des Blutes (= des Todes)[492] Jesu. Dieses ἐν
τῷ ἐμῷ αἵματι[493] gehört nämlich nicht zu Diatheke, sondern – worüber die
Wortstellung des „ist" zwischen „neuer Diatheke" und „in meinem Blute"
entscheidet – als adverbiale Bestimmung zu ἐστίν[494]. Also: Das Sterben Jesu
ist die *causa efficiens,* die den von Gott gesetzten Neuen Bund ins Leben ruft
und der durch den Kelch repräsentiert wird[495]. Mit J. Behm gesagt: „Christi
im Tode vergossenes Blut, das die διαθήκη begründet, ist in dem Weine
dargestellt."[496] Das gemeinsame Trinken desselben gibt Anteil an dem neuen
„Gottesbunde"[497].

Aufforderung zum Trinken des Blutes ist im palästinischen Judentum kaum denkbar" (Theologie 82). Zur Diskussion vgl. noch V. Wagner, Bedeutungswandel 539f.

[489] E. Kutsch, Neues Testament 119ff.

[490] W. Klaiber, Rechtfertigung und Gemeinde. Eine Untersuchung zum paulinischen Kirchenverständnis (FRLANT 127) 1982, 159 Anm. 437.

[491] J. Behm, Begriff 61. – Selbst wenn das nicht richtig sein sollte, wenn Paulus/Lukas
ausdrücklich den *Kelch,* dagegen Mk/Mt den *Wein* deuten sollten (so E. Kutsch, Neues
Testament 126; anders freilich L. Goppelt, Theologie 266), ist der Unterschied nicht groß.
Entscheidend ist das *Trinken* und die Anteilgabe, die es bewirkt (so auch E. Kutsch, Neues
Testament 126 Anm. 136).

[492] „Blut" ist nach geläufiger alttestamentlicher Vorstellung (Gen 9,4; Lev 17,10–14; Dtn
12,23) Sitz des Lebens und „Blut vergießen" Symbol des Lebensverlustes (= sterben, töten).
Vgl. J. Roloff, Neues Testament 219.

[493] Läßt es wie Mk/Mt an Ex 24,8 denken (so G. Bornkamm 331), oder ist das Motiv vom
vergossenen Blut aufgegriffen (so E. Kutsch, Neues Testament 119)?

[494] J. Behm, Begriff 61 Anm. 1.

[495] G. Bornkamm 162; ähnlich E. Käsemann 30f.; F. Lang 534f.; W.G. Kümmel, Theologie
84.

[496] 62.

[497] W.G. Kümmel, Theologie 83 weist m.R. darauf hin, daß das Kelchwort beim Herumge-
ben des mit Wein gefüllten Bechers gesprochen wird, also nicht das Eingießen des Weines,
sondern das gemeinsame Trinken aus dem Becher deutet. Zu weiterreichenden Deutungen des
Todes Jesu (Sühne, Opfer) gibt das Kelchwort keinen Anlaß. „Es ist darum die nächstliegende
Annahme – ganz sicher können wir hier nichts wissen –, daß Jesus mit dem Becherwort sagen
will, daß sein Sterben die Schließung des neuen, endzeitlichen Bundes Gottes mit den Menschen
vollendet, den sein ganzes Wirken und Lehren schon in die Wege geleitet haben, daß also der
Anbruch der Gottesherrschaft in der Person Jesu durch seinen Tod endgültig wirksam gewor-

Damit ist das begriffliche Problem, ob Diatheke in den Einsetzungsworten des Abendmahls *Testament* im juristischen Sinne einer letztwilligen Verfügung Jesu ist („Ich vermache euch ein Reich, wie es mir mein Vater vermacht hat, daß ihr essen und trinken möget an meinem Tisch in meinem Reiche")[498] ebenso gegenstandslos wie die Annahme, Diatheke sei hier = Bund, Vertrag (im Sinne gegenseitiger Abmachungen). Der Heilstod Jesu ($\dot{v}\pi\dot{\varepsilon}\rho$ $\dot{v}\mu\tilde{\omega}\nu$) läßt (übrigens auch bei „Blut der Diatheke" in der Markusfassung Mk 14,24 = Ex 24,8) nur den Gedanken einer einseitigen Verfügung, Setzung, Willenskundgebung zu[499].

Bei der Frage nach der Herkunft des Bundesmotivs in 1 Kor 11,25 urteilen fast alle Exegeten – von der Frage der Ursprünglichkeit einmal abgesehen – ähnlich sicher wie J. Behm: „Die neue $\delta\iota\alpha\theta\dot{\eta}\varkappa\eta$, von der Jesus nach 1 Ko 11,25 gesprochen hat, kann nichts anderes sein als die von Jeremia (31,31ff.) verheißene $\delta\iota\alpha\theta\dot{\eta}\varkappa\eta$, die an die Stelle der $\delta\iota\alpha\theta\dot{\eta}\varkappa\eta$ vom Sinai treten soll. Jesus sieht in seinem Tode sich die Weissagung Jeremias erfüllen, sich die neue $\delta\iota\alpha\theta\dot{\eta}\varkappa\eta$ verwirklichen."[500] Träfe das zu, wäre der Inhalt der neuen Diatheke nach 1 Kor 11,25/Lk 22,20

– das ins Herz geschriebene Gesetz
– das wechselseitige Für-sein Gottes und des Volkes
– unmittelbare Gotteserkenntnis
– Sündenvergebung.

Aber während Mk 14,24/Mt 26,28 – freilich in typologischer Entsprechung zu Ex 24,8! – an die „Vergebung der Sünden" unmittelbar denken läßt (Mk) bzw. sie ausspricht (Mt), ist in 1 Kor 11,25 keines der Elemente von Jer 31,33f. direkt angesprochen[501]. Vor allem sagt Jer 31 nichts darüber, daß die neue Diatheke in irgendeiner Weise mit Blut zu tun habe[502]. Darum wird auch von niemandem ernsthaft behauptet, daß die neue Diatheke bei Paulus

---

den ist" (84). Anders H. Conzelmann 243: „Die Erwähnung des Blutes enthält natürlich wieder den Opfergedanken." Dagegen m. R. E. Kutsch, Neues Testament 115.

[498] So gibt J. Behm, Begriff 65 die Meinung von F. Dibelius, Das Abendmahl 1911, 87ff., wieder. Dagegen spricht besonders auch, daß in keinem der Abendmahlstexte Jesus als Subjekt (Testator) der Diatheke eingesetzt werden kann (J. Behm 69). Die Diatheke ist Gottes!

[499] J. Behm, Begriff 71; ders., ThWNT II 136, 37f.; E. Kutsch, Neues Testament 111. – Die auf die Vulgata zurückgehende Lutherübersetzung bietet vor der Revision von 1957ff. „Testament", während die Einheitsübersetzung von 1979 „Bund" hat. – Trotz des Widerspruches von E. Kutsch, Neues Testament 111f. werden wir im folgenden gleichwohl vom „Bundesgedanken", „Bundesmotiv" und „Bundestheologie" sprechen: Auch die einseitige „Setzung" im Abendmahl zielt auf den Glaubensgehorsam und meint insofern auch ein „wechselseitiges" Verhältnis.

[500] 62f. Vgl. W.G. Kümmel, Theologie 83f.; E. Kutsch, Neues Testament 111.

[501] Lk 22,20 mit dem sekundär angefügten $\tau\dot{o}$ $\dot{v}\pi\dot{\varepsilon}\rho$ $\dot{v}\mu\tilde{\omega}\nu$ $\dot{\varepsilon}\varkappa\chi\upsilon\nu\nu\dot{o}\mu\varepsilon\nu\upsilon\nu$ könnte an Vergebung der Sünden denken lassen (wie Mk!). Vgl. E. Kutsch, Neues Testament 112.

[502] So V. Wagner 541ff.; E. Kutsch, Neues Testament 119.

und Lukas im Sinne des AT verstanden sei. Gleichwohl ist für E. Kutsch der Inhalt *Sündenvergebung*, und zwar in der Weise des Hebr[503].

„Indem der Hebräerbrief in 9,20 Ex 24,8 und in 10,16f. Jer 31,33f. zitiert und inhaltlich aufnimmt und in diesen Texten διαθήκη als göttliche Setzung, Verfügung mit Sühne, Reinigung bzw. Sündenvergebung als Inhalt versteht, spiegelt er Traditionen wider, die uns Jahrzehnte früher in der Überlieferung der Abendmahlsworte begegnen."[504]

Das mag so sein. Aber mehr als eine (freilich erlaubte) Vermutung ist es nicht. Daß die „neue Diathcke" im vermutlich ursprünglichen Kelchwort, gleichgültig, ob dies nun bei Paulus oder bei Markus vorliegt, die Sündenvergebung aus Jer 31,34 ist, ist durch das Kelchwort selbst durch gar nichts nahegelegt, es sei denn, man legt dem Argument Gewicht bei, daß jenes Prophetenwort eben die einzige Stelle im Alten Testament sei, an der vom „Neuen Bund" die Rede ist[505]. Eher läßt dann schon die Erwähnung des Blutes und die ihm ganz allgemein zugeschriebene sühnende Kraft (vgl. den „Blutkanon" Hebr 9,22 = Lev 17,11) auf die Sündenvergebung als Inhalt der neuen Diatheke schließen[506]. Jedenfalls wäre ohne das Stichwort „Neuer Bund" im Zusammenhang mit der liturgischen Abendmahlsüberlieferung sicher niemandem Jer 31 als paralleler Text eingefallen. Im übrigen ist es neuerdings umstritten, ob der Gedanke des Neuen Bundes, der nur in einer Randgruppe (Qumran)[507], nicht aber im offiziellen Judentum wirksam geworden ist, überhaupt auf Jer 31 und nicht vielmehr auf die deuteronomistische Theologie zurückzuführen ist[508]. Doch ob so oder so: Selbst wenn Paulus bzw. die Tradition, der er in 1Kor 11,25 folgt, mit der Gleichsetzung von neuer Diatheke = Sündenvergebung bewußt auf Jer 31,31ff. zurückgegriffen haben sollte, so ist die damit geltend gemachte Erfüllung der Verheißung gleichwohl nicht bzw. nur partiell (Vergebung der Sünden) die, die der Prophet Jeremia erwartet hat: die Erneuerung des *Alten* Bundes. Sie greift vielmehr weit darüber hinaus, ja, sie ist qualitativ etwas anderes, nämlich die kraft des Todes Jesu von Gott in Geltung gesetzte neue Heilsordnung, die

---

[503] Neues Testament 112.119.

[504] E. Kutsch, Neues Testament 112.

[505] F. Lang 306.

[506] „Sühnungsblut" nennt es E. Kutsch, Neues Testament 115, mit Verweis auf die Targume Onkelos und Pseudo-Jonathan zu Ex 24,8.

[507] CD VI, 19; VIII,21; IX,33; XX,12; 1 QpHab II,3; vgl. dazu F. Lang 311. Die zentrale Bedeutung von Diatheke für Judentum und Christentum behauptet dagegen N.H. Thompson, The Covenant Concept in Judaism and Christianity: AThR 64, 1982, 502–524.

[508] Chr. Wolff, Jeremia im Frühjudentum und Urchristentum (TU 118) 1976, 117–130. Wolff verneint die Frage, ob Paulus von Jer 31 beeinflußt war (131–134). Vgl. auch H. Räisänen, Paul 242f.

der Sache nach *Herrschaft des gegenwärtigen Christus* ist[509]. Daß Paulus diesen und keinen anderen Sinn mit der neuen Diatheke verbindet, beweist mehr noch als 2Kor 3[510] der *Name*, den er dem letzten Mahl Jesu gibt: κυριακὸν δεῖπνον, das dem Herrn gehörende Mahl (1Kor 11,20), der sich unter Brot und Kelch darreicht und uns damit Anteil an seinem Sterben und so an sich selbst gibt[511]. Vor allem aber zeigt die ekklesiologische Auslegung der Paradosis in 1Kor 10,14–22, wie wenig die neue Diatheke für Paulus die Restitution der alten ist. Ihm ist das Entscheidende am Herrenmahl die Koinonia, die Teilhabe an Blut und Leib Christi, welche die Vielen zu einem *Leib* zusammenschließt[512]. Selbstverständlich ist ein konstitutives Element dieser Gemeinschaft das Anteil-Empfangen am Sterben Christi, also *Sündenvergebung*[513]. Aber sie erschöpft sich nicht darin. Wie 2Kor 5,17 zeigt, ist die Leib-Christi-Vorstellung mit dem Motiv der neuen Schöpfung eng verbunden. Und so kann man mit F. Hahn sagen, daß mit dem sich im Sakrament darreichenden gegenwärtigen Herrn „die καινὴ κτίσις in den gegenwärtigen Äon hinein (greift), und das σῶμα Χριστοῦ, das die Grenzen dieser Zeit und Welt bereits sprengt, nimmt konkrete Gestalt an. Daß Paulus in dieser Weise die Aussage des Kelchwortes über den neuen Bund in Zusammenhang mit der neuen Schöpfung und dem Christusleib bringen kann, zeigt eindrücklich, was eschatologische καινότης besagt."[514] Sie ist es, die den Neuen Bund vom Alten unterscheidet. Irdische Kontinuität von diesem zu jenem besteht auch hier nicht. Über dem *Segensbecher*, den Paulus 1Kor 10,16 nennt, werden nach jüdischer Tradition die Benediktionen gesprochen, deren zweite der Dank für das Land, den Bund und das Gesetz enthält (vgl. Dtn 8,10). Das sind die konstitutiven Elemente der alttestamentlichen Bundestheologie, nicht jedoch der neutestamentlichen. Denn nicht Landverheißung, Bundeszusage und die Gabe des Gesetzes werden bei der καινὴ διαθήκη erneuert, vielmehr ist die Neuheit des Neuen Bundes eschatologischer Art: das Platzgreifen der Herrschaft des erhöhten Christus. Koinonia aber ist die eigentliche Gabe des Sakramentes, bei Jesus (falls es sich bis zu ihm zurückschieben läßt) die *Jüngergemeinschaft* als „neue Dimension der Gemeinschaft", wie sie sich schon in der von Jesus gewährten Tischge-

---

[509] G. Bornkamm 162; F. Hahn, Motive 370.

[510] So W. Klaiber, Rechtfertigung 159.

[511] G. Bornkamm 165; F. Hahn, Motive 372.

[512] Zur Sache vgl. J. Hainz, Koinonia. „Kirche" als Gemeinschaft bei Paulus (BU 16) 1982, 17–35: Kirche ist wesentlich als Abendmahlsgemeinschaft bestimmt.

[513] W.G. Kümmel, in: H. Lietzmann, An die Korinther I.II (HNT 9) ⁴1949, 182; H. Conzelmann 241; F. Hahn, Forschungsstand 559f.; F. Lang 533; E. Kutsch, Neues Testament 127.

[514] F. Hahn, Motive 372.

meinschaft ausgedrückt hat[515], bei Paulus die „Gemeinschaft mit seinem Sohn Jesus Christus", zu der wir durch Gott gerufen worden sind (1Kor 1,9).

Wie sehr es beim Neuen Bund um eschatologische καινότης geht, zeigt schließlich der traditionskritisch unverdächtigste Zug in der gesamten Abendmahlsparadosis, das ist der eschatologische Ausblick. Er lautet bei Paulus: „Denn sooft ihr von diesem Brot eßt und aus dem Kelch trinkt, verkündet ihr den Tod des Herrn, bis er kommt" (1Kor 11,26). Und in der synoptischen Tradition dürfte Markus die ursprüngliche Fassung bewahrt haben: „Amen, ich sage euch: Ich werde nicht mehr von der Frucht des Weinstocks trinken bis zu dem Tag, an dem ich von neuem davon trinke im Reich Gottes" (Mk 14,25). Sollten noch Zweifel bestehen, daß die neue Diatheke *nicht* die restituierte alte ist, hier werden sie beseitigt: es geht um die Vollendung der *Gottesherrschaft* bzw. darum, daß Gott sei alles in allem (1Kor 15,28), was sowohl Grenze wie Ziel der Mahlgemeinschaft und der sich in ihr manifestierenden neuen Diatheke markiert[516].

2. Markus 14,24

Nach allem Gesagten können wir uns im Blick auf das bei Markus ganz anders formulierte Kelchwort kurz fassen. Denn trotz der Andersartigkeit des Wortlautes und der traditionsgeschichtlichen Herkunft macht es keine andere Aussage als die Paulus/Lukas-Tradition. Denn in beiden Fassungen „liegen dieselben Gleichungen vor: Kelch (bzw. Kelchinhalt, Wein) – Blut – neue διαθήκη; in beiden Fällen erscheint die διαθήκη als durch das Blut Christi ins Leben gerufen, und der dieses darstellende Wein gibt dem, der ihn trinkt, Anteil an jener"[517]. Angesichts dieser Sachlage können wir uns die breit geführte traditionskritische Diskussion ersparen und die Prioritätsfrage offen lassen. Und auch dies ist dann von untergeordneter Bedeutung, ob in Mk 14,24 auf Ex 24,8 oder in 1Kor 11,25 auf Jer 31,31ff. zurückgegriffen wird[518]. Für uns von Belang ist bei dem allen lediglich, daß der Bundesgedanke überall in der Abendmahlsüberlieferung traditionskritisch unter dem Verdacht steht, erst sekundär hinzugewachsen zu sein. Das wird bei der Markusfassung besonders deutlich:

Und er sagte zu ihnen: Das ist mein Blut, das Blut des Bundes, das für viele vergossen wird (Mk 14,24).

---

[515] J. ROLOFF, Neues Testament 218.
[516] J. ROLOFF, Neues Testament 219.
[517] J. BEHM, Begriff 62; vgl. E. KUTSCH, Neues Testament 122.124.128f.
[518] F. HAHN, Motive 370.

Markus (und Matthäus) bieten in der Deutung des Weines *zwei* Aussagen: „Mein Blut, das für die Vielen vergossen wird" (Deutung des gewaltsamen Todes Jesu als Sühnetod mit Anspielung auf Jes 53) und „das Blut des Bundes" („Sühnungsblut" mit Anspielung auf Ex 24,8),[519]. Traditionskritisch ist die Frage der ursprünglichen Zusammengehörigkeit umstritten. Es gibt gute Gründe, sie zu verneinen[520]. Selbst E. Kutsch sieht im αἷμά μου τῆς διαθήκης eine sekundäre Erweiterung, freilich nicht im Sinne einer erst nachträglich eingetragenen „Opfervorstellung"[521] oder „Bundesvorstellung"[522] und nicht erst auf griechischsprechendem Boden vorgenommen, sondern sie sei überhaupt nur in aramäischsprechenden Gemeinden möglich gewesen[523]. Das Für und Wider der Argumente brauchen wir hier nicht zu prüfen. Für uns wichtig ist die Beobachtung, daß die Rede von der Diatheke bei Markus einerseits, bei Paulus andererseits „nicht nur zwei verschiedene Aussagen, sondern auch zwei verschiedene Vorgänge" meint[524]. Markus bezieht die endzeitliche Diatheke typologisch auf den Sinaibund zurück und versteht Jesu Tod mittels Ex 24,8 als „Sühne"-Mittel. Paulus reklamiert den Tod Jesu als Ursache der eschatologischen Realisation des *Neuen* Bundes. Ist dieser dadurch dem Alten Bund eindeutig gegenübergestellt und von ihm abgehoben, so erreicht Markus dasselbe dadurch, daß er die erlösende Bundesstiftung Wirklichkeit werden läßt erst durch die Christusoffenbarung[525]. Und „durch die gleichzeitige Bezugnahme auf die Sühneaussage aus Jes. 53,12 ist selbstverständlich auch der erneuerte Sinaibund von Mk. 14,24 entschränkt"[526].

3. Ergebnis

Wir können die Betrachtung der Abendmahlstexte hier abbrechen und im Blick auf unser Thema ein *Fazit* ziehen. Zwei Sachverhalte schälen sich heraus, die bei aller Vieldeutigkeit der Texte und ihrer Traditionsgeschichte klar zu sein scheinen:

a) In keinem der beiden Überlieferungsstränge, in denen innerhalb des Kelchwortes διαθήκη begegnet, hat es den alttestamentlichen Sinn von *bᵉrît*

---

[519] E. KUTSCH, Neues Testament 114ff.
[520] F. HAHN, Motive 366ff. Auch J. JEREMIAS ²1949, 99. Ab ³1960, 186ff. tritt er jedoch für die Ursprünglichkeit der Wortfolge „dies ist das Blut meines Bundes" ein.
[521] F. HAHN, Motive 363.
[522] H. PATSCH 81.
[523] E. KUTSCH, Neues Testament 118.
[524] E. KUTSCH, Neues Testament 124.
[525] F. HAHN, Motive 370.
[526] F. HAHN, Motive 371.

als *Fremdverpflichtung* wie Ex 24,8[527] oder als restituierter Bund wie Jer 31,31ff.[527a]. In beiden Fällen geht es nicht nur um typologische Entsprechung, sondern auch um Steigerung und Gegensatz. Bei dem der kultischen Überlieferung näher stehenden Markustext drückt sich das darin aus, daß (ähnlich wie im Hebr) Jesu Sterben das *eine* gültige Kultgeschehen ist, durch das fernerhin jede Opferhandlung grundsätzlich aufgehoben ist. Jesu Tod „begründet die Heilsordnung (Bund) der Endzeit"[528]. In der Tradition, der Lukas und Paulus folgen, kommt es dadurch zum Ausdruck, daß der in Jesu Tod gründende Neue Bund sachlich mit dem schon angebrochenen neuen Äon zusammenfällt. In diesem Neuen Bund ist der Alte sowohl beseitigt als auch in seinem typologischen Sinn erfüllt[529]. So bestätigt also auch das Vorkommen des Wortes Diatheke in den Abendmahlstexten, daß das Alte grundsätzlich überholt ist, was man wiederum nur vom Neuen her weiß. Nachdem Endgültiges angebrochen ist, ist das Vorläufige bedeutungslos geworden.

b) Ganz gleich, welche Fassung die Abendmahlsworte im Munde Jesu gehabt haben: das Bundesmotiv gehörte *nicht* zu ihnen. Die Deutungen des Blutes erweisen sich als sekundäre Anhäufung von Interpretationsmotiven, von denen die Bundesvorstellung – „Blut des Bundes" und „Neuer Bund" –

---

[527] Vgl. dazu E. KUTSCH, Neues Testament 115 Anm. 88. Zu Ex 24 ebd. 29ff.

[527a] Gegen dieses Verständnis von Jer 31,31ff. protestiert M. HENGEL heftig (brieflich): „Nicht Restitution, ein Neues, bisher nicht Dagewesenes" sei gemeint. Richtig daran ist, daß nach dem Bruch der Verpflichtung vom Sinai diese nicht einfach erneuert wird. Nicht mehr auf Steintafeln, ins Herz wird der göttliche Wille gegeben (Ez 36,26). Das *Neue* dieses Bundes ist die unmittelbare Übereignung des Gotteswillens. Mit seinem Willen setzt Jahwe auch die Bedingungen zum Gehorsam. Der Mensch wird sozusagen *nova creatura* (vgl. H. GRAF REVENTLOW, Rechtfertigung im Horizont des Alten Testaments [BEvTh 58] 1971, 64). Aber selbstverständlich wird dieser Neue Bund eine *bᵉrît* sein, die Jahwe *Israel* „schneiden" wird! Und ebenso selbstverständlich wird im Zentrum auch dieser neuen *bᵉrît* die Tora stehen. Das Neue wird jedenfalls den ganzen Sinaibund nicht nach allen seinen Inhalten veralten lassen. „Jeremia hat nicht erwartet, daß Jahwe sein Verhältnis zu Israel auf eine schlechterdings neue Basis stellen werde. Das Neue ist etwas Partielles..." Es liegt „allein im Bereich des Anthropologischen". „Indessen wäre es doch falsch, von einem völligen Abbruch der Heilsgeschichte, von einem Auseinanderfallen in zwei beziehungslose Teile zu sprechen; denn das Neue wird sich nach der Weissagung dieser Propheten ganz nach dem Modell des Alten ereignen, als ein neuer Exodus, ein Neuer Bund, ein neuer David usw. Das Alte wiederholt sich also; es ist im Neuen gegenwärtig in der rätselhaften Dialektik von gültig und abgetan" (G. V. RAD, Theologie des Alten Testaments II, 1960, 282f. 285). Insofern kann man sehr wohl von einer Restitution des Bundes sprechen. Denn seine eschatologische Eindeutigkeit erreicht die *bᵉrît hᵃdāšāh* erst in der καινὴ διαθήκη (vgl. A.H.J. GUNNEWEG, Vom Verstehen des Alten Testaments. Eine Hermeneutik [GAT 5] 1977, 118). – Nicht einsehen konnte ich die Göttinger Dissertation von CHR. LEVIN, Die Verheißung des neuen Bundes in ihrem theologiegeschichtlichen Zusammenhang ausgelegt (FRLANT 137) 1985.

[528] B. KLAPPERT 676.

[529] H. CONZELMANN, Heiden 239.

am wenigsten ursprünglich ist. Bei ihr handelt es sich um ein interpretierendes Einsprengsel, das wahrscheinlich erst auf griechischem Sprachgebiet hinzugefügt wurde[530].

Dieser Befund läßt nur einen Schluß zu: Es gibt keinen einzigen Beleg für (καινὴ) διαθήκη im Munde Jesu! Denn die bis auf ihn zurückführbare Form der Deuteworte (falls sie überhaupt möglich ist)[531] lautete wahrscheinlich:

> Das ist mein Leib –
> dieser Kelch ist mein Blut für viele[532].

Aber auch wenn man den Paulus-Text („Dieser Kelch ist der Neue Bund in meinem Blut") der oben genannten Form vorzieht[533], so haben wir einen Beleg für Diatheke im Munde Jesu, der alles andere als die alttestamentliche *bᵉrît ḥᵃdāšāh* ist. Denn jener Bund hat zwar, wie die Heilszeit überhaupt, wunderbaren Charakter; er ist eine *eschatologische Größe* insofern, als seine Gültigkeit auf der sittlichen Haltung des Einzelnen beruht, womit ja im Grunde der Gedanke des Bundes Gottes mit dem Volk aufgelöst ist. Aber eben diese Konsequenz ziehen Jer 31,31–34 und Ez 37,26–28 nicht! Sondern der Neue Bund der kommenden Heilszeit bleibt bei ihnen ein Ereignis der Volksgeschichte, bleibt Bund Gottes mit seinem künftigen empirischen Volke Israel. Diesen Widerspruch lösen die Propheten nicht auf. Trotz ihrer und später des Täufers Kritik (Mt 3,9) gewinnt der Einzelne seine Sicherheit noch immer aus der Zugehörigkeit zum Bundesvolk. Und ich stimme Rudolf Bultmann zu, wenn er in Mt 8,11f. dies und nichts anderes von Jesus verworfen sein läßt:

> „Ich sage euch: viele werden von Osten und von Westen kommen und werden zu Tische liegen mit Abraham, Isaak und Jakob im Himmelreich, die Söhne des Reiches aber werden hinausgeworfen werden in die Finsternis draußen."[533a]

Es fällt z.B. auf, daß Werner Georg Kümmel zwischen dem „neuen, endzeitlichen Bund Gottes mit den Menschen(!)"[534] und dem „Anbruch der

---

[530] Für die Mk-Fassung siehe J. ROLOFF, Neues Testament 225. Für die Paulus/Lk-Fassung siehe E. KUTSCH, Neues Testament 120.132, der auf die „unsemitische" Stellung des Adjektivs „neu" hinweist. – Zur näheren Begründung, daß das Bundesmotiv der nachösterlichen Reflexion entstammt, vgl. H. MERKLEIN, Erwägungen 237f.

[531] Sehr kritisch in dieser Hinsicht E. KUTSCH, Neues Testament 134: die Urform kennen wir nicht.

[532] J. ROLOFF, Neues Testament 225.

[533] Z.B. W.G. KÜMMEL, Theologie 83.

[533a] R. BULTMANN, Glauben und Verstehen II 173.

[534] Theologie 84. Von Menschen allgemein zu reden, ist vielleicht doch eine christliche Überinterpretation. Adressat der Heilspredigt Jesu war das Unheilskollektiv Israel. So zuletzt

Gottesherrschaft in der Person Jesu", der „durch seinen Tod endgültig wirksam geworden ist", sprachlich nicht differenziert[535]. Das ist auch völlig sachgemäß! Diatheke steht im Kelchwort als *Abbreviatur* für das Heil Gottes, wie es sich im Wort und Werk Jesu realisierte. D.h., καινὴ διαθήκη will von der βασιλεία τοῦ θεοῦ her gesehen und interpretiert werden und umgekehrt.

Das Bundesschweigen Jesu ist kein Zufall. Jesus hat das Heil Gottes als nahe herbeigekommene Gottesherrschaft proklamiert. Diese im rezeptionsgeschichtlichen Zusammenhang mit der frühjüdischen Apokalyptik stehende Verkündigung greift nach Form und Inhalt weit über das hinaus, was einer Bundestheologie zu sagen möglich ist. Sie ist *neuer* Wein in *neuen* Schläuchen!

Im übrigen setzt sich das Bundesschweigen Jesu fort in die Urgemeinde hinein. Weder in der vorpaulinischen Tradition noch bei Paulus selbst wird καινὴ διαθήκη *Titel* der Gemeinde, mit dem sie ihr eschatologisches Selbstverständnis artikuliert hätte. Dabei lag ein religionsgeschichtliches Vorbild im wahrsten Sinne des Wortes vor der Tür: In Qumran und verwandten Gruppen hat man sich als הברית החדשה בארץ דמשק verstanden[536]. Nach allem, was die entsprechenden Texte darüber erkennen lassen, ist das die Gemeinde des *erneuerten* Bundes, nicht die Gemeinde des *Neuen* Bundes. Daß das um das Christuskerygma gescharte eschatologische Gottesvolk sich nicht in ähnlicher Weise als Gemeinschaft des erneuerten Bundes bezeichnete, wohl aber sich als Anbruch der neuen Schöpfung verstand[537], hat nach meinem Dafürhalten seinen Grund in der klaren Erkenntnis, daß das Christusereignis und seine soteriologischen Folgen bundestheologisch sich nicht mehr adäquat erfassen lassen. Die Abendmahlstexte sind hier nur eine scheinbare Ausnahme! Denn was hier „(Neuer) Bund" genannt wird, ist Umschreibung des in Tod und Auferweckung Jesu gründenden Heilsereignisses, in dem von der atl. Bundestheologie außer dem Begriff Diatheke nicht mehr viel übrig bleibt. So wenig wie bei den Propheten des 8. Jh.s und deren Bundesschweigen bedeutet das eine grundsätzliche Opposition gegen die Erwählungs- und Verheißungstreue Gottes. Aber daß sich dieselbe eschatologisch *anders* ver-

---

sehr überzeugend H. MERKLEIN, Jesu Botschaft von der Gottesherrschaft. Eine Skizze (SBS 111) 1983, 45ff. MERKLEIN findet, daß in meiner Sicht die „individuierende Tendenz" der Verkündigung Jesu überzeichnet werde (s. u. S. 188ff.), bestreitet jedoch nicht, „daß das Erwählungshandeln Gottes in der Entscheidung des *Einzelnen* (Sperrung von M.) seine Antwort finden muß" (aaO. 42 Anm. 19).

[535] Theologie 84.

[536] Vgl. W. KLAIBER, Rechtfertigung 159 mit Anm. 439.

[537] Vgl. dazu das entsprechend überschriebene Kapitel bei W. KLAIBER, Rechtfertigung 95–101.

wirklicht denn als Bund mit einem empirischen Volke, das gilt es zu sehen. Im NT ist der Neue Bund als eine radikal eschatologische Größe gedacht[538]. Seine *Stiftung* ist nicht mehr wie die des Alten Bundes ein Ereignis der Geschichte Israels. „Gestiftet ist er im Tode Christi, und der Einzelne wird in ihn aufgenommen durch die Taufe und die Teilnahme am Herrenmahl, in dem unter Brot und Wein der Leib und das Blut Christi zugeeignet werden."[538a] Solche Aufnahme in den Neuen Bund meint nicht das Eingestiftetwerden in die empirische Gemeinschaft des erwählten Volkes Israel, sondern ruft aus solchen Bindungen gerade heraus: „Darum hat auch Jesus, um durch sein Blut das Volk zu heiligen, draußen vor dem Tore gelitten. So laßt uns denn hinausgehen zu ihm aus dem Lager, indem wir seine Schmach tragen" (Hebr 13,12f.). Und in diesem Neuen Bund ist das Bundeszeichen des Alten, die Beschneidung, ebenso weggefallen wie der Unterschied zu den Völkern, „denn es gibt keinen Unterschied zwischen Juden und Griechen; denn Einer ist der Herr über alle, der reich macht alle, die ihn anrufen" (Röm 10,12). „Denn alle, die ihr in Christus getauft wurdet, habt ihr Christus angezogen, da gilt nicht Jude noch Grieche, nicht Sklave noch Freier, da gilt nicht Mann noch Weib, denn alle seid ihr Einer in Christus Jesus" (Gal 3,27f.; vgl. 1Kor 12,12f.; Kol 3,11). Wäre nicht dieser *Gegensatz* des Neuen Bundes zum Alten, so wäre nicht zu verstehen, daß Israel nicht die Kirche und die Kirche nicht Israel ist. Wohl aber erklärt jener Befund die Doppelheit der Beziehungen, nämlich die ebenso enge Verbundenheit und Gebundenheit an das eine Buch, andererseits die ebenso deutliche „Grundverschiedenheit"[539].

VII. Schluß

Zu welchem Ergebnis fügen sich die gemachten Beobachtungen zusammen?

Vom Hebr und der Abendmahlsparadosis abgesehen, ist nirgendwo im NT Diatheke ein zentrales Theologumenon. Wo es aber vorkommt – und das gilt ausnahmslos –, geht es nicht nur um typologische Entsprechung zur alttestamentlichen *b*ᵉ*rît*, sondern um Andersartigkeit, um Gegensatz. Welches sind die Gründe für diesen bemerkenswerten Tatbestand?

---

[538] „Es war der ganze Glaube, das ganze Christentum", das in das Wort einzog (E. LOHMEYER, Diatheke 164).

[538a] R. BULTMANN, Glauben und Verstehen II 174.

[539] M. BUBER, Kirche, Staat, Volk, Judentum. Zwiegespräch im Jüdischen Lehrhaus in Stuttgart am 14. Januar 1933, in: K.L. SCHMIDT, Neues Testament – Judentum – Kirche. Kleine Schriften hrsg. v. G. SAUTER (TB 69) 1981, 156.

B^erît begründet das Bewußtsein, aus allen Völkern erwählt zu sein und vor ihnen einen einzigartigen Vorzug zu haben (vgl. nur Röm 9,4f.). *Israel ist b^erît*[540]! Zum Grundwissen jeder Bundestheologie gehört es daher – das zeigt z.B. die „Bundesformel" bzw. die (wie man heute sagt) „Jahwe-Israel- oder Gott-Volk-Formel"[541], also etwa ein Text wie Dtn 26,16ff. –, daß es sich bei der *b^erît* „um ein geschichtlich gewordenes Verhältnis zwischen Jahwe und Israel handelt, eingeleitet durch überwältigende Gnadentaten Gottes, und sodann, daß dieses Verhältnis für beide Teile bestimmende Verpflichtungen enthielt, die durch die feierliche Zeremonie am Sinai zu eindrucksvoller Geltung gebracht waren"[542]. Konstitutiv für eine Bundestheologie ist jedenfalls „das identifizierende Korrespondenzverhältnis eines Nationalgottes zu seinem Volk: die Wirksamkeit Jahwes wird in allererster Linie in der Gewährung und Einhaltung der Identität und Integrität des Sozialkörpers Israel greifbar"[543]. Das geschichtlich gewordene Verhältnis soll die zukünftige Geschichte sichern – über die Väterbünde, Landverheißung, Nachkommenschaft usw. bis hin zur *b^erît ḥ^adāšāh*.

Daß es im AT nicht *die* Bundestheologie gibt, wohl aber verschiedene Ausprägungen derselben, die ihrerseits wieder neue und weiterführende Transformationen erfahren haben, ist bekannt[544]. Indes scheint es mir nicht möglich, in der *Verkündigung Jesu* eine solche Transformation zu erblicken.

Jesus weiß mit der frühjüdischen Apokalyptik, aber im Gegensatz zu den deuteronomistischen Umkehrpredigern, daß der Väterbund als Hoffnungsinstanz für ein künftiges göttliches Umkehr- und Heilshandeln ausscheidet. Die Berufung auf Abraham hilft Israel nicht mehr. Aus der geschichtlichen Kontinuität kommt kein Heil mehr. Vielmehr stiftet das „Geschehensereignis" *Gottesherrschaft* die nur noch von einem neuen göttlichen Handeln her mögliche Heilszukunft[545]. Es findet eine theologische Neuqualifizierung Israels statt[546]. Die Basileia, die Jesus verkündigt, ist eschatologische Proklamation, die vom Proklamator nicht zu lösen ist und den einzelnen vor die Entscheidung stellt oder auch in die konkrete Nachfolge ruft[547].

Dies also, das Grundwissen der Apokalyptik, nämlich die „Beziehungslo-

---

[540] Vgl. E. Lohmeyer, Diatheke 75–77.

[541] H.H. Schmid, Ich will euer Gott sein, und ihr sollt mein Volk sein. Die sogenannte Bundesformel und die Frage nach der Mitte des Alten Testaments, in: Kirche. FS G. Bornkamm. Tübingen 1980 (1–25) 20.

[542] E. Lohmeyer, Diatheke 54.

[543] H.H. Schmid, aaO. 9.

[544] H.H. Schmid zeigt das in seinem o.g. Aufsatz eindrucksvoll.

[545] H. Merklein, Jesu Botschaft von der Gottesherrschaft. Eine Skizze (SBS 111) 65.

[546] Ebd. 53.

[547] Vgl. E. Grässer, Rechtfertigung des Einzelnen – Rechtfertigung der Welt: Neutestamentliche Erwägungen, in: FS Bo Reicke. Macon 1984 (Bd. I) 221–236, bes. 224ff.

sigkeit zwischen Geschichte und Erlösung"[548], das bei Jesus voll wirksam
ist, macht die Transformation oder gar Rezeption einer wie auch immer
gestalteten Bundestheologie schwierig, ja unmöglich. Ist für sie doch die
Beziehung zwischen Geschichte und Heil gerade elementar! Wo aber das
apokalyptische Grundwissen die Prämisse der Heilsansage ist, scheiden die
geschichtstheologischen Kategorien des Bundes aus, und die der *eschatologischen Neuschöpfung* rücken in den Rang einer adäquaten Sprechweise.

Nimmt man – wie es methodisch geboten ist – das zeitgenössische Judentum und seine *bᵉrît*-Vorstellung als Hintergrund des Auftretens Jesu hinzu,
so wird von daher sein Bundesschweigen noch einmal und zusätzlich erklärbar: Diatheke ist im Frühjudentum austauschbar mit Tora und umfaßt wie
diese „Kern" und „Gegenstand" des jüdischen Glaubens[549]. Geht man die
einschlägigen Belege durch, stößt man auf PsSal 9,10f. als Zusammenfassung
dessen, was *bᵉrît* hier bedeutet:

Einen Bund hast du unseretwegen (ὑπὲρ ἡμῶν) mit unseren Vätern geschlossen,
und wir werden auf dich hoffen in der Bekehrung unserer Seele.
Gottes Barmherzigkeit (sei) über dem Haus Israel für immer und ewig[550].

Die Geschichte und die in ihrem Mittelpunkt stehenden διαθῆκαι τῶν
πατέρων bilden danach den Grund für die Heilsgewißheit. „Deshalb bittet
man Gott, wenn man von ihm Hilfe im Kampf gegen die Feinde erhofft, sich
der διαθῆκαι der Väter zu erinnern; auf sie gründet man sich im Gebet um
Errettung, nicht auf sich selbst und eigne Taten. Denn alle Wohltaten, jetzt
und künftig, kommen von den διαθῆκαι Gottes an die Väter her."[551] Ihr
Empfang setzt Zugehörigkeit zum Volke Israel voraus.

Diese im Erwählungskollektiv gründende Hoffnung auf Heil hält bereits
Johannes der Täufer im Blick auf Israels Schuldverfallenheit für sinnlos (Lk
3,8par.). Und Jesus, der diese „anthropologische Prämisse" teilt[552], sieht
eine Zukunft für Israel nur noch in einem gnädig zuvorkommenden, neu-
schöpfenden Handeln Gottes. Es ist dieser *anthropologische Ansatz*, der der
Bundestheologie theologisch keinen Ort mehr läßt. Und keiner der vier
Evangelisten hat mit seinem theologischen Entwurf versucht, ihr einen solchen gleichwohl einzuräumen.

---

[548] K. MÜLLER, Art. Apokalyptik/Apokalypsen III. Die jüdische Apokalyptik. Anfänge und
Merkmale: TRE 3 (202–251) 212.
[549] Vgl. die Belege bei E. LOHMEYER, Diatheke 109ff., die noch um die aus Qumran zu
vermehren wären. Im übrigen ist zu berücksichtigen, daß im hellenistischen Bereich (Philo,
Josephus, 3/4 Makk etc.) Diatheke fast ganz fehlt.
[550] S. HOLM-NIELSEN, Die Psalmen Salomos (JSHRZ Bd. IV) 1977, 84.
[551] E. LOHMEYER, Diatheke 111f.
[552] H. MERKLEIN, Gottesherrschaft 33ff.

Daß der Hebr seine „Bundestheologie" als schroffe Antithese zu der des Alten Testamentes entfaltet, braucht an dieser Stelle nur erinnert zu werden. Hingegen bedarf es noch einiger Sätze hinsichtlich des weitgehenden Bundesschweigens bei *Paulus*. Es hängt fundamental mit der „Einsicht in die soteriologische Entmächtigung des jüdischen Gesetzes" durch die Macht der Sünde zusammen, die sich den missionierenden Aposteln und Gemeinden – angetrieben von „der Dynamik des Evangeliums" – teils in bewußter Reflexion (Paulus), teils gegen ihr eigenes Vorverständnis (judenchristliche „Hellenisten") aufdrängte[553]. Weil mit dem grundsätzlich als Heilsweg aufgehobenen Gesetz die Prärogativen Israels „in Christo" keinen soteriologischen Vorsprung mehr markieren, kann das Heilsangebot nicht mehr im heilsgeschichtlichen Horizont von Bund und Beschneidung entwickelt werden, sondern nur noch „aus der schöpferischen Vorgabe des kommenden Gottes"[554]. Die Vehemenz, mit welcher der Beschneidung und der Gesetzesobservanz als den konstitutiven Elementen zur Erlangung des Heils und den Signa des Bundes widersprochen wird – auf dem Apostelkonvent –, zeigt, wie wenig sie in der ältesten Urgemeinde noch geteilt wurden. In dem τὰ ἀρχαῖα παρῆλθεν, ἰδοὺ γέγονεν καινά (2Kor 5,17) sind auch die διαθῆκαι τῶν πατέρων zugleich erfüllt und aufgehoben. Und wo noch von der Diatheke gesprochen wird, da ist sie historische Reminiszenz oder eben *neue* Diatheke im Unterschied zur alten.

Die heutigen Versuche, im Interesse einer gesamtbiblischen Theologie wie von der „eschatologisch verwandelten" „Zions-Tora"[555], so auch von der eschatologisch verwandelten Zions-Diatheke zu sprechen, sind Wege, die nicht offen stehen. Die eschatologische καινότης des Neuen Bundes versperrt sie. Diatheke eignet sich nicht als Katalysator einer gesamtbiblischen Theologie[556].

---

[553] G. KLEIN, Art. Gesetz III. Neues Testament: TRE 13 (120–141) 131. Mit noch so tiefsinnigen Meditationen über die Tora ist christlich-theologisch nichts gewonnen, solange die Christologie ausgeblendet bleibt. Gegen M. STÖHR, Die Bedeutung der Tora für die moderne Gesellschaft. Thesen und Fragen zur Eröffnung einer Diskussion. 9./10. April 1984 vorgetragen in der Studienkommission „Kirche und Judentum". Den Text verdanke ich Martin Hengel.

[554] G. KLEIN, aaO. 130.

[555] P. STUHLMACHER, Das Gesetz als Thema biblischer Theologie, in: DERS., Versöhnung, Gesetz und Gerechtigkeit. Aufs. zur biblischen Theologie. Göttingen 1981, 159. M.R. stellt U. LUZ fest:« „Eine von der Mosetora verschiedene, neue eschatologische Zionstora (gibt es) weder im Alten Testament, noch im Judentum, noch im Neuen Testament" (Gesetz. Kohlhammer TB 1015. Stuttgart/Berlin/Köln/Mainz 1981, 153, Anm. 175; vgl. auch G. KLEIN, aaO. 139).

[556] So H. KLEIN, Leben – neues Leben. Möglichkeiten und Grenzen einer gesamtbiblischen Theologie des Alten und Neuen Testaments: EvTh 43, 1983 (91–125) 95f. – Neuere atl. Beiträge zu einer Theologie der ganzen Bibel orientieren sich auch gar nicht an der Vorstellung des Bundes, sondern eher an der Selbigkeit Gottes oder am Ersten Gebot. Vgl. H. SEEBASS, Der Gott der ganzen Bibel. Biblische Theologie zur Orientierung im Glauben. Freiburg 1982; W.H.

Gleichwohl ist damit *nicht* gesagt, daß eine solche überhaupt nicht möglich ist. Mit der vorstehenden exegetischen Untersuchung sollte nur gezeigt
werden, daß es eine die beiden Testamente als heilsgeschichtliche Klammer
umgreifende „Bundestheologie" und damit eine am Bundesgedanken orientierte Theologie der ganzen Bibel nicht gibt. Mit Recht sieht das Judentum
von seinem Selbstverständnis aus im Christentum nicht die Erfüllung der
bᵉrît ḥᵃdāšāh von Jer 31,31ff. Umgekehrt aber versteht sich die Kirche als die
im Heilswerk Jesu gründende καινὴ διαθήκη, die keine empirisch-völkische
Größe mehr ist, sondern eine radikal eschatologische Größe, welche durch
die Eschatologisierung des Bundes in der prophetischen Predigt zwar schon
alttestamentlich angelegt ist, aber erst durch ein ganz neues schöpferisches
Heilstun Gottes in Christus Jesus verwirklicht wurde[556a].

Trotzdem bedeutet das Wissen um den qualifizierten Unterschied bzw.
um die qualitative Neuheit[557] selbstverständlich keine Fundamentaloppo-
tion gegen das Alte Testament oder gar – absurder Gedanke Marcions! –
gegen den Gott des Alten Testaments. Wie hätte es das auch sein können, wo
doch die Selbigkeit Gottes, seiner Verheißung und Erwählung, seiner Gnade
und seines Gerichtes ganz unstreitig zum Glaubenswissen der neutestamentlichen Zeugen gehört. Und das „Bundesschweigen" in weiten Teilen des
Neuen Testaments ist schon deshalb keine solche Fundamentalopposition,

---

SCHMIDT, Vielfalt und Einheit alttestamentlichen Glaubens. Konstruktionsversuch an einem
Pfeiler der Brücke „Biblische Theologie", in: „Wenn nicht jetzt, wann dann?" FS H.-J. Kraus.
Neukirchen 1984, 13–22; DERS., Die Frage nach der „Mitte" des Alten Testaments im Spannungsfeld von Religionsgeschichte und Theologie, in: Gott loben das ist unser Amt. Beiträge zu
einem Leitwort. Gedenkschrift OLKR D.J. Schmidt. Kiel 1984, 55–65. Auch H. GESE hat in
seinem Aufsatzband „Zur biblischen Theologie" (BEvTh 78) 1977 keinen thematischen Beitrag
zum „Bund". Dagegen in „Vom Sinai zum Zion" (BEvTh 64) 1974 spielt das Thema naturgemäß
eine Rolle (s. Register s.v. „Bund"). Zur Diskussion vgl. A.H.J. GUNNEWEG, „Theologie" des
Alten Testaments oder „Biblische Theologie"?, in: DERS., Sola Scriptura. Beiträge zu Exegese
und Hermeneutik des Alten Testaments. Göttingen 1983, 227–234.

[556a] Zu Jer 31,31–34 und Ez 37,26–28 hat R. BULTMANN, Glauben und Verstehen II 171–175
bereits angemerkt, daß „der Bund Gottes mit einem Volke, dessen Einzelne als Volksangehörige
der sittlichen Forderung Gottes genügen, ... ein eschatologischer Begriff (ist), weil ein solches
Volk keine reale empirisch-geschichtliche, sondern eine eschatologische Größe ist" (173). Und
er stellt die Frage, ob Jeremia und Ezechiel nicht „inkonsequent" seien, „wenn sie diesen
eschatologischen Bund immer noch als einen Bund Gottes mit einem künftigen empirischen
Volke Israel auffassen?" (174). Erst das NT beseitige diese Inkonsequenz, indem es in der
christlichen Gemeinde die Erfüllung der prophetischen Verheißung sieht (Hebr 8,8–12;
10,16f.). „Diese Gemeinde aber ist kein Volk als Gebilde der innerweltlichen Geschichte" (174).
Zur Sache vgl. auch H. HÜBNER, Rudolf Bultmann und das Alte Testament: KuD 30, 1984 (250–
272) 264f.

[557] E.P. SANDERS, Paul, the Law, and the Jewish People. Philadelphia 1983, 38 versucht das
zu einem *unqualifizierten* Unterschied herunterzuspielen, wenn er von überholter jüdischer
und neuer christlicher Gerechtigkeit spricht. Dagegen m.R. E. SCHWEIZER, ThLZ 109, 1984,
668.

weil der „Alte Bund" nicht einfach mit dem Alten Testament, ja nicht einmal
mit der Tora gleichgesetzt werden kann[558]. Es versteht sich von selbst, daß
die ersten christlichen ·Gemeinden „das Gesetz und die Propheten" (Röm
3,21) als heilige Schrift und Offenbarung Gottes behielten[559]. Ja, der frühen
Christenheit bis gegen Ende des 2. Jh.s war das Alte Testament ein christliches Buch unter dem Vorzeichen der Verheißung.

Was aber die schroffe Antithetik von Altem und Neuem Bund bei Paulus
und im Hebr anbetrifft, so kann sie einer kritischen Betrachtungsweise nur
dann als Argument dafür dienen, daß schon hier der Grund für jenen
unheilvollen „kirchlichen Triumphalismus" gelegt werde, zu dessen Wirkungsgeschichte schließlich auch Auschwitz zähle, wenn folgendes unbeachtet bleibt:

Die Verwerfung des Alten Bundes ist keine antijudaistische Radikaloppo-
sition gegen das Volk Israel, sondern theologische Kritik am Gesetz als
einem „falschen Vertrauen auf das Fleisch" (Phil 3,3f.; vgl. Gal 6,8; Röm
7,5f.), wodurch es zum $\varkappa\alpha\acute{\nu}\chi\eta\mu\alpha$ kommt, mit dem man nicht Gott, sondern
sich selbst die Ehre gibt. Zentralpunkt dieser *theologischen* Kritik ist bei
Paulus das $\dot{\alpha}\delta\acute{\nu}\nu\alpha\tau\sigma\nu$ $\tau\sigma\tilde{\nu}$ $\nu\acute{\sigma}\mu\sigma\nu$ (Röm 8,3), beim Hebr das $\dot{\alpha}\delta\acute{\nu}\nu\alpha\tau\sigma\nu$ $\gamma\grave{\alpha}\varrho$ $\alpha\tilde{\iota}\mu\alpha$
$\tau\alpha\acute{\nu}\varrho\omega\nu$ $\varkappa\alpha\grave{\iota}$ $\tau\varrho\acute{\alpha}\gamma\omega\nu$ $\dot{\alpha}\varphi\alpha\iota\varrho\epsilon\tilde{\iota}\nu$ $\dot{\alpha}\mu\alpha\varrho\tau\acute{\iota}\alpha\varsigma$ (Hebr 10,4), also die „Schwäche" des
Gesetzes bzw. des Kultes. Sofern Paulus in diesem Sinne den Alten Bund als
„Dienst des Todes" qualifiziert (2Kor 3,7) und der Hebr als $\dot{\epsilon}\gamma\gamma\grave{\nu}\varsigma$ $\dot{\alpha}\varphi\alpha\nu\iota\sigma\mu\sigma\tilde{\nu}$
(Hebr 8,13), kann man von „Antijudaismus" sprechen, der insofern dem
christlichen Glauben „essentiell" ist, als damit der Vorrang des Evangeliums
vor dem Gesetz festgehalten wird[560]. Mit U. Luz gesprochen ist *dieser*
„neutestamentliche Antijudaismus geradezu die Kehrseite des solus Christus, eine Kehrseite, die ohne Preisgabe des christlichen Zentrums kaum
aufhebbar" erscheint, „so schmerzlich das ist"[561]. Und es wäre falsch, die
schroffe Antithetik von Altem und Neuem Bund als innerjüdischen Zwist zu
verharmlosen. Bei Paulus jedenfalls ist das Gesetz keine bloß innerjüdische
Größe, „sondern eine alle Welt angehende Größe"[562]. Daß sie als solche vom
Juden Paulus behandelt wird, schwächt nicht die Antithese, sondern verschärft sie: Paulus *wußte*, wovon er sprach, wenn er das, was ihm einst

---

[558] H. GESE, Vom Sinai zum Zion 12f.

[559] H. FREIHERR V. CAMPENHAUSEN, Die Entstehung der christlichen Bibel (BEvTh 39) 1968,
20ff.; W.G. KÜMMEL, Art. Schriftauslegung III. Im Urchristentum: RGG³ V (1961) 1517ff.

[560] U. WILCKENS, Das Neue Testament und die Juden. Antwort an David Flusser: EvTh 34,
1974 (602–611) 611; vgl. auch G. KLEIN, „Christlicher Antijudaismus". Bemerkungen zu einem
semantischen Einschüchterungsversuch: ZThK 79, 1982 (411–450) 431.

[561] U. LUZ, Zur Erneuerung des Verhältnisses von Christen und Juden. Bemerkungen zur
Diskussion über die Rheinländer Synodalbeschlüsse: Jud. 37, 1981 (195–211) 205.

[562] F. MUSSNER, Traktat über die Juden. München 1979, 227.

„Gewinn" war, jetzt als „Unrat" bezeichnet, „um Christus zu gewinnen und in ihm zu sein" (Phil 3,7.8f.). Paulus war einst „untadelig in der Gerechtigkeit, wie das Gesetz sie vorschreibt" (Phil 3,6). Nicht von „außen" also lehnt er das Gesetz als Heilsweg ab, sondern gleichsam von „innen". Das Leben mit dem Gesetz war ihm einmal eine Selbstverständlichkeit, bis die „Erkenntnis Jesu Christi alles übertraf" (Phil 3,8). Es war die Erkenntnis: „Nicht meine eigene Gerechtigkeit suche ich, die aus dem Gesetz hervorgeht, sondern jene, die durch den Glauben an Christus kommt, die Gerechtigkeit, die Gott aufgrund des Glaubens schenkt" (Phil 3,9).

Auch der Hebr mit seinem Versuch, das Heil in Gegenüberstellung zum Alten Bund zu beschreiben, betreibt damit nicht eigentlich antijüdische Opposition. Sein Ziel ist die innerchristlich gezielte parakletische Aussage vom *besser* verbürgten Heil. Die Kontinuität der Verheißungs- und Erwählungsgeschichte ist ihm dabei ebenso eine Selbstverständlichkeit wie die Selbigkeit Gottes im Offenbarungshandeln einst und jetzt (Hebr 1,1f.)[563]. Der „Antijudaismus" – wenn man denn das Wort schon gebrauchen will[564] – ist neutestamentlich jedenfalls kein Anti-Judaismus in dem Sinn, daß er gegen das bestimmte Volk Israel gerichtet wäre. Beschnittene und Unbeschnittene können in diesem Zusammenhang vielmehr in gleicher Weise als „Juden" (oder als „Heiden") gelten, sofern sie ihr Vertrauen aufs Fleisch setzen. Mit dem Stoß gegen das Gesetz will Paulus jedenfalls nicht nur eine jüdische Seinsweise treffen, sondern eine anthropologische Grundverfassung[565]. Ähnliches gilt für den Hebr, wenn er die Überlegenheit des himmlischen Kultes über den irdisch-sarkischen herausstellt. In beiden Fällen handelt es sich also (auch historisch gesehen[566]) nicht um eine bloß innerjüdische Diskussion, sondern um die *alle*, Juden wie Heiden, angehende „umstürzende Grunderkenntnis", „daß nur der Gekreuzigte und nicht Mose das Heil schenken kann"[567].

Zuletzt wird man für die genaue Bestimmung von Kontinuität und Diskontinuität, von Entsprechung, Andersartigkeit und Überbietung des Neuen Bundes im Verhältnis zum Alten zu bedenken haben, was auch für die übergreifende Thematik der Verhältnisbestimmung von Altem und Neuem

---

[563] Zur Aporie des Hebr: *Gott* hat geredet und *er* tadelt die atl. Gegebenheiten wie Priestertum (7,11), Gesetz (7,19.28) und „ersten Bund" (8,7.13) vgl. H. BRAUN 21.
[564] Zur Problematik des Begriffes vgl. G. KLEIN, „Antijudaismus" (Anm. 560), *passim*.
[565] G. KLEIN, aaO. 447.
[566] Paulus steht in der Diskussion zwar als der Christ gewordene Jude, schreibt aber an überwiegend oder an rein heidenchristliche Gemeinden. Beim Vf. des Hebr spricht alles gegen eine Herkunft aus Palästina. Vgl. dazu W.G. KÜMMEL, Einleitung in das Neue Testament. Heidelberg [21]1983, 355.
[567] M. HENGEL, Die Ursprünge der christlichen Mission: NTS 18, 1971/72 (15–38) 24.

Testament zu gelten hat: Die ersten christlichen Gemeinden wollten das wahre Israel der letzten Heilszeit nicht ersetzen, sondern repräsentieren. „Dazu wußten sie sich im Namen Jesu berufen, und dafür beriefen sie sich auf die Schrift."[568] Nur: Ihr Christusglaube leitet sich nicht vom alten Buch her, sondern gründet in der Erfahrung der Auferweckung des Gekreuzigten. Aber das alte Buch war und blieb mit seinen göttlichen Verheißungen und Offenbarungen die Richtschnur für das theologische Verständnis des Heilsereignisses Jesus Christus. Nur im Zusammenhang mit den alten prophetisch-apokalyptischen Hoffnungen war es möglich zu verstehen, wer Jesus als Messias, Menschensohn, Herr usw. gegenwärtig und zukünftig ist. Nur mittels des in Ansehen stehenden Zeugnisses „der Schrift" ließ sich das gültig erklären – durch eine *christologische* Auslegung des Alten Testaments[569]. Das aber bedeutet: Die Autorität des Alten Testaments blieb selbstverständlich in Kraft; aber sie wurde anders erfahren und gesehen als bisher, weil „vor das alte Buch Christus getreten (ist)"[570]. In *dieser* neuen Perspektive, nach der alle von Gott gegebenen Verheißungen erst in Christus zur Erfüllung kamen (2Kor 1,20; vgl. Röm 15,8), wird „die Schrift" zum *Alten* Testament[571] und wird die *berît* zum *Alten* Bund, der im Neuen auf-gehoben ist[572].

---

[568] H. FREIHERR V. CAMPENHAUSEN, aaO. 28.

[569] Ebd., 28f.

[570] Ebd., 5; vgl. F. HESSE, Das Alte Testament als Buch der Kirche. Gütersloh 1966, 31: „Mag das Alte Testament noch so sehr in Bewegung sein hin auf das Neue, mag das Neue Testament sich in der überlieferungsgeschichtlichen Sicht fast wie ein letzter Teil des Alten darbieten, der Glaube des Christen hängt nicht an der Tatsache, daß das Neue Testament angeblich die alttestamentliche Gottesgeschichte im Lichte Jesu Christi noch einmal überschaut; er steht und fällt mit dem Faktum Jesus Christus und seiner Bezeugung. Jesus Christus aber ist allein im Neuen Testament bezeugt, mag auch das Alte, positiv wie negativ, in vielfacher Weise auf dieses Zeugnis hinführen. Ihren Einsatz kann folglich die christliche Theologie nur beim Zeugnis des Neuen Testaments haben. Anders ausgedrückt, indem wir wieder eine Antwort auf die Frage nach dem Normativen geben: Die neutestamentliche Botschaft als Zeugnis von Jesus Christus ist der gültige Maßstab, an dem alles zu messen ist: das, was vorher in der Geschichte, insbesondere der Religionsgeschichte Israels sich ereignete, und das, was nachher kam in der Geschichte der Kirche." Störend in diesem Zitat ist freilich das Wort „Religionsgeschichte".

[571] Vgl. dazu vor allem A.H.J. GUNNEWEG, Vom Verstehen des Alten Testaments. Eine Hermeneutik (GAT 5) 1977; darin bes. Kap. II „Das AT als Erbe" und Kap. VII „Das AT als Teil des christlichen Kanons".

[572] J.M. SCHMIDT, Biblische Vorstellungen von „Bund" (s. o. Anm. 21) 155.

Die antijüdische Polemik im
Johannesevangelium[1]

I.

Niemand vermag heute ein Thema wie dieses zu bearbeiten oder zu hören, ohne daß es für ihn zwangsläufig unter einen zeitgeschichtlich-politischen Aspekt rückt: den des Antisemitismus. Wir befinden uns hier in einer Befangenheit, die ihren Grund in der langen Geschichte des christlichen Antisemitismus hat[2] und in der Kirchengeschichte des Dritten Reiches potenziert und damit zugleich sichtbar gemacht wurde. Es wiegt schwer, wenn z. B. der Jude Jules Isaac in seiner Untersuchung *Genèse de l'Antisémitisme* (Paris, 1956) die Behauptung aufstellt, im Neuen Testament selbst liege der Anfang einer Bewegung, die auf die schließliche Diskriminierung der Juden als ein verstoßenes Volk, als *massa perditionis* hinziele, eine Bewegung, die, ‚in eine andere Tonart transponiert und mit anderen Gedankengängen verschmolzen, im kalten und berechnenden Haß des heutigen Antisemitismus endet'[3].

Besonders im Joh.-Ev. sehen jüdische Gelehrte[4] ein ausgesprochen judenfeindliches Buch, das nach Meinung von J. Isaac allein darum verfaßt wurde, um die ganze Verantwortung für die Kreuzigung Jesu auf die Juden zu wälzen und diese selbst als ein Volk darzustellen, das die Botschaft Gottes endgültig zurückgewiesen habe. Und selbst ein so leidenschaftlicher Bestreiter dieser jüdischen Ansicht wie Gregory Baum gibt zu: ‚Wenn man die ganze Geschichte des Hasses der Christen gegen die Juden zusammenfassen

---

[1] Die folgenden Ausführungen geben in leicht überarbeiteter Form meine Probevorlesung vor der Theologischen Fakultät in Marburg am 21. Januar 1964 wieder.

[2] Vgl. dazu J. PARKES, The Conflict between the Church and the Synagogue (London, 1934); DERS.: Antisemitism, an Enemy of the People (London, 1945); DERS.: Judaism and Christianity (Chicago, 1948); W. MAURER, Kirche u. Synagoge (Stuttgart, 1953); J. JOCZ, The Jewish People and Jesus Christ. A Study in the Controversy between Church and Synagogue (London, 1954); F. LOVSKY, Antisémitisme et mystère d'Israël (Paris, 1955); J. ISAAC, Jésus et Israël (Paris, 1948 und 2. Aufl. 1959); DERS.: Genèse de l'Antisémitisme (Paris, 1956); G. BAUM, Die Juden und das Evangelium. Eine Überprüfung des Neuen Testaments (Einsiedeln, 1963).

[3] G. BAUM, aaO. S. 14. 186.

[4] Siehe die bei J. JOCZ, ‚Die Juden im Johannesevangelium', Judaica 9 (1953), 129ff., und G. BAUM, aaO. S. 14ff., 27 Genannten.

und den aus dem Neuen Testament entnommenen angeblichen Motiven für
diesen Haß gegenüberstellen wollte, könnte man sich mit viel Recht darauf
berufen, daß der Verfasser des vierten Evangeliums der Vater des Antise-
mitismus der Christen ist.'[5] |

Nun, die *Be*deutung und *Miß*deutung des N.T.s, insonderheit des vierten
Evangeliums in der Geschichte des christlichen Antisemitismus ist hier nicht
darzustellen. Sie reicht von Chrysostomus, der sich für seine Haßtiraden
gegen die Juden besonders gern auf das Joh.-Ev. berief[6], bis hin zu E.
Hirsch[7], E. C. Colwell[8], W. Grundmann[9] und anderen, die alle einen
ausgesprochenen Antisemitismus im vierten Evangelium fanden. Hans Windisch versuchte damals in einem Aufsatz in der *Christlichen Welt* (1933) einer
weitverbreiteten theologischen Verirrung zu wehren. Er tat es mit der be-
zeichnenden Frage: Bedeutet Johannes ,die radikale Entjudung des Evangeliums?'[10] und antwortete: ,Es kann sich jede Partei auf Johannes berufen,
denn einerseits ist auch Johannes ohne Altes Testament nicht völlig zu
verstehen, auf der andern Seite unterstützt Johannes laut die Losung: los vom
Alten Testament' (Sp. 99). Windisch fügt dann freilich hinzu, Johannes sei
nicht das ganze N.T. und die Frage darum von ihm allein her nicht zu
entscheiden[11].

Der theologische Mißbrauch des vierten Evangeliums in jener Zeit hat
noch lange nachgeklungen. So z.B., wenn A. Oepke in seinem Buch *Das
neue Gottesvolk* (1950) die ironische Frage stellt: ,Sollte Johannes zu begreifen sein als Reaktion der nordischen Rassenseele?'[12], wobei die Absurdität
der Frage zugleich die Absurdität der ganzen damaligen Diskussion bloßstel-
len soll. Auch H. Strathmann betont noch 1959 eigens, daß die Auseinandersetzung zwischen Jesus und den Juden im vierten Evangelium nichts mit
Antisemitismus zu tun habe. ,Sie durch die Zeugnisse des antiken Antisemitismus erläutern zu wollen, wäre völlig verfehlt.'[13]

---

[5] AaO. S. 146.

[6] Chrysostomus, Adversus Judaeos, 1,5 (M.P.G. XLVIII, hier besonders die erste und
sechste der insgesamt acht Predigten gegen die Juden, bes. Sp. 847f. und 852).

[7] Das vierte Evangelium in seiner ursprünglichen Gestalt verdeutscht und erklärt (Tübingen,
1936).

[8] John Defends the Gospel (Chicago, 1936), S. 150: ,The first readers of the Forth Gospel
were . . . an anti-Semitic group, patriotic citizens of the Roman Empire'.

[9] Jesus der Galiläer und das Judentum (Leipzig, 1940), S. 224ff.

[10] H. WINDISCH, ,Das johanneische Christentum u. sein Verhältnis zum Judentum und zu
Paulus'. Chr. Welt XLVII (1933), 98–107, bes. Sp. 99.

[11] Einen klaren Protest gegen den Mißbrauch des Joh.-Ev. bedeutete der Aufsatz von W. W.
SIKES, ,The Anti-Semitism of the Forth Gospel', JR XXI (1941), 23ff.

[12] AaO. S. 232.

[13] N.T.D. IV (9. Aufl., 1959), S. 11. Daß Joh auf der antijüdischen Woge seiner Zeit
geschwommen sei, ist u.a. die Meinung von W. BAUER (HNT 6), Exk. z. 1,19; E. C. COLWELL,

Nach dem letzten Krieg hat sich die Situation völlig verändert, so verändert, daß sie einer Vertauschung der Fronten gleichkommt. Die christlichen Kirchen sind auf breitester Linie dazu übergegangen, die falschen Ansichten vergangener | Jahrhunderte über das Judentum als das verfluchte Volk zu korrigieren und den Beweis zu führen, daß das N.T. keine Spur von (weltanschaulichem) Antisemitismus enthält. Das schon zitierte Buch von Gregory Baum ist dafür symptomatisch.

Ich erwähne das alles zu Beginn, nicht, weil ich die Absicht hätte, mein Thema nun auch in dieser Weise apologetisch abzuhandeln. Sondern es geht mir gerade darum, unsere Wachsamkeit zu schärfen, daß wir nicht Fragestellungen an unseren Sachkomplex herantragen, die durch diesen zeitgeschichtlich-politischen Aspekt präformiert und dann gerade falsch sind.

II.

Die Auseinandersetzung Jesu mit den Juden zieht sich als roter Faden durch das ganze vierte Evangelium. Um ihr Wesen zu bestimmen, orientiert man sich in der Regel an dem Begriff Ἰουδαῖος, der nach der unbestrittenen Überzeugung aller Exegeten einen für Johannes charakteristischen Sprachgebrauch signalisiert[14]. Dennoch hat dieses Verfahren seine offensichtlichen Mängel. Wohl kann unser Verfasser im qualifizierten Sinn von den ‚Juden‘ als von den Gegenspielern Jesu schlechthin sprechen, und zwar an 33 von insgesamt 71 Stellen (1,19; 2,18.20; 3,25; 5,10.16.18; 6,41.52; 7,1.11.13.15; 8,22.48.52.57; 9,18.22; 10,24.31.33; 11,8.54; 13,33; 18,12.14.31.36; 19,7.31.38; 20,19). Aber er gebraucht den Begriff ebenso oft im unqualifizierten Sinne als von dem einfachen Volk bzw. der Volksmenge (10,19; 11,19.31.33.36.45; 12,9.11; 18,20.38; 19,12.14.20.21), vom hebräischen Volk im Unterschied zum heidnischen (18,33.35.39; 19,3.19.21) und von den Zeitgenossen Jesu mit ihren bestimmten Sitten und Gebräuchen damals (2,6.13; 3,1; 4,9; 5,1; 6,4; 7,2; 11,55; 19,40.42)[15]. Mit anderen Worten: eine einheitliche Bedeutung von Ἰουδαῖος läßt sich für Joh nicht herausstellen[16].

---

aaO. und W. SCHRAGE, ThWNT VII, 489f. – Vgl. dagegen jedoch W. W. SIKES, aaO. S. 24, u. A. OEPKE, aaO. S. 239.

[14] Die Synoptiker gebrauchen den Ausdruck nur selten, jedoch niemals ‚als eigentliche Bezeichnung des Volkes, mit dem Jesus es zu tun hat‘ (W. GUTBROD, ThWNT III, 376). Vgl. J. JOCZ, Judaica, IX (1953), 139.

[15] Zur Sache vgl. W. LÜTGERT, Die Juden im Joh.-Ev., Festschr. f. G. Heinrici (1914), S. 147ff.; W. BAUER, Exk. z. 1,19; W. GUTBROD, ThWNT III, 378, 26ff.; J. JOCZ, aaO. S. 139ff.; G. BAUM, aaO. S. 150ff.

[16] Mit W. GUTBROD, ThWNT III, 378, 29ff.; J. JOCZ, aaO. S. 139f.; J. A. T. ROBINSON, ‚The Destination and Purpose of St John's Gospel‘, N.T.S. VI (1959/60), 125 gegen A. SCHLATTER,

Oder anders ausgedrückt: Der Sprachgebrauch von Ἰουδαῖος dient im Sinne des Verfassers nicht *prinzipiell* als Signalelement für die Jesusfeindschaft. Bultmanns Urteil: ‚Das für den Evangelisten charakteristische οἱ Ἰουδαῖοι faßt die Juden in ihrer Gesamtheit zusammen, so wie sie als Vertreter des Unglaubens . . . vom christlichen Glauben | aus gesehen werden'[17], muß zumindest dahingehend modifiziert werden, daß die Juden vielmehr unter einem *doppelten* Aspekt gesehen werden: einerseits als heilsfähig (4,22; 5,46; 8,39; 10,16; 11,45; 19,38f. – 8,31 u. 9,16 berichten, daß einige von den Pharisäern, 12,42, daß einige von den ‚Oberen' zum Glauben an Jesum kamen!), andererseits als grundsätzlich feindlich[18]. Auf keinen Fall also ist es möglich, sie *in toto* als *massa perditionis* zu disqualifizieren, wie einst Wellhausen[19], Heitmüller[20] und Fr. Overbeck[21] taten. Allenfalls für die behördliche Repräsentanz des jüdischen Volkes, für die – wie E. Stauffer sagt – ‚Männer der klerikalen Regierungspartei'[22], für die ‚feindselige Beamtenclique'[23], für die Johannes auch gelegentlich die traditionellen Bezeichnungen οἱ ἀρχιερεῖς, οἱ Φαρισαῖοι (7,32.45.47f.; 11,47.57; 12,16; 18,19.35; 19,6.21 u.ö.) bzw. auch οἱ ἄρχοντες einsetzen kann (3,1; 7,26.48; 12,42), gilt das Verdikt: ‚Ihre Sünde bleibt!' (9,41). Diese Juden sind zudem ausdrücklich gegen den ὄχλος abgegrenzt (5,15; 7,13; 9,22; 18,12. Vgl. bes. 4,1 mit 7,1)[24]. Allerdings muß man zugestehen, daß an einigen Stellen auch die Juden *als Volk* die grundsätzliche Jesusfeindschaft repräsentieren (6,41.52; 10,31.33; 11,8.54). ‚Besonders in der Leidensgeschichte . . . ist es nicht leicht zu unterscheiden, wann „die Juden" sich auf das Volk bezieht und wann auf die Hohenpriester und ihre Gefolgschaft, insbesondere weil vom grammatikalischen Standpunkt aus das Subjekt den ganzen Bericht hindurch dasselbe bleibt.'[25] Vgl. besonders 18,28 und 19,16! Kurzum: es kommt durch diesen ständigen Wechsel von generalisierender[26] und allgemein üblicher Termino-

---

Die Sprache und Heimat des vierten Evangelisten (Gütersloh, 1902), S. 44 und R. Bultmann, Das Evgl. d. Joh. (Meyer, 11. Aufl., 1950), S. 59.

[17] AaO. S. 59.

[18] So richtig E. K. Lee, The Religious Thought of St John (London, 1950), S. 121ff. Vgl. auch A. Oepke, aaO. S. 238, und E. C. Hoskyns-F. N. Davey, The Fourth Gospel (London, 1947), S. 356.

[19] Das Evangelium Johannis (Berlin, 1908).

[20] ‚Das Johannes-Evangelium', in: Die Schriften des Neuen Testaments, II (2. Aufl., 1908), S. 688.

[21] Das Johannesevangelium. Studien zur Kritik seiner Erforschung (Tübingen, 1911), S. 394.

[22] E. Stauffer, ‚Probleme der Priestertradition', Th. L. Z. 81 (1956), 146 und Anm. 64.

[23] So G. Baum, aaO. S. 151.

[24] Vgl. dazu R. Bultmann, Joh.-Kom., S. 59. 209, Anm. 8.

[25] G. Baum, aaO. S. 153.

[26] Joh. differenziert nicht mehr wie die Synoptiker das jüdische Volk in Arme, Reiche, Dirnen, Sünder, Gerechte, Sadduzäer, Herodianer, Zeloten, Zöllner und Schriftgelehrte. Dies

logie ‚eine ge-|wisse Zweideutigkeit‘ (G. Baum) in die ganze Darstellung, so daß es sich nicht empfiehlt, den Sprachgebrauch von Ἰουδαῖος zum Schlüssel für das Verständnis der antijüdischen Polemik im Joh.-Ev. zu machen.

III.

Zweckmäßiger erscheint es mir, wenn wir zunächst einmal fragen, worum es in der Auseinandersetzung Jesu mit den Juden überhaupt geht, welche Streitfrage oder welche Streitfragen hier ausgetragen werden.

Wenn es zutrifft, daß den einzelnen Aussagen des *Prologs* 1,1–18 als dem ‚Kopf‘ des Evangeliums[27] gleichsam ‚diagnostische‘ Bedeutung zukommt[28], so haben wir in 1,17 einen ersten deutlichen Hinweis auf den Streitpunkt: ‚Das Gesetz ist durch Mose gegeben, die Gnade und Wahrheit kam durch Jesus Christus.‘ Das gilt selbst dann, wenn E. Käsemann[29] und E. Haenchen[30] mit der gegenteiligen Meinung recht behalten sollten, daß diese 18 Verse ‚weder ein Summarium des Evangeliums noch eine pädagogische Einführung für den hellenistischen Leser‘ darstellen (Käsemann, S. 99), also gar kein ‚Prolog‘ sind, sondern ‚vielmehr der regelrechte Anfang des vierten Evangeliums selbst‘ (Haenchen, S. 308). Denn entweder ist dieser Vers ein Zusatz des Evangelisten zu seiner Vorlage – was die meisten annehmen –, dann lernen wir hier ohnehin seinen eigenen Standpunkt kennen. Oder aber er hat ihn schon aus der christlichen Vorlage mit übernommen (Haenchen). Dann aber ist die Tatsache, daß er ihn akzeptabel fand, obwohl ‚V. 17 eine der paulinischen nähere Theologie vertrat, als sie im vierten Evangelium zu Wort kommt‘ (Haenchen, S. 311), Beweis genug, daß dieser Vers zumindest seiner eigenen Überzeugung nicht widersprach.

V. 17 parallelisiert antithetisch und gut paulinisch Nomos und Charis[31]. Man denkt also zunächst und beinahe selbstverständlich daran, daß es hier um die Befreiung vom jüdischen Dienst der Knechtschaft durch das Evange-

---

markiert deutlich seinen fortgeschrittenen kirchlichen Standpunkt, von dem aus er auf die Jesuszeit zurückblickt. Diese zeitliche Distanz umgreift zugleich eine sachliche Distanzierung, wenn er von den jüdischen Bräuchen als von etwas Fremdem redet (2,6.13; 5,1; 6,4; 7,2; 19,40), vor allem, wenn er Jesus vom jüdischen Gesetz Distanz nehmen läßt (8,17; 10,34 u. ö.).

[27] R. Schnackenburg, ‚Logos-Hymnus und Johanneischer Prolog‘, B.Z., N.F. I (1957), 69–109. Vgl. auch R. Bultmann, Joh.-Kom., S. 1ff.

[28] So W. Baldensperger, Der Prolog des vierten Evangeliums. Sein polemisch-apologetischer Zweck (Freiburg i. Br., 1898).

[29] ‚Aufbau und Anliegen des johanneischen Prologs‘, in: Libertas Christiana, Festschr. für F. Delekat (1957), S. 75–99.

[30] ‚Probleme des johanneischen „Prologs“, Z. Th. K. 60 (1963), 305–34.

[31] Vgl. Hoskyns-Davey, aaO. S. 152; J. H. Bernard, A Critical and Exegetical Commentary on the Gospel According to St John (I. C. C.), I (Edinburgh, 4. Aufl., 1953), S. 30.

lium von der Gnade geht bzw. um die Ablösung des Alten Bundes durch den Neuen³². |

So verstanden scheint allerdings kein Weg zum Verständnis der christlich-jüdischen Antithesen des übrigen Evangeliums zu führen. Weniger, weil der Begriff χάρις im Evangelium sonst nicht mehr auftaucht. Sondern vor allem darum, weil der Gegensatz des durch Mose gewordenen Gesetzes zu der durch Jesus Christus gewordenen Gnade und Wahrheit sonst fehlt (E. Haenchen legt auf diese Feststellung Gewicht³³). Ja, er fehlt nicht nur! Er scheint sogar zurückgenommen, wenn Jesus den Juden entgegenhält: ‚Wenn ihr Mose glaubtet, würdet ihr mir glauben; denn über *mich* hat jener geschrieben‘ (5,46). Und auch die in 4,22 festgehaltene heilsgeschichtliche Prärogative Israels (‚Das Heil kommt von den Juden!‘) scheint diesem Gegensatz klar zu widersprechen.

Im Grunde aber sind das alles nur scheinbare Aporien. Macht man nämlich nicht den Paulinismus, sondern – wie es methodisch sehr viel mehr geboten ist – den Kontext des übrigen Evangeliums zum Auslegungskanon von 1,17, so zeigt auch er schon klar die eigentlich johanneische Antithese an. Und die lautet: jüdische *Religion* und christliche Religion (W. Wrede), *Synagoge* und *Kirche* (Hoskyns-Davey; A. Oepke)³⁴. Der mit Nomos = ‚Tora‘ umschriebenen Offenbarung wird die in Jesus Christus gegebene in ihrer *Absolutheit* entgegengesetzt³⁵. |

---

³² So z.B. W. HEITMÜLLER, aaO. S. 695, 725. – Ähnlich folgert auch M.-E. BOISMARD, Le Prologue de Saint Jean (Lectio divina II) (Paris, 1953), S. 166, daß Joh. 1,14–18 in der urchristlichen Tradition des Vergleiches der beiden Bund-Mittler (Mose und Christus) steht, wie sie z.B. 1Kor 10,1–6 und Hebr 3,1ff. vorliege. Ähnlich auch R. SCHNACKENBURG, L. Th. K., 2. Aufl., V, 1002. – Daß Joh. das Verhältnis von Gesetz und Gnade als ein solches von ‚Schatten‘ und ‚Wirklichkeit‘ sieht wie Hebr 10,1 und Kol 2,17 (so G. H. C. MACGREGOR, The Gospel of John [The Moffatt N.T.] (11. Aufl., London 1953), S. 21), oder daß er den Nomos als *praeparatio evangelica* versteht (R. H. LIGHTFOOT, St John's Gospel [Oxford, 1956], S. 86), ist sicher unzutreffend. Richtig A. WIKENHAUSER z. St.: ‚Da die beiden Vershälften in scharfer Antithese zueinander stehen, wird nur der Gegensatz zwischen Altem und Neuem ins Auge gefaßt‘ (‚Das Evangelium nach Joh‘, R. N. T. IV [3. Aufl., 1961]).
³³ E. HAENCHEN, aaO. S. 311, Anm. 36. Vgl. auch DERS.: ‚Aus der Literatur zum Johannesevangelium 1929–1956‘, Th. R. 23 (1955), 326, wo er dem Versuch von E. HIRSCH, Joh ganz vom Gegensatz Gesetz/Gnade her auszulegen, entgegentritt mit dem richtigen Argument, daß die Freiheit vom Gesetz ‚für Johannes nicht mehr aktuell‘ war.
³⁴ Vgl. W. WREDE, ‚Charakter und Tendenz des Johannesevangeliums‘, S.G.V. XXXVII (1903 = 2. Aufl., 1933), 32. – H. WINDISCH, aaO. S. 107, findet ‚Anerkennung und Beiseiteschiebung‘ der at'l. Religion zugleich. Ähnlich K. BORNHÄUSER, ‚Das Johannesevangelium eine Missionsschrift für Israel‘, BFChTh II, 15 (1928), 13f.; A. SCHLATTER, Der Evangelist Johannes (Stuttgart, 1930), S. 33. – 1,17 gilt oft auch als *dictum probans* dafür, daß der ganze Prolog antithetisch gegen die Tora gezielt ist, vgl. STRATHMANN, S. 12; OEPKE, S. 234; G. MOLIN: Die Söhne des Lichtes (Wien und München, 1954), S. 237, Anm. 76 und 82a.
³⁵ Vgl. R. BULTMANN, Joh.-Kom., S. 53; J. WELLHAUSEN, S. 111; A. WIKENHAUSER, aaO. S. 50.

So verstanden ist 1,17 nun eben doch ein erster Index für die durch das ganze Evangelium hindurch zur Debatte stehende Streitfrage, bei der es im Grunde immer nur um den Absolutheitsanspruch des Offenbarers Jesus geht, und zwar – wie 1,17 angesagt – im Widerspiel von Moses und Christus[36] bzw. von νόμος und ἀλήθεια[37]. Wobei die ,Tora‘ Nomenklatur ist für eine bestimmte synagogale Dogmatik, ebenso wie ἀλήθεια bzw. Jesus Christus Inbegriff eines bestimmten kirchlichen – um nicht zu sagen: dogmatischen Bekenntnisses ist. In diesem Sinne finden wir die Antithese Mose/ Christus direkt ausgesprochen in 6,32: ,Nicht *Mose* hat euch das Brot aus dem Himmel gegeben, sondern mein Vater gibt euch das wahre Brot aus dem Himmel‘ (vgl. 6,49f.). Noch deutlicher ist 9,28f.: der von Jesus geheilte Blindgeborene fragt die ihn verhörenden Juden, ob sie denn Jünger Jesu werden möchten. Darauf antworten sie ihm: ,*Du* bist sein Jünger; *wir* aber sind *Moses* Jünger. Wir wissen, daß Gott zu *Mose* geredet hat; von *diesem* aber wissen wir nicht, woher er ist.‘ Indirekt ist diese Antithese an all den Stellen ausgesprochen, an denen Jesus in sachlich sich distanzierender Weise vom Gesetz der Juden als von ,*ihrem* Gesetz‘ redet, mit dem er selber nichts zu tun hat (8,17; 10,34; 15,25; vgl. 7,19.22)[38].

Völlig deutlich wird schließlich der Tatbestand, daß in der ,Tora‘ nicht der Codex jüdischer Kasuistik, sondern die synagogale Dogmatik in ihrer unversöhnlichen Gegnerschaft gegen das christliche Bekenntnis von der Messianität Jesu – oder sagen wir besser: die Chiffre für das wahre Wesen der ungläubigen Juden auf dem Plan ist, wenn wir uns die Verfolgungs- und Tötungsbeschlüsse der Juden samt ihrer Begründung näher ansehen.

Erstmals ist davon 5,16 die Rede. Jesus hat den seit 38 Jahren Gelähmten am Teich Bethesda geheilt, und zwar – wie ausdrücklich betont wird – an | einem Sabbath (5,9). Die jüdische Behörde interveniert, und der Vf. merkt

---

[36] Vgl. C. K. BARRETT, The Gospel according to St John (London, 2. Aufl., 1956), S. 141. – Nach M.-E. BOISMARD, aaO. S. 170, soll 1,17 zeigen, ,que le Christ est le nouveau Moïse de l'alliance nouvelle‘. Auf gar keinen Fall! Denn sofern Mose der Repräsentant der Tora ist, erscheint Christus als sein *Antityp* (siehe oben)! Überhaupt bleibt zu bedenken, daß die heilsgeschichtliche Abfolge vom Alten zum Neuen Bund kein Thema des vierten Evangelisten ist (vgl. R. BULTMANN, Theologie des N.T. [Tübingen, 4. Aufl., 1961], S. 360), ja, daß er überhaupt nicht heilsgeschichtlich denkt. Vgl. dazu besonders EDUARD SCHWEIZER, ,Der Kirchenbegriff im Evangelium und den Briefen des Johannes‘, in: Stud. Evangelica, T. U. LXXIII (Berlin, 1959), S. 363–381 (= Neotestamentica [Zürich, 1963], S. 254–71, bes. S. 260f.). [Anders J. BEUTLER, Habt keine Angst, SBS 116, 1984, 51ff.].

[37] Vgl. HOSKYNS-DAVEY, aaO. S. 152.

[38] Es bedeutet eine unerlaubte Abschwächung dieses scharfen Gegensatzes, wenn G. BAUM sagt, der johanneische Jesus habe nur unterscheiden wollen ,zwischen dem, wie er selbst sich die Tora zu eigen gemacht hatte und sie erfüllte, und wie die Führer sie überhaupt nicht verstanden‘ (aaO. S. 170). Richtig R. BULTMANN, Joh.-Kom., S. 59 u. Ergh. 2. Aufl., S. 16; FEINE-BEHM-KÜMMEL, Einl. in das N.T. (Heidelberg, 13. Aufl., 1964), S. 159.

an: ‚Deshalb verfolgten die Juden Jesus, weil er dies an einem Sabbath getan hatte‘ (vgl. 5,18!). 7,19ff. kommt Jesus noch einmal darauf zurück: ‚Mose hat euch die Beschneidung gegeben . . . und ihr beschneidet einen Menschen am Sabbath. Wenn ein Mensch am Sabbath die Beschneidung empfängt, damit das Gesetz Moses nicht aufgelöst wird, zürnt ihr da mir, daß ich einen ganzen Menschen am Sabbath gesund gemacht habe? Richtet nicht nach dem Schein, sondern übt gerechtes Gericht!‘ – 9,16, nach der Heilung des Blindgeborenen am Sabbath, sagen etliche von den Pharisäern: ‚Dieser Mensch ist nicht von Gott her, *weil er den Sabbath nicht hält.*‘[39] Die Mißachtung des Sabbathgebotes ist also *ein* Kasus, der Jesus in Widerspruch zu den Juden setzt. Aber es ist noch nicht der todeswürdige. Der ist ein anderer, nämlich die Gotteslästerung, konkret: der *Messiasanspruch.* Das kommt wohl am deutlichsten in 10,30ff. zum Ausdruck: Jesus bejaht die Frage der Juden, ob er der Messias sei, und fügt hinzu: ‚Ich und der Vater sind eins‘ (V. 30). Die Reaktion der Juden entspricht ganz ihrem Gesetz (Lev 24,16; Jos. *Ant.* 4,8.6; Sanhedr. 5,3ff.; Act 7,58): sie wollen ihn für diese Lästerung steinigen (V. 31). ‚Jesus begann und sprach zu ihnen: Viele gute Werke vom Vater her habe ich euch sehen lassen; wegen welches unter diesen Werken wollt ihr mich steinigen? Die Juden antworteten ihm: Nicht wegen eines guten Werkes wollen wir dich steinigen, sondern wegen einer Lästerung, und zwar weil du, der du ein Mensch bist, dich zu Gott machst‘ (V. 32–34). Damit ist der Hauptstreitpunkt klar formuliert. Wir finden ihn so oder ähnlich noch öfter: 5,17 verteidigt Jesus die Heilung des Gelähmten mit dem Hinweis: ‚Mein Vater wirkt bis jetzt, und ich wirke auch.‘ ‚Deshalb nun suchten die Juden noch mehr, ihn zu töten, weil er nicht nur den Sabbath gebrochen, sondern auch Gott seinen Vater genannt und sich selbst Gott gleichgemacht hatte‘ (5,18). Dieser Anspruch Jesu also, daß er sagen kann: der Vater hat mich gesandt (7,29f. und viele andere Stellen; siehe Konkordanz s. v. *πέμπειν*), daß er – obwohl Josephs und Marias Sohn – behauptet: ‚Ich bin aus dem Himmel herabgekommen‘ (6,41; vgl. 6,50.58); ich kann euch mein Fleisch zu essen geben (6,52); die Schriften sind es, die von *mir* zeugen (5,39); Mose hat über *mich* geschrieben (5,46); euer Vater Abraham frohlockte, daß er meinen Tag sehen sollte, und er sah ihn (8,56); ehe Abraham war, bin ich (8,58) – das alles vermag bei den gesetzesstrengen Juden nur die entsetzte Frage zu provozieren: ‚Wozu machst du dich selbst?‘ (8,53). Sie wehren sich, weil hier ihre Messiasdogmatik auf | dem Spiel steht. Und zwar wehren sie sich mit dem

---

[39] Das sieht zunächst doch wie eine rabbinische Disputation über Fragen des Gesetzes aus. Doch ein Vergleich mit Mk 2,23–3,6 zeigt sofort den Unterschied: bei Mk die Frage, wieweit das Sabbathgebot für *den Menschen* Gültigkeit hat; bei Joh allein Demonstration der Vollmacht Jesu als des Gottessohnes (vgl. R. BULTMANN, Theol., S. 356).

strengen Maßstab der Tora: Ein Winkelprophet kann nicht der Messias sein[40]! ‚Kommt denn der Messias aus Galiläa?' (7,41; vgl. 7,52). ‚Von diesem (Jesus) wissen wir doch, woher er ist; wenn aber der Messias kommt, weiß niemand, woher er ist' (7,27). ‚Wir haben aus dem Gesetz gehört, daß der Christus in Ewigkeit bleibt; wie kannst du sagen, der Sohn des Menschen müsse erhöht werden? Wer ist dieser Sohn des Menschen?' (12,34)[41]. Die Juden messen auch das Volk, unter dem es ob der Zeichen, die Jesus tat, zu einem Schisma gekommen war (7,43; 9,16; 10,19), mit demselben strengen Maßstab der Tora, drohen mit Exkommunikation aus der Synagoge (9,22; 12,42; 16,2)[42] und haben überhaupt für die schwankende Haltung des Volkes nur *eine* Erklärung: ‚Dieses Volk, welches das *Gesetz* nicht kennt – verflucht sind sie!' (7,49). Für sich selbst achten die jüdischen Behörden so sehr auf Gesetzestreue, daß sie beim Prozeß Jesu vor Pilatus nicht einmal in die Burg hineingehen (18,28b). ‚Sie scheuen die levitische Verunreinigung und wollen das Passahlamm rein verzehren können.'[43] Kurz: es steht überall die ‚Tora' als die Summe synagogaler Gesetzlichkeit – oder genauer: als Chiffre des verkehrten jüdischen Wesens gegen Christus, den Messias des christlichen Bekenntnisses. An zwei Stellen (11,47ff. und 12,10f.) wird wohl auch die Eifersucht der behördlichen jüdischen Instanzen als Verfolgungsgrund genannt. Und Pilatus gegenüber wird Jesus politisch verdächtigt (18,33; 19,12). Oder es kann das Tötungsbegehren auch einmal mit der allgemeinen Feststellung begründet werden, daß Jesus ein ‚Verbrecher' ist (18,30). Aufs ganze gesehen aber ist die Feindschaft der Juden gegen Jesus zunächst einmal nichts anderes als ein nach ihrem eigenen Selbstverständnis unvermeidliches und beharrliches Insistieren auf ihrer Tora. Und insofern faßt 19,7 die gesamte Auseinandersetzung nach Motiv und Wesen | völlig sachgemäß zusammen: ‚Wir haben ein *Gesetz*, und nach dem Gesetz *muß er sterben!'*[44]

---

[40] Joh 2,45f.! – W. Heitmüller war der Meinung, daß Joh *diesen* Vorwurf (Winkelprophet!) damit zu entkräften suchte, daß er Jesus am meisten in Jerusalem und an den großen jüdischen Festen auftreten ließ, aaO. S. 705. Eine überzeugende Erklärung! Erwägenswert ist auch die Erklärung von T. C. Smith, Jesus in the Gospel of John (Nashville, 1959), S. 144ff., bes. S. 182: Joh benütze die betonte Herausstellung der jüdischen Feste als ‚Kontext', um den Juden zu zeigen, daß *Jesus* die Erfüllung *aller* göttlichen Verheißung sei.

[41] Zur Sache vgl. bes. W. Wrede, aaO. S. 43ff., der alle Streitpunkte unter diesem Gesichtspunkt zusammengestellt hat.

[42] Vgl. dazu K. L. Caroll, ‚The Fourth Gospel and the Exclusion of Christians from the Synagogues', in: Bulletin of the John Rylands Library, XL, 1 (1957/8), 19–32; W. Schrage, Art. ἀποσυνάγωγος, ThWNT VII, 845ff.

[43] H. Schlier: ‚Jesus und Pilatus nach dem Johannesevangelium'. Beiträge z. Ev. Theol. I (1940), 28ff. (= Die Zeit der Kirche [1956], S. 56–74; bes. S. 58). Vgl. auch E. Haenchen, ‚Jesus vor Pilatus', Th. L. Z. 85 (1960), 93–102, bes. S. 95f.

[44] Das gilt unbeschadet der Tatsache, daß der νόμος in 19,7 nicht allgemein die Tora meint, sondern das Einzelstatut, also speziell den Kasus der Gotteslästerung (Barrett, S. 451); denn

IV.

Dennoch ist die Kollision von Tora und Christus zuletzt nur ein Stilelement, mit dessen Hilfe Johannes eine nach Ursache und Wesen sehr viel tiefer
liegende Krisis zur Aussage bringt.

Schon Julius Wellhausen wies darauf hin, daß der Kampf gar nicht auf
gemeinsamem Boden geführt wird. Er ist ‚in Wahrheit ein Protest gegen das
Judentum, weil es nicht Christentum ist‘[45]. Man hat nicht den Eindruck, als
sollten die Gegner gewonnen oder widerlegt werden, sondern als solle allein
das trennende Moment auf das schroffste hervorgekehrt werden[46]. Um nur
ein typisches Beispiel zu nennen: Auf Jesu Selbstprädikation ‚Ich bin das
Licht der Welt‘ halten ihm die Pharisäer entgegen: ‚Du zeugst von dir selbst,
dein Zeugnis ist nicht wahr.‘ Jesu Antwort: ‚Auch wenn ich von mir selbst
zeuge, ist mein Zeugnis wahr, denn ich weiß, woher ich gekommen bin und
wohin ich gehe; ihr wißt aber nicht, woher ich komme und wohin ich gehe‘
(8,12–14). In einer wirklichen Diskussion wäre eine solche Argumentation
unmöglich. Aber die soll ja auch gar nicht geführt werden! Zwar diskutiert
Jesus mit den Juden. Aber die verhandelten Themata sind kaum *Fragen des
jüdischen Horizontes*[47], also nicht Sabbathgebot (siehe oben S. 142,
Anm. 39), nicht Fasten, nicht Reinheit, nicht Ehescheidung, nicht Erwählung Israels und Heidenmission. *Dieser* israelitische Horizont ist für Joh
versunken. Geblieben ist für ihn allein Jesu Kommen und Gehen und was das
an Heil für die *Welt* bedeutet[48]. Jesus attackiert seine Gegenspieler auch gar
nicht mehr wie in den Synoptikern wegen ihrer pervertierten Frömmigkeit
und Moral. ‚Die Sünde der Juden liegt auch nicht wie bei Paulus in ihrer
Ethik, sondern in ihrer Dogmatik.‘[49] Jesus benutzt die ganze Auseinandersetzung vielmehr in einer merkwürdigen ‚Abstraktion‘ (Wrede) immer nur
dazu, um das Zeugnis von sich selbst als dem Gesandten zu sagen. Es
versinkt auch hierbei alles – wie E. Käsemann sagt – | ‚im Symbolismus‘[50].
D.h.: Die stereotyp auf ihrer Tora insistierenden Juden sind damit gar nicht
hinsichtlich ihrer empirischen Vorfindlichkeit als besonders gesetzesstreng

---

so oder so deklarieren die Juden damit Jesu Tod als Erfüllung des Gesetzes, 11,50.51 (vgl.
HOSKYNS-DAVEY, S. 253; bes. H. WINDISCH, Christl. Welt XLVII [1933], 104f.).
   [45] J. WELLHAUSEN, S. 111; vgl. S. 121ff.
   [46] J. WELLHAUSEN, S. 122.
   [47] W. WREDE, S. 25.
   [48] Vgl. R. BULTMANN, Theol. S. 356.
   [49] R. BULTMANN, Theol. S. 380.
   [50] E. KÄSEMANN, ‚Besprechung von R. BULTMANN, Joh.-Kom.‘, V.F. (1942/6), (1946/7),
S. 189. Vgl. auch schon W. WREDE, S. 19. Ferner W. HEITMÜLLER, S. 688; H. WINDISCH: ‚Die
Absolutheit des Johannesevangeliums‘, ZSysTh 5 (1927), S. 3–54, bes. S. 41.

charakterisiert[51], sondern hinsichtlich ihres *Wesens* als besonders *ungläubig*. Selbst ihr Pochen auf die Tora ist zuletzt nichts anderes als Mißverstehen und Lüge! Denn die Schriften zeugen ja von Jesus (5,39)! Und Mose, in dem die Juden ihren zuverlässigen Anwalt für ihre vermeintlich gerechte Sache zu haben meinen, ist in Wahrheit ihr heftigster Ankläger (5,45ff.). Kurz: die ‚Juden‘ sind von unserem Vf. überhaupt nicht als empirisches Volk genommen, sondern als ‚stilisierte Typen‘, als ‚ideelle Vertreter des Judentums, das auf Grund des Gesetzes Jesus ablehnt‘[52], als ‚Vertreter einer Religion, die für den Christusglauben keinen Raum hat‘[53]. Die einzig mögliche Begegnisweise mit diesem Judentum ist darum auch nur noch der *Prozeß* – die ganze Darstellungsweise des Joh weist ja deutlich Prozeßcharakter auf, wie die Häufigkeit der Termini ‚zeugen‘ und ‚Zeugnis‘ beweist[54] – bei dem der Paraklet die Welt überführen wird betreffs Sünde und Gerechtigkeit und Gericht; ‚betreffs Sünde, sofern sie nicht an mich glauben; betreffs Gerechtigkeit, sofern ich zum Vater gehe und ihr mich nicht mehr seht; betreffs Gericht, sofern der Herrscher dieser Welt gerichtet ist‘ (16,8–11; Übers. nach Strathmann)[55].

V.

Wir haben gesehen: die sich scheinbar historisch gebende Auseinandersetzung zwischen Jesus und den Juden ist in Wahrheit der für Joh charakteristischen Symbolik unterworfen, in der er das Offenbarungsgeschehen entfaltet[56]. Sie gehört also zuletzt in den Zusammenhang dessen, was man den johanneischen | *Dualismus* nennt, ‚die grundsätzliche dualistische Darstellung des Gegensatzes zwischen dem ἄρχων τοῦ κόσμου τούτου und dem Christus‘ (12,31; 16,33)[57]. Damit sind wir in eine sehr viel tiefere Dimension der Sachproblematik verwiesen.

---

[51] Es ist eine öfter vertretene Meinung, die Polemik Jesu richte sich ausschließlich gegen das *gesetzesstrenge* Judentum (z. B. W. Lütgert, aaO. S. 147ff.; K. Bornhäuser, aaO. S. 19ff.; W. W. Sikes, aaO. S. 24f.) bzw. dessen ‚öffentliche Vertreter‘ (G. Baum, aaO. S. 164). Vgl. dagegen jedoch R. Bultmann, Joh.-Kom., S. 59, Anm. 7.

[52] L. Goppelt, ‚Christentum und Judentum im ersten u. zweiten Jahrhundert‘, BFChTh II, 55 (1954), 252.

[53] E. Haenchen, ‚Judentum u. Christentum in der Apostelgeschichte‘, Z. N. W. 54 (1963), 155. – Vgl. auch A. Oepke, aaO. S. 235.

[54] Vgl. W. Heitmüller, S. 692; W. Wrede, S. 40ff., bes. H. Schlier, aaO. S. 56ff. [J. Beutler, EWNT II 960ff.].

[55] Vgl. dazu R. Bultmann, Joh.-Kom., S. 432ff.; Barrett, S. 405ff.

[56] E. Käsemann, aaO. S. 189: ‚Die „Historie" ist in unserm Evangelium bloß noch Reflex theologischer Abstraktion, das vorweggenommene Echo der Verkündigung.‘ – Das trifft auf die Polemik genau zu!

[57] Feine-Behm-Kümmel, Einl. S. 159. Vgl. auch A. Oepke, aaO. S. 232.

Das wird sofort deutlich, wenn wir uns dem Text zuwenden, der den ‚Höhepunkt‘ (Windisch) des Streites darstellt und in der Tat ‚eine *klassische Zusammenfassung* der wahren Gründe der Auseinandersetzung zwischen Jesus und den Juden‘ genannt werden kann[58]. Das ist Joh. 8,12–59[59].

Das Streitgespräch verläuft in mehreren Abschnitten. Die eigentliche Antithese wird in jedem von ihnen terminologisch variiert formuliert, bleibt aber *sachlich* immer dieselbe. Sie lautet im ersten Abschnitt (8,12–20): ‚*Ich* weiß, woher ich gekommen bin und wohin ich gehe; *ihr* aber wißt nicht, woher ich komme oder wohin ich gehe‘ (V.14). Sachgemäß wäre auch: *Ihr* Juden kennt *euer* Woher und Wohin nicht[60]. D.h., hier ist in gnostischer Terminologie und Vorstellungsweise verschlüsselt gesagt, was am Ende des Abschnittes unverschlüsselt so lautet: *Ich* Jesus kenne meinen Vater; *ihr* Juden kennt meinen Vater nicht, und darum kennt ihr auch *mich* nicht (V.18ff.). Mit anderen Worten: das *Wissen um Gott* scheidet Jesus und seine Gegner, ein Wissen, das nicht hinreichendes Informiertsein ist oder Tradition oder Gesetzeskunde oder Fürwahrhalten seiner Existenz, sondern – im Sinne des Joh – die Bereitschaft, sich Gott im Offenbarer und seinem Wort begegnen zu lassen. ‚Diese Bereitschaft haben Jesu Gegner nicht, und so ist er ihr Richter geworden.‘[61]

Im zweiten Abschnitt (8,21–29) lautet die Antithese: ‚*Ihr* (Juden) seid von unten her, *ich* bin von oben her; *ihr* seid aus dieser Welt, *ich* bin nicht aus dieser Welt‘ (V.23). Das wird als Begründung dafür gesagt, daß Jesus zum Vater geht, während die Juden zurückbleiben und in ihrer Sünde sterben müssen. Sie können nicht dahin kommen, wohin er geht. Sie sind ἐκ τῶν κάτω bzw. ἐκ τούτου τοῦ κόσμου. Die Vertreter zweier verschiedener Welten, | der göttlichen und widergöttlichen, stehen hier einander gegenüber[62]. Beide sind absolut getrennt. Zwischen beiden gibt es nur die Entscheidung. Das machen die Antithesen des dritten Abschnittes (8,30–59) vollends deutlich: *Ihr* (Juden) seid vom Teufel, *ich* (Jesus) bin vom Vater; *ihr* seid aus der Lüge, *ich* bin

---

[58] W. BEILNER: Christus und die Pharisäer. Exegetische Untersuchung über Grund und Verlauf der Auseinandersetzungen (Wien, 1959), S. 159.

[59] Vgl. dazu W. KERN, ‚Der symmetrische Gesamtaufbau von Joh 8,12–58‘, Z.K.Th. 78 (1956), S. 451–4; C. H. DODD, ‚A l'arrière-plan d'un dialogue johannique (Jo 8,33–58)‘, R.H.P.R. (1957), S. 5–17; [E. GRÄSSER, s.u. 154ff.].

[60] R. BULTMANN, Joh-Kom., S. 211.

[61] Ebd. S. 213. – BULTMANN weist mit Recht darauf hin, daß die Ortsangabe (‚Diese Worte redete Jesus, als er beim Opferstock im Tempel lehrte‘, V.20), der Szene ihre Bedeutung gibt: Im Tempel fällt Jesus das Urteil, daß die Juden nichts von Gott wissen; ‚im Tempel selbst haben sie ihre Verschlossenheit für den Offenbarer dokumentiert! Damit ist das Urteil über die jüdische Religion gesprochen . . .‘ (ebd.).

[62] Vgl. R. BULTMANN, Joh.-Kom., S. 265; HOSKYNS-DAVEY, S. 334; A. WIKENHAUSER, S. 172f.

aus der Wahrheit; *ich* bin aus Gott, *ihr* seid nicht aus Gott (V. 42ff.).
Vorausgegangen ist zunächst ein Wort an die Juden, ‚die zum Glauben an ihn
gekommen waren‘ (V. 30): Wenn sie in seinem Worte *bleiben,* sind sie in
Wahrheit seine Jünger, werden sie die Wahrheit erkennen und die Wahrheit
wird sie frei machen, nämlich von der Sünde (V. 30–36). In dem für die Juden
typischen Mißverständnis meinen sie aber, das sei längst überholt. Als Abrahamssöhne *sind* sie *frei* (V. 33). Jesus stellt diesen Stolz bloß. ‚Abraham‘, das
würde bedeuten, daß sie gegen die Wahrheit und ihren Verkünder gehorsam
wären. Denn ‚Abrahamskindschaft ist Gottergebenheit. Darum sind die
Juden keine Abrahamssöhne‘[63]. Vielmehr sind sie Teufelskinder (8,44).

Hier liegt unverkennbar der Schlüssel zum Verständnis der ganzen Auseinandersetzung, wie sie sich durch das Evangelium von vorne bis hinten
hindurchzieht. Die *so* formulierten Antithesen machen es gewiß, daß ‚die
Juden‘ nicht als empirisches Volk auf dem Plan sind – der jüdische ὄχλος hat ja
Entscheidungsfreiheit wie überhaupt der ganze Kosmos als Menschenwelt –,
sondern in einem bestimmt – nämlich kosmisch – qualifizierten *Wesen.* Sie
machen deutlich, daß in der Auseinandersetzung nicht Fragen der Gesetzes-
auslegung, nicht Meinungsverschiedenheiten ausgetragen werden, sondern
daß hier *die* Entscheidung zum Austrag kommt: Wahrheit oder Lüge, Licht
oder Finsternis, κάτω oder ἄνω, Irdisch oder Himmlisch, *Gott* oder Teufel!
Mit anderen Worten, *es geht um die* κρίσις im spezifisch johanneischen Sinn
des Wortes, um die Krisis, *die der Offenbarer über diese Welt gebracht hat*
und ‚die zwischen der Welt und den Glaubenden scheidet‘[64]. Am Beispiel
der ‚Juden‘ zeigt sich ihre Wirkung! Sie sind nicht aus Gott, so *können* sie
auch sein Wort *nicht verstehen* (8,43f.47). Der Offenbarer wird ihnen zum
Richter: sie werden in ihrer Sünde sterben (8,21.24). Das scheint unumstöß-
liches, definitives Urteil zu sein: ‚Was rede ich überhaupt noch zu euch?‘
(8,25 b)!

VI.

H. Strathmann kommentiert diese Endgültigkeit des jüdischen Unglaubens wie folgt: ‚Das ist das Gesamturteil über das Judentum, zu dem der
Evange- |list gekommen ist. Jesus erschien als die Gestalt gewordene Wahr-
heit *Gottes.* Sie entschieden sich für die Lüge. Er kam als der Welt Heiland.
Sie entschieden sich für den Mörder von Anfang . . . Paulus hoffte noch auf
Israels Bekehrung[65]. Johannes hat diese Hoffnung nicht mehr. Das 8. Kap.

---

[63] H. Windisch, Christl. Welt, XLVII (1933), 104.

[64] R. Bultmann, Joh.-Kom., S. 222.

[65] Vgl. dazu W. Bauer, S. 29; bes. J. Bligh: ‚The Church and Israel according to St John and
St Paul‘, in: Studiorum Paul. Congr., Analecta Biblica, XVII–XVIII, I (1963), 151–156.

des Johannesevangeliums spiegelt eine Lage wieder, in der der Gegensatz zwischen jüdischer und christlicher Gemeinde völlig unüberbrückbar geworden ist. Es ist derselbe abgrundtiefe Gegensatz, der sich in der Offbg. 2,9 ausspricht: Die sich selbst als Juden ausgeben, sind in Wirklichkeit des Satans Synagoge.'[66]

Hier ist daher die Stelle, an der die Johannesausleger fast einmütig und mit Recht zur Erklärung der antijüdischen Polemik die *Zeitgeschichte* des Vf.s bemühen. Gerade dieser radikale Bruch, der *de-facto*-Ausschluß der Christen aus der Synagoge, ist nur verständlich als die ins Leben Jesu zurückprojizierte Gegenwart des Verfassers. Für sie ist zweierlei kennzeichnend: (1) Verfolgung der Christen durch die Juden; (2) die etwa im Jahre 90 durch Rabbi Gamaliel II. in das Achtzehnbittengebet eingefügte Verfluchung der Minim (= Häretiker)[67], wodurch die endgültige Trennung von Kirche und Synagoge definitiv besiegelt wurde[68]. |

---

[66] H. STRATHMANN, N.T.D. IV (9. Aufl., 1959), S. 152. – W. HEITMÜLLER schrieb einst über den johanneischen Jesus: ‚der könnte nicht über Jerusalem weinen; er gleicht nicht der Henne, die nicht müde wird, ihre Brut zu locken – denn das Volk erscheint bereits am Anfang seiner Wirksamkeit (2,24ff.) als hoffnungslos verstockt und verloren' (S. 688).

[67] In der ältesten palästinischen Fassung lautet die 12. Benediktion des Schᵉmone Esre: ‚Die Nazarener (הנצרים = Christen) und die Häretiker (המינים) mögen zugrunde gehen in einem Augenblick, ausgelöscht werden aus dem Buch des Lebens und mit den Gerechten nicht aufgeschrieben werden' (Str.-B. IV, 212f.). Zur Sache und Lit. vgl. W. SCHRAGE, ThWNT VII, 847ff.

[68] In unserm vierten Evgl. weist das nur hier vorkommende ἀποσυνάγωγος (9,22; 12,42; 16,2) deutlich auf diesen geschichtlichen Vorgang gegen Ende des 1. Jahrhunderts hin. Die vieldiskutierte Frage, welcher sachliche Vorgang durch das ἀποσυνάγωγος angezeigt ist, wird man wohl mit W. SCHRAGE dahingehend zu beantworten haben, daß nicht an die jüdische Bannpraxis gedacht ist, ‚sondern an die *Verfluchung der Häretiker* (Birkath ha-Minim); denn erst hier handelt es sich um radikale Scheidung, ja Feindschaft' (ThWNT VII, 847, 9ff.). Wie aus dem anfänglich friedlichen Nebeneinander von Kirche und Synagoge das feindliche Gegeneinander werden konnte, ist nicht mehr klar zu erkennen. Wahrscheinlich spielt hier die durch die Tempelzerstörung im Jahre 70 eingeleitete Entwicklung eine Rolle. Sicher ist, daß der Bruch dann sehr schnell zu einer unversöhnlichen Feindschaft wurde. Neben der Birkath ha-Minim gibt es dafür eine Reihe altkirchlicher Zeugnisse. Justin spricht zuerst davon, daß die Synagogen Stätten sind, an denen die Juden die Christen verfluchen: Dial. XVI, 4 καταρώμενοι ἐν ταῖς συναγωγαῖς ὑμῶν τοὺς πιστεύοντας ἐπὶ τὸν Χριστόν. Vgl. Dial. XCVI, 2; CXXXVII, 2; Epiph. Haer. XXIX, 9, 2; Hier. Comm. in Is. II, 81 zu V.19 (M.P.L. XXIV, 86 A) u.ö. Origenes weiß zu berichten, daß Jesus in den Synagogen gelästert wird (G.C.S. Orig. III, 168). Darum sind sie auch für Hieronymus *synagogae satanae* (C.S.E.L. LIX, 228), für Tertullian die *fontes persecutionum* (C. Chr. II, 1089), für Chrysostomus die ‚Räuberhöhlen', ja das δαιμόνων καταγώγιον (M.P.G. XLVIII, 848f.); ἔνθα δὲ πόρνη ἕστηκεν, πορνεῖόν ἐστω ὁ τόπος . . . σπήλαιον λῃστῶν, καὶ καταγώγιον θηρίων (ebd. 847; vgl. auch Const. Ap. II, 61, 1–2). Die jüdische Synagoge ist die συναγωγὴ χριστοκτόνων (Const. Ap. II, 61, 1), vor deren Besuch die Christen dringend gewarnt werden (Const. Ap. II, 61, 1f.; VIII, 47, 65.71; Chrys. M.P.G. XLVIII, 850). Umgekehrt waren die Rabbinen nicht minder feindselig eingestellt (vgl. das Material bei Str.-B. IV, 218f., 331; I, 406f.). Eine sorgfältig beobachtete Verfluchung der Nazarener als ‚integrierender Teil des Synagogengottesdienstes und des täglichen Gebetes jedes Juden' (SCHRAGE, ThWNT VII, 848, 12f.) machte natürlich einen weiteren Besuch der Christen in den Synagogen unmöglich. ‚Das Bekenntnis zu

Von daher ergeben sich eine Reihe verschiedener Zweckbestimmungen für das vierte Evangelium, je nachdem, welche Bedeutung man der antijüdischen Polemik unter diesem Aspekt jeweils zumißt. William Wrede z.B. sah im Joh.-Ev. ‚eine aus dem Kampf geborene und für den Kampf geschriebene Schrift‘ (S. 40), ‚sachlich durchaus ein Vorläufer von Justins des Märtyrers antijüdischer Schutzschrift, dem Dialog mit dem Juden Trypho‘ (S. 60)[69]. Freilich macht Wrede eine entscheidende und durchaus richtige Einschränkung: Joh wendet sich nicht an seine Gegner, sondern an seine Gemeinde[70]! Er verfolgt im Grunde also einen doppelten Zweck: die Gemeinde zu stärken und zugleich damit die Gegner zu treffen (S. 67)[71]. |

Ähnliche Ansichten hatten J. Wellhausen und besonders W. Heitmüller, der das vierte Evangelium ‚eine Schutz- und Trutzschrift gegen die Juden‘ nannte (S. 692), ‚ein Denkmal . . . der altchristl. antijüdischen Apologetik und Polemik‘ (S. 693). So auch H. Windisch, W. Oehler[72], R. H. Strachan, W. W. Sikes, L. Goppelt und R. M. Grant[73]. Ähnlich, jedoch nur als ein *Nebenzweck*, wird der polemische Gegensatz zum Judentum von den kath. Forschern A. Wikenhauser[74] und R. Schnackenburg[75] angesehen[76]. Diese Forscher bestreiten dann natürlich ganz energisch, was K. Bornhäuser, A. Oepke, J. Jocz, C. H. Dodd, E. Stauffer, W. C. van Unnik[77], J. A. T.

Jesus Christus bedeutete in Zukunft *eo ipso* Exkommunikation und Ausschluß aus dem Judentum. In diese Zeit gehören auch die joh. Aussagen‘ (SCHRAGE, ebd. 848, 15ff.). Vgl. auch T. C. SMITH, aaO. S. 32ff.; J. JOCZ, aaO. S. 140f.; K. L. CAROLL, aaO. S. 19ff.; L. GOPPELT, aaO. S. 154f.; FEINE-BEHM-KÜMMEL, Einl. S. 159; G. BAUM, aaO. S. 15ff. (Lit.!).

[69] R. H. STRACHAN, The Fourth Gospel. Its Significance and Environment (London, 3. Aufl., 1945), stellt die bei Joh und Justin zum Teil parallele Thematik zusammen: Jesu dunkle Herkunft (Dial. VIII; vgl. Joh 7,27), sein Geburtsort (Dial CVIII; vgl. Joh 7,41f.), Sabbathobservanz (Dial. XXIII, XXVIf.; XLVII; vgl. Joh 9,17f.; 7,19f.), das Kommen des Elia (Dial. XLIXf.; vgl. Joh 1,21), Juden u. Samariter (Dial. LXXVIII; vgl. Joh 4,1ff.; 8,48) (S. 51). Vgl. auch E. K. LEE, The Religious Thought of St. John (London, 1950), S. 122.

[70] Vgl. R. SCHNACKENBURG, B.Z., N.F. I (1957), 109: ‚Die Grundtendenz der johanneischen Darstellung ist innerchristlich . . .‘

[71] Die Zusammengehörigkeit von apologetischem und polemischem Zweck hatte schon W. BALDENSPERGER klar erkannt: wo falsche Ansprüche zurückgewiesen werden, wird zugleich der in den Schatten gestellte Christus wieder ans Licht gezogen (aaO. S. 56).

[72] Zum Missionscharakter des Johannesevangeliums, BFChTh XLII, 4 (1941).

[73] ‚The Origin of the Fourth Gospel‘, J. B. L. LXIX (1960), 305ff.

[74] R. N. T. 4 (3. Aufl. 1961); vgl. auch DERS.: Einl. in das N.T. (4. Aufl., 1961), S. 200ff.

[75] Vgl. auch R. SCHNACKENBURG, Neutestamentliche Theologie. Der Stand der Forschung (Bibl. Handbibliothek, Bd. I; München, 1963), S. 107ff.

[76] Zur phantastischen These von A. GUILDING, The Fourth Gospel and Jewish Worship (1960) (Joh = Wiedergabe der ursprünglich im liturgischen Zusammenhang des jüd. Kirchenjahres gehaltenen Predigten Jesu als Beweis für die Erfüllung des jüd. Gottesdienstes in Jesus, gerichtet an kürzlich aus der Synagoge ausgetretene Judenchristen) vgl. E. HAENCHEN, Th. L. Z. 87 (1962), 487ff.; FEINE-BEHM-KÜMMEL, Einl. S. 158f.

[77] ‚The Purpose of St John's Gospel‘, T. U. LXXIII (1959), 382–411.

Robinson, T. C. Smith und L. van Hartingsveld[78] ebenso energisch behaupten: nämlich, daß das Joh.-Ev. eine *Missionsschrift* an die Adresse der Diasporajuden sei, die es für den Glauben an den Messias Jesus gewinnen möchte.

Missionarischen Charakter hat nun aber das vierte Evangelium ganz und gar nicht[79]! Die scharfe Polemik steht dem stracks entgegen. Aber auch ein Vergleich von 1 Kor 9,20–22 mit Joh 10 macht das deutlich: wo Paulus sagen kann, daß er allen alles geworden sei, um nur ja einige für Christus zu gewinnen, da sagt der johanneische Christus: ich *habe* noch andere Schafe (nicht: ich muß noch andere gewinnen!) (V. 16); *weil* sie die Meinen *sind*, werden sie hören. Oder: wenn sie in meiner Rede *bleiben*, werden sie meine wahrhaftigen Jünger sein (8,30). Also kein Ruf nach außen! Sondern am Dasein der Ge- |meinde bzw. am Bleiben beim Wort fällt die Entscheidung, ob einer aus Gott oder aus dem Teufel ist[80].

Im übrigen scheint mir, daß die einfache Alternative ,für oder gegen die Juden' die Intention des Joh verfehlt oder zumindest nicht genau trifft. Dafür spricht ein in der Auslegung des vierten Evangeliums unbestrittener Tatbestand, nämlich die *Synonymität der Begriffe* Ἰουδαῖος und κόσμος. Was von den ,Juden' gilt, das gilt so auch von der ,Welt' (1,10; 7,7; 14,17; 15,18f.; 17,25; 1 Joh 4,5 u. ö.)[81]. Das heißt aber: die jüdische Feindschaft Jesus gegenüber ist ein Symbol für den Haß der Welt[82]. Oder anders gesagt: Die Polemik Jesu gegen die Juden belegt exemplarisch, was sein Gekommensein vom Vater an Gericht über die ,Welt' bedeutet. Dieser Gedanke der *Krisis*, der Scheidung und Entscheidung, beherrscht die gesamte Darstellung – auch die Auseinandersetzung mit den Juden – so ausschließlich[83], daß sich von

---

[78] Die Eschatologie des Johannesevangeliums (Assen, 1962). H. erklärt den ganzen eschatologischen Entwurf des Joh aus dessen Zielsetzung, Diasporajuden zu gewinnen: ,Die Juden glauben nicht, daß Jesus der Messias ist, und eben deshalb haben sie diejenigen, die sich zu Jesus bekennen, aus der Synagoge ausgeschlossen. Wer einem Gotteslästerer nachfolgt, kann das ewige Leben nicht erhalten. Demgegenüber sagt das Joh.-Ev.: es ist gerade umgekehrt. Wer glaubt, hat jetzt schon das ewige Leben; wer nicht glaubt, hat jetzt schon seinen Richter' (S. 264). – Eine ganz unwahrscheinliche Hypothese!

[79] Vgl. statt vieler zuletzt FEINE-BEHM-KÜMMEL, Einl. S. 157f.

[80] Zu dieser ganz anderen Konzeption vgl. bes. K. G. KUHN, ,Das Problem der Mission in der Urchristenheit', E. M. Z. XI (1954), 161–168, bes. 167f.

[81] R. BULTMANN, Joh-Kom., S. 222. – Vgl. die sehr guten Formulierungen bei L. GOPPELT: „Die Juden" sind die Verkehrung des Eigentumsvolkes in das Widerspiel seiner selbst' (S. 258), und: ,Die Welt ist gleich den Juden das Widerspiel dessen, was sie sein soll (Joh 1,3–10)' (S. 260).

[82] Vgl. J. WELLHAUSEN, S. 117, 122; G. BAUM, aaO. S. 183, 192.

[83] Vgl. W. F. HOWARD, Christianity according to St John (Philadelphia, 2. Aufl., 1943), S. 24; bes. R. BULTMANN, Theol. S. 385ff. (,Die κρίσις der Welt'). [Vgl. jetzt auch J. BLANK, Krisis. Untersuchungen zur johanneischen Christologie und Eschatologie, 1964, bes. S. 231ff.]

daher manche mit unserm Thema zusammenhängenden Eigentümlichkeiten leicht erklären lassen, etwa:

(a) daß die Auseinandersetzung Jesu mit den Juden nicht wirklich und auf einem gemeinsamen Boden vollzogen wird (siehe oben);

(b) daß Jesus, obwohl Jude (4,9), wie ein Nichtjude auftritt;

(c) daß die heilsgeschichtliche Prärogative Israels zwar nicht geleugnet wird (4,22), aber für die Gesamtdarstellung doch bedeutungslos ist;

(d) daß das A.T. wohl *in toto* als christliches Buch reklamiert und daraus der Weissagungsbeweis geführt wird, aber nur sehr selten und bemerkenswerterweise nur zum Zwecke der Polemik gegen die Juden, während für die positive Belehrung der Christen an seine Stelle das ‚neue Gebot' (13,34; 15,12; 1.Joh. 2,7f.) getreten ist[84].

Das alles besagt: Der Offenbarer, der die Krise bringt, transzendiert sowohl den davidischen Stammbaum des Messias als auch die heilsgeschichtliche Prärogative des erwählten Volkes als auch die Tora (1,17) als auch den Gottesdienst (4,20f.) als auch das kanonisierte A.T.: ‚Denn die Stunde kommt | und ist jetzt da, wo die wahren Anbeter den Vater im Geist und in der Wahrheit anbeten werden; denn *so* will der Vater seine Anbeter haben' (4,23)[85].

Ein *Paradigma* also für die Offenbarung als Krisis – so könnten wir die Auseinandersetzung Jesu mit den Juden umschreiben[86]. Denn Ἰουδαῖος und κόσμος sind in gleicher Weise Chiffren für den Unglauben schlechthin. Die Kämpfe zwischen Kirche und Synagoge zur Zeit des Verfassers haben wohl gestaltend mit auf die Darstellung dieser Auseinandersetzung gewirkt (siehe oben S. 148). Das *primäre* Motiv für die antijüdische Polemik geben jedoch nicht sie ab[87]. Das liegt vielmehr in der theologischen Reflexion des Joh über Jesu Gekommensein als der Krisis der Welt[88]. |

---

[84] Vgl. H. WINDISCH, Christl. Welt XLVII (1933), 106; R. BULTMANN, Joh.-Kom., S. 357ff.

[85] Vgl. dazu J. A. T. ROBINSON, aaO. S. 122; W. W. SIKES, aaO. S. 30; J. JOCZ, aaO. S. 142; bes. ED. SCHWEIZER, aaO. S. 260f.: ‚Glaube und Unglaube sind Möglichkeiten eines jeden. So wird denn auch die Erwählung Israels, die nicht geleugnet wird, eigentlich nur darin sichtbar, daß sein Unglaube der typische, die Ablehnung κατ' ἐξοχήν ist.' Vgl. auch A. OEPKE, aaO. S. 239.

[86] Vgl. R. BULTMANN, Theol. S. 380ff.

[87] Schon A. SCHLATTER, Die Theologie der Apostel (Stuttgart, 2. Aufl., 1922), S. 209ff. hielt das für falsch. Vgl. ebenso A. OEPKE, aaO. S. 239; H. STRATHMANN (siehe oben S. 147ff.).

[88] Vgl. R. BULTMANN, Theol. S. 385ff. – Daß es nicht möglich ist, die *Zeitgeschichte* des Vfs. als alleinigen kerygmatischen Anlaß der Polemik zu bezeichnen, wird vielleicht durch den 1Joh bestätigt. Auch 1Joh beschreibt die Offenbarung als Krisis über die Welt (2,15ff.; 2,18ff.; 3,1ff.; 4,4ff. u.ö.). Aber der Begriff Ἰουδαῖος kommt überhaupt nicht vor! Hat der 1Joh einen anderen Vf. und ist er unter ganz andern Umständen geschrieben, so ist das nicht weiter auffällig. Nimmt man aber an, daß der Vf. des vierten Evangeliums und der des 1Joh identisch sind und daß beide Schriftstücke nach Zeit und Ort nicht weit auseinanderliegen, so fragt man sich – zumal bei der sachlich gleichartigen Thematik der beiden Schreiben –, wo im 1Joh das aktuelle Motiv geblie-

VII.

Das hat nun auch seine Konsequenzen für eine *Zweck*bestimmung der Polemik, die mit der Absicht des ganzen Evangeliums identisch ist[89]. C. K. Barrett verdient volle Zustimmung: Das vierte Evangelium ist um des Glaubens willen geschrieben, und zwar im wesentlichen als ‚Kirchenbuch'[90]. Es will nicht Juden exkommunizieren oder missionieren, auch nicht Heiden; sondern es will Christen ihren Standpunkt klären helfen. Dazu aber war gegen Ende des 1. Jahrhunderts nach Christus ein Doppeltes vonnöten:

(a) Festigung der Gemeinde angesichts der Feindschaft der Welt, deren Repräsentanten die Juden sind, indem sie erneut des Heils gewiß gemacht wird (10,27f.)[91];

(b) Nachweis, daß und warum es in der Gemeinde Gottes keine zwei Israel geben darf. Die ‚Diskordanz der „zwei Gottesvölker"' – um einen Ausdruck von A. Oepke aufzunehmen (S. 239) – war für die urchristlichen Gemeinden lange ein schweres Problem, um so mehr, als die kanonische Geltung des A.T.s es nur schwer verständlich werden ließ, ‚wie und warum es mit Israel zu Ende ging'[92].

In diesen beiden Richtungen haben wir Wesen und Zweck der antijüdischen Polemik im Johannesevangelium zu begreifen. Sie ist kein Antisemitismus irgendwelcher Provenienz! Sie ist auch kein Versuch des Verfassers, seine persönliche Enttäuschung darüber zum Ausdruck zu bringen, daß sein eigenes jüdisches Volk den Messias Jesus verworfen hat[93]. Sondern diese

---

ben ist, das für die Gestaltung des vierten Evangeliums angeblich so ausschlaggebend war. Die Frage entfällt, wenn man sieht, daß im Joh.-Ev. die Darstellung des Kampfes der Offenbarung mit der ‚Welt' in Form eines Lebens Jesu natürlicherweise und primär die ‚Juden' als Gegner bedingt (vgl. R. BULTMANN, R.G.G. 3. Aufl., III, 845) und nicht etwa eine aktuelle oder gar prinzipielle Judenfeindschaft. Man wird also beides zu berücksichtigen haben: Ihre Schärfe hat die Polemik im Joh.-Ev. erhalten ‚durch die tätliche Feindschaft zwischen Juden und Christen zur Zeit der Abfassung des Joh', wie 16,2f. (‚sie werden euch aus den Synagogen ausschließen') in der Tat beweist. ‚So ist die Polemik gegen das Judentum gewiß ein aktuelles Motiv des Joh, zugleich aber ist diese Polemik hineingenommen in die grundsätzliche dualistische Darstellung des Gegensatzes zwischen dem ἄρχων τοῦ κόσμου τούτου und dem Christus, der den κόσμος besiegt hat, 12,31; 16,33 (FEINE-BEHM-KÜMMEL, Einl. S. 159) [= W. G. KÜMMEL, Einl. ²¹1983, 197].

[89] Das hat schon W. BALDENSPERGER klar gesehen, aaO. S. 164.

[90] C. K. Barrett, ‚Zweck des 4. Evangeliums', ZSysTh. XXII (1953), 257ff. Vgl. auch FEINE-BEHM-KÜMMEL, Einl. S. 157.

[91] Vgl. L. GOPPELT, Die apostol. u. nachapostol. Zeit (Göttingen, 1962), S. 79.

[92] A. SCHLATTER, Theol. der Apostel, S. 218 – Der Hebräerbrief versteht sich in gewisser Weise auch als ein Versuch in dieser Richtung. Vgl. dazu meine Untersuchung ‚Der Glaube im Hebräerbrief' (Marburger Theologische Studien 2), 1965.

[93] So z.B. W. F. HOWARD, aaO. S. 31; J. JOCZ, aaO. S. 140; G. BAUM, aaO. S. 193: ‚Der Evangelist ist einfach ein jüdischer Prophet, der sich in der Qumraner Redeweise ausdrückt und der schäumt vor Wut (!) und Empörung über die Führer der Synagoge, die sein eigenes geliebtes Volk auf so tragische Weise irregeführt haben.' Dagegen bleibt zu bedenken, daß die oft

Polemik ist ein Stück johanneischen Dualismus' im Dienste praktischer Gemeindeinteressen. *Die eigentliche Spitze des Kampfes ist gegen die Verweltlichung des Christentums selber gerichtet*[94]! Die Gefahr dazu droht von dem her, was durch die | Offenbarung als Krisis auf die Seite der ‚Welt‘, der Lüge, der Finsternis, der ‚Juden‘ verwiesen ist. Sie droht vom *Unglauben*! So geht es zuletzt bei dieser ganzen Auseinandersetzung um die Frage: ‚Was ist *Wahrheit*?‘ (18,38). Johannes entscheidet diese Frage am Exempel der jüdischen Religion, die ihr Wissen um Gott pervertiert hat (Bultmann). Damit ist das vierte Evangelium einer der frühesten Versuche, den Absolutheitsanspruch des Christentums theologisch zu fixieren[95].

---

behauptete Annahme, der Vf. des vierten Evangeliums müsse ein gebürtiger Jude gewesen sein, ‚keineswegs eine zwingende‘ ist (FEINE-BEHM-KÜMMEL, Einl. S. 172).

[94] A. SCHLATTER, Theol. der Apostel, S. 209ff.; bes. L. GOPPELT, Christentum und Judentum, S. 254f., 260.

[95] Ich freue mich der Übereinstimmung mit der Auslegung von S. SCHULZ in seinem soeben vorgelegten Kommentar (Das Evangelium nach Johannes, NTD 4, 1972, 134ff.).

[Für den Fortgang der Diskussion sei neben den seither erschienenen Kommentaren verwiesen auf C. K. BARRETT, Das Johannesevangelium und das Judentum (Stuttgart 1970); R. LEISTNER, Antijudaismus im Johannesevangelium? (Bern–Frankfurt/M. 1974); M. LOWE, Who were the Ἰουδαῖοι?: NT 18, 1976, 101–130; S. PANCARO, The Relationship of the Church to Israel in the Gospel of John: NTS 21, 1974/75, 396–405; J. BOWMAN, The Fourth Gospel and the Jews. A Study in R. Akiba, Esther and the Gospel of John (Pittsburgh 1975); M. H. SHEPHERD Jr., The Jews in the Gospel of John. Another Level of Meaning: AThR Suppl. Ser. 3, 1974, 95–112; W. WIEFEL, Die Scheidung von Gemeinde und Welt im Johannesevangelium auf dem Hintergrund der Trennung von Kirche und Synagoge: ThZ 35, 1979, 213–227; S. WILSON, Anti-Judaism in the Fourth Gospel? Some Considerations: Irish Biblical Studies 1, 1979, 28–50.]

Die Juden als Teufelssöhne in Joh 8,37–47

I.

Die sich durch das ganze Johannesevangelium wie ein roter Faden hindurchziehende Auseinandersetzung Jesu mit den jüdischen Gegnern[1] findet in der Kennzeichnung der Juden als Teufelssöhne ihren dramatischen Höhepunkt. Diese äußerste Zuspitzung der Kontroverse ist eingebettet in eine breit angelegte Komposition von Streitgesprächen, die in 7,14 beginnt und in 8,59 endet. Der Kontext ist zu beachten; nicht nur, weil unser Abschnitt ein fest integrierter Bestandteil davon ist, sondern vor allem, weil der zeitliche und geographische Rahmen ein bestimmtes theologisches Motiv erkennen läßt, das sich für das Verständnis der dazwischen vorgetragenen antijüdischen Polemik vielleicht als wichtig erweisen kann: auf dem *Laubhüttenfest*, dem volkstümlichsten aller jüdischen Feste[2], hebt die entscheidende Auseinandersetzung Jesu mit den Juden an (7,2.14), um schließlich im *Tempel* zum radikalen Bruch zu führen (8,59; vgl. 7,14): die Juden wollen Jesus steinigen. Nun steht freilich das Tötungsbegehren der Juden von Anfang an fest und wird immer wieder betont (5,16.18; 7,1.19; 8,22–24.37–59; 10,31–39; 11,45–53; 19,7). Aber erst der Abschnitt 8,30–59 macht deutlich, daß und warum es sich dabei „um einen Gegensatz von tödlicher Ausschließlichkeit" handelt[3]. Wir stoßen sozusagen auf „eine *klassische Zusammenfassung* der wahren Gründe der Auseinandersetzung zwischen Jesus und den Juden"[4]. |

---

[1] Vgl. dazu E. GRÄSSER, Die antijüdische Polemik im Johannesevangelium, oben S. 135–153 (Lit.!). – Dies ist freilich nicht die einzige Frontstellung unseres Verfassers. Es gibt daneben Spuren einer antitäuferischen (1,7f. 15.20–27; 3,26–30; 5,33–36; 10,41) und einer antignostischen Polemik (letztere nur indirekt durch Aufnahme und Umprägung gnostischer Gedanken). Doch sind das vergleichsweise nur Nebenmotive gemessen an der antijüdischen Polemik. Vgl. FEINE-BEHM-KÜMMEL, Einleitung in das Neue Testament, 14. Aufl., 1965, 158f.

[2] Zum Laubhüttenfest vgl. STRACK-BILLERBECK II, 774–812 (Exk. 5: Das Laubhüttenfest), und W. MICHAELIS, ThWNT VII, 391ff. (Lit.).

[3] H. STRATHMANN: Das Evangelium nach Johannes (NTD 4), 4. Aufl., 1959, 148.

[4] W. BEILNER, Christus und die Pharisäer. Exegetische Untersuchung über Grund und Verlauf der Auseinandersetzungen, 1959, 159. Zu unserem Abschnitt vgl. weiter W. KERN, Der symmetrische Gesamtaufbau von Joh 8,12–58, in: ZKTh 1956, 451–454; C. H. DODD, A l'arrière-plan d'un dialogue johannique (Joh 8,33–58), in: RHPhR 1957, 5–17; E. GRÄSSER, aaO. 146f. Vgl. noch N. A. DAHL, Der Erstgeborene Satans und der Vater des Teufels (Polyk 7,1 und Joh 8,44), in: Apophoreta. Festschr. f. E. Haenchen (BZNW 30), 1964, S. 70–84; C. H. DODD, Behind a Johannine Dialogue, in: C. H. DODD: More NT Studies, 1968, S. 41–57; K.

Unser Interesse konzentriert sich auf den Teilabschnitt 8,37–47, eine Abgrenzung, die problematisch, jedoch nicht unverständlich ist[5]. Ich will hier auf die sehr unterschiedlichen und hart umstrittenen literarischen Analysen und Umschichtungen nicht weiter eingehen. Nicht nur, weil jede Umstellung neue Schwierigkeiten schafft[6], sondern auch und vor allem, weil ich mit C. H. Dodd | der Meinung bin, daß dann, wenn eine Interpretation des vorliegenden Textes in seiner sehr alten Überlieferungsgestalt glückt, keine Umgruppierung des Materials nötig ist[7]. Und das trifft für unseren

---

WÜRZBURGER: Abrahams Kinder. Überlegungen zu Joh 8,30–39, in: KiBlRefSchw 124 (1968), S. 82–85; F. HAHN, Der Prozeß Jesu nach dem Johannesevangelium. Eine redaktionsgeschichtliche Untersuchung, in: EKK Vorarbeiten Heft 2, 1970, S. 23–96, bes. 74ff. [H. E. LONA, Abraham in Johannes 8. Bern–Frankfurt/M. 1976; H. LEROY, Rätsel und Mißverständnis, BBB 30, 1968, 67–88; P. V. D. OSTEN-SACKEN, Leistung und Grenze der joh. Kreuzestheologie: EvTh 36, 1976 (154–176) 165–172.]

[5] Daß zwischen V. 47 und 48 eine deutliche Zäsur im Gesprächsgang liegt, wird allgemein angenommen. Allein über den Anfang unseres Textes gehen die Meinungen der Kommentatoren auseinander: ist er in V. 30 (bzw. 31) zu sehen, oder beginnt mit V. 37 ein neuer Gedanke? Wir kommen gleich darauf zu sprechen. Jedoch ist die übergreifende Gesprächseinheit 8,12–59 kaum umstritten (vgl. z. B. ED. C. HOSKYNS, The Fourth Gospel, 2. Aufl., 1947, 327; H. STRATHMANN, aaO. 148ff.; C. K. BARRETT, The Gospel according to St. John, 2. Aufl., 1962, 275; R. H. LIGHTFOOT, St. John's Gospel, 3. Aufl., 1960, 189). Ihr Thema ist der Bruch Jesu mit den Juden (vgl. W. BAUER, Das Johannes-Evangelium, HNT 6, 3. Aufl., 1933, 1), der in mehreren Szenen entwickelt wird (vgl. H. STRATHMANN, aaO. 143f.; neuerdings besonders auch J. BLANK: Krisis. Untersuchungen zur joh. Christologie und Eschatologie, 1964, 230ff., bes. 236ff.).

[6] Vgl. R. H. STRACHAN: The Fourth Gospel, its Significance and Environment. 3. Aufl., 1946, 81; C. K. BARRETT, aaO., 18ff.; dazu E. HAENCHEN, Aus der Literatur zum Joh-Evgl. 1929–1956, in: ThR 23, 1955, 310f. – R. BULTMANNS Analyse unseres Textes (Das Evangelium des Johannes, Meyer K. II, 11. Aufl., 1950, 236ff.) ist ein typisches Beispiel für das Entstehen neuer Schwierigkeiten. Er faßt 8,30–40 als Einheit, die zwischen 12,20–33 und 6,60–71 ihren ursprünglichen Platz habe (321), während er in 8,41–47 „ein Fragment" sieht, das mit 8,51–53.56–59 zusammengefaßt wird (236.238). Was ihn vor allem zur Trennung von 8,30–40 und 8,41–47 bewog, ist die seiner Meinung nach unterschiedliche Thematik: Freiheit und Abrahams-Kindschaft dort, Gotteskindschaft und Teufelskindschaft hier (237f.). Freilich sieht er selbst die außerordentlich enge literarische und thematische (!) Verzahnung: ἀποκτεῖναι V. 37 weist voraus auf den Mordwillen V. 44, die andeutende Rede vom Teufel als Vater V. 38 auf V. 41.44, die Gestalt Abrahams V. 37 auf V. 58. V. 37 knüpft an V. 33 an („Same Abrahams"). Schließlich muß Bultmann das Subjekt in V. 41 aus V. 52.57 ergänzen (238 A. 4). Er gibt auch ständig die ebengenannten Querverweise (338), bleibt aber dabei, daß die jetzige Einheit eine erst vom Redaktor geschaffene ist (237), der insofern leichte Arbeit gehabt habe, als die Themaverwandtschaft von Abrahams- und Gottes-Kindschaft diese Komposition nahegelegt habe. Aber warum sollte, was für den Redaktor eine sinnvolle Einheit gewesen ist, es nicht auch schon für den Evangelisten gewesen sein? Für N. A. DAHL ist die Annahme, 8,30–40 und 41–47 seien ursprünglich nicht zusammengehörende Fragmente, darum „unnötig", weil in 8,41 auf Kain und seine Nachkommen angespielt sei (a. Anm. 4 a. O. S. 78, Anm. 30). Eine problematische Hypothese, wie die Kritik von F. HAHN (a. Anm. 4 a. O. S. 78, Anm. 55) zeigt.

[7] C. H. DODD: The Interpretation of the Fourth Gospel, 1953, 289f. Zur Literarkritik am Johannesevangelium vgl. jetzt den die Diskussion aufarbeitenden Abschnitt bei R. SCHNACKENBURG: Das Johannes-Evangelium I, 1965, 32ff. [DERS., Joh.-Evgl. IV, 1984, 90ff.]

Text in besonderem Maße zu: Sofern er eine Komposition ursprünglich heterogener Traditionselemente sein sollte, werden sie doch durch ein einheitliches Motiv zusammengehalten: das ist die Frage nach dem Ursprung Jesu und der Juden[8].

II.

Setzen wir mit 8,37 ein, stehen wir sofort vor der Frage, mit wem Jesus eigentlich disputiert. Da er die Angeredeten σπέρμα 'Αβραάμ nennt, wird man natürlich nur an Juden denken können. Aber an welche Juden? Die freundlich gesinnten (τοὺς πεπιστευκότας αὐτῷ 'Ιουδαίους) von V.30.31? Dafür spricht, daß die Szene in V.37 nicht wechselt. Oder an die feindlich gesinnten von V.48 ('Ιουδαῖοι . . . εἶπαν αὐτῷ . . . δαιμόνιον ἔχεις. Vgl. auch schon den feindlich klingenden Einwand der „glaubenden Juden" in V.33!)? Dafür spricht der Inhalt des Dialoges, der so nur zwischen Widersachern geführt werden kann.

Man hat das Problem *psychologisch* zu lösen versucht: Der in V.30.31 genannte „Glaube" der Juden sei „nur eine flüchtige Regung" (Strathmann, 143) bzw. das Bewegtsein von einer „Glaubensanwandlung" (ebd. 148), die sehr rasch in eine Tötungsabsicht habe umschlagen können, „weil sie (die Juden) seinem Wort keinen tieferen Einfluß auf sich gestatten oder, mit dem Ausdruck von V.31, weil sie nicht ‚in seiner Rede bleiben' wollen" (ebd. 150)[9]. Daß die Juden das nicht „wollen", steht aber nicht da! Und es ist exegetisch durchaus unstatthaft, den Konditionalsatz V.31b ἐὰν ὑμεῖς μείνητε ἐν τῷ λόγῳ ἐμῷ zu interpretieren mit dem begründenden Aussagesatz V.37b ὅτι ὁ λόγος ὁ ἐμὸς οὐ χωρεῖ ἐν ὑμῖν[10]. | Der eine Satz zeigt den *Weg* echter Nachfolge[11], der andere die *Kluft* unüberbrückbaren Gegensatzes[12].

---

[8] Vgl. H. Strathmann, aaO. 144.

[9] Ähnlich auch A. Wikenhauser: Das Evangelium nach Johannes, RNT 4, 3. Aufl., 1961, 177. Von den älteren Exegeten meinte z.B. W. Heitmüller: Das Johannes-Evangelium, in: Die Schriften des Neuen Testaments II, 2. Aufl., 1908, 791, der Verfasser wolle an den Juden „(wohl ein Bild aus Erfahrung) zeigen, daß selbst *die* Juden, die von Jesus gepackt an ihn glauben lernen, sofort wieder abfallen, wenn die christliche Predigt an den vermeintlichen nationalen Vorrechten des Judentums rüttelt". So auch W. Bauer, aaO. 124; B. F. Westcott, The Gospel according to St. John, 1958, 133: „They believed Him and did not believe in Him." Ähnlich Ed. C. Hoskyns, aaO. 338; M. J. Lagrange: Évangile selon Saint Jean, 1936, 241.

[10] V.37b wird sachlich in V.43b wiederholt: οὐ δύνασθε ἀκούειν τὸν λόγον τὸν ἐμόν. Erst hier könnte man nach dem Warum des Nicht-Könnens fragen und würde dann darauf stoßen, daß „in dieser Sphäre Können und Wollen Eines sind. Im Wollen des Unglaubens konstituiert sich ja das Sein des Ungläubigen. Er will aus solchem Sein heraus und kann nicht anders wollen" (R. Bultmann, aaO. 240). V.31 aber geht es um ein ganz anderes Problem: Bewährung in dem, was man ist. Siehe nächste Anmerkung.

[11] *Μένειν ἐν* ist hier Bezeichnung der Treue wie 1Tim 2,15; 2Tim 3,14. Vgl. R. Bultmann,

Andere haben das Problem darum *literar-kritisch* zu lösen versucht. Wellhausen z. B. läßt V. 31.32.34.35.36 an Jünger gerichtet sein. In diesem Zusammenhang empfindet er den „von Feinden" gesprochenen V. 33 zusammen mit V. 37 als störend. Er sieht freilich, daß bei einer Aushebung dieser beiden Verse das Problem nur um einen Vers verschoben würde. Denn eine „stillschweigende Supposition der Feinde an Stelle der Freunde" ist in V. 38ff. genauso schwierig wie in V. 37. Das bereitet jedoch Wellhausen keine Verlegenheit: er eliminiert den ganzen Passus 30–37 als eine „den Zusammenhang unterbrechende Erweiterung"[13]. Das nenne ich Probleme aus der Welt schaffen, aber nicht sie lösen[14].

Meines Empfindens bedarf es weder der Bemühungen der Psychologie noch der Literarkritik, um dem wahren Sachverhalt gerecht zu werden. Der gleitende Übergang – oder sagen wir ruhig: die Nachlässigkeit in der exakten Markierung des Szenenwechsels – ist sachbedingt und bedarf nicht der ordnenden Hand des späteren Historikers. Damit würde dem Verfasser des vierten Evangeliums etwas abverlangt, was er offensichtlich gar nicht hat geben wollen: nämlich das Protokoll eines wirklichen Gespräches. Der hier redende Jesus spricht gar nicht mit empirischen Juden, sondern mit der späteren Gemeinde, der er Belehrung im Stile der Offenbarungsrede erteilt (siehe unten). Mit anderen Worten: Wir haben in diesem gleitenden Übergang gar keinen schriftstellerischen Mangel zu sehen, sondern einen ersten *Index für die Tatsache, daß keine | historische Szene dargestellt werden soll*[15]

---

aaO. 332, A.5. – Zum joh. Sprachgebrauch ebd. 200, A. 5; ferner F. HAUCK, ThWNT IV, 580; neuerdings J. HEISE, Bleiben. *Méveiv* in den johanneischen Schriften, 1967.

[12] Falsch ist darum auch die Auskunft von J. BLANK, aaO. 235, A.15: „Mein Wort hat ja noch nicht einmal Raum in Euch, wie soll dann erst ein Bleiben in meinem Worte möglich sein?"

[13] J. WELLHAUSEN, aaO. 42.

[14] R. BULTMANN, aaO. 238, verbindet die literarkritische mit der psychologischen Lösung: es sei „klar, daß, während 8,30–40 an solche Hörer gerichtet ist, die (V. 30f.) Jesu Worten Glauben geschenkt hatten (wie wertlosen Glauben auch immer!), V. 41–47 an Hörer gerichtet ist, die sein Wort von vornherein ablehnen". – Da ist dann WELLHAUSENS Lösung doch konsequenter!

[15] Ich halte daher auch alle am Historischen orientierten Differenzierungen der „Juden" in das „Volk" (6,41.52; 10,31.33; 11,8.54) und die behördliche Repräsentanz (Hohepriester, Pharisäer, Oberste, 7,32.45.47f.; 11,47–57; 12,16; 18,19.35; 3,1; 7,26.48; 12,42 u.ö.) für gar nicht überzeugend (typisch z. B. W. LÜTGERT, Die Juden im Johannes-Evangelium, in: Neutestamentliche Studien Georg Heinrici zu seinem 70. Geburtstag, 1914, 147ff. – Auch H. STRATHMANN, aaO. 143, ist der Meinung, Kap. 8 sei gegen „die pharisäischen Kreise" gerichtet, und selbst R. BULTMANN scheint dieser Annahme zuzuneigen, aaO. 335, A.6. Doch würde man erwarten, daß Johannes das stärker betont hätte, wenn es ihm speziell um *diese* Gegner zu tun war). Dem widerstreitet einfach der ständige Wechsel zwischen generalisierender und allgemein üblicher Terminologie (das „Volk" kann feindlich sein, z.B. 6,41 u.ö., aber auch heilsfähig, z.B. 4,22; 5,46 u.ö.; ebenso die „Oberen" und Pharisäer, 9,16; 12,42). Das ist bei dem *Theologen* Johannes verständlich; bei einem Historiker wäre es unverzeihlich! Zur Sache vgl. G. BAUM: Die Juden und das Evangelium. Eine Überprüfung des Neuen Testaments, 1963, 151; E. GRÄSSER, aaO. 137f.

– eine Beobachtung, die sich für unser Thema noch als wichtig erweisen wird und die durch die Exegese der eigentlichen Disputation vollauf bestätigt wird.

III.

Der Dialog selber ist eng mit dem Vorhergehenden verknüpft: Jesus greift die von den Juden in V. 33 gebrauchte Selbstbezeichnung σπέρμα 'Αβραάμ ἐσμεν in V. 37 auf. Dennoch verschiebt sich die Thematik etwas: In V. 30–36 geht es um Freiheit und Knechtschaft, in V. 37–47 um den *Ursprung Jesu und der Juden*[16]. Ein tiefer innerer Zusammenhang besteht aber insofern, als für beides, für Sein und Ursprung, jeweils ein bestimmtes Verhalten (ποιεῖν) konstitutiv ist. Wie das ποιεῖν τὴν ἁμαρτίαν dort die Knechtschaft konstituiert (V. 34), so das ζητεῖν με ἀποκτεῖναι (V. 37.40) bzw. das ποιεῖν τὰ ἔργα τοῦ διαβόλου (V. 44; vgl. V. 38b.41) die Teufelskindschaft[17]. Der Mensch ist, was er tut! An ihren Früchten sollt ihr sie erkennen (Mt 7,16)! |

V. 37 intoniert wie eine Ouvertüre alle folgenden Thesen. Der ausgeführte Dialog variiert zwar dieses und jenes Thema (z. B. das Thema von der Abrahamskindschaft in das der Gotteskindschaft, V. 41ff.[18]); aber sachlich führt er nicht über das in V. 37 Gesagte hinaus (die berühmte joh Spirale: dieselben Gedanken werden allmählich hochgeschraubt, bis in V. 47 in einer prägnanten Formulierung das Finale erreicht ist). Das Gesagte ist dies:

---

[16] R. BULTMANN, aaO. 337 sieht V. 37–40 in einem begründenden Verhältnis zu V. 30–36: „Daß der Empfang der echten Freiheit die Preisgabe der falschen Sicherheit voraussetzt, zeigt V. 37–40, indem die Diskussion von V. 33 f. weitergeführt wird." Doch sehe ich einen stärkeren sachlichen Zusammenhang mit dem Folgenden (V. 41ff.) als mit dem Vorhergehenden (so auch W. HEITMÜLLER, aaO. 792f.; J. BLANK, aaO., 231f.).

[17] Entsprechend ist für das Gegenteil, also für Freiheit und Gotteskindschaft, das Verhalten gegenüber dem λόγος konstitutiv, vgl. V. 31 das μένειν ἐν τῷ λόγῳ, V. 37 das χωρεῖν, V. 43 und 47 das ἀκούειν. Es ist ein „Hören" bzw. Verhalten, das die „Toten" von den Lebenden scheidet im dualistisch-eschatologischen Sinne des Johannes (vgl. nur 5,25 und dazu R. BULTMANN, aaO. 194f.). Schon hier wird deutlich, daß die Rede von der „Teufelskindschaft" in den größeren johanneischen Kontext von der Krisis des Offenbarers hineingehört.

[18] BULTMANN, aaO. 237f., sieht darin im Anschluß an J. WELLHAUSEN, aaO. 42, ein Indiz für die Kompositionsarbeit des Redaktors, was freilich nicht überzeugend ist. Siehe oben A. 6. M. E. entspricht es ganz dem joh Stil, eine Frage allmählich „hochzuschrauben": die Disputation 8,37–41a hat bis zu dem Punkt geführt, daß die Frage nach dem „Vater" der Juden völlig offen bleibt. Damit ist der Einsatzpunkt für die Fortsetzung (und Verschärfung) der Diskussion auf höherer Ebene gegeben: „V. 41 b geben die Juden auf die noch offene Frage, wer ihr Vater sei, eine letzte Antwort, die anspruchsvollste, die sie geben können": der *eine* Gott Israels selbst ist ihr Vater (vgl. J. BLANK, aaO. 236f. Die jüdischen Belege für die verbreitete Vorstellung von Gott als dem „Vater Israels" bei STRACK-BILLERBECK I, 219.392–396). – Auf die Frage, ob ἡμεῖς ἐκ πορνείας οὐκ ἐγεννήθημεν Polemik gegen die Jungfrauengeburt Jesu enthält, wollen wir hier nicht eingehen. Zur Diskussion vgl. J. BLANK, aaO. 237.

Jüdischer *Anspruch* und jüdische *Wirklichkeit* klaffen auseinander. Der Anspruch lautet: σπέρμα 'Αβραάμ, d.h. Erbe der „Kindschaft", der „Herrlichkeit", des „Bundes", des „Gesetzes", des „Gottesdienstes", der „Verheißungen" und der „Väter" (Röm 9,4f.), kurz: er heißt auserwähltes Volk (Röm 9,7; 11,1; 2Kor 11,22; Gal 3,16; Hebr 2,16)[19]. Der Begriff fixiert also die heilsgeschichtliche Prärogative des alten Bundesvolkes, etwas, worauf der Jude stolz ist (Mt 3,9 par und dazu Strack-Billerbeck I, 116–121)[20].

Die *Wirklichkeit* aber steht zu diesem Anspruch in einem schlechthin diametralen Gegensatz, wie das betont akzentuierte ἀλλά V.37b zeigt. Denn sie heißt Mordlust (V.44; vgl. 7,19ff.; 11,45–53; 12,10f.19). Mord aber ist Sache des Teufels, der ein Mörder (ἀνθρωποκτόνος)[21] ist von Anfang (V.44; vgl. 1Joh 3,8), während Abraham das gerade *nicht* ist (V.40). Im Gegenteil! Abrahams Sinn stand nicht nach Tötung des kommenden Messias, er frohlockte, Jesu Tag zu sehen, | „und er sah ihn und freute sich" (V.56). Das heißt, Abraham verweist gerade auf die eschatologische Zukunft, die in dem Messias Jesus präsent ist[22]. Letzteres zeigt auch der ὅτι-Satz V.37b. Er supponiert die Identität von Abrahamskindschaft (V.39b) und Gotteskindschaft (V.42), letztere in der Art, wie sie allererst durch das Aufnehmen des λόγος konstituiert wird (1,12 ὅσοι δὲ ἔλαβον αὐτόν, ἔδωκεν αὐτοῖς ἐξουσίαν τέκνα θεοῦ γενέσθαι). Eben diesen Sachverhalt fixiert das χωρεῖν des λόγος V.37c, das durch den Prolog sachlich interpretiert ist: „Er kam in sein Eigentum, aber die Seinen nahmen ihn nicht auf" (1,11)[23]. Und unter dieser Voraussetzung der Identität von Abrahamskindschaft und Annahme des Offenbarers kann V.39b formulieren: „Wäret ihr Kinder Abrahams, so würdet ihr Abrahams

---

[19] Zum Begriff und zur Sache vgl. S. SCHULZ, ThWNT VII, 545f.

[20] Der nationale Aspekt des Begriffes scheint für Johannes versunken: Juden und Heiden, die an den Messias Jesus glauben, sind „Israel" (1,44.50; 1,31; 12,13), während die Juden, die im Unglauben verharren, es gerade *nicht* sind. Vgl. J. JOCZ: Die Juden im Johannes-Evangelium, in: Judaica 9, 1953, 129ff., hier 141.

[21] Der Begriff kommt außer an unserer Stelle im NT nur noch 1Joh 3,15 vor (vom Menchen, der seinen Nächsten haßt, gesagt). W. BAUER, WB, 5. Aufl., 1958, 134, verweist zu unserer Stelle auf Sap 2,24: „Durch den Neid des Teufels . . . kam der Tod in die Welt; es erfahren ihn aber die, welche jenem angehören" (nach E. KAUTZSCH, Die Apokryphen und Pseudepigraphen des Alten Testaments I, 3. Aufl., 1962, 483).

[22] Das Ausspielen Abrahams gegen Jesus V.33.52ff. zeigt also nur, daß die Juden den Sinn der Verheißung pervertiert haben (R. BULTMANN, aaO. 247f. 338). Dasselbe gilt für ihre Berufung auf Moses und sein Gesetz, 7,19ff.

[23] Vgl. dazu die neueren Untersuchungen zum Prolog des Johannes: R. SCHNACKENBURG, Logos-Hymnus und johanneischer Prolog, in: BZ 1, 1957, 69ff.; E. KÄSEMANN, Aufbau und Anliegen des Johanneischen Prologs, in: Libertas Christiana, Festschrift für F. Delekat, 1957, 75ff. (= Ex. Vers. u. Bes. II, 1964, 155ff.); E. HAENCHEN: Probleme des johanneischen „Prologs", in: ZThK 60, 1963, 305ff. (Vgl. jetzt auch G. KLEIN: Das wahre Licht scheint schon. Beobachtungen zur Zeit- und Geschichtserfahrung einer urchristlichen Schule, in: ZThK 68 [1971], 261–326, bes. 269ff.). [R. SCHNACKENBURG, Joh.-Ev. IV 190f.201.]

Werke tun."[24] D. h.: dann würdet ihr auch meinen Worten Raum geben, was gleichbedeutend wäre mit einem Abstehen von der Tötungsabsicht.

Das Tötungsbegehren der Juden und ihre Abrahamskindschaft sind also sich ausschließende Gegensätze – womit das religiöse Selbstbewußtsein der Juden – sofern sie es gegen Jesus ausspielen (V. 39.41; vgl. V. 33 u. ö.) – als Perversion ihrer heilsgeschichtlichen Prärogative demaskiert wird[25]. Um eine Verifizierung dieses Sachverhaltes, genauer: um eine Erklärung für die Absurdität, daß Nachkommen Abrahams den *Messias* Abrahams nicht annehmen (das Phänomen des jüdischen Unglaubens!), müht sich der ganze weitere Dialog, wobei der im Stil der Offenbarungsrede formulierte V. 38[26] die erst später ausgesprochene Antithetik ἐκ τοῦ διαβόλου – ἐκ τοῦ θεοῦ (V. 44.47) vorbereitet. | Vater steht gegen Vater! Herkunft gegen Herkunft! Damit ist die Thematik zwar existential eingeengt: es geht jetzt allein noch um den *Ursprung* des Handelns. Aber mit ihm fallen für Johannes letzte Entscheidungen. Denn das Woher menschlichen Existierens ist für ihn die Entscheidung über Heil und Unheil[27]. So bewegt sich denn auch die ganze weitere Disputation ganz im Stile des joh Entscheidungsdualismus, der dem Menschen zuletzt nur die Wahl läßt, aus Gott oder aus dem Teufel zu leben. Dabei tauchen dann eine Reihe für die joh Theologie sehr typischer Theologumena und Gegensatzpaare auf: so das Theologumenon von der Präexistenz des Offenbarers (V. 38.40.42 und sonst oft im vierten Evangelium), ferner das überaus charakteristische Motiv vom Gekommensein und Gehen des Offenbarers (V. 42 und sonst oft im vierten Evangelium), und schließlich der den ganzen Schluß V. 44–47 beherrschende Gegensatz von Wahrheit und Lüge.

Ganz in diese Offenbarungsrede eingebettet ist dann auch die Aussage, daß die Juden Teufelssöhne sind (V. 44), natürlich nicht im Sinne naturhaft-physischer Verwandtschaft: Ihr Unglaube selber hat sie dazu gemacht[28].

---

[24] Zum Satz vgl. BLASS-DEBRUNNER, § 360,1; R. BULTMANN, aaO. 339, A.2. – Nach J. BLANK, aaO. 233, ist bei den „Werken Abrahams" an den Glauben gedacht (Gal 3,16; 4,21–31; Röm 4). Das wäre denkbar. Doch ist der Ausdruck wohl mehr im Sinne einer pauschalen Reklamation des A.T.s als eines christlichen Buches zu verstehen (vgl. 7,19ff. [Moses] und den Satz: „Das Heil kommt von den Juden", 4,22), wonach eben die Großen des Alten Bundes Zeugen für den Messias Jesus waren.

[25] Siehe oben A.22.

[26] Vgl. dazu R. BULTMANN, aaO. 338, A.4. BULTMANN vermutet diesen Stil auch hinter V. 43–46 (239, A.4).

[27] Vgl. dazu die Ausführungen bei R. BULTMANN, aaO. 238ff.

[28] Vgl. J. BLANK, aaO. 239 – Das Problem ist, ob die Vorstellung von der Teufelskindschaft Parallelen in Qumran hat. Am nächsten liegt eine Stelle aus den Fragmenten von Qumran Cave I, und zwar aus dem Fragment 27 die Aussage I,5: „Und das sei euch das Zeichen, daß es geschieht: Wenn die Urheber (Nachkommen) der Verderbtheit eingeschlossen sind (עולה

Meines | Empfindens läßt sich noch zeigen, daß dieses Urteil ausschließlich der theologischen Reflexion unseres Verfassers entsprungen ist und sozusagen das Produkt einer zwangsläufigen Gedankenlogik darstellt: Die den ganzen Dialog von 8,12 an beherrschende Frage steht in V. 46b: διὰ τί ὑμεῖς οὐ πιστεύετέ μοι; (variiert in V. 43: διὰ τί τὴν λαλιὰν τὴν ἐμὴν οὐ γινώσκετε). Das ist um so verständlicher, als Jesus ja nicht dies oder das, sondern ἀλήθεια, „göttliche Wirklichkeit"[29], redet (V. 46). Seine Legitimation zu solcher Rede wird mehrfach unterstrichen. Einmal – wenn wir hinten anfangen – durch seine Sündlosigkeit (V. 46)[30]. Zum anderen durch sein Gesandtsein (V. 42: Ich bin von Gott ausgegangen und gekommen, und zwar nicht in eigener Vollmacht, sondern als Gesandter[31]). Und schließlich – der Gedanke ist gleich dreimal ausgedrückt, weil er der wichtigste ist – durch seine Präexistenz (V. 38.40.42)[32]. Diese Vorstellung ist dann auch der eigentliche Haftpunkt für die Rede von den Teufelssöhnen: Jesus redet, was er beim Vater gehört (V. 40) und gesehen hat (V. 38): die „Wahrheit". Die Juden aber reden etwas ganz anderes! Sie reden Mord (V. 37) und Haß (V. 42: „Wenn Gott euer Vater wäre, würdet ihr mich lieben"). Da aber das, was einer redet, er immer aus seinem *Ursprung* redet, muß der Ursprung dieser Rede dem Jesu

---

בהסגר מולדי), geht die Schuld weg vor der Gerechtigkeit, wie die Finsternis vor dem Licht weggeht." Daß מולדים „Nachkommen" sein können, betonen D. BARTHÉLEMY/J. T. MILIK: Qumran Cave I, 1955, 103f.; I. RABINOWITZ, in: JBL 71, 1952, 25f., und H. W. HUPPENBAUER, Der Mensch zwischen zwei Welten. Der Dualismus der Texte von Qumran (Höhle I) und der Damaskusfragmente. Ein Beitrag zur Vorgeschichte des Evangeliums, AThANT 34, 1959, 90, A. 386. Und zwar sind wohl „Verderbtheitsnachkommen" im Sinne physischer Nachkommenschaft gemeint (H. W. HUPPENBAUER, aaO.; vgl. I. RABINOWITZ, aaO. 25: „The context shows that the wrongdoers here are not angelic, but human.") Aufs Ganze eine sehr entfernte Parallele zu unseren „Teufelssöhnen"! O. BÖCHER, Der johanneische Dualismus im Zusammenhang des nachbiblischen Judentums, 1965, 30ff., vergleicht die Belial-Stellen (= Teufel) von Qumran mit denen des NT (einschließlich Joh 8,44) mit dem Ergebnis, daß hier Analogien vorliegen. Und O. BETZ, Das Volk seiner Kraft, in: NTS 5, 1958, 71f., verweist auf 1 QH 3,17 (die Weisen der Welt Otterngezücht) als Parallele zu Joh 8,44. Doch sind das keine wirklichen Analogien, sondern nur verwandte dualistische Termini. Richtig H. BRAUN, Qumran und das Neue Testament, in: ThR 28, 1962, 220: „Qumran spricht nicht vom Teufel oder Belijaal als dem Vater, sondern von Gebilden der Otter; Joh redet vom Vater, aber nicht von der Schlange." Dasselbe gilt von der vielfach behaupteten Analogie zwischen ἀλήθεια/ψεῦδος bei Johannes und אמת und עולה in Qumran. Auch hier lassen sich bei differenzierender Betrachtung schwerlich direkte Beziehungen nachweisen. Vgl. H. BRAUN, aaO. 219ff. (= Qumran und das NT I, 1966, S. 124f.; II, 1966, S. 112ff.).

[29] R. BULTMANN, aaO. 32, A. 1 (Lit.).

[30] Die „Sündlosigkeit" Jesu ist im Kontext des Joh-Ev. zu interpretieren, und zwar besonders durch das Stehen Jesu vor Pilatus 18,29.38; 19,4.6. Jesus ist „schuldlos", man haßt ihn „für nichts" (ἐμίσησάν με δωρεάν). Vgl. J. BLANK, aaO. 240f.

[31] Dieses Motiv ist besonders typisch für die joh. Christologie. Vgl. 3,17.34; 5,23.24.30; 7,16.33; 8,16; 11,42 u.ö.

[32] Zur Wichtigkeit des Präexistenzgedankens im 4. Ev. vgl. jetzt den ausgezeichneten Exkurs in R. SCHNACKENBURGS Kommentar, aaO. 290ff.

diametral entgegengesetzt sein. Abraham kommt als Ursprung nicht in Frage. Denn dessen Ursprung ist mit dem Jesu identisch. Und so kommt es zu der antithetischen Parallelisierung *mein* Vater – *euer* Vater; Kinder Abrahams bzw. Gottes – Kinder des Teufels; ὁ ὢν ἐκ θεοῦ – ὁ οὐκ ὢν ἐκ θεοῦ. Johannes erklärt also das Phänomen des jüdischen Unglaubens mit der existentialen Grundansicht, daß das Woher eines Menschen sein jeweiliges Sein wesentlich qualifiziert. Das Woher der Juden ist eben nicht Gott, sondern der Teufel (als Widergott), nicht die Wahrheit, sondern die Lüge. Darum das οὐ δύναοθε ἀκούειν τὸν λόγον τὸν ἐμόν als letzte Erklärung für den Unglauben. Es liegt am verschiedenen *Ursprung*. Und so kann der ganze Gegensatz schließlich auf die knappe dialektische Formel gebracht werden: „*Weil* ich die Wahrheit rede, *darum* glaubt ihr mir nicht."

Wieweit Johannes mit der Aufnahme des Teufels als eines „Mörders von Anfang an" Gedankenassoziationen an Kain (Gen 4) oder gar an die Paradiesge-|schichte (Gen 3) bewußt provozieren wollte, läßt sich nicht mit Sicherheit sagen[33]. Sicher ist aber, daß er ihn um der Antithetik zu Gott-*Vater* willen eingeführt hat. Das zeigt deutlich die den Exegeten Mühe machende Formulierung: Ihr seid Söhne des *Vaters* des Teufels, was J. Wellhausen zu dem erschreckten Ausruf veranlaßte: „Als ob es an des Teufels Großmutter nicht genug wäre!"[34] Bei dem einfachen Ausdruck: Ihr

---

[33] Weithin ist die Meinung, daß in V. 44 ein Textfehler stecken muß. Aber wann ist er entstanden? Bei der Übersetzung einer etwaigen aram. Quelle? Bei einer kirchlichen Redaktion? Durch einen frühen Abschreiber? (Letzteres hält N. A. DAHL, a. Anm. 4 a.O. S. 79 für das Wahrscheinlichste.) Und wie lautete der ursprüngliche Text? Man weiß es nicht. Interessant ist der neueste Erklärungsversuch von F. HAHN (a. Anm. 4 a.O. S. 78, A. 55): V. 44a bereitet ihm „im Sinne einer explikativen Apposition keine allzu großen Schwierigkeiten" (folgt Verweis auf Bl.-Debrunner, § 268,2). Im komplizierteren V. 44c bezieht er αὐτοῦ auf *(ὅταν λαλῇ) τὸ ψεῦδος*: „denn er ist ein Lügner und ihr Vater (sc. der Lüge)" (folgt Verweis auf Bl.-Debr. § 282,3). „Nur so ergibt sich für V. 44 im Gesamtzusammenhang ein klarer Sinn. Die eigenartige Formulierung ist offensichtlich durch Verwendung einer etwas anders ausgerichteten Tradition entstanden". Mit DAHL sieht HAHN in dieser Tradition eine im frühen Christentum nachwirkende Kains-Haggada (Kain galt danach als *der* Mörder schlechthin). Er nimmt jedoch entgegen der Meinung von DAHL nicht an, daß auch im Sinne des Evangelisten diese Tradition in V. 44 noch von Kain sprechen soll, sondern daß der Evangelist sie auf den Teufel übertragen habe. „Ihm geht es in V. 44 um den Teufel als ‚Vater' und er will deutlich machen, daß die Wirklichkeit des Teufels seit Anfang der Welt besteht, zugleich aber auch in der Gegenwart eine bedrohliche Macht darstellt." Ein weiteres Problem ist, was ἀπ' ἀρχῆς hier bedeutet. Auf einen Beginn der Existenz des Teufels vor der Weltzeit scheint es mir nicht zu gehen, weswegen die vom Logos gemachte Aussage 1Joh 1,1 ὃ ἦν ἀπ' ἀρχῆς (vgl. Joh 1,1f.; 2,13f.) auch keine Parallele ist (gegen G. DELLING, ThW I, 480, 10ff.). Vielmehr kann 1Joh 3,8 zum Verständnis herangezogen werden: ἀπ' ἀρχῆς ὁ διάβολος ἁμαρτάνει. Fixiert ist also das zeitliche Urdatum der Tod und Sünde bewirkenden Tätigkeit des Satans: von Anfang an hat er nie etwas anderes getan. – Zur Diskussion, ob eine Darstellung *de casu diaboli* gegeben werden soll (was sicher nicht der Fall ist!) siehe J. BLANK, aaO. 239, A. 30.

[34] J. WELLHAUSEN, aaO. 42, A. 1.

seid Söhne des Teufels (den J. Wellhausen als grammatikalisch einwandfreien Ausdruck für die Teufelskindschaft zugrunde legt, vgl. auch R. Bultmann, 241), wäre eben die Antithetik der beiden Väter nicht zum Ausdruck gekommen. Der Sinn des grammatikalisch schwierigen Ausdruckes ἐκ τοῦ πατρὸς τοῦ διαβόλου ἐστέ ist sicher: ihr stammt aus dem Teufel als dem Vater[35].

Fassen wir zusammen: Die Kennzeichnung der Juden als Teufelssöhne ist eine der theologischen Reflexion des vierten Evangelisten entsprungene historische Konkretion seines Dualismus, mit dessen Hilfe er die Krisis-Funktion | des Logos als des Offenbarers herausarbeitet[36]. Durch diese Krisis wird die Welt gespalten in Licht und Finsternis, Leben und Tod, Glaube und Unglaube, Gott und Teufel. Das Phänomen des jüdischen Unglaubens aber wird auf dieser hohen Ebene theologischer Reflexion zum Demonstrationsobjekt für eben diese Krisis, die die Juden auf die Seite des κόσμος gestellt hat[37].

IV.

Prüft man diesen nur grob skizzierten exegetischen Befund auf einen ihm möglicherweise inhärenten Antijudaismus hin, so ist folgendes zu bedenken:
a) Die Szene ist als eine historische ganz und gar irreal[38]. Schon 1903 schrieb W. Wrede: „Sieht man als . . . Hauptaufgabe (des vierten Evangelisten) die Mitteilung der wirklichen Geschichte an, so wirken manche Züge der Erzählung geradezu grotesk und lächerlich.“[39] Zwei Beispiele – unseren Text betreffend – nennt er selber. Das eine ist die von uns oben schon betonte

---

[35] Vgl. O. Böcher, aaO. 31, A.78.

[36] Vgl. E. Grässer, aaO. 145ff.

[37] Zum Motiv der Krisis bei Joh vgl. jetzt J. Blank, aaO. 230ff., bes. 236ff.

[38] Dagegen spricht nicht, daß Momente des historischen Judentums der Zeit Jesu (wohl auch der Zeit des Johannes, vgl. 16,2f.) auf dem Plan sind: die Juden sind die, die in der Synagoge und im Tempel zusammenkommen, die den Brauch der Reinigung beobachten, den Sabbath halten und die Feste feiern usw. (vgl. dazu bes. die Aufsätze von W. Lütgert und J. Jocz). Man muß jedoch bedenken: Der konkurrierende Wahrheitsanspruch von Kirche und Synagoge, den unser Verfasser am Modell des „Lebens Jesu“ zu entscheiden versucht, bringt solche Momente natürlicherweise mit sich (vgl. W. Wrede, Charakter und Tendenz des Johannes-Evangeliums, SGV 37, 1903, 57). Im übrigen sah sich Johannes durch diese historischen Reminiszenzen (die er gar nicht unterdrücken will!) vor seine eigentliche Aufgabe gestellt: ursprünglich jüdischen Glauben in hellenistischer Terminologie auszudrücken. Er hat diese Aufgabe in einmaliger Weise gelöst (vgl. C. K. Barrett, Zweck des 4. Evangeliums, in: ZSTh 22, 1953, 264). Die bewußte Konservierung jener historischen Reflexe ist also primär ein apologetisches Motiv, das gar nichts aussagt über den Juden Johannes (ob er das wirklich war, wissen wir nicht, vgl. W. G. Kümmel, aaO. 171f.) und seine größere Nähe zur historischen Wirklichkeit (gegen J. Jocz, E. Stauffer u. a.).

[39] W. Wrede, aaO. 70.

allgemeine Kennzeichnung der Gegner Jesu als „Juden". „Um diese Abstraktion als solche recht zu empfinden, denke man, daß ein griechischer Autor schriebe ‚die Hellenen aber sprachen zu Sokrates'. Wer von den Verhältnissen des Lebens Jesu eine konkrete Anschauung hatte, konnte niemals so sprechen; und wenn er hundert Jahre alt wurde, so wußte er immer noch, daß das Synhedrium das Synhedrium war und nicht ‚die Juden' und daß Jesus sich mit diesen und jenen Leuten unterhielt, aber nicht mit ‚den Juden'."[40] |

Das andere ist die Tatsache, daß „Jesus sozusagen ganz akademisch mit den Juden die Frage seiner Tötung bespricht" (ebd. 57). Das liegt ganz in der Linie der sonstigen Streitgespräche mit den Juden: es ist ein Kampf, der gar nicht auf einem gemeinsamen Boden geführt wird[41]. Denn die verhandelten Themata sind gar nicht Fragen des jüdischen Horizontes (W. Wrede, 25), „also nicht Sabbathgebot, nicht Fasten, nicht Reinheit, nicht Ehescheidung, nicht Erwählung Israels und Heidenmission. Dieser Horizont ist für Joh versunken. Geblieben ist für ihn allein Jesu Kommen und Gehen und was das an Heil für die Welt bedeutet"[42].

Auf eine weitere Merkwürdigkeit in unserem Text machte schon J. Wellhausen aufmerksam: daß nämlich die Juden „den furchtbaren Affront von V. 44" einstecken, während sie sich über die Behauptung Jesu in V. 58, er sei älter als Abraham, so erbosen, daß sie ihn steinigen wollen[43]. Sonderbar ist das nur für den historisch-kritisch fragenden Leser. Für den von unserem Verfasser ursprünglich gemeinten Leser ist alles klar: die den Messiasanspruch Jesu legitimierende Präexistenzbehauptung provoziert den „Gegensatz von tödlicher Ausschließlichkeit" (Strathmann). Hinter diesem ganzen Disput steckt eine an *Christen* adressierte, durchreflektierte Christologie, in der die urchristlichen Topoi von Geburt, Tod und Auferstehung Jesu bereits theologisch aufgearbeitet sind nach dem Schema des herabsteigenden und hinaufsteigenden Offenbarers (V. 42). So wenig damit noch der historische Jesus auf dem Plan ist[44], so wenig sind es die „historischen" Juden als seine Gegner; sie sind vielmehr „stilisierte Typen"[45], ideelle „Vertreter eine Reli-

---

[40] AaO. 25.

[41] Vgl. J. WELLHAUSEN, aaO. 111.121ff.; E. GRÄSSER, aaO. 144f.

[42] E. GRÄSSER, aaO. 144; vgl. R. BULTMANN: Theologie des Neuen Testaments, 5. Aufl., 1965, 356.

[43] AaO. 44.

[44] Vgl. F. MUSSNER, Die johanneische Sehweise und die Frage nach dem historischen Jesus, mit einem Vorwort von H. SCHLIER, 1965.

[45] Den Ausdruck gebraucht L. GOPPELT, Christentum und Judentum im ersten und zweiten Jahrhundert, BFChTh II, 55, 1954, 252.

gion, die für den Christusglauben keinen Raum hat"[46], aber eben nicht Juden in ihrem empirischen Bestande[47]. Gemeint ist ihr *Wesen*[48].

b) Der Verfasser des vierten Evangeliums liebt die *Symbolik!* Wenn wir eingangs feststellten, daß Jesu entscheidende Auseinandersetzung mit seinen | Gegnern auf dem Laubhüttenfest stattfindet, so müssen wir jetzt sagen, daß dies mit Bedacht von Johannes so gefügt ist. Mit diesem Fest und seinen beiden Symbolen Licht und Wasser sind für das jüdische Volk messianische Vorstellungen verknüpft[49]. Es kommt daher einer Herausforderung besonderer Art gleich, wenn Jesus die Auseinandersetzung beginnt mit dem Satz: „Ich bin das Licht der Welt. Wer mir nachfolgt, wird gewiß nicht in der Finsternis wandeln, sondern das Licht des Lebens haben" (8,12). Hier steht Religion gegen Religion! Und die betonte Herausstellung der jüdischen Feste[50] als Kontext soll durchaus zeigen, daß Jesus die Erfüllung aller göttlichen Verheißungen ist[51]. Und andrerseits weist Bultmann mit Recht darauf hin, daß die Ortsangabe in 8,20 („Diese Worte redete Jesus, als er beim Opferstock im Tempel lehrte") der Szene ihre Bedeutung gibt: Im *Tempel* fällt Jesus das Urteil, daß die Juden nichts von Gott wissen; „im Tempel selbst haben sie ihre Verschlossenheit für den Offenbarer dokumentiert! Damit ist das Urteil über die jüdische Religion gesprochen . . ." (Johannes-Kommentar, 213). Aber bei diesem Urteilsspruch wie überhaupt im Johannesevangelium versinkt alles – wie E. Käsemann sagt – „im Symbolismus". „Die ‚Historie‘ ist in unserem Evangelium bloß noch Reflex theologischer Abstraktion, das vorweggenommene Echo der Verkündigung."[52] Nichts belegt das schlagender als die Synonymität der Begriffe Ἰουδαῖος und κόσμος. Was von den „Juden" gilt, das gilt auch von der „Welt" (1,10; 7,7.17; 15,18f.; 17,25; 1Joh 4,5 u. ö.). D. h. aber: die jüdische Feindschaft Jesus gegenüber ist ein *Symbol für den Haß der Welt*[53].

c) Es ist weithin *communis opinio* der Exegeten, daß diese äußerste Zuspitzung der antijüdischen Polemik des vierten Evangeliums historisch nur zu begreifen sei als Reflex des zeitgenössischen Kampfes zwischen Kirche

---

[46] E. HAENCHEN, Judentum und Christentum in der Apostelgeschichte, in: ZNW 54, 1963, 155.

[47] Vgl. R. BULTMANN, aaO. 59; E. GRÄSSER, aaO. 145.

[48] So auch F. MUSSNER, ZΩH. Die Anschauung vom „Leben" im 4. Evangelium unter Berücksichtigung der Johannesbriefe, 1962, 59; DERS.: Die johanneische Sehweise, aaO.

[49] Vgl. J. JOCZ, aaO. 134; K. H. RENGSTORF, ThWNT VI, 606ff.

[50] Z. B. Sabbath 5,9; 7,22.23; 9,14; Passa 2,13.23; 6,4.

[51] Vgl. T. C. SMITH, Jesus in the Gospel of John, 1959, 144ff., bes. 182. – W. MICHAELIS, aaO. 394, 22ff., bestreitet, daß Johannes die Beziehung zum Laubhüttenfest wichtig gewesen sei – freilich ohne überzeugende Gründe.

[52] E. KÄSEMANN, VF 1942/46, 1946/47, 189.

[53] Vgl. J. WELLHAUSEN, aaO. 117.122; G. BAUM, aaO. 183, 192; E. GRÄSSER, aaO. 150f.

und Synagoge, wie ihn unser Verfasser um die erste Jahrhundertwende herum erlebt habe[54]. Eine Entscheidung dieser Frage wäre nur möglich bei gleichzeitiger Entscheidung der Frage nach dem Zweck unseres Evangeliums. Auch hier gehen die Meinungen sehr auseinander[55], und wir können uns jetzt damit nicht näher befassen. Ich will in Kürze nur dies sagen: Es ist nicht ausgeschlossen, im Gegenteil sehr wahrscheinlich, daß der sich gegen Ende des ersten Jahrhunderts vollziehende endgültige Bruch zwischen Kirche und Synagoge – wahrscheinlich in | ursächlichem Zusammenhang mit der etwa im Jahre 90 durch Rabbi Gamaliel II. in das Achtzehnbittengebet eingefügten Verfluchung der *Minim* (= Häretiker)[56] – unserem Verfasser das Kolorit und die Thematik für die Auseinandersetzung geliefert hat. Das nur im Johannesevangelium vorkommende ἀποσυνάγωγος (9,22; 12,42; 16,2) erklärt sich jedenfalls am leichtesten als der ins Leben Jesu zurückprojizierte de-facto-Ausschluß der Christen aus der Synagoge um die Jahrhundertwende[57]. Das *primäre* Motiv würde ich dennoch nicht in dieser Zeitgeschichte sehen. Es ist ein streng *theologisches:* mit dem Begriff Ἰουδαῖοι, der wie der Begriff des κόσμος in gleicher Weise Chiffre ist für den Unglauben schlechthin, wird ein *Paradigma* gegeben für das, was die Offenbarung als Krisis bewirkt: sie scheidet zwischen der Welt und den Glaubenden. Und mit diesem Paradigma wendet sich unser Verfasser an die *Gemeinde*, die für Johannes natürlich eine Gemeinde aus Juden und Heiden sein kann. Denn Glaube und Unglaube sind Sache eines jeden. R. Schnackenburg hat ganz recht: „Die Grundtendenz der johanneischen Darstellung ist innerchristlich . . .“[58] Sie will nicht Juden exkommunizieren oder missionieren, auch nicht Heiden; sondern sie will Christen ihren Standpunkt klären helfen[59]. Und so würde ich abschließend nur wiederholen können, was ich an anderer Stelle[60] bereits ausgeführt habe: Die Kennzeichnung der Juden als „Teufelssöhne“ im vierten Evangelium ist kein Antisemitismus irgendwelcher Provenienz[61]. Sie ist auch kein Versuch des Verfassers, seine persönliche Enttäuschung darüber zum Ausdruck zu bringen, daß sein eigenes jüdisches Volk den Messias Jesus verworfen hat. Sondern diese Polemik ist ein Stück johanneischen Dualismus’ im Dienste praktischer Gemeindeinteressen. Die ei-

---

[54] Vgl. nur H. STRATHMANN, aaO. 152. Dazu E. GRÄSSER, aaO. 147ff.

[55] Vgl. die in meinem Aufsatz (aaO. 147f.) zusammengetragenen Meinungen!

[56] Zur Sache und Lit. W. SCHRAGE, ThWNT VII, 847ff.

[57] Vgl. W. G. KÜMMEL, Einleitung, 159; E. GRÄSSER, aaO. 148.

[58] R. SCHNACKENBURG, BZ 1 (1957), 109. So z.B. auch J. JOCZ, aaO. 140, und viele andere.

[59] E. GRÄSSER, aaO. 152.

[60] E. GRÄSSER, aaO. 152f.

[61] So auch J. JOCZ, aaO. 140: „Wir müssen uns hüten, modernen Antisemitismus ins Evangelium hineinzulesen. Rassenhaß kommt hier überhaupt nicht in Frage.“

gentliche Spitze des Kampfes ist gegen die Verweltlichung des Christentums selber gerichtet. Die Gefahr dazu droht von dem her, was durch die Offenbarung als Krisis auf die Seite der „Welt", der Lüge, der Finsternis, der „Juden" verwiesen ist. Sie droht vom *Unglauben!* So geht es zuletzt bei dieser Auseinandersetzung um die Frage: „Was ist Wahrheit?" (18,38). Johannes entscheidet diese Frage am Exempel der jüdischen Religion, die ihr Wissen um Gott pervertiert hat (Bultmann). Damit ist das vierte Evangelium einer der frühesten Versuche, den Absolutheitsanspruch des Christentums theologisch zu fixieren[62].

---

[62] Nachtrag: Zur neuesten Diskussion um unseren Text vgl. G. REIM, Joh. 8.44 – Gotteskinder/Teufelskinder. Wie antijudaistisch ist ‚Die wohl antijudaistischste Äußerung des NT'?: NTS 30, 1984, 619–624. Seine These: Ein Abschreiber unseres Textes habe die Anspielungen auf Kain, wie sie die jüdische und samaritanische Theologie nahelegen, nicht verstanden und den für ihn und seine Leser anonymen „Vater" in 8,38 und 41 mit dem Teufel in 8,44 identifiziert, indem er „des Vaters" in den Anfang von 8,44 einfügte. Nimmt man die Einfügung wieder heraus, ergebe sich folgender Sinn: „Ihr stammt vom Teufel und wollt die Begierden (Kains) eures Vaters tun. Jener (Kain) war Menschentöter von Anfang an, und in der Wahrheit stand er nicht, denn nicht ist Wahrheit in ihm. Wenn er (Kain) die Lüge spricht, redet er aus seinem eigenen Bereich, denn er ist ein Lügner und sein Vater (der Teufel) ist es" (622). Summa: „Der johanneische Jesus spricht nicht generell von Teufelskindschaft *der* Juden, sondern nur im Gegenüber zu einer bestimmten Gruppe, die steinigen möchte" (623). Nun, keine üble Hypothese! Nur, wie wollen wir beweisen, daß in 8,44 ehedem wirklich von Kain die Rede war?

Nachfolge und Anfechtung bei den Synoptikern

Die forschungsgeschichtliche Situation der Synoptikerexegese macht eine methodische Vorbesinnung notwendig, durch die geklärt werden muß, wovon im Rahmen unseres Themas eigentlich die Rede sein soll. Dem gilt der erste Teil meines Referats. Im zweiten Teil steht die Auslegung eines Einzeltextes im Mittelpunkt. Die notwendige Eingrenzung des sonst zu weitläufigen Themas soll durch dieses paradigmatische Vorgehen erreicht werden. Und schließlich versuche ich dann im dritten und letzten Teil, aus den exegetischen Ergebnissen zusammenfassend einige Linien bis in aktuelle Fragestellungen der Gegenwart auszuziehen.

I.

Längst ist es Allgemeingut der Synoptikerexegese geworden, daß die Evangelien als Kerygma verstanden und ausgelegt sein wollen und nicht als Biographie Jesu und der ihn begleitenden oder abweisenden Personen[1]. Die Traditionsstücke, die von der Nachfolge Jesu handeln, enthalten dementsprechend keinen einzigen das Individuum und seine psychologische Vorbereitung berücksichtigenden historischen Bericht einer Berufung[2]. Vielmehr sind alle Erzählungen bereits durch eine interpretatio christiana mehr oder weniger typisiert zum allgemein gültigen Beispiel wahrer Jüngerschaft[3], welche als Gemeinschaft mit dem Irdischen (also vorösterlich) grundsätzlich nicht anders aussieht als die Gemeinschaft mit dem Erhöhten (also nach-

---

[1] Vgl. G. BORNKAMM, Die Sturmstillung im Matthäus-Evangelium, in: G. BORNKAMM, G. BARTH, H. J. HELD, Überlieferung und Auslegung im Matthäus-Evangelium (WMANT 1), 1960, 48–53, hier 48.

[2] Vgl. A. SCHLATTER, Der Glaube im Neuen Testament, 5. Aufl. 1963, 257f. – Daß Jesus gleichsam „im Vorübergehen" (Mk 2,14 u.ö.) beruft, darin sieht F. HAHN die eigentümliche Voraussetzungslosigkeit der Berufung gegeben: „Nicht eine genaue Kenntnis der Person, nicht eine langsam gewachsene Vertrautheit mit dem anderen sind hier maßgebend, sondern eine ganz überraschende Unmittelbarkeit" (Die Nachfolge Jesu in vorösterlicher Zeit, in: Die Anfänge der Kirche im Neuen Testament. Evangelisches Forum Heft 8, 1967, 7–36, hier 9).

[3] Aus diesem Grunde hat die Urchristenheit ganz bewußt die Nachfolgeerzählungen als sog. Paradigmen weitergegeben, d.h. ihnen beispielhaften Charakter für jeden Christen beigemessen. Vgl. dazu M. DIBELIUS, Die Formgeschichte des Evangeliums, 3., durchges. Aufl. mit einem Nachtrag von G. IBER, hg. v. G. Bornkamm, 1959, 34ff.

österlich): Hier wie da ist sie vollständige | Lebens- und Dienstgemeinschaft
mit dem als Kyrios unbedingt gebietenden Christus Jesus. Nur sprachlich
gibt es eine unübersehbare Differenz: Die nachösterliche Urgemeinde hat ihr
Verhältnis zum erhöhten Kyrios mit zwei Ausnahmen (Joh 21,19ff.; Apk
14,4) nicht mit dem prägnanten Begriff ἀκολουθεῖν umschrieben. Dieser
Terminus ist vielmehr fast ausschließlich für die Evangelien reserviert[4], hat
nirgends metaphorischen, sondern immer den wortwörtlichen Sinn von
„hinterhergehen" und wird nur in bezug auf den *irdischen* Jesus gebraucht[5].
Diese sprachliche Differenz bei einem sachlich-inhaltlich gar nicht oder nur
wenig differenzierten Phänomen[6] wird nun aber in der Forschung sehr
verschieden bewertet. Nicht strittig ist die Ursache für diesen unterschiedlichen Sprachgebrauch: Dem Gekreuzigten und Auferstandenen gegenüber
kann es Nachfolge im Ursinn nicht geben. Diese war mit Jesu Verhaftung zu
Ende. Die Jünger flohen alle (Mk 14,50). Damit hörte ihre Nachfolge zunächst auf. Aber angestoßen durch die Auferstehungserscheinungen setzt sie
neu ein, drückt sich aber aus dem genannten Grunde sprachlich anders aus:
als Sein in Christo, Mitgestorbensein, Glaube an Christus, Nachahmung
Christi bei Paulus, als Genossenschaft Christi im Hebräerbrief usw. Ist dies
eindeutig, so doch nicht die Frage, auf welcher Seite der Historiker die
Entstehung der spezifisch neutestamentlichen Nachfolgevorstellungen an-

---

[4] 60mal Synoptiker; 19mal Johannes; 4mal Apostelgeschichte; 1mal Paulus; 6mal Offenba-
rung. Vgl. CH. BLENDINGER, Art. „Nachfolge", Theol. Begriffslexikon zum NT, hg. v. L.
Coenen, Bd. II/1, 2. Aufl. 1970, 945f. [unsere abweichenden Zahlenangaben nach K. ALAND
(Hg.), Vollständige Konkordanz zum griech. NT. Bd. II, 12].

[5] Dem entspricht exakt der sprachliche Befund des Substantives μαθητής im Neuen Testament: Es begegnet nur in den vier Evangelien und in der Apostelgeschichte (zusammen 261mal),
und zwar im Sinne des vollständigen Anschließens an jemanden in der Nachfolge. „Die
spezifische profan-griechische Verwendung im Sinne von *Lehrling, Schüler, Student* fehlt" (D.
MÜLLER, Art. μαθητής Theol. Begriffslexikon zum NT II/I, 947–953, hier 949).

[6] Dieses Urteil gilt unbeschadet der Tatsache, daß die Nachfolgevorstellung in den synoptischen Evangelien und bei Johannes sehr verschiedenartige Ausprägungen gefunden hat. Vgl.
dazu H. D. BETZ, Nachfolge und Nachahmung Jesu Christi im Neuen Testament (BHTh 37),
1967. BETZ, der mit der sprachlichen zugleich eine vorstellungsmäßige Diskontinuität angezeigt
sieht, kann dennoch nicht bestreiten, daß in der Nachfolge Jesu bzw. der Nachahmung Christi
„*Intentionen*" wahrnehmbar sind, „die auf eine Kontinuität innerhalb der Diskontinuität
schließen lassen" (3). Um dieses Urteil kommt man in der Tat nicht herum, wenn man sieht, wie
trotz verschiedenartiger Ausprägungen der Nachfolgevorstellung ihre Grundzüge (vollmächti-
ger Ruf, unbedingter Gehorsam, bedingungslose Gefolgschaft, Schicksalsgemeinschaft, bevoll-
mächtigte Sendung) sich überall durchhalten. Damit wird die jüngst von F. HAHN eindrucksvoll
begründete These bestätigt, „daß zwischen ,Kerygma – Tradition' und ,Jesus-Überlieferung'
kein prinzipieller Unterschied hinsichtlich des Inhaltes gemacht werden kann" (Methodenpro-
bleme einer Christologie des Neuen Testaments, in: VF 2/1970, 3–41, hier 34f.). Zur Diskussion vgl. jetzt auch S. SCHULZ, Die neue Frage nach dem historischen Jesus, in: Neues Testament
und Geschichte. Historisches Geschehen und Deutung im Neuen Testament. Oscar Cullmann
zum 70. Geburtstag, hg. v. H. Baltensweiler und Bo Reicke, 1972, 33–42, bes. 36.

setzen soll: auf *der Seite des gelebten Lebens Jesu?*[7] Das hieße, daß die Urgemeinde den historisch einmaligen Spezialfall einer direkten und un-|mittelbaren Nachfolge Jesu nach Ostern ausgedeutet habe zum ekklesiologischen Allgemeinfall, bzw. daß die Gemeinde gleichsam ihr eigenes Bild in den historischen Jüngern wiedererkannt habe – ein Verfahren, das z. B. beim Evangelisten Matthäus klar nachweisbar ist[8]. Aber das historisch schwer lösbare Problem bleibt dieses, was sich zwischen dem historischen Jesus und seinen Jüngern begeben hat[9]. Ist es das, was die *Synoptiker* erkennen lassen, nämlich daß Jesu Ruf ein Gnadenruf (Eduard Schweizer) war, der „unter einen besonderen Auftrag, ein besonderes Schicksal, aber auch unter eine besondere Verheißung" stellte[10], so bedeutet das auf der vorösterlichen Seite einen Glauben, der sachlich mit dem nachösterlichen koinzidiert, und man fragt sich, wieso dieser Glaube angesichts des Kreuzes als grundsätzliches Mißverständnis zerbrechen konnte, um dann durch die Osterereignisse sachlich als eben derselbe Glaube neu begründet zu werden[11].

So gesehen versteht man den zu radikaler Skepsis neigenden Historiker, der die Ausformung der Nachfolgevorstellung ganz *von der anderen* Seite, von der Seite des Todes Jesu und der Auferstehung her begreifen will. Das hieße, daß er das Bild des in die Jüngerschaft rufenden Jesus für ganz und gar sekundär hielte, gleichsam für die Rückprojektion derjenigen Erfahrungen, welche erst die nachösterliche Gemeinde im Glauben an den Auferstandenen machte, auf die historische Jüngerschaft[12]. Nur wird bei diesem Verfahren – wie Ernst Käsemann mit Recht einwendet – der „Sachverhalt der irdischen Nachfolge um sein Gewicht" gebracht[13], welches darin lag, daß Jesus in

---

[7] So in Anlehnung an eine Formulierung von E. JÜNGEL, Tod (Themen der Theologie, Bd. 8), 1971, 132.

[8] Vgl. G. BORNKAMM, a. A. 1 a. O.

[9] Vgl. H. D. BETZ, Nachfolge, 13ff.

[10] G. BORNKAMM, Jesus von Nazareth (Urban-Bücher 19), 1956, 136.

[11] Vgl. die kritische Frage, die H. D. BETZ, Nachfolge, 16, an G. BORNKAMM richtet: „Ist es historisch vorstellbar, daß das Zusammensein Jesu mit seinen Jüngern zwar durch eine souveräne, aber doch wohl vergebliche, auf Seiten der Jünger selber durch eine irrtümliche Entscheidung konstituiert war?"

[12] Diese Position wird z. B. von H. D. BETZ, Nachfolge, 3,11, vertreten. Doch vgl. dazu die kritischen Bemerkungen von M. HENGEL, Nachfolge und Charisma. Eine exegetisch-religionsgeschichtliche Studie zu Mt 8,21f. und Jesu Ruf in die Nachfolge (BZNW 34), 1968, 95f.

[13] E. Käsemann, Sackgassen im Streit um den historischen Jesus, in: Exegetische Versuche und Besinnungen Bd. II, 1964, 31–68, hier 48f. Bei H. D. BETZ, Nachfolge, 42, z. B. ist das Gewicht der Nachfolge reduziert auf die farblose Feststellung: „In der Zeit des irdischen Jesus war die Nachfolge Ausdruck des Zusammenseins der Jünger mit ihrem Meister." In diesem Satz harrt jeder Begriff der inhaltlichen Füllung, wenn doch auch BETZ zugibt (11), daß das rabbinische Lehrer/Schüler-Verhältnis inhaltlich überboten wird. Überzeugender darum F. HAHN, Nachfolge Jesu (a. A. 2 a. O.), 12f.: Er sieht in der konkreten Einmaligkeit ein Kriterium der

Vollmacht die Nähe der Gottesherrschaft ansagte und daß seine Nachfolger
von diesem eschatologischen Selbstverständnis Jesu „mitbetroffen" waren
derart, daß der Ruf zum ἀκολουϑεῖν der Ruf zur Sammlung des neuen Gottes-
volkes bedeutete[14]. |

Da beide Positionen dem, was man aus den Quellen entnehmen kann,
nicht gerecht werden, darf die folgende – auf der Linie eines gemäßigten
Kritizismus liegende – These gewagt werden: Ostern hat das eschatologische
Selbstverständnis der „Nachfolge" nicht produziert; es hat es lediglich modifiziert, und zwar im Sinne der von der Jesus-Zeit verschiedenen geschichtlichen und heilsgeschichtlichen Situation. Die Annahme einer schroffen Diskontinuität zwischen den beiden Seiten, der Seite des gelebten Lebens Jesu
und der Seite seines Todes und seiner Auferstehung, verfehlt also den historischen Sachverhalt.

Natürlich sind es primär die ältesten *Auslegungen* der Nachfolge Jesu, also
die Nachfolgevorstellungen eines Markus, Matthäus oder Lukas, die wir bei
der Beschäftigung mit unseren Quellen kennenlernen. Und das ist theologisch keineswegs belanglos[15]! Aber bei allem Respekt vor der redaktionsge-
schichtlichen Betrachtungsweise der Evangelien bleibt es doch ausgemacht,
daß die Rückfrage nach *Jesus selbst* die Mitte der synoptischen Forschung
ist[16]. Und das heißt: Es gilt den Versuch, in Erfahrung zu bringen, ob und
wie unser Thema Gegenstand des Wortes und Verhaltens Jesu selber war. Es
gilt diesen Versuch um so mehr, als die synoptischen Nachfolgeerzählungen
mit allem, was sie in die Mitte rücken – die Aufgabe von Familie, Beruf und
Besitztum, überhaupt die Unbedingtheit des Gerufenwerdens aus allen Bindungen, ja, auch das Leidenmüssen um seines Namens willen – nicht mehr
oder nur noch rudimentär konkrete Erfahrung unseres christlichen Lebens
ist. Dieses unser christliches Leben ist vielmehr wie das Leben fast aller sehr
bürgerlich geworden, und was wir leiden, unterscheidet sich kaum von dem,
was alle Menschen leiden. Was Nachfolge heute sein kann – ob sie überhaupt

---

Echtheit. Die „Unmittelbarkeit des Nachfolgerufes und die Unbedingtheit der Gehorsamsforde-
rung ist dem Text nicht erst nachträglich aufgeprägt worden".

[14] Vgl. F. HAHN, Nachfolge Jesu (a. A. 2 a. O.), 32f. Ähnlich G. BORNKAMM, Jesus, 137: Die
Jünger sind nicht nur „Empfänger der in Jesu Wort und Tat schon gegenwärtig-mächtigen
Heilskräfte des anbrechenden Gottesreiches, sondern sie werden höchst aktiv in den Dienst
seiner Verkündigung und der Ausrichtung seines Sieges mit hineingenommen". Anders freilich
R. BULTMANN, der die Frage, ob Jesus überhaupt Menschen in seine Nachfolge gerufen hat, mit
einem kritischen „Vielleicht" beantwortet (Das Verhältnis der urchristlichen Christusbotschaft
zum historischen Jesus, in: Exegetica. Aufsätze zur Erforschung des Neuen Testaments,
ausgewählt, eingeleitet und herausgegeben von ERICH DINKLER, 1967, 445–469, hier 452).

[15] Vgl. H. D. BETZ, Nachfolge, 31ff.; E. SCHWEIZER, Jüngerschaft und Kirche, in: F. HAHN,
A. STROBEL, E. SCHWEIZER, Die Anfänge der Kirche im NT (Ev. Forum, Heft 8), 1967, 78–94.

[16] M. HENGEL, Nachfolge (a. A. 12 a. O.), 94.

noch etwas sein kann –, werden wir also ohne das Wagnis einer Neu-Interpretation schwerlich in Erfahrung bringen. Und soll diese Neu-Interpretation nicht selbsterdachte und damit falsche Wege gehen, gilt es zurückzugehen bis zu Jesu Nachfolgeworten selbst und bis zu seinem Handeln an den Menschen. Dies nicht in der törichten Erwartung, wir könnten mit Hilfe Jesu den „weltfremden" Rigorismus der Synoptiker korrigieren. Sondern dies aus der klaren Erkenntnis heraus, daß wir auch heute noch theologisch nur verantworten können, was Jesus nicht wider-, sondern was ihm | entspricht. Denn darin hat Käsemann recht: Unser Glaube – und um ihn geht es ja bei der Nachfolge! – kann auf keiner Theologie beruhen, keiner synoptischen, keiner paulinischen, keiner lutherischen, so wichtig die Theologie für die Entfaltung und das rechte Verständnis des Glaubens ist. „Unser Glaube ruht auf dem, was *Adolf Schlatter* in seinem letzten Büchlein frageweise formulierte: ‚Kennen wir Jesus?‘, auf nichts sonst . . ."[17] Aber wer Jesus wirklich ist – hier setzt eine hermeneutisch höchst bedeutsame Wechselwirkung ein –, wer Jesus wirklich ist, erfahren wir nur durch das die Zeit diesseits und jenseits des Kreuzes *übergreifende* Kerygma; und weiter: wer Jesus wirklich ist, weiß erst der, der Jesu Weg mitgeht[18]. „Nachfolge" ist also exakt die Klammer, die den Zusammenhang zwischen Lebens- und Denkakt (Adolf Schlatter)[19] wahrt – ein für den Vollzug des Glaubens unabdingbarer Vorgang.

II.

Es gibt eine Reihe von Worten, die das Leiden und die Anfechtung als ein besonderes Merkmal unter anderen Merkmalen der Nachfolge Jesu herausstellen[20]. Am deutlichsten dürfte das Wort vom Kreuztragen sein, das in der Überlieferung von Q lautet: „Wer sein Kreuz nicht nimmt und hinter mir her nachfolgt, ist meiner nicht wert" (Mt 10,38 par. Lk 14,27). Bekannter noch dürfte es in der Fassung des Markus sein: „Wenn jemand hinter mir hergehen

---

[17] E. KÄSEMANN, Der Ruf der Freiheit, 3., veränd. Aufl. 1968, 25f.

[18] Vgl. E. SCHWEIZER, Erniedrigung und Erhöhung bei Jesus und seinen Nachfolgern (AThANT 28), 1962, 20f.

[19] Vgl. R. BULTMANN, Theologie des Neuen Testaments, 5. Aufl. 1965, 594.

[20] Eine Zusammenstellung der Besonderheiten des Rufes Jesu in die Nachfolge findet sich bei F. HAHN, Nachfolge Jesu (a. A. 2 a. O.), 8ff. Der Hinweis darauf, „daß der Jünger den Weg seines Meisters mitgehen muß, daß auch ihm Niedrigkeit und Leiden nicht erspart bleiben", hat nach ihm „unter allen Umständen schon zum Grundbestand der eigenen Verkündigung und der Forderung Jesu gehört" (21). Aber inwiefern ist die Leidensgemeinschaft konstitutiv für das Heilsverständnis? Welches Welt- und Existenzverständnis drückt sich in dieser Haltung aus? Diese Frage stellt HAHN nicht.

will, verleugne er sich selbst und ergreife sein Kreuz und folge mir nach" (Mk 8,34). Mit diesem Logion verbunden erscheint ein zweites, nicht weniger bekanntes, das noch deutlicher Verzicht und Leiden, unter Umständen sogar den Tod mit der Nachfolgeforderung verknüpft: "Wer sein Leben retten will, wird es verlieren; wer aber sein Leben verlieren wird um meinet- und des Evangeliums willen, der wird es retten" (Mk 8,35; die Übersetzungen nach U. Wilckens). Daß diese Worte ihre Formulierung der Urgemeinde verdanken, ist sehr wahrscheinlich, was aber nicht ausschließt, daß sie ganz in der Linie dessen liegen, was Jesus selber gesagt und getan hat.

Wir stellen in den Mittelpunkt unserer Betrachtung ein ebenfalls bekanntes, aber weniger oft untersuchtes Einzellogion aus der Quelle Q, | das möglicherweise bis auf Jesus selbst zurückgeht: "Und auf der Wanderung unterwegs sagte einer zu ihm: ‚Ich will dir folgen, wohin du auch gehst!' Jesus sagte zu ihm: ‚Die Füchse haben ihren Bau und die Vögel des Himmels ihre Nester, doch der Menschensohn hat keinen Fleck Erde zu eigen, um dort sein Haupt niederzulegen'" (Lk 9,57f. par. Mt 8,19f., Übersetzung der Lk-Fassung nach U. Wilckens)[21].

In dem (nur mit Vorbehalt rekonstruierbaren) Aufriß der Logienquelle leitet unser Spruch offenbar eine Sammlung von Jüngersprüchen ein, die folgende Abschnitte umfaßt haben dürfte: Lk 9,57–62; 10,1–24 teilweise; 11,1–13 teilweise[22]. Daß es sich im Sinne von Q „primär um eine Aussage über den Charakter der Nachfolge"[23] handelt, bestätigt der Kontext Lk 9,57–60a par. Mt 8,19–22[24]. Aber ist das auch im Sinne *Jesu* beabsichtigt?

Wir folgen der lukanischen Fassung und werfen gelegentlich einen Blick hinüber zur Parallelperikope bei Matthäus.

Jesus ist „auf der Wanderung unterwegs" (Wilckens). Mit dieser allgemeinen topographischen Angabe beginnt unsere Geschichte. Für Lukas ist „das erklärte Ziel seines Weges" Jerusalem (so übersetzt Wilckens Lk 9,53), also die Stätte seines Leidens. Damit rücken die folgenden Nachfolgesprüche vielsagend unter den Schatten des Kreuzes, aber auch unter dessen Verhei-

---

[21] Eine nur geringfügig geänderte Fassung findet sich auch im Thomas-Evangelium im Logion 86. – Es ist hier nicht der Ort, den komplizierten traditionsgeschichtlichen Überlieferungsprozeß zu analysieren. Auch das Pro und Contra in der Debatte um die Echtheit des Wortes soll hier nicht in extenso ausgebreitet werden. M. E. sprechen keine durchschlagenden Gründe gegen ein ursprüngliches Jesus-Wort, worauf wir gleich noch einmal zurückkommen werden.

[22] Vgl. H. E. TÖDT, Der Menschensohn in der synoptischen Überlieferung, 2. Aufl. 1963, 247.

[23] H. E. TÖDT, aaO., 114; vgl. C. COLPE, Art. ὁ υἱὸς τοῦ ἀνθρώπου ThWNT VIII, 435.

[24] Vgl. P. HOFFMANN, Studien zur Theologie der Logienquelle, 1972, 149.

ßung[25]. Das mag lukanische Redaktion sein. Denn daß die Logienquelle daran noch nicht gedacht hat, bestätigt vielleicht die Matthäus-Parallele (8,18). Dort plant Jesus die Überfahrt ans Ostufer des Sees Genezareth, um der großen Schar seiner Bewunderer auszuweichen. Auch das mag redaktionell sein. Jedoch kann das Reisemotiv in seiner allgemeinen Form (also wie bei Lukas oder ähnlich) durchaus ursprünglich sein, also schon in Q gestanden haben. Es leitet nämlich den folgenden Nachfolgespruch durchaus passend ein[26]: Jesus | ist ein Reisender. Er ist unterwegs[27]. Der Predigt vom nahegekommenen Gottesreich und dem angestrengten Versuch, im Vorschein dieses Reiches das neue Gottesvolk zu sammeln, entspricht nur jemand, der *Bote* ist. Seßhaftigkeit oder die rabbinische Lehrkanzel bieten keine Möglichkeit, einer Botschaft gerecht zu werden, die das Land durcheilen will. So ist schon im Auftrag Jesu, den er (als bevollmächtigter Bote Gottes) zu erfüllen hat, die Form der Anhängerschaft im engeren Sinne[28] präformiert: Sie ist Wanderschaft, nicht lokales Konventikeltum. Sie ist Aufbruch, nicht Ruhe. Sie ist völlige Bereitschaft zum ständigen Unterwegs-Sein, nicht die Behaglichkeit eines gesicherten Zuhause.

Dem um der Gottesherrschaft willen unsteten Jesus tritt einer in den Weg, der eine außergewöhnliche Bereitschaft zeigt: „Ich will dir folgen, wohin du auch gehst." Der paradigmatischen Erzählweise unserer Quelle ist jedes biographische Detail geopfert. Wir erfahren nicht, wer dieser „Jemand" *(τις)* war, wie er hieß, woher er kam, was ihn zu diesem Angebot bewog[29], ob ihm der Entschluß schwer geworden ist und wie er sich darauf vorbereitet hat. Das Interesse der Erzählung ruht nicht darauf, *wer* da etwas anbietet, sondern *was* da einer anbietet: bedingungslose Gefolgschaft. Matthäus läßt den

---

[25] Vgl. A. SCHLATTER, Erläuterungen zum Neuen Testament I, 3. Aufl. 1922, 171; H. GOLLWITZER, Die Freude Gottes, Einführung in das Lukas-Evangelium, 2. Aufl. 1952, 111ff.

[26] Anders K. L. SCHMIDT, Der Rahmen der Geschichte Jesu. Literarkritische Untersuchungen zur ältesten Jesus-Überlieferung, 1919 (= 1964), 260, dem sich H. CONZELMANN, Die Mitte der Zeit. Studien zur Theologie des Lukas (BHTh 17), 2. Aufl. 1957, 54, anschließt. Jedoch will es nicht einleuchten, daß unsere Perikope von den verschiedenen Nachfolgern nicht im mindesten eine Reisegeschichte sein soll (14,25ff. liegt in der Tat etwas anders). Im ersten Fall ist ohnehin die Heimatlosigkeit konstitutives Element der Nachfolge. Der zweite und dritte Fall betonen die Unverzüglichkeit des Aufbruchs zur eschatologischen Wanderpredigerschaft. Richtig darum E. SCHWEIZER, Erniedrigung und Erhöhung (a. A. 18 a. O.), 14.

[27] Daß das Weg-Motiv „ganz bedeutungslos ist" und darum zu εἶπεν gezogen werden müsse (B. WEISS, Das Matthäus-Evangelium, Meyer, 8. Aufl. 1910, 438) verkennt, daß V. 58 schon hier hereinspielt.

[28] Diese Einschränkung ist nötig. Denn natürlich hatte Jesus auch Anhänger, die er in ihren seßhaften Verhältnissen beließ.

[29] Daß der Nachfolgewillige „von einem Anschluß an Jesus äußere Geborgenheit erwartete" (K. H. RENGSTORF, Das Evangelium nach Lukas [NTD 3], 1962, 131), ist durch einen Schluß sub contrario aus Jesu Antwort in V. 58 gefolgert, der nicht berechtigt ist.

Nachfolgewilligen einen „Schriftgelehrten" sein[30], also einen aus der Reihe der Gegner Jesu, und will damit den Grad der Selbstverleugnung (vgl. 16,24f.; 10,38f.) unterstreichen. Denn seine Standesgenossen werden ihn verhöhnt haben[31]. Ein älterer Ausleger hat gemeint, Matthäus habe es auf einen wirkungsvollen Kontrast abgesehen: dem heimatlosen „Menschensohn" bietet sich der üppige Schriftgelehrte an[32]. Doch hier mag Rätsel raten, wer will. Wichtig allein ist jedoch, daß da einer ist, der Jesus die Nachfolge von selbst, ungerufen anbietet. Und wieder fällt auf, wie wenig redselig der Text ist: ob es ein kühnes Angebot war oder ein verzweifeltes, ein vertrauensvolles oder ein begeistertes[33], das alles erfahren wir nicht. Was | man allein heraushören soll, ist die Bedingungslosigkeit des Angebotes: Der Mann scheint bereit zu sein, *alle* Konsequenzen zu ziehen, die sich aus seiner „Nachfolge" ergeben: Er will Schritt für Schritt hinter Jesus hergehen – diesen konkreten Sinn hat das ἀκολουθεῖν durchweg –, ganz gleich, wohin der Weg auch führt. Gefolgschaft unter Umständen also auch bis in den Tod!

Nichts im Text erlaubt uns, diese Haltung abzuschwächen[34]. Als *menschliche* Haltung ist sie groß, bewundernswert, tadelsfrei. Aber genügt es, was Menschen *von sich aus* aufbieten können, wenn es um wirkliche Nachfolge geht? Offenbar nicht! Das will Jesu Antwort zeigen: „Die Füchse haben ihren Bau und die Vögel des Himmels ihre Nester, doch der Menschensohn hat keinen Fleck Erde zu eigen, um dort sein Haupt niederzulegen." Das bei Matthäus und Lukas gleichlautende Logion hat verschiedene Auslegungen gefunden[35]. So verweist man z.B. darauf, daß der unbehauste, fragile Mensch geradezu ein Topos ist, welcher literarisch auch sonst häufig belegt ist – man verweist auf Homer, Hiob, Kohelet, Plutarch, Hölderlin und H. E. Holthusen[36] –, und vermutet von daher hinter unserem Wort einen alten, erst nachträglich auf Jesus übertragenen Weisheitsspruch, in dem „Menschensohn" ursprünglich einfach nur „der Mensch", also „unsereiner", „je-

---

[30] Vgl. dazu G. STRECKER, Der Weg der Gerechtigkeit. Untersuchung zur Theologie des Matthäus (FRLANT 82), 1962,124.176.191: Wenn in 8,21 ein ἕτερος τῶν μαθητῶν genannt ist, so ist er damit nur scheinbar in den Jüngerkreis einbezogen. Jedoch zeigt die verschiedene christologische Anrede (κύριε hier, διδάσκαλε dort), daß nur V.21 von einem Jünger spricht (124).

[31] Vgl. H. GOLLWITZER, Die Freude Gottes, 114.

[32] E. WENDLING, Synoptische Studien, ZNW 10 (1909), 219–229, hier 224.

[33] D. BONHOEFFER, Nachfolge, 6. Aufl. 1958, nennt den Antragsteller einen „Begeisterten" (16). Nach H. GOLLWITZER, Die Freude Gottes, 114, hatte er „keinen andern Wunsch mehr . . ., als mit Jesus zu gehen".

[34] A. SCHLATTER, Erläuterungen, 129, und D. BONHOEFFER, Nachfolge, 16, vermuteten, daß der Antragsteller aus Unwissenheit gehandelt habe.

[35] Vgl. den Überblick bei C. COLPE, ThWNT VIII, 435, 1ff.

[36] Vgl. PH. VIELHAUER, Jesus und der Menschensohn. Zur Diskussion mit H. E. TÖDT und E. SCHWEIZER, in: Aufs. zum NT (Theologische Bücherei Bd. 31), 1965, 92–140, hier 125.

dermann" bedeutet hat „und der in volkstümlichem Pessimismus den auf Erden heimatlosen Menschen den Tieren gegenüberstellt"[37]. Und da dieser Weisheitsspruch völlig aus sich verstanden werden kann, nimmt man außerdem an, daß die Verknüpfung mit dem Nachfolgespruch in V. 57 sekundär sei: Die Gemeinde habe ein ursprüngliches biographisches Apophthegma auf diese Weise zu einer idealen Szene bzw. zu einem Paradigma der wahren Nachfolge umgestaltet[38]. Aber einmal bestehen ernsthafte Bedenken gegen einen ursprünglichen Gebrauch des Wortes im Munde Jesu nicht[39], außer aufgrund des Menschensohn-Titels. Doch kann man mit guten Gründen vermuten, | daß an dieser Stelle im ursprünglichen Wortlaut des Spruches ein *Ich* gestanden hat[40]. Zum andern bedarf dieses Wort der Situationsangabe wie in V. 57, d.h. der Nachfolgegedanke ist für den Spruch konstitutiv[41].

Nach einer anderen Auslegung gab Jesus mit diesem Wort einen Hinweis auf den „Gegensatz . . . zwischen der Verborgenheit seines armen Erdendaseins und der Herrlichkeit des ‚Menschen' vom Himmel . . ."[42]. Aber nicht um *Verborgenheit* des Menschensohnes geht es, sondern um Heimatlosigkeit, die denen nicht erspart bleibt, die seinem vollmächtigen Ruf folgen[43].

Dem allem gegenüber bleibt es wahrscheinlich, daß schon Jesus selbst, nicht erst Q[44], mit diesem Spruch den Weg veranschaulichen wollte, den ein Jünger in seiner Nachfolge zu gehen hat. Was für ein Weg ist das gewesen?

Der Vergleich mit den Tieren ist einprägsam. Kein streunenderes Vaga-

---

[37] PH. VIELHAUER, aaO., 123.

[38] So R. BULTMANN, Die Geschichte der synoptischen Tradition (FRLANT 29), 3. Aufl. 1957, 27f., 58–60, 102.

[39] Vgl. E. SCHWEIZER, Erniedrigung und Erhöhung, 13, der auf die Unwahrscheinlichkeit einer *sekundären* Übertragung des Weisheitsspruches auf Jesus hinweist. – PH. VIELHAUER, aaO., 123f., führt kritische Argumente gegen die Echtheit ins Feld, die aber nicht überzeugen. Daß der historische Jesus so unbehaust möglicherweise gar nicht war und Freunde ihm jederzeit ein Nachtquartier gewährten, schließt ja doch nicht aus, daß er sein Geschick, welches ihm die vollmächtige Ansage der Gottesherrschaft bereitete, mit einem Wort gedeutet hat, das ursprünglich von der heimatlos über die Erde irrenden Weisheit sprach. Vgl. dazu W. GRUNDMANN, Das Evangelium nach Lukas (Theol. Handkommentar zum NT, Bd. 3), 2. Aufl. 1963, 203.

[40] P. HOFFMANN, Studien zur Theologie der Logienquelle, 1972, 91, Anm. 46. Vgl. auch H. E. TÖDT, Der Menschensohn, 114; G. BORNKAMM, Jesus, 207.

[41] So besonders M. DIBELIUS, Formgeschichte des Evangeliums, 159; vgl. auch C. COLPE, ThWNT VIII, 435, 16f.; E. SCHWEIZER, Erniedrigung und Erhöhung, 14.

[42] M. DIBELIUS, Jesus (Sammlung Göschen Bd. 1130), 2. Aufl. 1949, 88.

[43] H. E. TÖDT, Der Menschensohn, 113; C. COLPE, ThWNT VIII, 435, 10ff.

[44] Gegen H. E. TÖDT, Der Menschensohn, 112ff.; P. HOFFMANN, Logienquelle, 143ff., der die Interpretation von TÖDT zwar wesentlich modifiziert, mit ihm aber darin übereinstimmt, daß die jetzige Form des Wortes sich der Verkündigungssituation von Q (nicht der des irdischen Jesus) verdankt.

bundenleben als das eines Fuchses; aber sucht er Schlaf oder Schutz vor Nachstellungen, so hat er doch seinen Bau. Kein ungebundeneres, freieres Leben als das der Vögel! Den Wolken gleich streichen sie am Himmel hin wie kleine Spielbälle des Windes. Aber sie haben und finden ihr Nest, „da sie Junge hecken" (Ps 84,4). Dagegen Jesus „hat nicht, da er sein Haupt hinlege". Nicht nur, daß ihm damit der ruhige Schlaf verwehrt ist[45]. Nicht auch, daß Heimatlosigkeit als solche betont werden sollte. Das ist schon darum nicht möglich, weil Jesus ja offenbar einen dauernden Wohnsitz, vielleicht ein bestimmtes Haus in Kapernaum gehabt hat (Mt 9,1; vgl. Mk 2,1)[46]. Nicht das Erdendasein des mehr oder weniger seßhaften Bürgers Jesus von Nazareth soll hier charakterisiert werden, obwohl natürlich im Hintergrund steht, daß er auf Heimat, Familie, Erfolg und Sicherheit verzichtete (Lk 10,21; 13,31), daß ihn die Seinen für verrückt hielten (Mk 3,21) und seine Vaterstadt ihn verwarf (Mk 6,1ff.)[47]. Sondern gekennzeichnet wird der Charakter der Nachfolge im Zeichen der anbrechenden Gottesherrschaft. |

Es ist ernsthaft nicht zu bestreiten, daß die Proklamation der nahen Gottesherrschaft zentraler Inhalt der Verkündigung Jesu war. Und diese Proklamation war auch die eigentliche Motivation für seinen Nachfolgeruf. Diese „charismatisch-eschatologische Eigenart des Rufes Jesu in die Nachfolge" hat jüngst *Martin Hengel* genauer untersucht mit dem Ergebnis: „Jesu Ruf ergeht im Blick auf die anbrechende Gottesherrschaft, und er stellt den einzelnen Gerufenen – unter bedingungslosem Bruch mit allen Bindungen – hinein in die Lebens- und Schicksalsgemeinschaft mit ihm selbst und damit zugleich in den Dienst für die Sache der Basileia."[48] Berufung und Sendung bilden eine unlösbare Einheit, wie neben vielen anderen Worten besonders das Logion aus der Q-Überlieferung Mt 9,37f. par. belegt: „Die Ernte ist groß, der Arbeiter sind wenige. Bittet nun den Herrn der Ernte, daß er Arbeiter in seine Ernte sende." Erntezeit ist aber bereits die Zeit Jesu, die eine Zeit des Anbruchs der Gottesherrschaft ist. Die Zusammenstellung unseres Wortes mit dem folgenden Spruch V. 59f. in der Logienquelle bestätigt die eschatologische Motivation des Nachfolgerufes. Denn dieses Wort ist in seiner Radikalität und Anstößigkeit – einem Nachfolgewilligen wird nicht

[45] A. SCHLATTER, Erläuterungen, 286.
[46] Vgl. J. SCHNIEWIND, Das Evangelium nach Matthäus (NTD 2), 8. Aufl. 1956, 113; PH. VIELHAUER, Aufsätze, 124.
[47] J. SCHNIEWIND, aaO., 113.
[48] M. HENGEL, Nachfolge, 98. Freilich muß man auf der Stufe der vorösterlichen Nachfolge auseinanderhalten, was in der nachösterlichen Nachfolge selbstverständlich zusammenfällt: die Bindung an die Sache der Basileila und die Bindung an die Person Jesu. Der irdische Jesus hat nicht an seine Person gebunden, sondern an die durch ihn vollmächtig proklamierte Gottesherrschaft.

einmal gestattet, vorher noch seinen Vater zu begraben: „Laß die Toten ihre Toten begraben! Du aber gehe hin und proklamiere die Gottesherrschaft!" – nur verständlich vor dem Hintergrund einer hochgespannten eschatologischen Naherwartung. Weil die nahe Gottesherrschaft den ganzen Menschen beansprucht, muß er ganz frei sein. Auf diesem Hintergrund bekommt dann auch die in V. 58 geforderte Leidensbereitschaft ihren Sinn. Leiden sind unausweichlich, wo die Endzeit in den Wehen liegt. Geschickt für das Gottesreich ist dann aber nur, wer frei ist von sich selbst. Wer jetzt noch sein Leben gewinnen will, der wird es verlieren, wer es aber um der Gottesherrschaft willen verliert, der wird es gewinnen.

So wird also deutlich, daß die „Heimatlosigkeit" ihre inhaltlichen Merkmale von dem her gewinnt, was Jesus als der bevollmächtigte Bote der Gottesherrschaft in Wort und Verhalten tut und *bewirkt* und seinen Nachfolgern ebenfalls zumutet: Er leistet bedingungslosen Gehorsam, betet das ungeheuchelte Gebet, lebt die ungeteilte Liebe. Er reißt die Masken vom Gesicht, stellt sich über Moses und die Propheten, vergibt Sünden, schreibt die Diffamierten nicht ab, sondern nimmt sie an. Kurz: Er stellt den absoluten Charakter der Forderung Gottes heraus und | manövriert sich damit selber aus der Gesellschaft hinaus, die nicht bereit ist, sich ihre eingefahrenen Spielregeln des Egoismus und der Selbstgefälligkeit zerbrechen zu lassen, die darum nicht Ruhe gibt, bis sie ihn ausgeschaltet hat, die es für besser hält, daß ein Mensch stirbt, als daß das ganze Volk umkommt (Joh 11,50)[49]. Kurz: Es ist der sein gewaltsames Ende provozierende *Vollmachtsanspruch* Jesu, mit dem er an Gottes Stelle handelt, der ihn in einen Gegensatz von tödlicher Ausschließlichkeit zu diesem Geschlecht, zu den *Menschen* brachte. *Julius Schniewind* hat recht: Das allgemeine „Menschenlos", „um das man allenthalben klagt, trifft ihn ganz einzigartig darum, weil er das Böse straft (Joh 7,7; Mk 3,4–6; 15,10), weil er der Richter ist, vor dem keiner besteht (Mt 5,21ff.), der künftige Weltenrichter (Mt 7,21ff.); ja, gerade weil seine Gegner diesen seinen letzten Anspruch, der Weltenrichter zu sein, der ‚Menschensohn' heißt, spüren, hassen sie ihn und lästern ihn (Mk 2,7ff.; 3,6) und bringen ihn zu Tode (Mk 2,7.10; vgl. 14,62ff.)"[50]. Wer *so* ein Anwalt der Wahrheit ist, dem kann nicht erspart bleiben, was auch schon Propheten-

---

[49] C. COLPE behält m. E. gegenüber PH. VIELHAUER recht: Bei dem von Jesus angezogenen Weisheitsspruch handelt es sich jetzt nicht mehr um einen naturgegebenen, sondern um einen historischen Gegensatz zur Geborgenheit der Tiere: „Jesus ist nicht heimatlos, weil er kein Haus und keine um seinen Unterhalt besorgten Freunde gehabt hätte, sondern weil er . . . seinem Tod in Jerusalem entgegengeht" (ThWNT VIII, 435, A. 244).

[50] J. SCHNIEWIND, Matthäus-Evangelium, 113f.

schicksal war: verfolget, steiniget, rottet aus, kreuziget[51]! Und da Jesus mit eben dieser Vollmacht in die Nachfolge ruft – es ist zwar vom heimatlosen Menschensohn[52] die Rede, „aber gerade insofern er als der Heimatlose *vollmächtig* in die Nachfolge ruft"[53] –, wird man wie ihm, so auch seinen Nachfolgern die Heimat verweigern, d.h. Verfolgung und Tod auch für sie bereithalten.

In diese Nachfolge kann sich nun freilich niemand selber begeben. In solche Nachfolge muß man gerufen werden, wobei dieser Ruf nicht einfach diktatorischer Befehl ist – der ließe den Menschen zerbrechen –, sondern wobei der Ruf mit der Aufforderung auch die Möglichkeit bietet, ihm zu entsprechen. |

An unserer Geschichte ist schon immer aufgefallen, daß zur bedingungslosen Bereitschaft des Antragstellers die Zurückhaltung Jesu einen auffallenden Gegensatz bildet. Und es ist weiter aufgefallen, daß offengelassen wird, wie die Geschichte nun ausgeht. Zum ersten: Die Zurückhaltung Jesu soll den Nachfolgewilligen nicht als einen entlarven, der nicht weiß, was er tut. Sondern sie will klarstellen: Es geht um mehr als um *menschliche* Bereitschaft[54]. Es geht um göttliche Gnade, welche die Bereitschaft allererst weckt und welche durchträgt – durch Leiden und Tod hindurch. Und die Unabgeschlossenheit der Erzählung? Soll man sagen: Die Antwort ist eine Abweisung?[55] Kaum! Die Offenheit des Ausgangs liegt auf derselben Ebene wie der Verzicht auf jedes biographische Detail. Ob und wie dieser unbekannte Antragsteller sich entschieden hat, war schon für den Vf. der Logienquelle unwichtig. *Sein Leser* soll sich entscheiden, ob er Jesus irdisch das Kreuz nachtragen will, ob er bereit ist, all das, womit er sich selber sichert, preiszugeben, um Gott allein als den ihn sichernden zu glauben. Jesus hat so gelebt,

---

[51] E. SCHWEIZERS Auslegung, die Jesus sein Leiden im alttestamentlich vorgeprägten Schema von Erniedrigung und Erhöhung verstehen läßt, verdient hier ebenfalls Beachtung (Erniedrigung und Erhöhung, bes. 22ff.).

[52] Der Vollmachtsanspruch Jesu hat möglicherweise dazu geführt, daß Q den Menschensohntitel in unseren Spruch einfügte (so H. E. TÖDT, Der Menschensohn, 114). Aber die Entscheidung ist nicht sicher, wie C. COLPE mit Recht feststellt (ThWNT VIII, 435, 23). Aufgrund der Analogie Mk 2,10 und Mt 11,19 par. hält er es sogar für wahrscheinlicher, daß die Sentenz die ungewöhnliche Ausdrucksweise erzwungen habe: „Die Tiere haben ihren Schlupfwinkel, aber ein Mensch wie ich, Jesus (unmessianisch), hat keine Stätte für sein Haupt" (ebd. 435,20ff.). Noch überzeugender aber ist P. HOFFMANN: „Menschensohn" muß hier titular verstanden werden, also auf Kosten der Gemeindebildung gesetzt werden. „Denn es geht um den Anspruch Jesu, der mit besonderer Vollmacht in die Nachfolge ruft und dessen Geschick der Nachfolgende teilt. Weder das typisierende *Ein Mensch* noch das betont singulare *Ein gewisser Mensch* vermag darum der Aussageintention zu genügen" (Logienquelle, 91).

[53] P. HOFFMANN, Logienquelle, 96.91. Vgl. auch Mt 11,19; Lk 6,22.

[54] Vgl. E. KLOSTERMANN, Das Matthäus-Evangelium (Handbuch zum NT, Bd. 4), 1926, 77.

[55] Vgl. E. SCHWEIZER, Jüngerschaft und Kirche (Evang. Forum 8), 78–94, hier 78f.

„darin muß sein Jünger ihm gleichförmig werden. Freiheit hat, wer sich ganz anvertraut. Ohne diese Freiheit aber gibt es nur Scheinsicherheit."[56]

III.

Es ist jetzt nicht die Zeit, das gewonnene Ergebnis auf einer breiteren Textbasis zu verifizieren, was leicht möglich wäre. Überall käme dann heraus, daß der unbedingt gültige Ruf „Auf, mir nach!" (Mk 1,17 par.) im Zeichen der nahen Gottesherrschaft steht, daß Leiden und Anfechtung um der Gottesherrschaft willen kommen und übernommen werden wollen. Vielmehr wollen wir jetzt von dem eben geäußerten Gedanken: „Freiheit hat, wer sich ganz anvertraut" abschließend überleiten zu einigen aktuellen Folgerungen.

Was Nachfolge und Anfechtung heute konkret bedeuten, das kann man nicht einfach an Jesus und seinen Jüngern ablesen und dann imitieren. Das geht schon darum nicht, weil Nachfolge Jesu im strengen Sinne des Wortes („hinter ihm hergehen") nicht herauslösbar ist aus der geschichtlich einmaligen Situation des gelebten Lebens Jesu. Mit dieser geschichtlich einmaligen Situation ist auch die Motivation zum Nachfolgeruf vergangen, nämlich die gespannte eschatologische Naherwartung. Somit können auch unsere Leiden und Anfechtungen nicht einfach mehr als die Geburtswehen der Endzeit angesehen werden. Wir haben davon gesprochen, daß schon die Synoptiker und daß schon Paulus den Versuch der einfachen | Imitation der Nachfolge Jesu erst gar nicht gemacht haben. Aber was sie gemacht haben, ist dieses: Sie haben die konstitutiven Elemente jener geschichtlich einmaligen Nachfolge in ihre Situation hinein neu interpretiert, um ihr Welt- und Existenzverständnis im Verhältnis zum erhöhten Kyrios abzuklären. Das eigentlich wesentliche Element der Nachfolge und der mit ihr verknüpften Anfechtung aber ist dabei präzise zur Geltung gebracht: Wer sich ganz anvertraut, der gewinnt Freiheit (paulinisch gesprochen etwa: Durch das Kreuz Jesu Christi ist mir die Welt gekreuzigt und ich der Welt, Gal 6,14). Damit haben jene Theologen des Neuen Testaments uns *unsere* theologische Aufgabe vorgezeichnet, nicht materiell, sondern intentionell. Und wenn wir bei Wahrnehmung dieser unserer Aufgabe nach dem irdischen Jesus zurückfragen und das „Wort vom Kreuz" unabdingbares Kriterium unserer eigenverantwortlichen theologischen Aussage sein lassen, so darum, weil wir den Wert des Leidens und der Anfechtung schwerlich werden feststellen können, ohne um den

---

[56] E. WENDLING, ZNW 10 (1909), 220.

leidenden Menschensohn zu wissen. Weil ohne ihn angesichts des Meeres von Leiden und Tränen und Anfechtungen auf dieser Welt uns nur die Wahl bliebe zwischen trotzigem Heroismus, Fatalismus oder Hedonismus. In einer Zeit, in der das totale Glück ideologisch hochstilisiert wird zur alleinigen und jedermann erschwinglichen Möglichkeit der Sinnerfüllung irdischen Daseins; in einer Zeit, in der die Leiden selbst für die Theologie ein peinliches Thema zu werden beginnen, weil man meint, die Kirche könne eine Daseinsberechtigung in der modernen Gesellschaft nur in dem Maße rechtfertigen, als sie teilnimmt an dem Versuch der Schaffung herrschaftsfreier und damit leidloser Räume, in denen sich das vollkommene menschliche Glück verwirklicht, in einer solchen Zeit ist es nötig, daran zu erinnern, daß im Zentrum unserer Botschaft von einem die Rede ist, der nichts hatte, da er sein Haupt hinlegt. Drei nur kurz anvisierte Aspekte mögen diese Notwendigkeit verdeutlichen:

1. Niemand bestreitet, daß der Kirche des Gekreuzigten die Leiden der unterdrückten Völker als *ihre* Leiden aufgegeben sind und daß sie die Nachfolge schuldig bleibt, wo sie das nicht ernst nimmt und notwendiges Handeln unterläßt. Aber es wäre verhängnisvoll, wollte sie die Leiden und Anfechtungen nur als gesellschaftlich bedingte Gruppenphänomene begreifen und nicht mehr sehen, daß zur Ganzheit und Sinnerfülltheit des einzelnen Menschenlebens unter Umständen das Leid unabdingbar dazu gehört; daß es unter Umständen zur Würde des Menschen gehört, Leid zu *ertragen*. Die Kirche darf den angefochtenen Einzelnen nicht vergessen. Er war noch nie in der Geschichte der Menschheit so abgewertet wie heute in unseren modernen Gesellschaftsformen. Dem angefochtenen | und leidenden Einzelnen zur Identifikation zu verhelfen, das ist – so meine ich – *das* Thema der Kirche des angefochtenen Menschensohnes. Darin verwirklicht sie heute Nachfolge.

2. Vielleicht ist es für Christen heute die größte Anfechtung, zum Leid nicht nur negativ, sondern auch positiv zu stehen; darin nicht nur ein auszurottendes Übel zu sehen, sondern auch eine Möglichkeit zur Selbstverwirklichung. Anfechtung darum, weil der Vorwurf des Masochismus ja bereits erhoben ist und weil ein sinnerfülltes Leben heute bedenkenlos mit einem sehr platten Glücksverständnis identifiziert wird. Doch geht es nicht um Schmerzverherrlichung oder Martyriumssehnsucht. Es geht um die Menschwerdung des Menschen. Wie aber wollen wir sie am Leid vorbei erreichen, wenn anders sich Gott selber im leidenden Menschensohn offenbarte und seither das Ecce homo konstitutives Element unseres Heilsverständnisses ist? Dies ist keine pessimistische Perspektive. Im Gegenteil! Denn wirkliche Nachfolge setzt den Menschen frei: frei von sich selbst und damit frei zum Leiden. In solcher Freiheit ist er der Anfechtung gewachsen.

Sie kann ihn quälen, aber nicht mehr fällen. Sie erst zeigt ihm vielmehr, daß es wirklich der Weg Jesu ist, den er geht.

3. In seinem noch immer unvergessenen Buch „Nachfolge" (1937) hat Dietrich Bonhoeffer zur billigen Gnade auch die Gnade ohne Nachfolge, die Gnade ohne Kreuz gerechnet (S. 2). Die Gnade ist billig geworden, wenn wir uns dem durch Jesus ausgelösten *Ärgernis* nicht mehr stellen und es auch nicht mehr weiterhin in dieser Welt wachhalten, weil es natürlich sehr viel bequemer und gefahrloser ist, mit den Wölfen zu heulen als sich wie Schafe mitten unter die Wölfe senden zu lassen. Worin besteht das von Jesus bewirkte Ärgernis? Nicht darin, daß er vor der Menschen Verstand undurchdringliche Geheimnisse stellt, sondern darin, daß er einen Gott bezeugt, der unseren Vorstellungen und Wünschen nicht entspricht. Einen Gott, der den gottlosen Willen bricht, der den *ganzen* Gehorsam und die *ungeteilte* Liebe fordert[57]. Daß da einer so souverän frei war, sich über alles hinwegzusetzen, was nicht dem Nächsten diente, sei es Gesetz, Ritus, Kultus, Gesellschaftsordnung oder was immer; daß da einer die weltlichen Spielregeln der Selbstbehauptung und des Auge um Auge, Zahn um Zahn mißachtete, weil er die Liebe für stärker hielt als das Recht; daß da einer war, der die Heuchelei und das Böse öffentlich anprangerte, das hat schon damals Unruhe bewirkt und ihn schließlich nach Golgatha gebracht. Wenn wir heute so unangefochten und bürgerlich angepaßt Christen sind, könnte es immerhin nachdenklich machen, ob wir es noch in der Nachfolge des leidenden Menschensohnes sind?

Literaturnachtrag

G. Schneider, „Nachfolge Jesu" heute?, in: Anfragen an das Neue Testament, Essen 1971, 132–146; Ders., Das Evangelium nach Lukas. ÖTK 3/1, 2. Aufl. 1984, 230–234 (Lit.!).

---

[57] H. Gollwitzer, Die Freude Gottes, 114.

Jesus und das Heil Gottes

Bemerkungen zur sog. „Individualisierung des Heils"

I.

„Der deutschen Theologie ist ihre — vermeintliche — Neuorientierung an der Zeit und am Zeitbedarf nicht gut bekommen. Das Bedürfnis nach ‚politischer' Theologie ist außerhalb der Zunft nicht groß; und die Verkündigung des Todes Gottes interessiert außer den Verkündern selbst kaum jemanden."

Diese Sätze, die der Jubilar seiner Aufsatzsammlung voranstellt[1], sind eine schneidende Absage an „heute noch" gängige Parolen, ohne daß die zu ihnen führenden „Impulse" verkannt würden, z. B. der Protest gegen ein Christentum, das seine Weltverantwortung vernachlässigt. „Aber der Protest versandet in ‚Weltanschauung': Theologie wird wieder, bewußt oder unbewußt, als Vertretung eines weltanschaulichen Standortes betrieben."[2]

Daß dieses Urteil zutrifft, zeigt u. a. eine Diskussion, die im Zusammenhang mit der Auseinandersetzung um die politische Theologie en vogue ist: Das Stichwort *Individualisierung des Heils* signalisiert nicht nur in der heutigen Paulusdebatte einen „von tiefen Mißverständnissen verzerrten Problemkomplex"[3], sondern ebenso im „Streit um Jesus"[4]. Dieses Stichwort dient heute nicht wenigen als Kriterium dafür, „relevante" von „irrelevanter" Theologie zu scheiden. Wo man den Vorwurf

---

[1] *H. Conzelmann*, Theologie als Schriftauslegung. Aufsätze zum Neuen Testament (BEvTh 65), München 1974, 5.

[2] *H. Conzelmann*, aaO. 5.

[3] *G. Klein*, Christusglaube und Weltverantwortung als Interpretationsproblem neutestamentlicher Theologie, in: VF 18 (H. 2/1973), 45—76, hier 58.

[4] Vgl. *W. Schmithals*, Jesus Christus in der Verkündigung der Kirche. Aktuelle Beiträge zum notwendigen Streit um Jesus, Neukirchen-Vluyn 1972, 92.

der Individualisierung speziell gegenüber der neutestamentlichen Exegese
erhebt, herrscht seltene Einmütigkeit hinsichtlich des Hauptschuldigen.
Er heißt Rudolf Bultmann. Seiner existentialen Interpretation der neutestamentlichen Botschaft vor allem wird es zugeschrieben, daß sich ein
seiner Weltverantwortung entziehendes Christentum auch noch theologisch gerechtfertigt sehen könne. Wie berechtigt ist diese Kritik?

Der Vorwurf, Bultmanns Interpretation trage einen „individualisti-
schen Charakter", ist im Zusammenhang mit der Entmythologisierungs-
debatte schon sehr früh erhoben worden[5]. Bultmann hat diesen kritischen Punkt sofort aufgegriffen — mit Verständnis und dem sichtlichen
Bemühen, selbstverschuldete Mißverständnisse auszuräumen[6]. Im selben
Jahre, in dem Ernst Käsemann seine kritische Frage anmeldete, „ob die
Gleichsetzung von Theologie und Anthropologie nicht notwendig auf
einen modifizierten Individualismus zutreibt", der nicht mehr angemessen von jenem „Recht" sprechen kann, „das Gott sich an der von ihm
geschaffenen Welt holen will"[7], hatte Bultmann „in eigener Sache" zugegeben, daß die Realität der Geschichte nicht auf *je eigene* Geschichte
reduziert, die Bedeutung der geschichtlichen Gemeinschaft nicht durch
ihre Beschränkung auf die individuelle Begegnung mit dem Nächsten
verkürzt werden dürfe, und daß die Bedeutung des Wortes der Verkündigung nicht nur darin liegt, daß es ein an mich persönlich adressiertes
Wort, „sondern eine geschichtliche Macht ist"[8].

Dennoch setzten sich die Mißverständnisse fort. Sie betrafen und betreffen vor allem die von Bultmann ausgearbeitete Entweltlichung des
Glaubenden und die Bestimmung der Kirche als eschatologische Gemeinschaft, die „wirkliche Kirche nur als Ereignis" ist[9]. Mit ersterem scheint
der Erlösungsvorgang tatsächlich in gefährliche Nähe zu einem rein subjektiven Geschehen gerückt, mit letzterem der soziale, politische und kor-
porative Bezug der Kirche geleugnet. Nichts aber lag Bultmann ferner,
als die Weltbezüge bzw. die Weltverantwortung des Glaubenden wie der
glaubenden Gemeinschaft (Kirche) zu bestreiten. Im Gegenteil! Daß Got-

---

[5] *A. Wilder,* Eschatology and Ethics in the Teaching of Jesus, 2. Aufl. New York
1950, 65.

[6] Vgl. *R. Bultmann,* Zum Problem der Entmythologisierung, in: KuM II, Ham-
burg-Volksdorf 1952, 179—208, bes. 198, Anm. 2, 206 mit Anm. 2; *ders.,* In eigener
Sache, in: ThLZ 82 (1957), 241—250 (= GV III, Tübingen 1960, 178—189, hier bes.
183 f).

[7] *E. Käsemann,* Neutestamentliche Fragen von heute (1957), in: EVB II, Göttingen
1968, 11—31, hier 24.

[8] *R. Bultmann,* GV III, 184.   [9] *R. Bultmann,* KuM II, 206.

tes Handeln stets auch einen sozialen und korporativen Bezug hat, wie Amos Wilder betonte[10], hat Bultmann ausdrücklich bejaht[11]. Ihm geht es nur darum, die *einfache* Identität zugunsten einer *paradoxen* zurückzuweisen, um so die theologisch notwendige Unterscheidung von In-der-Welt-sein, aber nicht Von-der-Welt-sein festzuhalten. Nicht, *daß* der Glaubende einen Weltbezug hat, sondern die Frage, *in welchem Sinne* dieser Weltbezug des eschatologisch Existierenden ausgesagt werden könne, ist das Problem. „Die Entgeschichtlichung oder Entweltlichung Gottes wie des Menschen ist also dialektisch zu verstehen: gerade der jenseits der Weltgeschichte stehende Gott begegnet dem Menschen in seiner je eigenen Geschichte, im Alltag, in dessen Gabe und Forderung; der entgeschichtlichte d. h. entsicherte Mensch ist auf die konkrete Begegnung mit dem Nächsten gewiesen, in der er echt geschichtlich wird."[12]

Dasselbe gilt nach Bultmann für die Kirche als eschatologische Gemeinschaft. Als *solche* kann sie „nur *paradox* [von mir hervorgehoben] identisch mit einer soziologischen Größe oder einem institutionellen Gebilde der Weltgeschichte" sein[13].

Angesichts dieser differenzierten Beurteilung und der doch offensichtlich vorhandenen Gesprächsbereitschaft Bultmanns ist es verwunderlich, daß die so sympathische Diskussion, die Heinrich Ott und René Marlé in dieser Angelegenheit mit Rudolf Bultmann geführt haben, eine Seltenheit geblieben ist[14]. Ott hat angesichts des Befundes jedenfalls festgestellt, daß der „Individualismus" Bultmanns sozusagen nur ein „,atmosphärischer' Wesenszug seines ganzen Denkens" sei und fügte dem die Warnung hinzu, es sei „für alles Reden von einem Bultmannschen ,Individualismus' größte Vorsicht und Zurückhaltung geboten"[15].

Die Warnung hat wenig genutzt. Aus der „Atmosphäre" wurden bald erwiesene Denkstrukturen, aus „Tendenzen" Determinanten des Bultmannschen Denkens. Die differenziert vorgetragene Kritik von Ernst Käsemann[16] verkam bald zu einem zwar vielstimmigen, aber zuletzt doch

---

[10] *A. Wilder*, aaO. 60.   [11] KuM II, 206, Anm. 2.

[12] *R. Bultmann*, Theologie des Neuen Testaments, 6. Aufl. Tübingen 1968, 26.

[13] *R. Bultmann*, KuM II, 206.

[14] *H. Ott*, Geschichte und Heilsgeschichte in der Theologie Rudolf Bultmanns (BHTh 19), Tübingen 1955, 181 ff; vgl. dazu *H. Conzelmanns* Rezension in: ThLZ 82 (1957), 679—681; *R. Marlé*, Bultmann und die Interpretation des Neuen Testaments, 2. Aufl. Paderborn 1967 (französische Erstausgabe 1956).   [15] *H. Ott*, aaO. 192. 193.

[16] *E. Käsemann*, Paulinische Perspektiven, 2. Aufl. Tübingen 1972, 48 f. *Käsemann* hat z. B. immer betont, daß der Glaube nie eine kollektive, sondern immer nur eine individuelle Entscheidung sein kann. „Den Stand im Angesichte Gottes gewinnt man

eintönigen Verwerfungsurteil mit geradezu formelhaften Klischees, wovon Günter Klein jüngst in einem Aufsatz zu Bultmanns 90. Geburtstag
eine Auswahl geboten hat[17]. Gleichzeitig jedoch und ebenfalls in einem
Artikel zu seinem 90. Geburtstag muß sich Bultmann vorwerfen lassen, von seinem Ansatz aus gebe es „keinerlei ausreichende Möglichkeit, den heute in Gang befindlichen, tiefgreifenden Prozeß gesellschaftlicher Bewußtseinsbildung, in welchem der Zeitgeist die Epoche des Bür-
gertums zu überwinden sich anschickt, theologisch-verantwortlich mitzu-
bestimmen. Bultmann steht, darin ein Repräsentant seiner Generation,
philosophisch Kierkegaard und Heidegger nahe; die Hegelschen Voraussetzungen zur Bewältigung der Probleme gegenwärtiger Sozialphiloso-
phie sind ihm fremd"[18].

Dies jüngste Beispiel zeigt, daß Bultmanns schon früher gegebene
Präzisierungen nichts gefruchtet haben. Sein Eingeständnis, daß die Geschichte nicht nur „Möglichkeiten" für meine Existenz freilegt, sondern
gleichzeitig auch meine Entscheidung lenken kann[19], wird nicht zur
Kenntnis genommen. Sein Hinweis, daß der Mensch nicht als ein isolier-
tes Individuum gesehen werden könne, daß er „von vornherein und immer in einem geschichtlichen Zusammenhang" stehe[20], daß der Mensch
für die Zukunft verantwortlich sei[21], daß sein geschichtliches Verständnis zutiefst „durch Begegnung qualifiziert" sei[22], durch Begegnung mit

---

nicht durch die Kolonne, Partei, Konfession. Hier kann man sich auch nicht vertreten
lassen ... Das Zeugnis des heiligen Geistes *im eigenen Gewissen* [von mir hervorgeho-
ben] ist unentbehrlich und ... letztlich ausschlaggebend" (E. *Käsemann*, Der Ruf der
Freiheit, 3. veränderte Aufl. Tübingen 1968, 137).

[17] G. *Klein*, Rudolf Bultmann — Ein Lehrer der Kirche, in: DtPfrBl 74 (H. 9/
1974), 1—4, hier 2 f.

[18] U. *Wilckens*, Bultmanns Ja und Nein, in: Deutsches Allgemeines Sonntagsblatt
27. Jg. (Nr. 33 vom 18. 8. 1974), 9—10, hier 10. Klarsichtiger ist in dieser Hinsicht
D. *Sölle*, die mit Recht darauf hinweist, daß man von *Bultmanns Ansatz* bei der Ge-
schichtlichkeit der Existenz und der Zukünftigkeit des Heils nicht *zwingend* auf indi-
vidualistische Verkürzungen und ontologische Verallgemeinerungen kommen müsse
(D. *Sölle*, Politische Theologie. Auseinandersetzung mit Rudolf Bultmann, Stuttgart/
Berlin 1971, 58). Das war übrigens die schon 1957 von *Bultmann* selbst ausgesprochene
Meinung (GV III, 184).

[19] Vgl. R. *Bultmann*, GV III, 184. Die Frage von D. *Sölle*: „Kann ... die Offenheit, zu der uns das Evangelium befreit, politisch unter Aussparung entscheidender
Lebensmöglichkeiten und Schicksale gedacht werden?" (aaO. 56), würde *Bultmann* also
glatt mit nein beantworten.

[20] R. *Bultmann*, GV I, 168 f.   [21] R. *Bultmann*, GV III, 184.

[22] R. *Bultmann*, KuM II, 199.

dem „Nächsten"[23] und der „Welt"[24] — dies alles bleibt ungehört. Der Individualismusverdacht steht! Die Frage, ob man eventuell mit ihm in Beweisnot geraten könnte, stellt sich für viele gar nicht mehr. Günter Klein hat das Verdienst, an die Stelle von bloßen Verdächtigungen wieder Argumente gesetzt zu haben und kommt nach Abwägung von These und Gegenthese zu dem mit provozierender Schärfe vorgetragenen Urteil: „Daß an Bultmann die Spitzmarke eines weltvergessenen Individualismus nicht haften bleibt, ihm im Gegenteil die präzise Ausarbeitung der überindividuellen Determinanten des Menschseins zu verdanken ist, kann nur leugnen, wer ihn nie gelesen hat."[25]

Wir kommen in der Sache nur weiter, wenn in den Methodenstreit sogleich auch der Gegenstand, das neutestamentliche Heilsverständnis, miteinbezogen wird. Anders setzt man voraus, was erst zu zeigen wäre, nämlich daß das von Jesus angesagte und im Neuen Testament explizierte Heil Gottes kollektivistisch strukturiert sei und lediglich durch eine falsche Hermeneutik (Existentialismus) individualistisch verkürzt werde. Der letztgenannten Annahme ist schon die Tatsache der unbestrittenen hermeneutischen Ergiebigkeit der existentialen Interpretation nicht günstig. Wirft sie doch die nicht erst bei Paulus, sondern schon bei Jesus lohnende Frage auf, ob das vielleicht damit zusammenhängt, daß bei beiden das Heilsverständnis *anthropologisch* orientiert ist[26]. Und entlarvt diese Einsicht vielleicht die ganze Konfrontation von Individuum und Kollektiv als einen theologisch fruchtlosen Streit?

---

[23] Z. B. GV I, 243 f.

[24] KuM II, 201. Vgl. auch GV I, 231, ferner 235. 81. 109. — Läßt sich angesichts dieses Befundes der Vorwurf, *Bultmann* betreibe eine „punktuelle Existentialisierung" (*D. Sölle,* aaO. 59) noch aufrechterhalten? Hinsichtlich des Geschichtsverständnisses gibt *D. Sölle* zu, daß *Bultmann* Ansätze „zu einem politischen und gesellschaftlichen Verständnis des menschlichen Lebens biete" (62). Ich stimme ihr freilich zu: „Die Frage ist, wie weit Bultmann selber diesen progressiven Ansatz durchgehalten hat ..." (63). Weiterführend und ergänzend in dieser Sache bes. *W. Kasper,* Glaube im Wandel der Geschichte (Topos-Taschenbücher 21), Mainz 1970, 62 ff. 91 ff.

[25] *G. Klein,* aaO. 3.

[26] „Weil der Kampf des Christus um die Welt heute und hier in jedem einzelnen Menschen entschieden wird ..., widmet sich Paulus mit einem im *Neuen Testament nur von Jesus vorgezeichneten Ernst* dem Thema der Anthropologie und der Menschwerdung des Menschen." (*P. Stuhlmacher,* „Das Ende des Gesetzes". Über Ursprung und Ansatz der paulinischen Theologie, in: ZThK 67 [1970], 14—39, hier 37; Hervorhebung von mir).

II.

1. Die von Jesus angesagte Königsherrschaft Gottes hat eine eminent individuierende Tendenz

Das grundlegende Geschehen der Gottesherrschaft ist Jesu vollmächtiges Handeln in seinem Wort (Mk 1,22 par; 1,27 par; 2,10 par) und in seinem Verhalten (Mk 2,16 f par; Lk 7,41—43; Lk 11,20—22 par; 15, 4—10.11—32; Mt 18,23—35 usw.). D. h., das unterscheidend Jesuanische der Basileia-Predigt ist die Verknüpfung von Gegenwart und Zukunft in der Person Jesu selbst. Als Ansager des Reiches ist er zugleich dessen exklusives Zeichen (Lk 12,56).

In der sachlich zutreffenden Zusammenfassung der Botschaft Jesu bei Markus (1,15) ist diesem besonderen Geschichtsbewußtsein Rechnung getragen mit dem synthetischen Parallelismus:

ὅτι πεπλήρωται ὁ καιρὸς
καὶ ἤγγικεν ἡ βασιλεία τοῦ θεοῦ.

Die Satzglieder interpretieren sich gegenseitig[27]. Und zwar so, daß die Beurteilung als erfüllter Kairos, d. h., als die von Gott heraufgeführte entscheidende Stunde[28], als „die dem Menschen gegebene Augenblicks- und Entscheidungszeit"[29], sich nicht aus der apokalyptischen Weltbetrachtung und -entwicklung zum Ende hin ergibt, sondern umgekehrt wird der Kairos aus der Perspektive des nahen Reiches bestimmt:

ἤγγικεν ἡ βασιλεία τοῦ θεοῦ.

Dieses weltbildlich unausgeglichene Nebeneinander von Gegenwart und Zukunft des Reiches wird als sachliche Einheit verstehbar im Verhalten Jesu[30], welches als Ganzes das Herrwerden Gottes als Heil manifestiert:

Heil Euch Armen, denn Euch gehört die Gottesherrschaft!
Heil (Euch), die Ihr jetzt hungert, denn Gott wird Euch sättigen!
Heil (Euch), die Ihr jetzt weint, denn Ihr werdet Euch freuen (Lk 6,20b—21).

[27] Vgl. *R. Pesch*, Anfang des Evangeliums Jesu Christi. Eine Studie zum Prolog des Markus-Evangeliums (Mk 1,1—15), in: Die Zeit Jesu. Festschrift für Heinrich Schlier, Freiburg 1970, 108—144, hier 135.

[28] *G. Delling*, Art. καιρός, ThW III, 456—463; *K. H. Schelkle*, Theologie des Neuen Testaments IV/1. Vollendung von Schöpfung und Erlösung, Düsseldorf 1974, 15 f.

[29] *W. Kasper*, Glaube, 76.

Gerade dadurch, daß die Gottesherrschaft bei Jesus kosmisch-duali-
stisch strukturiert ist[31], (Gottesherrschaft bricht Satansherrschaft, Lk 11,
20 f par), wird das Jetzt zur Entscheidungszeit für den einzelnen qualifiziert: μετανοεῖτε! Und zwar wird nicht *etwas* vom Menschen verlangt,
sondern er selbst und als Ganzer, wie der um der Gottesherrschaft willen
erfolgende Ruf zur *Nachfolge* beweist (Lk 9,61 f; Mk 10,17.21; Lk 14,
27; Mk 1,17.20; 2,14; 8,34; 10,28; 15,41; Mt 10,38)[32]. In jedem Falle
geht es um eine radikale Entscheidung: Entweder ist der Mensch dem
Willen Gottes gehorsam und dadurch Teilhaber am Reich Gottes, oder
er ist ungehorsam und damit Beförderer der satanischen Herrschaft[33].
Jesu Kritik am Gesetz, am Kult und an den religiösen Observanzen hat
den einen Sinn, jedem einzelnen Menschen zu zeigen, was Gott ganz
persönlich von ihm will. „Ganz konkret zugreifend, fern aller Kasuistik
und Gesetzlichkeit, unkonventionell und treffsicher ruft Jesus den einzelnen zum *Gehorsam gegen Gott* auf, der das ganze Leben umfassen
soll."[34]

Indem Jesus auf den „beanspruchten Hörer" und nicht auf den „di-
stanzierten Betrachter" zielt und diese Beanspruchung durch das ἤγγικεν unterstreicht und unaufschiebbar macht, akzentuiert er nicht in apokalyptischer Manier die Zeitansage als solche, sondern deren Existenz-
sinn[35]. „Überall liegt die Pointe darin, daß der Angeredete dem Reich
Gottes unmittelbar konfrontiert wird und darin schon heute sein ewiges
Heil erfährt (vgl. den Stil und die Tempora der Seligpreisungen)."[36] Damit ist die apokalyptische Wann-Frage grundsätzlich überholt. Aufglie-
derung der Welt- und Völkergeschichte in Zeitperioden, geschichtliche
Durchblicke, Staffelung der Eschata bis zum Telos entfallen. Die Umkehr jedes einzelnen ist unaufschiebbar. Kriterium des *zukünftigen* Ge-

---

[30] *H. Conzelmann,* Art. Reich Gottes. I. Im Judentum und NT, RGG³ V, 915.

[31] Den Nachweis bei *J. Becker,* Das Heil Gottes. Heils- und Sündenbegriffe in den
Qumrantexten und im Neuen Testament (StUNT 3), Göttingen 1964, 199 ff, bes.
209 ff.

[32] Vgl. *M. Hengel,* Nachfolge und Charisma. Eine exegetisch-religionsgeschichtliche
Studie zu Mt 8,21 f. und Jesu Ruf in die Nachfolge (BZNW 34), Berlin 1968; *E. Grä-
ßer,* Nachfolge und Anfechtung bei den Synoptikern, in: Angefochtene Nachfolge.
Beitr. zur Theol. Woche 1972, Bethel H. 11 (1973), 44—57.

[33] Vgl. *J. Becker,* aaO. 210 f.

[34] *H. Küng,* Christ sein, München 1974, 235.

[35] *H. Conzelmann,* aaO. 915.

[36] Vgl. *H. Conzelmann,* Gegenwart und Zukunft in der synoptischen Tradition, in:
ZThK 54 (1957), 277—296, hier 287 (= Aufsätze zum NT, 42—61, hier 52).

richtes ist das *gegenwärtige* Verhalten gegenüber Jesus (Lk 12,8 f par; vgl. Mt 25,31 ff)[37]. Und zwar ist der einzelne aufgerufen, für sich zu entscheiden[38], nicht eine prädestinierte oder determinierte Gruppe oder völkische Gemeinschaft.

2. Für Jesus offenbart sich Gott nicht mehr in der Volksgeschichte[39]

In diese von allen völkisch-nationalen Elementen freie Eschatologie Jesu paßt die Stiftung einer organisierten eschatologischen Gemeinschaft nicht hinein. „Jesus sammelt das Gottesvolk ausschließlich durch seinen Ruf und erwartet die sichtbare Sammlung beim Anbruch des Reiches. Er verweigert das, was in der Sekte von Qumran das konstituierende Element ist, die Erwählten als Gruppe auszusondern und sichtbar darzustellen."[40]

Der Abstand zum alttestamentlichen Heilsverständnis ist evident. Für dieses ist Zusammengehörigkeit von Jahwe, Volk und Land eine Selbstverständlichkeit[41]. Daß sie noch in neutestamentlicher Zeit lebendig war, zeigt sich daran, daß Israel sich einen Übertritt zum Glauben an Jahwe nicht vorstellen konnte ohne Eintritt in seine Gemeinde und Aufnahme in den Volksverband[42]. Die Qumrangemeinschaft nennt sich „neuer

---

[37] Vgl. *W. G. Kümmel,* Verheißung und Erfüllung. Untersuchungen zur eschatologischen Verkündigung Jesu (AThANT 6), 3. Aufl. Zürich 1956, 134.

[38] Vgl. *H. Braun,* Jesus. Der Mann aus Nazareth und seine Zeit (ThTh 1), Stuttgart/Berlin 1969, 65.

[39] *R. Bultmann,* Das Urchristentum im Rahmen der antiken Religionen, Zürich 1949, 87; *ders.,* Die Bedeutung des Alten Testaments für den christlichen Glauben, in: GV I (1933), 313—336, bes. 332 ff.

[40] *H. Conzelmann,* Art. Eschatologie IV. Im Urchristentum, RGG³ II, 668. Den grundlegenden Nachweis führte *W. G. Kümmel,* Kirchenbegriff und Geschichtsbewußtsein in der Urgemeinde und bei Jesus (SyBU I), Uppsala 1943, 2. Aufl. Göttingen 1968, 1 ff. Auch der Zwölferkreis repräsentiert nicht das wahre Gottesvolk, sondern die Zwölf repräsentieren den Ruf Jesu an das *ganze Volk* (Mt 19,28 par) und helfen bei der Predigt der Gottesherrschaft (Mk 6,7 ff; Mt 10,5—7). Vgl. *W. G. Kümmel,* aaO. 31 f.

[41] Vgl. *H. Gese,* Geschichtliches Denken im alten Orient und im Alten Testament, in: Vom Sinai zum Zion. Alttestamentliche Beiträge zur biblischen Theologie (BEvTh 64), München 1974, 81—98, hier 94 f.

[42] Hier mag der Hinweis auf die Bedeutung des קהל , „Israels" und der „Beschneidung" genügen. Zur Sache vgl. *J. Schattenmann,* Art. Gemeinschaft, TBLNT I, 496; *N. A. Dahl,* Das Volk Gottes. Eine Untersuchung zum Kirchenbewußtsein des Urchristentums, Oslo 1941 (= Neudruck Darmstadt 1962), 51 ff. 142.

Bund im Lande Damaskus" (Dam VI, 19) und beansprucht damit, die Erfüllung von Jer 31,31 ff zu sein, freilich in reduzierter Form: Aus dem ganzen Volk am Sinai ist der heilige Rest geworden.

Nun ist freilich dort, wo man Jesus den Überlieferungen des AT *entgegensetzt*, größte Vorsicht geboten. Vor allem die pauschalierende Antithetik: dort ist das Volk gemeint, hier der einzelne!, trifft kaum den wahren Sachverhalt. Denn das AT ist in dieser Hinsicht gar keine Einheit, sondern ein durch zahlreiche Traditionsbrüche zerklüftetes Feld[43]. Und manche der Traditionen, die eine bereits deutlich individuierende Tendenz erkennen lassen — z. B. die Prophetie des 8. Jahrhunderts, in der an die Stelle des Volkes die Gemeinschaft derer tritt, die sich für Jahwe entscheiden (die *ʿnijjîm*); oder in der deuteronomistischen Bewegung, deren Objektivierung der gesamten heilsgeschichtlichen Tradition in der Tora-Konzeption nicht denkbar wäre „ohne einen entsprechenden Subjektivismus im Volksbegriff"[44]; oder schließlich die *„sola-gratia*-Konzeption" des neuen Bundes bei Jeremia (31,31 ff) — diese Traditionen finden hinsichtlich ihrer ontologischen Struktur (Individuation) ihr Telos im Neuen Testament[45].

Aber trotz aller Traditionsbrüche, die z. T. unmittelbar ins Neue Testament führen, ist Israels Glaube nie von seiner *„Mitte"*, die die Mitte des AT ist, abgewichen: „Jahwe der Gott Israels, Israel das Volk Jahwes". Und zwar durchaus in der einst von Julius Wellhausen vorgenommenen Zuspitzung: „Die Gottheit hat es nicht mit dem einzelnen Men-

---

[43] Zum Folgenden vgl. *H. Gese*, Vom Sinai zum Zion, 11 ff, bes. 23 ff.

[44] *H. Gese*, aaO. 26. „Dieser ʿăm ist kein Volk im vorfindlichen Sinne mehr, es ist ein künstliches Gebilde, eine Summe von Einzelpersonen, die je für sich verantwortlich existieren und handeln" (ebd.).

[45] Die religionsgeschichtliche Schule hat die fortschreitende Individualisierung der jüdischen Religion als ein Stück „Geistesgeschichte" zu beschreiben versucht. Als treibende Faktoren nahm sie dafür an: a) Übergang von der nationalen Form in die des synagogalen Gottesdienstes (vgl. *W. Bousset/H. Gressmann*, Die Religion des Judentums im späthellenistischen Zeitalter [HNT 21], 4. Auflage Tübingen 1966, 291); b) die Apokalyptik mit ihrer individuellen Eschatologie (*W. Baldensperger*, Die messianisch-apokalyptischen Hoffnungen des Judentums, 3. völlig umgearb. Aufl. Straßburg 1903, 227); c) das Lohndenken der synagogalen Gesetzesreligion (*H. J. Holtzmann*, Lehrbuch der neutestamentlichen Theologie I, Tübingen 1911, 76 f). — Gegen die mit dieser Sicht verbundene „frömmigkeitsgeschichtliche" Wertung von mehr oder weniger hohen Stufen wendet sich *H. Gese*, aaO. 24 ff, dem die „ontologischen Strukturen" solcher Vorstöße von alttestamentlichen Traditionen „in neue Wirklichkeitsformen" wichtiger sind.

schen und nicht mit der Welt zu tun, sondern mit einem bestimmten durch das Blut zusammengehaltenen Kreise, mit dem Volk Israel."[46]

Eben diesen Satz sehen wir durch Jesus auf den Kopf gestellt! Er hat nicht mehr JHWH gesagt, sondern Abba! Insofern treffen die Verwerfungsurteile Franz Hesses über das Alte Testament, welches zu *Israel* und nicht zu uns redet, durchaus zu. „Das Neue Testament, das mich anredet, bezeugt demgegenüber die volle Selbsterschließung Gottes, setzt also ein neues Gottesverhältnis, das an das alttestamentliche nicht nur anschließt, sondern auch in Gegensatz zu ihm steht."[47]

Zwar hat Jesus Israels Erwählung nicht bestritten. Ein Wort wie Mt 19,28 par und die Missionsanweisung an die Zwölf, sich auf das jüdische Volk zu beschränken (Mt 10,5 f; vgl. auch Mt 15,24) zeigen, daß er den Tatbestand als solchen nicht antastete[48]. Aber schon die in Mt 19,28 vorgenommene Umkehrung — nicht die Heiden, sondern die ungläubigen Juden sollen gerichtet werden — zeigt die Richtung des neuen Denkens: Der einzelne ist durch die Zugehörigkeit zum auserwählten Volk nicht gesichert, sondern gefordert[49]. Das zeigt neben der oben aufgewiesenen Struktur der Basileia Jesu Haltung dem Gesetz gegenüber. Die

---

[46] *J. Wellhausen*, Die israelitisch-jüdische Religion, in: Die Kultur der Gegenwart I/IV, hg. v. *P. Hinneberg*, Berlin/Leipzig 1906, 9 = *ders.*, Grundrisse zum AT (ThB 27), hg. v. *R. Smend*, München 1965, 74; vgl. dazu *R. Smend*, Die Mitte des Alten Testaments (ThSt(B) 101), Zürich 1970, 56.

[47] *F. Hesse*, Kerygma oder geschichtliche Wirklichkeit? Kritische Fragen zu Gerhard von Rads „Theologie des Alten Testaments, I. Teil", in: ZThK 57 (1960), 17—26, hier 23; vgl. auch *H. Conzelmann*, Fragen an Gerhard von Rad, in: EvTh 24 (1964), 113—125; *R. Smend*, Die Mitte des Alten Testaments, 58 f. — Bei der heute wieder anvisierten „Einheit der biblischen Theologie" (vgl. *H. Gese*, Vom Sinai zum Zion, 11 ff) ist es darum durchaus eine entscheidende *Frage*, „ob und in welchem Maße die Schwerpunktverkündigung des Neuen Testamentes selbst den Entwurf einer zum Alten Testament hin offenen Theologie des Neuen Testaments nahelegt". (*P. Stuhlmacher*, Das Bekenntnis zur Auferweckung Jesu von den Toten und die Biblische Theologie, in: ZThK 70 [1973], 365—403, hier 376).

[48] Vgl. *W. G. Kümmel*, Kirchenbegriff, 30 ff; *N. A. Dahl*, Das Volk Gottes, 144 ff, der alle Faktoren, die „Jesus als Jude(n)" ausweisen (seine Stellung zum Volk Israel, zu den Heiden, dem Tempel und der Synagoge, dem Gesetz und der Geschichte Israels) samt den synoptischen Belegstellen zusammengestellt hat. Dabei zeigt sich, daß diese Faktoren gegebene Voraussetzungen des Auftretens Jesu waren, nicht aber Determinanten seines Heilsverständnisses. Gravierend in unserem Zusammenhang: gelegentlich wird auf die Geschichte Israels zurückgegriffen (Mk 12,26 par; Mt 8,11 Q; vgl. Lk 16,22 ff; 13,16; 19,9), ohne deren Bedeutung als *Heils*geschichte zu betonen (vgl. etwa Mk 2,25 f; Lk 4,25.27 und dazu *N. A. Dahl*, aaO. 146).

[49] *H. Conzelmann*, Grundriß der Theologie des Neuen Testaments (EETh 2), 2. Aufl. München 1968, 132.

Sicherheit, daß der *Besitz* der Tora die Erwählten von der *massa perditionis* ausgrenzt („Lieblinge Gottes sind die Israeliten, denn es ist ihnen ein kostbares Werkzeug [das Gesetz] gegeben, durch das die Welt erschaffen ist", Pirke Aboth III, 15)[49a], hat Jesus grundsätzlich in Frage gestellt. Wer den Willen Gottes *tut*, der ist ihm Bruder und Schwester und Mutter (Mk 3,35). Damit sind *alle* zu Kindern Gottes gerufen[50]. Die Zugehörigkeit zum jüdischen Volk begründet keinen Anspruch. Wer zu den εὐλογημένοι τοῦ πατρός gehört, denen die Basileia ἀπὸ καταβολῆς κόσμου bereitet ist, zeigt erst der Gerichtstag (Mt 25,31 ff). Und einziges Kriterium wird sein, wie sie sich zu Jesu geringsten Brüdern (Mt 25,40) und zu Jesu Wort (Mk 8,38) verhalten haben.

Dieser Grundsachverhalt wird nachhaltig dadurch unterstrichen, daß der religiöse Gebrauch von λαός (λαὸς θεοῦ = Israel) überhaupt nur gelegentlich vorkommt (Mt 1,21; 2,6 [aus 2Sam 5,2][51]; Lk 1,68.77[52]; 2,32; 7,16; 24,19) und — wie eine traditions- und redaktionsgeschichtliche Analyse der genannten Stellen zeigen könnte — für die Predigt Jesu keine Rolle spielt. Bei Markus gibt es für λαός überhaupt nur drei Belegstellen: 7,6 (Zitat aus Jes 29,13 LXX)[53], 11,32 (𝕶) und 14,2 (im profanen Sinne von Volksmenge). Dagegen überwiegt für die Masse der Belege in den Evangelien die vulgäre Bedeutung Volksmenge, Bevölkerung, Leute[54]. Ihnen, den Menschen, nicht dem religiösen Volksverband, weiß Jesus sich zugewiesen, was durch die heilsgeschichtliche Eingrenzung seines Auftrages in Mt 15,24 (vgl. Mt 10,6) grundsätzlich nicht aufgehoben wird: Denn einmal ist Jesu Stellung in dieser Hinsicht mehr ein Diskus-

[49a] Heilssicherheit durch Torabesitz darf freilich nicht verallgemeinert werden. Vgl. dazu *A. Nissen*, Gott und der Nächste im antiken Judentum (WUNT 15), Tübingen 1974, 123 f; siehe auch „Israel und Tora", „Israel und die Völker", Register s. v.

[50] *R. Schäfer*, Jesus und der Gottesglaube, 2. Aufl. Tübingen 1972, 67.

[51] Der Titel „König der Juden" (Mt 2,2; 27,37) scheidet als Gegeninstanz aus. Er ist an Jesus herangetragen und unterstreicht z. B. bei Mt (2,2) seine weltweite Bedeutung (vgl. *E. Schweizer*, Das Evangelium nach Matthäus [NTD 2], Göttingen 1973, 18), nicht aber, daß Jesus den Davidbund restituieren wollte.

[52] Für das Benedictus des Zacharias sind in der Tat Bundesgedanke, Exodus-Typologie und Nathanweissagung, also die wesentlichsten Vorstellungskreise der nationalen jüdischen Eschatologie, konstitutive Elemente. Sein Ursprung dürfte jedoch in der Täufer-Sekte zu suchen sein. Vgl. dazu *Ph. Vielhauer*, Das Benedictus des Zacharias (Lk 1,68—79), in: Aufsätze zum Neuen Testament (ThB 31), München 1965, 28—46.

[53] Markus charakterisiert mit dem Jesaja-Zitat gegenwärtige Gegner der Gemeinde. Vgl. dazu *A. Suhl*, Die Funktion der alttestamentlichen Zitate und Anspielungen im Markus-Evangelium, Gütersloh 1965, 81. 150.

[54] *H. Strathmann*, Art. λαός, ThW IV, 50.

sionspunkt der urgemeindlichen Heidenmission, so daß wir damit zu
rechnen haben, daß Gemeindeinteressen stark auf die Formung der
Überlieferung gewirkt haben[55]. Zum andern ist das Verhalten *innerhalb*
der Beschränkung auf Israel jener Sprengstoff, der die Privilegien Israels
und seiner Väter erschüttert[56]: Er wendet sich an die *verlorenen* Schafe
des Hauses Israel (Mt 15,24; 10,5 f; vgl. auch 11,19), die keinen Hirten
haben (Mt 9,35 ff) und läßt nicht mehr Gesetzestreue, sondern die Glaubenshaltung entscheidend sein (Mk 7,24—30 par; vgl. auch Lk 14,16
bis 24). So werden die Letzten zu Ersten und die Ersten zu Letzten (Mt
20,16; vgl. 8,11 f)[57].

3. Jesus entfaltet das Heil Gottes ohne Rückgriff auf den alttestamentlichen Bundesgedanken

Auch hier wird man dem wirklichen Sachverhalt nicht durch einfache
Antithetik gerecht. Es ist ja nicht zu übersehen, daß schon im AT der
Bundesgedanke ganz zurücktreten kann gegenüber dem Ruf zum Gehorsam. Das gilt für die Prophetie des 8. Jahrhunderts, besonders aber für
„das neue Heilsgeschehen" des Deuterojesaja[58], für welches die ver-
schwindend geringe Rolle, die der Bundesgedanke in seiner Botschaft
spielt, das bemerkenswerte Charakteristikum ist[59]. Besonders aufschlußreich ist Jer 31,31—34, eine Passage, die (vielleicht) nicht ein Stück jere-
mianischer, sondern deuteronomisch-deuteronomistischer Denkweise darstellt[60]. Das *novum* des hier verheißenen neuen Bundes ist dies, daß sein
Inhalt über jede Form bloß rechtlicher Vermittlung hinausführt. Das ins

---

[55] Vgl. *J. Jeremias*, Jesu Verheißung für die Völker, 2. Aufl. Göttingen 1959;
G. Bornkamm, Christus und die Welt in der urchristlichen Botschaft, in: Das Ende des
Gesetzes. Paulusstudien. Gesammelte Aufsätze I (BEvTh 16), München 1961, 157—172.

[56] *G. Bornkamm*, Jesus von Nazareth (Urban-Taschenbücher 19), 9. Aufl. Stuttgart 1971, 71.

[57] Vgl. *E. Schweizer*, Das Evangelium nach Markus (NTD 1), Göttingen 1967, 85;
vgl. auch *ders.*, Das Evangelium nach Matthäus (NTD 2), 214 f.

[58] Vgl. *G. v. Rad*, Theologie des Alten Testaments II. Die Theologie der prophetischen Überlieferungen Israels, München 1960, 252 ff. 258 ff.

[59] Vgl. dazu *S. Herrmann*, Die prophetischen Heilserwartungen im Alten Testament. Ursprung und Gestaltwandel (BWANT 85), Stuttgart 1965; *L. Perlitt*, Bundestheologie im AT (WMANT 36), Neukirchen-Vluyn 1970.

[60] *S. Herrmann*, aaO. 179 ff, bes. 183. Anders *G. v. Rad*, aaO. 226 f. Dazu wieder
S. Herrmann, Die konstruktive Restauration. Das Deuteronomium als Mitte biblischer
Theologie, in: Probleme biblischer Theologie. Gerhard von Rad zum 70. Geburtstag,
München 1971, 155—170, hier 168, Anm. 27.

Herz geschriebene Gesetz begründet jetzt die Erkenntnis Gottes und Sündenvergebung die Lebensgemeinschaft mit Jahwe[61]. Damit ist — obwohl alle Elemente der Bundestheologie des Deuteronomisten (Bund,
Herausführung aus Ägypten, Jahwe Israels Gott, Israel Jahwes Volk
usw.) beieinander sind — die deuteronomistische Bundestheologie „von
innen her gesprengt"[62]. Der neue Bund hat eine *sola-gratia*-Struktur
(Hartmut Gese). Jeder trägt Jahwes Tora im *Herzen*! Eine individuierende Tendenz wird sichtbar. Gottes Geist muß in das Herz jedes einzelnen der Volksgemeinschaft eingreifen, um bündnisfähige Partner zu
schaffen, die die „Generalformel" jedes Bundes, des alten wie des neuen,
akzeptieren: „Ich werde ihr Gott sein und sie werden mein Volk sein"
(Jer 31,33; vgl. 7,23; 11,4; 13,11; 24,7 u. ö.; Lev 26,12).

Siegfried Herrmann weist darauf hin, daß Jer 31,31 ff nicht einfach
mit Ez 11,19 (neues Herz, neuer Geist, Herz von Fleisch, vgl. auch Ez
18,31; 36,26; 39,29) parallelisiert werden dürfe, weil hier ausdrücklich
das Herz und seine Verfassung, also „eine wirklich individuelle Um-
schaffung des einzelnen" ausgesagt sei, dort (bei Jeremia) aber nur von
den *Voraussetzungen* zur rechten Erfüllung der Bundessatzungen die
Rede sei (Eintragung der Tora in die Herzen), nicht aber von der Verfassung des menschlichen Herzens selbst[63]. Die Beobachtung ist zutreffend. Dennoch kann die Tendenz — bei Ezechiel stärker als bei Jeremia bzw. bei der deuteronomistischen Überarbeitung des Jeremia —,
das Heilswerk Jahwes nach der Seite des Anthropologischen hin zu bestimmen, kaum bestritten werden: „Was kann sich, was muß sich beim
Menschen im Bereich seines Menschseins ereignen, wenn Gott ihn in
eine neue Gemeinschaft hinübernehmen will?"[64]

Diese Frage bricht auf, seit Jeremia, Ezechiel und Deuterojesaja ihre
theologische Einsicht von revolutionierender Tragweite gewonnen haben:
Daß nämlich Israel total unfähig ist zum Gehorsam.

Ihr könnt ja Jahwe gar nicht verehren,
Denn er ist ein heiliger und ein eifriger Gott (Jos 24,19)

Kann denn ein Mohr seine Haut ändern
Oder ein Panther seine Flecken?
Dann vermögt auch Ihr gut zu handeln,
Die Ihr gewohnt seid, Böses zu tun! (Jer 13,23)[65].

---

[61] Vgl. *M. Weinfeld*, Art. ברית , ThWAT I (1973), 782—807.
[62] Vgl. *S. Herrmann*, aaO. 183.   [63] *S. Herrmann*, aaO. 246.
[64] *G. v. Rad*, aaO. 229. Dazu das ganze Kapitel „Das Neue in der Prophetie der
babylonischen und frühpersischen Zeit", 275 ff.

„Erst vor dem Hintergrund dieser so vernichtend negativen Urteile
über die Möglichkeiten Israels, von sich aus sein Verhältnis zu Gott wieder in Ordnung zu bringen, wird das Wort von dem neuen Bund, aber
auch der beschwörende Ruf zur Umkehr verständlich."[66] Diese Propheten sahen also das schwerste Problem des Bundes auf dem Gebiet des
Anthropologischen[67]. Die *Sünde* als Widerstand gegen den Bund kann
nur die Sündenvergebung überwinden (Jer 31,31 ff). Nur eine *neue*
Heilstat Jahwes, welche die Heilskraft der alten Ordnungen erlöschen
läßt, kann grundlegend für die Gemeinschaft mit Jahwe sein. Daß das
Neue sich im Bereich des Anthropologischen ereignet, „nämlich in einer
Wandlung des menschlichen Herzens"[68], so daß theologische Lehre und
Paränese und das „Gedenket" entfallen können (Jer 31,31 ff; Jes 43,18;
Jer 23,7), ist eine eschatologische Möglichkeit, die Jesus verwirklicht
hat[68a]. Aber schon durch das prophetische Interesse an dem „eschatolo-
gischen Menschen, der vor Gott recht ist"[69], ist das Heil Gottes *grundsätzlich* individualistisch strukturiert.

Um so auffälliger ist, daß Jesus den Gedanken des neuen Bundes
nicht aufgegriffen hat[70]. Διαθήκη kommt insgesamt nur spärlich im
Neuen Testament vor[71], im Munde Jesu nur einmal: Mk 14,24 par. Diese einzige Stelle, das Kelchwort der Abendmahlsparadosis also, ist jedoch
umstritten, der ursprüngliche Wortlaut nicht mehr herzustellen[72]. Auf

---

[65] *G. v. Rad,* aaO. 229; vgl. auch schon *R. Bultmann,* Weissagung und Erfüllung
(1949), GV II, 162—186, hier 179 ff.   [66] *G. v. Rad,* ebd.
[67] *G. v. Rad,* aaO. 281.   [68] *G. v. Rad,* aaO. 283.
[68a] Vgl. *R. Bultmann,* GV I, 332 f; GV II, 171 ff. — *N. A. Dahl* macht darauf
aufmerksam, die Nichterwähnung der alten Heilsgeschichte, der Erlösung aus Ägypten
usw. bei Jesus hänge „mit den allgemeinen Tendenzen des Spätjudentums" zusammen
(Volk Gottes, 146), die er in seinem Buch S. 56 ff aufzeigt. Aber er präzisiert selber:
„Wie schon für die Apokalyptiker, so ist auch für Jesus die Existenz Israels wesentlich durch die Zukunft bestimmt" (146). Allerdings stellt der Universalismus der Apokalyptik nicht mehr die „Existenz Israels" primär zur Disposition, sondern die jedes
einzelnen Menschen! Vgl. *W. Schmithals,* Die Apokalyptik. Einführung und Deutung,
Göttingen 1973, 65 f.   [69] *G. v. Rad,* aaO. 229, Anm. 35.
[70] Das ist um so auffälliger, wenn man die Bedeutung von Jer 31,31—34 in Palästina zur Zeit Jesu bedenkt. Die Belege bei *J. Jeremias,* Die Abendmahlsworte Jesu,
4. Aufl. Göttingen 1967, 177, Anm. 2. Häufig spricht auch die Qumranliteratur vom
„neuen Bund". Vgl. dazu *H. S. Kapelrud,* Der Bund in den Qumranschriften, in: Bibel
und Qumran. Hans Bardtke zum 22. 9. 1966, Berlin 1968, 137—149.
[71] 9mal Paulus, 17mal Hebräer, 4mal synoptische Evangelien, 2mal Apostelgeschichte. Von diesen insgesamt 33 Stellen sind 7 alttestamentliche Zitate. Vgl. *J. Behm,* Art.
διαθήκη, ThW II, 132, 2 f.
[72] Vgl. *H. Conzelmann,* Der erste Brief an die Korinther (MeyerK V), 11. Aufl.

keinen Fall läßt sich von dieser einzelnen Stelle her die Annahme rechtfertigen, für Jesus habe die Bundestheologie eine zentrale Bedeutung gehabt. Man kann den negativen Befund auch nicht dadurch abschwächen,
daß man auf βασιλεία τοῦ θεοῦ als *Korrelatbegriff* zu διαθήκη verweist[73].
Jesus hat einen *anderen* Begriff mit der Basileia gewählt! Den Begriff
des Bundes zur Umschreibung des Heiles hat er gemieden. Beruhte schon
bei den Propheten die Gültigkeit des Bundes auf der sittlichen Haltung
des einzelnen, womit der Gedanke des Bundes Gottes mit seinem Volk
im Grunde aufgelöst war, so hat Jesus diese Konsequenz zu Ende gedacht, wie Mt 8,11 f beweist. Er sprach nicht vom Bund, auch nicht vom
neuen, sondern von der Basileia. Der „Bund" bleibt immer unter dem
Obergedanken „Gesetz", das auf ständige Interpretation angelegt ist.
Dagegen Basileia fällt für Jesus unter den Oberbegriff „Evangelium":
Das Gesetz ist durch Jesus „erfüllt" insofern er es als an sich selbst klar
herausstellt und es so der interpretatio continua entnimmt. „Damit ist
freilich eine Individualisierung und Punktualisierung im Verhältnis des
Menschen zum Gesetz eingeführt, die mit der nur auf Kollektive passen-
den heilsgeschichtlichen Terminologie nicht zu greifen ist."[74]

Göttingen 1969, Exkurs: Die Abendmahlsüberlieferung, 235—237; *B. Klappert*, Art.
Herrenmahl, TBLNT II, 667—678.

[73] So *J. Behm*, aaO. 137, 4 f. 12. Die Korrelation von Basileia und Gottesvolk wird
in Worten Jesu hie und da deutlich (Mt 22,1 ff; vgl. Lk 14,15 ff; Mt 25,10.21.23; Mt
8,11 par; 13,16 f par). „Es ist aber bezeichnend, daß alles Gewicht nicht auf dem Glück
der Heilsgemeinde, sondern auf dem König-Sein Gottes liegt" (*N. A. Dahl*, Volk
Gottes, 147).

[74] *H. Conzelmann*, Fragen an Gerhard von Rad, 122; vgl. auch *R. Bultmann*,
GV II, 172 ff. Seine dort (183 ff) vorgetragene These, die alttestamentlich-jüdische Geschichte sei Weissagung in ihrem Scheitern, behält in dieser Perspektive ihre Berechtigung. — Die Behauptung, daß „in der jesuanischen Tradition der Gedanke des Neuen
Bundes naheliegt" (so *R. Schreiber*, Der Neue Bund im Spätjudentum und Urchristentum, Diss. Tübingen 1955 [vgl. ThLZ 81 (1956), 696]), läßt sich in den Texten nicht
belegen. Wenn doch, um so erstaunlicher, daß er nicht formuliert wurde, nicht von
Markus, nicht von Matthäus und nicht von Lukas. — *S. Herrmann* will gar in der
synoptischen Tradition eine Bestätigung dafür sehen, daß das Deuteronomium, „Kon-
zentrat alttestamentlichen Denkens", sozusagen die „Mitte biblischer Theologie" sei:
„Die Nähe zum Reiche Gottes kann dort [gemeint ist Mk 12,27—34, bes. V. 34]
als die rechte Erfüllung der Forderungen von Dtn 6,4 ff definiert werden" (Die konstruktive Restauration, in: Festschr. Gerhard von Rad, 167). Aber Mk 12,34 ist die
Gottesherrschaft nicht mehr eine eschatologische, sondern eine ideale Größe. Der Text
entstammt als ganzer hellenistisch-jüdischer und christlicher Apologetik und Missionspredigt. Vgl. *G. Bornkamm*, Das Doppelgebot der Liebe, in: Geschichte und Glaube.
Ges. Aufs. III (BEvTh 48), München 1968, 37—45, hier 43.

Auffällig ist, daß die Urgemeinde nicht nachträglich den Versuch gemacht hat, Jesu Werk als die Erfüllung des neuen Bundes auszugeben. Sie hat aber — vielsagend genug! — den Sinn der Sendung und Botschaft Jesu mit der messianischen Verkündigung des Tritojesaja (61, 1—3) zum Ausdruck gebracht (Lk 4,18 ff; und in Q: Mt 11,2 ff = Lk 7,18 ff). Die Grundmotive dieser messianischen Verkündigung finden wir in den Makarismen der Bergpredigt wieder[75]. Damit ist das bei den Propheten anklingende „Versprechen der Utopie vom neuen Herzen"[76], das Wiedergeborenwerden des Menschen, eingelöst. Die Partnerschaft mit Gott überfordert ihn jetzt nicht mehr, wo er bereit ist, sich als begnadeter Sünder zu verstehen und anzunehmen. Dieses Heil ist nicht kollektiv strukturiert, sondern eminent individualistisch!

Der Grund, warum die Urgemeinde auf Jes 61 und nicht auf Jer 31 zurückgreift, um den sachlichen Sinn der Sendung Jesu auszusagen, ist einfach: Καινὴ διαθήκη hätte in ein sachliches Spannungsverhältnis zu βασιλεία τοῦ θεοῦ treten müssen, weil damit, mit der Verkündigung vom Nah- und vom Da-Sein der Gottesherrschaft Jesus den heilsgeschichtlichen Traditionen in ihrem Abstand zum Heil *entgegengetreten ist*[77]. Erst der Urgemeinde selber, die als eschatologische Gemeinschaft in der Zeit existierte und damit die von den Propheten erkannte unlösbare Spannung zwischen theologischem Anspruch und konkreter geschichtlicher Wirklichkeit wiederholte, wird der Begriff des neuen Bundes zu einer brauchbaren hermeneutischen Kategorie, um das eigene Sein zu umschreiben (Paulus, Hebr).

III.

Mit Jesu Heilsbotschaft findet eine völlige Umgewichtung vom Kollektiv auf den einzelnen statt. Die individuierende Tendenz ist überall mit Händen zu greifen. Die Präfiguration des alttestamentlich-jüdischen Gottesverhältnisses, konstituiert durch die Relation Jahwe/Volk, Bund, Kult, Tora verliert ihre normierende Kraft. Jesus greift kritisch durch sie

---

[75] Vgl. *M. Hengel*, „Was ist der Mensch?". Erwägungen zur biblischen Anthropologie heute, in: Probleme biblischer Theologie. Gerhard von Rad zum 70. Geb., München 1971, 116—135, hier 127.   [76] *M. Hengel*, aaO. 131.

[77] Vgl. *H. Gese*, Vom Sinai zum Zion, 28 f. Vgl. auch *A. Schlatter*, Die Geschichte des Christus, Stuttgart 1921: Mit dem „Obergedanken" (145) „Gott wird herrschen" hat Jesus „das Ziel des Einzelnen und das der Gemeinde, ja noch weiter das der Welt völlig vereint und beiden Fragen, wohin die Lebensgeschichte des einzelnen Menschen führen und wohin der Weltlauf ziele, dieselbe Antwort gegeben" (144).

hindurch und hinter sie zurück bis zu der allein ausschlaggebenden Grundsituation und -relation „Gott — einzelner", „Vater — Menschensohn (= Mensch)". „Wie das Reich Gottes durch die Menschwerdung des Gottessohnes erst möglich wurde, so kann die Menschwerdung des Menschen erst durch die Realisierung der Gottesherrschaft erfolgen."[78]

Daß die mit dem Evangelium Jesu gegebene „Autonomie einer einzigartigen personalen *Beziehung*" eine „gesellschaftliche Dimension" hat, „die einer politischen Hermeneutik bedarf", sollte unstrittig sein[79]. Programmatisch und mit deutlicher Angabe der „Prioritätenfolge" (Günter Klein) ist dieser Sachverhalt in Lk 12,31 festgehalten: „Trachtet nach seiner (Gottes) Herrschaft, so wird Euch solches alles (worum sich nämlich die Menschen durchschnittlicherweise zu sorgen pflegen) dreingegeben werden."[80] Oder alttestamentlich gesprochen: Die Frage: „Soll ich meines Bruders Hüter sein?" bekommt erst durch den vorgängigen Ruf: „Wo bist Du, Adam?" (Gen 3,9; 4,9) und also durch die theologisch unauflösbare Zuordnung beider Fragen zueinander ihren wirklichen Ernst[81]. Die „Vereinzelung" im Glauben schränkt den welt- und geschichtsweiten Horizont des Heils Gottes nicht ein. Im Gegenteil! Sie ermöglicht und begründet allererst die Universalität des Heils[82].

---

[78] *G. Friedrich*, Utopie und Reich Gottes. Zur Motivation politischen Verhaltens (KVR 1403), Göttingen 1974, 50. *Friedrich* weist mit Recht darauf hin, daß auch die Sakramente Taufe und Herrenmahl den personalen Charakter der Heilsübereignung unterstreichen (52).

[79] *R. Weth*, Die gegenwärtige „politische Theologie". Orientierung und Versuch einer Gegenüberstellung zur II. Barmer These, in: Zum politischen Auftrag der christlichen Gemeinde. Barmen II. Votum des theol. Ausschusses der Ev. Kirche der Union, hg. von *A. Burgsmüller*, Gütersloh 1974, 94—126, hier 120 f; vgl. auch *M. Hengel*, aaO. 129 f.

[80] *G. Klein*, „Reich Gottes" als biblischer Zentralbegriff, in: EvTh 30 (1970), 642 bis 670, hier 658 (auch veröffentlicht in: *A. Hertz/E. Iserloh/G. Klein/J. B. Metz/ W. Pannenberg*, Gottesreich und Menschenreich. Ihr Spannungsverhältnis in Geschichte und Gegenwart, Regensburg 1970, 7—50, hier 31).

[81] *D. Sölle* ist zuzustimmen, daß die Vergebung, die wir in der Welt vollziehen, nicht unterschieden werden kann von der Vergebung, die Gott uns gibt (Politische Theologie, 126). Überhaupt ist ihr Versuch, Sünde politisch zu interpretieren, zu bejahen (105 ff). Nur: Wie widerspricht man gesellschaftlichen „Zwängen" und wie hebt man sie auf, „punktuell für sich selber, tendenziell für alle" (133), wenn nicht so, daß die Menschen, die die Zwänge ausüben oder aufrechterhalten, zum Guten hin überwunden werden? — Im übrigen sei als Ergänzung zu Frau *Sölles* politischer Interpretation der Sünde empfohlen *H. M. Kepplinger*, Rechte Leute von links — Gewaltkult und Innerlichkeit, Olten/Freiburg, 1970.

[82] Vgl. *G. Bornkamm*, Paulus (Urban-Taschenbücher 119), Stuttgart 1969, 155 f; vgl. auch *H. Conzelmann*, Fragen an Gerhard von Rad, 125.

Insofern ist die Frage „Individualisierung oder Kollektivierung des Heils?" ein Scheinproblem[83]. Sie wird aber in dem Augenblick ein Fundamentalproblem, wo die *sola-gratia*-Struktur der von Jesus angesagten Gottesherrschaft aufgegeben und politische Hermeneutik die Theologie zu einer neuen Spielart von natürlicher Theologie verkommen läßt.

„Es ist nicht von ungefähr, daß die Geister des 19. Jahrhunderts wieder beschworen werden", schreibt Hans Conzelmann. Was er in dieser Situation als „möglichen Beitrag der Exegese" sieht, verdient vorbehaltlose Zustimmung: „Im Bewußtsein zu halten, daß die theologischen Grundbegriffe Beziehungen zu Gott bezeichnen: Glaube, Liebe, Hoffnung, Gnade, Gerechtigkeit. Werden sie nicht streng als Beschreibung dieser Beziehung verstanden, entarten sie zu teils moralischen Postulaten, teils schwärmerischen Utopien. Aber Hoffnung, die nicht Hoffnung auf Gott ist, ist trostlos. Die Verdrängung des Reiches Gottes durch Träume von einem idealen Weltreich wird beide ‚Welten' entschwinden lassen, auch die politische."[84]

Nachtrag

Zur Thematik vgl. jetzt auch meinen Aufsatz „Rechtfertigung des Einzelnen – Rechtfertigung der Welt: Neutestamentliche Erwägungen" in: The New Testament Age. Essays in Honor of Bo Reicke, hrsg. v. W. C. Weinrich. Macon 1984, 221–236.

---

[83] Mit der Unterscheidung von „wesentlich in Du-Ich-Beziehung gedachter Individualität" und „konkreter Individualität, die in der Fülle gesellschaftlicher Bezüge lebt" (*D. Sölle*, aaO. 114), und erst recht mit der stupenden Definition: Individuum = der *isolierte* einzelne Mensch (so *H.-W. Bartsch*, Die Ideologiekritik des Evangeliums dargestellt an der Leidensgeschichte, in: EvTh 34 [1974], 176—195, hier 193) wird dieses Scheinproblem nur befördert. Ist nicht auch eine Ich-Du-Beziehung jeweils gesellschaftlich eingebettet? Wem muß gesagt werden, daß es den isolierten Menschen nicht gibt? — Nur als Kuriosität sei vermerkt, daß *H.-W. Bartsch* schon die Tatsache, daß Mk 1,15 „sich an eine Mehrzahl richtet", für ausreichend hält, um jede „individualisierende Interpretation" der Gottesherrschaft zu diskriminieren (aaO. 181, Anm. 14). Gegen das bei *Bartsch* einseitig gezeichnete alttestamentliche Menschenbild vgl. jetzt *H. W. Wolff*, Anthropologie des Alten Testaments, München 1973, 309 ff, bes. 319 f. Im übrigen muß ich mich energisch dagegen verwahren, als habe ich den für Jesus zentralen Begriff des Reiches Gottes *überhaupt* als einen für die heutige Relevanz des Evangeliums „einfach untauglichen Begriff" ausgegeben (so *Bartsch*, aaO. 180). Sondern ich habe das ausdrücklich nur für den Fall getan, in dem „Relevanz" primär „als ein politisch-gesellschaftlicher Eindruck verstanden wird" (*E. Gräßer*, „Der politisch gekreuzigte Christus", in: Text und Situation. Ges. Aufs. z. NT, Gütersloh 1973, 302 bis 330, hier 303).

[84] *H. Conzelmann*, Theologie als Schriftauslegung. Aufsätze zum NT, 5.

Antijudaismus bei Bultmann?*

Eine Erwiderung

I.

„Das Neue Testament und die Juden" ist seit geraumer Zeit ein mit hoher Leidenschaft, viel Gereiztheit, aber auch offenkundiger Unsicherheit diskutiertes Thema. Daß solche das Gespräch belastenden Faktoren im Spiele sind, ist bei einer so bedeutungsschweren Thematik verhängnisvoll. Schlimmer jedoch ist, daß die gemeinsame Grundlage für eine sachliche Austragung des Streites – der neutestamentliche Text in seinem Aussagewillen – nicht mehr gegeben zu sein scheint. Die Zunft ist zerspalten und hält sich gegenseitig ‚Interessen' vor. Wo durch ‚unkritische' Rezeption des Neuen Testamentes dessen angeblich „verhängnisvoll intendierter theologischer Antijudaismus" fortgepflanzt wird, da sieht man antisemitische Tendenzen am Werk. Andererseits wird „in aller Vorsicht" die Frage aufgeworfen, „ob nicht manche bemühten ‚philosemitischen' Tendenzen im Nachkriegsdeutschland dem echten jüdisch-christlichen Gespräch mehr schaden als derlei (keinesfalls antisemitische) theologische ‚Antijudaismen'!"[1] Ich gestehe, daß ich mich der letztgenannten Frage anschließen kann, will sie aber hier nicht weiter verfolgen. Meine Anfrage gilt vielmehr der Methode des Streites und betrifft zwei Punkte, von denen ich meine, daß sie die Sachfragen keinen Schritt weiter, wohl aber die neutestamentliche Wissenschaft um ihren Kredit bringen.

II.

Mein erster Punkt ist eine Anfrage zur Hermeneutik[2]. Schon beim Streit zwischen *Ulrich Wilckens* und *David Flusser* wurde deutlich, daß es letztlich gar nicht um diesen oder jenen Neutestamentler geht, der möglicherweise „eine judenfeindliche Tendenz in den unschuldigen Text hineininterpretiert"[3]. Es geht um das Neue Testament als ganzes, sofern die sogenannten „antijudaistischen" Motive darin „christlich-theologisch essentiell" sind[4]. Wilckens ist der

---

* Gerhard Friedrich zum 70. Geburtstag.
[1] U. *Wilckens*, Das Neue Testament und die Juden, in: EvTh 34/1974, 606.
[2] G. *Klein* hat in der FS für Ernst Käsemann bereits energisch in dieser Richtung angefragt. Eine Antwort wurde ihm m. W. bisher nicht zuteil.
[3] D. *Flusser*, Ulrich Wilckens und die Juden, in: EvTh 34/1974, 237.
[4] U. *Wilckens*, aaO., 611.

begründeten Auffassung, daß auf ihre „Rezeption" in keiner christlichen Gegenwart verzichtet werden kann, der es um die Darstellung des Glaubens ernstlich zu tun ist. Denn dazu vor allem diente jene Polemik auch im Neuen Testament. Sie ist dort keineswegs „antisemitisch" gemeint, zielt also nicht in brudermörderischer Absicht auf die Juden als Mitmenschen oder als Volk. Sondern sie bestimmt in konfessorischem Sinne als ‚Juden', wer in Jesus nicht den Christus Gottes anerkennt. Damit ist der ‚Jude' – wie der ‚Heide' auch – der heillose Mensch.

Rolf Rendtorff hat das grundsätzlich nicht bestritten, meint aber:

„Damit wird eine Aufgabe für die gegenwärtige Formulierung des eigenen Glaubens beschrieben. Das kann aber doch nur bedeuten, daß für diese Motive wie für *alle* neutestamentlichen Themen gilt, daß sie nicht einfach unreflektiert und unmittelbar aus den Formulierungen des Neuen Testaments in gegenwärtige Glaubensaussagen übernommen werden können, sondern daß sie in kritischer Aufnahme der theologiegeschichtlichen Entwicklung als *heutige* Aussagen neu formuliert und neu verantwortet werden müssen. Erst wenn diese Arbeit geleistet worden ist, läßt sich eine Aussage darüber machen, wie und in welchem Sinne die antijudaistischen Motive im Neuen Testament *heute* ‚christlich-theologisch essentiell' sind." [5]

Rendtorff hat in seinem Gesprächsbeitrag diese „Aussage" noch nicht gemacht oder nicht machen können, wohl aber *Peter von der Osten-Sacken* in seinem neuesten Beitrag zur Diskussion[6]. Sie läßt an Eindeutigkeit nichts zu wünschen übrig. Dem Autor ist sachgemäße (!) Exegese des Paulus und des Johannes als solche Antijudaismus! Deckt sie doch auf, was die „Grundbestimmung Israels" „vom Evangelium her" ist: Sie sind „Feinde" (Röm 11,28). Da ihm eine Übernahme dessen als „gegenwärtige Glaubensaussage" (Rendtorff) nicht möglich scheint, ohne daß daraus eine tödliche Gefahr für das gegenwärtige empirische Israel wird, ist die Konsequenz für v. d. Osten-Sacken „unausweichlich": Man hat sich in dieser Hinsicht von Paulus und Johannes zu trennen. „Theologischer Besitzverzicht" ist fällig, d.h. (so wird in Zustimmung zu *Rosemary Ruethers* Thesen formuliert) „eine Revision des christologischen Inhalts des Evangeliums selber. Sie hätte unter Verzicht auf die übersteigerte eschatologische Orientierung des christlichen Glaubens darauf hinauszulaufen, Jesus nicht mehr im verabsolutierenden Sinne als den einzigen Weg zum Vater zu bestimmen. Sie käme außer dem Christentum nicht nur dem Judentum zugute, sondern auch anderen (Religions)gemeinschaften, denen mit der Relativierung des christologisch begründeten christlichen Absolutheits- und Totalitätsanspruches Raum zur eigenen Existenz gewährt würde" (246). Darum geht es bei „der Frage nach der Bewältigung des christlichen Antijudaismus". „In Aufnahme geschichtlicher Erfahrung ist deshalb der Totalitätsanspruch des Evangeliums von Jesus Christus theologisch zu kritisieren, der diesem durch

---

[5] R. *Rendtorff*, Die neutestamentliche Wissenschaft und die Juden, in: EvTh 36/1976, 198.

[6] P. v. d. *Osten-Sacken*, Rückzug ins Wesen und aus der Geschichte. Antijudaismus bei Adolf von Harnack und Rudolf Bultmann, WPKG 67/1978, 106–122; *ders.*, Von der Notwendigkeit theologischen Besitzverzichts, Nachwort in: R. *Ruether*, Nächstenliebe und Brudermord, München 1978, 244–251.

Menschenmund und Menschenhand ergehenden Evangelium totalitäre, verhängnisvoll destruktive Züge verleiht." Denn: „Solange das im Neuen Testament dargebotene und entfaltete Evangelium immer wieder für die Gegenwart (scheinbar) nur interpretiert, nicht aber zugleich im Horizont geschichtlicher Erfahrung kritisiert und damit – nicht unter der Hand, sondern – bewußt verändernd interpretiert wird, solange werden Studenten und Gemeinden ständig weiter durch impliziten christlichen Antijudaismus für einen möglichen politischen Antisemitismus präpariert werden."[7]

Bewußt verändernde Interpretation im Horizont geschichtlicher Erfahrung! Das ist nicht dasselbe, wie die beispielsweise von *Werner Georg Kümmel* verlangte Sachkritik im Blick auf Mt 23. Denn bei ihr wird von der Mitte des Neuen Testamentes her jene matthäische Polemik kritisiert, „die sich nicht nur Gottes Urteil über die Gegner anmaßt, sondern auch ihr Verhalten bösartig verzeichnet"[8]. Bewußt verändernde Interpretation im Horizont geschichtlicher Erfahrung ist auch nicht einfach das berechtigte Verlangen nach geschichtlicher Interpretation, die unter veränderten geschichtlichen Bedingungen unter Umständen Anderes sagen muß, um dasselbe zu sagen. Bewußt verändernde Interpretation im Horizont geschichtlicher Erfahrung heißt in diesem Zusammenhang vielmehr: Das Bild, das sich das Neue Testament vom Juden macht, ist von den Juden selbst her zu kritisieren. Oder noch genauer gesagt: Die Erfahrung dessen, was die ‚antijudaistischen' Motive des Neuen Testamentes geschichtlich bewirkt haben, muß der Exeget als Nötigung empfinden, diese Motive still zu legen. Welches aber sind die Konsequenzen einer solchen Hermeneutik?

D. Flusser hat bekanntlich zwei Gesichter am Christentum unterschieden: „Eines ist der Glaube, an den Jesus selbst glaubte und der uns Juden mit den Christen vereint; das andere ist der Glaube an Jesus, den Messias, der uns trennt."[9] Das heißt doch – da das Neue Testament als ganzes davon ausgeht, daß Jesus der Christus Gottes ist –, daß das zentrale Heilsereignis, das Urdatum christlicher Theologie, das Bekenntnis zu dem auferweckten Gekreuzigten die Trennschranke ist. Was könnte *verändernde* Interpretation hier leisten? Sollen wir um der Juden willen aufhören, *Christus* Jesus als Kyrios zu verkünden (2. Kor 4,5)? Das hieße, daß wir aufhören, Gottes eschatologische Heilstat für alle, Juden und Heiden, zu verkünden. P. v. d. Osten-Sacken fordert den Entwurf einer Christologie, „die nicht zur generellen Definition des jüdischen Volkes als ‚Feind' im Verhältnis zu Gott und zur christlichen Gemeinde führt" (122). Eines solchen Entwurfes bedarf es nicht. Er ist im Neuen Testament von Paulus theologisch überzeugender, radikaler und aus größerer Nähe und Liebe

---

[7] Rückzug, 122.

[8] *W. G. Kümmel*, Die Weherufe über die Schriftgelehrten und Pharisäer (Mt 23, 13–36), in: Antijudaismus im Neuen Testament? Exegetische und systematische Beiträge, hrsg. von *W. P. Eckert, N. P. Levinson* und *M. Stöhr* (ACJD 2), München 1967, 135–147, hier 146.

[9] Zit. bei *P. E. Lapide,* Jesus in Israel, Gladbeck 1970, 23; vgl. dazu auch *E. Gräßer,* Motive und Methoden der neueren Jesus-Literatur, VF 18/1973, 3–45, hier 31.

zu Israel erstellt worden, als je einer von uns ihn leisten könnte. *Rudolf Bult-mann* war es, der gerade dies in gefährlicher Zeit offen und mutig bekannt hat:

> „Von Paulus wird ... der Gegensatz Juden – Heiden als ein Gegensatz ethischer Quali-täten überhaupt bestritten durch den Hinweis darauf, daß Juden wie Heiden in gleicher Weise vor Gott Sünder sind (Röm 3,22 ...; vgl. überhaupt Röm 1,18–3,20). Diese Behauptung spricht nur deutlich aus, was in der prophetischen, an das jüdische Volk gerichteten Gerichtspredigt vom AT über den Täufer (vgl. Mt 3,9) bis zu Jesus teils implizit enthalten, teils auch gelegentlich schon ausgesprochen war (Mt 8,11 f.). Der Gegensatz Juden – Heiden als ein Gegensatz völkisch verschiedener Gruppen wird aber als völlig irrelevant bezeichnet angesichts der von Gott in Christus gewirkten Heilstat, deren Sinn die Vergebung der Sünde und die Verleihung des Lebens an den ist, der sich im Glauben dem Urteil Gottes unterwirft, das in solcher Heilstat gesprochen ist." [10]

Schließlich sei daran erinnert: Es sind im Laufe der Zeit und „in Aufnahme geschichtlicher Erfahrung" schon manche Geister mit der Forderung nach „ver-ändernder Interpretation" an das Neue Testament heran- oder auch gegen es angetreten. Teile der Jungen Linken haben das z. B. in den sechziger Jahren getan, die Deutschen Christen in den dreißiger Jahren. Immer ging es dabei um eine Begrenzung, Erweiterung, Veränderung oder auch Abschaffung des „Totalitätsanspruches des Evangeliums von Jesus Christus". Die Marburger Theologische Fakultät hat dazu 1933 in einem Gutachten, an dem Rudolf Bult-mann „in besonderer Weise beteiligt" war [11], festgestellt: „Mit alledem wird | die Heilsgeschichte, die Gott geschehen ließ, von Menschen gerichtet, die sich ihrer schämen, und der Dienst der Weltgeister neben dem Christi aufgerich-tet." [12]

III.

Mein zweiter Punkt betrifft die angeblich antijudaistische Schriftauslegung bei Rudolf Bultmann.

Ich will auf die gewaltsame Parallelisierung mit *Harnack*, die v. d. Osten-Sacken vornimmt („hintergründige Gemeinsamkeit", 117) gar nicht eingehen. Sie ist exegetisch derart konstruiert, daß sich eine Diskussion erübrigt. Und obwohl das für den aus wenigen Bultmann-Zitaten buchstäblich an den Haaren herausgezogenen ‚Antijudaismus' ebenfalls zutrifft, scheinen mir hier doch einige Bemerkungen angebracht.

Der unvoreingenommene Leser der fast durchweg aus *Bultmanns* Aufsatz „Geschichte und Eschatologie im Neuen Testament" (1954) stammenden Zi-tate versteht ohne weiteres, daß sie alle auf eine klare theologische Aussage hinauslaufen: wo die Heilsfrage im eschatologischen Sinne zum Entscheid an-steht, da ist die Begegnung des Einzelnen mit Christus das entscheidende Er-eignis, nicht die „Volksgeschichte", nicht die „Geschichte Israels", nicht die

---

[10] Neues Testament und Rassenfrage, jetzt in: *H. Liebing (Hrsg.)*, Die Marburger Theologen und der Arierparagraph in der Kirche. Eine Sammlung von Texten aus den Jahren 1933 und 1934, Marburg 1977, 16–19 (dieses Gutachten ist von maßgebenden Neutestamentlern der damaligen Zeit, darunter auch Rudolf Bultmann, unterzeichnet).

[11] So *K. L. Schmidt* bei *H. Liebing* (Anm. 10) 42, Anm. 1.

[12] Die Marburger Theologen, 14.

„Geschichte der Völker", überhaupt nicht die „Weltgeschichte". Das alles ist –
theologisch geurteilt – „Geschichte der Sünde". Zum Heil handelt Gott, und
zwar ephapax, in dem „eschatologischen Ereignis Jesus Christus" (vgl. Gal 4, 4),
dem sich der Einzelne im Glauben öffnet oder im Unglauben verschließt. Nicht
nur „vordergründig" scheint es so, „als ließen sich hier nicht einmal Spuren
eines theologischen Antijudaismus finden" (116): es gibt sie nicht. Denn die
Freigabe aller Geschichte als „Profangeschichte" für den eschatologisch Existierenden (nicht für den, der „eschatologisch-verinnerlicht [!] existiert", 115 f.)
meint theologisch: „Der Glaubende steht nicht mehr unter dem Gesetz, sondern unter der Gnade" (Bultmann). Sie meint schlechterdings keine Aufrichtung eines *politischen* „Anti-Verhältnisses", sei es ein antijudaistisches, ein
antiheidnisches, ein antihellenistisches oder wie auch immer. Und wenn durch
das eschatologische Ereignis Jesus Christus nach Bultmanns exegetisch wohl-
begründetem Verständnis unterschiedslos *alle* theologisch (!) als Sünder und
Todverfallene aufgewiesen werden, so ist das nie und in keiner Hinsicht die
„Destruktion des Menschen" als des Mitmenschen, der eine „tendenziell
brudermörderische Einstellung zum Judentum" innewohnte. Nein! Von Hause
aus hat das Evangelium nicht dieses politische „Anti-Verhältnis zu den anderen"
(Nachwort, 251). Sein Anti-Verhältnis ist vielmehr das der Wahrheit Gottes
zur Lüge aller Menschen (Röm 3, 4; vgl. Ps 116, 11), ist das des „Zornes Gottes vom
Himmel her über alle Gottlosigkeit und Ungerechtigkeit der Menschen, die
die Wahrheit in Ungerechtigkeit niederhalten" (Röm 1, 18), ist schließlich das
des Entscheidungsrufes Jesu: „Wer nicht mit mir ist, ist gegen mich; und wer
nicht mit mir sammelt, der zerstreut" (Lk 11, 23; Mt 12, 30; vgl. Mk 9, 40; Lk
9, 50). Wer hier von „theologischem Antijudaismus" spricht, verbreitet ideologischen Nebel. Um es noch deutlicher zu sagen: Bultmann antijudaistisch
gelesen, vermag dem Kritiker v. d. Osten-Sacken einen „theologischen Antijudaismus" zu beweisen. Dieser theologische Antijudaismus wird aus Bultmann
nicht gewonnen. Er ist vorausgesetzt und wird in die Bultmann-Zitate hinein-
gelesen. Das ist nun wahrlich „suggestive Einholung der Texte", die v. d. Osten-
Sacken jedoch der exegetischen Zunft insgesamt meint vorhalten zu sollen
(Nachwort, 249). |

Ich möchte noch eine andere Frage stellen. Kann – wenn es um die Wirkung
von theologischen Lehrern in dieser Sache geht – die Person von ihrem Werk
getrennt werden, ohne daß Wesentliches unterschlagen und damit böser Legen-
denbildung (Antisemitismus bei Harnack und Bultmann) der Boden bereitet
wird? M. E. ist das ausgeschlossen. Ich bin gar nicht v. d. Osten-Sackens Meinung, daß die „Unterscheidung zwischen politischem und theologisch-kirch-
lichem Antijudaismus ... notwendig und sachgemäß" sei (106). Vielmehr ist
schon der Begriff „theologisch-kirchlicher Antijudaismus" abzuweisen, weil
er die vom Neuen Testament gemeinte Sache verzerrt und nicht trifft. Aber da
v. d. Osten-Sacken diese Unterscheidung nun einmal für notwendig hält, verstehe ich nicht, daß er sie in der Durchführung seines Themas (fast) bis zur
Bedeutungslosigkeit nivelliert, indem er ihre praktische Undurchführbarkeit
behauptet [13]. Nun wird im Blick auf eine zweitausendjährige Geschichte der

Kirche tatsächlich niemand bestreiten, daß wirkungsgeschichtliche Zusammenhänge immer wieder bestanden haben und noch bestehen. Gerade darum aber ist es unverständlich, daß bei diesem Thema – Antijudaismus bei Harnack und Bultmann – die Wirkung der Theologie nicht *zusammen* mit der Wirkung des Theologen geprüft wird. Dadurch aber wird der von *Friedrich Wilhelm Marquardt* immerhin noch ausdrücklich bestrittene „Kausalzusammenhang" zwischen dem, was in der ‚Bultmannschule' exegetisch-historisch und theologisch gedacht und was im politischen Antisemitismus getan wird, nun doch suggeriert [14]. Nichts aber ist im Blick auf Harnack und Bultmann ungerechter | als dies! Auch v. d. Osten-Sacken weiß das. Daß Harnack trotz seines angeblichen Antijudaismus kein praktizierender Antisemit war, wird immerhin in einer Anmerkung erwähnt (113, 18). Und von Bultmann wird beiläufig gesagt, daß er eindeutig „gegen die Übernahme des sogenannten Arierparagraphen in den kirchlichen Raum" protestiert habe (108). Diese Beiläufigkeit aber ist das Problem! Darf es mit ihr sein Bewenden haben, wenn einerseits feststeht, daß Harnack und Bultmann keinen Antijudaismus gelebt haben [15], wenn andererseits aber v. d. Osten-Sacken der Überzeugung ist, „die Frage nach Antijudaismus in der christlichen Theologie, seiner spezifischen Gestalt, seiner Herkunft und seinen möglichen Folgen, dürfte um so mehr gerade an Harnack und Bultmann zu richten sein, als von beiden eine kaum überschätzbare Wirkung ausgegangen ist und im Falle Bultmanns, der die Brücke zur Gegenwart bildet, weiterhin ausgeht: denn die Schriftauslegung in der gegenwärtigen deutschsprachigen protestantischen Theologie wird zu einem beträchtlichen Teil durch Schüler Bultmanns bestimmt" (108) [16]. Genügt zur Verifikation dieser weitreichenden Behauptung der Karfreitagsbeitrag eines Berliner Gemeindeblattes aus dem Jahre 1976, der weder von einem Bultmann-Schüler stammt noch „antijudaistisch" ist (119 ff.)? Wären die „Folgen einer antijudaistischen Aus-

---

[13] Dies offenbart folgende Argumentation: Bultmanns „Theologie lebt" davon, daß durch das „eschatologische Ereignis" Jesus Christus alle theologisch als Sünder und Todverfallene anzusprechen sind. „Dies mag (!) als theologisch unverzichtbarer Satz gelten. Es mag auch durch die unabänderliche physische Todverfallenheit aller als problemlos empfunden werden. Zuhöchst problematisch wird dieser Aussagezusammenhang jedoch in seinem Heilskontext. Denn jene, die diese theologische Destruktion vollziehen, wissen und glauben sich selbst als eschatologisch Existierende, als Gerettete, wie dialektisch und paradox, wie eingeschränkt auch immer. Damit aber entsteht ein Unheilsgefälle zu den anderen, die nicht die Heilsgewißheit teilen, das durch den Glauben an die Feindesliebe Gottes und durch das Gebot der Feindesliebe an die Glaubenden zu korrigieren sich nur allzu oft als vergebliche Mühe erwiesen hat" (Rückzug, 121). Mit solcher Argumentation geschieht – wie ich meine – die Destruktion jedweder neutestamentlichen Gerichts- und Gnadenpredigt.

[14] *F. W. Marquardt*, Die Juden im Römerbrief (ThSt 107), Zürich 1971, 47; dazu *G. Klein*, Erbarmen mit den Juden!, in: EvTh 34/1974, 201–218.

[15] In bezug auf Bultmann vgl. *E. Dinkler*, Die christliche Wahrheitsfrage und die Unabgeschlossenheit der Theologie als Wissenschaft, in: *O. Kaiser (Hrsg.)*, Gedenken an Rudolf Bultmann, Tübingen 1977, 15–40, hier 26.

[16] Die „Verdrängung des Judentums aus den relevanten Kategorien der christlichen Theologie" ist auch für *F. W. Marquardt*, aaO., 47 „eine besondere Gefahr der Bultmannschule bis heute".

legung des Neuen Testaments, wie sie bei Harnack und Bultmann zu beobachten ist", nicht zunächst an diesen selbst, also etwa an Bultmanns „Marburger Predigten", aufzuweisen gewesen? Und wenn sie sich nirgendwo in ihren Schriften und in ihrem Leben aufweisen lassen, wäre das nicht mindestens zu erwähnen gewesen und hätte nicht auch gefragt werden müssen, *warum* das so ist? Kurzum: Gehört zu einer redlichen Darstellung dieser Theologen und ihrer tatsächlichen Wirkung nicht auch ihre Haltung? Darf – ich bleibe bei Bultmann und nenne nur einige Beispiele – unerwähnt bleiben, mit welch mutigen Worten er seine erste Vorlesung im Sommersemester 1933 begann? Er prangerte darin u. a. das Denunziantentum an, das „das freie und ehrliche Wort des Mannes unterdrückt" und zur Lüge erzieht. Und ausdrücklich wendet er sich gegen die Diffamierung der Juden: „Ich muß als Christ das Unrecht beklagen, das gerade auch den deutschen Juden durch solche Diffamierung angetan wird." „Dämonische Verzerrung" sieht er darin am Werk[17]. Ist für die Gewichtung des angeblichen Antijudaismus in der Exegese Bultmanns belanglos, was er zur Einführung des Arierparagraphen in der Kirche zusammen mit seiner Marburger Fakultät erklärt hatte[18]? Trägt es nichts aus, daß er sich in einer Predigt aus dem Jahre 1937 gegen den ‚Blut und Boden'-Mythos gewandt hat[19]? Bultmanns Auslegung des Johannesevangeliums aus dem Jahre 1941, von P. v. d. Osten-Sacken früher als antijudaistisch eingestuft, wird zwar erwähnt (108), aber er läßt nichts darüber verlauten, daß beispielsweise der Abschnitt ‚Jesus vor Pilatus' insofern eine eindeutige Stellungnahme zur Judenfrage während des ‚Dritten Reiches' ist, als hier der nationalsozialistische Weltanschauungsstaat in seiner pervertierten Autorität schonungslos demaskiert wird[20]. Warum fehlt jeder Hinweis auf das bewegende Gespräch, das Bultmann im „Merkur" 1952 mit *Leo Baeck* zur Frage ‚Das Deutsche Volk und Israel' geführt hat[21]?

Walter Schmithals hat im Blick auf das, was Bultmann im ‚Dritten Reich' zur Judenfrage gesagt hat, festgestellt: „Solche Worte lesen sich heute leicht. Zu ihrer Zeit waren es tapfere Worte. Wenn es überhaupt Theologen in unserem Lande gibt, die ohne Beschämung auf das zurückblicken können, was sie 1933 und danach gesagt und geschrieben haben, so gehört Rudolf Bultmann zu ihnen."[22] Nun, P. v. d. Osten-Sacken wird antworten, daß er selbstverständlich die subjektive Lauterkeit Bultmanns in keiner Weise in Frage stelle. Ihm sei es allein um das von Bultmann *Gedachte* und dessen Wirkung zu tun. Aber ist es nicht merkwürdig, daß in dem gelebten Leben dieses großen Gelehrten, welches sich in völliger Übereinstimmung mit den gedachten Gedanken vollzog, sich auch nicht die Spur von Antijudaismus findet? Ist Bultmann also die

---

[17] R. *Bultmann*, Die Aufgabe der Theologie in der gegenwärtigen Situation, ThBl 12/1933, 166.
[18] Die Marburger Theologen (s. Anm. 10), 14.
[19] R. *Bultmann*, Marburger Predigten, Tübingen 1956, 34.
[20] Vgl. W. *Schmithals*, Die Theologie Rudolf Bultmanns, Tübingen ²1967, 300.
[21] Wiederabgedruckt in Glauben und Verstehen, Bd. III, Tübingen 1960, 55–60.
[22] W. *Schmithals*, aaO., 304.

Gefährlichkeit seines Denkens in puncto Judenfrage gar nicht bewußt gewesen? Das mag denken, wer will. Die ihn persönlich gekannt haben, werden so jedenfalls nicht denken können. Der Schülerschaft Bultmanns wird gerne der Vorwurf gemacht, sie dächten bei ihrem „(unbewußten oder bewußten) theologischen Antijudaismus"[23] nicht daran, „daß es heute Juden gibt"[24], die dadurch verletzt und „abqualifiziert" werden[25]. Hat P. v. d. Osten-Sacken bei seinem *Ausfall* aus dem Wesen und aus der Geschichte daran gedacht, daß es heute leibhaftige Schüler Bultmanns gibt, nicht nur deutsche, nicht nur christliche, auch jüdische?!

Und noch einem Einwand gegen meine Zurechtrückung eines schiefen Bultmannbildes möchte ich zuvorkommen. P. v. d. Osten-Sacken wird mir antworten, ich brächte zum wiederholten Male[26] nur jenen apologetischen Abwehrmechanismus in Gang, der die Diskriminierung der Juden befördere, indem er sie bestreite. Ich gestehe meine Wehrlosigkeit gegenüber dieser Argumentation, die darauf hinausläuft, daß man sich jede theologische Kritik an Juden, auch die im Namen des Neuen Testamentes vorgetragene, verboten sein lassen muß. Ich möchte in diesem Zusammenhang darauf hinweisen, daß *Günter Kleins* berechtigte Frage, was dann, wenn „die Juden als lebendige Menschen" „zur maßgebenden Quelle für die Einstellung des Glaubens zur Judenthematik" erhoben würden, „im Dialog mit einem derart zum Text gewordenen Partner überhaupt noch zu sagen bliebe"[27], von Peter von der Osten-Sacken in einer knappen Anmerkung abqualifiziert, aber nicht beantwortet worden ist[28].

Ich betone ausdrücklich, daß ich mich im Ziel – Ausmerzung der brudermörderischen Gesinnung – mit v. d. Osten-Sacken ganz einig weiß, und ich habe Respekt vor dem leidenschaftlichen Ernst, mit dem ihm dieses Ziel ganz offensichtlich auf der Seele brennt. Nur seinen Weg dort hin halte ich für grundfalsch. Christen können dieses Ziel nicht erreichen, indem sie dem Neuen Testament widersprechen, sondern indem sie ihm entsprechen. Sie können an dieses Ziel nicht kommen, indem sie das Neue Testament verändern[29], sondern

---

[23] *P. v. d. Osten-Sacken,* Leistung und Grenze der johanneischen Kreuzestheologie, in: EvTh 36/1976, 172.

[24] *R. Rendtorff,* aaO., 197.

[25] *P. v. d. Osten-Sacken,* Rückzug, 107; vgl. auch *ders.,* Leistung und Grenze, 168; ebenso *D. Flusser* und *Charlotte Klein,* Theologie und Antijudaismus (AcJD 6), München 1975.

[26] *P. v. d. Osten-Sacken,* Leistung und Grenze, 168 ff.

[27] *G. Klein,* Präliminarien zum Thema „Paulus und die Juden", in: Rechtfertigung, FS für E. Käsemann, Tübingen/Göttingen 1976, 232.

[28] *P. v. d. Osten-Sacken,* Das paulinische Verständnis des Gesetzes im Spannungsfeld von Eschatologie und Geschichte, in: EvTh 37/1977, 582 f., Anm. 102.

[29] Wie wenig dieses hermeneutische Postulat bei *v. d. Osten-Sacken* durchreflektiert ist, zeigt ein Vergleich mit *G. Ebeling,* Schrift und Erfahrung als Quelle theologischer Aussagen, ZThK 75/1978, 99–116. – V. d. Osten-Sacken macht *W. Schmithals* den Vorwurf, daß seine Römerbriefauslegung endgültig scheide, was bei Paulus noch „dialektisch aufeinander bezogen" sei: „sowohl Kirche und Israel als auch Kirche und Welt. In diesem Sinne" – so lautet der Vorwurf – „ist auch Schmithals' Monographie keine Auslegung, sondern eine von gegenwärtigen theologischen Interessen bestimmte

indem sie sich durch dasselbe verändern lassen. In keiner Form hätte der Antisemitismus dann unter Christen noch irgendeine Chance. Man würde weiterhin mit dem Judentum um die Wahrheit streiten. Aber immer, wenn wirklich um die Wahrheit gestritten wurde, mußte die Brüderlichkeit noch nie betteln gehen.

IV.

Darf ich dazu und alles bisher Geäußerte zusammenfassend einen Zeugen aufrufen, der aufgrund persönlichen Erlebens in dieser Sache autorisiert ist zu reden wie keiner von uns. Entgegen dem nur vermuteten Zusammenhang zwischen der antijudaistischen Exegese Bultmanns und jenem Berliner Gemeindeblatt liefert er den lebendigen Beweis für die tatsächliche Wirkung Bultmanns und seiner Theologie, und er redet wahrlich nicht für sich allein! Wenn er diese Stimme gehört hat, möge der Leser entscheiden, ob der Antijudaismus bei Rudolf Bultmann nicht eine Legende ist.

Der jüdische Philosoph *Hans Jonas*, der 1928 in Marburg bei *Heidegger, Bultmann* und *Hamann* promovierte, der 1933 nach England emigrierte, dessen Mutter 1942 in Auschwitz umgebracht wurde, sprach am 16. November 1976 in einer Gedenkfeier für den am 30. Juli gleichen Jahres verstorbenen Rudolf Bultmann in Marburg[30]. Ich zitiere aus dieser Rede, die Hans Jonas mit großer Bewegtheit vortrug, und mit der er dem Lehrer ein Denkmal setzte, wie es nur wenige gibt:

„Die Würdigung eines Denkers sollte vielleicht den Mann von dem Werke trennen und sich nur auf das Gedachte seines Denkens beschränken. Im Falle Rudolf Bultmanns ist *mir* dies nicht möglich – aus persönlich übermächtigen Gründen und auch aus der sachlichen Überzeugung, daß dies zu Wesentliches und zu Kostbares auslassen würde. Bultmann lebte, was er dachte, dachte auch so, daß dies zu-Leben des Gedachten als dessen eigenster Sinn hervortrat. Vor allem steht die Tatsache, daß ich ihn gekannt habe, daß er mir Lehrer und Freund war in bewegender, mein Leben mit einem stillen Licht durchstrahlender Bedeutsamkeit. So muß ich denn auch von mir sprechen, wenn ich von Bultmann sprechen soll, um von dem Manne Zeugnis geben zu können.

Unsere Beziehung begann 1924, als ich Heidegger folgend von Freiburg nach Marburg kam und in Bultmanns neutestamentliches Seminar eintrat – im Zuge des eigentümlichen Austauschverhältnisses, das sich zwischen den Schülern Heideggers und Bultmanns damals herstellte, aber auch im Zuge meines ursprünglichen, mit dem philosophischen einhergehenden Anliegens am Reiche der Religion, das sich bis dahin, meiner Herkunft gemäß, in alttestamentlichen und judaistischen Studien betätigt hatte. Noch ein anderer solcher Fremdling trat gleichzeitig dem Seminar bei, die jüngere Hannah

---

Kritik der im Römerbrief entfalteten paulinischen Theologie, eine Kritik freilich, der zu folgen angesichts ihrer Folgen für den Römerbrief wie für die Gegenwart äußerst schwerfällt". Es ist jetzt gleichgültig, ob der Vorwurf gegen Schmithals berechtigt ist oder nicht – er ist es nicht. Ich frage nur: Verfährt v. d. Osten-Sacken nicht vielmehr selbst so, daß er seine Auslegung des Neuen Testamentes von „gegenwärtigen theologischen Interessen" bestimmt sein läßt, der zu folgen angesichts ihrer Folgen für das Neue Testament wie für die Gegenwart „äußerst schwerfällt"?

[30] *H. Jonas*, Im Kampf um die Möglichkeit des Glaubens. Erinnerungen an Rudolf Bultmann und Betrachtungen zum philosophischen Aspekt seines Werkes, in: Gedenken an Rudolf Bultmann (s. Anm. 15), 41–70.

Arendt, Jüdin und Philosophiestudentin auch sie, durch derart mit mir geteilte Sonderstellung ein fast natürliches Bündnis zwischen uns bildend. So wurde dies erste Seminar, dem viele folgten, für mich der Beginn von zwei lebenslangen Freundschaften, beide
jetzt durch den Tod der beiden geendet in schneller Folge, in die auch der Tod Martin
Heideggers fiel ...

Und nochmals Bultmann, der im Jahre 1934 – man beachte das Datum – dem Werke
des eben emigrierten jüdischen Autors jenes großherzige und mutige Vorwort beigab,
das die Art des Mannes in dunkler Zeit hervorscheinen ließ.

Hier ist denn auch der Punkt, wo ich vom Lehrer und gütigen Förderer zum Manne
selbst übergehe, wie ich ihn erfahren habe in der ruhigen und unerschütterlichen
Lauterkeit seines Wesens. Zwei persönliche Episoden mögen für eine objektive Schilde-
rung stehen. Bultmann war der einzige meiner akademischen Lehrer, den ich vor
meiner Auswanderung noch einmal zum Abschied besuchte. Es war im Sommer 1933,
hier in Marburg, wir saßen um den Mittagstisch ..., und ich erzählte, was ich soeben
in der Zeitung gelesen hatte, er aber noch nicht, daß nämlich der Deutsche Blindenverein
den Ausschluß seiner jüdischen Mitglieder beschlossen habe. Von meinem Entsetzen
ließ ich mich zur Beredsamkeit hinreißen: Angesichts der ewigen Nacht (so rief ich aus),
des Einendsten, was es unter geschlagenen Menschen geben kann, dieser Verrrat an der
Solidarität des gemeinsamen Loses ...! – und stockte, denn mein Auge fiel auf Bultmann und ich sah, daß eine tödliche Blässe sein Gesicht überzogen hatte, und in seinen
Augen eine solche Pein, daß mir das Wort im Munde erstarb. In dem Augenblick wußte
ich, daß man sich im grundlegend Menschlichen einfach auf Bultmann verlassen kann, |
daß hier Worte, Erklärungen, Argumente, vor allem Rhetorik ganz abwegig sind, daß
kein Unsinn der Zeit der Stetigkeit seines inneren Lichtes etwas anhaben kann. Er selbst
hatte kein Wort gesprochen. Für mich gehörte das seitdem zum Bilde des innen beweg-
ten, aber nach außen so ganz unpathetischen Mannes ...

Wie der einzige, von dem ich mich verabschiedete, war er auch der erste, den ich genau
zwölf Jahre später im verwüsteten Deutschland des Sommers 1945 wieder aufsuchte,
nachdem wir viele Jahre nichts voneinander gehört hatten. Dies ist die zweite Episode,
von der ich erzählen will, und sie gehört zu den unvergeßlichsten meines Lebens. Von
Frau Bultmann, die einige Sekunden gebraucht hatte, bevor sie den Fremden in briti-
scher Uniform an der Haustür erkannte und dann in eine Sturzflut von Worten und
Tränen ausbrach, wurde ich mit den Worten ‚Rudolf, du hast Besuch' ins Studierzimmer
geführt. Dort saß er, wie immer am Schreibtisch, bleich und abgezehrt, Kragen und
Kleider zu weit geworden, aber mit friedevollem Gesicht. In augenblicklichem Erkennen
eilte er mir in die Mitte des Zimmers entgegen. Und dort, kaum fertig mit dem hastigen
Austausch erster Begrüßungen, kaum hinweg über die Erschütterung des unerwarteten
Wiedersehens – wir beide noch stehend –, sagte er etwas, wegen dessen ich diese hoch-
persönliche Geschichte erzähle. Ich war von Göttingen gekommen und hielt ein Buch
unterm Arm, das mir der Verleger Ruprecht, da es noch keinen zivilen Postverkehr gab,
für Bultmann mitgegeben hatte. Auf dieses wies er und fragte: ‚Darf ich hoffen, daß
dies der zweite Band der Gnosis ist?' Da zog auch in meine Seele, noch zerrissen von
dem Unsagbaren, das ich eben erst in meiner Heimat erfahren hatte – das Schicksal
meiner Mutter und der zahllosen anderen – zum ersten Male wieder so etwas wie
Frieden ein: vor der Beständigkeit des Gedankens und des liebenden Interesses über den
Zusammensturz einer Welt hinweg. Ich wußte plötzlich, daß man wiederaufnehmen
und fortfahren kann mit dem, wozu ein Glaube an den Menschen nötig ist. Unzählige
Male habe ich diese Szene neu durchlebt, sie wurde die Brücke über den Abgrund, sie
verband das Nachher mit dem Vorher, das Gram und Zorn und Bitterkeit auszulöschen
drohten, und vielleicht mehr als alles andere half es, mit der einzigartigen Verbindung
von Treue und Nüchternheit, mein Leben wieder heil zu machen."

Im folgenden setzt sich Jonas dann mit dem philosophischen Aspekt des Werkes Bultmanns auseinander. Einen unheilsschwangeren Antijudaismus hat er

offenkundig darin nirgends entdecken können. Sondern er schließt mit dem Bekenntnis:

„Für mein Leben gern würde ich dies vor so langer, langer Zeit begonnene Gespräch mit dem Lebenden fortführen und kann es nur mit dem teuren Schatten tun. Ein Mann von ergreifender Reinheit ist dahingegangen, ein vollendetes Leben, immer einig mit sich selbst. Er ist nicht zu beklagen, aber wieder einmal ist die Welt ärmer geworden um einen derer, an denen sie den immer bedrohten Glauben aufrichten kann, es sei ‚der Mühe wert, ein Mensch zu sein'."

Zwei Heilswege?

Zum theologischen Verhältnis von Israel und Kirche

I.

Ein Jude stellte jüngst auf der Synode einer Evangelischen Landeskirche fest, „daß scheinbar gerade in der letzten Zeit hier in Deutschland etwas in Fluß gekommen ist und das Bedürfnis sich gezeigt hat, auch mit theologischer Gewissenhaftigkeit sich an ein Problem heranzuwagen, das man sonst gerne wie ein heißes Eisen fallen ließ": das Verhältnis von Christen und Juden[1]. Tatsächlich setzt sich die Einsicht durch, daß Schuldbekenntnisse allein nicht genügen. Ein Verhältnis, jahrhundertelang schwer belastet durch gegenseitige Abgrenzung mit katastrophalen geschichtlichen Folgen, soll in ein sachliches Miteinander zurückverwandelt werden, in welchem Israel und Kirche wegen ihrer gemeinsamen Wurzel schon immer stehen. Franz Mußner vor allem ist derjenige, der – um noch einmal jenen Juden zu zitieren – „den Stier" besonders kräftig „bei seinen theologischen Hörnern" packt[2]. Klar sieht er die Aufgabe einer theologischen „Wiedergutmachung", „durch die jene Verzerrungen des Judentums, die bis zu seiner Verteufelung geführt haben, und jene ‚Feindbilder', die schon in der Zeit der Urkirche aufgebaut wurden und an denen vielfach bis zum heutigen Tag festgehalten wird, endlich abgebaut werden und so Israel Gerechtigkeit widerfährt und der Blick der Christenheit für den älteren Bruder wieder frei wird" (253).

Es geht also nicht allein um ein humanitäres Programm. Hier wird ein theologisches Grundlagenproblem ersten Ranges aufgeworfen, dessen Bearbeitung unaufschiebbar notwendig ist und das als solches gar nicht strittig sein kann. Strittig muß aber sein die bei allen bisher vorliegenden Entwürfen einer „christlichen Theologie des Judentums" (11) sich immer deutlicher abzeichnende *Ten-*

---

[1] *R. J. Z. Werblowsky,* Trennendes und Gemeinsames. Vortrag, gehalten am 7. Januar 1980 vor der Landessynode der Evangelischen Kirche im Rheinland, in: Zur Erneuerung des Verhältnisses von Christen und Juden (Handreichung Nr. 39) (Mülheim/Ruhr 1980) 29–43, hier 30f. – Zum Thema überhaupt vgl. das materialreiche „Arbeitsbuch Christen und Juden. Zur Studie des Rates der Evangelischen Kirche in Deutschland", hrsg. von *R. Rendtorff* (Gütersloh 1979).
[2] Ebd. 31. – Gemeint ist das Buch von *F. Mußner,* Traktat über die Juden (München 1979). Die im Text ohne nähere Angaben gesetzten Seitenzahlen beziehen sich immer auf dieses Buch.

denz, das Judentum als „Sonderweg" des einen Heils Gottes theologisch zu rechtfertigen. Solche Tendenz zeigt sich z.B. in Überlegungen wie diesen, „ob überhaupt und, wenn ja, in welcher Weise die Theologie des Zornes Gottes, insofern sie ein wichtiges Thema der Rechtfertigungslehre selbst ist, gegenüber dem Judentum, da dieses ja Christus nicht wie das Christentum bekennt, artikuliert werden kann"; ob die für das ganze Neue Testament grundlegende „Kategorie der Bekehrung" „durch die Kategorie der Begegnung ersetzt werden kann"; ob nicht versucht werden könne, „beispielsweise die Formel ‚Jesus als Bruder im Glauben' so auszusagen, daß sowohl das mit den christologischen Dogmen Gemeinte wie auch das, was Juden an Jesus als einer großen Gestalt ihrer eigenen Geschichte ablesen können, gemeinsam geglaubt und ausgesagt werden kann"; ob man „den Juden heute noch den Vorwurf der ‚Verkehrung der Schrift' machen" kann; ob „das christliche Dogma von der Dreieinigkeit Gottes notwendigerweise mit dem jüdischen Gottesbegriff kollidieren" muß[3]. Dazu bemerkt Otto Kuss: „Mit diesen gegenwärtig nicht nur im christlichen Einflußbereich verbreiteten und zur Zeit mehr und mehr an Boden gewinnenden Überlegungen wird dann allerdings eine Position anvisiert, die ... mit der Theologie des Paulus im Römerbrief gar nichts mehr zu tun hat. Die Genesis solcher Argumentationen liegt am Tage, und ohne Zweifel sind ihre Motive aller Ehren wert, aber handelt es sich – theologisch – nicht doch um den Versuch einer Quadratur des Zirkels, wenn man einmal unterstellt, was zu unterstellen ist: daß paulinische ‚Soteriologie' ihre ‚dogmatische' Gültigkeit und also auch die damit notwendig verbundene ‚Intoleranz' behält und daß irgendeine Art von Abbau paulinischer Kernthesen oder gar eine mehr oder minder offene ‚Rejudaisierung' des Paulus – um nur dies zu erwähnen – nicht intendiert sein kann?"[4]

Es gibt Anzeichen dafür, daß dieser Abbau nicht nur intendiert ist, sondern tatsächlich betrieben wird. Das Problem, das durch die *Selbigkeit* des redenden Gottes im Alten und Neuen Bund (Hebr 1,1f.) bei gleichzeitiger geschichtlicher *Getrenntheit* der Bündnisse aufgeworfen ist, wird damit keineswegs gelöst. Es wird nur um ein Weiteres vermehrt: um eine Annäherungstheologie, die sich vermittels (einseitiger oder zweiseitiger?) theologischer Abstriche über den kleinsten gemeinsamen Wahrheitsnenner zu verständigen sucht. Da ich mit Franz Mußner überzeugt bin, daß dem christlich-jüdischen Dialog nur dann gedient wird, der Liebe ihre Chance, sich über die Wahrheit zu freuen (1 Kor 13,6), nur dann gewahrt bleibt, wenn das *ungekürzte* synagogale Torazeugnis dem *un-*

---

[3] *J. Brosseder*, Luthers Stellung zu den Juden im Spiegel seiner Interpreten. Interpretation und Rezeption von Luthers Schriften und Äußerungen zum Judentum im 19. und 20. Jahrhundert vor allem im deutschsprachigen Raum (München 1972) 391f.
[4] *O. Kuss*, Der Römerbrief (Regensburg 1978) 814f.

gekürzten kirchlichen Christuszeugnis konfrontiert wird[5], möchte ich in ein kritisches Gespräch eintreten, mit dem ich den Jubilar mehr zu ehren hoffe als mit vorschnellem Beifall.

II.

Wenn ich es recht sehe, sind es drei Sachverhalte, die sich im Programm einer theologischen Annäherung an Israel als „die ‚Wurzel‘ der Kirche" (68) immer deutlicher als die eigentlich neuralgischen Punkte herausschälen: die Hermeneutik, die Ekklesiologie und die Soteriologie. Es sind die Punkte, an denen sich die theologische Überzeugungskraft des Programms messen läßt.

1. Zur Hermeneutik

Alle nennenswerten Äußerungen zur Sache lassen „Auschwitz" (als Sammelname für den Holocaust) nicht nur die entscheidende *causa tractationis* sein[6], sondern „Auschwitz" übt auch „eine hermeneutische Funktion aus" (16)[7]. Schließlich sogar: „Auschwitz" wird als eschatologische Zäsur beurteilt: Christsein *vor* Auschwitz und Christsein *nach* Auschwitz sind nicht mehr dasselbe. Auschwitz ruft nach einem *anderen Glauben*[8].

Uns interessiert jetzt nicht der Inhalt so weitgreifender und folgenschwerer Sätze, sondern die hier obwaltende hermeneutische Methode. Theologiegeschichtlich beurteilt ist sie nichts anderes als Wiederauflage der These von der theologischen Relevanz der „geschichtlichen Stunde". Konkret: Das Genozid

---

[5] So sieht es auch *R. J. Z. Werblowsky*, Trennendes 39: „Für den Juden geht es um die Thora, und was dem Juden die Thora ist, ist für den Christen Jesus als der Christus."

[6] Schon die Buchtitel deuten darauf hin, zum Beispiel *I. Maybaum*, The Face of God after Auschwitz (Amsterdam 1965); *J. B. Metz u. a.*, Gott nach Auschwitz (Freiburg 1979); *E. Fleischner* (Hrsg.), Auschwitz: Beginning of a New Era. Reflections on the Holocaust (New York 1977). Vgl. auch die Dokumentation des L.-Schneider-Verlags über „Auschwitz als Herausforderung für Juden und Christen". Ferner: *R. Rendtorff* und *E. Stegemann* (Hrsg.), Auschwitz – Krise der christlichen Theologie. Eine Heidelberger Ringvorlesung (München 1980). Schließlich sei auf das Themenheft „Juden und Christen" verwiesen, das als Heft 3 der EvTh 40 (1980) erschienen ist (bes. 193 und 258).

[7] Als Beispiel dafür, was jetzt neu verstanden werden soll, nennt *F. Mußner*, a.a.O. 16: „Das ‚Alte Testament‘ als die fortbestehende Grundquelle für den Glauben Israels; Israel als die bleibende ‚Wurzel‘ der Kirche; Die Bleibendheit des Bundes Gottes mit seinem Volk Israel, das er sich erwählt hat; Die besondere Rolle des ‚Landes‘ im Denken Israels; Das Judesein Jesu; Bestimmte Aussagen des Neuen Testaments."

[8] *F.-W. Marquardt*, Christsein nach Auschwitz. Referat in der Arbeitsgruppe „Juden und Christen" auf dem 18. Deutschen Evangelischen Kirchentag Nürnberg 1979, in: Junge Kirche 40 (1979) 366–373.426–430, hier 366. Analog stellt sich die Frage für den jüdischen Glauben. Vgl. *S. Schreiner*, Jüdisch-theologisches Denken nach Auschwitz – ein Versuch seiner Darstellung, in: Jud. 36 (1980) 1–13.49–56. Der Aufsatz nennt eine Fülle von Literatur.

einerseits, die Staatwerdung Israels andererseits haben wir als Ereignisse so zu gewichten, daß jeder exegetische und systematische Satz christlicher Theologie über das Judentum von ihnen mitbestimmt wird.

Ein solches Postulat wirft ein Bündel von Problemen auf. Zum einen besteht die Gefahr, daß man den historischen Textverständnissen kurzschlüssig direkte Antworten auf die Frage „Kirche und Judentum" abzugewinnen sucht[9]. Zum andern räumt jenes Postulat „Auschwitz" bzw. der Staatwerdung ein hermeneutisches Apriori ein, was letzten Endes darauf hinausläuft, daß der Aussagewille der neutestamentlichen Texte präjudiziert wird, womit in der Tat die methodische Klarheit und Nachprüfbarkeit der Exegese verspielt wären und Willkür das Feld behielte[10].

Im übrigen reicht die Problematik eines solchen hermeneutischen Ansatzes, wie ihn der „Entwurf einer christlichen Theologie des Judentums" fordert, noch sehr viel tiefer. Sollte er nämlich im Recht sein, müßten wir noch einmal darüber debattieren, ob und wieweit von uns gedeutete geschichtliche Ereignisse überhaupt als offenbarendes Handeln Gottes in Anspruch genommen werden können. Die Frage läßt sich mit dem bloßen Hinweis auf die „Sonderexistenz Israels" keineswegs erledigen[11]. Denn nicht darum geht es, ob Gott durch sein erwählendes Handeln der „Geschichte Israels" eine „Sonderstellung" in der Geschichte der Völker gegeben hat. Unbeschadet der Schwierigkeit aller Heilsgeschichte, „die in der Zuordnung von Geschichte und Wort (Deutung, Bericht, Bezeugung) und im drohenden oder tatsächlich geschehenen Verlust des Wortes besteht[12]", ist das theologisch unbestritten. Sondern darum geht es, ob Gott, nachdem er ἐπ᾽ ἐσχάτου τῶν ἡμερῶν τούτων ἐλάλησεν ἡμῖν ἐν υἱῷ (Hebr 1,2),

---

[9] Vgl. dazu *W. G. Kümmel*, Heilsgeschehen und Geschichte, Bd. 2. Gesammelte Aufsätze 1965–1977, hrsg. v. *E. Gräßer* und *O. Merk* (Marburg 1978) 259 (im folgenden zitiert als Kümmel II). Klassisches Beispiel für Kurzschlußexegese ist *B. Klapperts* Bibelarbeit über Hebräer 11, 1.32–40; 12,1 f., in: Handreichung Nr. 39 (s. Anm. 1) 79–100.

[10] So richtig *G. Klein*, Präliminarien zum Thema „Paulus und die Juden", in: Rechtfertigung. FS für E. Käsemann (Tübingen und Göttingen 1976) 229–243. *Kleins* Protest wird durch *Mußners* Gegenrede (a.a.O. 16 f., Anm. 7) nicht hinfällig. Es geht ja nicht darum, daß die „antijudaistische Brille" abgelegt und eine projudaistische aufgesetzt wird, sondern es geht darum, daß der Ausleger bereit ist, sein wie auch immer geartetes „Vorverständnis" durch die Texte korrigieren zu lassen, damit die Texte das sagen können, was sie von sich aus zu ihrer Zeit sagen wollten, und nicht, was wir als Ausleger heute hören wollen. Im übrigen ist auch „Auschwitz" nicht a priori ein gültiges Vorverständnis. Ob und wie es das ist, darüber kann nur der Text entscheiden.

[11] So am unverblümtesten *F. W. Marquardt*, Die Juden im Römerbrief (ThSt 107) (Zürich 1971) 16. *Marquardt* sieht in der Sonderstellung Israels eine „Naturerwählung", die er als „erwähltes Fleisch" umschreiben kann (26), welches der erwählenden Gnade gar nicht mehr bedarf. Gegen solche *theologia naturalis* m. R. *G. Klein*, Erbarmen mit den Juden! Zu einer „historisch-materialistischen" Paulusdeutung, in: EvTh 34 (1974) 201–218, hier 218.

[12] *A. H. J. Gunneweg*, Vom Verstehen des Alten Testaments. Eine Hermeneutik (GAT 5) (Göttingen 1977) 166 f. – Zur Gesamtproblematik überhaupt vgl. *Gunnewegs* VI. Kapitel: Das AT als Geschichtsbuch (ebd. 146–182 mit Lit.!).

in der Geschichte Israels so handelt, daß wir das als Heilsweg *neben* und *außer* Christus („Sonderweg") zu hören und anzuerkennen hätten. Nach dem einhelligen Zeugnis des Neuen Testamentes ist das ausgeschlossen. Für das Neue Testament ist nicht das Vorher der Geschichte Israels als solches relevant, sondern die Vorgegebenheit der „Schrift" (Gal 3, 8.22; 1 Kor 10, 11; 15, 3 f.; Lk 4, 21; Röm 4, 23 f.), in welcher Israels Geschichte als Gottes Geschichte mit Israel bewahrt ist. Die faktisch-historische Kontinuität zwischen Abraham und den Juden dagegen ist nach Röm 4, 13; Gal 3, 7 (vgl. Röm 9. 7 f.) gerade theologisch irrelevant. Und die alttestamentlichen Verheißungsinhalte Land und Volkwerdung können für Christen keine Heilsgüter mehr sein (31). „Es gibt, nachdem der Messias Israels erschienen und von Israel verworfen und als Heiland der Glaubenden aus Juden und Heiden offenbart ist, keinen heiligen Berg, keine heilige Stadt und kein heiliges Land mehr, die man auf der Landkarte als solche bezeichnen könnte."[13] Damit entfällt jede Möglichkeit, Geschichte, auch die des empirischen Volkes Israel, heilsgeschichtlich zu überhöhen. Ganz abgesehen davon, daß „*Heilsgeschichte*" (als heilsgeschichtliches Kontinuum, als Prozeß verstanden) exegetisch wie geschichtsphilosophisch gleichermaßen fragwürdig ist: Heil als von Gott her verstandenes Heil begegnet so wenig wie Gott selbst als Faktum in der Geschichte[14]. Es begegnet als das unverfügbare *Wort*. Offen-

---

[13] *K. Barth*, KD II/1 542. Vgl. auch *A. H. J. Gunneweg*, Hermeneutik 164–175; ferner „Erwägungen zur kirchlichen Handreichung zur Erneuerung des Verhältnisses von Christen und Juden". Stellungnahme von 13 Bonner Theologieprofessoren, in: epd-Dokumentation Nr. 42/80, 14–17. Dagegen *B. Klappert* und *H. Starck* (Hrsg.), Umkehr und Erneuerung. Erläuterungen zum Synodalbeschluß der Rheinischen Landessynode 1980 (Neukirchen–Vluyn 1980). – Wo man entgegen dem klaren neutestamentlichen Befund die Gründung des Staates Israel im Jahre 1948 dennoch als *theologisches* Datum zu nehmen versucht, treten ausschließlich Postulate an die Stelle exegetisch-systematischer Argumente: zufolge eines freihändig „skizzierten Modells der zeichenhaften Analogie" „muß" die Staatwerdung Israels „als „geschichtliche Faktizität auf die in Jesus Christus erfüllte und bestätigte Verheißung Israels bezogen" werden, „um als Analogatum, Licht, ,Phänomen' oder Zeichen überhaupt erkannt zu werden" (*B. Klappert*, Israel und die Kirche. Erwägungen zur Israellehre Karl Barths [ThExh 207] [München 1980] 75). Wer dagegen das Kreuz als Krisis aller Volks- und Landverheißung versteht, wird einer pseudo-theologischen Argumentation „bezichtigt" (ebd. 72). Man weiß auch gleich den Hauptschuldigen zu nennen: *Klappert* jedenfalls „möchte nicht unerwähnt lassen, daß die Vertreter des Modells der theologischen Indifferenz und Verfechter der sog. politischen Rationalität des Landes und Staates Israel oft gerade zugleich Vertreter eines weltlosen, ungegenständlichen und abstrakten Christentums Bultmannscher Provenienz sind" (ebd.). Nun, man würde dieser Polemik zu viel Gewicht beilegen, wollte man *Bultmann* gegen sie in Schutz nehmen.
[14] *A. H. J. Gunneweg*, Hermeneutik 173: „Nur ein Geschichts-Supranaturalismus, der den ,Geschichtsmaterialismus neuerer Generationen' religiös überhöht, kann sich einbilden, Gottes Handeln von Heilstatsache zu Heilstatsache aufweisen und nachzeichnen zu können. Geschichte überhaupt, die ja nicht einmal die spezielle Domäne des Gottes Israels und nicht der einzige Ort seines Redens und Handelns seiner Heilsereignisse ist, sollte zumal in der Theologie nüchtern gesehen werden als das, was sie ist: nämlich als Inbegriff menschlichen Handelns und Erleidens, dessen Verkettung und Zusammenhang, Kontinuität und Diskontinuität, Nezessität und Kontingenz von

barungscharakter zu haben ist daher das Privileg der Heiligen Schrift allein[15]. Aus diesem Grunde können die *Deutung* kurz zurückliegender (Auschwitz) oder gegenwärtiger *Geschichte* (Staat Israel) und die Verkündigung von Jesus Christus niemals dasselbe sein. Sie können nicht einmal parallel gesehen werden als zwei Quellen der Offenbarung Gottes. Selbst geschichtliche „Zeichen" sind problematisch: wer befindet darüber, ob sie Zeichen *Gottes* sind?

Theologisierung der Geschichte ist also ein Weg, den uns das Christuszeugnis in keinem Falle freigibt. Begibt man sich dennoch auf ihn, sind die Gefahren unabsehbar. Dann kann es z. B. auf der einen Seite heißen, es sei „das ‚Verdienst' *Adolf Hitlers*", daß der Staat Israel Realität wurde (33). Auf der anderen Seite „muß der Christ überzeugt sein, daß ohne den Willen Gottes eine Rückkehr Israels in das Land seiner Väter niemals möglich wäre" (34). Rückt aber „Auschwitz" damit nicht in einer ganz fatalen Weise in den Zusammenhang der Etablierung des Staates Israel als einer *Tat Gottes*? „Wenn man weiterhin dessen eingedenk ist, daß nach biblischer Auffassung das Heilshandeln Gottes stets ohne menschliche Vorleistung geschieht, während sein Unheilshandeln immer Reaktion auf vorangehendes menschliches Fehlverhalten ist, dann wird die Frage noch peinlicher: Worin besteht jenes Fehlverhalten Israels, das das als Unheilshandeln Gottes zu verstehende Auschwitz zur Folge hatte? Man sehe wohl zu, auf welch gefährlichen Weg man sich begibt, wenn man beginnt, bestimmte geschichtliche Ereignisse theologisch zu qualifizieren!" (Franz Hesse)[16]

Aus all den genannten Gründen haben Juden und Christen in gleicher Weise Anlaß, eine „Theologie nach Auschwitz" als *Pseudotheologie* vehement zu verwerfen[17].

---

der historischen Wissenschaft untersucht werden." Bemerkenswert ist es, daß es auch jüdischerseits keineswegs „selbstverständlich und allgemein anerkannt ist, dass Holocaust und Gründung des Staates Israel auch etwas mit dem Glauben zu tun haben, also auch Fragen an das theologische Denken stellen" (*S. Schreiner* [s. Anm. 8] 2). Vgl. z. B. *E. Fackenheim*, Jewish Faith and the Holocaust, in: Com. 46 (1968) 30–36, der die Theologisierung des Staates Israel vermeidet.

[15] Vgl. dazu den Verwerfungssatz der I. Barmer These: „Wir verwerfen die falsche Lehre, als könne und müsse die Kirche als Quelle der Verkündigung außer und neben diesem einen Worte Gottes auch noch andere Ereignisse und Mächte, Gestalten und Wahrheiten als Gottes Offenbarung anerkennen." – Dazu *E. Wolf*, Barmen. Kirche zwischen Versuchung und Gnade (BEvTh 27) (München 1957) 92–112.

[16] *F. Hesse*, Einige Anmerkungen zum Wort der rheinischen Landes-Synode über das Verhältnis von Christen und Juden, in: Umkehr und Erneuerung (s. Anm. 13) 286. – *Klappert* freilich verfällt theologischem Wunschdenken, wenn er meint, es gäbe „eine theologische Position jenseits einer eschatologischen Qualifizierung einerseits und einer eschatologischen Entweltlichung und Geschichtslosigkeit andererseits" und diesen Weg den der „geschichtlichen ,Zeichen der Treue Gottes gegenüber seinem Volk'" nennt (*B. Klappert*, EvTh 40 [1980] 260. 259). Wer oder was befindet denn darüber, wann etwas Zeichen der Treue oder des Zornes *Gottes* ist? Das ist doch das Problem! Und von *J. Seim* wüßte ich gerne, was der Unterschied zwischen „Offenbarungsqualität von Geschichte" und „Verständnis" von Geschichte „vom Glauben her" ist (*J. Seim*, ebd. 192).

[17] *R. J. Z. Werblowsky*, Trennendes 31.

Auf der schon genannten Synode blieb es einem jüdischen Nichttheologen vorbehal-
ten, die theologisch klare Erkenntnis auszusprechen, die so auch für christliche Theologie
verbindlich ist: „Eine jüdische Theologie, für die Dschingiskhan, Attila und die Hunnen,
der(!) Genozid an den Armeniern und x andere Dinge Gott scheinbar *nicht* in Frage gestellt
haben und die biblische Botschaft *nicht* problematisch machen, die sozusagen als theologisch verdaulich betrachtet werden, eine Theologie, welche aber mobil wird, wenn es die
Juden sind, die abgeschlachtet werden, ist nicht nur unakzeptabel, sondern schlechthin
verwerflich. Redet man von Gott als Schöpfer der Welt und über das Wesen der
Geschichte als Gottes Umgang mit der Welt und mit seiner Schöpfung, dann ist das
Thema ‚Gott und Dschingiskhan‘ nicht weniger theologisch bedrängend und brisant als
‚Gott und Auschwitz‘. Jeder Theologe muß sich auch dieser Dimension der Tatsachen
bewußt sein, und die unerträgliche Egozentrik so mancher Schriftsteller, die das Problem
des unvorstellbaren Leidens in der Geschichte nur unter dem Thema ‚Gott, Auschwitz
und das Judentum‘ abhandeln, ist keiner ernsten Diskussion wert."[18]

Jene Pseudotheologie wird um nichts besser, wenn an die Stelle jüdischer
Egozentrik christlicher Projudaismus als ihr eigentliches agens tritt. Als Christ
kann man das Judentum gerade auch dann „auf eine empfindliche Weise verfehlen", wenn man es nicht „gegen jede ungewaschene Sympathie in Schutz"
nimmt[19]. Nein! Mit *gleicher* Gewissenhaftigkeit wie den Juden gegenüber wird
die Christenheit *allen* Verfolgten und Gemordeten gegenüber ihr pater peccavi
sprechen und das Gebotene tun, wenn sie an ihnen schuldig geworden ist. Sie
wird dabei der sie einzig bindenden *Theologie nach Golgota* verhaftet bleiben,
oder sie wird jenes „dumme" Salz sein, das weggeworfen wird (Mt 5,13).

Mit der Problematik einer theologischen Qualifizierung bestimmter geschichtlicher Ereignisse hängt eine noch problematischere Bestimmung der gemeinsamen Aufgaben und Ziele von Juden und Christen zusammen (379 ff.). Sie
werden als mögliche „Hilfe für die Welt" ins Auge gefaßt (379). „Ethisches
Handeln in der Welt" wird dabei nicht nur als „gemeinsame Maxime" von
Judentum und Christentum verstanden (380). Beide treten vielmehr als geeinte
„jüdisch-christliche Religion" (383) der Welt gegenüber.

Auch hier brechen schwerwiegende Fragen auf. Ist es demnach so, daß die jüdische Sendung in die Welt und die christliche Botschaft für die Völker *denselben* „prophetischen Protest" darstellen, und zwar den Protest „für die Freiheit",
den Protest „zugunsten wahrer Humanität, Liebe und Gemeinschaft", den
„Protest für die Wahrheit gegen die sich immer mehr ausbreitenden Welt- und
Geschichtslügen", den „Protest gegen Faschismus, Kommunismus und Kapita-
lismus" (383)? Es sei dahingestellt, ob dies als Proprium „jüdisch-christlicher"
Weltverantwortung angesehen werden darf. Das Spezifikum *christlicher* Ethik

---

[18] Ebd. 32. So auch schon die Argumentation bei G. *Klein*, Präliminarien (s. Anm. 10) 230, Anm. 9.
[19] G. *Klein*, Erbarmen mit den Juden! 218.

liegt jedenfalls nicht in ihren Inhalten, sondern in der christologischen Begründung: ist man nicht in der Nachfolge Jesu das Salz der Erde und das Licht der Welt (Mt 5,13 f.), und zwar aufgrund der von Jesu Person und seiner Ansage des Gottesreiches nicht abzutrennenden Heilsindikative der Seligpreisungen? Paulinisch gesprochen: Sind wir nicht „neuer Teig", „ja schon ungesäuertes Brot", weil als unser Paschalamm *Christus* geopfert worden ist (1 Kor 5,7)? Und wenn das Judentum mit der Tora dieselbe Aufgabe wahrnimmt wie das Christentum mit dem Evangelium, rücken dann die Tora und das Evangelium nicht auf eine Ebene zusammen, sofern erstere den Juden genügsam vermittelt, was Christus den Heiden gewährt? „Die Tora sagt den Juden, daß sie sich nicht scheiden sollen von den andern. Den Heiden nimmt Christus ihre Abgeschiedenheit von den Juden."[20] Wirklich? Wenn darüber hinaus diese „Schalomisierung der Welt" (383) als Verbrüderung der Menschheit verstanden wird (385), gravitiert damit die Weltgeschichte nicht wiederum zum Weltgerichte? Dieser Frage ist kaum auszuweichen, wenn für eine „weltverantwortliche Kooperationstheologie" von Judentum und Christentum (385) ausdrücklich die „Koinzidenz von Heilsgeschichte und Weltgeschehen" in Anspruch genommen wird (384). Ist damit nicht unter den Horizont geraten, daß das Evangelium im Zentrum *eschatologische Botschaft* ist, in der das alttestamentliche Heilswort aufgehoben ist (im dialektischen Wortsinn), eschatologische Botschaft, die das kommende Reich Gottes ansagt, eschatologische Botschaft, die Juden wie Griechen gleicherweise einem Herrn anheimfallen läßt, „der im eschatologischen Umbruch der Zeiten Rechtfertigung der allesamt Gottlosen bewirkt"?[21] Wie verträgt sich mit jener Koinzidenz das Spezifikum der eschatologischen Botschaft, wonach für den Glauben, der in Kreuz und Auferweckung das entscheidende Ereignis sieht, das Ende der Geschichte schon Gegenwart ist? Auch „wenn der Glaube … noch in der Hoffnung lebt, so gehört der Glaubende doch schon zur neuen Welt; er ist schon ‚gerechtfertigt' und hat die Gabe der Endzeit, den Geist schon empfangen. Nicht die Weltgeschichte und nicht die Geschichte des Volkes ist das Entscheidende, sondern die Geschichte des Einzelnen, der zum Glauben gerufen ist und der im Glauben schon teilhat am neuen Leben, weil er befreit ist von seinem alten Leben, seinem alten Ich."[22] Es ist m.E. sehr die Frage, ob

---

[20] *F.-W. Marquardt*, Die Juden im Römerbrief 41; zur Kritik vgl. *G. Klein*, Erbarmen mit den Juden! 216.

[21] *G. Klein*, Erbarmen mit den Juden! 214.

[22] *R. Bultmann*, Glauben und Verstehen IV (Tübingen 1965) 101. – Anders *P. Stuhlmacher*, Zur Interpretation von Römer 11,25–32, in: Probleme biblischer Theologie. FS G. v. Rad (München 1971) 555–570: „Nicht schon das Zum-Glauben-Kommen der Heiden nach Röm 10,4 ff., sondern erst die Rechtfertigung von Heiden und Juden insgesamt stellt für Paulus das Ende aller Geschichte dar" (568). Die damit vorgenommene Periodisierung der Geschichte ist m.E. unpaulinisch. Vgl. *U. Luz*, Das Geschichtsverständnis des Paulus (BEvTh 49) (München 1968) 299.

der knappe Hinweis auf den „eschatologischen Vorbehalt" (386 f.) eine sich als „Antiopium für das Volk" (383) verstehende „weltverantwortliche Koopera-tionstheologie" (385) davor schützen kann, daß sie als Ideologie unter andere Ideologien eingereiht wird. Denn die Spitze jenes besonders bei Paulus ausgear-beiteten Vorbehaltes ist weniger gegen einen Aktivismus gerichtet, der die end-gültige „Schalomisierung der Welt" für möglich hält (387), als gegen einen per-fektionistischen Enthusiasmus, der die Bedeutung der gegenwärtigen geschichtlichen Situation *negiert*, indem die Spannung des eschatologischen Existierens des Glaubenden (in der Welt, aber nicht von der Welt) durch die Behauptung aufgelöst wird, daß die Auferstehung der Christen sich schon voll-zogen habe[23].

2. Zur Ekklesiologie: Ein Volk oder ein Leib?

Wichtigstes Argument einer jüdisch-christlichen Annäherungstheologie ist die vor allem auf Röm 9–11 gestützte These von der „Bleibendheit des Bundes Got-tes mit seinem Volk Israel, das er sich erwählt hat" (16)[24]. Dabei geht es darum, die heilsgeschichtlichen Vorzüge Israels, wie sie etwa Röm 9,4 und Eph 2,12 aufgezählt werden, als von der neutestamentlichen Heilsbotschaft nicht gekün-digt aufzuzeigen. Es geht darum, daß Gott *ein* Volk hat und nicht zwei. Aber über die Bestimmung dieser Einheit kursieren inzwischen merkwürdige theolo-gische Ansichten.

Zunächst ist man dankbar für den energischen Verweis auf die schlichte Tat-sache: Wer Jesus Christus begegnet, begegnet dem Judentum[25]. Daß Christus „dem Fleische nach" *aus Israel* gekommen (Röm 9,5) und als „Sohn Abrahams" (Mt 1,1) und *Nachkomme Davids* geboren ist (Röm 1,3), das ist alles andere als ein beiläufiges biographisches Detail. Vielmehr sind Juden und Christen in einzigartiger Weise dadurch verbunden, daß Jesus die Knechtsgestalt *jüdischen* Fleisches hatte. Nicht aus Griechenland, nicht aus Rom, nicht aus Germanien: „Das Heil (d. h. der Messias[26]) kommt von den Juden" (Joh 4,22)[27]. Und es ist

---

[23] Vgl. *J. Roloff*, Neues Testament (Neukirchener Arbeitsbücher) (Neukirchen-Vluyn 1977) 145.
[24] Vgl. die Erklärung der Rheinischen Landessynode: „Wir glauben die bleibende Erwählung des jüdischen Volkes als Gottes Volk und erkennen, daß die Kirche durch Jesus Christus in den Bund Gottes mit seinem Volk hineingenommen ist" (Handreichung [Anm. 1] 10).
[25] Über das Verhältnis der Kirche zum Judentum. Erklärung der deutschen Bischöfe. 28. April 1980, in: Die deutschen Bischöfe 26 (Bonn 1980) 5. – Trotz der auch von *F. Mußner* herausgearbeite-ten Zusammengehörigkeit von Jesus und Judentum trifft er die Feststellung: „Es war für Israel schwer, Jesus und das Evangelium zu erkennen" (335). Sollten es die Heiden etwa „leichter" gehabt haben?
[26] *R. Schnackenburg*, Das Johannesevangelium (HThK IV/1) (Freiburg ³1972) 470.
[27] Vgl. *K. Barth*, Kirchliche Dogmatik II/2 (Zürich ⁴1959) 225; *F. Mußner*, Traktat 51 ist freilich nicht zuzustimmen, daß die positive Rezeption des Satzes Joh 4,22b auf das Konto des Johan-

tatsächlich eine „obskure Unterscheidung"[28], wenn mit Verweis auf Röm 11, 19 zwischen „Judentum" und „Christentum" als zwischen zwei historisch aufeinander folgenden getrennten Religionen und Welten geschieden wird[29]. Das Bild der Wildlinge aus den Heiden, die dem heiligen Stamme einverleibt wurden und damit „Anteil erhielten an der Kraft seiner Wurzel" (Röm 11, 17), macht das ebenso unmöglich wie der Gedanke des Gottesvolkes, mit dem Paulus „das eschatologische Phänomen der Kirche nach seinem geschichtlichen Zusammenhang", also mit der Wurzel Israel, charakterisiert[30]. Insofern hat Mußner recht mit seiner These, daß es keine Ekklesiologie ohne Blick auf Israel gibt (48). Jedoch ist die hier wie auch sonst in der paulinischen Theologie obwaltende Dialektik (und damit das Entscheidende) verkannt, wenn er die Kirche als „das erweiterte Volk Gottes" sieht, „das zusammen mit Israel das eine Volk Gottes bildet" (24). Nein, die Kirche als das eschatologische Israel wurzelt in der Geschichte des historischen Israel – nämlich in seiner Heilsgeschichte –, ande-

---

nesevangelisten geht, der damit betonen möchte, „daß das eschatologische Heil der Welt bleibend mit dem Judentum zu tun hat" (ebd.). Wie immer es um die Traditionsgeschichte des Satzes steht: *unjohanneisch* ist er sowohl sprachlich wie sachlich. Nicht erst Joh 8, 41 ff., schon 1, 11–13 schließen eine heilsgeschichtliche Vorrangigkeit Israels im Johannesevangelium von Anfang an aus. Vgl. *R. Bultmann,* Das Evangelium des Johannes (KEK II. Abt.) (Göttingen [11]1950) 139, Anm. 6; *J. Becker,* Das Evangelium des Johannes (ÖTK 4/1) (Gütersloh 1979) 175. – Anders *R. Schnackenburg,* Johannesevangelium I 470 f.; *F. Hahn,* „Das Heil kommt von den Juden." Erwägungen zu Joh 4, 22 b, in: Wort und Wirklichkeit. FS E. Rapp (Meisenheim/Glan 1976) 67–84. – Da *Mußner,* ebd., Wert darauf legt, daß die Nestle-Ausgabe des NT am Rande von Joh 4, 22 auf Röm 11, 18 verweist, sei nur angemerkt, daß die 26. Aufl. (1979) diesen Verweis getilgt hat. Mit Recht! Röm 11, 18 geht es um das Fundament der Kirche aus Juden und Heiden, Joh 4, 22 b um den Messias.
[28] *K. Barth,* ebd. 322.
[29] Das ist – wie *K. Barth* m. R. kritisiert – der Ansatzpunkt des naiven christlichen Antisemitismus: „Die Juden haben Jesus Christus gekreuzigt. Damit hat dieses Volk aufgehört, das erwählte, das heilige Volk Gottes zu sein. An seine Stelle ist nun das Volk der Christen aus Juden und Heiden getreten. Die Kirche ist die geschichtliche Ablösung Israels. Israel als solches ist mit der Begründung und Existenz der Kirche zur vergangenen Größe geworden. Von jenen Widerspenstigen, die in Vergangenheit und Gegenwart Israels Mehrheit bilden, ist nur noch dies zu sagen, daß sie draußen, daß sie von Gott verlassen sind" (*K. Barth,* ebd. 319 f.). Wie aber könnte ein Volk endgültig verstoßen sein, dessen Verwerfung nach Gottes Willen die Kirche aus Juden und Heiden schafft, in deren vollendeter Gestalt vielmehr auch ganz Israel präsent sein wird (Röm 11, 25 f.)?!
[30] *E. Käsemann,* An die Römer (HNT 8 a) (Tübingen [4]1980) 299. „Eine Kirche allein aus Heidenchristen gibt es für Pls nicht. Sie wäre Welt neben Welt und deren Ausschnitt, nicht Ziel des göttlichen Heilsplans mit der Welt. Sie würde von der Geschichte vor Ostern abstrahieren lassen, den mit und seit der Schöpfung begründeten Anspruch auf die gesamte Welt preisgeben und sich auf eine religiöse Gruppe reduzieren. Um des Geistes willen würde Geschichte geopfert und eine Gegenwelt etabliert. Der Gedanke des Gottesvolkes, das aus der Wurzel Israels erwächst, hat also eine unaufgebbare Funktion in der paulinischen Ekklesiologie, obgleich sie nur einen ihrer Aspekte und nicht einmal ihre Mitte darstellt. Es gibt für den Apostel kein Heil, bei welchem von der Geschichte Israels abgesehen werden könnte. Denn Heil ist für ihn jene Gerechtigkeit, in welcher der Schöpfer sein Recht an der Welt gegen die Welt durchsetzt, indem sie die Verheißung erfüllt" (ebd. 299 f.).

rerseits ist sie Schöpfung des Auferstandenen[31]. Im Zusammenhang dieser Dialektik ist der Satz richtig, „daß seit Christus nur die Kirche das Volk Gottes darstellt" (gegen Mußner 25)[32]. Die Dialektik besagt, daß das *eine* Gottesvolk „die Gemeinde Gottes" in ihrer Erwählung „unaufhebbar *Beides*" ist: „Israel und Kirche. Eben als *Kirche* ist sie Israel und eben als *Israel* ist sie Kirche."[33]

Die Frage ist jedenfalls zu stellen, ob bei der zu selbstverständlichen und undifferenzierten Redeweise von Israel als der *Wurzel* der Kirche genügend in Rechnung gestellt ist, daß „der Gang des Geschehens von Israel bis zur Gegenwart keine kontinuierliche Geschichte ist, sondern gebrochen durch das eschatologische Geschehen in Christus"[34]. Die für sich genommene und dann als ekklesiologisches Grunddatum exegetisch überdehnte Stelle Röm 11,17 ist jedenfalls geeignet, dasjenige auszublenden, was für das *Kirchenbewußtsein* der Urgemeinde konstitutiv ist: als „Gemeinde Gottes" (1 Kor 10,32; 11,22; 15,9; Gal 1,13) bzw. „Leib Christi" (1 Kor 12; Kol 1,18.24; Eph 1,22f.; 5,23ff.) weiß sie sich durch Gottes Tat in Christus konstituiert, *als eschatologische Gemeinde*, als *neue* Schöpfung. Sie ist Kirche nicht in einem sekundären Sinne, sofern sie Israel als dem primären Volk Gottes nur zugeordnet wird. Sie ist Stiftung des Heiligen Geistes, der die una ecclesia catholica aus *allen* Völkern schafft. In dieser Kirche entsteht aufgrund des selbstverständlichen Besitzes des Alten Testamentes als des Heiligen Buches „ein Bewußtsein der *Solidarität mit Israel und seiner Geschichte*"[35]. Abraham ist der „Vater" auch der Gläubigen aus der Heidenwelt (Röm 4,1.12; 9,7f.; Gal 3,7.29; Jak 2,21; 1 Clem 31,2; Barn 13,7; vgl. Hebr 2,16; 6,13). Die über die Welt zerstreuten christlichen Gemeinden sind das Volk der „zwölf Stämme in der Diaspora" (Jak 1,1; vgl. 1 Petr 1,1; Did 9,4; 10,5; 1 Clem 59,2). Sie sind das „Israel Gottes" (Gal 6,16), das „auserwählte Geschlecht" und das „Eigentumsvolk" (1 Petr 2,9). Sie sind in Wahrheit die περιτομή (Phil 3,3). Das aber heißt dann doch, daß die Gemeinde ihr Verhältnis zur Geschichte Israels eigentümlich *dialektisch* sieht, was sich sowohl am Begriff

---

[31] *N. A. Dahl*, Das Volk Gottes. Eine Untersuchung zum Kirchenbewußtsein des Urchristentums. Mit einem Vorwort zum Neudruck (Darmstadt 1963) 167; vgl. *E. Dinkler*, Prädestination bei Paulus. Exegetische Bemerkungen zum Römerbrief, in: *ders.*, Signum Crucis. Aufsätze zum Neuen Testament und zur Christlichen Archäologie (Tübingen 1967) 241–269, hier 252.

[32] Angeblich wird das vom Neuen Testament „nirgends" gesagt (*F. Mußner* 25). Tatsächlich sagt das Neue Testament nirgends etwas anderes, sofern das Volk Gottes (= Ekklesia) nur durch Christus existiert und „Israel kata pneuma" ist (1 Kor 10,18). Vgl. *N. A. Dahl* (s. Anm. 31) 230.243.345f.

[33] *K. Barth*, KD II/2 219.218f. Mit Recht nennt Barth das die ekklesiologische Fassung eines christologischen Sachverhaltes: als Sohn Davids ist Jesus Christus „zugleich das Haupt und der Herr der aus Juden und Heiden berufenen und versammelten *Kirche*" (ebd. 218).

[34] *R. Bultmann*, Theologie des Neuen Testaments (UTB 630) (Tübingen ⁷1977) 99.

[35] *R. Bultmann*, a. a. O. 98. Das folgende in Anlehnung an ihn. Zur Sache vgl. auch *W. G. Kümmel*, Kirchenbegriff und Geschichtsbewußtsein in der Urgemeinde und bei Jesus (SyBU 1) (Uppsala 1943 = Göttingen ²1968, unveränderter Nachdruck der Ausgabe von 1943).

des *Neuen Bundes* (2 Kor 3,6 ff.; Gal 4,24; Hebr 8,6 ff.; 9,15; 12,24) wie am Gebrauch des Begriffs λαός zeigt. Ersterer besagt, daß sich Gottes Erwählungshandeln in der christlichen Gemeinde als dem „Israel Gottes" realisiert (Gal 6,16), und zwar im Gegensatz zu dem „Israel nach dem Fleische" (1 Kor 10,18). Und den Begriff „Volk" (im Gegensatz zu den ἔθνη: Lk 2,32; Apg 15,14; 26,17.23) eignet sich die christliche Gemeinde an, indem von dem ursprünglich ungeschiedenen doppelten Sinn (Israel ist das historische Volk und zugleich das erwählte Gottesvolk) nur noch der zweite Sinn gültig bleibt[36]. Das besagt, daß die christliche Gemeinde das „geistliche Israel" als das Gottesvolk beerbt, während das empirisch-historische Israel in seiner Mehrheit wegen der Verwerfung Jesu als verworfen gilt (vgl. Mk 12,1–11). Keinen anderen Sinn hat die paulinische Durchführung der Metaphorik von den aus dem Wurzelstock ausgebrochenen „Zweigen" Israels und den eingepfropften Wildlingen in Röm 11 – mit dem Zusatz freilich, daß die Verwerfung nicht endgültig ist: am Ende wird ganz Israel gerettet (11,26). Von der unaufgebbaren heilsgeschichtlichen Funktion dieses *einen* Aspektes in der paulinischen Ekklesiologie hatten wir oben mit dem Käsemann-Zitat bereits gesprochen. Die Metaphorik in Röm 11 wäre aber mißverstanden, wenn man darin die Ablösung Israels durch die historische Nachfolgerin, die Kirche, sähe. Darin hat Mußner unbedingt recht (70). Er hat aber nicht recht, wenn er hinter der Metaphorik „die Idee des einen Volkes Gottes" sieht, „das aus Israel und der Kirche besteht" (ebd.), und zwar in dem Zuordnungsverhältnis von Nährstamm und Frucht (die Kirche „lebt ... weiterhin von Israel und kann Israel nicht entbehren", 70). Nein! Die Kirche als Gottesvolk erwächst aus der Wurzel Israel (Käsemann). Aber sie „lebt" nicht von ihr, sondern von Christus, der sagt: „Ich bin die Wurzel und der Stamm Davids" (Apk 22,16). Die sachgemäße Verhältnisbestimmung lautet also in der Tat: „Wie es Kirche nicht ohne Israel gibt, so bleibt Israel allein Gottesvolk, wenn es Kirche wird."[37] Diese Verhältnisbestimmung ergibt sich sehr wohl „aus den Texten des Apostels", und sie besagt, daß von einer „gottgewollten und durch die Zeiten dauernden Sonderexistenz Israels neben der Kirche" als einem zweiten Heilsweg neutestamentlich nicht die Rede sein kann (gegen Mußner 72).

---

[36] *R. Bultmann*, Theologie 99, der ausdrücklich darauf hinweist, daß „der eschatologische Bruch der Geschichte" ja nicht „Diskontinuität der Heilsgeschichte" bedeutet, „sondern gerade ihre Kontinuität. Die Erwählung des Gottesvolkes, die auf ihre Verwirklichung gleichsam wartete, realisiert sich jetzt in der christlichen Gemeinde, die im Gegensatz zu dem Ἰσραὴλ κατὰ σάρκα (1 Kr 10,18) das Ἰσραὴλ τοῦ θεοῦ (Gl 6,16) ist, dessen Glieder die echten Söhne Abrahams ... sind, mit denen Gott den Neuen Bund geschlossen hat (2. Kr 3,6 ff.; Hbr 8,6 ff. ...)." Mißverständlich die Formulierung von *H. W. Wolff*, Bibelarbeit über Jeremia 31,31–34, in: Handreichung (s. Anm. 1) 51: „So leben wir gleichsam zwischen den Bünden, besser: zwischen den Stufen der Erfüllung des Neuen Bundes." Nach dem NT leben wir eschatologisch *zwischen den Zeiten*. Von „Stufen der Erfüllung des Neuen Bundes" weiß das NT nichts.
[37] *E. Käsemann*, An die Römer 300.

3. Zur Soteriologie

Zuletzt soll von den weitgreifenden soteriologischen Implikationen der These von der „Sonderexistenz" Israels neben der Kirche die Rede sein. Zugespitzt besagt sie: die Tora kann retten – am Evangelium vorbei.

Im Unterschied zu anderen[38] macht sich Mußner nichts vor: mit der Christologie ist „für immer etwas gegeben, was Kirche und Judentum voneinander trennt" (373). Die Universalität des in Christus der Welt geschenkten Heils verkennt er nicht. Gleichwohl ist er der folgenschweren Überzeugung: „Israel hat trotz der christologischen ‚Engpaßführung' in der Kirche nicht aufgehört, auch post Christum durch seine unerhörten Leiden der mit Christus zusammen für die Sünden der Welt sühnende ‚Knecht Gottes' zu sein" (87). Dem kann man nicht beipflichten. Nach dem einhelligen Zeugnis des Neuen Testament „ist *einer* Gott, *einer* auch Mittler zwischen Gott und den Menschen: der Mensch Christus Jesus, der sich als Lösegeld hingegeben hat für *alle*, ein Zeugnis zur vorherbestimmten Zeit" (1 Tim 2,5f.). Wenn Christus selbst die Erfüllung aller Verheißungen ist (vgl. Lk 4,21; 2 Kor 1,20; 6,2), wie und in welchem Sinne könnte *auch* Israel „*post* Christum eine bedeutende und umfassende (!) Heilsfunktion in der Welt" zukommen (87)? Führt der Vorwurf der christologischen ‚Engpaßführung' in der Kirche nicht zur Infragestellung des *solus Christus* und damit notwendig zu einer – Verdrängung der Christologie? Als Tendenz legt sich das jedenfalls dort nahe, wo solche Einzelpunkte aus dem biblischen Gesamtzeugnis herausgegriffen werden, die das Skandalon von 1 Kor 1,23 abschwächen, damit die Gemeinsamkeiten um so deutlicher hervortreten. Solche christologische Ausdünnung ist selbst noch bis in die Eschatologie hinein zu beobachten. „Gott alles in allem" (1 Kor 15,28) sei „das letzte Ziel aller Geschichte und (!) Heilsgeschichte", eine „Formel", der „Juden und Christen vorbehaltlos zustimmen" können (387). Diese der Christologie übergeordnete Theo-Logie brächte „jenen Gott zur Geltung, wie ihn Israel in seiner Geschichte erfahren hat und wie ihn seine Heiligen Schriften verkünden" (387). Nach dem Kontext allerdings bringt 1 Kor 15,28 *den* Gott zur Geltung, der Christum aus den Toten auferweckt hat (V. 20) und nun bis zum Eschaton herrschen läßt (V. 25). Die neutestamentliche Heilsbotschaft läßt Gott geradezu definiert sein als τὸν ἐγείραντα Ἰησοῦν τὸν κύριον ἡμῶν ἐκ νεκρῶν (vgl. Röm 4,24; 2 Kor 1,9; 4,14; Gal 1,1; 1 Petr 1,21). Blickt man auf das keineswegs spannungslose Nebeneinander sehr verschiedener Gottesvorstellungen im Alten Testament (der Gott

---

[38] Zum Beispiel F.-W. *Marquardt*, a.a.O. (s. Anm. 8 u. 11), aber auch *P. v. d. Osten-Sacken*, der „Von der Notwendigkeit theologischen Besitzverzichts" spricht (so in seinem Nachwort zu: *R. Ruether*, Nächstenliebe und Brudermord [München 1978] 244–251).

„Jahwe, der Israel aus Ägypten geführt hat", ist ein anderer als der „Gott Abrahams, der Gott Isaaks und der Gott Jakobs", wiederum ein anderer ist der „Gott der Propheten"), wird die Rede von „demselben Gott" zu einer nichtssagenden Abstraktion[39]. Der Theologe Paulus jedenfalls (und mit ihm auch der Hebräerbrief) interpretiert die Selbigkeit Gottes nicht als theoretischen Monotheismus, sondern als universales Heilshandeln des Schöpfers: „weil ja Gott nur einer ist, der die Beschnittenen aus Glauben *und* die Unbeschnittenen durch den Glauben *rechtfertigen* wird" (Röm 3,30). Deshalb auch konnte weder Paulus noch sonst einer im Neuen Testament das Alte Testament verwerfen, reduzieren oder zwischen verpflichtenden und nichtverpflichtenden Stoffen unterscheiden. Sie mußten es von ihrer soteriologischen Erkenntnis Christi her neu interpretieren[40]. Paulus ließ dafür weder messianologische noch gar geschichtstheologische Interessen maßgeblich sein, vielmehr ist „die Erkenntnis der *iustificatio impii*" der hermeneutische Ansatz[41], ein folgenreicher Ansatz, wie man sagen muß. Aber immerhin vermag er die Verhältnisbestimmung von Altem und Neuem Testament, von Judentum und Christentum vor historischer und exegetischer Akrobatik zu schützen[42].

Aus allen genannten Gründen ist die These jedenfalls sehr schwer begründbar, daß die Juden wie die Christen „Zeugen Gottes vor der Welt" sind, die gleichen Aufgaben wie die Christen haben und also als Adressaten einer missionarisch ausgerichteten Christusbotschaft überhaupt nicht in Betracht kommen[43]. Denn Zeugen des Gottes, der den Gekreuzigten „zum Herrn und Messias gemacht hat" (Apg 2,36) – das für die neutestamentliche Heilsbotschaft zentrale Credo also! –, können die Juden ja nicht sein. Zudem setzt ihr Judesein dasjenige voraus, was durch das Christusereignis grundsätzlich als aufgehoben gilt, das Heils-

---

[39] So richtig *F. Hesse* (s. Anm. 16) 284f.

[40] *Ph. Vielhauer*, Paulus und das Alte Testament, in: *ders.*, Oikodome. Aufsätze zum Neuen Testament, Bd. 2, hrsg. von *G. Klein* (ThB 65) (München 1979) 196–228, hier 220.

[41] *Ph. Vielhauer*, a.a.O. 219.

[42] *Ph. Vielhauer*, a.a.O. 227. – Daß Paulus „mit dem Problem des Gesetzes... nicht völlig fertig geworden" sei, stützt *Mußner* 231 mit dem angeblichen „Widerspruch" zwischen Röm 7,12.14 und 3,21. Hier wie bei der Beurteilung der Ethik des Paulus (235f.) rächt es sich, daß die nötigen Differenzierungen im Gesetzesverständnis des Paulus nicht vorgenommen werden. Nur deswegen kann *Mußner* von einer „Verdrängung" des Gesetzes durch die Vordertür und „Wiederzulassung" durch die Hintertür der Ethik sprechen (236).

[43] Die Landessynode der Rheinischen Kirche erklärte: „Wir glauben, daß Juden und Christen je in ihrer Berufung Zeugen Gottes vor der Welt und voreinander sind; darum sind wir überzeugt, daß die Kirche ihr Zeugnis dem jüdischen Volk gegenüber nicht wie ihre Mission an die Völkerwelt wahrnehmen kann" (Handreichung [s. Anm. 1] 10). Damit glaubt die Synode freilich etwas, was der Präambel zu dem Grundartikel ihrer Kirchenordnung widerspricht. Dort heißt es nämlich: „Der Herr hat seiner Kirche den Auftrag gegeben, das Evangelium aller Welt zu verkündigen..." (Evangelisches Kirchenrecht im Rheinland, Bd. 1. Die Kirchenordnung und andere Grundgesetze. Hrsg. von der Evangelischen Kirche im Rheinland [Düsseldorf 1980] 3).

privileg. „Denn in Christus Jesus kommt es nicht darauf an, beschnitten oder
unbeschnitten zu sein, sondern darauf, den Glauben zu haben, der in der Liebe
wirksam ist" (Gal 5,6; vgl. 1 Kor 7,19)[44]. Ähnlich klingt schon die Gerichtspre-
digt des Täufers (Lk 3,7ff.). Und für die Basileia-Predigt Jesu spielen die Signa
der Heilsprärogative Israels – Tora, Bund, Beschneidung – keine Rolle[45]. Dagegen ist die heilsgeschichtliche Zäsur scharf markiert: „Bis zu Johannes hatte man
das Gesetz und die Propheten. Seitdem wird das Evangelium vom Reich Gottes
verkündet, und alle drängen sich danach, hineinzukommen."[46] Bei aller
Schwierigkeit, die der Vers der Exegese bereitet, ist doch so viel wahrscheinlich,
„daß auch Lukas mit der durch den Täufer vorbereiteten Predigt von der gegenwärtigen und kommenden Gottesherrschaft die noch in seiner Gegenwart an-
dauernde Heilszeit angebrochen glaubte, die die Zeit von Gesetz und Propheten
abgelöst hat"[47]. Seitdem läuft die Grenze nur noch zwischen Glaubenden und
Nichtglaubenden. Und für Lukas rücken die Juden als die Erstadressaten der
Botschaft auf die Stufe der Ungläubigen, sofern sie sich dem Wort verschließen.
Nicht anders ist das in den anderen Evangelien. Vor allem aber Paulus arbeitet
am Leitbegriff der Sünde eine theologische Anthropologie aus, die *jeden* ethni-
schen oder heilsgeschichtlichen Vorsprung zunichte macht: „Was heißt das
nun? Sind wir als Juden im Vorteil? Ganz und gar nicht. Denn wir haben vorher
die Anklage erhoben, daß alle, Juden wie Griechen, unter der Herrschaft der
Sünde stehen" (Röm 3,9; vgl. 3,22). Aus dieser Herrschaft rettet nur die Herr-

---

[44] Grundsätzlich gilt auch hier Röm 2,28f.: „Jude ist nicht, wer es nach außen hin ist, und Beschneidung ist nicht, was sichtbar am Fleisch geschieht, sondern Jude ist, wer es im Verborgenen ist,
und Beschneidung ist, was am Herzen durch den Geist, nicht durch den Buchstaben geschieht.
Der Ruhm eines solchen Juden kommt nicht von Menschen, sondern von Gott." Vgl. auch Phil
3,3ff. – Eph 2,11–22 ist keine Gegeninstanz. Die Pointe ist V. 15f.: „Er hob das Gesetz samt seinen
Geboten und Forderungen auf, um die zwei in seiner Person zu dem einen neuen Menschen zu
machen. Er stiftete Frieden und versöhnte die beiden durch das Kreuz mit Gott in einem einzigen
Leib. Er hat in seiner Person die Feindschaft getötet." Also nicht *zwei* Leiber, Juden und Christen,
nicht *zwei* Menschen stehen den Heiden gegenüber, sondern der *eine* neue Mensch, der aus Juden
und Heiden zur Einheit zusammengefügte *eine* Leib. Und zwar ἐν αὐτῷ, d. h., am „Kreuz zerbrach
und zerbricht im letzten alle Feindschaft" (*J. Gnilka*, Der Epheserbrief [HThK X/2] [Freiburg 1971]
144). Vgl. vor allem auch *F.Mußner*, Christus das All und die Kirche. Studien zur Theologie des
Epheserbriefes (TThSt 5) (Trier ²1968) 97–104.
[45] Vgl. *E. Gräßer*, Jesus und das Heil Gottes. Bemerkungen zur sog. „Individualisierung des Heils",
in: Jesus Christus in Historie und Theologie. FS H. Conzelmann (Tübingen 1975) 167–184.
[46] Zum Einschub des „nur" in der Einheitsübersetzung („Bis zu Johannes hatte man nur das
Gesetz...") vgl. *W. G. Kümmel*, Die Einheitsübersetzung des Neuen Testaments. Eine exegetische
Würdigung, in: Materialdienst des Konfessionskundlichen Instituts Bensheim 31 (1980) 34–36.
Kümmel moniert mit Recht, daß dieses eingeschobene „nur" eine fragliche Deutung des Verses
präjudiziere.
[47] *W. G. Kümmel* II 86. Daß das nicht unjüdisch gedacht ist, sei ausdrücklich vermerkt. Wenn die
„Tage des Messias" beginnen, gehen die Tage der Tora zu ihrem Ende. Vgl. *L. Baeck*, Paulus,
die Pharisäer und das Neue Testament (Frankfurt/M. 1961) 26f.

schaft der Gnade, und zwar unterschiedslos jeden, Juden wie Griechen, die gesamte adamitische Menschheit (Röm 5,12ff.). Nicht Juden und Christen stehen zusammen den Heiden gegenüber. Sondern: οἱ οὐκ εἰσὶν Χριστοῦ (Röm 8,9) stehen οἱ τοῦ Χριστοῦ gegenüber (1 Kor 15,23; Gal 5,24; 1 Kor 3,23). Eine andere Differenzierung läßt die im Evangelium sich offenbarende Gerechtigkeit Gottes nicht mehr zu. Sie hat zum Adressaten jedermann. Die Kirche wäre darum ihrem sie sendenden Herrn untreu, sähe sie sich mit der ihr anvertrauten Gnadenbotschaft nicht als Schuldner *aller* Menschen (Mt 28,18–20; Apg 1,8)[48]. „Denn Gott hat alle beschlossen unter den Ungehorsam, auf daß er sich aller erbarme" (Röm 11,32). Und das Evangelium ist die Kraft Gottes, „die jeden rettet, *der glaubt*, zuerst den Juden, aber ebenso den Griechen" (Röm 1,16).

Die Frage ist also, ob das *solus Christus* suspendierbar ist, wenn es sich um das Heil für Israel handelt. Die unmißverständliche und eindeutige neutestamentliche Antwort lautet: Nein. Nun haben wir in diesem Zusammenhang abschließend noch von Röm 11,26 zu sprechen. Denn m.E. wäre der Standpunkt, daß Israel einen „Sonderweg" (60) geht und durch einen „Sonderakt Gottes" eschatologisch gerettet wird (61), christlich nicht vertretbar, wenn es diesen Text im Neuen Testament nicht gäbe, unbeschadet der Tatsache natürlich, daß kein Jude – auch Paulus nicht – sich überhaupt vorstellen kann, daß Gott sein Volk verstoßen haben könnte.

Über die Schwierigkeit der Kap. 9–11 des Römerbriefes hat zuletzt eindrucksvoll W.G. Kümmel gehandelt[49]. Die in unserm Zusammenhang wichtige Frage ist folgende: Wie verträgt sich die uneingeschränkte Verheißung, daß *ganz* Israel gerettet werden soll (11,26) mit 11,13f. („Ich preise meinen Dienst, ob ich vielleicht mein Fleisch [= die Angehörigen meines Volkes] eifersüchtig mache und *einige* von ihnen rette") und mit 11,23 („Jene [die Juden] werden, wenn sie nicht im Unglauben verharren, eingepfropft werden")? Der Widerspruch ist ein Ausdruck jener Spannung, welche Röm 9–11 deswegen durchzieht, weil Paulus je nach Argumentation mal mit einem historischen, dann wieder mit einem eschatologischen Israel-Begriff operiert (s.o.). Das beeinträchtigt die Generallinie seiner Aussage jedoch nicht. Die geht nämlich keineswegs dahin,

---

[48] F. *Mußner*, Traktat 61 hält Judenmission für eine „frag-würdige" Angelegenheit. K. *Barth*, KD II/2 312 weicht der Sache aus, indem er einen Unterschied macht zwischen der Bekehrung der Synagoge (von „Jesus Christus in der Herrlichkeit seiner Wiederkunft" bewirkt) und einem παραζηλῶσαι der Juden, welches die *Kirche* bewirkt. – U. *Luz*, Judenmission im Lichte des Neuen Testaments, in: Zeitschr. f. Mission 4 (1978) 127–133, hält „Judenmission für unmöglich, aus Gründen, die in der christlichen Schuld liegen" (132). Ein solches Argument hat Gewicht, hebt aber die ἀποστολὴ τῆς περιτομῆς (Gal 2,8) grundsätzlich nicht auf. Zur Diskussion vgl. jetzt R. *Rendtorff*, Judenmission nach dem Holocaust, in: Fides pro mundi vita. FS H.-W. Gensichen, hrsg. v. Th. *Sundermeier* (Gütersloh 1980) 173–183.
[49] W.G. *Kümmel* II 245–260.

für Israel einen „Sonderweg", „scheinbar am Evangelium vorbei" (231), zu re-
klamieren. Sondern die geht genau umgekehrt und hebt auf die *Gleichstellung*
von Heiden und Juden gemäß göttlichem Plan ab[50]. Wer mit dem Munde bekennt: „Jesus ist der Herr" und wer mit dem Herzen glaubt: „Gott hat ihn von
den Toten auferweckt", der wird gerettet werden (10,9). „Darin gibt es keinen
Unterschied zwischen Juden und Griechen. Alle haben denselben Herrn. Aus
seinem Reichtum beschenkt er alle, die ihn anrufen" (10,12).

Die neuere Auslegung betont mit Recht, daß das Thema von Röm 1,16, die
Rechtfertigungsbotschaft also, die den Juden zuerst und auch den Griechen gilt,
Röm 9–11 durchgehend beherrscht[51]. In 9,30–33 ist Rechtfertigungsterminolo-
gie geradezu mit Händen zu greifen, aber auch in Kap. 10 bleibt sie dominant.
Der Grund-Satz, daß nicht nur die Heiden (Röm 1,14), „sondern *in betonter
Weise* auch die Juden durch das Evangelium (!) gerettet werden sollen"[52], wirft
die Frage nach dem sich seiner Erwählung widersetzenden Volk der Juden aller-
erst auf. Die Antwort des Paulus lautet: ihre Verstockung durch Gott ist nicht
ewige Verwerfung. Sie ist Mittel zum Zweck der Errettung der Heiden. „Ist aber
ihr Fall (himmlischer) Reichtum für die Welt und ihr Versagen Reichtum für die
Heiden, um wieviel gewisser (wird) ihre völlige Annahme (es sein)", so heißt
es 11,12 (Übersetzung E. Käsemann). Daß ganz Israel gerettet wird (11,26), ist
Wiederholung des Gedankens der völligen Annahme von 11,12. Das Wie und
Wann dieser eschatologischen Erwartung ist für Paulus zwar ein *Geheimnis*
(11,25). Aber es kann nach dem Zusammenhang kaum ein Zweifel sein, daß die
Gesamtbekehrung Israels erwartet wird[53]. Nach 2 Kor 3,16 nimmt die Bekehrung zum κύϱιος die Decke weg und beendet die Verhärtung des Denkens (vgl.
2 Kor 3,14). Nicht anders in Röm 9–11: *Wenn* sie nicht am Unglauben festhalten, werden sie wieder eingepfropft werden (11,23)[54]. Von daher ist es zumindest mißverständlich, wenn gesagt wird: „Gott rettet auch das post Christum
am Gesetz weiterhin festhaltende Israel! Er rettet Israel auf einem ‚Sonderweg',
scheinbar am Evangelium vorbei" (231). Geht es um das rechtfertigende Handeln Gottes – und in Röm 9–11 geht es um nichts anderes! –, dann führt kein

---

[50] So richtig *W. G. Kümmel* II 257.
[51] *W. G. Kümmel*, ebd. 256 und besonders die Interpretation *E. Käsemanns* in seinem Römerbrief-
Kommentar (s. Anm. 30) 243–311.
[52] *W. G. Kümmel* II 256 (Hervorhebung durch Kümmel).
[53] Vgl. *F. W. Maier*, Israel in der Heilsgeschichte nach Römer 9–11, in: Biblische Zeitfragen 12
(1929) 122. – *H. Schlier*, Der Römerbrief (HThK VI) (Freiburg 1977) 341 betont m. R., daß Paulus
in Röm 11,26 f. „eine neue Interpretation jüdischer Erwartung" vornimmt, „die freilich auch sonst
nicht einheitlich war, nämlich der Buße Israels am Ende".
[54] Auch daß Gott sein Volk bekehren will, indem er es zur *Eifersucht* auf die Heidenchristen ansta-
chelt (11,14), zeigt, *wozu* sie bekehrt werden sollen: zur Gerechtigkeit aus Glauben, weg von der
Gerechtigkeit aus Werken (9,32). Nur so hat die Eifersucht ein Motiv.

Weg am Evangelium vorbei. Denn Gottes rechtfertigendes Handeln *ist* dieser
Weg, der ihm antwortende Glaube die Rettung, zu der empirische Volkszuge-
hörigkeit weder etwas hinzu- noch wegtun kann.

Zugegeben: Es bleibt ein theologischer Widerspruch, wenn Paulus in Kap. 9
die Verheißung auf das eschatologische Volk bezieht, während er in Kap. 11 die
Vorzüge des historischen Israel als *bleibend* anerkennt. Daraus darf aber nicht
der Schluß gezogen werden, Gott hielte *zwei* Heilswege offen, den der Tora und
den des Evangeliums. Vielmehr heißt es gerade innerhalb der Israel-Kapitel, daß
Christus definitiv das Ende des Gesetzes als Heilsweg ist (10, 4). Einen „Sonderweg" zur Rettung Israels kennt Paulus also nicht. W. G. Kümmel nennt es „eine
äußerst gefährliche Mißdeutung des Textes", wenn dergleichen aus einer ethni-
schen Sonderstellung hergeleitet wird[55], der die „physische Jüdischkeit... als
solche als... Vorzug und Nutzen" gilt[56]. Eine solche Sicht hebt das Gefüge der
paulinischen Rechtfertigungsbotschaft insgesamt aus den Angeln. Tatsächlich
aber liegt Paulus „gar nichts an einer eschatologischen Vorzugsstellung Israels... ihm (ist) die Hauptsache, daß Gott sein Heilsziel mit Israel erreicht, und
daß es mit der geretteten Heidenwelt zusammen aus gleicher Schuld in gleiches
Erbarmen eingeht"[57].

III.

Der in Röm 11 gesponnene Faden von der geschichtlichen Rolle des historischen
Israel als eines fortdauernden und bleibenden Bestandes der Heilsgeschichte
kann im Zusammenhang des Römerbriefes, geschweige denn im Zusammenhang der neutestamentlichen Theologie die Last der Behauptung nicht tragen,
daß *ein* Weg zur Rettung die Tora, ein *anderer* Weg zu *demselben* Heil Christus
sei[58]. Wohl sind die Juden nach Gottes Erwählung von Gott geliebte Geschöpfe

---

[55] *W. G. Kümmel* II 257. Völlig ungehört bleibt die Warnung freilich bei *L. Steiger,* Schutzrede
für Israel. Römer 9–11, in: Fides pro mundi vita (s. Anm. 48) 44–58.
[56] So sieht es *F.-W. Marquardt,* Die Juden im Römerbrief 5. – Für *P. v. d. Osten-Sacken* lebt im
„theologischen Irrenhaus", wer meint, „die Juden rückten erst dann in den Horizont der Erlösung,
wenn sie Jesus als Erlöser für sich annehmen" (Tiefe dogmatische Verhärtungen. Zum Stand des
Dialoges zwischen Juden und Christen, in: Luth. Monatshefte 18 [1979] 654). Er befördert damit
das ganze Neue Testament ins theologische Irrenhaus!
[57] *G. Schrenk,* Die Weissagung über Israel im Neuen Testament (Zürich 1951) 37. Ähnlich *K. Barth,*
KD II/2 335f. Der Weg der Rettung ist *einer* („Der Weg aller Wege Gottes... ist ja Jesus Christus",
331), aber in einer unbegreiflichen „Umkehrung der Reihenfolge" ist es „der rechte und notwendige
Weg der göttlichen Errettung..., an der in der Tat auch die Erwählten aus Israel... Anteil
bekommen... Dieses *ganze Israel'*..." (330, bei Barth hervorgehoben). Zur Sache vgl. auch
W. G. Kümmel II 257.
[58] Dagegen m. R. *P. Stuhlmacher,* Zur Interpretation von Römer 11, 25–32 (s. Anm. 22) 562–567. –
Auf die Frage, worin denn dann der Vorzug des historischen Israel besteht, hat *E. Dinkler* nach

wegen der Väter (11,28). „Sie sind es deshalb, weil die Erwählung und die den Vätern zugesprochene Verheißung auf die Zusage des Heilsgewinns durch Rechtfertigung lauten! Kommt Christus aber nun in Einlösung der alttestamentlich-jüdischen messianischen Erwartungen vom Zion her als der Erlöser und sündenvergebende Gottessohn (11,26 f.), dann wird eben damit Gottes Verheißung auf Rechtfertigung und Sündenvergebung, die an Abraham und die ihm folgende Kette der Väter erging, auch den Juden gegenüber eingelöst und erfüllt. Hier widerspricht sich also gar nichts, sondern hier ist alles höchst konsequent und imponierend aufeinander bezogen."[59]

Daraus folgt: Tora-Judentum und Christusglauben sind zweierlei und unvereinbar (Röm 10,4; Phil 3,4–9). Eine „christliche Theologie des Judentums", die nicht von dieser klaren Erkenntnis ausginge, würde das Christentum und das Judentum in gleicher Weise verfehlen. Um noch einmal den nichttheologischen jüdischen Gast auf jener Synode einer Evangelischen Landeskirche zu zitieren: „Es handelt sich nicht darum – wovor uns Gott bewahre –, daß Christen je sich bei Juden ihre christliche Theologie holen sollten. Ihre christliche Theologie müssen sie in eigenem schwerem Ringen – exegetisch, systematisch, historisch – sich selbst erarbeiten. Aber was sie von den jüdischen Freunden und Mitarbeitern bekommen können, ist eine gewisse Absicherung vor der Gefahr des Danebenhauens, der Karikatur, dem Stereotyp."[60]

Nachtrag

Zu Anm. 47: *O. Hofius* macht mich freundlicherweise darauf aufmerksam, daß *P. Schäfer*, Die Torah der messianischen Zeit: ZNW 65, 1974, 27–42 überzeugend gezeigt hat, daß die rabbinische Literatur den Gedanken einer Aufhebung der Tora in der messianischen Zeit *nicht* kennt.

Zu obenstehendem Aufsatz insgesamt vgl. die Replik von *F. Mußner*, Gesetz – Abraham – Israel: Kairos 25, 1983 (200–222) 209–217 („Streitgespräch").

---

meinem Dafürhalten am überzeugendsten geantwortet: „Ohne Zweifel in nichts anderem und in nichts weniger als in seiner historischen Priorität. Zeitliches prius und postremum erscheinen als Gegebenheiten von theologischer Bedeutung. Geschichte als Abfolge zeitlicher Ereignisse wird ernst genommen und keineswegs auf Grund von eschatologischen Geschehnissen verleugnet. Die historische Priorität ist eben von uns Menschen anzuerkennen: es gibt im Laufe der Geschichte Völker, die privilegiert und mit einer besonderen Mission begabt sind. Diese geschichtlich bedingten Privilegien können sich nach Gottes Heilsplan ändern und erweisen sich in der Menschen Offenheit für ihre Verantwortung. So hatte und hat noch immer Israel seine besondere Mission. Darin besteht seine Prärogative; in dieser Hinsicht war und ist es erwählt" (Signum Crucis 254).

[59] *P. Stuhlmacher*, a.a.O. 564.
[60] *R. J. Z. Werblowsky*, Trennendes 35.

„Ein einziger ist Gott" (Röm 3,30)

Zum christologischen Gottesverständnis bei Paulus |

1. HERMENEUTISCHE VORÜBERLEGUNGEN

Auf eine systematisch durchreflektierte Auskunft darüber, wer Gott ist,
wie er sich kundgibt und auf welche Weise angemessen von ihm geredet
wird, darf sich nicht gefaßt machen, wer nach dem paulinischen Gottesverständnis fragt. Das hat zwei naheliegende Gründe, von denen der eine
mehr formaler Art ist, während der andere sogleich mitten in die Sachfragen hineinführt. Der formale Grund ist mit der literarischen Hinterlassen-
schaft des Paulus gegeben. Wiewohl seine Briefe nicht ohne erkennbare
„Grundzüge eines in sich zusammenhängenden Gedankenbaues" abge-
faßt sind[1] und als „apostolische" Schreiben öffentlichen, offiziellen und
autoritativen Charakter tragen, sind sie nichts anderes als *wirkliche Briefe*,
geschrieben zur Bewältigung aktueller Probleme und nicht zur Errichtung
eines Lehrgebäudes[2]. Dies gilt unbeschadet der Tatsache, daß die im
Modus der Korrespondenz betriebene *Theologie*, die als solche jeweils weit
über die konkreten Anlässe und Fragen hinausgeht[3], mehr ist als eine den
bloßen Umständen entsprechende Form. Sie hängt vielmehr mit Inhalt
und Eigenart des paulinischen Denkens aufs engste zusammen, das
dadurch gekennzeichnet ist, daß es in die Explikation der theologischen
Gedanken jeweils „die Lebenswirklichkeit der Angeredeten als bestim-
mendes Element ständig mit einbezieht"[4]. Dieses *dialogische* Element

---

[1] *H. J. Holtzmann*, Lehrbuch der neutestamentlichen Theologie II, Tübingen
²1911, 1.

[2] *P. Vielhauer*, Geschichte der urchristlichen Literatur. Einleitung in das Neue
Testament, die Apokryphen und die Apostolischen Väter, Berlin 1975, 62f.
Gegen *E. Güttgemanns*, Offene Fragen zur Formgeschichte des Evangeliums.
Eine methodologische Skizze der Grundlagenproblematik der Form- und
Redaktionsgeschichte (BEvTh 54) München ²1971, 111–115.

[3] *Vielhauer*, aaO. 62.

[4] Vgl. dazu *G. Bornkamm*, Paulus (UB 119) Stuttgart (1969) ³1977, 19f, Zitat: 22;
ferner *J. Müller-Bardorff*, Paulus. Wege zu didaktischer Erschließung der
paulinischen Briefe, Gütersloh 1970, 18ff.

betrifft ganz speziell auch das paulinische Reden von Gott im engeren
Sinne, worauf weiter unten noch einiger Nachdruck zu legen sein wird.
Der andere, sogleich die Sachfragen anrührende Grund dafür, warum
Paulus kein *theo*-logisches Lehrgebäude errichtet, ist demgegenüber von
ganz prinzipieller Art. Für (den Pharisäer [Phil 3,5] und späteren Apostel)
Paulus ist „*Gott*" in der definitiven Weise seiner Selbstprädikation als der
„Ich bin da" (Ex 3,14)[5] die frag-lose *Voraussetzung*, von der seine
theologischen Gedanken ausgehen, nicht aber der frag-würdige *Gegen-*
stand, den sie denkend umkreisen[6]. In diesem Punkte ist das *jüdische Erbe*
ungebrochen in der paulinischen Theologie wirksam. Das gilt in einer
doppelten Hinsicht.

---

[5] *A. Deissler*, Der Gott des Alten Testamentes, in: *J. Ratzinger* (Hrsg.), Die
   Frage nach Gott (QD 56) Freiburg ³1973, 52. – Zur vielfältigen Literatur über
   „Gott" (alttestamentlich und neutestamentlich) vgl. jetzt die Literaturnachträge
   in: ThWNT X/2, 1104–1109.

[6] Das mag der Grund sein, warum es in den neutestamentlichen Theologien und
   in den Paulus-Monographien kaum irgendwo einmal ein Kapitel „Gott bei
   Paulus" oder etwas ähnliches gibt. *F. C. Baur*, Vorlesungen über neutestamentliche Theologie, Nachdruck Darmstadt 1973, beschließt seine 79 Seiten umfassende Darstellung des „Paulinischen Lehrbegriffs" mit gut 2 Seiten „Lehre des
   Apostels von Gott" (205–207), folgt damit aber nur dem paulinischen
   „System", das nach *Baurs* Meinung in 1 Kor 15,28 zu seiner Spitze, d. h. der
   „absoluten Idee Gottes" aufsteigt (ebd. 205). Eine Ausnahme verdient freilich
   besonders herausgestellt zu werden: *H. Schlier* beginnt seine „Grundzüge einer
   paulinischen Theologie" (Freiburg 1978) mit einem langen Kapitel „Der Gott,
   der Gott ist" (25–54), das die Unterabschnitte enthält: Der nahe Gott; Der
   gebende Gott; Der eine Gott; Der transzendente Gott; Der offenbare Gott;
   Der allmächtige Gott; Die Gerechtigkeit Gottes. – Im übrigen gibt es offenbar
   kaum Spezialuntersuchungen zum Thema. Was meine Mitarbeiter Hans Loh-
   mann und Christian Weyer sowie ich selbst in dieser Hinsicht ausfindig machen
   konnten, ist (außer einigen, in den weiteren Anmerkungen mehrfach zitierten
   Untersuchungen) folgendes: *J. Coppens*, Dieu le Père dans la théologie paulinienne: BETL 41 (1976) 331–335; *J. Daniélou*, Der Gott der Heiden, der Juden
   und der Christen, Mainz 1957; *A. Grabner-Haider*, Das Gottesbekenntnis des
   Paulus und Johannes, in: *ders.* (Hrsg.), Gott, Mainz ²1972, 213–227; *F. Hahn*,
   Das Bekenntnis zu dem einen Gott im Neuen Testament, in: Das Menschen-
   bild des Nikolaus von Kues und der christliche Humanismus. Festgabe für R.
   Haubst (MFCG 13) Mainz 1978, 281–291; *A. R. C. Lang*, The Experience of
   God in Qumran and in Paul: BJRL 51 (1969) 431–452; *E. Lohmeyer*, Probleme
   paulinischer Theologie, Darmstadt 1954, 25–29; *K. S. Mason*, „He that justi-
   fieth". A Pauline Doctrine of God: StEv 5 (TU 103) Berlin 1968, 114–116; *S. V.
   McCasland*, The Image of God according to Paul: JBL 69 (1950) 85–100; *O.
   Michel*, Luthers deus absconditus und der Gottesgedanke des Paulus: ThStKr
   103 (1931) 189–194; *T. Müller*, Gottesbild und Gottesbeziehung im NT,

1.1 Der handelnde Gott

Die allgemeine Frage: „Wer ist Gott?" als Variante der positivistischen Weltanschauungsfrage: „Existiert Gott?" wird vom antiken Judentum, | und also auch von Paulus überhaupt nicht aufgeworfen, auch nicht mit seiner Christologie[7]. Unter den Bedingungen des jüdischen Denkens seiner Zeit gab es nicht die Möglichkeit, geschweige die (für uns *heute* unerläßliche) Notwendigkeit[8] einer Klärung, ob es mit Gott etwas sei – oder nichts. Vom vorausgesetzten positiven Entscheid dieser Frage geht man aus, was am deutlichsten durch die Tatsache unterstrichen wird, daß weder das biblische noch das rabbinische Hebräisch noch die LXX einen terminus technicus für „*Atheismus*" kennen[9]. Der biblischen Tradition ist

---

Zürich 1966; *K. Rahner*, Theos im NT, in: *ders.*, Schriften zur Theologie I, Einsiedeln ³1958, 91–167; *K. H. Schelkle*, Das Gottesbild des NT: BiKi 15 (1960) 12–20; *ders.*, Theologie des NT II: Gott war in Christus, Düsseldorf 1973, 265–309; *G. Schneider*, Urchristliche Gottesverkündigung in hellenistischer Umwelt: BZ 13 (1969) 59–75; *E. Schweizer*, Was heißt „Gott"?: EvTh 25 (1965) 339–349 (= *ders.*, Beiträge zur Theologie des Neuen Testaments. Neutestamentliche Aufsätze [1955–1970] Zürich 1970, 207–218).

[7] Anders *O. Kuss*, Paulus. Die Rolle des Apostels in der theologischen Entwicklung der Urkirche, Regensburg 1971, 378. Die paulinische Christologie expliziert das εἶναι ἡμῖν Gottes (1 Kor 8,6) in einer sehr spezifischen Weise, und zwar nicht als die Frage danach, wer Gott *ist,* sondern wie Gott für den Menschen *da ist* – und umgekehrt. Wir kommen auf dieses Spezifikum noch zurück. *Käsemanns* Feststellung gilt es jedenfalls nachdrücklich zu unterstreichen: „Selbst von Gott wird nur in seinem Verhalten zum Menschen und zur Welt nach dem Fall gesprochen, über seine Eigenschaften und sein Wesen als solches jedoch nicht reflektiert" (An die Römer [HNT 8a] Tübingen ⁴1980, 36).

[8] Vgl. *B. Casper*, Die Unfähigkeit zur Gottesfrage im positivistischen Bewußtsein, in: *J. Ratzinger* (Hrsg.), Die Frage nach Gott (QD 56) Freiburg ³1973, 27–42; *E. Jüngel*, Gott – als Wort unserer Sprache, in: *ders.*, Unterwegs zur Sache. Theologische Bemerkungen (BEvTh 61) München 1972, 1–24; *ders.*, Gott als Geheimnis der Welt. Zur Begründung der Theologie des Gekreuzigten im Streit zwischen Theismus und Atheismus, Tübingen ³1978; *H. Küng*, Existiert Gott? Antwort auf die Gottesfrage der Neuzeit, München 1978; *G. Hasenhüttl*, Einführung in die Gotteslehre, Darmstadt 1980; *A. Jäger*, Gott. 10 Thesen, Tübingen 1980; *P. Lønning*, Zur Denkbarkeit Gottes – ein Gespräch mit Wolfhart Pannenberg und Eberhard Jüngel: StTh 34 (1980) 39–71.

[9] Zum Begriff ἄθεος vgl. *W. Bauer*, Griechisch-Deutsches Wörterbuch zu den Schriften des Neuen Testaments und der übrigen urchristlichen Literatur, Berlin ⁵1958, 40. *Philo v. Alexandrien* gebraucht den Begriff (z. B. All I 49) und setzt sich mit atheistischen Tendenzen auseinander (SpecLeg I 235–344). Bei *Josephus* ist belegt, daß die Christen und Juden von den Heiden „Atheisten"

der Atheismus zwar nicht wesensfremd[10]. Jedoch kennt sie nur einen *praktischen* Atheismus[11], nicht aber einen theoretischen[12]. |

Im Alten Testament zeigt das schon die Begrifflichkeit. Der *Gottlose* ist der *Tor* (*aewil*). Die Judäer sind *aewilim* (Toren), weil sie JHWH nicht „kennen" (Jer 4,22). In der Weisheitsliteratur ist ein „Tor", wer JHWHs Gerechtigkeiten nicht kennen will (Spr 24,9; 14,8; 7,22; vgl. Ps 69,6; 107,17)[13]. Die Gottlosigkeit kann auch *nebala* (Torheit) heißen, und zwar mit dem Nebensinn der Schlechtigkeit (von *nabal* = töricht, verächtlich sein, im Kal pf. verächtlich handeln, Spr 30,32), Jes 9,16; 32,6; 1 Sam 25,25, oder auch *rascha*, ein Wort, dessen Grundbedeutung *Ungerechtigkeit, Unrecht* ist (Dtn 9,27; 1 Sam 24,14; Jer 14,20 u.ö.). Es sind demnach die Toren (= Unrechttäter), die sprechen: „Es ist kein Gott" (Ps 10,4; 14,1). Entsprechend geschieht die Auseinandersetzung mit ihnen weder durch Gebote noch durch Beweise, sondern durch Veranschaulichung ihrer Immoralität (vgl. Ps 12; 36; 74; Jer 5,20–25; Jes 32,6; Spr 30,1–4)[14].

Das paulinische Grundverständnis Gottes liegt direkt und ungebrochen in der Linie *dieses* Denkens, für das der Motivzusammenhang Gottlosigkeit – Torheit – Unrechttun – Götzendienst – Immoralität charakteristisch ist[15]. Aus diesem Grunde kann er Röm 1,18ff stoische Terminologie und

---

genannt werden (Ap 2,148). Vgl. *A. v. Harnack*, Der Vorwurf des Atheismus in den drei ersten Jahrhunderten (TU 28) Leipzig 1905.

[10] *F. Dexinger*, Art. „Atheismus im Judentum", in: TRE IV 349.

[11] Entsprechend gibt es keinen theoretischen, sondern nur einen *praktischen* Monotheismus: Die anderen elohim (Götter) sind elilim (Nichtse), Jes 2,8.18; 10,10; 19,3; vgl. Jer 16,20; Dtn 32,17.21; 2 Kön 19,18 (die „Nicht-Götter"). Nicht deren Existenz, sondern ihre „Nichteffizienz" wird behauptet. Ex 20,2f („Ich bin Jahwe, dein Gott, … *dir sollen nicht sein andere Götter mir gegenüber*") hat in dieser Hinsicht eine vollkommene Entsprechung in 1 Kor 8,5f: „Wenn auch sogenannte Götter existieren…, wie (in der Tat) viele Götter … existieren, so existiert doch für *uns* nur *ein* Gott…" Dazu und zum Folgenden vgl. bes. *Deissler*, Gott des AT (Anm. 5) 45–50. Zur Sache auch *H. W. Wolff*, Jahwe und die Götter in der alttestamentlichen Prophetie: EvTh 29 (1969) 397–416.

[12] Zu seiner Geschichte und systematischen Darstellung vgl. den vorzüglichen Art. „Atheismus" von *F. Dexinger/M. Schmidt/G. Rohrmoser/H. G. Hubbeling* u. *W. Müller-Lauter*, in: TRE IV 349–436 (Lit.!).

[13] *H. Cazelles*, in: ThWAT I 150f.

[14] *Dexinger* (Anm. 12) 349. Er zeigt, daß auch in der *rabbinischen Periode* dieses Denken sich grundsätzlich nicht verändert: der Atheist wird *ethisch* negativ bewertet (349f).

[15] Vgl. die reichen Belege für diesen Motivzusammenhang aus der sapientialen und apokalyptischen Literatur bei *U. Wilckens*, Der Brief an die Römer (EKK VI/1) Zürich 1978, 96–100. – Zum Thema grundsätzlich *E. Fascher*, Der

hellenistisch-jüdische Apologetik übernehmen und dennoch den Gedanken einer natürlichen Gotteserkenntnis im Sinne seiner alttestamentlichen Perspektive völlig verändern[16]. So kommt „Gottlosigkeit" nicht als ἀθεότης vor; sie ist vielmehr ἀσέβεια καὶ ἀδικία (= Nicht-Frömmigkeit und Ungerechtigkeit), Gegensatz also zur εὐσέβεια (= Frömmigkeit)[17]. Gottlosigkeit wird also keineswegs als ἀγνωσία (= Unkenntnis) | bestimmt, sondern umgekehrt: Gottlos ist es, die Wahrheit Gottes zu kennen, sie aber in „Ungerechtigkeit" (ἀδικία) niederzuhalten (Röm 1,18.28). Gottlos ist, wer die „Wahrheit Gottes" in Trug (ψεῦδος) verkehrt, gegen die Lüge eintauscht (1,25). Es sind die *Toren*, die solches tun (1,22). Über sie ergeht der *Zorn* Gottes, indem sie mit Immoralität gestraft werden[18]. Gott gibt sie dahin (παρέδωκεν αὐτοὺς ὁ θεός: V. 24.26.28) in eine von Grund auf verkehrte und verfehlte Existenz[19]. Ihr Innerstes ist der Eitelkeit der Gedanken und der Finsternis des unverständigen Herzens verfallen (1,21). „Das gilt gerade unter der uneingeschränkten Gültigkeit des γνόντες τὸν θεόν, angesichts der Tatsache, daß die Menschen auch in der Ungerechtigkeit und in der Gestalt der Lüge (V. 18.25) die Wahrheit Gottes haben"[20].

Deutlich ist bei der hier gedachten „Wahrheit (Gottes)" nicht der *metaphysische Begriff* von ἀλήθεια als der in sich *seienden* Wahrheit vorausgesetzt, die bei Platon (und Plotin) vorgestellt ist „als die von sich her seiende Denkbarkeit oder Unverborgenheit der Idee"[21], sondern voraus-

---

Vorwurf der Gottlosigkeit in der Auseinandersetzung bei Juden, Griechen und Christen, in: *O. Betz/M. Hengel/P. Schmidt* (Hrsg.), Abraham unser Vater. Juden und Christen im Gespräch über die Bibel (AGSU 5) Leiden/Köln 1963, 78–105.

[16]   *G. Bornkamm*, Die Offenbarung des Zornes Gottes, in: *ders.*, Das Ende des Gesetzes. Paulusstudien. Gesammelte Aufsätze I (BEvTh 16) München ⁵1966, 9–33, hier: 19.

[17]   *H. Schlier*, Der Römerbrief (HThK 6) Freiburg 1977, 50.

[18]   Paulus denkt dabei zunächst an Heiden. Die Totalität des Gerichtes über die *Welt* zeigt jedoch, daß er das Heidentum der Menschheit überhaupt treffen will: *Käsemann*, Röm (Anm. 7) 34; *Bornkamm*, Offenbarung (Anm. 16) 86. Solches „Heidentum" ist nicht theoretischer, es ist praktischer Atheismus.

[19]   Dies deutlich in Anknüpfung an die alttestamentliche Vorstellung vom Tun-Ergehen-Zusammenhang. Vgl. bes. deutlich Weish 11,16; TestGad 5,10; Jub 4,32; 1 QS IV, 11f. Zur Sache *E. Klostermann*, Die adäquate Vergeltung in Röm 1,22–31: ZNW 32 (1933) 1–6; *Käsemann*, Röm (Anm. 7) 39.

[20]   *Bornkamm*, Offenbarung (Anm. 16) 21.

[21]   *W. Beierwaltes*, DEUS EST VERITAS. Zur Rezeption des griechischen Wahr-

gesetzt ist der *geschichtliche* Begriff von „Wahrheit" als der sich erschlie-
ßenden Wirklichkeit Gottes, was sich am Gebrauch und an der Bedeu-
tung von *emuna* und *emet,* den hebräischen Pendants zu πίστις also,
bestimmen läßt als die sich in der Geschichte zeigende Verläßlichkeit
Jahwes, sei es als Treue Gottes zu seinem Volk (Altes Testament), sei es
als Selbsteröffnung im Wort Jesu bzw. im Wort des Evangeliums (Neues
Testament)[22]. Die „Wahrheit Gottes" erkennen meint also nicht die rechte
Gotteserkenntnis im Unterschied zur falschen, ist also kein theoretisches
Wissen, sondern meint das mit Erfahrung verbundene An-erkennen
Gottes als des Schöpfers und Herrn der Welt, das sich in Lobpreis und
Dank gegen ihn äußert[23]. *Hans Freiherr von Soden* hat ausdrücklich
hervorgehoben, „daß Wahrheitsfragen für den Hebräer nicht eigentlich
Fragen über das So- und Anderssein von Dingen sind, sondern Fragen
über das Sein oder Nichtsein des daran interessierten Menschen selbst. Er
erfaßt im Wahrheitsgedanken nicht ein Struktur- oder Funktionsverhält-
nis, sondern ein Schicksal, eine Lebensführung"[24]. Das hängt damit

---

heitsbegriffes in der frühchristlichen Theologie, in: Pietas, FS B. Kötting, hrsg.
von *E. Dassmann/K. S. Frank* (JAC. E 8), Münster 1980, 15–29, hier: 24.
Wichtig *Käsemann,* Röm (Anm. 7) 36: „Die metaphysischen Fragen sind dem
Apostel so fremd, daß die Möglichkeit der Erkenntnis Gottes überhaupt nicht
als Problem empfunden, sondern als selbstverständlich und für jedermann
vorausgesetzt wird."

[22] Paulus sieht im Evangelium die Bundestreue Gottes zur Treue des Schöpfers
seiner Schöpfung gegenüber ausgeweitet (Röm 1,25; 8,18–22 u. ö.) und unterscheidet sich darin vom Judenchristentum (*Käsemann,* Röm [Anm. 7] 43). –
Zum Unterschied zwischen philosophischem und biblischem Wahrheitsbegriff
vgl. *H. von Soden,* Was ist Wahrheit? Vom geschichtlichen Begriff der Wahrheit, in: *ders.,* Urchristentum und Geschichte. Gesammelte Aufsätze und
Vorträge I, Tübingen 1951, 1–24, passim; *Beierwaltes,* aaO. bes. 22: „‚emuna'
und ‚emet' intendieren nicht primär, wie der metaphysische Begriff von
‚aletheia', das In-sich-selbst- oder Objektiv-Sein, die Autarkie eines Seienden
oder einer Sache, die nicht zeitfreie Einheit von Sein und Denken als Wahrheit
ist, aber auch nicht primär die Struktur eines Gedankens oder einer Aussage,
die beide auf ein Seiendes oder einen Sachverhalt (Tatsache) bezogen wären;
vielmehr sind ‚emuna' und ‚emet' durch einen Bezug zu anderem, vorwiegend
sogar durch einen ‚personalen' oder ‚dialogischen' Bezug zu anderen (Personen
oder Dialogpartnern) charakterisiert." – Zum griechischen und biblischen
Wahrheitsverständnis vgl. die zahlreichen Literaturnachträge in ThWNT X/1
966–968.
[23] Vgl. *H. Schlier,* Von den Heiden. Römerbrief 1,18–32, in: *ders.,* Die Zeit der
Kirche. Exegetische Aufsätze und Vorträge, Freiburg ²1958, 29–37, hier 30f.
[24] *v. Soden,* Was ist Wahrheit? (Anm. 22) 11.

zusammen, daß Jahwe nicht in seinem *Sein,* sondern in seinem *Handeln* erfaßt ist. So bringt der Schöpfungsgedanke z. B. nicht den Gedanken hervor, daß Gott die ἀρχή *ist,* sondern daß er κατ' ἀρχάς *handelt* (vgl. Ps 101,26 LXX = Hebr 1,10). Die „Schöpfung" des Himmels und der Erde meint von daher weniger die Setzung des *Anfangs* (und Endes) der Welt, sondern die Eröffnung von *Geschichte.* Für Israel ist die Welt mehr ein Geschehen als ein Sein. Das Verhältnis Gottes zu allem Geschaffenen ist bestimmt als das zweier verschiedener Wirklichkeiten, die einander gegenüberstehen als Schöpfer (Gott) und Schöpfung (Welt). Das rabbinische Judentum, dem Paulus vor seiner Bekehrung zugehörte und das ihn bis in den Römerbrief hinein entscheidend prägte, hatte diesen personalen Gottesbegriff: von der Welt unterschieden, aber nicht geschieden von ihr. Gott ist fern – und nahe zugleich. Er hat keine Augen und Ohren und sieht und hört doch alles[25]. |

1.2 Der eine Gott

Auch darin zeigt sich das ungebrochene jüdische Erbe, daß die Verkündigung des einen Gottes sozusagen den *ersten* Artikel in der Missionspredigt des Paulus bildet. Man erkennt das daran, daß er die Heiden τὰ ἔθνη τὰ μὴ εἰδότα τὸν θεόν nennt (1 Thess 4,5 = Jer 10,25; Ps 78,6 LXX; vgl. Gal 4,8), die in πλάνη (= Täuschung) verstrickt sind (Röm 1,27) und infolgedessen die εἴδωλα (= Götzen; 1 Kor 12,2; vgl. 1 Thess 1,9) oder – was dasselbe ist – die φύσει μὴ ὄντες θεοί (= Nichtgötter; Gal 4,8) verehren. Entsprechend zielt Paulus mit seiner Missionspredigt als dem λόγος ἀληθείας (2 Kor 6,7) bzw. der φανέρωσις τῆς ἀληθείας (2 Kor 4,2) auf die *Erkenntnis Gottes,* der der *lebendige* Gott ist (1 Thess 1,9; 2 Kor 3,3 [6,16]; Röm 9,26), und den er als Schöpfer, Erlöser und Richter (Röm 4,17; 1 Kor 8,6; Röm 11,36 u. ö.), vor allem als den *einen* Gott prädiziert (1 Thess 1,9; 1 Kor 8,6: εἷς; Röm 16,27: μόνος). Dieses Kennenlernen des wahren Gottes erscheint dem Apostel gelegentlich gar die Hauptsache am Christwerden (Gal 4,8; 1 Thess 4,5)[26]. Aber es ist nicht

---

[25] Vgl. *C. G. Montefiore,* Judaism and St. Paul. Two Essays, London 1914, 25f; aber auch *R. Bultmann,* Jesus (1926) (GTB 17) Gütersloh ³1977, 133–148: „Der ferne und der nahe Gott. Sünde und Vergebung".

[26] Vgl. *J. Weiß,* Das Urchristentum. Nach dem Tode des Verf. herausgegeben und am Schluß ergänzt von *R. Knopf,* Göttingen 1917, 175–192; *R. Bultmann,* Theologie des Neuen Testaments (UTB 630), 8. durchgesehene, um Vorwort und Nachträge wesentlich erweiterte Auflage, hrsg. von *O. Merk,* Tübingen

speziell charakteristisch für Paulus. Denn er folgt damit einfach der christlichen Missionspredigt in der Heidenwelt[27], die ihrerseits darin die Propaganda des hellenistischen Judentums fortsetzt[28]. Speziell charakteristisch dagegen ist die Art und Weise, wie Paulus das εἷς θεός aus dem *Sch[e]ma* Dtn 6,4 von dem Christusereignis her neu interpretiert, wovon weiter unten noch ausdrücklich die Rede sein soll.

Zurück zum Ausgangspunkt unserer Überlegungen. Müssen wir *heute* im Blick auf das positivistische Bewußtsein von der „Unfähigkeit zur Gottesfrage" sprechen[29], so im Blick auf die *paulinische Zeit* und damit im Blick auf das biblische Bewußtsein von der *Unfähigkeit zum Atheismus*. Jüdischer Glaube weiß: „Alles in der Welt und der Geschichte, die auf ihr wächst, ist eine *Offenbarung* Gottes"[30]. Gottes Entzogenheit gibt Rätsel auf, und die geschichtliche Erfahrung des Irrewerdens an seiner Macht und Gerechtigkeit zwingt zur Theodizeefrage. In dieser Hinsicht ist kein Unterschied zwischen der Zeit damals (Hi 21,7–21) und heute[31]. Aber nie ist Gottes Abwesenheit in der biblischen Zeit *grundsätzlich* gedacht. Die Erfahrung der *Gottverlassenheit*, vom einzelnen (Ps 22,2; Mk 15,34) wie von der Gruppe gemacht (Jes 8,17; 49,14), bleibt doch unwiderruflich *Gottes Zeit:*

1980, 68–94. – Die Texte zur Gotteslehre zusammengestellt bei *A. Seeberg*, Die Didache des Judentums und der Urchristenheit, Leipzig 1908; *R. Bultmann*, in: ThWNT VI 174–213.

[27] Die jüdische Propaganda stieß dabei auf eine religiös interessierte griechische Philosophie, die über den Weg der Theokrasie ihrerseits einen Monotheismus anstrebte. Diese Theokrasie blieb für das Judentum nicht ohne Folgen. Vgl. dazu *M. Hengel*, Judentum und Hellenismus. Studien zu ihrer Begegnung unter besonderer Berücksichtigung Palästinas bis zur Mitte des 2. Jh.s v. Chr. (WUNT 10) Tübingen ²1973, 473–486. – Zur Entwicklung des Monotheismus bei den Griechen siehe die gleichnamige Untersuchung von *E. Zeller*, Vorträge und Abhandlungen I, Leipzig ²1875, 1–29; ferner *U. v. Wilamowitz-Moellendorf*, Der Glaube der Hellenen II, Darmstadt ³1959, 450f.

[28] Vgl. *Johannes Weiß*, Urchristentum (Anm. 26) 175; *G. Schneider*, Gottesverkündigung (Anm. 6).

[29] *Casper*, Unfähigkeit (Anm. 8) 27.

[30] *L. Baeck*, Das Wesen des Judentums (1906), Köln ⁶1960, 95.

[31] Von den Schwierigkeiten einer Gotteserfahrung nach Auschwitz zeugt eine vielfältige christliche und jüdische Literatur. Zur ersten Orientierung vgl. *W. Strolz*, Moderne Vaterunser-Interpretationen, in: *M. Brocke, J. J. Petuchowski* und *W. Strolz* (Hrsg.), Das Vaterunser. Gemeinsames im Beten von Juden und Christen, Freiburg 1974, 13–27. Dann aber vor allem *R. L. Rubenstein*, After Auschwitz, Indianapolis 1966; *Schalom Ben-Chorin*, Das Judentum im Ringen der Gegenwart, Hamburg 1965.

„Einen Augenblick nur verbarg ich vor dir mein Gesicht in aufwallendem Zorn;
aber mit ewiger Huld habe ich Erbarmen mit dir,
spricht dein Erlöser, der Herr" (Jes 54,8; vgl. Offb 1,8).

Apologetisches Thema ist dementsprechend niemals das *Sein*, wohl aber das *Gerechtsein* Gottes (Hi 21,7; Ps 73,3; Jer 12,1; Röm 9,14), und dann natürlich der Vorwurf, daß die Heidenvölker Gott nicht kennen (Jer 10,25 LXX; 1 Thess 4,5; vgl. Gal 4,8). Das gilt wie für die gesamte biblische Tradition so auch für Paulus[32]. Er wurzelt mit seinem Denken tief in demjenigen, was *Leo Baeck* „Die Seele des Monotheismus" genannt und wie folgt beschrieben hat: „Die prophetische Erkenntnis Gottes geht aus dem religiösen Grunderlebnis hervor, daß Gott anders ist als alles, anders als alle Welt und Natur, anders als alles Geschick und alles Verhängnis, anders als alles Geschaffene und Werdende, Irdische und Profane. Er ist von dem allem verschieden, über das alles erhaben, oder wie die Heilige Schrift es nennt, er ist der *Heilige*. Und er ist darum der *Eine*, der Einzige, der, dem keiner und keines gleicht. ‚Wem wollt ihr mich vergleichen, daß ich ihm ähnlich sei, spricht der Heilige!' Er ist der Eine, und darum soll der Mensch sich für ihn, gegenüber allem und gegen alles, entscheiden, und darum darf der Mensch ihm allein, und keiner Kraft der Natur und keiner Gestalt des Schicksals, dienen. In diesem Gedanken von dem, der anders ist, diesem Gedanken von dem Einen, dem ‚Heiligen Israels', hat sich der Seele zum erstenmal die gebietende Pflicht des religiösen Entschlusses und der religiösen Überzeugung ausgesprochen; der Sinn für die einzige Wirklichkeit und die eine Wahrheit wurde wach, diese religiöse Wahrhaftigkeit, diese Frömmigkeit des Gewissens, die den Willen und den Mut zu dem Einen, zu dem Einzigen hat gegenüber dem Vielfältigen und den Vielen. Dies ist die Seele des Monotheismus"[33].

---

[32] Im NT kommt der Begriff ἄθεοι nur Eph 2,12 vor, und zwar im Blick auf die heidnische Vergangenheit von Christen gesagt: sie waren in jener Zeit „von Christus getrennt, ausgeschlossen vom Staatswesen Israel, Fremde den Bundesschließungen der Verheißung, keine Hoffnung habend und Gottlose in der Welt". Daß sie den *Einen* Gott nicht ehren, wird durch ihren Polytheismus nicht wettgemacht. Im Gegenteil! Diese Götter sind ja φύσει μὴ ὄντες θεοί = Götter, die in Wirklichkeit keine sind (Gal 4,8). „So sind die Heiden trotz, ja wegen ihrer Götter gottlos" (*H. Schlier*, Der Brief an die Epheser. Ein Kommentar, Düsseldorf ³1962, 121).

[33] *Baeck*, Wesen (Anm. 30) 100f. Zum grundlegenden jüdischen Bekenntnis von

2.   DIE VERÄNDERTE PERSPEKTIVE

Diese „Seele des Monotheismus" hat Paulus mit keinem Wort verletzt oder gar in Frage gestellt. Denn obschon Paulus nur von seinem sog. Bekehrungserlebnis her zu verstehen ist als demjenigen Punkt, „von dem alles abhängt, auf den alles im Leben des Paulus zurückweist, in dem sein Glaube sein Leben wurde"[34]; obwohl das zentrale Ereignis der „Offenbarung" (Gal 1,12.16) sein bisheriges Leben und Denken in eine neue Richtung gewandt hat, kann doch gar keine Rede davon sein, daß ihm dieses Ereignis den Weg von einem falschen zum wahren Gott gezeigt hätte. Er hat nicht den Glauben der Väter gewechselt:

> „Jahwe ist in Wahrheit Gott *(elohim emet)*,
> er ist der lebendige Gott *(elohim ḥajjim)*
> und König in Ewigkeit" (Jer 10,10).

Dies war und blieb für Paulus der Grund-Satz des Glaubens. Aber in seiner sogenannten Bekehrung hatte sich für den zum Apostel gewordenen Juden Paulus die *Perspektive* gegenüber der seiner rabbinischen Zeitgenossen total verändert: er wähnte den Messias jetzt bereits gekommen[35]. Und in dieser veränderten Perspektive – „das Alte ist vergangen, siehe, Neues ist geworden" (2 Kor 5,17; vgl. Gal 6,15) – sieht er mit Denknotwendigkeit auch die überkommene Gottesvorstellung neu. Sie wird ihm – wie seine Rechtfertigungstheologie, sein Gesetzes- und Glaubensverständnis oder seine Eschatologie – zu einem „messianischen Lehrstück"[36]. Sie ist von jetzt an durch und durch messianologisch (= christologisch) fundiert und ausgerichtet. Das ist eine der Konsequenzen, die Paulus aus dem Eingetroffensein, aus dem mit der Auferweckung Jesu erst kürzlich eingeleiteten neuen Äon ziehen muß. Das heißt *nicht*, daß er den Gott der Väter durch den Vater Jesu Christi *ersetzt* oder das Gottes-

---

der Einheit Gottes vgl. bes. *S. S. Cohen,* The Unity of God: A Study in Hellenistic and Rabbinic Theology: HUCA 26 (1955) 425–479.

[34]   *L. Baeck,* Paulus, die Pharisäer und das Neue Testament, Frankfurt a. M. 1961, 9.

[35]   Es ist das bleibende Verdienst von A. Schweitzer und nach ihm von H.-J. Schoeps, die Theologie des Paulus konsequent von dieser sachlichen Voraussetzung aus erklärt zu haben. Vgl. *A. Schweitzer,* Die Mystik des Apostels Paulus, Tübingen 1930; *H.-J. Schoeps,* Paulus. Die Theologie des Apostels im Lichte der jüdischen Religionsgeschichte, Tübingen 1959, bes. 180.177.

[36]   Der Ausdruck von *Schoeps,* aaO. 177.

verständnis Jesu gegen das eigene eintauscht. Nein![37] Der *eine* Gott, außer |
dem keiner *Gott* ist (Jes 44,6.8; 45,5.6.21; vgl. 1 Sam 2,2; Mk 12,32), (ὁ
κτίσας), ὅς ἐστιν εὐλογητὸς εἰς τοὺς αἰῶνας (= der Schöpfer, gepriesen
sei er in Ewigkeit [Röm 1,25]), ihn sieht Paulus in dieses neue Licht des
schon Gekommenen gestellt, und er unterzieht sich der theologischen
Denkanstrengung, das, was er in diesem neuen Licht zu sehen bekommt,
begrifflich klar auszuformulieren, um die *Selbigkeit* Gottes zu wahren.
Insofern ist tatsächlich seine ganze „Theologie" zunächst nichts anderes
als ein Umdenken aller überkommenen Vorstellungen und Begriffe auf
dieses schon stattgehabte Ereignis der Äonenwende hin[38]. Zunächst! Denn
die „Offenbarung Jesu Christi" (Gal 1,12.16), überhaupt die γνῶσις
Χριστοῦ Ἰησοῦ (Phil 3,8) bzw. der φωτισμὸς τῆς γνώσεως τῆς δόξης
τοῦ θεοῦ ἐν προσώπῳ Χριστοῦ (2 Kor 4,6) bringt dann notwendigerweise auch inhaltlich einen theologischen und soteriologischen Zuwachs,
der sich nicht mehr als Umdenken der traditionellen Vorstellungen und
Begriffe verrechnen läßt: „Gott war es, der in Christus die Welt mit sich
versöhnt hat, indem er den Menschen ihre Verfehlungen nicht anrechnete

---

[37] Die Frage, ob Paulus einen anderen Gottesbegriff als Jesus hatte, kann ernsthaft
    nicht aufgeworfen werden. Paulus interpretiert Gott in sachlicher Kontinuität
    mit der Verkündigung Jesu, jedoch in der Diskontinuität der Zeit und der
    Variationen des Kerygmas. Es handelt sich also um eine Spezialfrage des
    übergeordneten Sachproblems „Jesus und Paulus". Vgl. dazu vor allem *E.
    Käsemann*, Das Problem des historischen Jesus, in: *ders.*, Exegetische Versuche
    und Besinnungen I, Göttingen ²1960 (187–214) 213; *E. Jüngel*, Paulus und
    Jesus. Eine Untersuchung zur Präzisierung der Frage nach dem Ursprung der
    Christologie (HUTh 2) Tübingen (1962) ⁴1974; vor allem aber hat *W. Schrage*,
    Theologie und Christologie bei Paulus und Jesus auf dem Hintergrund der
    modernen Gottesfrage: EvTh 36 (1976) 121–154, hier: 135–151, die Frage noch
    einmal ausdrücklich aufgeworfen, ob der „Gottesglaube des Paulus Anhalt am
    Gott Jesu hat" (135) und überzeugend und positiv dahingehend beantwortet,
    daß „Kreuz und Auferweckung Jesu auch im Horizont des irdischen Jesus von
    vornherein mit seinem Gottesglauben fest verknüpft" sind (151). Dabei ist
    bemerkenswert, daß Jesus mit seiner Auslegung Gottes ebenso in Kontinuität
    wie Diskontinuität zum Gott des Alten Bundes steht, wie das bei der Ausle-
    gung Gottes durch Paulus der Fall ist. Als *Gotteslästerer* ist Jesus gekreuzigt
    worden (*Schrage* 151); Paulus hat man als *Apostat* geächtet. Es gibt in der
    talmudischen Literatur einen einzigen Satz, der sich offenbar auf Paulus
    bezieht, ohne ihn beim Namen zu nennen. Er spricht von ihm als dem Manne,
    „dessen Weg vermessen und fremdartig ist" (Spr 21,8) und erklärt, daß „dieser
    Mann ... sich der Beschneidung und den Geboten entfremdete" (*Baeck*, Paulus
    [Anm. 34] 30).
[38] *Schoeps*, Paulus (Anm. 35) 177.

und uns das Wort von der Versöhnung (zur Verkündigung) anvertraute"
(2 Kor 5,19). Seither gilt für Paulus und sein theologisches Denken:
„*Christus* will ich erkennen und die Macht seiner Auferstehung und die
Gemeinschaft seiner Leiden; sein Tod soll mich prägen"; und das nicht
aus *eigenem* Erkenntnisstreben, sondern aufgrund des unerwarteten und
das bisherige Gottes- und Weltverständnis umwendenden Erkanntseins:
„...weil auch ich von Jesus Christus ergriffen worden bin" (Phil
3,10.12c).
Die unter der genannten sachlichen Voraussetzung einer objektiv *veränderten* „Weltzeit"[39] von Paulus streng christologisch vorgenommene Auslegung Gottes wirft im wesentlichen zwei Fragen auf, mit deren Beantwortung das über die alttestamentlichen und vorpaulinischen Traditionen
hinaus *spezifische* Gottesverständnis des Paulinismus ins Blickfeld rückt.
Das ist einmal die Frage nach dem *einen* Gott im Sinne der *Selbigkeit*, und
zwar sowohl in Hinsicht auf die Einheit von Schöpfer- und Erlösergott als
auch im Blick auf das Zuordnungsverhältnis von Gott und Kyrios Jesus
(Verhältnis von Theo-logie und Christo-logie); das ist zum andern die
Frage nach dem *einen* Gott im Sinne seiner *Einzigkeit* (Partikularismus
und Universalismus), also die Frage des Monotheismus im spezifisch
heilsgeschichtlichen Sinne, „daß es auf der ganzen Erde keinen Gott gibt
außer in Israel" (2 Kön 5,15), oder noch deutlicher: „Gott bin ich über
alle, die in die Welt kommen, aber meinen Namen habe ich nur mit euch
vereint; ich heiße nicht der Gott der Völker der Welt, sondern der Gott
Israels" (R. Schimeon b. Jochai, Ex R 19 [88d]). Die Fragen sollen an
exponierten Texten geklärt werden, denen jeweils eine Schlüsselfunktion
für das Ganze der paulinischen Theologie zukommt.

3. DIE CHRISTOLOGISCHE AUSLEGUNG DER SELBIGKEIT UND EINZIGKEIT GOTTES

3.1 Die Einheit von Schöpfer- und Erlösergott (2 Kor 4,6)

Es ist für Paulus eine Selbstverständlichkeit, daß der in Christus offenbare
„Vater des Erbarmens und Gott allen Trostes" (2 Kor 1,3) kein *anderer*,

---

[39] Seit Jesu Auferstehung datiert der „Anbruch des messianischen Reiches als ein
Ineinander von natürlicher und übernatürlicher Welt". So *Schweitzer*, Mystik
(Anm. 35) 99f.114. – Vgl. dazu E. *Gräßer*, Albert Schweitzer als Theologe
(BHTh 60) Tübingen 1979, 176–205.

sondern *derselbe* ist, der sich Israel offenbart hat, eben der *Eine* Gott, der
der Erste ist und der Letzte und außer dem kein Gott ist (Jes 44,6; vgl.
2 Kön 5,15; 19,19; Dtn 6,4 u. ö.). Um so mehr fällt auf, daß Paulus den
Gedanken der Selbigkeit Gottes nicht als die Identität des Gottes der
Väter mit dem Vater Jesu Christi *herausstellt*, also keine heilsgeschichtliche Linie durchzieht[40], sondern allgemein von Gott spricht oder ihn
prädiziert als „der da ist Gott über alles" (Röm 9,5), als „Gott der Geduld
und des Trostes" (Röm 15,5), als „Gott der Hoffnung" (Röm 15,13), „des
Friedens" (Röm 15,33), „der Liebe" (2 Kor 13,11) oder als „unser Vater"
(2 Kor 1,2 u. ö.) bzw. „Vater Jesu Christi" (2 Kor 1,3). Der sachliche
Grund dafür liegt auf der Hand. Das Heil ist für Paulus nicht an ein
fortlaufendes, Vergangenheit, Gegenwart und Zukunft umfassendes Zeit-
geschehen („Heilsgeschichte") gebunden, sondern das Heil ist ein sich im
Wort fort und fort ereignendes Heilstun Gottes („Heils*geschehen*")[41]. Als
solches ist es mit der Vorstellung des Progresses oder des Prozesses gar
nicht adäquat erfaßbar. Angemessen ist dagegen die Kategorie der *Schöpfung*: der Gott, der *einst* mit seinem vollmächtigen Wort alles ins Dasein
gerufen hat, der ist derselbe, der *jetzt* alles unter die Herrschaft seiner
Gnade ruft.
Locus classicus dafür ist 2 Kor 4,6:

> „Denn Gott ist es, der gesagt hat,
> aus der Finsternis soll Licht leuchten,
> der es hat Licht werden lassen in unseren Herzen,
> damit wir (durch die Predigt) zum Leuchten bringen
> die Erkenntnis der Herrlichkeit Gottes
> auf dem Antlitz Christi" (Übersetzung R. Bultmann).

Der Vers steht in einem polemischen Kontext (2,14–7,4). Paulus streitet
um die Rechtmäßigkeit seines Apostolates. Wer immer die Gegner waren,

---

[40] Auch Röm 9–11 nicht. Vgl. *H. Conzelmann*, Fragen an Gerhard von Rad:
    EvTh 24 (1964) 113–125, hier 119: „In Röm 9–11 ist im empirischen, geschicht-
    lichen Bereich nur Diskontinuität zu sehen. Empirisches und wahres Israel sind
    nicht identisch. Beständig ist die Freiheit Gottes als Freiheit der Gnadenwahl;
    sie manifestiert sich in der Form der Kontingenz. Die Kontinuität besteht.
    Aber sie ist so unanschaulich wie der Glaube."
[41] Entsprechend kommen Gestalten und Ereignisse der Geschichte Israels nur als
    Typoi in Betracht (Röm 5,14; 1 Kor 10,6; 2 Kor 3 u. ö.). Vgl. *R. Bultmann*,
    Heilsgeschichte und Geschichte, in: *ders.*, Exegetica. Tübingen 1967, 356–368;
    ders., Ursprung und Sinn der Typologie als Hermeneutischer Methode, ebd.
    369–380.

seine διακονία (Dienst) und sich als δοῦλος (Diener) sieht Paulus in einem Gegensatz von radikaler Ausschließlichkeit zum „Dienst" bzw. Selbstverständnis der Widersacher: diese sind Diener des Buchstabens, der tötet; er selbst ist Diener des Geistes, der lebendig macht (3,6ff). Dabei ist auch das Wie der διακονία strittig (4,1ff). Ohne zu entscheiden, ob der in diesem Zusammenhang erhobene Vorwurf – Selbstempfehlung durch listiges Verfälschen des Wortes Gottes (4,2; vgl. 2,17) – von Paulus den Gegnern gegenüber erhoben wurde oder umgekehrt, so ist doch jedenfalls deutlich, welches das von Paulus für den *lauteren* Apostel (2,17) geltend gemachte Kriterium ist: die Offenbarung der Wahrheit gegenüber jedem menschlichen Gewissen (4,2c). Daß dieser *so* offenbar gemachten Wahrheit dennoch nicht jedermann zustimmt, ist das Problem, dem sich Paulus in 2 Kor 4,3f zuwendet[42]. Die Lösung: nur ein Gegengott kann der Wahrheit Gottes den Weg versperren. Nur bei den „Verlorenen", nur dort, wo der „Gott dieses Äons" das Denken der Ungläubigen geblendet hat, wo er die Funktion des Gewissens, welches von sich aus der Wahrheit Gottes nicht widersprechen würde, gelähmt hat, nur dort ist das Evangelium „verborgen", kann „das Leuchten des Evangeliums von der Herrlichkeit Christi, der das Abbild Gottes ist", nicht *gesehen* werden (2 Kor 4,4)[43].

Der durch das Wirken Satans möglichen Unmöglichkeit der *Glaubensverweigerung* (vgl. die „Ungläubigen" in V. 4)[44] stellt Paulus die nur von

---

[42] Daß der Text kein Beleg für eine *praedestinatio gemina* bei Paulus ist, hat zuletzt gezeigt *B. Mayer*, Unter Gottes Heilsratschluß. Prädestinationsaussagen bei Paulus (FzB 15) Würzburg 1974, 124–130.

[43] Daß Paulus nicht mit der Verweigerung des Glaubens argumentiere, sondern mit der Verblendung durch Satan (*B. Mayer*, aaO. 130), ist eine schiefe Alternative. Die „Verlorenen" und die „Ungläubigen" interpretieren sich gegenseitig. „Es handelt sich bei der Frage des Glaubens um das Entweder-Oder: Gott oder Satan, dazwischen gibt es kein Tertium" (*R. Bultmann*, Der zweite Brief an die Korinther [KEK Sonderband], hrsg. von *E. Dinkler*, Göttingen 1976, 106). Erwogen wird von *Bultmann* freilich die öfter aufgestellte Behauptung, τῶν ἀπίστων (der Ungläubigen) sei Glosse, um den Unterschied zu den „Söhnen Israels" zu markieren, die nach 3,14 ja ebenfalls in ihren Gedanken verstockt sind. Das ist kaum einleuchtend, da für Paulus Glaube an das Evangelium den Unterschied zwischen Juden und Heiden ja gerade grundsätzlich aufhebt. Umgekehrt schließt die Verweigerung des Glaubens Juden wie Heiden als *Ungläubige* zusammen.

[44] Zum dualistischen Hintergrund dieser Vorstellung vgl. *Bultmann*, aaO. 106–109.

Gott her mögliche Möglichkeit des Glaubensgehorsams gegenüber[45].
Auch wenn Paulus das an den Aposteln und also an sich selbst und seiner
Berufung ins Apostelamt demonstriert (V. 5), so hat V. 6 doch grundsätzliche Geltung für jeden, der vom Herrschaftsbereich der satanischen Lüge
in den der göttlichen Wahrheit gerückt wird, also Christ wird. Denn wohl
hat der Apostel gegenüber den Christen ein spezifisches *Amt* (διακονία),
nicht aber eine spezifische γνῶσις (Christuserkenntnis), wie 3,18 beweist:
alle Christen[46] „schauen mit unverhülltem Angesicht die Herrlichkeit des
Herrn und werden in das gleiche Bild verwandelt von Herrlichkeit zu
Herrlichkeit als vom Herrn". Wenn dieser sich unaufhörlich vollziehende
Prozeß der Verwandlung identisch ist mit der Schau des Evangeliums von
der Herrlichkeit Christi (4,4), die nach 4,6 die Herzen erleuchtet bzw.
nach 4,16 die Erneuerung des „inneren Menschen" von Tag zu Tag
bewirkt, dann ist klar, daß es bei dem λάμπεσθαι ἐν ταῖς καρδίαις ἡμῶν
(Licht werden in unseren Herzen) um das Wirksamwerden der göttlichen
Schöpferkraft im geschichtlichen Leben des Glaubenden geht.
Die für unsere Fragestellung wichtige Beobachtung ist die der *Parallelisierung von Evangelium und Schöpfung*. Das *eschatologische* Heilsgeschehen
(der φωτισμός = Erleuchtung des Evangeliums von der Herrlichkeit
Christi) entspricht dem *protologischen* Schöpferhandeln Gottes („Es
werde Licht!"). Für das paulinische Gottesverständnis ist dieser Sachverhalt in mehrfacher Hinsicht aufschlußreich.
Das in Christus offenbare Heil Gottes denkt Paulus nicht im prophetischen Schema von Verheißung und Erfüllung, sondern in der apokalyptischen Entsprechung von Endzeit und Urzeit. Wo Gott *schöpferisch* auf
den Plan tritt, ist *Neuheit* schlechthin das Prädikat seines Tuns[47]. Das
heißt, heilsgeschichtliche Linien werden nirgends durchgezogen[48]. Das

---

[45]   *Bultmann*, aaO. 111 verweist auf Gal 1,16 als Sinnparallele.

[46]   Bei ἡμεῖς δὲ πάντες (wir aber alle) denkt Paulus an alle Christen. Vgl.
        Bultmann, aaO. 93.

[47]   Zur Kategorie der „Neuheit" vgl. *Conzelmann*, Fragen (Anm. 40) 125; *F.
        Hesse*, Kerygma oder geschichtliche Wirklichkeit? Kritische Fragen zu Gerhard
        von Rads „Theologie des Alten Testaments, I. Teil": ZThK 57 (1960) 17–26,
        hier 23.

[48]   Weswegen auch die Rede von dem *einen* Gott als dem Israel und Kirche
        einigenden Faktor eine Leerformel ist. Vor allem der Satz: „Der Gott des
        Paulus ist wie der Gott Jesu der Gott Abrahams, der Gott Isaaks und der Gott
        Jakobs" (*F. Mußner*, Traktat über die Juden, München 1979, 235) ist in dieser
        Undifferenziertheit mißverständlich. Der Satz wird dadurch nicht besser, daß
        Synoden und Bischofsworte ihn sich zu eigen machen! Vgl. meinen Beitrag

lehrt gerade auch das Abrahambeispiel in der paulinischen Interpretation (Röm 4,1–25; vgl. Gal 3,6–18). Paulus interpretiert Abrahams Erwählung entgegen der jüdischen Tradition[49] als erste gnadenweise Rechtfertigung eines *Gottlosen*, bei dem Gerechtigkeit nicht festgestellt, sondern durch einen schöpferischen Akt Gottes hergestellt wird, und zwar des Gottes, der die Toten lebendig macht und dem Nichtseienden ruft, daß es sei (Röm 4,17)[50]. Wie wenig Paulus auf den in der Geschichte Israels rettend und richtend handelnden Gott zurückgreifen kann, wie sehr er auf den „Schöpfer schlechthin"[51] verweisen muß, um das mit Christus gekommene *Neue* sachgerecht zu beschreiben, zeigen die geprägten Wendungen, mit denen nicht eine *Teil*aussage des Credo, sondern dessen Inhalt umfassend ausgesagt wird: Gott ist ὁ ἐγείρας Ἰησοῦν τὸν κύριον ἐκ νεκρῶν (der, der den Herrn Jesus von den Toten auferweckte, Gal 1,1; 2 Kor 1,9; 4,14; Röm 4,17.24). Dieses zentrale Credo wird sowohl mit der Auferweckung der Christen in Verbindung gebracht (Röm 8,11; 2 Kor 4,14) als auch mit der Gabe des Geistes (Röm 8,11) und des

---

„Zwei Heilswege? Zum theologischen Verhältnis von Israel und Kirche", in: *P.-G. Müller – W. Stenger*, Kontinuität und Einheit. FS F. Mußner, Freiburg 1981, 411–429. Glaube äußert sich jeweils konkret im Bekenntnis, das seinerseits in der Formulierung des Geglaubten abhängig ist von den je verschiedenen Gottesanschauungen und -vorstellungen, jedenfalls nie bezogen ist auf eine „nackte Tatsache" namens „Gott". In *dieser* Hinsicht (credendum!) ist der Gott Israels keineswegs der Gott der Christen, wie umgekehrt der Gott der Christen auch nicht der Gott Israels ist.

[49] Ihr zufolge ist Abraham die Verheißung zuteil geworden, *weil* er das Gesetz gehalten bzw. die Versuchungen bestanden hat (Sir 44,19–21; JosAnt I 183; 1 Makk 2,52). Im Rabbinismus wird Abraham zum Vater der Proselyten (*Bill* III 195). – Die von *H. H. Schmid*, Gerechtigkeit und Glaube. Genesis 15,1–6 und sein biblisch-theologischer Kontext: EvTh 40 (1980) 396–420, hier: 413f, angeführten Texte, die andere Interpretationsstränge belegen sollen, wonach die Verheißung dem Gesetz *vorgeordnet* bleibt, sind m. E. nicht beweiskräftig. Vor allem kennt keiner dieser Texte die von Paulus vorgenommene *Trennung* von Glaube und Werken des Gesetzes.

[50] Vgl. *W. Schrage*, Der Jakobusbrief (NTD 10) Göttingen 1973, 32; *Wilckens*, Röm (Anm. 15) 280–285.

[51] *G. Delling*, Geprägte partizipiale Gottesaussagen in der urchristlichen Verkündigung, in: *ders.*, Studien zum Neuen Testament und zum hellenistischen Judentum. Gesammelte Aufsätze 1950–1968, Göttingen 1970, 401–416, hier: 416. Er vermerkt mit Recht: „Wenn im Neuen Testament Gott des öfteren in geläufigen partizipialen Wendungen als Schöpfer bezeichnet wird [bei Paulus z. B. 1 Kor 8,6; 2 Kor 4,6; Röm 4,17], so ist damit nicht nur einfach eine alttestamentliche Wendung aufgenommen" (ebd.).

Apostelamtes (Gal 1,1; 2 Kor 4,14). Mit dem allem ist Gott als Gott der
Christen charakterisiert. „Christen sind, wie Röm. 4,24 ausdrücklich
sagt, Leute, die an den glauben, der Jesus … auferweckte … So wird ὁ
ἐγείρας … nahezu zu einem Gottesnamen"[52].
Ebenso deutlich auf den *Schöpfer* weist die Prädikation Gottes als des
Rufenden (ὁ καλέσας). Unter den partizipialen Gottesprädikationen
nimmt diese Wendung eine besondere Stellung ein[53]. In Gal 1,15 (Anspielung auf Jes 49,1) ist es Gott, der Paulus zum Apostel *beruft*. In Gal 1,6
und 5,8 ist der die christliche Existenz *begründende* Ruf Gottes gemeint,
durch den der Angerufene in die Heilsgemeinde eingegliedert und so
selber heil wird. Das entspricht dann auch dem übrigen paulinischen
Sprachgebrauch. Durch das Rufen Gottes wird man zum κλητός (Berufenen, 1 Kor 1,2; Röm 8,28) oder zum ἐκλεκτὸς θεοῦ (Auserwählten
Gottes) bzw. ἐκλεκτὸς ἐν κυρίῳ (Auserwählten im Herrn, Röm 8,33;
16,13; vgl. Kol 3,12)[54]. *K. L. Schmidt* verdient Zustimmung, daß solches
Rufen, Berufen, Nennen ein *verbum efficax* ist[55], das die verschiedenartig
umschriebenen Heilsinhalte nicht etwa nur *signalisiert*, sondern *realisiert*.
Ein besonders charakteristisches Beispiel dafür ist die Reihe in Röm 8,30:
„Die er vorherbestimmt hat, die hat er auch berufen; die er berufen hat,
die hat er auch gerechtfertigt; die er gerechtfertigt hat, die hat er auch
verherrlicht." Zeigt und verwirklicht das Rufen Gottes aber den Heilsvor-
gang schlechthin, so wird folgerichtig das bloße ὁ καλέσας ὑμᾶς (der uns
Berufende) „zum Prädikat Gottes in seiner Beziehung zu den Christen,
das völlig selbständig gebraucht werden kann, ohne vorhergehende sub-
stantivische Gottesbezeichnung (vgl. 1 Petr 2,9), Gal 1,6, wie auch ὁ
καλῶν ἡμᾶς (generelles Präsens) Gal 5,8; 1. Thess. 5,24"[56].
Immer aber ist damit das Heil als das dem Menschen schlechthin unverfügbare charakterisiert, das sich nur *im Hören* auf diesen Ruf erschließt[57].

---

[52] *Delling*, aaO. 407.
[53] *Delling*, aaO. 408f.
[54] Vgl. *W. G. Kümmel*, Kirchenbegriff und Geschichtsbewußtsein in der Urgemeinde und bei Jesus (SyBU 2) Uppsala 1943, 18f.
[55] *K. L. Schmidt*, Art. καλέω κτλ., in: ThWNT III (488–539) 490.
[56] *G. Delling*, Partizipiale Gottesprädikationen in den Briefen des Neuen Testaments: StTh 17 (1963) 1–59, hier: 29.
[57] Zur theologischen Bedeutung des Rufes als eines Prädikates Gottes vgl. *E.
Gräßer*, Das eine Evangelium. Hermeneutische Erwägungen zu Gal 1,6–10, in:
ders., Text und Situation. Gesammelte Aufsätze zum Neuen Testament,
Gütersloh 1973, 84–122, hier: 102–106.

Dieses grundlegende eschatologische Heilshandeln Gottes, des Schöpfers und Erlösers, ist konstitutiv für die Gemeinde Gottes. Wieder ist die „alttestamentliche Vorform"[58] – die partizipiale Bezeichnung Jahwes als dessen, der Israel aus Ägypten geführt hat (Dtn 5,6 u. ö.) – keine Sachparallele, sondern allenfalls eine *typologische Analogie*[59]. Wie denn überhaupt alttestamentliche Vorformen der neutestamentlichen Credenda – soweit vorhanden – nur als typologische in Betracht kommen. Denn der christliche Glaube ist nicht die Wiederholung oder Erneuerung der schon im Alten Bund gewährten und gelebten *emuna*, sondern die mit Christus gekommene *ganz neue Möglichkeit* (Gal 3,23–25: bevor der Glaube kam – als aber der Glaube gekommen war), die bis in sprachliche Neubildungen hinein sich als solche Ausdruck verschafft hat[60]. Pistis ist die durch das Heilstun Gottes gewährte Möglichkeit, im Herrschaftsbereich des Christus zu leben, das heißt „aus Glauben an Jesus" zu sein (Röm 3,26) bzw. an Christus zu glauben. Der Glaubende ist „neue Kreatur" (2 Kor 5,17; Gal 6,15), er ist *creatura verbi*. Dabei liegt das zwischen Altem und Neuem Testament Inkommensurable vor allem darin, „daß die Glaubensbotschaft zunächst den einzelnen als einzelnen isoliert, in die Nachfolge ruft, Entscheidung nicht nur *fordert*, sondern selbst schon *ist*. Als solcher einzelner, über den entschieden ist, ist er in der Kirche." In der Kirche, die „das Volk des Neuen Bundes" ist[61]. Auch wenn sich im christlichen Glauben die *Struktur* jüdischen Glaubens durchhält – *esse in relatione* –, so ist er in der neuen eschatologischen Situation doch etwas anderes als das alttestamentliche Credo[62]. Jüdischer Glaube ist nicht christlicher

---

[58] *Schmid*, Gerechtigkeit (Anm. 49) 419.

[59] *Conzelmann*, Fragen (Anm. 40) 117f.

[60] Zu πίστις εἰς bzw. πίστις Ἰησοῦ Χριστοῦ (Gen. Obj.) als sprachliche Neubildungen im NT vgl. *G. Ebeling*, Jesus und Glaube, in: *ders.*, Wort und Glaube [I.] Tübingen ³1967, 203–254, bes. 219f.

[61] *Conzelmann*, Fragen (Anm. 40) 125.

[62] Es dient nicht der Klärung der Verhältnisbestimmung, wenn gesagt wird: „Die antijüdische Kampflehre des Paulus: Rechtfertigung aus Glauben ohne Gesetzeswerke, stellt keineswegs einen neuen christlichen Glauben dem alten Glauben des Judentums entgegen. Das Christentum hat sich keineswegs als eine neue Glaubensreligion der jüdischen Gesetzesreligion gegenüber etabliert, sondern *christlicher Glaube ist alttestamentlich-jüdischer Glaube in neuer heilsgeschichtlicher Situation*" (*U. Wilckens*, Glaube nach urchristlichem und frühjüdischem Verständnis, in: *P. Lapide/F. Mußner/U. Wilckens*, Was Juden und Christen voneinander denken. Bausteine zum Brückenschlag, Freiburg 1978, 72–96, hier: 95f).

Glaube und christlicher Glaube ist nicht jüdischer Glaube[63]. Damit sind
die unausgesprochenen Voraussetzungen des christlichen Credo nicht
außer Kraft gesetzt. Und die wichtigste dieser Voraussetzungen ist zweifellos die, daß Gott, der Jesus erweckte, der Gott Israels, des Alten
Testamentes ist[64].

3.2 Ein Gott und ein Kyrios (1 Kor 8,6)

„Es dürfte eine Tatsache sein, daß Rechtfertigungsgedanke und Gottesgedanke bei Paulus unauflöslich verbunden sind"[65]. Mit diesem Satz wehrte
sich *E. Rohde* gegen die seinerzeit von verschiedenen Seiten vorgetragene
Behauptung, daß Paulus mit der Entfaltung seiner Theologie als Christologie den von Jesus noch streng bewahrten Monotheismus verwässere, ja,
den Gottesgedanken überhaupt in den Hintergrund schiebe. „Gegenstand
des gemeinsamen Kultus, der Herzensfrömmigkeit, des Gebets in aktuellen Angelegenheiten (II Cor 12,8), des religiösen Verkehrs im weitesten
Umfang wird Christus; Gott dagegen tritt für die praktische Frömmigkeit
zurück; er bleibt Gegenstand anbetender Kontemplation Röm 11,36...,
und heilsgeschichtlicher Spekulation (Röm 1–3; I Cor 15,28), die praktische Grundstellung zu ihm ist die rückhaltlose Unterwerfung des Willens,
die Anerkennung der schlechthinnigen Abhängigkeit (Röm 9,20f). Was
darüber hinausgeht, ist aus der Frömmigkeit Israels, der Psalmen vor
allem, und aus der Stoa herübergenommen..."[66]
So urteilen heute nicht einmal mehr diejenigen jüdischen Paulusforscher,

---

[63] Vgl., was *L. Baeck* als das Wesen *jüdischen* Glaubens herausstellt: Gottver-
trauen wird als *Glaube* bezeichnet. „Dieses Wort hat hier nichts von der
dogmatischen und konfessionellen Bedeutung, die ihm anderwärts eigen ist. Es
bezieht sich hier nicht auf Erkenntnisse und Sätze, in denen ein Wissen vom
Jenseitigen durch die Gnadengaben dargeboten sein will, es stellt nicht Güter
und Autoritäten als Glaubensgüter und Glaubensautoritäten hin, es ist von
keiner Theorie und keiner Scholastik umgeben. Darum hat sich hier ja auch
kein festes Glaubensbekenntnis aufgerichtet, kein Dogma mit seinem Gedan-
kenbau, diesem stolzen Turm, der in den Himmel ragen will. Glaube ist im
Judentum nichts anderes als das lebendige Bewußtsein des Allgegenwärtigen,
der Sinn für die Nähe Gottes, für seine Offenbarung, die sich in allem kundtut,
für das Schöpferische, das in allem lebt" (Wesen [Anm. 30] 129). Daß diese
Sätze sich bewußt vom paulinischen Glaubensverständnis abheben, spürt man.

[64] *Conzelmann*, Fragen (Anm. 40) 124.

[65] *E. Rohde*, Gottesglaube und Kyriosglaube bei Paulus: ZNW 22 (1923) 45.

[66] *R. Paulus*, Das Christusproblem der Gegenwart, Tübingen 1922, 31.

die in dem Apostel einen Apostaten sehen[67]. Und die christlichen Exege-
ten haben längst Übereinkunft darin erzielt, daß die Christologie bei
Paulus eine Funktion der Theologie ist – und nicht deren Versatzstück[68].
„Gottes Basileia ist der Inhalt der paulinischen Rechtfertigungslehre"[69].
Ein Zweifel daran ist kaum möglich, daß das letzte *Ziel* aller apostolischen
Wirksamkeit und Theologie dieses ist: *Gottes Ehre* durch Danksagung zu
mehren[70].

Gleichwohl bleibt die Verhältnisbestimmung von Gott und Christos, von
Theo-logie und Christo-logie ein wichtiges exegetisches und systemati-
sches Thema[71]. Sie läßt sich an einer Stelle der paulinischen Korrespondenz für das Ganze seiner Theologie ziemlich exakt vornehmen: 1 Kor
8,6.

Der Zusammenhang ist klar. Es geht um das Götzenopferfleisch (V. 4),
dessen Verzehr in Korinth unter den Judenchristen offenbar immer noch
gescheut wurde. Mit weltanschaulicher Aufgeklärtheit – so *scheint* es
zunächst – will Paulus dem begegnen: wir wissen, daß kein Götze in der
Welt existiert (V. 4b). Aber der Schein trügt. Das Wissen, auf das sich
Paulus zusammen mit der Gemeinde beruft, ist alles andere als ein
theoretisches Wissen, das aufgrund *eigenen* Erkennens zu richtigen
Schlüssen käme. Sondern es ist ein Bescheidwissen aufgrund von
Erkanntsein, aufgrund von κλῆσις (Erwähltsein). Nicht umsonst hat
Paulus diese Umkehrung – erkennen, *weil* man erkannt ist (vgl. die
Parallelen 1 Kor 13,12; Gal 4,9; Phil 3,12f) – als Beurteilungsmaßstab an
den Anfang der Götzenopferproblematik gestellt: „Wenn einer meint, er

---

[67] Vgl. vor allem *J. Klausner*, Von Jesus zu Paulus. Übertragung aus dem
      Hebräischen unter Mitwirkung des Verfassers von *Thieberger*, Jerusalem 1950,
      bes. 544ff; *C. G. Montefiore*, Judaism (Anm. 25). Aus neuester Zeit vgl. *M.
      Barth/J. Blank/J. Bloch/F. Mußner/R. J. Z. Werblowsky* (Hrsg.), Paulus –
      Apostat oder Apostel? Jüdische und christliche Antworten, Regensburg 1977;
      P. Lapide/P. Stuhlmacher, Paulus. Rabbi und Apostel. Ein jüdisch-christlicher
      Dialog, Stuttgart/München 1981.
[68] Nicht deutlich gesehen von *G. Sevenster*, Art. „Christologie des Urchristen-
      tums", in: RGG³ I (1957) 1745–1762, hier: 1746, wo es einseitig heißt: „Paulus
      kennzeichnet seine ganze Arbeit denn auch als ‚Christus Jesus verkündigen'
      (2 Kor 4,5)."
[69] *E. Käsemann*, Paulinische Perspektiven, Tübingen ²1972, 133.
[70] *E. Jüngel*, Gott – als Wort unserer Sprache (Anm. 8) 103.
[71] Grundlegend: *W. Thüsing*, Per Christum in Deum. Studien zum Verhältnis von
      Christozentrik und Theozentrik in den paulinischen Hauptbriefen (NTA N. F.
      1) Münster ²1969, passim. Vgl. auch *W. Schrage*, Theologie (Anm. 37).

habe etwas erkannt, so hat er noch nicht sachgemäß erkannt. Wenn aber einer Gott liebt, der ist von ihm erkannt" (V. 2f)[72]. Sachgemäßes Erkennen wird also von unsachgemäßem unterschieden. Im Blick auf den in Frage stehenden „Gegenstand" – Gott – ist es unsachgemäß, sich als (vermeintlich) erkennendes Subjekt zu ihm als dem erkannten Objekt zu verhalten und dann etwa (wie die Korinther?[73]) die weltanschauliche These zu vertreten: da es nur einen Gott gibt, kann es keine Götter (Götzen) geben. Sachgemäßes Erkennen Gottes ist vielmehr durch den Umschlag der Korrespondenz von Erkennen und Erkanntwerden angezeigt: wer Gott *liebt*, (nun nicht: der erkennt ihn richtig, sondern) der ist von ihm erkannt. In diesem Erkanntsein, das seinen Realgrund im Kreuz Christi hat (V. 11), weiß er, „daß niemand Gott ist als nur der eine". Er weiß es nicht als weltanschauliche Theorie. Er „weiß" es im existentiellen Betroffensein durch den *wahren* Gott, wodurch ihm die Götzen zu „sogenannten Göttern"[74] werden, das heißt, für ihn sinken sie zu ohnmächtigen Figuren herab und werden bedeutungslos. Die Existenz dieser Götter leugnet Paulus nicht, im Gegenteil (V. 5)! Aber sie gehen die von Gott Erkannten nichts an. Wer Gott, den wahren Gott, *liebt*, dem sind sie οἱ φύσει μὴ ὄντες θεοί (= Götter, die in Wirklichkeit keine sind, Gal 4,8). Die sachgemäße Gnosis, der *Glaube* also, hat *befreiende* Wirkung: sogenannte Götter gibt es für ihn ὡς μή, als gäbe es sie nicht (vgl. 1 Kor 7,29ff).

Wie wenig es sich bei der Frage nach dem *einen* Gott um einen ontologischen Sachverhalt handelt, wie wenig sie für Paulus Sache rationalistischer Gotteserkenntnis oder Sache der Selbsterfahrung des Menschen ist, sondern die Erfahrung der gnädigen Zuwendung Gottes zu uns, das zeigt vollends der Anfang von V. 6, der Paulus als „Grundlegung der Argumentation" dient[75]. Nachdem V. 5 konzediert hatte: „Auch wenn ... viele

---

[72] Übersetzung nach *H. Conzelmann*, Der erste Brief an die Korinther (KEK 7), Göttingen 1969, 164. Es liegt eine feste Wendung jüdischer Tradition hinsichtlich der Beziehung von Mensch und Gott zugrunde: „Es kennt der Herr die Seinen" (2 Tim 2,19; vgl. Num 16,5). Dazu Conzelmann, aaO. 167f; *C. Demke*, „Ein Gott und viele Herren". Die Verkündigung des einen Gottes in den Briefen des Paulus: EvTh 36 (1976) 473–484, passim.

[73] So *Conzelmann*, aaO. 164.

[74] Diese Abwertung, weil sie im Kosmos (der Schöpfung) existieren, also selbst Geschöpfe sind.

[75] *Conzelmann*, aaO. 170. – Zu 1 Kor 8,6 vgl. *A. Feuillet*, „La profession de la foi monothéiste de 1 Cor. 8, 4–6": SBFLA 13 (1962/63) 7–32; *ders.*, Le Christ sagesse de Dieu, Paris 1966, 59–85; *W. Kramer*, Christos Kyrios Gottessohn,

Götter und viele Herren existieren", heißt es jetzt: „So existiert doch für *uns* nur *ein* Gott, der Vater." Das ist ein Urteil, das nicht in subjektiver Beliebigkeit gegründet ist, sondern in dem objektiven Erwählungshandeln Gottes in Christus Jesus. Das εἶναι Gottes ist sein *esse pro nobis*, was kein ontologisches Urteil, sondern ein *anthropologisches* ist[76]. Gottes Sein ist kein objektiv konstatierbares Vorhandensein, sondern sein Bedeutsamsein für uns, worüber der *Glaube* entscheidet[77]. Die in V. 2f vorgenommene richtige Einstellung des Erkennenden gegenüber seinem „Gegenstand" – Gott – schlägt hier also noch einmal durch. Als von Gott Erkannte erkennen wir Gott. Pauli Verständnis vom existentiellen Charakter der Erkenntnis kommt hier zum Zuge.

Im übrigen handelt es sich in 1 Kor 8,6 um eine *Bekenntnisformel*[78], die weit über den Kontext hinausgreift. Denn auf die Frage nach dem Götzenopferfleisch hatte V. 4 bereits eine hinreichende Antwort gegeben, die in V. 6 nur wiederholt, nicht jedoch erweitert wird. Dagegen aber erfährt das Verhältnis Gott–Christos eine grundsätzliche Klärung[79].

Zunächst ist von zwei Prädikaten Gottes die Rede: εἷς (ein) und ὁ πατήρ (der Vater). Das erste Prädikat qualifiziert das Einzigsein Gottes weniger im numerischen als im qualitativen Sinn: er ist *einzig, einmalig, einzigartig, alleingültig, einheitlich, einstimmig*[80], aber auch – worauf *K. Barth* Wert legt – *einfach*[81]. Im Vorgriff auf V. 6b (καὶ εἷς κύριος Ἰησοῦς

Zürich 1963, §§ 22a,c,f,g, 67c; *A. Vögtle*, Das Neue Testament und die Zukunft des Kosmos, Düsseldorf 1970, 167–171; *C. Bussmann*, Themen der paulinischen Missionspredigt auf dem Hintergrund der spätjüdisch-hellenistischen Missionsliteratur, Bern/Frankfurt 1971, 75–80; *J. C. Gibbs*, Creation and Redemption, Leiden 1971, 59–73.91f.134–136; *H. Langkammer*, Literarische und theologische Einzelstücke in I Kor. VIII. 6: NTS 17 (1970/71) 193–197; *K. Wengst*, Christologische Formeln und Lieder des Urchristentums (StNT 7) Gütersloh 1972, 136–141.

[76] *Conzelmann*, aaO. 172. Er erklärt den Sinn des Dativ ἡμῖν mit den Dativen in 1 Kor 1,23f.

[77] Vgl. *Bultmann*, Theologie (Anm. 26) 229.

[78] Zur weiten Verbreitung der εἷς θεός-Formel im Judentum (hier ausgehend vom Schᵉma Dtn 6,4) und Heidentum vgl. vor allem *E. Peterson*, ΕΙΣ ΘΕΟΣ, Göttingen 1926, und die bei *Conzelmann*, 1 Kor (Anm. 72) 168ff, genannte Literatur.

[79] *Thüsing*, Per Christum (Anm. 71) 225. – Die Frage ist umstritten, ob Paulus die Formel übernommen oder ad hoc selbst formuliert hat (zur Diskussion: *W. Kramer*, Christos [Anm. 75] 91–95).

[80] *E. Stauffer*, Art. εἷς, in: ThWNT II 432–440.

[81] *K. Barth*, Kirchliche Dogmatik II/1 514–518.

Χριστός = und ein Herr Jesus Christus) und damit in Vorwegnahme des
Zuordnungsverhältnisses von Gott und Christus wird man sagen müssen,
daß inhaltlich das Einzigsein Gottes bestimmt ist durch das, was der „eine
Mensch" *Christus* gegen den „einen Menschen" *Adam* wiedergutgemacht
hat (1 Kor 15,21; Röm 5,12–21), indem er gegen den Tod das Leben
durchsetzte, indem er als der *eine* für *alle* gestorben ist (2 Kor 5,14). „Man
wird sagen müssen, daß dies der einzige neutestamentliche Beweis für die
Einzigkeit Gottes ist"[82]. Bekenntnis zu dem *Einen* Gott heißt neutestamentlich, dem Dank zu sagen, der uns den *Sieg* gegeben hat durch unsern
Herrn Jesus Christus (1 Kor 15,57).

Das zweite „Prädikat" – ὁ πατήρ (der Vater) – ist grammatisch Apposition und nicht eigentlich Prädikat[83]. Sie nennt – wie in V. 6b beim Kyrios
– den Namen Gottes. Als der ihn besonders auszeichnende Name ist ὁ
πατήρ gleichwohl *das* Prädikat Gottes, das ihm als dem Schöpfer aller
Dinge zukommt, aber auch wegen des Sohnes Jesus Christus sein besonderer Name ist. Die auch Eph 4,6 zur εἷς-Prädikation gesetzte Bezeichnung Gottes als des Vaters „hat im Paulinischen Verständnis jedenfalls
ihren Grund im Vatersein Gottes gegenüber dem Sohn schlechthin"[84]. In
ihm gründet unsere „Sohnschaft" (Röm 8,15; Gal 3,26), die es uns in der
Kraft des Geistes seines Sohnes möglich macht zu rufen: „Abba, Vater"
(Gal 4,6; vgl. Röm 8,15)[85]. |

Zu dem so prädizierten Gott tritt ein erklärender Relativsatz, der dem
zum Kyrios V. 6b hinzugefügten Relativsatz ganz parallel ist, ausgenom-
men die Präpositionen. Die aber entscheiden das sachliche Zuordnungs-

---

[82] *Barth*, ebd. 514. Nebenbei gesagt: was im Alten Testament von der Einzigkeit
Gottes gesagt wird, ist dasjenige, worauf sich die *indirekte* Anschauung von der
Einzigkeit gründet (*Barth*, ebd. 512). Die *direkte* hängt ausschließlich an der
Erkenntnis des *einen* Jesus Christus – mit allem, was *diese* Einzigkeit sachlich-
soteriologisch impliziert (*Barth*, ebd. 512–514). Mit Barth und den Reformato-
ren gilt tatsächlich: „Fragst du, wer der ist, er heißt Jesus Christ, der Herr
Zebaoth und ist kein anderer Gott, das Feld muß er behalten" (*Barth*, ebd.
514). Eine andere Bestimmung der Einzigkeit Gottes ist neutestamentlich-
christlich nicht möglich.
[83] Mit *Conzelmann*, 1 Kor (Anm. 72) 165 Anm. 4, gegen *Lietzmann*, der
übersetzt: „. . . so ist doch für uns nur der *eine* Gott der Vater" (*H. Lietzmann*,
An die Korinther I/II [HNT 9] Tübingen ⁵1969, 36).
[84] *Delling*, Gottesaussagen (Anm. 51) 416; vgl. *Demke*, Ein Gott (Anm. 72) 482;
vor allem aber *J. Jeremias*, Abba. Studien zur neutestamentlichen Theologie
und Zeitgeschichte, Göttingen 1966, 15–67.
[85] Vgl. *J. Weiß*, Der erste Korintherbrief (KEK 5) Göttingen ⁹1910, 223.

verhältnis von Gott und Christus. Bei Gott heißt es einmal, daß alles *aus* ihm ist und wir *auf* ihn hin sind; beim Sohn heißt es zweimal „durch" (διά): *durch* ihn ist alles und wir *durch* ihn. Ohne die Einzelelemente der Formel genauer zu analysieren[86], läßt sich die für unsere Fragestellung wichtige Unterscheidung doch klar erkennen: *Gott* wird als Schöpfer und Erlöser *schlechthin* prädiziert. Er ist Ursprung und Ziel von allem. Christus ist demgegenüber *Mittler* von allem, Mittler des Anfangs und des Endes aller Dinge, Mittler der Schöpfung und Mittler der Erlösung. Die Christozentrik steht also bei Paulus im Dienst seiner Theozentrik. Der Apostel lehrt nicht zwei Götter, sondern er vertritt konsequent die Selbstauslegung Gottes in Christus, wobei er der Theozentrik seines theologischen Denkens kein Quentchen wegnimmt: „Christus ist Gottes" (1 Kor 3,23), seine Herrschaft ohnehin ein Interim. Zuletzt wird Gott sein alles in allem (1 Kor 15,28).

3.3   Der einzige Gott (Röm 3,29f)

Es ist gesagt worden, daß das Leben des Paulus durch ein einziges Ereignis – die sogenannte Bekehrung – „in zwei Hälften zerrissen worden ist"[87]. Gleichwohl blieben die beiden Hälften durch ein einziges Thema verbunden, das sein Leben ausmachte: die *Gerechtigkeit Gottes*. Im „Dienst der Gerechtigkeit" stand der *Pharisäer* Paulus – „in der Treue zum jüdischen Gesetz übertraf ich die meisten Altersgenossen in meinem Volk, und mit dem größten Eifer setzte ich mich für die Überlieferungen meiner Väter ein" (Gal 1,14, Einheitsübersetzung) –, im „Dienst der Gerechtigkeit" stand auch der *Apostel* Jesu Christi (2 Kor 3,9). Um der Gerechtigkeit Gottes willen hat er die „Kirche Gottes" maßlos verfolgt (Gal 1,13; Phil 3,6; 1 Kor 15,9), um der Gerechtigkeit Gottes willen hat er hernach ebenso maßlos für sie gearbeitet (2 Kor 10,8; 13,10; 12,19; 1 Kor 15,10: „Mehr als sie alle habe ich mich abgemüht"; vgl. 1 Thess 2,9; 2 Kor 11,23)[88]. |

---

[86]   Das tut mit überzeugenden Ergebnissen *Thüsing*, Per Christum (Anm. 71) 225–232.

[87]   *M. Dibelius/W. G. Kümmel*, Paulus (SG 1160) Berlin ⁴1970, 42.

[88]   Zum Gesetz als dem durchgängigen Thema des Paulus, vorchristlich wie christlich, vgl. *A. Schlatter*, Paulus (CBL) Stuttgart ⁴1924 = *K. H. Rengstorf* (Hrsg.), Das Paulusbild in der neueren deutschen Forschung (WdF 24) Darmstadt 1964, 200–213.

Wenn aber das paulinische Thema schlechthin – Gerechtigkeit Gottes und damit das Gesetz – nicht gewechselt wurde, worin bestand dann das Zerreißen seines Lebens in zwei Hälften?

Darin, daß die Weise, wie man dieser Gerechtigkeit zu *entsprechen* hat, sich radikal veränderte: nach seiner Wendung zu Christus ging es Paulus nicht mehr darum, die *„eigene* Gerechtigkeit" zu suchen, „die aus dem *Gesetz* hervorgeht, sondern jene, die durch den *Glauben* an Christus kommt, die Gerechtigkeit, die Gott aufgrund des Glaubens schenkt" (Phil 3,9). Aus der jüdischen Synthese *„Glaube und Werke"* wird die paulinische Antithese *„Glaube oder Werke".* Das Evangelium *ist* diese Antithese. Und es ist vom Gesetz so radikal unterschieden wie das Leben vom Tode: „(Gott) hat uns tüchtig gemacht, Diener des Neuen Bundes zu sein, nicht des Buchstabens, sondern des Geistes. Denn der Buchstabe *tötet,* der Geist aber macht *lebendig"* (2 Kor 3,6). Auf seinem *alten* Standpunkt hat Paulus die Zerstörung der Gesetzesgerechtigkeit als *Beleidigung* Gottes verstanden; auf seinem *neuen* Standpunkt sieht er sie als *Verherrlichung* Gottes (Phil 1,11). Ein Umschlag also, wie er radikaler nicht sein kann. Und er wirft die Frage auf, ob auf dem neuen Standpunkt nicht auch das *Gottesbild* totaliter aliter verändert ist gegenüber dem alten.

Das ist in der Tat der Fall, wie sich – repräsentativ für das ganze der paulinischen Theologie – an der Stelle zeigt, an der Paulus das εἷς ὁ θεός (Gott ist einzig) aus dem Sch°ma (Dtn 6,4) als Argument seiner Rechtfertigungsbotschaft heranzieht: Röm 3,29f.

Der engere Kontext setzt mit der Frage in V. 27 ein: „Wo bleibt nun das Rühmen?" Gemeint ist das Rühmen der Juden den Heiden gegenüber (2,17ff), welches sich auf das heilsgeschichtliche Privileg stützt. Solches Rühmen erklärt Paulus für ausgeschlossen, weil kein *Unterschied* ist (3,23) zwischen den *Sündern aus den Heiden* (Gal 2,15) und den Sündern aus den Juden. *„Alle* haben gesündigt und werden umsonst gerechtfertigt durch Gottes Gnade kraft der Erlösung, die in Christus Jesus geschehen ist" (3,23f). Diese völlig neue Weise der Entsprechung von rechtfertigendem Gott und zu rechtfertigenden Sündern nennt Paulus das „Gesetz des Glaubens" (3,27)[89]: Gott erweist sich dadurch als gerecht, daß er den aus Glauben an Jesus Christus Lebenden rechtfertigt (V. 26). Während das Gesetz die Rechtfertigung des Menschen an seine Werke bindet, bindet |

---

[89]　Zu den Schwierigkeiten des Ausdrucks vgl. *Wilckens,* Röm (Anm. 15) 245–247.

Gott die Tora als „Gesetz des Glaubens" allein an den Glauben[90]. Durch
Gesetzeswerke soll der Mensch nicht gerecht werden (V. 28)[91].
Die folgende Begründung zeigt vollends, daß mit dem ausgeschlossenen
Rühmen die heilsgeschichtliche Prärogative Israels attackiert wird: „Oder
ist Gott etwa allein der Juden Gott und nicht auch der der Heiden?"
(V. 29). Kein Jude würde diese Frage verneinen, aber jeder Jude würde sie
differenzieren: Für die *Völker* ist Gott da als der Schöpfer und Herrscher
aller Menschen, denen eschatologisch Teilhabe am Heil *Israels* in Aussicht
gestellt ist (vgl. Jes 2,1–5); für das Volk der Juden ist er da – im
Ehegleichnis des Propheten Hosea gesprochen – als der Mann, der sich
ihm auf ewig anvertraut (Hos 2,21). Diese Differenzierung hebt Paulus
auf, indem er in V. 30 das Credo Israels – das täglich zu betende
Grundbekenntnis von der Einheit Gottes – „gezielt-provokativ"[92] auslegt:
„Wenn denn (gilt): Ein einziger (ist) Gott, der rechtfertigen wird die
Beschnittenen aufgrund von Glauben und die Unbeschnittenen durch
Glauben" (V. 30)[93]. Für jüdische Ohren ist·das ein ungeheurer Satz. Denn
er läßt sich für den, der in den Bahnen der väterlichen Überlieferung
denkt, nur als blasphemische *abrogatio legis* verstehen, was *U. Wilckens*
mit Recht unterstreicht. „Daß der eine Gott als der Schöpfer aller
Menschen seine *Bundes*gerechtigkeit Juden wie Heiden ohne Unterschied zuwende, ist für einen Juden unmöglich zu denken. Gesetz und
Beschneidung markieren eine Grenze, die wohl zu überschreiten, aber
nicht aufzuheben ist, ohne die göttliche Wahrheit der Erwählung anzuta-
sten. Nach jüdischem Urteil tut Paulus eben dies: Er hebt die heilsgeschichtliche Wahrheit und die absolut verpflichtende Geltung der Tora
auf, indem er die Gesetzesgerechtigkeit für Israel durch Glaubensgerechtigkeit für Juden und Heiden ersetzt"[94].
Kann der Jude das Einzigsein Jahwes nicht denken, ohne das ihm
korrespondierende Einzigsein des Volkes, dem er als Jude zugehört,
mitzudenken, so kann es Paulus nicht mehr denken, ohne das dem
Einzigsein Gottes korrespondierende Einzigsein des Sohnes mitzudenken, des εἷς ἄνθρωπος (ein Mensch, Röm 5,12.15 u. ö.), durch dessen

---

[90] *Wilckens,* aaO. 245.
[91] *Käsemann,* Röm (Anm. 7) 97; anders *Wilckens,* aaO. 247.
[92] *Wilckens,* aaO. 248.
[93] Übersetzung nach *Wilckens,* aaO. 244. – Für das NT und Dtn 6,4 vgl. jetzt *M.
      Peter,* Dtn 6,4 – ein monotheistischer Text?: BZ 24 (1980) 252–262, bes. 261f.
[94] *Wilckens,* aaO. 249; vgl. 248.

Gehorsam „die vielen zu Gerechten gemacht werden" (Röm 5,17). Mit dem Verfasser des Epheserbriefes gesagt: „Er hat das Gesetz samt seinen | Geboten und Forderungen aufgehoben, um die zwei (Juden und Heiden) in seiner Person zu dem einen neuen Menschen zu machen" (Eph 2,15). Εἷς θεός (ein Gott) – εἷς λαός (ein Volk) heißt die *jüdische* Entsprechung. Εἷς θεός (ein Gott) – ἓν σῶμα (ein Leib), welches *die vielen* sind (1 Kor 10,17), als *Glaubende,* so lautet die christliche Entsprechung. „Ihr seid alle durch den Glauben Söhne Gottes in Christus Jesus" (Gal 3,26). Dem Einssein Gottes korrespondiert das Einssein aller Glaubenden. „Es gibt nicht mehr Juden und Griechen, nicht Sklaven und Freie, nicht Mann und Frau; denn ihr alle seid ‚einer' (εἷς) in Christus Jesus. Wenn ihr aber zu Christus gehört, dann seid ihr Abrahams Nachkommen, Erben kraft der Verheißung" (Gal 3,28f). Die Tora samt den von ihrem Besitz hergeleiteten heilsgeschichtlichen Prärogativen haben für die Frage der Gerechtwerdung vor Gott ausgespielt. „Denn in Christus Jesus kommt es nicht mehr darauf an, beschnitten oder unbeschnitten zu sein, sondern darauf, den *Glauben* zu haben, der in der Liebe wirksam ist" (Gal 5,6)[95].

Das Einzigsein Gottes als das einzigartige Da-sein für Israel wird in dieser partikularistischen Fassung aufgesprengt. Gott ist der Gott aller Glaubenden. Und Glaubender kann jedermann sein, weil mit Christus der Glaube als Möglichkeit *aller* gekommen ist (Gal 3,25). Hinfort läuft die Trennungslinie nicht mehr zwischen Juden und Heiden, sondern zwischen Gesetz und Evangelium. Der Jude bejaht die Einheit Gottes „als die Macht des einen Gottes, der sich gegen die Sünder als seine Bestreiter durchsetzt"[96]. Der Christ bejaht dagegen die Einheit Gottes als die Macht des einen Gottes, der seine Gerechtigkeit darin erweist, daß er gerecht macht umsonst durch seine Gnade kraft der Erlösung, die in Jesus Christus geschehen ist (Röm 3,24); daß er gerecht macht die, die es nicht verdienen: die allesamt Gottlosen (Röm 4,5). Das ist *Evangelium.* Es

---

[95] Bemerkenswert ist in diesem Zusammenhang, daß Paulus in Gal 3,20 die Einheit Gottes, die hier als das Einssein Gottes mit sich selber verstanden ist (es gibt nicht die Figur eines „Mittlers" zwischen *Einem,* sondern nur zwischen zwei Parteien: ὁ δὲ θεὸς εἷς ἐστιν: Gott aber ist einer), als Beweis dafür anführen kann, daß das Gesetz nicht von Gott gegeben ist, sondern von einem Mittler. – Zu der exegetisch schwierigen Stelle, die Luther resignieren ließ (*ego mea vela colligo* = ich streiche meine Segel) vgl. besonders *H. Schlier,* Der Brief an die Galater (KEK 7) Göttingen ¹¹1951, 114ff; *F. Mußner,* Der Galaterbrief (HThK 9) Freiburg 1974, 248ff.

[96] *Wilckens,* Röm (Anm. 15) 251.

„verkündigt den einen Gott als den, der seine allen überlegene Macht zur Rettung aller einsetzt"[97]. |

Dieses Zerbrechen des Partikularismus ist Konsequenz aus dem Universalismus des Christusgeschehens, dessen allumfassende Bedeutung Paulus herausstellt (2 Kor 5,19). Der Auferweckte ist tatsächlich der Anfänger einer neuen Menschheit (vgl. Röm 5,18–21; 8,21–23)[98], die zusammengeschlossen ist unter dem Bekenntnis: εἷς κύριος καὶ πατὴρ πάντων, ὁ ἐπὶ πάντων καὶ διὰ πάντων καὶ ἐν πᾶσιν: „Ein Gott und Vater aller, der über allem und durch alles und in allem ist" (Eph 4,6)[99]. Sichtbar wird diese neu verstandene *Einzigkeit Gottes* und die völlig neue Weise, ihr zu entsprechen, allein in der *Verkündigung* des Christusereignisses, in der *Predigt der Kirche* also[100]. Sie ist der neue Wein in neuen Schläuchen.

---

[97] *Wilckens*, aaO. 251.

[98] *Dellings* Hinweis, daß im Unterschied zum Heilshandeln Gottes im Alten Testament sein Heilstun im Neuen Testament „nicht ausdrücklich auf die Heilsgemeinde bezogen" wird, scheint mir wichtig: Gottesaussagen (Anm. 51) 408.

[99] Tatsächlich ist es „nicht zufällig, sondern sehr charakteristisch, daß es einen Satz wie den bekannten ersten Glaubenssatz der sonstigen jüdischen und christlichen Missionspredigt bei Paulus *nicht* gibt: ‚zuerst von allem glaube, daß Einer Gott ist, der das All geschaffen und geordnet hat' (Herm. mand I; Aristeasbrief; Kerygma Petri u. ö.). Nicht als ob Paulus das alles als bekannt voraussetzte und auf die Topik jener jüdisch-christlichen Predigt und Theologie völlig verzichtete, aber alles ist bei ihm sofort in das große *Generalthema der Begegnung zwischen Gott und Mensch* verwoben, die Gericht oder Gnade bedeutet": *G. Bornkamm*, Glaube und Vernunft bei Paulus, in: *ders.*, Studien zu Antike und Christentum. Gesammelte Aufsätze II, München ²1963, 127.

[100] Vgl. *Conzelmann*, Fragen (Anm. 40) 121.

Exegese nach Auschwitz?

Kritische Anmerkungen zur hermeneutischen Bedeutung des Holocaust am Beispiel von Hebr 11

I.

Unter den vier Gründen, die die Rheinische Landessynode im Januar 1980 veranlaßten, sich „der geschichtlichen Notwendigkeit" eines neuen Verhältnisses „zum jüdischen Volk" zu stellen, wird als zweiter genannt: „Neue biblische Einsichten über die bleibende heilsgeschichtliche Bedeutung Israels (z.B. Röm 9–11), die im Zusammenhang mit dem Kirchenkampf gewonnen worden sind." [1]

Uns interessiert im folgenden das erste Element des Satzes, das als „die *hermeneutische* Bedeutung des Holocaust" erläutert wird [2]. Gemeint ist: „Von dem existentiellen Erschrecken angesichts des Holocaust her wird zurückgefragt nach den antijudaistischen Wurzeln, die die Theologie zu den entsetzlichen theologischen Disqualifizierungen und Definitionen der Juden und des jüdischen Volkes bis hin zur Enterbungsthese geführt haben." [3] Ohne die Bedeutung des Holocaust für unser aller Denken und Tun leugnen zu wollen, habe ich mich zur grundsätzlichen Problematik einer „Theologie nach Auschwitz" an anderer Stelle geäußert [4]. Jetzt geht es um die spezielle Frage einer *Exegese nach Auschwitz*, die „neue", und zwar „biblische Einsichten" als geschichtlich notwendig erbringen soll. Man möchte das nicht in dem Sinne verstehen, als sei Auschwitz eine „zweite Offenbarungsquelle" [5]. Sondern

---

[1] *Handreichung Nr. 39* für Mitglieder der Landessynode, der Kreissynoden und der Presbyterien in der Evangelischen Kirche im Rheinland: Zur Erneuerung des Verhältnisses von Christen und Juden. Mülheim (Ruhr) 1980, 9.

[2] *B. Klappert*, Die Wurzel trägt dich. Einführung in den Synodalbeschluß der Rheinischen Landessynode, in: *B. Klappert/H. Starck (Hg.)*, Umkehr und Erneuerung. Erläuterungen zum Synodalbeschluß der Rheinischen Landessynode 1980 „Zur Erneuerung des Verhältnisses von Christen und Juden". Neukirchen-Vluyn 1980 (23–54), hier 44–47.

[3] Ebd. 44. 45.

[4] *E. Gräßer*, Zwei Heilswege? Zum theologischen Verhältnis von Israel und Kirche, in: Kontinuität und Einheit. Für Franz Mußner. Hrsg. von *P.-G. Müller* und *W. Stenger*. Freiburg 1981, 411–429.

[5] *E. Bethge*, Der Holocaust als Wendepunkt, in: Umkehr (s. Anm. 2) 98f.

Auschwitz soll uns die „antijudaistische Brille" von der Nase holen, damit der Text dort, wo er jahrhundertelang mißdeutet wurde, endlich sein „wahres Gesicht" zeigen kann[6].

Dagegen wäre nichts einzuwenden. Im *Vollzug* der neuen Hermeneutik geschieht dann jedoch genau das, was ausdrücklich verneint wird, nämlich, „daß man nun eine ganze Holocaust-Theologie – geradezu in einem Holocaust-Trauma gefangen – in die neutestamentlichen Texte hineinliest"[7].

Ein besonders krasses Beispiel dafür wurde just auf der oben genannten Synode geliefert. Gemäß Geschäftsordnung wird „jede Sitzung ... mit Gottes Wort und Gebet eröffnet und mit Gebet geschlossen"[8]. Damit bekennt die Synode in Übereinstimmung mit dem Grundartikel I ihrer Kirchenordnung, „daß die Heilige Schrift die alleinige Quelle und vollkommene Richtschnur des Glaubens, der Lehre und des Lebens ist"[9]. Als *Form* der Sitzungseröffnung hat sich die „Bibelarbeit" eingebürgert. Es versteht sich, daß sie auf das jeweilige Proponendum einer Synode bezogen ist und also die Gestalt einer Kasualie haben kann. Die Gefahr, die ihm dabei „im Nacken" saß, hat E. Bethge bei seiner Bibelarbeit über 2 Kor 3, 12–18 u. 4, 6 gespürt und gefragt: „Regiert jetzt das Proponendum den Text oder regiert der Text das Proponendum?" Die selbstgegebene Antwort lautete: „Beides geschieht. Hoffentlich steht beides in positiver Wechselbeziehung."[10]

Von der Anwendung dieses hermeneutischen Zirkels ist in der am Tage der Beschlußfassung (11. 1. 1980) von B. Klappert über Hebr 11, 1.32–40; 12, 1f. gehaltenen Bibelarbeit m. E. nichts zu spüren[11]. Das Proponendum, das K. mit ausgearbeitet hat, präjudiziert die Textaussagen in einer so auffälligen Weise, daß man zunächst geneigt ist, gemäß jüdischer Weisheit darüber den Mantel des Vergessens zu breiten. Aber da nicht ausgeschlossen ist, daß solche „Exegesen" Schule machen, liegt die römische Weisheit aus Ovids „Remedia amoris" näher: principiis obsta!

---

[6] *F. Mußner*, Traktat über die Juden. München 1979, 16f. Anm. 7; vgl. B. Klappert (s. Anm. 2) 45.

[7] *B. Klappert* (s. Anm. 2) 44.

[8] „Geschäftsordnung für die Landessynode der Evangelischen Kirche im Rheinland", § 12 (2), in: Evangelisches Kirchenrecht im Rheinland. Bd. 1. Die Kirchenordnung und andere Grundgesetze. Hrsg. von der Evangelischen Kirche im Rheinland. Düsseldorf 1980, 154.

[9] A.a.O. 3. – Zu den Beschlüssen der Synode heißt es in § 30 (2) der Geschäftsordnung: „Bedenken, die von einem Bekenntnis her geltend gemacht werden, sind in gemeinsamer Beugung unter das Wort Gottes zu überwinden" (a.a.O. 160). Der „Synodalbeschluß zur Erneuerung des Verhältnisses von Christen und Juden" wurde bei 3 Gegenstimmen und 6 Enthaltungen mit 241 Stimmen angenommen. Vgl. Umkehr und Erneuerung (s. Anm. 2) VII.

[10] Handreichung (s. Anm. 1) 58.

[11] Ebd. 79–98. Die im Text ohne nähere Angaben gesetzten Seitenzahlen beziehen sich immer auf diese Bibelarbeit.

II.

Über die besondere Form der Bibelarbeit maße ich mir kein Urteil an. Es geht im folgenden allein um die in ihr gefällten exegetischen Entscheidungen.

Sie sind, was die *Textauswahl* anbetrifft, nicht anzufechten. Natürlich kann eine Exegese von Hebr 11 nicht von der *These* in V 1 absehen, die dann von V 2 an bis 12,3 expliziert wird. Denn das hieße Beispiele für etwas aufzuführen, was vorher gar nicht genannt war. Dagegen an den Beispielen selbst können Abstriche vorgenommen werden, da sie alle nur die eine Funktion haben, den in V 1 definierten Glauben zu exemplifizieren, und also keinen eigentlichen Gedankenfortschritt darstellen. Insofern ist gar nichts dagegen einzuwenden, wenn K. mit der These V 1 beginnt und die Beispielreihe erst in V 32 aufgreift. Selbst die literarkritisch begründete Vermutung, daß just die VV 32–38 (zusammen mit der Einlage VV 13–16) *nicht* zur ursprünglichen Vorlage von c. 11 gehören, sondern aus zweiter Hand stammen [12], spricht nicht gegen dieses Verfahren. Der Auctor ad Hebraeos hielt jedenfalls das Ganze in all seinen Teilen für passend, um das in V 1 definierte Glaubensverständnis zu erhärten und seiner in VV 39f. erkennbaren *paränetischen Tendenz* Ausdruck zu verleihen [13].

Auch die in der Beschränkung auf den Märtyrerkatalog deutlich werdende Absicht, die jüdische Leidensgeschichte besonders zu akzentuieren, um in einer dem Synodalthema entsprechenden *applicatio* die Kirche in bezug auf alle Formen des politischen Antijudaismus zu sensibilieren, ist zu billigen.

Dagegen stellen die *Ausblendung des Kontextes* sowie die *Textauslassungen* in 12,1ff. ein exegetisches Gravamen dar. Sie sind geeignet, die eigentliche Intention des Hebr zu verfremden.

Die Ausblendung des Kontextes ist deswegen besonders mißlich, weil der Verfasser des Hebr sein Schriftstück mit größter literarischer Sorgfalt komponiert hat und ihm an bruchlosen Übergängen gelegen ist. Das gilt auch ganz besonders für c. 11. Es ist umgeben von solchen Stellen, in denen *die* Seite des Glaubens besonders herausgearbeitet ist, die unser Verfasser als die wichtigste ansieht: das Moment der ausharrenden Treue. In 10,39 ist πίστις Oppositum zu ὑποστολή = Zurückweichen. Wie das näherhin gemeint ist, hatten VV 36–38 erläutert: „Was ihr braucht, ist Ausdauer (ὑπομονή), damit ihr den Willen Gottes erfüllen könnt und so das verheißene Gut erlangt. Denn nur noch eine kurze Zeit, dann wird der kommen, der kommen soll, und er bleibt nicht aus. Mein Gerechter aber wird durch den Glauben leben; doch wenn er zurückweicht, habe ich kein Gefallen an ihm. Wir aber gehören nicht zu denen, die zurückweichen und verlorengehen, sondern zu denen, die glauben und das Leben gewinnen" (Einheitsübersetzung). Daß die Definition des Glaubens in 11,1 unmittelbar daran anschließt, zeigt die adversative Konjunktion δέ (K. 79

---

[12] O. *Michel*, Der Brief an die Hebräer (KEK XIII). Göttingen ¹²1966, 372.
[13] VV 39f. ist die Handschrift des Verfassers am deutlichsten erkennbar. Vgl. O. *Michel* 372.

läßt sie auffälligerweise unübersetzt), die der Erklärung und Steigerung des Voranstehenden dient: „*Und zwar* ist Glaube ein Feststehen bei Gehofftem usw."[14] D.h., daß die inhaltliche Kennzeichnung des Glaubens in V 1 sich unmittelbar aus 10,39 ergibt. Und in ebenso enger Beziehung zur ὑπομονή als der Haltung der Standhaftigkeit, der Geduld, der ausharrenden Treue steht der Glaube auch *nach* c. 11. Mit *Ausdauer* (ὑπομονή) soll die Gemeinde in dem ihr aufgetragenen Wettkampf laufen, dabei auf Jesus blickend, „den Urheber und Vollender des Glaubens … Denkt an den, der von den Sündern solchen Widerstand gegen sich erduldet hat; dann werdet ihr nicht ermatten und den Mut nicht verlieren" (12,2a.3, Einheitsübersetzung).

Diese unmißverständliche Kennzeichnung des Glaubens als ausharrende Treue, die der Verfasser als Klammer um das c. 11 herumgelegt hat, ist natürlich als Deutekanon gemeint: auch das im Text des Kapitels ständig vorkommende πίστει, κατὰ πίστιν oder διὰ τῆς πίστεως ist in *diesem* Sinne zu verstehen. D.h. es geht in c. 11 in erster Linie um Akzentuierung des Glaubens auf Festigkeit und Treue[15]. In erster Linie! Daneben präludiert 11,1b („Gewißheit von Dingen, die man nicht sieht") die Haltung derjenigen Glaubenszeugen, die das dem Glauben eigene Verhältnis zur jetzt noch unsichtbaren Wirklichkeit leben, also Noach (V7), Abraham (VV 8–10), die Väter (VV 13–16), Mose (V27). Sollte es in der „Wolke von Zeugen" (12,1) überhaupt Präferenzen für den Hebr geben, dann hat man sie in *diesen* Beispielen und nicht im Märtyrerkatalog zu suchen. Denn jene *Fremdlinge* sind die eigentlichen Typoi des wandernden Gottesvolkes. So wie jene „bekannt haben, daß sie Fremde und Gäste auf Erden sind", die „nach einer besseren Heimat, nämlich der himmlischen, streben" (VV 13.16), so weiß es, daß es hier keine bleibende Stadt hat, sondern die zukünftige sucht (13,14).

Jedoch ist die ausharrende Treue der Zeugen dem Verfasser des Hebr sicher gleich wichtig. Man kann sogar darauf hinweisen, daß es etwas gibt, was allen exempla gemeinsam ist: ihre in ausweisloser Situation oder augenscheinlicher Sinnlosigkeit und Anfechtung bewährte Beharrlichkeit, die ihre Kraft zum Durchhalten aus dem Gerichtsein auf das Zukünftige und Unsichtbare empfing[16]. Eben in dieser *Verhaltensweise* sind die „Alten" (V 2) den Lesern des Hebr leuchtendes Beispiel. Das wird durch den (bei K. fehlenden) V2 erwiesen, der grundlegende Bedeutung für alles Folgende hat[17]. Er stellt sicher, *daß* und in welcher Weise sich These und Paradigma gegenseitig verifizieren: Sofern die Pistis nur jene feste *Hypo-stasis* ist, die aus der Gewißheit um das Unsichtbare erwächst, kommt man mit ihr ans Ziel. Die πρεσβύτεροι belegen

---

[14] Vgl. *Blass-Debrunner-Rehkopf*, Grammatik des neutestamentlichen Griechisch. Göttingen [14]1976, § 447, 1, c.

[15] Vgl. *G. Dautzenberg*, Der Glaube im Hebräerbrief, in: BZ N.F. 17 (1973) 161–177.

[16] *E. Käsemann*, Das wandernde Gottesvolk. Eine Untersuchung zum Hebräerbrief (FRLANT 55). Göttingen [4]1961, 24; *E. Gräßer*, Der Glaube im Hebräerbrief (MThSt 2) 1965, 47.

[17] *A. Schlatter*, Der Glaube im Neuen Testament. Stuttgart [4]1927 (= Darmstadt [5]1963) 526f.

das exemplarisch und überzeugend: ἐν ταύτῃ γάρ, d. h. in dieser V 1 beschriebenen Glaubenshaltung oder aufgrund der V 1 beschriebenen Haltung (ἐν = διά, vgl. 11,4.39) hat sie Gott selbst bestätigt (VV 2.5.39; 12,1). Beachtenswert ist, daß der Hebr an der Frage, ob und wieweit die Zeugen in den angeführten Situationen selbst „gläubig" waren, keinerlei Interesse hat. Gen 15,6 findet *keine* Erwähnung! Verständlich ist das allein, wenn man sieht, daß der Glaube als das mit dem Wort Gottes dargereichte *Instrument* (πίστει!) der ausschließliche Gegenstand des Exkurses in c. 11 ist. Der Verfasser erschließt ihn bei den genannten Zeugen „aus den über sie gefällten Urteilen, aus ihrem Verhalten, aus ihren Erfolgen, aber auch aus der Standhaftigkeit, mit der sie ihre Leiden ertrugen" [18]. Vorbildlich ist demnach z. B. nicht die Hure Rahab als solche (V 31), sondern jenseits ihrer subjektiven Qualifikation wird an diesem Beispiel gezeigt, wie *der* ins Recht gesetzt und belohnt wird, der es vermag, das Zukünftige (= Sieg des Volkes Israel) als gewiß zu erkennen. Vorbildlich ist z. B. auch nicht die Heimatlosigkeit als solche, sondern die darin zum Ausdruck kommende „unweltliche" Haltung (VV 8 f. 13 ff. 27). Vorbildlich sind auch nicht Kriegsruhm und Martyrium, Heldentum und Duldsamkeit als solche, die im „Sieger- und Märtyrerkatalog" gleichwertig nebeneinander stehen (VV 33 ff.) [19], sondern das in diesem Verhalten an den Tag kommende Beispiel der Beharrlichkeit. Das besagt dann aber, daß diese exempla nicht – wie K. will – „Zeugen der Tora Gottes ... des Rechtes und der Gerechtigkeit Gottes" sind (84) [20], schon gar nicht, daß sie die „christliche Gemeinde" aufrufen, eine Hoffnung zu leben, die „ihrem eigentlichen Wesen nach ein *Mitgehen* in der Reihe der tätigen, Friede und Freiheit, Recht und Gerechtigkeit aufrichtenden Zeugen Israels" ist (85). Sondern sie sind Zeugen dafür, daß Gott den Glaubenden zuweilen auf wunderbare Weise zu Hilfe kommt [21]. Will man für den *heutigen* Glaubensvollzug dennoch in diesen exempla politische Handlungsanweisungen sehen, so können es keinesfalls die von Gideon, Barak, Simson, Jiftach und David z. T. mit dem Schwert gesetzten Zeichen des „Glaubens" sein, durch die sie „im Krieg zu Helden geworden und feindliche Heere in die Flucht geschlagen haben" (V 34b). Dieses in der Übernahme der

---

[18] *H. Strathmann*, Der Brief an die Hebräer (NTD 9). Göttingen ⁷1954, 141.

[19] *H. Windisch*, Der Hebräerbrief (HNT 14). Tübingen ²1931, 105 weist darauf hin, daß 11,33–38 „der einzige Abschnitt im NT (sei), wo Kriegstaten als Glaubenszeugnisse gewertet und wo Kriegshelden und Märtyrer neben-, nicht gegeneinander gestellt werden".

[20] Die vorgenommene Assoziation dieser These mit der „gesellschaftlichen Dimension des Antisemitismus in Deutschland" unter dem Stichwort „Judenhaß und Sozialistenfeindschaft" (85) möchte ich hier keiner Kritik unterziehen.

[21] *F. J. Schierse*, Der Brief an die Hebräer (Geistliche Schriftlesung 18). Düsseldorf 1968, 122. – Möglich ist auch, daß der Hebr die in der Vorlage vorgeformten Beispiele summarisch übernimmt, ohne jeweils anzumerken, „daß dem Glaubenden alle sichtbare Erfüllung nur Sinnbild und Zeichen einer höheren, unsichtbaren Wirklichkeit sein kann" (ebd.). Die ganze Passage der „Erfolgsmeldungen" steht in Spannung zum bisherigen Glaubensbegriff, wonach es die *Sterbenden* sind, die bekunden, „daß die wahre Heimat des von Gott gerufenen Menschen im Himmel ist" (ebd. 121; vgl. E. Käsemann, Wanderndes Gottesvolk 21 f.).

„Schmach Christi" (11,26; 13,13), d. i. in der Nachfolge des Gekreuzigten *unmöglich* gewordene Zeichen des Glaubens sollte man nicht theologisch salvieren wollen, indem man abschwächend sagt, es handele sich bei den Zeugen aus jener Epoche der Geschichte Israels um „die Zeugen des sozialen Rechtes und sozialer Gerechtigkeit" (85), die *uns* den Glauben verstehen lehren als „eine für menschliche Befreiung und eine für Recht und Gerechtigkeit tätige Hoffnung" (84f.). Gründlicher kann man m. E. die im Hebr ausgearbeitete Paradoxie des Glaubens nicht mißverstehen. Sie besteht darin, daß man die μισθαποδοσία der zeitlichen Ergötzung vorzieht, im Ausgerichtetsein auf das Zukünftige die „Schmach des Messias für einen größeren Reichtum als die Schätze Ägyptens hält" (11,25f.). Mehr noch: die Pistis hat »grundsätzlich nichts mit der Erscheinungswelt zu tun«. Sie gehört vielmehr, wie E. Käsemann mit Recht aus 11,33ff. (dem von K. politisch gedeuteten Text!) entnimmt, „der Sphäre von Zeichen und Wundern an, ist eschatologische Haltung ..."[22].

Schließlich besagt die Konzentration auf die jeweils bewiesene *Haltung* der Glaubenszeugen in c. 11, daß auch der Katalog der Blutzeugen des Alten Bundes (VV 35–38) keineswegs martyrologisch überinterpretiert werden darf. Auch hier ist es so, daß nicht das Leiden als solches als nachahmenswertes Beispiel hingestellt wird, sondern die darin durchgehaltene Treue. „Gott hat sich zu ihrem *im* Leiden erfolgten und *trotz* des Leidens durchgehaltenen Zeugnis bekannt" (91, Sperrung von mir). Diese richtige Erkenntnis wird m. E. verfälscht, wenn es im nächsten Satz heißt: „Die Leidenden und Märtyrer der Makkabäerzeit sind nicht nur für die Geschichte des Judentums, sondern auch – wie der Verfasser des Hebräerbriefes bedeutungsvoll sagt – für das Christentum Märtyrer und (!) Zeugen des Glaubens." Sie sind *als* Märtyrer Zeugen des Glaubens. Noch genauer: sie sind wegen der im Leiden bewährten Glaubenstreue (= Standhaftigkeit) leuchtende Beispiele für die christliche Gemeinde. Auf diese nachzuahmende *Pistis* werden wir vom Hebr verwiesen und nicht „auf die Zeugen Israels als die Zeugen des messianischen *Leidens*" (90, Sperrung von mir). Eine solche Argumentation liest in das Paradigma etwas hinein, was die Paränese des Hebr so keineswegs intendiert. Denn abgesehen davon, daß ihr der Begriff „messianisches Leiden" fremd ist[23], bleibt sie bei der Ent-

---

[22] Vgl. *E. Käsemann*, Wanderndes Gottesvolk 21. – Wie wenig gerade der Hebr für eine politische Theologie taugt, mag neben der genannten grundsätzlichen Bestimmung gläubiger Existenz in der Welt seine *Ethik* zeigen. Sie ist – abgesehen von den konkreten Ermahnungen zur Liebe und Gastfreundschaft *untereinander* und zum Gebet, also zu den Verhaltensweisen *innerhalb* der Gemeinde – im Blick auf die Welt fast durchaus negativ: das Interesse am Staat, an der Öffentlichkeit und Mission fehlt ganz. „Der Wanderer zum Himmel zeigt wenig Interesse an der Rettung der Welt" (*R. Völkl*, Christ und Welt nach dem Neuen Testament. Würzburg 1961, 359. 358).

[23] Das dehnbare Wort „messianisch" ist ein Lieblingswort der Bibelarbeit. Es wird nicht nur umschreibend in die Übersetzung eingeführt (V 1: „Der Glaube ist ... Gewißheit von der [neuen messianischen] Welt Gottes"; V 40: „Zur [messianischen] Vollendung kommen"; 12,2: „Um der vor ihm liegenden [messianischen] Freude willen"), sondern zieht sich auch wie ein roter Faden durch die Auslegung. Was genau damit gemeint ist, wird nirgends gesagt. Aufgrund der Formulierung: „Der Glaube ist nach dem Hebräerbrief eine messianische Angelegenheit, ein Sich-Festma-

sprechung von leidendem Judentum und leidendem Christus nicht stehen[24], sondern streicht das *Überbietende* und damit die soteriologische Bedeutung dieses *einen* Leidenden heraus: „Obwohl er der Sohn war, hat er durch Leiden den Gehorsam gelernt und ist, zur Vollendung gelangt, für alle, die ihm gehorchen, der Urheber des ewigen Heils geworden" (5,8f.; vgl. 2,9). Auf ihn zuallererst und nicht „auf die Zeugen Israels als die Zeugen des messianischen Leidens" (90) werden wir verwiesen, wenn wir den Hebr fragen, wie wir den Glauben von 11,1 „lernen und bezeugen können" (vgl. 12,3; 13,13). Aus diesem *christologischen* Fundierungszusammenhang, nicht aus dem „untrennbar(en)" Zusammenhang der „Wolke der Leidenszeugen Israels" und der „Leidensgeschichte des Gekreuzigten" (95) kommt der im *Leiden* bewährten Pistis eine besondere Bedeutung zu: als „Anfänger und Vollender des Glaubens" hat Jesus das Glauben im eigentlichen Sinne geübt, und zwar vor allem auch durch die Bewährung im Leiden (5,7; 12,2). Eben darin sollen ihm die Christen nachfolgen (12,3). Sie sollen zu ihm vor das Lager (= Golgatha) hinausziehen und *seine* Schmach auf sich nehmen (13,13), eine bemerkenswerte Variation des paulinischen Gedankens: „Ich aber will mich allein des Kreuzes Jesu Christi, unseres Herrn, rühmen, durch das mir die Welt gekreuzigt ist und ich der Welt" (Gal 6,14). Die Übernahme der Schmach Christi ist für den Hebr Vollzug der Schicksalsgemeinschaft von Erlöser und Erlösten (vgl. 2,11–18), in der letztere jenes „besseren Besitzes" versichert sind, der ihnen „*bleibt*" (10,34). Daß nicht dieser christologische Fundierungszusammenhang, sondern allein die „Entsprechung zwischen dem Christus der Kirche und den Leidenszeugen Israels" (93) zur Sprache kommt, ist eine Folge davon, daß die gewichtige christologische Titulatur „Anfänger und Vollender des Glaubens" bei K. unausgelegt bleibt.

Ja, die *Textauslassungen* legen sogar die Vermutung nahe, daß die Unausgelegtheit der Christologie beabsichtigt ist. Es handelt sich um zwei Auslassungen: in 12,1 wird das mittlere Satzglied (V 1b), in 12,2 die Erhöhungsaussage am Ende (V 2c) weggelassen. Das hat einschneidende Konsequenzen für die Auslegung.

---

chen und Sich-Gründen in der kommenden Welt Gottes" (81) darf man vermuten, daß es sich um ein Ersatzwort für „eschatologisch" handelt. Aber warum der Worttausch? Soll er darauf hinweisen, daß „Messianismus der jüdische Beitrag zur Hoffnungs-Theologie aller Bibelreligionen bleibt" (P. Lapide, Der Messias Israels? Die Rheinische Synode und das Judentum, in: Umkehr [s. Anm. 2] 42)? Dann wäre mit K. (Die Eschatologie des Hebräerbriefs [TEH 156]. München 1969, 59) gegen K. (Bibelarbeit) zumindest der Hinweis nötig, daß „die radikalere Fassung der Transzendenz des Eschatologischen mit Hilfe des alexandrinischen Dualismus" eine nicht unbeträchtliche Transformation des „Messianismus" bedeutet. Das um so mehr, als K. zum Beleg E. Käsemann, Wanderndes Gottesvolk 21 zitiert: „Die Zukunft des Glaubens darf eben in keiner Weise als Fortsetzung der irdischen Gegenwart erscheinen" (K., Eschatologie 59, Anm. 129). Mir ist sehr die Frage, ob Juden solchen Glauben „eine messianische Angelegenheit" (K., Bibelarbeit 81) nennen würden.

[24] B. Klappert leitet diesen Gedanken von Bonhoeffer her (92) und führt dazu aus: „das unsägliche Leiden des Judentums im Holocaust(hat) – der Mord an den jüdischen Kindern macht es deutlich – die Dimension des Mitleidens mit dem Gekreuzigten ..., so daß Israel dadurch in eine Nähe zu dem Gekreuzigten gekommen ist, und zwar in eine viel größere Nähe als die Kirche, die

Zur ersten Auslassung: der ganze Vers 12, 1 lautet (in Klammern die Auslassung): „Da uns eine solche Wolke von Zeugen umgibt, (wollen auch wir alle Last und die Fesseln der Sünde abwerfen). Laßt uns mit Ausdauer in dem Wettkampf laufen, der uns aufgetragen ist" (Einheitsübersetzung). Das ausgefallene Satzglied steht im Urtext im Partizip: *indem* der Läufer in dieser Situation sich freimacht von aller ihn hemmenden Last[25] und der ihn leicht umstrickenden Sünde (= die Versuchung zur Aufgabe, zum Abfall), soll er mit Geduld in dem Wettkampf laufen. Der Ballastabwurf ist also eine Voraussetzung für das bis zum Ziel aushaltende Laufen im Wettkampf. Mit dem Sätzchen lenkt unser Verfasser zurück zum Ausgangspunkt seines Exkurses, nämlich zu 10,35–39, wo das Zurückweichen als der Unglaube schlechthin bestimmt wird. Solches Zurückweichen (Abfall) ist für den Hebr die eigentliche Sünde. *Dieser* Gefahr will er wehren. Darin sieht er den eigentlichen paränetischen Zielgedanken, wie die conclusio in V 3 zeigt, welche K. entsprechend seiner Auslassung in V 1 b überhaupt nicht erwähnt! Seiner Schere fällt damit aber das entscheidende Motiv des Hebr zum Opfer. Es ist nicht das Martyrium, sondern die Müdigkeit der Gemeinde (12,12), das Verlassen der Versammlungen (10,25), die Gefahr des Zurückbleibens (4,1; 10,39), ja, des Abbruchs der Wanderschaft (6,6; 10,26–31). Er wäre irreversibel. Zwar war die Gemeinde in der *Vergangenheit* mancher harten Bedrückung (ἄθλησις) gemäß göttlicher Heilspädagogik (12,4–13) ausgesetzt und hat sich darin bewährt (10,32). Aber ein *Blutzeugnis* wird nicht erwähnt und scheint nicht aktuell[26]. Darauf deutet auch, daß ihre Situation der der *Wüstengeneration* entspricht (Num 14,29; Ps 95), jener „Ungehorsamen", die nicht in das Land der Ruhe hineinkommen konnten (3,7–19), und keineswegs der Situation der Makkabäer, die lieber sterben wollten, als wider das väterliche Gesetz zu handeln (2 Makk 7,2)[27].

---

damals größtenteils abseits gestanden hat" (Die Wurzel trägt dich [s. Anm. 2] 47). Was ist mit Nähe zu dem Gekreuzigten „gemeint"? Das NT kennt den Begriff des Mitleidens mit dem Gekreuzigten nicht, sondern spricht – die Unwiederholbarkeit dieses *einen* Leidens betonend – mit einem soteriologisch gefüllten Begriff von der „Gemeinschaft seiner Leiden" (Phil 3,10; vgl. 2 Kor 1,7). K. hat den qualitativen Unterschied gesehen, wenn er von einer „Entsprechung (nicht Identität) zwischen dem Christus der Kirche und den Leidenszeugen Israels" spricht (93). Er führt sie aber nicht aus.

[25] ὄγκος, hap. leg. im NT, ist als neues Objekt zu ἀποθέμενοι betont an den Anfang gestellt: jede den Läufer hemmende *Beschwernis* (O. Michel 428).

[26] O. Michel 437. – Hebr 12,4 könnte nach 2 Makk 13,14 verstanden werden und besagte dann, daß ein Widerstand bis aufs Blut bisher der Gemeinde noch nicht abverlangt war. Wahrscheinlicher aber ist, daß die bildhafte Situation des Wettkampfes fortbesteht: „Ihr habt noch nicht das Äußerste eingesetzt" (O. Michel 437).

[27] Zwar ist in c. 11 eine Gleichheit der Situation durch die Gleichheit der Verheißung für die Glaubenden des Alten und Neuen Bundes gegeben. Jedoch ist an den redaktionellen Eingriffen in die Vorlage (VV 1 f. 6. 13–16. 39 f.) abzulesen, daß der Hebr diese Gleichheit „nicht als eigenständiges Argumentationsziel verstanden wissen will, sondern daß er sie um seiner paränetischen Zielsetzung willen, d. h. um der Illustration einer bestimmten Glaubenshaltung willen mit Hilfe der dualistischen Betrachtungsweise der Schrift postuliert" (F. Laub, Bekenntnis und Auslegung. Die paränetische Funktion der Christologie im Hebräerbrief [Biblische Untersuchungen Bd. 15]. Regensburg 1980, 259).

Die Eliminierung bzw. Beschneidung des Rahmens von c. 11 bedeutet zwangsläufig, daß sich der Skopos verschiebt von der paränetisch-praktischen Aussage auf eine heilsgeschichtlich-dogmatische. Hebr 11 erhält eine ganz andere Funktion. Ist das Kapitel im Argumentationsgang des Hebr Paradigma des Glaubens, so in der Auslegung K.s *Ort* des Glaubens: „Wir müssen das als Christen und als Kirche wieder neu lernen, weil wir es gründlich vergessen haben: Glauben heißt, in die Geschichte des Volkes Israel hineingenommen sein" (82)[28]. Das (mit Jesus als krönendem Beispiel abgeschlossene) νέφος μαρτύρων, welches den Glauben als Haltung *illustrieren* und als Wanderung *intensivieren* soll, also Paradigma sein will, wird bei K. zum *Katechismus* einer „christlichen Theologie des Judentums"[29] nach Auschwitz, der fünf Hauptstücke enthält:

„1. jüdisches Zeugnis von der messianischen Welt Gottes
 2. jüdisches Zeugnis von der Tora und Gerechtigkeit Gottes
 3. jüdisches Zeugnis von der Einzigkeit des Namens Gottes
 4. jüdisches Bezeugen der ungekündigten Verheißung Gottes und
 5. jüdisches Erleiden des messianischen Leidens Gottes" (95).

Daraus folgt für K.: „Der Hebr ruft uns zur *Umkehr* (TESCHUBAH) auf, indem er uns zuruft: Der Messias Israels[30], den wir Christen als den Herrn

---

[28] Mit der stereotypen Formulierung K.s: „Wenn wir den Hebräerbrief fragen, wie wir diesen Glauben wieder *lernen* können" (81. 82. 83. 84. 86 u. ö.), wird der paradigmatische Charakter von c. 11 nur formal festgehalten. Tatsächlich wird bei K. das exemplum de fide überhöht zur institutio fidei, wie der grammatisch und theologisch unpräzise Satz zeigt: „Glauben *lernen* heißt, auf die Zeugen Israels als die Zeugen der messianischen Welt Gottes angewiesen zu sein" (82). Dem Hebr jedoch sind diese Zeugen *eine* Vorbildgruppe neben anderen. So kann er 13,7 den Glauben der „Vorsteher" der Gemeinde zur Nachahmung empfehlen und 6,11f. den Hoffnungseifer bestimmter *Gemeindeglieder*. Der auffällige Tatbestand allerdings, daß c. 11 nur Beispiele aus der Geschichte Israels nimmt, ist natürlich mit der literarischen Vorlage allein noch nicht ausreichend geklärt. Der Hebr unterstreicht damit die Kontinuität in der Disparatheit der Bünde. *Jene* sollten nicht ohne uns zur Vollendung gelangen (11,39f.), d.h., letztlich war ihr Glaube auch auf das eschatologische Handeln im Sohn ausgerichtet (vgl. F. Laub, Bekenntnis und Auslegung 258f. 161). Anders K. 89: „Nicht die Christen und Völker warten, daß Israel sich bekehrt, sondern Israel – sagt der Hebräerbrief – wartet in seiner Geschichte des Leidens, damit es nicht ohne die Christen, nicht ohne die Menschen aus den Völkern zur Vollendung gelangt." Davon kann keine Rede sein, sondern wegen der Unvollkommenheit des Alten Bundes war es zum Warten gezwungen (vgl. 4,1–13; 7,19; 8,7.13; 10,1).

[29] Der Begriff bei *C. Thoma*, Christliche Theologie des Judentums. Aschaffenburg 1978.

[30] An dem fragwürdigen Begriff hat F. Hesse die nötige Kritik geübt (Einige Anmerkungen zum Wort der rheinischen Landes-Synode über das Verhältnis von Christen und Juden, in: Umkehr [s. Anm. 2] 283f.). Wer darin nur die verstockte Meinung eines evangelischen Alttestamentlers meint sehen zu sollen, sei auf P. Lapide verwiesen, der dem Begriff nur dann einen „jüdischen Sinn" abgewinnen kann, wenn das letzte Wort ein genitivus subjectivus ist: „Ein von Israel ausgehender und zu Israel zugehöriger Jude, der zum ‚Heiland der Heiden' wurde :..." (ebd. 242). Aber müssen wir als Christen nicht mehr meinen wollen? Dann aber trifft uns voll die Anklage des Juden: „,Der Messias Israels' als genitivus objectivus, im Sinne eines Gesalbten, der Israel erlöst hat, widerspräche nicht nur dem Konsens des gläubigen Judentums, sondern würde auch von neuem eine Hintertür für die uralten Unterstellungen des Antijudaismus öffnen, nach denen die Juden ‚blind' und ‚verstockt' seien, da sie ihren eigenen Erlöser nicht anerkennen wollen" (ebd. 242f.).

der Kirche bekennen – schlägt das jüdische Zeugnis nicht tot, macht es nicht mundtot, rottet es nicht aus, sondern er richtet es auf, er setzt es in Kraft, er hat es – wie der Hebräerbrief sagt – gutgeheißen" (95). Folglich dürfen auch wir nicht meinen, ohne es auskommen zu können (ebd.).

Regiert bei den o. g. 5 Hauptstücken der Text oder das Proponendum?

III.

Daß Jesus der „Anfänger und Vollender des Glaubens" und damit der *christologische Grund* für das in 11,1 definierte Glaubensverständnis ist, wird nicht völlig ausgeblendet (die „Gewißheit der messianischen Hoffnung hat ... ihren Grund in der Geschichte Jesu Christi"), erscheint aber doch stark relativiert (angeblich kann „ohne die Wolke der Zeugen Israels ... der Christus der Kirche gar nicht verstanden und erkannt werden" [97]; das Umgekehrte dürfte die Meinung des Hebr treffen!) und reduziert („zwischen dem gekreuzigten Christus der Kirche und der Leidensgeschichte Israels" besteht eine „Entsprechung des wechselseitigen Zeugnisses" [95])[31]. Dieses „wechselseitige Zeugnis" ist schwer in der Theologie des Hebr unterzubringen. Nach dem programmatischen Eingangssatz 1,1f. ist durch das eschatologische Reden Gottes *im Sohn* das vorgängige Reden Gottes zu den Vätern *durch die Propheten* auf-gehoben im dialektischen Sinn des Wortes[32]. Die Erscheinung des Sohnes eröffnet eine neue Heilsepoche, in der entsprechend urchristlich-eschatologischer Geschichtsanschauung (vgl. 2 Kor 6,2) das Heil schon Gegenwart und zugleich doch noch Zukunft ist, wie der Hebr mit betontem σήμερον mehrfach unterstreicht (3,7.13.15; 4,7; 13,8). Es handelt sich im Verhältnis von Altem und Neuem Bund um eine qualitative Differenz der Zeiten (7,22; 8,6.8f.; 9,4.15)[33] und trotzdem nach 4,2.6 nicht um eine Differenz des Wor-

---

[31] Wie das gemeint ist, zeigt besonders die Auslegung von Hebr 12,24. Das Blut Jesu rede zwar „besser, vernehmlicher und lauter als das Blut Abels", beseitige aber dessen Stimme nicht. »Im Gegenteil: Das Leiden und Sterben Jesu Christi erinnert und bewahrt und verstärkt das Schreien des Blutes Abels. Der Komparativ (besser, vernehmlicher, lauter) ist hier nicht exklusiv, sondern inklusiv verstanden" (84). Eine solche Exegese ist nicht unmöglich, aber schwierig (vgl. O. Michel 468f.). Ist das κρείττων nicht doch vor dem Hintergrund der jüdischen Tradition zu sehen, wonach Abels Blut nach *Rache* schreit (Gen 4,10; Jub 4,3; Hen 22,5–7; Hebr 11,4)? – Im übrigen wird die behauptete Wechselseitigkeit nur nach einer Seite hin erläutert: angeblich „kann" und „will" der Christus, „wie der Hebräerbrief ihn uns vor Augen stellt, nicht ohne dieses Zeugnis der Leidens- und Hoffnungszeugen Israels sein" (95) – was immer das heißen mag! Und deswegen sollen wir nicht „so arrogant sein, so hybride sein, so verblendet sein, ohne dieses Zeugnis auskommen zu wollen" (ebd.). Aber heißt „wechselseitiges Zeugnis" nicht, daß umgekehrt auch Israel nicht ohne das Zeugnis des gekreuzigten Christus der Kirche sein kann und sein will? Und: wie kann Israel so verblendet sein, ohne dieses Zeugnis auskommen zu wollen?! Kein Wort davon in der Bibelarbeit!

[32] Vgl. *E. Gräßer*, Hebräer 1,1–4. Ein exegetischer Versuch, in: *ders.*, Text und Situation. Gesammelte Aufsätze zum Neuen Testament. Gütersloh 1973, 182–228.

[33] Vgl. *U. Luz*, Der Alte und der Neue Bund bei Paulus und im Hebräerbrief, in: EvTh 27 (1967) 318–336.

tes Gottes: uns ist keine andere frohe Botschaft verkündet worden als den Vätern; „doch hat ihnen das Wort, das sie hörten, nichts genützt, weil es sich nicht durch den Glauben mit den Hörern verband" (4,2). Und gerade auch die etwas andere heilsgeschichtliche Sicht in c. 11, in der eine ungebrochene Sukzession von Helden des Glaubens aufgewiesen wird von Abel bis zur ἐκκλησία πρωτοτόκων (12,23), welche schon da steht, wo alle Heils„geschichte" ein Ende hat[34], legt nicht ein wechselseitiges, sondern ein einheitliches Zeugnis nahe. Jedenfalls geht man an der Theologie des Wortes Gottes, wie sie der Hebr vertritt, total vorbei, wenn man durch ihn, „das jüdische Zeugnis" als ein Gegenüber zum christlichen „in Kraft" gesetzt sieht (95)[35].

Als christologische Ausdünnung ist schließlich das Weglassen der Erhöhungsaussage in 12,2 zu bewerten.

Redet man vom Kreuz ohne die sessio ad dexteram, verfehlt man das Zentrum der Christologie und damit der Theologie des Hebr, wie schon der Schlüsselvers des ganzen Schriftstückes, V 3 c.d im Exordium 1,1–4, zeigt: „Nachdem er eine Reinigung von Sünden bewirkt hatte, setzte er sich zur Rechten der Majestät in den Höhen." Diese den christologischen Hymnen des Neuen Testaments entsprechende Figur beherrscht auch 12,2. Bei der vor Jesus liegenden „Freude" darf nicht ungesagt bleiben, daß es sich bei ihr um die Erhöhung zur Rechten Gottes handelt, weil nur so begründet ist, daß Jesus „Anfänger und Vollender des Glaubens" ist[36]. Sein „Glaubensweg" stellt ihn zwar einerseits in die Reihe der exempla de fide, hebt ihn andererseits aber bezeichnend von ihnen ab. Auch sein Weg war ein ἀγών (vgl. 5,7ff.). Denn „die vor ihm liegende Freude" als Telos seines Weges, d.i. die sessio ad dexteram, war auch ihm erreichbar nur so, daß er das Kreuz erduldete und die Schande gering achtete (vgl. Phil 2,5ff.; 1 Tim 3,16; 1 Clem 36). Doch handelt es sich bei diesem einen ἀγών nicht um *ein* vorbildliches Märtyrerexemplar unter *vielen anderen,* sondern um ein „urbildliches": Die im Kreuz angezeigte soteriologische Dimension, die Tatsache, daß durch seinen Gehorsam Jesus den ihm Gehorsamen *Ursächer* ewiger Soteria geworden ist (5,9), die Tatsache schließlich, daß diesem als bisher einzigem der verheißene Kampfpreis zuteil wurde, setzt diesen einen ἀγών unverwechselbar von dem Märtyrerkatalog c. 11 ab (vgl. V 39f.). Darum auch – diesen qualitativen Unterschied einfangend – formuliert der Hebr: „Anfänger und Vollender des Glaubens", was Bengel im Gnomon z. St. so kommentierte: Hac appellatione distinguitur Jesus ab omnibus iis, qui cap. 11 enumerantur. Ipse exemplum unicum, unica norma ac regula fidei est[37].

---

[34] H. *Windisch* 116.

[35] Vgl. *E. Gräßer,* Das Heil als Wort. Exegetische Erwägungen zu Hebr 2,1–4, in: Neues Testament und Geschichte, FS O. Cullmann. Zürich-Tübingen 1972, 261–274.

[36] Theodoret unterstreicht mit Recht den heilsgeschichtlichen Aspekt: ἀρὰ δὲ ωτῆρος, τῶν ἀνθρώπων ἡ σωτηρία (MPG 82, Sp. 769/772).

[37] Zum Ganzen vgl. *E. Gräßer,* Der Glaube im Hebräerbrief 58.

Von dieser zentralen christlichen Wahrheit ist in der hier kritisch beleuchteten „Bibelarbeit" gar nicht, oder sagen wir vorsichtiger: kaum die Rede. Natürlich nicht deswegen (ich betone das ausdrücklich!), weil sie dem Ausleger nicht mehr wichtig wäre, sondern (so vermute ich), weil er meinte, auf einer Synode mit dem Thema „Erneuerung des Verhältnisses von Christen und Juden" die Akzente anders setzen zu sollen – eben in der Perspektive der „Holocaust-Theologie". Die Christologie markiert nun einmal die entscheidende Trennungslinie, worüber sich alle einig sind. Mit ihr einen Dialog *eröffnen* zu wollen, hieße, ihn zu beenden, ehe er angefangen hat. Andererseits dürfen wir bei unserer Begegnung mit dem Judentum mit der christologischen Herausforderung nicht völlig hinter dem Berg halten (theologischer Besitzverzicht [38]). Hier liegt der kritische Vorbehalt, der sich nicht gegen K.s persönliches Engagement im christlich-jüdischen Dialog, sondern gegen die *Methode* der Holocaust-Theologie richtet. *Nötigt* sie nicht zu solchem Hinter-dem-Berge-halten? Und weiter: was ist die hermeneutische Bedeutung des Holocaust für die Exegese? Gesagt wird: daß neue biblische Einsichten aus geschichtlicher Notwendigkeit heraus gewonnen werden. Das vorliegende Beispiel macht skeptisch. Sind es wirklich *biblische,* also aus der Exegese gewonnene Einsichten? Man wird das bezweifeln, wenn man sieht, wie Hebr 11 gegen den Strich gebürstet wird. Der Text scheint dem Interpreten aus Gründen, die nicht im Text selber liegen, für seine Argumentation brauchbar zu sein. Sollte das aber die notwendige Folge der hermeneutischen Bedeutung von Auschwitz für die Exegese sein, hätten wir ihr schleunigst den Abschied zu geben.

Nachtrag

Zu vorstehendem Aufsatz nimmt kritisch Stellung *K. Haacker,* Der Glaube im Hebräerbrief und die hermeneutische Bedeutung des Holocaust. Bemerkungen zu einer aktuellen Kontroverse: ThZ 39, 1983, 152–165. Er wirft mir Abweichung von der exegetischen Position vor, die ich in meinem Buch „Der Glaube im Hebräerbrief" (1965) eingenommen hätte. Dabei habe ich meine Kritik an der christologischen Ausdünnung durch Weglassen von Hebr 12,2 bei *Klappert* doch gerade damit begründet, daß ich fast wörtlich abschreibe, was ich in „Der Glaube …" S. 58 geschrieben hatte (s. o. Anm. 37).

---

[38] Michael Trowitzsch macht mich brieflich darauf aufmerksam: Was „besitzen" wir eigentlich theologisch? Im Blick auf 1 Kor 4,7 eine sehr berechtigte Frage!

Christen und Juden*

Neutestamentliche Erwägungen zu einem aktuellen Thema

I.

Der Synodalbeschluß der Landessynode der Evangelischen Kirche im Rheinland „Zur Erneuerung des Verhältnisses von Christen und Juden" vom 11. Januar 1980[1] hat eine Diskussion ausgelöst, die durch Leidenschaftlichkeit und harte theologische Konfrontation gekennzeichnet ist[2]. Dabei geht der Streit nicht – wie etwa den Bonner „Erwägungen zur kirchlichen Handreichung zur Erneuerung des Verhältnisses von Christen und Juden"[3] unterstellt wird – um ein Ja oder Nein zur Erneuerung[4]. Das Ja ist unumstritten. Theologie und Kirche nach Auschwitz ist diese Erneuerung unabweisbar aufgetragen – als Bekenntnis der Schuld, als Akt der Buße, als Umkehr vom traditionellen Weg kirchlichen Antijudaismus und als Versöhnung mit Israel, dem „älteren Knecht unseres eigenen Herrn"[5]. Beschämend ist und bleibt allerdings, daß erst durch den Holocaust

---

* Antonius H. J. Gunneweg zum 60. Geburtstag.

[1] Veröffentlicht in: Handreichung für Mitglieder der Landessynode, der Kreissynoden und der Presbyterien in der Evangelischen Kirche im Rheinland Nr. 39. Mülheim (Ruhr) o. J. (1980), 9–11, auch in: EvTh 40/1980 260–262.

[2] Vgl. *B. Klappert, H. Gollwitzer, E. Bethge, P. Lapide*: Kritische Stellungnahmen zu einem Bonner Theologen-Papier über das Verhältnis von Christen und Juden, epd-Dokumentation Nr. 42/80; ferner *B. Klappert, H. Starck (Hrsg.)*, Umkehr und Erneuerung. Erläuterungen zum Synodalbeschluß der Rheinischen Landessynode 1980 „Zur Erneuerung des Verhältnisses von Christen und Juden", Neukirchen-Vluyn 1980.

[3] epd-Dokumentation Nr. 42/80, 14–17. Der Text ist von dreizehn Professoren der Ev.-Theol. Fakultät der Universität Bonn unterzeichnet, und zwar von Faulenbach, Goeters, Gräßer, Gunneweg, Hermisson, Honecker, Karpp, Krause, Plöger, Rothert, Schäferdiek, Schneemelcher und Schrage. Er wurde später auch von elf Mitgliedern der Ev.-Theol. Fakultät der Universität Münster unterschrieben, und zwar von Barbara Aland, Kurt Aland, Hesse, Kellermann, Kettler, Kittel, Klein, Marxsen, Merkel, Stupperich und Wendland.

[4] Z. B. von *B. Klappert*, „Kein Dokument der Erneuerung". Antwort auf Erwägungen von einigen Bonner Theologen zum Synodalbeschluß der Rheinischen Landessynode: epd-Dokumentation 42/80, 18–43. Sehr fair und nützlich für die Diskussion dagegen ist *U. Luz*, Zur Erneuerung des Verhältnisses von Christen und Juden. Bemerkungen zur Diskussion über die Rheinländer Synodalbeschlüsse, Jud 37/1981, 195–211; ferner *W. Schrage*, Ja und Nein – Bemerkungen eines Neutestamentlers zur Diskussion von Christen und Juden, in: EvTh 42/1982, 126–151.

[5] Den Ausdruck finde ich in einer für unser Thema ergiebigen, ausgezeichneten Meditation zu Römer 15,4–13 von *H. Stoevesandt*, in: hören und fragen, hrsg. von *A. Falkenroth* und *H. J. Held*, Ergänzungsband zu Bd. 3 und Bd. 4, Neukirchen 1981, 235.

diese theologische Denk-Wende in Gang kam. Dieselbe darf nun in der Tat nicht
auf bloße Verträglichkeit und gegenseitige Rücksichtnahme, auf Anerkennung
und Geltenlassen des jeweils anderen allein zielen, obwohl auch dieses humane
Ziel nicht wenig und kirchengeschichtlich jedenfalls ein Novum ist. Es geht um
mehr, nämlich um ein *genuines gegenseitiges Verstehen* von Juden und Christen um der theologischen Wahrheit willen. Die Selbigkeit des θεος λαλησας,
der einst durch die Propheten und am Ende dieser Tage im Sohn geredet hat
(Hebr 1,1 f.), rückt Israel und Kirche in ein Zuordnungsverhältnis, das nicht
beliebig, sondern theologisch elementar ist: Kirche und Israel sind ur-sächlich
und bleibend miteinander verbunden. Insofern ist es zu begrüßen, daß eine
evangelische Landeskirche in Deutschland – in diesem Falle und erstmals die
Rheinische – endlich einen Schritt hinaus tut über die im letzten Jahrzehnt
freundschaftlich, aber doch auch sehr·unverbindlich geführten christlich-jüdischen Dialoge, wenn sie Versöhnung nicht nur fordert, sondern praktiziert und
die eigene Identitätsbeschreibung nicht nur – wie bisher immer üblich – in
negativen Abgrenzungen vom Judentum vornimmt, sondern positiv nach dem
Verbindenden fragt. Das eröffnet Möglichkeiten eines Miteinanders von Juden
und Christen, die wir bisher kaum wahrgenommen, geschweige denn ausge-
schöpft haben.

Wenn gleichwohl die neuentdeckte theologische Relevanz Israels Fronten
schafft, in denen sich Christen als solche gegenseitig fragwürdig werden, so
nicht deshalb – noch einmal sei es betont –, weil die einen jene verheißungsvol-
len Möglichkeiten befürworteten, die anderen sie ablehnten. Nein, sondern
deswegen, weil den Rheinischen Beschluß tatsächlich nur „der eklatante Verlust
jeglicher Schriftbasis" möglich gemacht hat[6]. Zugespitzter gesagt: Wir haben
keinen Konsensus darüber, wie wir es mit der *Christologie* halten wollen.
Darum geht der (innertheologische) Streit. Und er indiziert nicht weniger als
eine theologische Grundlagenkrise, sofern wir hinsichtlich der evangelischen
Grundwahrheiten nicht mehr in einer Zunge reden. Das heißt im konkreten
Fall: Während die einen die Überwindung des „christlichen Antijudaismus" von
einer „Revision des christologischen Inhalts des Evangeliums selber" abhängig
machen[7], halten die anderen den „theologischen ‚Antijudaismus'" des Evangeliums für „christlich-theologisch essentiell" und unverzichtbar dort, wo es um
die Darstellung des Glaubens geht[8]. Ist aber die christliche Identität in dieser

---

Zur Sache vgl. auch den Abschnitt „Kirche und Israel", in: *A. Burgsmüller (Hrsg.)*,
Kirche als „Gemeinde von Brüdern" (Barmen III), Bd. 2. Votum des Theol. Ausschusses
der EKU, Gütersloh 1981, 98–103 (d. Verf. gehört zu der dort Anm. 39 genannten
Minderheit).

[6] *G. Klein*, Römer 3,21–28, in: GPM 34/1979/80, 418.

[7] *P. v. d. Osten-Sacken*, Von der Notwendigkeit theologischen Besitzverzichts. Nach-
wort zu: *R. Ruether*, Nächstenliebe und Brudermord. Die theologischen Wurzeln des
Antisemitismus, München 1978, 246. Zur Kritik an dieser Forderung vgl. *E. Gräßer*,
Antijudaismus bei Bultmann? Eine Erwiderung, WPKG 67/1978, bes. 420–423.

[8] *U. Wilckens*, Das Neue Testament und die Juden, EvTh 34/1974, 606 und 611; vgl.
ferner *H. Conzelmann*, Heiden–Juden–Christen (s. u. Anm. 15).

Weise strittig, müssen es notwendig auch die Ergebnisse eines christlich-jüdischen Dialoges sein. Denn das Gespräch von Juden und Christen ist überhaupt nur dort in sinnvoller Weise möglich, wo Christen nicht vorab das Zentrum des Christlichen verschleiern, ausdünnen oder sich dieses Zentrums gar entledigen und damit die Juden ihres *christlichen* Gesprächspartners berauben. Faktisch geschieht das aber überall dort, wo um der christlich-jüdischen Annäherung willen die Christologie beschnitten wird[9].

Eine Form solcher Beschneidung ist die heute beliebte Wendung, das Judesein Jesu und Pauli verbinde uns mit dem Judentum. Indem ich im folgenden Recht und Grenzen dieser Feststellung prüfe, wende ich mich nicht *gegen* den christlich-jüdischen Dialog, sondern ich will dessen sachliche Voraussetzung prüfen. Deutlicher gesagt: Meine Kritik richtet sich nicht gegen Juden, sondern an die Adresse christlicher Theologen, denen es um eine jüdische Theologie des Christentums geht, um derentwillen sie auch Abstriche an der Wahrheit des Evangeliums in Kauf nehmen.

II.

„Jesus war kein ‚Christ‘, sondern ein Jude, und seine Predigt bewegt sich im Anschauungskreis und in der Begriffswelt des Judentums, auch wo sie im Gegensatz gegen die traditionelle jüdische Religion steht."

Es war *Rudolf Bultmann*, der uns dies 1949 lehrte, als er die Verkündigung Jesu unter dem Kapitel „Das Judentum" abhandelte[10]. Dies braucht also niemand als neueste Erkenntnis einer sog. „Theologie nach Auschwitz" auszugeben. Spätestens seit *Albert Schweitzers* Buch „Von Reimarus zu Wrede" (1906) weiß man, daß Jesu Botschaft in den Rahmen der jüdischen Religion gehört. Wieweit man damit sogleich Ernst gemacht hat, steht freilich auf einem anderen Blatt. Unter dem Einfluß der liberalen Theologie des 19. Jahrhunderts, befördert überdies durch eine ausgeprägte humanistische Bildung und hier und da sicher auch durch den traditionellen kirchlichen Antijudaismus bedingt, hatten unsere theologischen Väter und Großväter ganz unverkennbar eine stärkere Sensibilität für das *griechische Erbe* im Neuen Testament. Das gilt unbeschadet der Tatsache, daß sie es waren, die das *Judentum* „als den eigentlichen Mutter-

---

[9] Ein eklatantes Beispiel dafür bietet die Bibelarbeit, die *B. Klappert* am Tage der Beschlußfassung der Rheinischen Landessynode über Hebräer 11, 1. 32–40; 12, 1 f. gehalten hat. Sie ist abgedruckt in: Handreichung, 79–100. Für Klappert selbst ist sie (zusammen mit den anderen auf der Landessynode gehaltenen Bibelarbeiten) „konstitutiv (!) für die Würdigung des Synodalbeschlusses und auch der Thesen" (epd-Dokumentation Nr. 42/80, 19); für mich ist sie eine exegetische Katastrophe. Vgl. *E. Gräßer*, Exegese nach Auschwitz? Kritische Anmerkungen zur hermeneutischen Bedeutung des Holocaust am Beispiel von Hebr 11, KuD 27/1981, 152–163.

[10] *R. Bultmann*, Das Urchristentum im Rahmen der antiken Religionen. Zürich 1949, 78. Ein ähnlich lautendes Urteil zu Paulus bei *R. Bultmann*,. Der Stil der paulinischen Predigt und die kynisch-stoische Diatribe (FRLANT 13), Göttingen 1910, 3.

schoss des Evangeliums" entdeckten[11] und die entsprechenden Standardwerke verfaßten[12]. Aber sie begriffen es – gemessen an dem ihrer Meinung nach prophetisch-sittlichen Ideal des vorexilischen Israel – als Verfallserscheinung, eben als ‚Spätjudentum'[13]. Das von daher zu erklärende und bis heute in der Exegese nachwirkende tendenziös-antijudaistische Moment ihrer Darstellung wird man sicher zu überprüfen haben. Gleichwohl muß m. E. methodisch auch weiterhin unterschieden werden, was im Neuen Testament unmittelbar Einfluß der Traditionen des Alten Testamentes ist und was sich dem Denken des zeitgenössischen Judentums verdankt[14]. Denn jene sind hier nicht in jedem Falle unverändert lebendig[15]. Bei der Bewältigung der hier anstehenden Aufgaben bedürfen wir der Hilfe jüdischer Gelehrter. Daß sie uns nicht versagt wird, sollte die neutestamentliche Wissenschaft lebhaft und dankbar begrüßen. Denn jüdische Forscher haben uns gegenüber einen Vorzug, der schwer einzuholen ist: Unmittelbarkeit zur Sprache und Tradition der Schrift und der Synagoge und in eins damit eine genuine Nähe zu dem jüdischen Erbe, das im Neuen Testament lebendig ist.

Die Zusammenarbeit hat freilich auch eine Grenze. Und indem wir sie aufzeigen, stoßen wir ins Zentrum der Problematik vor, um die es bei dem Thema Juden und Christen geht. Zug um Zug entdeckt die jüdische Erforschung des Neuen Testamentes Jesus als einen bedeutenden Sohn Israels. *Historischer* Generalnenner dieser Entdeckung ist: Jesus hat mit keinem Wort oder Werk das Judentum verlassen; seine „Heimholung" ist problemlos. *Christologischer* Generalnenner ist: Jesus wird als Mittler für die Völker anerkannt[16].

Der Dissensus zur christlichen Erforschung des Neuen Testaments ist offenkundig. Stößt diese doch (zumindest in einem kritisch gesicherten Minimalbestand)[17] auf authentische Jesusworte und -taten, die den jüdischen Rahmen

---

[11] *H. Gunkel*, Die Wirkungen des heiligen Geistes nach der populären Anschauung der apostolischen Zeit und der Lehre des Apostels Paulus. Eine biblisch-theologische Studie, Göttingen ³1909, 3.

[12] Zu nennen wären hier unter vielen *A. Hilgenfeld, J. Wellhausen, H. Ewald, E. Schürer, A. Schlatter, H. L. Strack/P. Billerbeck*. Genaueres siehe im Literaturüberblick bei *W. Bousset* und *H. Greßmann*, Die Religion des Judentums im späthellenistischen Zeitalter, Tübingen ⁴1966, 47.

[13] Vgl. *H. Liebeschütz*, Das Judentum im deutschem Geschichtsbild von Hegel bis Max Weber, Tübingen 1967; *R. Rendtorff, E. Stegemann (Hrsg.)*, Auschwitz – Krise der christlichen Theologie. Eine Vortragsreihe (ACJD 10), München 1980.

[14] Mit *H. Gunkel* (s. o. Anm. 11), 3.

[15] Vgl. dazu das jetzt ganz aus den Quellen gearbeitete Buch von *H. Conzelmann*, Heiden–Juden–Christen. Auseinandersetzungen in der Literatur der hellenistisch-römischen Zeit (BHTh 62), Tübingen 1981.

[16] Vgl. *P. Lapide*, Ist das nicht Josephs Sohn? Jesus im heutigen Judentum, Stuttgart 1976.

[17] Die jüdische Jesusforschung rechnet weniger kritisch mit einem Maximalbestand. Siehe dazu *H. Merkel*, Jesus im Widerstreit, in: Glaube und Gesellschaft. FS für W. F. Kasch, hrsg. von *K. Wolff*, Bayreuth 1981, 207–217.

sprengen [18]. Und von einer Eingrenzung der Messianität Jesu auf die Völkerwelt kann neutestamentlich nicht die Rede sein.

Fragen wir (unter Beiseitelassung exegetischer und methodischer Einzelfra-
gen) nach der Grundursache für diesen Dissensus, so stoßen wir auf das alte
Dilemma der Leben-Jesu-Forschung überhaupt: Sie will der Jesusüberlieferung
des Neuen Testamentes den ‚historischen‘ Jesus abgewinnen, obwohl die Jesustradition nirgendwo im Neuen Testament als bloß historische, sondern stets als
kerygmatische, als Ausdruck des Christuszeugnisses erscheint [19]. Für unser
Thema heißt das: Wenn jüdische Jesusforscher in den Evangelien einen unchri-
stologischen Jesus entdecken, der urjüdisch und nur-jüdisch war, so tun sie das
unter Abstrahierung vom christologischen Charakter der Jesustradition und
fragen nach dem Jesus *hinter* den Evangelien, nicht nach dem Jesus der Evangelien [20]. Wer im christlich-jüdischen Dialog diesen Weg der „Heimholung Jesu
ins Judentum" *(Schalom ben Chorin)* christlicherseits dennoch mitvollzieht,
weil so Jesus angeblich aus dem Widerstreit zwischen Judentum und Christentum herausgenommen und damit eine theologische Annäherung zwischen
Juden und Christen ermöglicht werde, der muß ignorieren, daß von dem ‚historischen‘ Jesus – wie jüdisch oder unjüdisch er immer auch gewesen sein mag –
kein direkter Weg zu der in den Evangelien erzählten Geschichte führt [21]. Das
ist zu erläutern.

Die Jesusüberlieferung ist in allen vier Evangelien von Ostern her erzählt.
Das hat nach jahrzehntelangem Ringen um die Frage nach dem historischen
Jesus zu der Einsicht geführt, daß eine Jesulogie ohne Christologie ebenso eine
Verkürzung wäre wie das Umgekehrte. Einfacher gesagt: Die beiden Worte
‚Jesus – Christus‘ sind ursprünglich kein Doppelname (wie z. B. Pontius Pila-
tus). Sie sind das Ur-Bekenntnis der frühen Christenheit. In ihm sind unlösbar
verschränkt das historische Einmal des geschichtlichen Menschen Jesus und das
eschatologische Ein-für-allemal (εφαπαξ) des himmlischen Christus [22]. Diese
Verschränkung gehört von allem Anfang an zum Wesen der christlichen Botschaft. Wer sie auflöst, hebt das Wesen der Botschaft selbst auf. Das aber heißt:

---

[18] Markus faßt sie zusammen als „eine neue Lehre in Vollmacht", über die die Leute
„erschrecken" (Mk 1,22.27; vgl. Mt 7,28; Mk 6,2; Mt 22,33; Mk 11,18b). Inhaltlich
wäre sie zu füllen anhand der Stichworte Anspruch Jesu; die Gottesherrschaft; die
Vollmacht Jesu. Statt der hier zu nennenden zahlreichen Literatur vgl. nur das schöne
Buch von *Chr. Demke*, Im Blickpunkt: Die Einzigartigkeit Jesu. Theologische Informa-
tionen für Nichttheologen, Berlin 1976; ferner *W. Schrage,* Ja und Nein (s. o. Anm. 4),
140–145.
[19] Vgl. *W. Schmithals*, Das Evangelium nach Markus (ÖTK 2/1), Gütersloh 1979, 61–
70 („Die Problematik der Frage nach dem historischen Jesus"), bes. 65.
[20] *M. Kählers* Vorwurf! Siehe unten Anm. 34.
[21] *G. Bornkamm*, Bibel. Das Neue Testament. Eine Einführung in seine Schriften im
Rahmen des Urchristentums (ThTh 9), Stuttgart 1971, 24.
[22] Ebd., 31.

Man kann einer Darstellung Jesu als Rabbi Jehoschua von Nazareth[23] nur folgen, indem man das Neue Testament *verläßt*.

Dafür zwei Beispiele. 1. Das Jesusbuch von *David Flusser* schließt mit dem Satz: „Und Jesus verschied"[24]. Darüber hinaus gibt es nichts zu sagen. Das ist für eine jüdische Jesusdarstellung nur konsequent. Der schmähliche Tod am Kreuz dokumentiert das Scheitern der Sendung Jesu. „Denn ein Gehängter ist ein von Gott Verfluchter" (Dtn 21,23; Gal 3,13). Er kann nicht der Erfüller aller Verheißungen Gottes sein. Er scheidet als Messias aus.

Für eine christliche Jesusdarstellung dagegen – und die Evangelien sind die ersten und für die Verkündigung der Kirche von kanonischer Dignität – ist das Ende der Anfang. „Jesu Geschichte beginnt mit ihrem Ende"[25]. Die Evangelisten berichten von ihm, weil er der auferweckte Gekreuzigte ist. Das ist eine solche Neuheit, daß sie sich sogleich auch eine neue Form schuf: die Evangelien. Sie hat es als literarische Gattung bis dahin überhaupt nicht gegeben. Markus dürfte ihr Schöpfer gewesen sein. „Neuer Wein gehört in neue Schläuche" (Mk 2,22 c). Das ist alles andere als eine Formalität. Es hat höchstes sachliches Gewicht und besagt: Alles im Neuen Testament Berichtete, einschließlich der in den Evangelien verarbeiteten ältesten Jesusüberlieferungen, gründet in der Gewißheit der Auferstehung Christi[26] und ist in aller seiner Mannigfaltigkeit Manifestation dieses Glaubens. „Ohne diesen Glauben wäre auch nicht ein einziges Stück der Jesusüberlieferung denkbar"[27]. Das Thema des Neuen Testaments läßt sich – ganz im Unterschied zum Alten Testament – auf *einen* Namen bringen: Jesus Christus. In der Konzentration der Thematik auf diesen Namen ist das Neue Testament als ganzes – auch dort, wo es das ,Leben Jesu' erzählt – Evangelium, d.h. Heilsbotschaft von Jesus Christus, Ansage, Proklamation, Vergegenwärtigung eines weltenwendenden Geschehens: der Versöhnung der Welt mit Gott in der Sendung, im Tod und in der Auferweckung Christi, die im Glauben ergriffen werden will[28]. Nur unter dieser Voraussetzung hat man die ursprünglich mündliche Überlieferung über Jesus schließlich schriftlich fixiert, die Paulusbriefe gesammelt und in den Gemeinden weitergereicht, womit eine Entwicklung eingeleitet war, die schließlich zur Bildung eines neutestamentlichen Kanons ge-

---

[23] Den Begriff gebrauchen programmatisch *G. Jankowski* u.a., Fin halbes Jahrhundert zu spät, (Texte und Kontexte Nr. 9) Febr. 1981, 7f.

[24] *D. Flusser*, Jesus in Selbsterzeugnissen und Bilddokumenten (RoMo 140), Reinbek 1968, 133.

[25] *G. Bornkamm*, Bibel, 33.

[26] Das gilt auch dann, wenn es richtig ist, daß in der ältesten Form der Spruchquelle Q das Passions- und Osterkerygma gefehlt hat. Implizite Christologie enthält auch sie, die auf den späteren Traditionsstufen dann durch zusätzliche christologische Reflexionen ausgeweitet wird. Vgl. *A. Polag*, Die Christologie der Logienquelle (WMANT 45), Neukirchen-Vluyn 1977, bes. 198 f.

[27] *G. Bornkamm*, Bibel, 34. Er fährt fort: Diesem Glauben „sind also nicht nur einige Lichter und Farben entnommen und der Überlieferung aufgesetzt. Vielmehr ist diese auch in ihren Berichten und in allen ihren Formen Christusbekenntnis und Botschaft".

[28] Vgl. dazu *G. Bornkamm*, Bibel 14. 28. So hat schon Luther ,Evangelium' verstanden und den Apostolos höher geschätzt als die synoptischen Evangelien: „Die Kenntnis seiner (Jesu) Werke und seiner Geschichte ist ja noch keine Kenntnis des rechten Evangeliums; denn damit weißt du noch nicht, daß er die Sünde, Tod und Teufel überwunden hat. Ebenso kennst du auch dann noch nicht das rechte Evangelium, wenn du diese Lehren und Gebote kennst, sondern erst wenn die Stimme kommt, die sagt: Christus ist dein eigen mit seinem Leben, Lehren, Werken, Sterben, Auferstehen und allem, was er ist, hat, tut und vermag" (*M. Luther*, Vorrede zum Neuen Testament, in: Calwer Luther-Ausgabe 9. Siebenstern-TB 112, München 1968, 16).

führt hat[29]. Aber wohlgemerkt: Neues Testament ist ursprünglich nicht als Buchtitel, sondern als theologische Aussage gemeint, die gleichermaßen Einheit und Unterschied der Offenbarung Gottes im Alten Bund und ihre Erfüllung in Christus ausspricht.

2. Das apostolische Glaubensbekenntnis hält Jesu irdischen Lebensweg nur in drei Stationen fest: geboren, gelitten, gekreuzigt. In einem Gespräch mit *Wolfhart Pannenberg* hat *Pinchas Lapide* jüngst die Frage gestellt, ob nicht die Ausklammerung des irdischen, lebendigen, lehrenden und bekehrenden Jesus aus dem Bekenntnis der Kirche ein unterschwelliger Grund dafür sei, daß die Verbindung zwischen Kirche und Judentum „so ungut und unfruchtbar" geworden sei[30]. Die Frage geht davon aus, daß bei Nichtausklammerung wir auf einen Jesus stießen, der „nie und nirgends die Torah des Mose gebrochen oder irgendwie zu ihrem Bruch aufgefordert" habe, sondern „erzjüdisch und rabbinisch angehaucht" auf Erden gelebt habe[31]. Die Frage ignoriert aber, welches das wesentliche und eigentliche Interesse der synoptischen Evangelien ist: nicht die „Darstellung des irdischen Wirkens und Geschicks Jesu selbst, sondern das Geschehen, das sich *in* Jesus und seiner Geschichte zwischen Gott und der Welt letztgültig und heilbringend ereignet hat"[32], daß darum „die Evangelien, was sie sind, nur für das Auge des Glaubens sind"[33]. Das heißt aber: Ein „erzjüdisch, rabbinisch angehauchter" Jehoschua ist im Sinne des Neuen Testaments *theologisch* erheblich nur, weil er der auferstandene Herr ist, der nicht „der historische Jesus *hinter* den Evangelien, sondern der Christus der apostolischen Predigt, des ganzen Neuen Testamentes" ist[34]. Der ist von Belang und die Konzentration des Credo auf die Heilstat Gottes in Christo dementsprechend sachgemäß[35].

Man versteht sehr gut, daß ein Jude der Meinung ist, das Eingehen auf die „33jährige Jesulogie" unter Hintanstellung der „3tägigen Christologie"[36] brächte die christlich-jüdische Annäherung voran. Nur: Der Streit um das Neue Testament, oder noch deutlicher gesagt: der Streit um die Wahrheit des Evangeliums bliebe dann ausgeklammert. Denn die Parole ‚Jesus, ja! Christus, nein!' kann neutestamentlich überhaupt nicht begründet werden[37]. Eine Jesulogie

---

[29] Vgl. *W. Schneemelcher*, Art. „Bibel III. Die Entstehung des Kanons des Neuen Testaments und der christlichen Bibel": TRE 6, 1980, 28 f.

[30] In: *Ders., W. Pannenberg*, Judentum und Christentum. Einheit und Unterschied. Ein Gespräch, München 1981, 19–31.

[31] *P. Lapide*, in: *Ders., U. Luz*, Der Jude Jesus. Thesen eines Juden, Antworten eines Christen, Zürich ²1980, 58.

[32] *G. Bornkamm*, Bibel, 14.

[33] *M. Dibelius*, zitiert bei *W. G. Kümmel*, Art. „Dibelius, Martin": TRE 8, 1981, 728.

[34] *M. Kähler*, Der sogenannte historische Jesus und der geschichtliche, biblische Christus. Neu hrsg. von *E. Wolf* (TB 2), München ⁴1969, 41.

[35] Man muß die im Credo fehlenden Einzeldaten der Vita Jesu also nicht als Defizit erklären, wie das *Lapide* und *Pannenberg* in bemerkenswerter Einmütigkeit tun: Judentum und Christentum (s. o. Anm. 30) 32 f.

[36] Die Begriffe gebraucht *P. Lapide*, ebd., 32.

[37] Richtig betont *U. Wilckens*, Glaube nach urchristlichem und frühjüdischem Verständnis, in: *P. Lapide-F. Mußner-U. Wilckens*, Was Juden und Christen voneinander denken. Bausteine zum Brückenschlag (ÖF. Ergänzende Abteilung. Kleine ökumenische Schriften 9), Freiburg u. a. 1978, 72–96, bes. 74: „Zum Christentum, zur Kirche gehört nicht nur der historische Jesus. Zum Christentum gehört auch, und zwar entscheidend, die urchristliche Glaubensüberlieferung mit ihren Grundaussagen vom Sühnetod Christi, von seiner Auferstehung als dem Grund eschatologischer, endzeitlicher Heilszugehörigkeit derer, die an ihn glauben."

ohne Christologie gibt es hier nicht. Man kann sie nur vertreten, indem man
das Neue Testament hinter sich läßt, also unter Preisgabe der „Wahrheit des
Evangeliums" (Gal 2,5.14), der allein das Neue Testament sich verdankt und
die seine Seiten füllt. „Als Christ von Jesus zu reden, hat überhaupt nur Sinn,
wenn man von ihm als dem *Christus*, dem *Logos* und dem *Sohn Gottes*
spricht", sagte der Jude *Werblowsky* auf der Rheinischen Landessynode[38]. Der
Gegen-Satz ist von diesem Standpunkt aus ebenso evident: Als Jude von Jesus
zu reden, hat überhaupt nur Sinn, wenn von diesem kerygmatischen Jesus ganz
und gar abgesehen wird. Weit entfernt von solch klarer Erkenntnis heißt es demgegenüber in den Thesen zum Rheinischen Synodalbeschluß: „Nach dem Zeugnis des Neuen Testaments erweist sich der Glaube an Jesus als den Messias und
seine Nichtanerkennung als Messias seitens der Juden unter Umständen als trennend; die Person Jesu aber verbindet Christen und Juden."[39] Demnach wären
Glaube und Unglaube nur dort trennende Gegensätze, wo es sich um *heidnischen* Unglauben handelt. *Jüdischer* Unglaube dagegen wirkt sich nur „unter
Umständen als trennend" aus. Diese Logik läßt sich dem Neuen Testament
nimmermehr entnehmen. Es handelt sich um eine weiche Formulierung, mit
der man einander schonen will. Jedoch hilft das niemandem. Im christlich-
jüdischen Dialog muß vielmehr beides ausgesprochen und ausgehalten werden,
das Verbindende und das Trennende.

III.

Trotz des fundamentalen Dissensus in der Messiasfrage hält man eine Ökumene von Israel und Kirche für möglich, in der beiden eine heilsgeschichtliche
Rolle zugewiesen wird, die sie bewußt neben- und nicht gegeneinander zu
betreiben haben. Jüdischerseits ruht dieses Konzept auf Überlegungen, die
schon älter sind und sich z.B. bei *Maimonides* (1135–1204) finden. Sie weisen
dem Christentum eine positive Rolle neben Israel dadurch zu, daß sie es der
praeparatio messianica der Völkerwelt zurechnen[40]. Das besagt: Dank der
christlichen Mission empfangen die Heidenvölker die hebräische Bibel, in eins
damit den Monotheismus, die Kenntnis der Gebote der Tora und die Idee der
messianischen Vollendung. Das Funktionieren einer *so* beschriebenen jüdisch-
christlichen Ökumene bedingt als jüdische Forderung an den christlichen Part-

---

[38] *R.J.Zvi Werblowsky*, Trennendes und Gemeinsames, in: Handreichung, 37.
[39] Handreichung, 23.
[40] Vgl. *P.Höffken*, Der Dialog wird immer intensiver. Lapides Impulse zum christlich-jüdischen Gespräch, LuthMH 20/1981, 562–565, bes. 563f. – Ganz im Sinne einer
praeparatio messianica kann es heute heißen, die Sendung der „vom Gott Israels" berufenen Kirche bestehe in der „messianischen Wegbereitung". So *B.Klappert*, Traktat für
Israel (Römer 9–11). Die paulinische Verhältnisbestimmung von Israel und Kirche als
Kriterium neutestamentlicher Sachaussagen über die Juden, in: *M. Stöhr (Hrsg.)*, Jüdische
Existenz und die Erneuerung der christlichen Theologie. München 1981, bes. 86 u.ö.

ner zweierlei: 1. Er darf nicht wie bisher von der ‚Verwerfung' der Juden durch Gott sprechen, da die Erwählungskontinuität Israels durch seinen Gott Voraussetzung der jüdischen Identität ist. 2. Da für Juden die Messiasfrage futurisch offen ist, für Christen jedoch beantwortet, bedingt jene Ökumene „die Festschreibung der Rolle Jesu Christi auf die Messianität *für die Heiden*"[41].

Jüdisch gedacht ist das plausibel und konsequent. Christlich gedacht auch? Manche Theologen unter den Christen meinen das. Der neutestamentliche Text, mit dem sie diese ihre Meinung exegetisch zu stützen versuchen, ist Röm 9–11, der neuerdings viel geplagte einzige zusammenhängende Abschnitt im NT, der das Verhältnis Israel–Kirche thematisch behandelt. In sehr geraffter Darstellung ist die Argumentation jener christlichen Theologen etwa die folgende:

In Röm 9–11, der „Schutzrede für Israel"[42] bzw. dem – wie es neuerdings heißt – „Traktat für Israel"[43], wird von Paulus die Frage aufgeworfen, ob Israels Fall seinen Vorzug annulliert habe. Die Antwort: keinesfalls! Zwar hat sich Israel an dem „Stein des Anstoßes", den Gott in Zion hingelegt hat, also an Jesus Christus, gestoßen (9,33)[44]. Israel hat „das Gesetz verfehlt", „weil es ihm nicht um die Gerechtigkeit aus Glauben, sondern um die Gerechtigkeit als Werken ging" (9,31f.). Israel hat Eifer für Gott; „aber es ist ein Eifer ohne Erkenntnis. Da sie die Gerechtigkeit Gottes verkannten und ihre eigene aufrichten wollten, haben sie sich der Gerechtigkeit Gottes nicht unterworfen" (10,2f.). Weil das Evangelium öffentlich gepredigt worden ist, hat es Israel wohl „hören" können (10,14ff.). „Doch nicht alle sind dem Evangelium gehorsam geworden" (10,16). Aber trotz „Fall" (11,11), „Verstockung" (11,8), „Unglauben" (11,23) und „Ungehorsam" Israels (10,16) zieht Paulus daraus nicht den Schluß, die Privilegien seien außer Kraft gesetzt: „Sie sind Israeliten, damit haben sie die Sohnschaft, die Herrlichkeit, die Bundesordnungen, ihnen ist das Gesetz gegeben, der Gottesdienst und die Verheißungen, sie haben die Väter, und dem Fleisch nach entstammt ihnen der Christus" (9,4f.). Und: „Gott hat sein Volk nicht verstoßen, das er einst erwählt hat" (11,2). Die „heilige Wurzel" Israel trägt die Kirche und nicht umgekehrt (11,16.18). Und am Ende wird Gott ganz Israel erretten und den Bund mit ihm erneuern (11,26f.).

Durch das den Glauben verweigernde Israel wird also die Erwählungskontinuität nach Röm 9–11 gerade nicht abgebrochen. Ganz im Unterschied zu 1Thess 2,16 z.B. ist Paulus hier der Meinung, daß der anhaltende Ungehorsam Israels *nicht* dessen endgültige Verwerfung, sondern seine endliche Rettung zur Folge hat. Die im Text selber gegebene Begründung für diese überraschende Schlußfolgerung steht in 11,11f.: „Nun frage ich: Sind sie etwa gestrauchelt, damit sie zu Fall kommen? Keineswegs! Vielmehr kam durch ihr Versagen das Heil zu den Heiden, um sie selbst eifersüchtig zu machen. Wenn aber schon durch ihr Versagen die Welt und durch ihr Verschulden die Heiden reich werden, dann wird das erst recht geschehen, wenn ganz Israel zum Glauben kommt." Das heißt doch: Israels Verwerfung hat keinen negativen Strafcharakter für das erwählte Volk, sondern es hat im Heilsplan Gottes positiven Heilscharakter für die Heiden. Daß Israel heilsgeschichtlich *pausiert*, schlägt ihnen zum Heil aus dadurch, daß

---

[41] *P. Höffken*, Der Dialog, 564 (Auszeichnung von mir).
[42] *L. Steiger*, Schutzrede für Israel. Römer 9–11, in: *T. Sundermeier* (Hrsg.), Fides pro mundi vita. FS H.-W. Gensichen (MWF 14), Gütersloh 1980, 44–58.
[43] *B. Klappert*, Traktat für Israel (s. o. Anm. 40).
[44] 9,23 ist Druckfehler bei *F. Mußner*, Reflexionen eines Neutestamentlers über das Heil Israels, in: KatBl 104/1979, 974, der für die folgende Argumentation besonders repräsentativ ist.

den Völkern jetzt Jesus Christus verkündigt werden kann. Infolge des Neins Israels zum Evangelium wird Jesus Christus zur Versöhnung für die Welt (11,15) und haben die Heiden Erbarmen gefunden (11,30).

Diese Dialektik läßt sich in der Tat „gut umschreiben in eine geschichtstheologische List der göttlichen Vernunft, die Jesus Christus und die Botschaft von ihm als durch die Ablehnung Israels damals bedingte Eröffnung des Weges zu den Heiden verstehen läßt, die Israel kontinuierlich bei seinem Gotte bleiben sieht. Die ‚Verstockung' ist der unerwartbare Glücksfall der Heiden ...“ [45] Ihre Hinzuberufung ist „nur die erste vorläufige Folge des schismatisch-teleologischen Handelns Gottes“ [46]. Die endgültige Folge wird sein, daß Gott sich aller erbarmt (11,32), derer, die infolge des Ungehorsams Israels Erbarmen gefunden haben (11,30), aber auch ganz Israels selbst (11,26).

Die eschatologische Rettung ganz Israels nennt Paulus ein „Mysterium“ (11,25). So wenig der Tod der Glaubenden das Ende der Wege Gottes markiert und seinen Retterwillen zuschanden werden läßt (1Kor 15,51), so wenig tut das der Unglaube Israels. Für *Rudolf Bultmann* entspringt dieses heilsgeschichtliche Mysterium „der spekulierenden Phantasie“ [47], für Franz Mußner zeigt sich darin die „Macht der Gnade Gottes“ [48]. Und *Bertold Klappert* meint gar zu wissen (im Anschluß an *Joachim Jeremias*), wie es bei Paulus zu diesem heilsgeschichtlichen Aufriß gekommen sei: durch eine Umkehrung der Aussage von Jes 43,4f.: Nicht ganze Länder und ganze Völker werden für das Leben Israels gegeben, sondern umgekehrt, Israel wird für das Leben der Völker gegeben. In der „Retrospektive von Auschwitz“ heißt diese Umkehr von Jes 43,3f. für Klappert sogleich, daß die Verstockung Israels „stellvertretendes Leiden für die Völkerwelt“ sei [49].

Nun, wenn man das Mysterium von Röm 11,25 nicht Geheimnis bleiben lassen will, kann man hier in der Tat vielfältig spekulieren. Hält man sich an den Generalnenner der paulinischen Soteriologie, dann fällt immerhin auf, daß hier und nur hier in Röm 11 Paulus die Rettung der Welt als den unerwarteten „Glücksfall“ bezeichnet, den sie dem Ungehorsam Israels verdankt [50]. Hier und nur hier nimmt er Israels Verweigerung gegenüber dem Evangelium als „*Anlaß* für die Versöhnung der Welt“ [51]. Sonst überall läßt er das Heil Gottes veranlaßt und durchgeführt sein durch die Liebe Gottes selbst, die in Christus Jesus ist, unserm Herrn (Röm 8,39). *Bedingungslos* heißt es sonst von der Rettung *aller*,

---

[45] P. *Höffken*, Der Dialog (s. o. Anm. 40), 564.

[46] B. *Klappert*, Traktat für Israel, 75. Israel, nicht die Kirche, ist Eigner der „Erwählung“; die Kirche ist daran nur *beteiligt* (65). D. h.: „Die Erwählung Israels und die Verheißung Gottes für Israel ist Israels Stellung zum Evangelium übergeordnet“ (64). Selbst Röm 11,28 gibt dafür keinen Sinn her. Und wenn es richtig ist – und es ist richtig –, daß Paulus der erste war, „der das Evangelium mit der Schärfe der Wahrheitsfrage erfaßte“ (G. *Ebeling*, Die Wahrheit des Evangeliums. Eine Lesehilfe zum Galaterbrief, Tübingen 1981, V), was könnte dann dieser *Wahrheit* „übergeordnet“ sein?!

[47] R. *Bultmann*, Theologie des Neuen Testaments (UTB 630), Tübingen [8]1980, 484.

[48] F. *Mußner*, Reflexionen (s. Anm. 44), 976.

[49] B. *Klappert*, Traktat für Israel, 98. 134 Anm. 194.

[50] Die damit verschränkte eschatologische Rettung von ganz Israel (Röm 11,30f.) bleibt davon unberührt. Natürlich steht sie in Gottes Macht.

[51] B. *Klappert*, Traktat für Israel, 98. Noch eindeutiger heißt es ebd., 123 vom „Heilshandeln Gottes an der Völkerwelt als messianischer Wegbereitung“, daß sie „durch die Verweigerung Israels allererst ermöglicht wurde“. Als sei Paulus nicht der Überzeugung gewesen, daß die Wahrheit des Evangeliums Juden und Heiden in der gleichen Weise betreffe, Gal 2,9!

der Juden zuerst, aber auch der Griechen: „Als aber die Zeit erfüllt war, sandte
Gott seinen Sohn, geboren von einer Frau und dem Gesetz unterstellt, damit er
die freikaufe, die unter dem Gesetz stehen, und damit wir die Sohnschaft erlangen" (Gal 4,4f.). „Wir", das sind alle Glaubenden. Denn im Evangelium, das
eine Kraft Gottes ist, die jeden rettet, der glaubt, zuerst den Juden, aber ebenso
den Griechen, wird die Gerechtigkeit Gottes offenbart aus Glauben zum Glauben, wie es in der Schrift heißt: „Der aus Glauben Gerechte wird leben"
(Röm 1,16f.).

Es ist von daher sehr die Frage, ob man die paränetisch gezielten Israelkapitel
Röm 9–11 – die Kirche aus den Heiden wird vor Überheblichkeit gegenüber den
Juden gewarnt (Röm 11,17–24) – um schreiben darf zu einem zentralen dogma-
tischen Kapitel, dem zufolge Israels Erwählung seiner Stellung zum Evangelium
übergeordnet ist und entsprechend das Heil für die Völkerwelt nur in der Teil-
nahme an der Erwählungsgeschichte Israels besteht[52]. Das ist um so mehr die
Frage, als dies genau der Punkt ist, an dem die Festschreibung der Rolle Jesu
Christi auf die Messianität für die Heiden auch seitens christlicher Theologen
betrieben wird. Man sagt: Israels Verstockung ist nicht seine Schuld. Weil
Paulus diese Verstockung in Röm 11,8 mit einem Zitat aus Dtn 29,3 um-
schreibt – „Gott gab ihnen einen Geist der Umnachtung, Augen, die nicht sehen,
Ohren, die nicht hören" –, folgert man: „Gott selber ist es, der Israel daran
hindert, das Evangelium gläubig zu hören"[53]. Und hinzugefügt wird: „Wer will
begreifen, warum Gott Israel zunächst ‚einen Geist der Umnachtung' gab, so daß
es Jesus nicht zu erkennen vermochte, und ‚ganz Israel' erst errettet wird, nachdem die ‚Vollzahl der Heiden' (ins Heil) eingegangen ist (11,25b)?"[54]

Mit dem Hinweis auf die Unbegreiflichkeit der Heilswege Gottes ist m. E. in
diesem Falle noch keine ausreichende Antwort gegeben. Es erheben sich vielmehr Fragen. Wenn das den Glauben an das Evangelium beharrlich verweigernde Israel gerettet wird, bedingungslos und in jedem Fall, und zwar – wie
man Röm 9–11 meint entnehmen zu können – „nicht durch eine endzeitliche
Bekehrung der Juden zum Evangelium, sondern auf einem ‚Sonderweg' (D. Zeller)"[55], dann muß über Sendung und Auftrag Jesu insgesamt neu nachgedacht
werden. Man fragt sich, warum er *Israel* zur Umkehr angesichts der nahen
Gottesherrschaft aufgerufen hat? Gott hätte seinem Volk Jesus gesandt – und
gleichzeitig einen Geist der Umnachtung? Wenn im Neuen Testament, und

---

[52] B. *Klappert*, Traktat für Israel, 64f.
[53] F. *Mußner*, Reflexionen, 975.
[54] F. *Mußner*, ebd., 976.
[55] F. *Mußner*, ebd. Verdeutlichend heißt es dazu im „Traktat über die Juden", München 1979, 60: „Gott rettet ganz Israel durch Christus (‚solus Christus'), und zwar
‚allein durch Gnade' und ‚allein aus Glauben' ohne Werke des Gesetzes, da sich Israels
emuna nun ganz und gar dem wiederkommenden Christus zuwendet. So bleibt auch im
‚Sonderweg' der Rettung ganz Israels die paulinische Rechtfertigungslehre voll wirksam." Als sei die iustificatio impiorum bei Paulus nicht unlösbar verknüpft mit der als
theologia crucis entfalteten Christologie!

zwar besonders in Röm 9–11, *Gott* als Subjekt der Verstockung betont wird, so nicht darum, um den Schuldcharakter des Unglaubens auf seiten der Menschen abzuschwächen oder gar ganz zu eliminieren, sondern um die Gottheit Gottes zu wahren. Es geht nicht um Entlastung, sondern „um das letzte Geheimnis des Unglaubens …, der in seiner Entscheidung gegen Gott bereits von seinem Gerichtswalten umfaßt ist"[56]. Denn Verstockung durch Gott und Selbstverstockung des Ungläubigen sind nicht zu trennen. Diese prophetische Predigt von der Verstockung hat Paulus in Röm 9–11 „nicht gemildert, kaum erläutert, sondern wiederholt und unterstrichen. Daß nach 11,25 ‚Israel zum Teil Verstockung widerfahren ist', bedeutet ebenso, daß dieses Israel in eigener Verantwortung den falschen Weg gewählt hat (9,30–10,3), wie daß es von Gott verstockt worden ist (11,7–10)"[57]. Paulus läßt doch keinen Zweifel daran, daß der Verstockungsweg Israels der Weg der *Werke* ist (Röm 9,32; 10,3). Theologisch handelt es sich dabei um die Frage der Wahrheit oder Lüge (vgl. Röm 3,4), die zur Frage bloßer Toleranz heruntergespielt wird, wo gesagt wird, im christlich-jüdischen Dialog gehe es für den Christen um „Ehrfurcht" gegenüber dem Juden, „der den Weg des Evangeliums nicht zu sehen vermag, der deshalb, wenn er sich selbst treu bleiben will, weiterhin in einem Leben nach den Weisungen der Tora seine Identität und sein Heil sucht"[58]. Im übrigen ist es auch gar nicht richtig, daß die ἀπιστία des Juden im Unterschied zu der des Heiden leichter wiege und schließlich folgenlos bleibe. Denn angesichts der Herrschaft der Gnade gereicht der Vorzug der Juden – ihnen sind die Worte Gottes anvertraut, sie haben die Beschneidung usw. (Röm 3,2) – ihnen zum Nachteil. Gerade er, der Jude, der sich als Ausnahme geltend machen möchte, bildet im Urteil Gottes keine Ausnahme[59]. Der heilsgeschichtliche Vorrang des Juden, den Paulus durchaus festhält (Röm 1,16 u. ö.), wendet sich im Gericht Gottes negativ gegen ihn (Röm 2,1–10). Hier ist er, der Jude, *zuerst* (im Sinne von er erst recht) betroffen. Paulus liegt an dem Gedanken, daß alle gesündigt haben. Aber die Spitze der Argumentation von Röm 2 richtet sich doch gegen die jüdische Sekurität. Und Röm 2,11 begründet, warum der Vorzug der Juden sich im Gericht *gegen* sie kehrt: weil Gott ein unparteiischer Richter ist. Sein Gericht erfolgt „ohne Ansehen der Person", womit wörtlich gemeint ist: „So, daß Gott durch jede Maske hindurch auf die wirklichen Gesichter der Menschen sieht, so also, daß zwischen dem kritisierenden Juden und den kritisierten Hei-

---

[56] *O. Schmitz*, Art. „Verstockung. 2. Im NT": RGG² V, 1931, 1575. Vgl. auch *F. Hesse*, Das Verstockungsproblem im Alten Testament. Eine frömmigkeitsgeschichtliche Untersuchung (BZAW 74), Berlin 1955.

[57] *K. L.* und *M. A. Schmidt*, Art. πωρόω κτλ., ThWNT V, 1954, 1028. „Gegen dieses Israel aber kann sich die christliche Gemeinde, das wahre Israel, nur widerfahrener Gnade, nicht geleisteter Werke rühmen. Dieses Rühmen erreicht dann seine ganze Stärke, wenn auch die Hoffnung auf die Umkehr des verstockten Israels einbezogen ist (11,33–36)."

[58] *F. Mußner*, Reflexionen, 976.

[59] *K. Barth*, Kurze Erklärung des Römerbriefes, München ³1964, 40.

den nicht nur kein Unterschied besteht, vielmehr gerade der kritisierende Jude als der zuerst und eigentlich von Gott Verurteilte dasteht …"[60] Wenn der „Sonderweg", auf dem Israel gerettet wird, bedeuten sollte, daß jeder nach seiner Façon selig werden kann, der Jude durch Toratreue, der Christ durch Glaubensgerechtigkeit, warum führt dann Paulus in Röm 1,18–3,20 den Nachweis, „daß alle, Juden wie Griechen, unter der Herrschaft der Sünde stehen" (3,9), von der ebenso unterschiedslos *alle* durch die Gnade aufgrund des Glaubens gerettet werden (Röm 3,22)[61]? Paulus kennt keine „Gerechtsprechung", „die Leben gibt" (Röm 5,18), außer und abgesehen von Jesus Christus, auch in Röm 9–11 nicht! Wie durch den einen Menschen Adam Tod und Sünde zu allen kamen, so leben und herrschen alle durch den einen, Jesus Christus (Röm 5, 12.17), der Jude zuerst, aber auch der Grieche. Auch eine „Römerbriefexegese in der Retrospektive von Auschwitz"[62] – was immer das sei – wird dieser Wahrheit zum Zuge verhelfen, oder sie ist nicht Römerbriefexegese.

IV.

Daß der Christusweg und der Weg mit der Tora ohne Christus inkompatible Heilswege sind, behauptet das Neue Testament[63], und zwar anfänglich nur als

---

[60] *K. Barth*, ebd., 38.

[61] Trotzdem „exegesiert" *B. Klappert* aus Röm 9–11 heraus: Paulus kennt „eine unmittelbare Beziehung des kommenden Parusie-Kyrios auf ganz Israel an der Kirche vorbei" und folgert daraus: „1. Israel kommt in der Tat an der Maßlosigkeit eines kirchlichen Sendungsbewußtseins vorbei; und 2. die Kirche kommt nicht vorbei an der Erkenntnis einer transkerygmatischen, transekklesiologischen und d. h. unmittelbaren Beziehung des kommenden Gottes und des rettenden Parusiekyrios auf ganz Israel" (Traktat für Israel 86). Eine solche ‚Exegese' reiht sich nahtlos ein in die „exegetischen Purzelbäume zu Röm 9–11", von denen der Jude wenig hält: *R. J. Zvi Werblowsky*, Paulus in jüdischer Sicht, in: *M. Barth u. a.*, Paulus – Apostat oder Apostel? Jüdische und christliche Antworten, Regensburg 1977, 139.

[62] *B. Klappert*, Traktat für Israel, 121.

[63] Bonner „Erwägungen", epd-Dokumentation 42/80, 16. Dagegen *P. von der Osten-Sacken*, Das vergessene Skandalon. Kann man das Verhältnis von Christen und Juden „erneuern"?, LuthM 20/1981, 274–277. Er findet in der Unvereinbarkeitserklärung „das traditionelle christliche Nein zum Weg des jüdischen Volkes" erneuert. Frage: *Welcher* Weg des jüdischen Volkes? Ist der politische Weg des heutigen Staates Israel der „Heilsweg" des jüdischen „Volkes"? Vom christlichen Glauben her besteht keine Möglichkeit, diese Frage zu bejahen oder zu verneinen. *Politisch* will jene Unvereinbarkeitserklärung gar nichts verneinen. Sie will bejahen, daß Christus das Ende des Gesetzes als Heilsweg ist für jeden, der glaubt (Röm 10,4). Und wenn christliche Theologen meinen, Röm 10,4 spreche davon, daß Christus „der messianische Erfüller der Tora Israels" sei (so *B. Klappert*, Traktat für Israel, 77), so muß man ihnen mit dem Juden *Werblowsky* entgegenhalten: „Diese Vollendung und Erfüllung sind die Abschaffung des Gesetzes. Ende und Abschaffung sind eins, und keine noch so tiefsinnige theologische Wortklauberei hilft über diese Binsenwahrheit hinweg" (Paulus in jüdischer Sicht [s. o. Anm. 61], 142).

innerjüdische Kritik, die dann später von außen verschärft geübt wurde[64]. Auch Röm 9–11 läßt nicht die Wahl zwischen Beschneidung oder Taufe, weil hier wie sonst überall im Neuen Testament nur das verkündigte „Wort des Glaubens" rettende Kraft ist (Röm 10,8–15). Das heißt nicht, daß Paulus damit das Judentum radikal paganisiert habe, so richtig es andererseits auch ist, daß post Christum natum es coram Deo keinen „Unterschied" (Röm 10,12) mehr zwischen Juden und Heiden gibt: „Alle haben gesündigt und die Herrlichkeit Gottes verloren. Ohne es verdient zu haben, werden sie gerecht, dank seiner Gnade, durch die Erlösung in Christus Jesus" (Röm 3,23f.)[65]. Man wird hier in Rechnung stellen müssen, was der Jude *A. H. Friedlander* das *Fatum* des Paulus als Israelit und Nachkomme Abrahams nennt, das ihn auf jeden Fall auf die Seite des Volkes stellt. Andererseits, da „seine Identität als Apostel ... nicht vom Judentum" her kommt, *muß* er „seiner neuen Offenbarung treu sein, muß diese gegen das Alte stellen, muß den alten Weg als Verstocktheit, Blindheit, die Hülle, den Schleier betrachten"[66]. Mit Harmonisierung ist hier gar nichts zu machen. Man muß vielmehr stehen lassen, daß der Paulus von Röm 15,8 (Christus ein Diener der Beschneidung) zugleich der Paulus von Gal 5,6 ist (in Christus vermag weder Beschneidung noch Unbeschnittenheit etwas). Es gilt festzuhalten, daß der Paulus von Röm 9–11, der Anwalt der Sonderstellung und der Hoffnung Israels, zugleich der Apostel der Verwerfung des jüdischen Heilsweges ist, der das, was ihm in seiner jüdischen Vergangenheit Gewinn war, um Christi willen als Verlust erkannt hat (Phil 3,7). Man soll unterstreichen, daß Paulus die Heilsprivilegien Israels – Sohnschaft, Herrlichkeit, Bundschlüsse, Gesetz, Gottesdienst, Verheißungen, Väter, Christus nach dem Fleisch (Röm 9,4f.) – anerkannte, wenn nur nicht verdunkelt wird, daß er gleichzeitig

---

[64] Die Feststellung trägt der historischen Tatsache Rechnung, daß es sich ursprünglich um eine rein innerjüdische Auseinandersetzung handelte, sofern die im ältesten Urchristentum an Jesus als den Messias Glaubenden Juden waren und gar nicht daran dachten, ihr Judesein aufzugeben. Daß der Antijudaismus der „Geburtsfehler des Christentums überhaupt gewesen sei" (so im Anschluß an R. Ruether *E. Stegemann*, in: Auschwitz – Krise der christlichen Theologie [s. o. Anm. 13] 119), ist von daher eine höchst problematische Behauptung. Der Streit ging und geht – wo er nicht entartete – um den Glauben, um nichts sonst. Vgl. *H. Conzelmann*, Heiden–Juden–Christen, 238 und die um seine These inzwischen geführte Diskussion zwischen *K. Hayam, A. Lindemann* und *W. Schmithals* in: RKZ 122/1981, 228–230; 285 f.; 323–325.

[65] Dazu *U. Wilckens*, Der Brief an die Römer, EKK VI/1, Zürich 1978, 199: „Denn weil alle Menschen ausnahmslos Sünder sind, ist eine Rechtfertigung des Gerechten aufgrund von Werken der Gerechtigkeit ausgeschlossen. Auch auf die Zeichen der Erwählung Israels, Gesetz und Beschneidung, kann sich kein Jude berufen; diese Zeichen zeugen gegen ihn, es ist ihm unmöglich, aufgrund ihres Besitzes einen Heilsstatus in Anspruch zu nehmen, in welchem jüdische Sünder gegenüber heidnischen privilegiert wären. Insofern ist die harte Bestreitung heilsgeschichtlichen ‚Rühmens' 2,17ff. im Evangelium der Rechtfertigung inkludiert und bleibt darin grundsätzlich wirksam."

[66] *A. H. Friedlander*, Die Juden und Paulus, in: Christen und Juden. Eine Schwerpunkt-Tagung der Landessynode der Ev. Landeskirche in Baden, 10.–11. November 1980 in Bad-Herrenalb. Auszug aus dem gedruckten Protokoll der Verhandlungen, o. Ort. o. Jahr, 49 f.

den Alten Bund als Knechtschaft und Dienst des Todes kennzeichnete, im Neuen dagegen Freiheit und Dienst sieht, die zu Leben und Gerechtigkeit führen (Gal 4,21–31; 2 Kor 3,7 f.). Über dem Apostel, der sich rühmt, Ἑβραῖος zu sein und Ἰσραηλίτης (Phil 3,5; 2 Kor 11,22; Röm 11,1), darf doch jener Paulus nicht vergessen werden, der sagt: „Ich aber will mich allein des Kreuzes Christi, unseres Herrn, rühmen, durch das mir die Welt gekreuzigt ist und ich der Welt" (Gal 6,14). Diese „widersprüchlichen" Gedankenreihen finden ihre untrennbare Sinneinheit darin, daß Israel in Christus, u. d. h. für den Apostel: in der Bestätigung seiner, Israels, eigenen Verheißungen seine Bestimmung findet. So kommt es zu den paradoxen Aussagen, daß Israels Vorrang dort bewahrt bleibt, wo es keinen Vorrang mehr gibt: ἐν Χριστῷ[67].

Die Tendenz jener, die eine sogenannte „Theologie nach Holocaust" vertreten, geht nun aber keineswegs dahin, die bleibende Bewahrung von Israels Vorrang in dieser Paradoxie festzuhalten. Man hebt dieselbe vielmehr in einer z. T. sehr banalen Weise auf, indem z. B. erklärt wird:

1. Es gibt kein ‚Altes' und kein ‚Neues' Testament, es gibt nur eine Schrift, die den Weg des Volkes Gottes auf seine Befreiung hin schildert und ihn zugleich kommentiert.

2. Das eine Gottesvolk besteht aus Synagoge (die den Gekreuzigten nicht als Messias anerkennt) und Ecclesia (die „im hingerichteten Rabbi Jehoschua [Jesus] von Nazareth den erwarteten Gesalbten Gottes [Messias, Christus] erblickt"). „Wir reden daher nicht ‚von Juden und Christen', sondern von ‚Synagoge und Ecclesia', um die Zusammengehörigkeit beider zum einen Gottesvolk anzudeuten."

3. Kurz nach der Zerstörung Jerusalems kommt es zum „Schisma" zwischen diesen beiden Teilen des Gottesvolkes.

4. „Paulus ist kein Christ, er treibt auch keine christliche Theologie. In seinen Tagen war das Schisma noch nicht vollzogen; er bemüht sich vielmehr um eine Überwindung der Trennungen. Wer ihn als Christ vereinnahmt und ihn als Zeugen für den Unterschied zwischen ‚Juden' und ‚Christen' aufruft, wandelt in den Spuren des Ketzers Marcion. Dessen Vorschlag, das ‚alte Testament abzuschaffen' und nur ein ‚neues Testament' zu behalten, das aus den paulinischen Hauptbriefen und einer revidierten Fassung des Lukasevangeliums besteht, hat bereits die Alte Kirche als indiskutabel zurückgewiesen. Der Geist Marcions geht aber immer noch um – zumal im Luthertum."[68]

Die Spitzensätze der Thesen zum Rheinischen Synodalbeschluß stehen hinter diesen Häresien kaum zurück. Z. B. wenn es heißt: „Wir dürfen nicht mehr von einem ‚alten' und von einem ‚neuen' Gottesvolk reden, sondern nur von dem *einen* Gottesvolk, das als das Israel Gottes dem Ruf in Gottes Zukunft folgt."[69] In solchen Sätzen spricht sich theologisches Wunschdenken aus. Nirgends im Neuen Testament wird das Gottesvolk in dieser Weise als aus zwei Teilen – Synagoge und Kirche – zusammengesetzte Einheit gesehen, die „je in ihrer Berufung Zeugen Gottes vor der Welt und vor einander wären". Sondern Volk Gottes ist im Neuen Testament die ἐκκλησία τοῦ θεοῦ (Gal 1,13; 1 Kor 15,9)

---

[67] Vgl. dazu *H. Stoevesandt*, Römer 15,4–13 (s. o. Anm. 5) 235.
[68] Das ist – teils sinngemäß, teils wörtlich – den acht Thesen entnommen, die den gegenwärtigen Diskussionsstand innerhalb des Herausgeberkreises der Zeitschrift „Texte und Kontexte" (Nr. 9, Febr. 1981, 7 f.) zusammenfassen. S. o. Anm. 23.
[69] Handreichung, 26.

als der eine Leib Christi, welcher die durch die Taufe neugeschaffenen Juden
und Heiden sind (1 Kor 12,12 f. 27; vgl. Kol 1,18.22; Eph 1,23; 2,16; Gal 3,
26–28)[70]. Nach Eph 2,14–18 bilden die „durch das Kreuz mit Gott in einem
einzigen Leibe" versöhnten Juden und Heiden die Kirche als das *neue* Gottesvolk, auch wenn der Begriff weder hier noch sonst im Neuen Testament vorkommt. Selbst Röm 9–11 hat Israel post Christum keine heilsoffenbarende
Funktion außer der einen, daß sein Wartestand den Raum für die Rechtfertigungsbotschaft an die Heiden öffnet (Röm 11,11 ff.25; vgl. Röm 15,8–12)[71].
Dieser Sachverhalt erweist sich als außerordentlich sperrig gegenüber der immer deutlicher werdenden Tendenz, das Christentum als Judentum zu verstehen oder – vorsichtiger – von einer „jüdisch-christlichen Religion" zu sprechen,
die mit einer „weltverantwortlichen Kooperationstheologie" der Welt gegen-
übertreten soll[72]. Religionsgeschichtlich beurteilt ist dieser Vorgang nichts
weiter als eine neue Spielart des Synkretismus[73], sein Ergebnis ein Assimila-
tionschristentum, das seine Kompatibilität mit dem Judentum durch „theologischen Besitzverzicht" erst herstellen muß. Wenn uns das neuerdings als ein
Verzicht auf Absolutheitsanspruch ohne Aufgabe christlicher Identität erläutert
wird[74], so bietet man uns ein hölzernes Eisen an. Die Kompromißformel ver-
schleiert zudem das Problem, das darin besteht, daß der Gedanke der *Endgültigkeit* christlichem Denken von Anfang an eingestiftet war und schon für die
Botschaft Jesu selber kennzeichnend gewesen ist: „Wer nicht für mich ist, der
ist gegen mich" (Lk 11,23/Mt 12,30). Dieser Gedanke besagt, „daß es im Christentum um die letztgültige, die eschatologische Erfüllung der Verheißungen
Israels geht"[75]. Im christlich-jüdischen Dialog kann es nicht darum gehen,
diesen Erfüllungsanspruch zur Disposition zu stellen, sondern nur darum, daß
christliches Denken *heute*, d. h. mit der Wirkung jahrhundertelangen kirchlichen Antijudaismus vor Augen, Recht und Unrecht in diesem Anspruch *unterscheiden* lernt[76]. Unterscheidung ist nicht Besitzverzicht! Um es ganz deutlich
zu sagen: Wo wir nicht mehr bereit sind, im Dialog mit den Juden die ‚Wahrheit des Evangeliums' zu vertreten, d. i. die sachgerechte Unterscheidung von
Gesetz und Evangelium, da wäre es – in der drastischen Sprache *Hans Conzelmanns* geredet – in der Tat „ehrlicher, den christlichen Laden einfach zu schlie-

---

[70] Auch Röm 9–11 gibt es nicht die „beiden Gestalten des einen Volkes Gottes", wie
B. Klappert, Traktat für Israel, 95, aufgrund einer sehr problematischen *Barth*-Rezeption
meint.
[71] Daran ändert nichts, daß Paulus diesen Tatbestand vor heidenchristlicher Hybris
in Schutz nimmt und durchaus positiv von Israels Heilshoffnung spricht. Vgl. *R. Stuhlmann*, Das eschatologische Muß im Neuen Testament (Diss.), Bonn 1979, 163 ff.
[72] *F. Mußner*, Traktat über die Juden (s. o. Anm. 55), 383. 385.
[73] Signifikant dafür ist die Forderung nach einer gemeinsamen Seder-Eucharistie-
Feier. Vgl. den Bericht von *E. Geldbach*, Christen und Juden im Spiegel, EvKom 14/
1981, 433 f.
[74] *P. von der Osten-Sacken*, Das vergessene Skandalon (s. o. Anm. 63), 275.
[75] *W. Pannenberg*, in: Judentum und Christentum (s. o. Anm. 30), 20.
[76] Ebd.

ßen"[77]. Nur theologischer Unverstand kann das Verharren bei der Wahrheit, das solus Christus, das gewichtige στηκετε εν κυριω (Phil 4,1; 1 Thess 3,8; vgl. Röm 14,4; 1 Kor 16,13; Gal 5,1) als „kirchlichen Triumphalismus" schmähen[78], als über die ganze Menschheit geschwungenen „klerikalen Riesenknüppel" diskriminieren[79] oder gar als „Drama einer Kathedertheologie" denunzieren, „die sich offensichtlich dem Lernprozeß einer der eigenen Geschichte gegenüber sensiblen Kirche verschließt"[80]. Von der „Intoleranz" der Wahrheit ist natürlich die der Zeugen zu unterscheiden. Letztere erweisen sich darin als tolerant, daß sie sich nicht zum Richter aufschwingen, nicht über den christlichen Bruder (Röm 14,4) und schon gar nicht über Israel (Röm 11,18)! Nicht aber erweisen sie sich als tolerant dadurch, daß sie das Skandalon der Botschaft abschwächen. Das besagt: Christliche Wahrheit will *christlich* bezeugt werden, nicht judaistisch und schon gar nicht antijudaistisch[81]! Gegen Intoleranz wird man dabei um so mehr gefeit sein, je weniger man das christologische Licht herunterschraubt. In ihm gilt: „Er ist für alle gestorben, damit die Lebenden nicht mehr für sich leben, sondern für den, der für sie starb und auferweckt wurde" (2 Kor 5,15). D.h., Glaube, der sich nicht als Liebe zu allen Menschen bewährt, ist nicht christlicher Glaube (vgl. Gal 5,6). Hätte man in allen zurückliegenden Jahrhunderten die Wahrheit des Evangeliums nur christlich bezeugt und gelebt, einen kirchlichen Antijudaismus hätte es nie gegeben und ein die Kirche beschämendes Auschwitz schon gar nicht.

Ich versuche, ein Fazit zu ziehen. Worum geht es bei dem heute leidenschaftlich diskutierten Thema „Juden und Christen"? Antwort: Jesus Christus als Selbstoffenbarung Gottes kann man nicht trennen von der Geschichte, „deren Gipfel er ist"[82]. Deshalb kann die Kirche Israel nicht als ein abgeschlossenes Kapitel der Geschichte hinter sich zurücklassen oder als theologisch irrelevanten Tatbestand beiseite schieben. Sie braucht Israel für ein genuines Verstehen ihrer selbst. Und sie muß dankbar sein, daß Israel sich dem Dialog nicht entzieht. Ziel des Dialoges ist, sich mit der je anders beantworteten Frage nach der *einen* Wahrheit Gottes einander auszusetzen, brüderlich und in der Zuversicht auf tiefere Wahrheitserkenntnis. Der Dialog ist falsch angelegt, wo die Wahrheitsfrage von einem Einheitsmythos präjudiziert oder gar verdrängt wird[83]. Auch und gerade im christlich-jüdischen Dialog kann es nicht darum gehen,

---

[77] H. Conzelmann, Heiden–Juden–Christen (s.o. Anm. 15), 4.

[78] H. Gollwitzer, Kirche und Judentum. Alt-Bestimmung gegen Neu-Bestimmung, in: epd-Dokumentation 42/80, 44–59; Den Begriff „kirchlicher Triumphalismus" gebrauchen jetzt auch B. Klappert, Traktat für Israel, 93, und G. Baumbach, Der christlich-jüdische Dialog – Herausforderung und neue Erkenntnisse, Kairos 23/1981, 2.

[79] G. Jankowski u.a. (Hrsg.), Ein halbes Jahrhundert zu spät (s.o. Anm. 23), 7.

[80] EvKom 13/1980, 565; vgl. auch H.-J. Barkenings, Bruderschaft mit den Juden? Debatte über den Dialog mit den Juden, PTh 70/1981, 212.

[81] Vgl. H. Stoevesandt, Römer 15,4–13 (s.o. Anm. 5), 227.

[82] E. Wolf in seinem Vorwort zu M. Kähler, Der sog. historische Jesus (s.o. Anm. 34), 9.

[83] Grundsätzliches dazu bei K. G. Steck, Römer 15,4–13, GPM 28/1972/73, 15.

„Einheit gegen Wahrheit auszuspielen, Wahrheit um der Einheit willen zu relativieren und Einheit auf Kosten von Wahrheit durchzusetzen"[84]. Es sollte vielmehr darum gehen, daß sich Judentum und Christentum in ihrem wirklichen Wesen gegenseitig ausloten, das „zwiefache Verhältnis", die „Doppelheit der Beziehungen", nämlich „die ebenso enge Verbundenheit und Gebundenheit an das eine Buch, und die ebenso deutliche Geschiedenheit"[85] miteinander bedenken und darin eine Bruderschaft bewähren, die auf die Zukunft des Gekommenen hin offen ist.

Nachtrag. Erst nach Abschluß des Manuskriptes erschien *Peter von der Osten-Sakken*, Grundzüge einer Theologie im christlich-jüdischen Gespräch (ACJD 12), München 1982. Als „Grundkonstellation des christlich-jüdischen Verhältnisses" ergibt sich demnach: „Juden und Christen wandeln im Namen des einen Gottes, die einen im Hören auf das Wort der Tora, die anderen in der Bindung an Jesus Christus" (186). Und der Versuch geht nun dahin, das als „Existenz im Miteinander" (168) theologisch begründet aufzuweisen. M. E. ein gescheiterter Versuch, weil sich die Prämisse als undurchführbar erweist, es gäbe zwar „die Faktizität der je anderen Gewißheit" (186), nicht aber (ich drücke es jetzt einmal mit *Martin Buber* aus) die Faktizität der „Grundverschiedenheit"[86].
Ich enthalte mich jetzt wegen des beschränkten Raumes jeder Einzelkritik. Nur einen Gesamteindruck will und kann ich nicht verschweigen: Wem es „um mehr Menschlichkeit in der Theologie" geht (37), der sollte einen solchen Anspruch im Umgang mit theologisch Andersdenkenden nicht gleich wieder Lügen strafen. Ich nenne drei Beispiele. 1. Der Leser muß den Eindruck gewinnen, *Ernst Käsemann* wiederhole nur immerzu die „antijüdische" These von der Abschaffung der Tora durch Christus (31). Ihm wird aber nicht *ein* exegetisches Argument von Käsemann und nichts von dessen sachlicher Explikation der paulinischen Rechtfertigungslehre mitgeteilt, wonach der alttestamentliche Gotteswille erst dort sichtbar werden kann, wo der vom Menschen zum Leistungsprinzip pervertierte Nomos sein Ende findet – solo Christo, sola fide, sola gratia. 2. *Hans Conzelmann* muß sich im Blick auf seine Verhältnisbestimmung von Israel und Kirche sagen lassen, daß er sich „konstant weigert, auf Paulus (Röm 9,4: Gesetz; Röm 11,1f.: Volk) zu hören" (191) – ein dreistes Urteil für jeden, der Conzelmanns Lebenswerk, vor allem seine Aufsatzsammlung[87], kennt! 3. Bei *Antonius H.J. Gunneweg* schließlich wird vermutet, „die Unschärfe der Ausführungen" in seinem Buch „Vom Verstehen des Alten Testaments. Eine Hermeneutik" (1977) sei „gezielt" (200) – nämlich gezielt darauf, die These von der „Enterbung des jüdischen Volkes als Adressat und Träger der Schrift theologisch zu legitimieren" (203). Ich bin bestimmt nicht gegen Polemik. Aber einem Kollegen in dieser Weise eine bewußt *boshafte* Theologie zu unterstellen, das würde ich mir schon aus „Menschlichkeit" versagen. Gunneweg wird z.B. vorgeworfen, er spreche vom „wahren Israel Gottes", wo Paulus nur das „Israel Gottes" kennt (Gal 6,16) (202). Bei solcher Genauigkeit erstaunt es einen freilich, daß

---

[84] *H. Stoevesandt*, (s.o. Anm. 5), 225.

[85] *E. Lohmeyer* am 24.8.1933 an *M. Buber*, in: M. Buber, Briefwechsel aus sieben Jahrzehnten, Bd. II, Heidelberg 1973, 500.

[86] *M. Buber*, Kirche, Staat, Volk, Judentum. Zwiegespräch im Jüdischen Lehrhaus in Stuttgart am 14. Januar 1933, in: *K. L. Schmidt*, Neues Testament–Judentum–Kirche. Kleine Schriften (TB 69), München 1981, 159.
69), München 1981, 159.

[87] *H. Conzelmann*, Theologie als Schriftauslegung. Aufsätze zum Neuen Testament (BEvTh 65), München 1974.

v. d. Osten-Sacken vom „jetzige(n) sogenannte(n) Ungehorsam der Mehrheit Israels"
spricht (41), wo doch bei Paulus überall zusatzlos apistia steht (Röm 3,3; 11,20.23). Und
noch verwunderlicher ist es, wenn aus Röm 10,2 (nicht, wie irrtümlich angegeben: 10,3)
ein positiver jüdischer „Eifer um Gott" herausgelesen und der Zusatz des Paulus, es sei
ein Eifer „ohne Erkenntnis", einfach weggelassen wird (112). Die Beispiele ließen sich
vermehren, die zeigen, daß hier einer mit Steinen wirft, obwohl er selbst im Glashaus
sitzt.

Doch wollte ich nicht in Einzelheiten gehen. Unter evangelischen Theologen sollte
über die alleinige Autorität der das Evangelium von Jesus Christus bezeugenden Schrift
kein Zweifel bestehen. In diesem Buch besteht er. Röm 9,1–5 „als biblischer Leitfaden"
(39) für eine völlig neu zu strukturierende Theologie ist einfach zu dünn, als daß es
nicht zu weitgehendem Verzicht auf zentrale christologische Inhalte des Evangeliums
kommen müßte. Über ein derart beschnittenes Evangelium zu streiten, wird niemandem
wichtig sein – weder den Juden, denen ihr Judesein etwas gilt, noch den Christen, denen
ihr Christsein etwas gilt.

Mose und Jesus

Zur Auslegung von Hebr 3 1–6*

I

Hebr 3 1–6 wirft eine Fülle von Fragen auf, die sehr unterschiedlich beantwortet werden[1]. Bei den exegetischen Details mag das nicht weiter verwunderlich sein. Gravierender ist es schon bei der Frage nach den religionsgeschichtlichen Zusammenhängen. Die Antworten lauten: gnostisch (Käsemann, Vielhauer, Theißen)[2], qumranisch (Spicq, Kosmala)[3], philonisch (Schierse)[4] oder antiphilonisch (Nash)[5]. Erst recht die von unserem Abschnitt aufgeworfene Frage nach Anlaß und Zweck der Vergleichung Jesu mit Mose wird von der Exegese kontrovers beantwortet. »Nachdem er Christi Erhabenheit gepriesen hat, darinnen er herrlicher worden ist denn die Engel, lehrt er mit den nun folgenden Worten, Christus sei auch Mose vorzuziehen, von dem die Juden doch das Allerhöchste – nächst den Engeln – dachten; so will er ihnen das Vertrauen auch auf Mose nehmen und sie allein zu Christo bekehren«, dozierte Luther in seiner Hebräer-

---

* Zum Gedenken an Rudolf Bultmanns hundertsten Geburtstag. Vortrag, gehalten auf der Tagung der Alten Marburger am 4. 1. 1984 in Hofgeismar.

[1] M. R. D'Angelo, Moses in the Letter to the Hebrews (SBLDS 42), 1979, 65 ff.

[2] E. Käsemann, Das wandernde Gottesvolk. Eine Untersuchung zum Hebräerbrief (FRLANT 55), 1939; G. Theißen, Untersuchungen zum Hebräerbrief (StNT 2), 1969; Ph. Vielhauer, Geschichte der urchristlichen Literatur. Einleitung in das Neue Testament, die Apokryphen und die Apostolischen Väter. Berlin 1975, 248.

[3] H. Kosmala, Hebräer-Essener-Christen. Studien zur Vorgeschichte der frühchristlichen Verkündigung (StPB 1), 1959; C. Spicq, L'Épître aux Hébreux, Apollos, Jean-Baptiste, les Hellénistes et Qumran: RQ 1, 1959, 365–390.

[4] F. J. Schierse, Verheißung und Heilsvollendung. Zur theologischen Grundfrage des Hebräerbriefes (MThS. H 9), 1955.

[5] R. H. Nash, The Notion of Mediator in Alexandrian Judaism and the Epistle to the Hebrews: WThJ 40, 1977, 89–115.

briefvorlesung von 1517/18 vor seinen Wittenberger Studenten[6]. Demgegenüber betont die neueste Monographie zu unserem Text, daß es gar
nicht um eine Antithese geht (Mose *contra* Christus), sondern um eine Art
Synthese: unser Verfasser mache durch christologische Interpretation
zeitgenössischer »Moseologien« aus Mose auf dem Sinai einen Seher der
Herrlichkeit des Christus als des Hohenpriesters[7].

Solche stark divergierenden Urteile führen uns mitten hinein in das
bislang ungelöste geschichtliche Hauptproblem, wo der Hebr eigentlich
seinen konkreten Ort hat. Wir wären hier nicht so ratlos, wie wir es tatsächlich sind, wenn wir genau zu sagen wüßten, warum unser Verfasser
seine Theologie durchweg im Modus des Vergleiches der neuen mit der
alten Heilsökonomie entfaltet. Handelt es sich dabei nur um eine Art
komparativer Symbolik oder um einen Fall von aktueller Polemik[8]? Werden Christentum und Judentum (nur) hermeneutisch einander entgegengestellt oder prallen sie als rivalisierende Gruppen aufeinander? Soll die
Mosereligion desavouiert und die Christusreligion favorisiert werden?

Ich denke, daß Hebr 3 1–6 zur Beantwortung dieser Fragen ein ganz
wichtiger Text, wenn nicht gar der Schlüssel ist.

II

Der literarisch sehr sorgfältig operierende *Auctor ad Hebraeos* hat
unseren kleinen Abschnitt mit Bedacht als Drehscheibe zwischen der
christologischen Grundlegung in Kap. 1+2 und der großen Paränese in

---

6 Luthers Hebräerbrief-Vorlesung von 1517/18. Deutsche Übersetzung von E. Vogelsang
   (AKG 17). Berlin u. Leipzig 1930, 44 (= WA 57, 1939, 136).

7 So D'Angelo, Moses, 259. Danach ist 3 5 der entscheidende Vers: Mose ist Zeuge
   und Seher des Christus (vgl. dazu die Rezension von D. Lührmann, ThLZ 108, 1983,
   32 ff.). Anders L. K. K. Dey, The Intermediary World and Patterns of Perfection in
   Philo and Hebrews (SBLDS 25), 1975. Er sieht in v. 4 den Kern des Argumentes
   (182). Gott als Allschöpfer bildet die (aus der alexandrinischen Tradition aufgenom-
   mene) basic homologia, auf welcher der Vergleich Mose/Christus aufbaut: Jesus and
   Moses are both faithful to their maker ("to the one who made him") in the realm
   of the universe ("house" = "panta" vs. 4). But, the author argues, Jesus is worthy of
   more glory than Moses in the same measure as the Creator has more honour than his
   house = universe/creation (182). Vgl. dazu die Rezension von G. Delling, ThLZ 102,
   1977, 502 f.

8 Letzteres wird vertreten z.B. von W. R. G. Loader, Sohn und Hoherpriester. Eine
   traditionsgeschichtliche Untersuchung zur Christologie des Hebräerbriefes (WMANT
   53), 1981, 76. 254 ff.; S. D. Toussaint, The Eschatology of the Warning Passages in the
   Book of Hebrews, in: GraceTheolJourn 3, 1982, 67–80. Dagegen jedoch J. V. Dahms,
   The First Readers of Hebrews: JETS 20, 1977, 365–375.

Kap. 3+4 plaziert[9]. Einerseits bleibt die Christologie in 3 1–6 Thema und
wird weiter vertieft, andererseits will der Text als Grundlegung und Vorbereitung auf 3 7–19 gelesen werden. Stichwortverknüpfungen nach rück-
wärts (ἀρχιερεύς und πιστός VV. 1f. vgl. mit 2 17) und nach vorwärts
(Μωϋσῆς V. 2 vgl. mit 3 16) verklammern überdies auch literarisch unseren
Abschnitt mit seinem Kontext.

Das eröffnende ὅθεν kennzeichnet die bisherige Darlegung »als ge-
sicherte Basis«, von welcher aus nun paränetisch operiert wird (vgl. das
folgende διό zu Beginn von 3 7ff.). Wie sonst (2 17 7 25 8 3 9 18 11 19) gebraucht unser Verfasser auch hier diese begründende Konjunktion im
Sinne von δι' ἣν αἰτίαν (2 11)[10], also als Begriff der Notwendigkeit und
logischen Schlußfolgerung[11]: Weil es sich so verhält, wie seit 1 1 darge-
legt, weil der präexistente Gottessohn uns in allem gleich ward (2 15), aufgrund seines Todesleidens erhöht wurde (2 9) und nun als Hoherpriester
interzessorisch wirksam ist (2 17), soll die Gemeinde sich an ihm ausrich-
ten. Die unmittelbar an das ὅθεν anschließenden ekklesiologischen und
christologischen Hoheitstitel fassen jenen Heilsgrund und seine soteriolo-
gisch-paränetische Konsequenz noch einmal bündig zusammen. Sachlich
bedeutet ihre Gegenüberstellung: Auf der Basis dessen, was die Angeredeten *sind* − heilige Brüder und Genossen der himmlischen Berufung −, können sie behaftet werden bei dem, was sie *sollen*: Jesum (τὸν)
πιστὸν ὄντα betrachten und so das Bekenntnis durchhalten. Damit ist der
sachliche Primat des Indikativs vor dem Imperativ gewahrt.

Die Moseparallele V. 2c aus Num 12 7 LXX wird in VV. 3–6a in einem
»exegetischen Midrasch«[12] dahingehend erläutert, daß es nicht dasselbe
ist, wenn zwei das Gleiche tun. Die Treue als Sohn ist gegenüber der
Treue als Diener höherwertig. D. h., die Moseparallele hat eine argumentative Funktion. Mit dem Vergleichspunkt beabsichtigt der Verfasser, die
Warnung vor der Untreue exegetisch zu begründen[13]. Das wird V. 6b
vollends deutlich. Er lenkt mit dem Indikativ (»Christi Haus sind wir«)

---

[9] Zur literarischen Struktur vgl. A. Vanhoye, La structure littéraire de L'Épître aux
Hébreux (SN.S 1), ²1976, 87ff.; L. Dussaut, Synopse Structurelle de l'Épître aux
Hébreux. Approche d'Analyse Structurelle. Paris 1981, 33ff.; J. Swetnam, Form and
Content in Hebrews 1–6: Bib 53, 1972, 368–385.

[10] F. Bleek, Der Brief an die Hebräer. Berlin 1836, Bd. II 1,356; vgl. auch Bl.-Debr.-Reh-
kopf, Grammatik des neutestamentlichen Griechisch. Göttingen ¹⁴1976, § 451,6.

[11] W. C. Linss, Logical Terminology in the Epistle to the Hebrews: CTM 37, 1966, 365.
ὅθεν ist seltener ntl. Sprachgebrauch: 4 × Mt; 4 × Lk (Evgl. und Act), 1 × 1 Joh, 6 ×
Hebr (Statistik nach K. Aland, Vollständige Konkordanz zum griechischen Neuen
Testament, Bd. II. Spezialübersichten [ANTT IV/2]. Berlin−New York 1978, 194f.).

[12] O. Michel, Der Brief an die Hebräer (KEK 13), ¹²1966, 170.

[13] A. Stadelmann, Zur Christologie des Hebräerbriefes in der neueren Diskussion (ThBer
2), 1973, 183.

und seiner Konditionierung (»wenn wir . . . festhalten«) in einer Art
Ringkomposition zum Ausgangspunkt V. 1 zurück. Jesus ist treu. Darum
gibt es keinen Grund, die Hoffnung fahren zu lassen.

III

In V. 1 werden die Hörer bzw. Leser erstmals im Hebr unmittelbar
und dann sogleich in solenner Weise angeredet. Die Tatsache als solche
hat Bedeutung[14]: Nicht zu einem dogmatischen Grundsatzkapitel über
das Verhältnis von mosaischer und christlicher Heilsökonomie setzt unser
Verfasser an − dafür ist die Erwähnung viel zu beiläufig −, sondern zu
einer grundsätzlichen Paränese, die mittels der Exodustypologie klar-
stellt: ἀπιστία, d. h. Zurückbleiben hinter der Verheißung (4 1), bedeutet
definitiven Heilsverlust (6 4ff. 10 26)[15]. Die wenigen direkten Anreden,
die der Hebr gebraucht[16], eröffnen durchweg paränetische Abschnitte.
Aber keine dieser Anreden ist wie die in 3 1.
   »Heilige Brüder, Genossen der himmlischen Berufung« hat weder
im NT noch später im Hebr eine Parallele. Wohl heißen die Christen ganz
allgemein οἱ ἅγιοι (1 Kor 6 2 Hebr 6 10 13 24). Und Paulus schreibt seinen
Gemeindegliedern als den κλητοῖς ἁγίοις (1 Kor 1 1 Röm 1 7 u. ö.). Aber
nur 1 Thess 5 27 findet sich in einigen Handschriften (in Nestle-Aland[26]
nicht in den Text aufgenommen) ἅγιοι adjektivisch zu ἀδελφοί gestellt.
»Geliebte Brüder« ist die sonst übliche Anrede (1 Kor 15 58 Phil 4 1 Jak
1 16 u. ö.). »Heilige Brüder« ist also nicht traditionell. Man darf daher vermuten, daß der Verfasser des Hebr diesen Titel selbst gebildet hat, und
zwar mit Rücksicht auf 2 11.12.17. »Heilige Brüder« sind die Angeredeten
(und der Redende schließt sich ein: ἡμεῖς V. 6!) um der Gemeinschaft mit
dem Sohne willen, die darin begründet ist, daß der ἁγιάζων und die
ἁγιαζόμενοι den gleichen Ursprung und das gleiche Ziel haben (2 10.11).
Solche Bruderschaft wird durch das Adjektiv ἅγιος also nicht ethisch, sondern eschatologisch qualifiziert. Sie beschreibt keinerlei subjektive Be-
findlichkeiten, sondern den objektiven Heilsstand der *sub contrario* jetzt
schon Geretteten.
   Das wird durch den zweiten Titel bestätigt: κλήσεως ἐπουρανίου
μέτοχοι. Die Wendung zeigt eine gewisse Verwandtschaft zu solchen
Formulierungen, die das eschatologische Hoffnungsgut als Ziel der Berufung besonders hervorheben, also z. B. ἡ ἄνω κλῆσις θεοῦ (Phil 3 14)
oder ἡ ἐλπὶς τῆς κλήσεως αὐτοῦ (Eph 1 18; vgl. 4 4) oder auch οἱ

---

[14] Richtig erkannt von B. Weiß, Der Brief an die Hebräer (KNT 13) [6]1897, 90, Anm. *.
[15] F. Bleek, II 1, 372.
[16] Ἀδελφοί: 3 12 10 19 13 22; ἀγαπητοί: 6 9.

κεκλημένοι τῆς αἰωνίου κληρονομίας (Hebr 9 15). Κλῆσις geht in all diesen Wendungen nicht wie sonst auf die geschichtliche Bekehrung, sondern auf die Berufung zur himmlischen Herrlichkeit. Sprachlich und vorstellungsmäßig ist der Titel »Genossen der himmlischen Berufung« jedoch ureigenste Bildung unseres Verfassers. Er hängt aufs engste mit seiner Gedankenwelt zusammen, theologisch, christologisch und eschatologisch.

Theologisch: Gott wird im Hebr vornehmlich als *redend* gedacht (1 1.2 5 5 12 25). Alles von ihm gestiftete Heil bleibt in Vergangenheit, Gegenwart und Zukunft geknüpft an den eschatologischen λόγος τοῦ θεοῦ, der als λόγος τῆς ἀκοῆς (4 2) »heute noch« (3 13) in der Gemeinde gegenwärtig ist. Und κλῆσις ist die adäquate Weise der Anteilgabe an dieser Soteria (2 11 5 4 9 15 11 8)[17].

Christologisch: Den Begriff μέτοχος las unser Verfasser in ψ 44 8c (vgl. Hebr 1 9), läßt ihn jedoch inhaltlich gefüllt sein durch die in 2 5–18 explizierte Einheit von Erlöser und Erlösten. Dadurch, daß der präexistente Sohn in gleicher Weise wie die »Kinder« Anteil nahm (μετέσχεν)[18] an Blut und Fleisch, »um durch den Tod den zunichte zu machen, der die Gewalt über den Tod hatte, das ist den Teufel, und die zu erlösen, die durch Todesfurcht ihr ganzes Leben hindurch in Knechtschaft verhaftet waren« (2 14f.), dadurch sind die Angeredeten zu μέτοχοι τοῦ Χριστοῦ geworden (3 14). Der Begriff faßt zusammen, was 6 4f. als Merkmale der Getauften auflistet: sie sind »diejenigen, die einmal (ἅπαξ) erleuchtet worden sind und die himmlische Gabe gekostet haben und Genossen (μέτοχοι) heiligen Geistes geworden sind und gekostet haben das schöne Gotteswort und Kräfte der zukünftigen Welt.« Die durch das Christusereignis in den Stand der »Söhne« (2 10), der »Brüder« (2 11bf.), der »Kinder« (2 13f.), der τέλειοι (5 14) Versetzten, als welche sie schon jetzt »hinzugetreten sind zum Berge Zion, zur Stadt des lebendigen Got-

---

17 Zur engen Verbindung von Wort und Heil vgl. noch 2 3 4 8 5 5 7 14 9 19 11 4.18 12 24.25 13 7. Überhaupt ist es nicht zufällig, daß dem Christushymnus am Anfang 1 2b–4 ein Logoshymnus am Ende des ersten Hauptteiles korrespondiert, 4 12–13. Zur Thematik vgl. E. Gräßer, Das Heil als Wort. Exegetische Erwägungen zu Hebr 2 1–4, in: Neues Testament und Geschichte, FS O. Cullmann. Zürich 1972, 261–274.

18 Im NT nur Sprachgebrauch des Paulus (5 × in 1 Kor) und des Hebr (3 ×), s. K. Aland, Konkordanz II, 180f. – Das Substantiv μέτοχος kommt außerhalb des Hebr nur Lk 5 7 in der Bedeutung »Kollege« vor. Im Hebr bezeichnet es mit zwei Ausnahmen (12 8: alle sind μέτοχοι einer Erziehung; 1 9: die Engel sind μέτοχοι des Sohnes) die soteriologische Teilhaberschaft am Erlösungsgeschehen (3 1.14 6 4). Anders O. Hofius, Katapausis. Die Vorstellung vom endzeitlichen Ruheort im Hebräerbrief (WUNT 11), 1970, 215, Anm. 819, für den μέτοχος in 3 14 ebenso wie Lk 5 7 und Hebr 1 9 = Ψ 44 8 die Bedeutung »Genosse« hat. Die Bedeutung »Teilhaber« (an Christus) (so Lünemann [s. Anm. 25], 136f.; Spicq, L'Épître aux Hébreux [ETB], 1953, II 76; Strathmann [s. Anm. 37] 94) hält er »vom Inhaltlichen her« auch in 3 1 und 6 4 für unwahrscheinlich.

tes, zum himmlischen Jerusalem und Myriaden von Engeln einer Festversammlung, und einer Gemeinde von Erstgeborenen, die im Himmel
eingeschrieben sind« (12 22.23a), als solche sind die Angeredeten Genossen des Christus, der *der* Erstgeborene ist (1 6)[19]. Was Paulus in
apokalyptischer Terminologie eine καινὴ κτίσις nennt (2 Kor 5 17 Gal
6 15), das nennt unser Verfasser in hellenistischer Terminologie einen
μέτοχος Χριστοῦ (3 14) bzw. einen κλήσεως ἐπουρανίου μέτοχος (3 1),
wobei der Akzent auf der Partizipation am Geschick Christi liegt[20]. Ob
man diesen Sprachgebrauch »gnostisch« nennt, das hängt davon ab, wieweit man in 2 5–18 gnostisches Gedankengut wirksam sieht. Denn daß der
Begriff aus dieser (nach dem Schema von Erniedrigung und Erhöhung
konzipierten) Präexistenzchristologie deduziert wird, ist sicher[21].

Eschatologisch: Daß die Angeredeten mit der doppelten Kennzeichnung als »heilige Brüder« und »Genossen der himmlischen Berufung«
auf ihre eschatologische Existenz hin angesprochen werden, ist nach dem
Gesagten unmittelbar deutlich. Zu ergänzen ist lediglich, daß unser Verfasser auch bezüglich der Eschata *begrifflich* gemäß der ihn leitenden Ge-
samtvorstellung formuliert. So einmalig κλῆσις ἐπουράνιος als Begriffs-
verbindung überhaupt ist[22], so typisch ist sie für die Eschatologie des

---

[19] Vgl. C. Spicq, Notes de Lexicographie Néo-Testamentaire II (OBO 22/2). Fribourg/
Göttingen 1978, 555ff., bes. 557f. Für O. Hofius, a.a.O., 133 ist μέτοχος »ein eschatologischer Terminus (vgl. äthHen 104 6) und sachlich mit συγκληρονόμος Röm 8 17 gleichbedeutend«. Die außerbiblischen Quellen weisen als Synonym jedoch κοινωνός aus
(Spicq, a.a.O., 555). O. Michel, 189, verweist auf die Genossen des Messias in 4 Esr 7 28
14 9 (das EWNT II, 1981, 1035 nennt fälschlich 4 Esr 5 28 12 9), die jedoch nichts zur
Vorstellung des Hebr beitragen. Vgl. H. Hanse, ThWNT II 830–832.

[20] C. Spicq, a.a.O., 558.

[21] E. Käsemann, Gottesvolk, 97, sieht in den Begriffen μετέχειν/μέτοχος »eindeutig die
gnostische συγγένεια-Lehre« aufgenommen, die »auf die Gliedschaft am himmlischen
Anthropos und seinem Leibe tendiert«. Inzwischen hat sich die Gesprächslage um die
Gnosis dahingehend verändert, daß von der *Vorgabe* einer ausgebildeten gnostischen
Urmensch-Hohepriester-Spekulation (Käsemann, ebd., 124ff.) zur Zeit des Hebr in der
Tat nicht die Rede sein kann (F. Laub, Bekenntnis und Auslegung. Die paränetische
Funktion der Christologie im Hebräerbrief [BU 15], 1980, 101f.). Das heißt aber nicht,
daß gnostische Traditionen in ihm überhaupt nicht wirksam gewesen seien. Für 1 5–2 18
3 7–4 10 5 14 10 20 wird man das schwerlich bestreiten können. Vgl. K. Rudolph, Die
Gnosis. Wesen und Geschichte einer spätantiken Religion. Göttingen 1977, bes. 321;
E. Gräßer, Die Heilsbedeutung des Todes Jesu in Hebr 2 14–18, in: Theologia crucis –
signum crucis. FS E. Dinkler. Tübingen 1979, 165–184. Leider nicht zugänglich
war mir K. Le Roy Maxwell, Doctrine and Parenesis in the Epistle to the Hebrews,
with Special Reference to Pre-Christian Gnosticism (Diss. Microfilm). Yale University
1953.

[22] Die Exegeten, die sowohl einen Gen. qualitatis (vocatio quae de coelo, vgl. 12 25) als
auch einen Gen. des Zweckes und der Richtung annehmen (vocatio, quae coelum
habet pro scopo), sind im Recht. Vgl. Bleek II 1, 375f.

Hebr. Ihr gilt die Berufung in die himmlische Welt (12 22; vgl. Phil 3 14 Eph 4 1.4 2 Tim 1 9) bzw. in die πατρίδα (11 14.16) als *das* Hoffnungsziel des wandernden Gottesvolkes, das hier keine bleibende πόλις hat, sondern die zukünftige sucht (13 14). Der die Eschatologie des Alexandrinismus beherrschende kosmologische Dualismus »irdisch-himmlisch«, der nur marginalen Eingang ins NT gefunden hat (1 Kor 15 40.48 f. Phil 2 10 Joh 3 12), ist hingegen für die Eschatologie des Hebr zentral[23].

Wir halten fest: Die Anrede »heilige Brüder, Teilhaber himmlischer Berufung« faßt als »Seinsbestimmung der Glaubenden« den Ertrag der voraufgehenden Abschnitte zusammen[24].

Die christologischen Hoheitstitel »Apostel« und »Hoherpriester« sagen − ebenfalls aufgrund des bisher Dargelegten −, wer der Erlöser ist, nämlich der Bringer des Wortes (= Apostel) und der Versöhner (= Hoherpriester). Mit dem Aposteltitel wird also auf 1 1−2 4 zurückgeblickt, mit dem Hohepriestertitel auf die in 2 17 f. gezogene Quintessenz aus 2 5–18[25]. Unser Verfasser treibt diese Titel aus seiner theologischen Argumentation hervor, was selbstverständlich nicht ausschließt, daß die bestens bekannte alexandrinische Theologie, aber auch Gnostisches dabei sprachliche und vorstellungsmäßige Vermittlerdienste geleistet haben[26]. Insgesamt aber ist Franz Laub recht zu geben: »Das Hohepriesterbild des Hebräerbriefes« − und ich füge hinzu: auch sein Apostelbegriff − leben »viel direkter aus der vorgegebenen Erniedrigungs-Erhöhungschristologie als aus irgendeiner religionsgeschichtlichen Analogie«[27]. Daß der

---

[23] Vgl. G. Theißen, Untersuchungen, 88 ff.; H. Windisch, Der Hebräerbrief (HNT 14), [2]1931, 86 f. (Exk. »Eschatologie im Hebr«). − Zur »Eschatologie und Jenseitserwartung im hellenistischen Diasporajudentum« siehe das gleichnamige Buch von U. Fischer, BZNW 44, 1978.

[24] G. Bornkamm, Das Bekenntnis im Hebräerbrief, in: Studien zu Antike und Urchristentum. Ges. Aufs. II (BEvTh 28), [3]1970, 189. − Daß die Anrede »Teilhaber eines himmlischen Rufes« die Angesprochenen »als vorgestellte Teilnehmer einer festlichen gottesdienstlichen Handlung« ausweise, »vielleicht mit einem Taufgottesdienst verbunden (s. 10 22)«, wie A. Strobel, Der Brief an die Hebräer (NTD 9), 1975, 108 vermutet, geht über das hinaus, was wir aufgrund des Textes wissen können.

[25] G. Lünemann, Handbuch über den Hebräerbrief (KEK 13), [3]1867, 123; vgl. Theißen, Untersuchungen, 44. Richtig hat Bengel, Gnomon z. St., die christologische Doppelbezeichnung »Apostel und Hoherpriester« gekennzeichnet: *qui dei causam apud nos agit* und *qui causam nostram apud deum agit*. Vgl. auch E. K. A. Riehm, Der Lehrbegriff des Hebräerbriefes. Ludwigsburg 1867, 427.

[26] H. Windisch, 28 f.; O. Michel, 171−174; G. Theißen, Untersuchungen, 115 ff. Zu den Apostel- und Hohepriestervorstellungen bei Philo vgl. R. Williamson, Philo and the Epistle to the Hebrews (ALGHL 4), 1970, 409−491; L. K. K. Dey, World, 157 ff. 177 ff. Zur Apostelvorstellung in der Gnosis vgl. W. Schmithals, Das kirchliche Apostelamt. Eine historische Untersuchung (FRLANT 79), 1961, 103−180.

[27] F. Laub, Bekenntnis, 102. Natürlich ist mit einer solchen Feststellung die religionsgeschichtliche Frage nur verschoben, nicht gelöst. H. Zimmermann, Bekenntnis, 50 (s.

Aposteltitel Christus »mit dem gnostischen Mythos« verbinde und ihn so zum »Gesandten« mache, ist jedenfalls eine problematische Auskunft[28]. Hoherpriester und Apostel heißt Jesus auch nicht in antithetischer Entsprechung zu Mose[29], auch nicht mit Rücksicht auf den Gebrauch des Wortes »Apostel« in der Kirche (Jesus als eine Art Erzapostel, der die zwölf Apostel aussandte), oder umgekehrt mit polemischer Spitze gegen eine sich bildende kirchliche Hierarchie (Apostel ist nur *einer*, nämlich Jesus selbst)[30]; wohl auch nicht, weil Paulus (Gal 4 4), die Synoptiker, vor allem aber Johannes, das Verb ἀποστέλλω in Beziehung auf Christus gebrauchen (z. B. Mk 9 37 Mt 15 24 Lk 4 43 Joh 3 17 5 36 u. ö.). Sondern Hoherpriester und Apostel heißt Jesus vielmehr im Zuge einer Neuauslegung des Bekenntnisses von der Inkarnation des präexistenten Sohnes, mit deren Hilfe unser Verfasser das irdische Geschick des Erhöhten neu zu theologischer Geltung zu bringen vermag. »Botschafter« (Apostel) faßt das irdische[31], »Hoherpriester« das himmlische Werk des Sohnes zusammen. Insofern bedeutet die Zusammenstellung der Titel wesentlich nichts anderes als ὁ τῆς πίστεως ἀρχηγὸς καὶ τελειωτής in Hebr 12 2[32].

Anm. 38) möchte die Doppelbezeichnung »Apostel und Hoherpriester« aus Ps 110 ableiten, und zwar Hoherpriester aus Ps 110 4, Apostel aus Ps 110 2. Auch wenn das schwierig sein dürfte, so sieht Zimmermann doch richtig, daß es nicht »mehr oder weniger weit hergeholter religionsgeschichtlicher Ableitungen« bedarf, sondern daß unser Verfasser die Doppelbezeichnung exegetisch selbst entfaltet (50 f.). – Zur Analyse der Vorstellungsinhalte in Hebr 3 1–6 vgl. bes. A. Vanhoye, Prêtres anciens, prêtre nouveau selon le Nouveau Testament. Paris 1980, 114–129.

[28] Gegen W. Schmithals, Apostelamt, 125, der unter Berufung auf Käsemann und Bultmann dafür als Belege anführt: Just. Apol. I 12,9; 63,5.10.14; Act. Thom. 10; 48; 122; 156. Er fügt hinzu: »Auch im Islam hat sich für Jesus der Titel ›Gesandter‹ erhalten.« Dafür wird auf E. Norden, Agnostos Theos, ⁴1956, 191 verwiesen.

[29] Vgl. dazu Bleek II 1, 379–381 mit den entsprechenden Belegen aus der Tradition, die Mose als Apostel oder Hohenpriester zeigen. Rabbinische Mosetraditionen reichlich bei M. R. D'Angelo, Moses (s. Anm. 1), passim.

[30] Ph. Vielhauer, Rezension von O. Michel, Der Brief an die Hebräer (1949), in: VF 1951/52 (1953/54), 218; G. Theißen, Untersuchungen, 84 f., 107. – Das Wahrheitsmoment dieser Beobachtung ist immerhin, daß im Hebr eine Gedankenanbindung nicht nur an das apostolische (O. Michel, 171), sondern an jegliches kirchliche Amt fehlt. Das alles ist nicht Zufall, sondern Konsequenz der Wort-Gottes-Theologie des Hebr. Vgl. dazu E. Gräßer, Die Gemeindevorsteher im Hebräerbrief, in: Vom Amt des Laien in Kirche und Theologie. FS G. Krause zum 70. Geburtstag, hrsg. von H. Schröer und G. Müller. Berlin 1982, 67–84, bes. 76 ff. Ähnlich, jedoch weitaus vorsichtiger F. Laub, Verkündigung und Gemeindeamt. Die Autorität der ἡγούμενοι Hebr 13 7.17.24, in: Studien zum NT und seiner Umwelt 6/7, 1981/82, 169–190, bes. 190, Anm. 85.

[31] Daß mit dem Aposteltitel nichts weiter gemeint ist als the mediator of the Divine call, betont m. R. G. Hughs, Hebrews and Hermeneutics. The Epistle to the Hebrews as a New Testament Example of Biblical Interpretation (MSSNTS 36), 1979, 10.

[32] C. W. Otto, Der Apostel und Hohepriester unseres Bekenntnisses. Eine exegetische Studie über Hebr 3 1–6. Leipzig 1861, 43. Für ihn ist Jesus *Apostel* in Entsprechung und

Die Aufforderung κατανοήσατε κτλ. besagt nicht, daß Jesus »Apostel und Hoherpriester« ist, sondern daß der Apostel und Hohepriester unseres Bekenntnisses, d. h. den unser Bekenntnis nennt, von dem es handelt[33], daß dieser Apostel und Hohepriester *Jesus* ist[34]. Die Wendung »unser Bekenntnis« steht im Hebr objektiv für den christlichen Glauben selbst. Oppositum ist ἀντιλογία 12 3[35]. Das Taufbekenntnis, an das Günther Bornkamm bei ὁμολογία denkt[36], mag durch die ἀρχὴ τῆς ὑποστάσεως in 3 14 angesprochen sein. Jetzt aber, wo die Parrhesie sowie das Rühmen der Hoffnung (3 6) aufgerufen sind und 10 23 das Bekenntnis ausdrücklich als ὁμολογία τῆς ἐλπίδος charakterisiert[37], werden wir eher an die Liturgie als jene Brücke denken, die die hier irdisch wandernde Gemeinde mit der himmlisch schon vollendeten verbindet[38].

Das ntl. seltene Verb κατανοεῖν[39] ist ein ganz der visuellen Sphäre zugehörendes Wort. Es meint die reflektierende, schlußfolgernde Wahrnehmung, das Denken, das Erfassen eines Gegenstandes oder einer Sache, das für das eigene Urteil bzw. Verhalten nicht folgenlos bleibt[40]. Charakteristisch ist das zweite Vorkommen unseres Verbs in 10 24: »Laßt uns aufeinander achten (κατανοῶμεν) und uns zur Liebe und zu guten Taten anspornen.« Aus der verständigen Betrachtung soll ein »vernünftiger« Schluß gezogen werden. »Ὅθεν κατανοήσατε τὸν Ἰησοῦν πιστὸν ὄντα: hieraus, aus allem Gesagten, ersehet und ziehet die Folge-

---

Überbietung zu Josua (vgl. 4 8), einem der zwölf »Apostel« des Alten Bundes, die *zuerst* in das Land der Verheißung entsandt wurden und von denen *einer*, nämlich *Josua*, ausersehen war, später das Volk als dessen ἀρχηγός dorthin zu führen (Num 13 2), und dem bei seiner Entsendung ausdrücklich der neue Name יְהוֹשֻׁעַ verliehen wurde (Num 13 16). Ihm gegenüber ist *unser* »Josua« (= Jesus) der ἀρχηγὸς τῆς σωτηρίας κατ᾽ ἐξοχήν (Otto, 40 ff.). – Aber wenn unserem Verfasser *diese* Typologie vorschwebte, warum vergleicht er dann mit Mose?

[33] A. Seeberg, Der Katechismus der Urchristenheit. Mit einer Einführung von F. Hahn (TB 26), 1966 (Nachdruck der Ausgabe von 1903), 142–151; H. Windisch, 29.

[34] So mit Kosmala, Hebräer, 78 auch H. Zimmermann, Bekenntnis, 49 (s. Anm. 38).

[35] J. A. Bengel, Gnomon Novi Testamenti z. St.

[36] G. Bornkamm, Bekenntnis 188 ff.; ebenso O. Hofius, Katapausis, 134 mit Anm. 832. Beide berufen sich auf A. Seeberg, Katechismus, 142 ff.

[37] E. Riggenbach, Der Brief an die Hebräer (KNT XI), ²·³1922, 320, Anm. 97; H. Strathmann, Der Brief an die Hebräer (NTD 9), ⁷1954, 134; F. J. Schierse, Verheißung, 171, Anm. 101.

[38] E. Käsemann, Gottesvolk, 105 ff.; F. J. Schierse, Verheißung 166 ff.; W. R. G. Loader, Sohn, 206 ff. Gegen ein Taufbekenntnis auch H. Zimmermann, Das Bekenntnis der Hoffnung. Tradition und Redaktion im Hebräerbrief (BBB 47), 1977, 47 ff.

[39] 8 × bei Lk (Evangelium und Act), je 1 × bei Mt und Paulus, 2 × Jk, 2 × Hebr (s. K. Aland, Konkordanz II, 148 f.).

[40] Vgl. für diesen vor allem im literarischen Griechisch nachweisbaren Sprachgebrauch die Belege bei J. Behm, ThWNT IV, 971.

rung, daß Jesus πιστός ist«[41]. Im Achten darauf erfährt die Gemeinde beides: Heilsgarantie und Ansporn zur Glaubensfestigkeit[42].

Merkwürdigerweise streitet sich die Exegese, ob aufgefordert wird, sich am Irdischen oder am Erhöhten zu orientieren. Nun, emphatisches Ἰησοῦς, erstmals 2 9 ohne jeden Zusatz eingeführt, das beispiellos im NT, aber charakteristisch für den Hebr ist (2 9 3 1 6 20 7 22 10 19 12 2.24 13 12), rückt fraglos den Aspekt der *Menschlichkeit Jesu* in den Vordergrund. Dem entspricht, daß das πιστός-Sein Jesu inhaltlich dadurch gefüllt ist, daß er im πάθημα τοῦ θανάτου und γεύεσθαι θανάτου (2 9; vgl. 2 14 5 7ff. 12 2 13 12), in der Anfechtung und irdischen Solidarität mit den Brüdern *standgehalten* hat, sich als verläßlich erwiesen hat[43]. Alle diese Aspekte rücken von der angefochtenen Glaubenssituation der Adressaten her in den Vordergrund. Gleichwohl wäre es verfehlt, zwischen Irdischem und Erhöhtem einen Schnitt von grundsätzlicher Bedeutung zu machen[44]. Der innere Zusammenhang von Erhöhung und Erniedrigung widerrät dem Versuch, das »Vorbild« Jesus zu zerlegen in irdisch und himmlisch[45]. Denn dabei käme das historisch zurückliegende Beispiel der Menschlichkeit Jesu nur als historische Reminiszenz in den Blick. Es ist aber *memoria Jesu* als explizite Christologie[46]. Anders gesagt: Der Ansatz beim nachösterlichen Kerygma treibt unseren Verfasser zur theologischen Neuinterpretation der Menschlichkeit Jesu, wobei das ὁμοιωθῆναι des Sohnes mit den Söhnen in der Erniedrigung so zum gegenwärtigen Hohepriestertum Jesu in Beziehung gesetzt wird, »daß als bleibende soteriologische Frucht der in der irdischen Existenz, vornehmlich im Todesleiden, erwiesenen Solidarität das hohepriesterliche Helfen-Können des Erhöhten erscheint«. Auf diese Weise kann Hebr begründet feststellen: »Wir sehen Jesus« (2 9) und auch: »Wir haben einen treuen und barmherzigen Hohenpriester« (2 17), woraus dann die Mahnung abgeleitet wird: »Achtet auf diesen Hohenpriester Jesus und haltet fest an der Hoffnung.«[47] Denn die Ge-

---

[41] C. W. Otto, Apostel, 20f.

[42] Vgl. F. Laub, Bekenntnis, 66.88ff.; bes. 95.

[43] E. Gräßer, Der Glaube im Hebräerbrief (MThSt 2), 1965, 21f.; F. Laub, Bekenntnis, 89f. Anders A. Stadelmann, Christologie, 185: Weil es sich bei Mose (Num 12 7) nicht um eine Bewährung in der Versuchung gehandelt habe, könne auch das πιστός-Sein Jesu nur die Glaubwürdigkeit seiner »Person und Rede« meinen. Stadelmann übersieht jedoch Hebr 11 23–27: Mose ist πίστει der Anfechtung gewachsen.

[44] Gegen F. J. Schierse, Verheißung, 109 und W. R. G. Loader, Sohn, 75ff. 142.

[45] Für verfehlt halte ich auch den Versuch von Loader, Sohn, 151, die Vorstellung von Jesu »Fürsprecher-Hohenpriesterschaft« als unabhängige »Einheit für sich« von den übrigen Hohepriestervorstellungen des Hebr (etwa der Sühnevorstellung) abzugrenzen.

[46] E. Gräßer, Der historische Jesus im Hebräerbrief: ZNW 56, 1965, 63–91 (= ders., Text und Situation. Ges. Aufs. zum NT. Gütersloh 1973, 152–181, bes. 158ff.).

[47] F. Laub, Bekenntnis, 94.96f. – Zum theologisch Grundsätzlichen dieses Verfahrens, wonach das historische Einmal der irdischen Existenz Jesu nur sub specie des eschatolo-

meinde bedarf inzwischen der Ermahnung zur Standhaftigkeit, die der durch Todesleiden vollendete Jesus ursächlich und beispielhaft vorgelebt hat als den sicheren Weg zur Vollendung (2 10).

Das Zuverlässigsein Jesu wird im folgenden exegetisch erhärtet. Die These lautet: Jesus war treu dem, der ihn dazu gemacht hat[48], so wie es – nun folgt das Zitat aus Num 12 7 LXX – Mose war in seinem ganzen[49] Hause. Das τῷ ποιήσαντι αὐτόν macht den Exegeten Schwierigkeiten. Ist es auf das schöpferische Handeln Gottes bei der *Geburt* Jesu (wegen der Schöpfungsmittlerschaft 1 2 schwierig) oder bei seiner *Ordination* als Erlöser zu beziehen?[50] Möglicherweise läßt das vom Hebr angezogene mythische Schema von Erniedrigung und Erhöhung aber eine solche Fragestellung gar nicht zu. Es umschließt beides: Jesus ist von Ewigkeit her Sohn und Schöpfungsmittler und der durch die Inkarnation in die Geschichte eingetretene Erlöser. Beides ist er entsprechend dem Willen dessen, der ihn dazu gemacht hat. Die Umschreibung Gottes in V. 2 blickt bereits auf V. 4 voraus, wo Gott als Allschöpfer prädiziert wird aus Gründen, die wir noch sehen werden. Jedenfalls ist Jesus *diesem* Gott gegenüber treu, nicht anders, als es auch Mose war. Trotz dieser Gleichstellung muß V. 2 einen Gegensatz ausdrücken, da V. 3 einen solchen begründet. Er liegt in der äußeren Stellung, wie VV. 3–6 deutlich zeigen werden.

Bei der Moseparallele als solcher hat unser Verfasser allein die argumentative Kraft des Vergleichs und keineswegs eine aktuelle Polemik vor Augen[51]. Das Verhältnis des Mose zu Christus ist nicht *Thema*, sondern *Mittel* für den paränetischen Zielgedanken, daß der »Ruhm der Hoffnung« (V. 6) in der Treue des Sohnes einen guten Grund hat. Man sieht das sofort, wenn man – Franz Joseph Schierse folgend – die beiden Enden des gedanklichen Fadens in die Hand nimmt, also VV. 1f. und V. 6, und sie miteinander verknüpft, und zwar unter Auslassung des Mosezitates:

---

gischen Ein-für-allemal der Erhöhung soteriologisch-paränetisch belangvoll wird, vgl. E. Gräßer, Der historische Jesus, 179 f.

[48] Zu dieser Übersetzung vgl. A. Vanhoye, Jesus, »fidelis ei qui fecit eum« (Hebr 3 2): VD 45, 1967, 291–305.

[49] ὅλῳ wird von den frühen und wichtigen Zeugen p[13] p[46vid] B cop[sa.bo.fay] al nicht gelesen. Sie dürften im Recht sein. Denn der Hebr will nicht betonen, daß Mose im *ganzen* Hause treu war, sondern daß er *im* Hause treu war. Bei der Wiederholung des Zitates in V. 5 kann dagegen der Urtext unverkürzt zitiert werden, weil inzwischen die Differenz zwischen Jesus und Mose klargestellt ist: Mose *Diener* im ganzen Hause, Jesus *Herr* über das Haus. – Zu dem textkritischen Problem vgl. B. M. Metzger, A Textual Commentary on the Greek New Testament. Stuttgart 1971, 664.

[50] C. W. Otto, Apostel, 64.

[51] Gegen C. Spicq, RQ 1 (s. Anm. 3), 365 ff., der das qumranische Mosebild attackiert sieht, vgl. H. Braun, Qumran und das Neue Testament I. Tübingen 1966, 247 ff.; F. Laub, Bekenntnis, 91, Anm. 144.

»Daher, heilige Brüder, Genossen himmlischer Berufung, betrachtet den Apostel und Hohenpriester unseres Bekenntnisses, (nämlich) Jesus, der da treu ist dem, der ihn gemacht hat . . . als Sohn über seinem (Gottes) Hause.« Keine Frage, daß erst durch V. 6a die Aussage von VV. 1 f. ihre notwendige Ergänzung und Abrundung erhält[52]. Das ist es, was unser Verfasser sagen will: auf Jesus blicken, *der als Sohn treu ist über dem Hause Gottes.* Die Moseparallele wie überhaupt die »dunkle Mitte« VV. 3−5 hat keinen anderen Zweck, als *diese* christologische Aussage schriftgemäß zu begründen[53]. Schierse sieht das hermeneutische Verfahren unseres Verfassers ganz klar. Moses- und Christusaussagen stehen nicht als zwei selbständige Sätze einander gegenüber. Man muß sie »übereinanderlegen«, um zu erkennen, »daß hier wieder die Gesetze der Entsprechung, Überbietung und Andersartigkeit ihre Geltung beweisen, durch welche die unterlegte Folie jede eigene Bedeutung verliert.«[54] Num 12 7 sagt nur etwas über die Anerkennung der Treue des Mose in der israelitischen Gemeinde. Unser Verfasser liest daraus ein Urteil über den Χριστός hinsichtlich seiner Stellung zum Hause Gottes! Wenn schon − so lautet der *Qal wachomer*-Schluß − der Diener, der zum Haus gehört, so geehrt wird, um wieviel mehr der Sohn, welcher das Haus gebaut hat! Damit erschöpft sich die Schriftexegese: sie macht *keine* Aussage über die alte Heilsökonomie; sie macht auch keine Aussage *gegen* Mose, sondern sie macht *mit* Mose eine Aussage über den Christus. Mose dient also tatsächlich »zum Zeugnis für das, was gesagt werden soll« (V. 5): daß nämlich »Christus getreu ist als Sohn über Gottes Haus« (V. 6)[55].

Zur Moseparallele halten wir vorläufig fest: Es handelt sich weder um den paulinischen und johanneischen Gegensatz Mose−Christus (er spielt im Hebr keine Rolle[56]), noch um die typologisch-antitypische

---

[52] F. J. Schierse, Verheißung, 104.

[53] Ebd. Richtig betont schon von G. Hollmann, Der Hebräerbrief (SNT 2), ²1908, 456, der dann aber doch unverständlicherweise zur Substitutionstheorie fortschreitet: »An Stelle der Juden sind jetzt die Christen das ›Haus Gottes‹ oder ›des Messias‹ geworden . . .« Ähnlich auch A. Strobel, Hebräerbrief, 110. Diese Thematik liegt jedoch ganz fern. Sie ist dem NT überhaupt fremd. Vgl. L. Volken, Jesus der Jude und das Jüdische im Christentum. Mit einem Geleitwort von E. Zenger. Düsseldorf 1983, 73−84, bes. 78−80.

[54] F. J. Schierse, Verheißung, 110.

[55] F.J. Schierse, Verheißung 110.

[56] Das beweist 10 28 f. Hier nämlich werden das »Gesetz des Mose« und das πνεῦμα τῆς χάριτος gemäß der komparativischen Methode und nicht antithetisch parallelisiert: »Hat einer das Gesetz des Mose verworfen, muß er ohne Erbarmen auf zwei oder drei Zeugen hin sterben; einer um wieviel, glaubt ihr, schlimmeren Strafe wird der wert erachtet werden, der . . . den Geist der Gnade geschmäht hat.« Alte und neue Offenbarung stehen als qualitativ zu unterscheidende, nicht aber einander ausschließende λόγοι nebeneinander (vgl. 1 1 f. 2 2). − Zur Sache vgl. H. Windisch, 65 f. (Exk. »Das Gesetz im Hebr«).

Gegenüberstellung zweier Geschichtsberichte wie im Markusevangelium[57], sondern es handelt sich um die typologische Parallelisierung des
ersten und des zweiten Erlösers gemäß dem Schema Entsprechung, Andersartigkeit, Überbietung. Zu ihr kommt es nicht in erster Linie deswegen, weil Mose die bekannteste Persönlichkeit der jüdischen Geschichte war, auch nicht, weil nach rabbinischen Voraussetzungen der Vergleich
Christus–Mose »logisch die Fortführung des Vergleichs Christus–Engel«
ist[58], sondern weil das Judentum den Exodus aus Ägypten unter Führung
des Mose (und die Übergabe der Tora an Israel durch Mose) als geschichtliches Heilsgeschehen kannte[59]. Indem der Hebr sich die eigene
Gemeindesituation als typologische Entsprechung dazu zu eigen macht,
kann er den εἴσοδος (vgl. 4 1ff.) als das jenen Exodus überbietende eschatologische Heilsgeschehen plausibel machen[60].

Mose wird also weniger in seiner Hauptfunktion als Gesetzgeber
herangezogen (so jedoch 9 19 10 28; vgl. auch 7 14 und 12 21), sondern
als der von Gott eingesetzte Offenbarungsmittler[61], vor allem aber als
der Führer der Wüstengeneration. Als solcher gibt er *das* Beispiel von
Zuverlässigkeit (πιστός), die ihm Gott selbst testierte (Num 12 7).

Πιστός in Num 12 7 ist wie sonst in der LXX-Übersetzung von נאמן (Ptz. niph. der
Wurzel אמן) = *andauernd, beständig, fest, verläßlich.* Auf das Verhältnis einzelner Menschen
zu Gott wird es nur selten bezogen, wodurch die entsprechenden Personen hervorgehoben
werden: Abraham (Neh 9 8), Samuel (1 Sam 3 20) und eben Mose (Num 12 7). An den
beiden letztgenannten Stellen ist jedoch die genaue Übersetzung umstritten. Weil die nor-
male Übersetzung »verläßlich« sich dem Zusammenhang jeweils schlecht einfügt, erwägt
man, die Partizipialform hier mehr verbal zu verstehen: »betraut, bevollmächtigt«[62]. Mose
hätte demnach von Gott das Zeugnis, in seinem Hause *bevollmächtigt* zu sein. Dagegen
spricht jedoch, daß die Ableitung von אמן Schwierigkeiten macht[63]. So oder so geht es jedoch

---

[57] M. Hengel, Probleme des Markusevangeliums, in: P. Stuhlmacher (Hg.), Das Evangelium und die Evangelien. Vorträge vom Tübinger Symposium 1982 (WUNT 28),
1983, 262–265.

[58] O. Michel, 171.

[59] M. Hengel, Markusevangelium, 262.

[60] Zur typologischen, teils antitypischen Relation Mose–Christus und *einer* ihrer möglichen Wurzeln s. M. Hengel, Markusevangelium, 265. – Nach R. Bultmann, Exegetica.
Tübingen 1967, 375 liegt Hebr 3 1–6a keine Typologie vor, sondern ein bloßer Vergleich.
Einziges Argument: die Parallele zum Engelvergleich 1 1–14, bei dem in der Tat »von
Typologie nicht die Rede sein kann« (ebd.). Aber die in 3 7ff. folgende Exodustypologie,
auf die unsere Moseparallele vorausblickt, entkräftet dieses Argument. Denn: »Das
durch die Wüste wandernde Israel und die christliche Gemeinde sind . . . Typ und Antityp . . .« (376f.). Vgl. L. Goppelt, Typos. Die typologische Deutung des Alten Testaments im Neuen (1939). Nachdruck Darmstadt 1973, 206f.

[61] O. Hofius, Katapausis, 150, Anm. 936; vgl. auch E. Gräßer, Glaube im Hebräerbrief, 19f.

[62] F. Schröger, Der Verfasser des Hebräerbriefes als Schriftausleger (BU 4), 1968, 96.

[63] A. Jepsen, Art. אמן: ThWAT I 318.

unstreitig um das besondere Verhältnis des Mose (bzw. Samuels) zu Gott, das die LXX
jedenfalls eindeutig im πιστός-Sein begründet sieht. Eben dieses Moment greift unser Verfasser auf und setzt es in Parallele zu Jesus. Im πιστός-Sein als dem entscheidenden Punkt
stimmen Mose und Christus überein[64]. Präzisiert wird diese Übereinstimmung im Glaubens-
paradigma Hebr 11, das Mose geradezu als Antitypos des leidenden Messias von Hebr
12 2 erscheinen läßt: Denn »lieber wollte er mit dem Volke Gottes Ungemach erleiden, als
zeitlichen Genuß von der Sünde haben, indem er dafür hielt, ein größerer Reichtum als die
Schätze der Ägypter sei die Schmach Christi; denn er blickte hin auf die Vergeltung« (11 25).
Dieser treue »Diener«, der sich durch Sünde und irdischen Reichtum nicht vom eschatologischen Ziel abbringen läßt, nimmt das Beispiel Jesu vorweg, der wegen seiner überlegenen
Stellung im Hause Gottes der weitaus verläßlichere Anführer des Heils ist. Polemik liegt
ganz fern; Veranschaulichung ist das einzige Motiv[65].

Die Verse 3–5 bilden den Übergang vom genuinen Schriftwort Num
12 7 zu der christologischen Interpretation in V. 6. Beweisen will unser
Verfasser, daß Jesu Stellung im Hause Gottes die des Mose bei weitem
überragt. Der eine ist treu *als Diener im* Hause Gottes, der andere *als Sohn
über* das Haus Gottes[66]. Um das zu veranschaulichen, greift unser Verfasser zu einem Gleichnis: Jesus hat größere δόξα empfangen als Mose,
so wie der Baumeister eines Hauses größere »Ehre« genießt als das
Haus (V. 3). Das Gleichnis bleibt zwar in dem von Num 12 7 vorgegebenen
Bilde vom Haus, geht aber – inspiriert durch die hellenistische Tradition[67] – insofern über den alttestamentlichen Text hinaus, als es den
Begriff des Hauses mit dem des Baumeisters verbindet, woraus dann der
allgemeine Grundsatz gefolgert wird: Der Produzent ist gegenüber seinen
Produkten höherrangig. Der begründende V. 4 läßt nach V. 3 erwarten, daß
der Sohn als Allschöpfer prädiziert wird. Dagegen der Analogieschluß
vom menschlichen Baumeister auf einen göttlichen Weltschöpfer bringt
scheinbar eine Unstimmigkeit in den Beweisgang[68]. Der Gedanke ist trotzdem nicht entbehrlich[69]. Möglicherweise folgt unser Verfasser mit ihm

---

[64] Das Plus, das Jesus gegenüber Mose hat, liegt nicht in der größeren Treue (gegen C.
Spicq II, 63 und zahlreiche andere Exegeten), sondern in der größeren Doxa (so richtig
G. Theißen, Untersuchungen, 85).

[65] F. J. Schierse, Verheißung, 199; D'Angelo, Moses, 65 ff. – Y. Yadin, The Dead Sea
Scrolls and the Epistle to the Hebrews: ScrHie 4, 1958, 40f. sieht im Hebr eine Konzeption bekämpft, der Mose als »eschatologische Figur« gilt.

[66] »Diener« mit Bezug auf Mose vergleiche außer Num 12 7 noch Ex 4 10; SapSal 10 16;
Barn 14 4. – Daß nicht Num 12 7 zitiert wird, sondern 1 Chr 17 14, wie D'Angelo, Moses,
69 vermutet, ist irrig.

[67] O. Michel, Art. οἶκος κτλ.: ThWNT V, 128f.; vgl. S. G. Sowers, The Hermeneutics
of Philo and Hebrews. A Comparison of the Interpretation of the Old Testament in
Philo Judaeus and the Epistle to the Hebrews (BST 1), 1965, 117. Anders R. G. Loader,
Sohn, 77, Anm. 23.

[68] H. Windisch, 29.

[69] Gegen H. Windisch, ebd.

einer bei Philo vorgegebenen Form des komparativen Argumentes, nämlich nicht einer »one-to-one comparison, but a comparison from ana-
logy«[70]. Jesus ist größerer Doxa würdig als Mose in dem Maße, wie
Gott größere Ehre hat als das von ihm geschaffene Universum. Das Gefälle Schöpfer/Schöpfungswerke dient also der Logik des Vergleichs:
alles hat seine Ursache (ὑπό τινος), Gott ist eben der Allschöpfer, auch
des Oikos, in dem Mose den Status eines Dieners hat, Jesus aber den
Status des Sohnes[71]. Leitziel dieses etwas schwierigen Argumentes ist
jedenfalls die Herausarbeitung einer Differenz bei gleichem πιστός-Sein:
Mose ist nicht Erbauer des Hauses Gottes, sondern Diener *in* ihm. Wenn
aber schon Mose *als Diener* im Hause Gottes Gehorsam erheischende
Autorität war, wieviel mehr Jesus, der als Sohn *Herr* über das Haus
Gottes ist (vgl. 10 21)[72].

Aufschlußreich für den *Schriftgebrauch* unseres Verfassers ist, wie
er das θεράπων-Sein des (Urtextes und des) LXX-Textes, das dort den
gottunmittelbaren, autorisierten Sprecher Gottes kennzeichnet, christologisch wendet: Mose ist Diener zum Zeugnis für das, was verkündet werden sollte (εἰς μαρτύριον τῶν λαληθησομένων). D.h., Mose hat die
künftige Offenbarung vorausverkündigt, die im Sohn endgültig und un-
überbietbar geworden ist (1 2)[73]. Er hat *Christus* verkündigt und seine
Schmach getragen (11 26)[74] − eine Aussage, die nur möglich ist, wo das
AT als ganzes vom Christusereignis her als *christliche* Zeugnisurkunde reklamiert ist, bzw. wo Christus "the principle of exegesis" ist[75]. Das
aber ist im Hebr durchweg so. Der »hebräischen Bibel« (wie man heute

---

[70] L. K. K. Dey, World, 167f. Er verweist dafür vor allem auf SpecLeg I 275 u. Sobr 5: »Je
    machtvoller aber nun die Seele ist als der Leib, desto besser ist der Geist als die Augen.«

[71] L. K. K. Dey, a.a.O., 182.

[72] Mit V. 4b soll nicht gesagt werden, daß Jesus Gott ist, sondern daß er auf die Seite
    Gottes gehört, Mose aber auf die Seite des Volkes. So mit W. R. G. Loader, Sohn,
    77 gegen A. Stebler, Beweisstelle für die Gottheit Jesu Christi. Zu Hebr 3 1–6:
    ThPQ 76, 1923, 461–468, bes. 467.

[73] »Erfüllt« sollte man nicht sagen (gegen F. Schröger, Schriftausleger, 98), weil der Hebr
    nicht im Schema von Weissagung und Erfüllung denkt, sondern im Schema von Ent-
    sprechung, Andersartigkeit, Überbietung und Vollendung.

[74] Die paulinische Aussage vom Evangelium Gottes, welches vorausverkündigt wurde
    durch seine Propheten in Heiligen Schriften (Röm 1 2), hat hier eine auffallende Paral-
    lele. Eine exegetische Überinterpretation ist es freilich, wenn gesagt wird, der Hebr ver-
    stehe den Midrasch so, daß Mose verläßlich gewesen sei im Hause Christi, daß er Christus
    von Angesicht zu Angesicht gesehen habe; so z.B. A. T. Hanson, Christ in the Old
    Testament according to Hebrews: StEv 2, 1964, 397; M. R. D'Angelo, Moses, 151ff.
    Dagegen W. R. G. Loader, Sohn, 74.

[75] D'Angelo, Moses, 260. Zum Schriftgebrauch des Hebr vgl. E. Gräßer, Der Hebräerbrief
    1938−1963: ThR 30, 1964, 204−214; H. Braun, Die Gewinnung der Gewißheit in dem
    Hebräerbrief: ThLZ 96, 1971, 321−330; F. Schröger, Schriftausleger, passim.

gerne sagt, um Juden nicht zu diskriminieren) wird kaum irgendwo im Hebr ihr ursprünglicher Sinn gelassen. Das macht ausgerechnet den Theologen im NT, der nebst Matthäus (50 Zitate) und Paulus (71 Zitate) am meisten die Schrift zitiert (35 Zitate, die Anspielungen nicht mitgerechnet)[76], zu einem schwierigen Partner im heutigen christlich-jüdischen Dialog[77].

»Sein Haus sind wir, wenn wir die Zuversicht und das Rühmen der Hoffnung behalten.« V. 6b ist neben 10 20 (und vielleicht 12 22) eine der wenigen Stellen, an denen der Hebr eine Allegorie verwendet. οὗ οἶκός ἐσμεν ἡμεῖς ist Umschreibung für die christliche Gemeinde, so wie Num 12 7 das »Haus Jahwes« Israel ist[78]. Grammatisch kann οὗ sowohl auf Gott (αὐτοῦ) als auch auf Χριστός bezogen werden. Auf keinen Fall aber ist der οἶκος Χριστοῦ ein zweites Haus neben dem οἶκος θεοῦ. Durchweg ist nur von *einem* Haus die Rede[79]. »Haus Christi« ist nur Spezifikation des einen Hauses Gottes, sofern wir Christus angehören, der der Herr über den οἶκος θεοῦ ist. Im übrigen kennt der heilsgeschichtliche Entwurf des Hebr, wie er 1 1 f. programmatisch vorgestellt wird, keine *zwei* Gottesvölker. Jeweils da, wo Gott redet und gehört wird, da ist οἶκος θεοῦ. Einst redete er durch die Propheten zu den Vätern, jetzt redet er im Sohn zu uns. Die Väter, auch die auf Grund ihres Glaubens besonders von Gott anerkannten, »haben das Verheißene nicht erlangt, weil Gott erst für uns etwas Besseres vorgesehen hatte; denn sie sollten nicht ohne uns vollendet werden« (11 39 f.), d. h. nicht abseits des οἶκος, über dem Christus der Herr ist.

Das Bild von der christlichen Gemeinde als »Haus« ist traditionell (1 Kor 3 9.11 Eph 2 19–22 1 Petr 2 2 ff. Hebr 10 21 1 Tim 3 15 Mk 14 58 Mt 16 18 Joh 2 19 Offb 2 1). Verwendung und Häufung der Bauallegoristik entsprechen einer Tendenz der urchristlichen Theologie überhaupt[80]. Daß gnostisches Gedankengut den Verständnishintergrund dafür abgibt, wird heute entgegen Ernst Käsemann, Heinrich Schlier und Philipp Vielhauer nicht mehr angenommen[81]. Ansatzpunkt der traditionellen urchristlichen

[76] Statistik bei E. Hühn, Die Alttestamentlichen Citate und Reminiscenzen im Neuen Testament. Tübingen 1900, 269.

[77] Vgl. E. Gräßer, Exegese nach Auschwitz? Kritische Anmerkungen zur hermeneutischen Bedeutung des Holocaust am Beispiel von Hebr 11: KuD 27, 1981, 152 ff.

[78] O. Michel, Art. οἶκος: ThWNT V, 128. H. Windisch, Hebräerbrief, 29: »Das Haus scheint nach Num 12 7 die Stiftshütte zu sein, man kann aber auch an die von dem vorgeschichtlichen Jesus gestiftete Gemeinde (vgl. 6 1 Cor 10 4) oder sogar an die von dem Sohn geschaffene Welt 1 2.10 denken.« Vgl. L. K. K. Dey, World, 182: The heavenly tabernacle (wegen 10 21).

[79] C. W. Otto, Apostel, 93; W. R. G. Loader, Sohn, 77, Anm. 26; L. K. K. Dey, World, 182.

[80] H. Merklein, Das kirchliche Amt nach dem Epheserbrief (StANT 33), 1973, 122 ff.

[81] E. Käsemann, Gottesvolk, 95 ff.; H. Schlier, Christus und die Kirche im Epheserbrief (BHTh 6), 1930; Ph. Vielhauer, Oikodome. Das Bild vom Bau in der christlichen

Bauallegoristik ist vielmehr − wie Helmut Merklein überzeugend gezeigt
hat − die eschatologische Deutung diesbezüglicher alttestamentlicher
Stellen (bes. Ps 118'22 Jes 8 14 28 16). Vollends die Qumranschriften stellen es sicher, daß die religionsgeschichtlichen Parallelen in *jüdischen* Vorstellungen zu suchen sind[82]. Was Vielhauer zu 1 Petr 2 2ff. ausführt, gilt
ganz allgemein für die Entwicklung der Vorstellung: »Der Schriftbeweis
ist primär, die Bilder . . . sind sekundäre Allegorien. Mit andern Worten:
das Bild vom Bau . . . hat keine mythologischen Hintergründe . . ., stammt
nicht aus den Mysterienreligionen, ist auch keine Allegorie unverstandener
oder halbverstandener mythologischer Begriffe wie etwa bei Hermas . . .,
sondern ist eine aus dem Schriftbeweis gewonnene Allegorie, eine neue
geistreiche Anwendung des Schriftbeweises . . .«[83]

   »Haus Gottes« bzw. »Haus Christi« ist wie sonst im NT so auch
Hebr 3 6 ein Bild eschatologischen Heils und hat hier ebenso wie an der
Stelle, an der das Bild am klarsten entfaltet wird, nämlich 1 Petr 2, den
vom alttestamentlichen Ursprung gegebenen kultischen Aspekt beibehalten: die Christen als »Sein Haus« werden auf den Gesandten und
Hohenpriester Christus verwiesen (vgl. 10 21)[84]. In seiner Doppelbedeutung − räumlich-sachlich meint οἶκος das Haus, die kultische Wohnung;
personal-soziologisch die Familie, die kultische Gemeinde − scheint der
οἶκος-Begriff dem Hebr bestens geeignet, das Verhältnis Christus/
Gemeinde zu bestimmen[85]. Dabei geht er von einer bestimmten Schriftexegese aus, kommt aber zu seinen inhaltlichen Aussagen nicht ohne die
alexandrinische Kosmologie und Anthropologie. »Haus Gottes« ist nicht
nur eine geläufige philonische Vorstellung (Cher 106 Plant 50 Som I 149.
185), sondern von ihm ist gelegentlich auch unter direktem Rückbezug
auf Num 12 7 die Rede (All II 67 III 103.204.228). Doch kann von wirk-
licher Annäherung an diese Tradition in Hebr 3 3–6 gleichwohl nicht die
Rede sein, weil hier das heilsgeschichtliche Denken dominiert, während
bei Philo die Seele das »Haus Gottes« ist[86]. F. J. Schierse hat ganz richtig
betont, daß οἶκος Hebr 3 6 im Zusammenhang mit dem metaphysischen
Weltbild des Hebr gesehen werden muß: οἶκος θεοῦ ist »himmlische
Wohnung Gottes, urbildliche Schöpfung des Sohnes, eschatologische Got-

---

Literatur vom Neuen Testament bis Clemens Alexandrinus. Diss. Heidelberg 1939
(= ders., Oikodome. Aufsätze zum NT. Bd. 2, hrsg. von G. Klein [TB 65], 1979,
1−168).

[82] H. Merklein, Das kirchliche Amt, 123.

[83] Ph. Vielhauer, Oikodome, 137; vgl. H. Merklein, Das kirchliche Amt, 122f.

[84] H. Merklein, Das kirchliche Amt, 133.

[85] F. J. Schierse, Verheißung, 108.

[86] Mit R. Williamson, Philo, 109−114 gegen C. Spicq I, 47. Vgl. auch F. Laub, Bekennt-
      nis, 91, Anm. 144.

tesfamilie«[87]. Zu ihr tritt die »Kirche« schon jetzt heran, sowohl im aktuell-kultischen wie im rein eschatologischen Sinne (10 21). Die Frage also, ob οἶκος (θεοῦ) eschatologisch *oder* ekklesiologisch zu deuten sei, ist abzuweisen[88]. »Haus Gottes« ist die eschatologische Gemeinschaft jener ἐκκλησία πρωτοτόκων von 12 23, die im Himmel eingeschrieben ist, weil sie aufgrund gleichen Ursprungs (2 11 f.), gleichen irdischen Geschicks (2 14 f.) und gleichen Zieles (2 10) zur μετοχή von Sohn und Söhnen zusammengeschlossen ist. So ist es dann auch keineswegs zufällig, daß dem οὗ οἶκός ἐσμεν ἡμεῖς von 3 6 das μέτοχοι τοῦ Χριστοῦ γεγόναμεν von 3 14 entspricht[89].

Dieser eschatologische Heilsstand gilt nur unter einem entscheidenden Vorbehalt: »Wenn wir die Zuversicht und das Rühmen der Hoffnung behalten« (v. 6b). Ähnlich lautet die Bedingung in 3 14: »Wenn anders wir den Anfang der Zuversicht fest bis ans Ende behalten«. Beide Verse interpretieren sich gegenseitig[90].

παρρησία ist an allen vier Stellen, an denen es im Hebr vorkommt (3 6 4 16 10 19.35), eschatologisch ausgerichtet. Am deutlichsten ist das 4 16 erkennbar: »So laßt uns also mit Zuversicht (παρρησία) hinzutreten zum Throne der Gnade, damit wir Barmherzigkeit erlangen und Gnade finden zu rechtzeitiger Hilfe.« παρρησία ist hier die *Freiheit* des Zugangs (εἴσοδος) zu Gott (10 19) bzw. die durch Jesu Tod erwirkte »Macht«, in das Heiligtum einzutreten[91], eine durch die ἐπαγγελία erschlossene und im hohepriesterlichen Weg Jesu gegründete objektive Größe, etwas »Vorgegebenes«[92]. Andererseits — und hier ist nun vor allem auf unsere Stelle 3 6 und auf 10 35 zu verweisen — bezeichnet παρρησία eine *subjektive* Haltung: die »Erwartung der Zukunft«[93], das Offenhalten des objektiv verbürgten Zugangs zum Thron der Gnade durch unwandelbares Stehen bei der Sache. Insofern ist παρρησία identisch mit πίστις, die im Hebr durchweg diese Bedeutung hat und bedeutungsgleich mit ὑπόστασις (3 14 11 1), ἐλπίς (6 11.18 7 19 10 23), ὑπομονή (10 36 12 1), μακροθυμία (6 12.15) und πληροφορία (6 11 10 22) ist. Alle diese Wendungen umschreiben das, was Käsemann mit gutem Grund »die eschatologische Dialektik des Hebr«

---

[87] F. J. Schierse, Verheißung, 111. Ähnlich L. K. K. Dey, World, 155−183, bes. 182: οἶκος = πάντα v. 4. In the tradition of intermediaries and perfection the »house« is both *cosmic* and psychic and to be God's house means to be perfect (Cher 106; 127; Som I 149; Plant 48−50).

[88] F. J. Schierse, Verheißung, 112.

[89] Vgl. G. Bornkamm, Bekenntnis, 191.

[90] E. Gräßer, Glaube im Hebräerbrief, 16 ff.

[91] H. Schlier, Art. παρρησία κτλ.: ThWNT V, 882; S. B. Marrow, Parrhēsia and the New Testament: CBQ 44, 1982, 431−446.

[92] Vgl. E. Käsemann, Gottesvolk, 23.

[93] O. Michel, 99.

nennt[94], also die Bewegung der Existenz zwischen dem Schon-Geschmeckt-
Haben der himmlischen Gaben (6 4) und dem Noch-nicht-Hineingegangen-
sein in die himmlische Ruhe (4 11). Solcher Existenz zwischen den Zeiten
wird das *Festhalten* der ihr gewährten Parrhesie zum heilsnotwendigen
Gebot[95]. Und zwar jener παρρησία, die durch das καύχημα τῆς ἐλπίδος
sachlich expliziert und erweitert wird[96]. Dieses καύχημα τῆς ἐλπίδος hat
eine ungefähre Parallele lediglich in Röm 5 2 (καυχώμεθα ἐπ᾽ ἐλπίδι τῆς
δόξης τοῦ θεοῦ). Rein sprachlich ist der Begriff doppeldeutig. Er meint
entweder den *Akt des Rühmens* oder den herrlichen *Inhalt unserer Hoffnung*. Entsprechend ringen die Übersetzungen mit unserem Ausdruck.
Die Vulgata spricht von der *gloria spei*; ihr folgen Luther und viele der
modernen Exegeten (z. B. Michel). Erasmus liest *gloriosa spes*[97]. Windisch deutet auf das »Rühmen unserer Hoffnung«. Die Einheitsübersetzung schließlich spricht vom »stolzen Bewußtsein, das unsere Hoffnung
uns verleiht«.

Diese zuletztgenannte Übersetzung weist in die richtige Richtung.
Eine Gemeinde, die dabei ist, ihr Vertrauen wegzuwerfen (10 35), wird
daran erinnert, daß ihr mit der Hoffnung das eschatologische Heil verbürgt ist, das sie jubelnd bezeugen soll[98]. Wie Röm 5 2 ist auch unser
Text eine Variation der Reflexion über Jer 9 22 f.: ». . . ein Starker rühme
sich nicht seiner Stärke . . . Sondern wer sich rühmen will, der rühme
sich des Herrn . . .« In solchem Ruhm äußert sich »das tragende Existenzverständnis«[99]. Bultmann spricht zu unserer Stelle m. R. von der christlichen Form jenes alttestamentlichen Rühmens des Gottvertrauens[100].

---

[94] E. Käsemann, Gottesvolk, 23: »Der Blick ist ganz und gar vorwärts in die göttliche
Zukunft gerichtet, wohin die Verheißung weist. Aber er darf und kann das nur, weil
diese Zukunft keine Angelegenheit der Sorge, des Fragens, der Ungewißheit mehr ist,
sondern gleichsam sichtbar schon vor uns liegt und durch Gottes gegenwärtiges Handeln
im Verheißungswort gesichert ist. Weil Gott sich uns gezeigt hat, ist auch die unsichtbare Zukunft uns bereits enthüllt.«

[95] Κατέχειν βεβαίαν ist im Neuen Testament vor allem Sprachgebrauch des Hebr. M. R.
weist C. Spicq, II, 69 darauf hin, daß κατέχειν 3 6 nicht den einfachen Sinn *posséder*
wie 1 Kor 7 30 2 Kor 6 10 hat, sondern *tenir fortement* (1 Kor 11 2), *retenir près de
soi* (1 Thess 5 21 Lk 4 42), und zwar mit der besonderen Nuance der *Dauer: rester at-
taché, conserver fermement* (vgl. 10 23). – Wahrscheinlich aus 3 14 ist in unsern Text
das μέχρι τέλους (= bis ans eschatologische Ziel) herübergenommen. Zur Qualifizierung von τὸ καύχημα würde man βέβαιον erwarten. Vgl. B. M. Metzger, A Textual
Commentary, 665. Die textkritischen Zeugen sprechen für Nichtursprünglichkeit an
unserer Stelle. Nestle-Aland[26] verweist die beiden Worte m. R. in den Apparat.

[96] O. Michel, Hebräerbrief, 99; E. Käsemann, Gottesvolk, 23.

[97] Erasmus von Rotterdam, Paraphrases in Novum Testamentum, Bd. 3. Berlin 1780, 944.

[98] O. Michel, 179.

[99] E. Käsemann, An die Römer (HNT 8 a), [4]1980, 125.

[100] R. Bultmann, Art. καυχάομαι κτλ.: ThWNT III, 653, 9 f.

Ob kultischer Sinn vorliegt[101] oder nicht[102], mag offen bleiben. Der Ausdruck spezifiziert jedenfalls den parallelen Begriff ὁμολογία τῆς ἐλπίδος 10 23 hinsichtlich der bekannten Hoffnungsinhalte, die dem Bekenner Anlaß zum καύχημα sind.

Der paränetische Schlußsatz unseres Abschnittes lenkt zum Eröffnungssatz in 3 1 zurück: Achthaben auf den Apostel und Hohenpriester unseres Bekenntnisses, Jesus, der sich Gott gegenüber verläßlich erwiesen hat. Solch existentielle Orientierung an Jesus ist die Bedingung der Möglichkeit, das Bekenntnis festzuhalten, was für den Hebr nichts anderes ist als das Durchhalten der Existenz zwischen den Zeiten. Spezielle κλῆσις zieht spezielle Verantwortung nach sich. Mit Hebr 10 19.22 gesagt: »Da wir nun, Brüder, Zuversicht (παρρησία) haben zum Eingang in das Heiligtum im Blute Jesu, so lasset uns hinzutreten[103] mit wahrhaftigem Herzen in Fülle des Glaubens . . .« Luthers Erklärung zu dieser Stelle kann als Skopos auch unseres Abschnittes gelten: Ziel ist, *ut Christum passum et moriendo transeuntem ad gloriam patris imitemur*[104].

IV

Am Schluß fragen wir nach der bleibenden theologischen Aussage unseres Textes. Sie stellt sich mir in drei Punkten dar. 1. Hebr 3 1–6 macht keine aus aktueller Polemik heraus notwendig gewordene negative Grundaussage über Israel. Wäre dies die Absicht gewesen, hätte unser Verfasser sie schlecht verfolgt. Man zitiert nicht Num 12 7, das göttliche Testat der Treue, wenn man vor Mose als dem Repräsentanten eines defizienten Heilsweges warnen will. Da wäre Num 20 12, der Vorwurf der Untreue, passender gewesen: »Weil ihr (angeredet sind Mose und Aaron) nicht beständig waret (οὐκ ἐπιστεύσατε) . . ., werdet ihr dies Volk nicht in das Land hineinführen, das ich ihnen geben will.« Nein! Nicht die polemische Absicht der Diskreditierung der Mosereligion führt unserem Verfasser die Feder, sondern die parakletische der »Gewißmachung der Glaubenden« (H. Braun). Da er ihre Situation in typologischer Entsprechung zu der der Wüstengeneration sieht, legte sich ihm die Moseparallele nahe, um die sicherere Verbürgtheit des Heilszieles unter dem

---

[101] R. Bultmann, ebd., 653, Anm. 48.

[102] O. Michel, 179.

[103] προσερχώμεθα. Der kohortative Konjunktiv ergänzt den Imperativ in der 1. Pers. Plur. (Bl.-Debr.-Rehkopf § 364).

[104] M. Luther, Vorlesung über den Hebräerbrief 1517–18, hrsg. von J. Ficker, WA 57/3 (1939) 222, 12f.

Führer des jetzigen Gottesvolkes, Jesus, plausibel zu machen[105]. Es ist
möglich, daß der Hebr den Vergleich Mose/Christus vor dem Hintergrund
ganz bestimmter Traditionen vornimmt, die auch im Kreise der von ihm
Angeredeten lebendig waren, Traditionen von Heilsmittlern und von
Vollkommenheit, denen zufolge Mose in seiner Würde als Hoherpriester,
in seinem Dienst vor Gott, in seiner »Berufung nach oben« und schließlich in seiner Treue *das* Exemplar von Vollkommenheit ist[106]. Wenn
Hebr zeigen kann, daß Jesus *größere* Doxa als jener hat, ist er in der
Gewißmachung der Glaubenden einen großen Schritt weiter. Ihr dient
jedenfalls – wie Herbert Braun überzeugend gezeigt hat – die Christologie als *einer* von drei Themenkreisen (die beiden anderen sind der
himmlische Kult und die alttestamentlichen Glaubenszeugen Kap. 11).
Dabei ist die Methode überall die gleiche: Der Hebr arbeitet konsequent
nach dem Schema von Entsprechung, Überbietung, Andersartigkeit.
Unser Textabschnitt ist für dieses *hermeneutische* Verfahren ein geradezu
klassisches Beispiel. Argumentationsziel ist die Überlegenheit Jesu. Mittels der Moseparallele werden dafür Gründe beigebracht. Die Treue
dessen, der Sohn ist, bringt mehr als die Treue dessen, der nur Diener
im Hause Gottes ist. Mose und Aaron haben das Volk in das verheißene
Land, also die *irdische* Ruhe gebracht, der neutestamentliche Josua (=
Jesus 4 8) führt es in die *himmlische*.

Fragt man nach der Voraussetzung dieser komparativen Hermeneutik, so findet man sie in der *dualistischen Denkstruktur* des Hebr, die
seinen theologischen Gesamtentwurf weltanschaulich prägt. Der präexistente Sohn ist *a se* allen außermenschlichen (Engel, Melchisedek)
und menschlichen Wesen (Mose, Josua, Aaron) überlegen, wie auch
entsprechend der himmlische Kult dem irdischen überlegen ist, der nur

---

[105] P. R. Jones, The Figure of Moses as a Heuristic Device for Understanding the Pastoral
Intent of Hebrews: RExp 76, 1977, 95–107 vertritt die These, daß dem Hebr durchweg die Mose-Ära als analoge Situation vor Augen stand. Die Gestalt des Mose
selbst leistet dann den Dienst, den die Überschrift des Aufsatzes von Jones nennt.
Eine bedenkenswerte These!

[106] Dies die ansprechende Vermutung von L. K. K. Dey, World, 123. Danach gehört der
Hebr einem besonderen Ideenbereich des hellenistischen Judentums zu (Philo, aber
auch Qumran [84–86.96–98] und Zwölfertestamente [87–89.92f.98–110]), in dem
unter allen Mittlerwesen (Logos, Sophia, Engel, himmlischer Mensch) Mose, Melchisedek, aber auch Aaron und Levi deswegen der Status der Vollkommenheit zukam,
weil sie direkten Zugang zu Gott hatten. Indem der Hebr zeigt, daß Jesus nicht unter
die Mittler eingeordnet werden darf, die *nicht* zur Vollkommenheit, der Nähe zu Gott,
verhelfen können, gelingt ihm die Herausarbeitung der schlechthinnigen Einmaligkeit
Jesu (154). G. W. Buchanan, To the Hebrews. Translation, Comment and Conclusions
(AncB 36), 1972 denkt an samaritanische und jüdische Kreise, in denen Mose und die
Engel hoch verehrt wurden (S. 59).

ein schwaches Abbild von jenem ist und daher nichts zur Vollendung ge-bracht hat (Kap. 7).

2. Der zweite wichtige Punkt ist ein ekklesiologischer. Die Gemein-de als »Haus Christi« gehört wesenhaft zu der in 2 5 thematisch ange-gebenen »zukünftigen Welt«, die Christus als »Erstgeborener« (1 6) schon jetzt als sein Erbe in Besitz genommen hat. Aufgrund der himmlischen Berufung gehören die Glaubenden als die »Gemeinde der Erstgebore-nen« (12 23) ihr ebenfalls jetzt schon an, ja, aufgrund des Opfertodes Jesu und seines himmlischen Priestertums betreten sie sie jetzt schon (12 22–24). Das besagt, daß unser Verfasser das Wesen der Kirche als der himmlischen Panägyris (12 22) nur von ihrem Charakter als *ecclesia invisi-bilis* her erfaßt. Ihre soziologische Dimension kommt ihm − wenn über-haupt − nur unter dem ethischen Gesichtspunkt der Bruderliebe in den Blick (13 1–5).

3. Der dritte wichtige Punkt betrifft die Art und Weise, wie unser Verfasser die traditionelle Erniedrigungs-Erhöhungchristologie neu zum Sprechen bringt. Das ist die eigentliche theologische Leistung der Ein-gangskapitel des Hebr. Sie führt zu einer christologisch begründeten Par-änese, deren Stärke darin liegt, daß der um seines Todesleidens willen Erhöhte selbst zum »Beispiel« und damit zum Stimulans für die ange-fochtene Glaubenswanderschaft wird. Die anspornende Bedeutung dieses Beispiels wird man kaum unterschätzen, wenn man sieht, daß die Adjek-tive »barmherzig« und »treu« dem Hohenpriester Jesus nach 2 17 auf-grund seiner Erniedrigung zukommen[107]. Dadurch wird das Treu-Sein der Gemeinde als ausdauerndes Festhalten am Bekenntnis nicht nur als nötig *gefordert*, sondern als möglich *gewährt*. Der Ursächer des Heils (5 9) ist auch die Ursache der Paränese. Der Indikativ des Heils steht vor dem Imperativ des Tuns.

Man sieht: Bei allem, was uns im Hebr kraus erscheint, kann doch kein Zweifel daran sein, daß hinter dieser späten Schrift des Urchristen-tums ein theologischer Kopf steckt.

---

[107] F. Laub, Bekenntnis, 88 f.; vgl. auch H. Zimmermann, Bekenntnis, 51 f.

Nachwort

Die Landessynode der Evangelischen Kirche im Rheinland hat am 11. 1. 1980 sehr weitgehende Beschlüsse zum Thema Judentum und Christentum gefaßt. Diese Beschlüsse haben bei Juden und Christen eine lebhafte Diskussion ausgelöst, um die es augenblicklich zwar etwas ruhiger geworden ist, die aber gleichwohl noch lange nicht abgeschlossen sein dürfte. Was an dieser Diskussion besonders auffällt, sind Spannweite und Stil. Ihre Spannweite reicht von der Forderung nach Aufnahme des Synodalbeschlusses in das Ordinationsgelübde der Pastoren bis zum Vorwurf der perfekten Häresie. Ihr Stil ist geprägt durch eine gereizte und oft ins Persönliche gehende Polemik. Das gilt nicht für den christlich-jüdischen Dialog selbst! Es gilt für die innerchristliche Diskussion darüber, was der eigene Gesprächsbeitrag sein könnte. Mit anderen Worten: Es scheint keine hinreichende Klarheit über die Zielvorstellungen eines solchen Dialoges zu herrschen. So wundert es nicht, daß dieselbe Rheinische Synode im Januar 1983 beschlossen hat: „Selbstkritisch stellen wir fest, daß es noch kaum gelungen ist, die Absichten des Synodalbeschlusses von 1980 in Theologie, Predigt, Unterricht und Seelsorge umzusetzen. Wir sind uns bewußt, daß hier noch große Aufgaben vor uns liegen." Dazu meinte ein theologisch versierter Beobachter der Gesprächslage: „Die Synode hätte wohl besser getan, noch selbstkritischer zu fragen, ob es nicht ganz einfach voreilig war, theologische Aussagen, deren Übereinstimmung mit der Heiligen Schrift keineswegs erwiesen ist, auf die Verantwortung einer Synode zu nehmen und damit – nach presbyterial-synodalem Selbstverständnis – in den Rang kirchlicher Lehre zu erheben."

In der Tat liegt hier das Problem. Die Schriftgemäßheit steht zur Debatte! Das erklärt – wie schon oft in der Geschichte der Kirche – das Hin- und Herreichen der Ketzerhüte und die Hitzigkeit der Diskussion. Ich kann und will hier nicht weiter darauf eingehen, denn eine verantwortliche Darstellung würde eine kleine Monographie erfordern. Statt dessen möchte ich mehr thesenartig zusammenfassen, was sich m. E. aus den vorstehenden exegetischen Aufsätzen für den christlich-jüdischen Dialog ergibt.

1. Für die christlichen Kirchen ist die Verhältnisbestimmung von Judenheit und Christenheit keine beliebige Frage unter anderen, sondern *die*

Frage. Historisch-exegetisch werden wir unausweichlich auf sie gestoßen:
Jesus Christus kommt seiner irdischen Herkunft nach aus dem Geschlechte
Davids (Röm 1,3). Auch seine irdische Sendung galt Gesamt-Israel, freilich
so, daß er mit seinem Wort und Verhalten den Widerspruch der jüdischen
Autoritäten hervorrufen mußte. Ob er als der auferweckte Gekreuzigte der
Messias für die Juden ist, wird von Juden und Christen verschieden beant-
wortet. Die theologische Notwendigkeit der Verhältnisbestimmung von
Judenheit und Christenheit bleibt davon unberührt.

2. Zur Kennzeichnung unserer veränderten gegenwärtigen Situation hat
sich das Stichwort *Theologie nach Auschwitz* eingebürgert. Das ist ein miß-
verständliches Wort. *Richtig daran ist:* Eine fast zweitausendjährige Verhält-
nislosigkeit hat den Juden christlicherseits unermeßliches Leid zugefügt. Wir
haben die Wurzeln unserer diesbezüglichen Schuld aufzudecken und Konsequenzen zu ziehen. Auschwitz zwingt zum Schuldbekenntnis und nötigt zur
Selbstkorrektur christlicher Haltung gegenüber den Juden. *Falsch daran ist:*
Das geschichtliche Versagen derer, die Theologie lehren und repräsentieren,
setzt noch nicht die Theologie als solche ins Unrecht. Theologie nach Auschwitz kann keine biblischen Wahrheiten verändern, wohl aber schärfer sehen
lassen. Auschwitz nötigt nicht zur Selbstkorrektur der „Wahrheit des Evangeliums" (Gal 2,5.14) oder zur Relativierung der christologischen Inhalte
des Evangeliums („theologischer Besitzverzicht"). Eine entsprechende Revision wäre nämlich keineswegs die berechtigte Kritik am sog. „christologisch
begründeten christlichen Totalitarismus", sondern die sehr eigenwillige Infragestellung einer Wahrheit, die für das *ganze* Neue Testament im Sinne von
Joh 14,6 entschieden ist. Und was heißt „Besitzverzicht"? Der geoffenbarten
Wahrheit gegenüber, die gnadenhaft nach Sündern greift und sie in die
Wahrheit führt, vermag sich niemand zum „Besitzer" aufzuschwingen. Das
Evangelium ist so wenig eine frei disponible Größe, daß selbst noch die
Apostel sich in ihm als *Sklaven* des „Siegeszuges Christi" mitgeführt wußten
(2Kor 2,14).

3. Blickt man auf die Geschichte der Kirche zurück, so können wirkungs-
geschichtliche Zusammenhänge zwischen kirchlichem und weltanschauli-
chem Antisemitismus nicht bestritten werden. Gleichwohl muß man unterscheiden. Als Ideologie ist jedweder Antijudaismus des Teufels. Als theologische Kritik am jüdischen Heilsweg aber – und nur so begegnet er im Neuen
Testament – ist „Antijudaismus" die „Kehrseite des solus Christus" (Ulrich
Luz). Gleichwohl bedarf die Legitimität der Nomenklatur „christlicher
Antijudaismus" dringend der Nachprüfung, weil sie sich im Blick auf den
Ursprung der Problemgeschichte „als semantisch verheerend dysfunktional"
erweist, wie Günter Klein gezeigt hat („Christlicher Antijudaismus". Be-

merkungen zu einem semantischen Einschüchterungsversuch: ZThK 79,
1982, 411–450, Zitat: 449). Die Kritik des Paulus am Gesetz als Heilsweg
z.B. oder seine theologische Abarbeitung des Israelstolzes in Röm 2, 17–29
ist ja nicht eine Folge des jüdischen Neins zu Christus (Ulrich Luz). „Es ist
vielmehr eine Folge des göttlichen Ja zu allen Menschen. So wenig die
Identifizierung der Heiden als Rebellen ein antihumaner Akt ist, so wenig
darf die Einbeziehung der Juden in dieses Gottesurteil als antijudaistisch
geächtet werden. Was den Heiden über alle Maßen wohltut, weil es sie in ihre
Menschwerdung geleitet, kann für die Juden keine schäbigere Gabe bedeuten" (Günter Klein, aaO. 449).

4. Der *eine* Gott ist zweifellos die stärkste Klammer, die Israel und Kirche
verbindet. Gleichwohl ist das Bekenntnis zu dem einen Gott, das auch den
Islam umfaßt, so lange eine Leerformel, wie die Inhalte dieses Bekenntnisses
nicht geklärt sind. Diese Inhalte aber markieren die Scheidelinie. Das jüdische Bekenntnis zur Einzigkeit Gottes ist nicht lösbar vom Bewußtsein der
Einzigkeit als erwähltes Volk. Das christliche Bekenntnis zur Einzigkeit
Gottes ist nicht lösbar von der Einzigkeit des Sohnes, in dem Gott die Welt
mit sich selbst versöhnt hat.

5. Die Rheinische Synode bekennt, „daß die Kirche durch Jesus Christus
in den Bund Gottes mit seinem Volk hineingenommen ist" (Synodalbeschluß
4.4). Aus dem Neuen Testament ist das so nicht zu erkennen. Neutestamentlich ist die Kirche als Stiftung des Heiligen Geistes die *una sancta ecclesia
catholica* aus Juden und Heiden, die nicht erst in einem sekundären Sinne
Kirche ist. Es dient nicht der theologischen Klärung dieser Erkenntnis,
sondern ihrer ideologischen Vernebelung, wenn sie als „christologisch oder
ekklesiologisch verbrämter Triumphalismus" diskreditiert wird. Das Stichwort vom ungekündigten Bund Gottes mit seinem Volk, das er sich erwählt
hat, meint nicht, daß Gott *zwei* Völker hat: Israel und die Kirche. Sondern
durch das Christusereignis ist der Alte Bund im Neuen auf-gehoben. Und
wenn die Heiden in voller Zahl das Heil *dieses* Bundes erlangt haben werden,
dann wird auch ganz Israel gerettet werden (Röm 11,25 f.). Diese Rettung ist
insofern „kein spezifisch *israel*theologisches Moment der paulinischen
Eschatologie", als ihr ja „im Zusammenhang von Röm 11 die Hoffnung auf
die Rettung der ganzen Heidenwelt (πλήρωμα τῶν ἐθνῶν V. 25; πάντες V. 32)"
entspricht. Die Hoffnung des Paulus für Israel geht also auch „auf zukünftigen *Glauben* Israels" (Günter Klein, aaO. 432 f.) Darum gibt es im Blick auf
das eine Heil Gottes nicht die Alternative, sich beschneiden oder taufen zu
lassen.

6. Das Neue Testament macht nüchtern für die Erkenntnis, daß es sich bei
Judentum und Christentum nicht um zweierlei *Ansichten* handelt, die man

erörtern kann, um dann zu versuchen, sie miteinander in Einklang zu bringen. „Das ist hier nicht möglich. Es ist ein grundverschiedenes Sehen oder Wissen. Denn auch die Kirche sagt, wie Israel, sie wisse. Dieses Wissen der Kirche um Israel und das Selbstwissen Israels stehen einander gegenüber in einer Weise, die strenger ist in ihrer Gegensätzlichkeit als ein nur logischer Widerspruch" (Martin Buber [s. o. S. 127 Anm. 539] 156 f.). Diese „Grundverschiedenheit" in der Grundverbundenheit des Wissens um die Einzigkeit Gottes hat zur Folge, daß eine Einung von Judenheit und Christenheit das Werk von Menschen nicht sein *kann*. Sie kann „nur von Gott" her kommen (M. Buber, aaO. 157). Trotzdem ist es nicht nur möglich, sondern nötig, daß Christen und Juden ihr je verschiedenes Geheimnis anerkennen und sich darüber austauschen. Denn der eine Gott ist es, der die verschiedenen Geheimnisse in der einen Welt Gottes beisammen wohnen läßt, in der Welt, die „ein Haus Gottes" ist. „Nicht indem wir uns jeder um seine Glaubenswirklichkeit drücken, nicht indem wir trotz der Verschiedenheit ein Miteinander erschleichen wollen, wohl aber indem wir unter Anerkennung der Grundverschiedenheit in rückhaltlosem Vertrauen einander mitteilen, was wir wissen von der Einheit dieses Hauses, von dem wir hoffen, daß wir uns einst ohne Scheidewände umgeben fühlen werden von seiner Einheit, dienen wir getrennt und doch miteinander, bis wir einst vereint werden in dem einen gemeinsamen Dienst, bis wir alle werden, wie es in dem jüdischen Gebet am Fest des Neuen Jahres heißt: ‚ein einziger Bund, um Seinen Willen zu tun'" (Martin Buber, aaO. 159).

Bis dahin aber wird eine biblische Theologie der *beiden* Testamente, eine christliche Theologie also, nicht davon absehen können, daß Gott „vorzeiten zu den Vätern" und zuletzt am Ende dieser Tage „durch den Sohn" geredet hat (Hebr 1,1 f.). Es war Walter Zimmerli, der das mit Nachdruck betont hat und daraus für den Dialog mit dem Judentum folgenden Schluß zog: „Das allein kann ... zum redlichen, brüderlichen Gespräch mit dem am Alten Testament hängenden Israel führen, dem nicht in einem ‚unerhörten philologischen Possenspiel' (Nietzsche) sein Altes Testament und der Israel rufende Gott genommen werden soll. Christlicher Glaube ist kein besitzgewisses ‚christliches Besserwissen'. Es könnte geschehen, daß in diesem Gespräch dem ‚Christentum' von einem sein Altes Testament ernstnehmenden Israel sehr ernsthafte Fragen gestellt werden. Aber ebenso darf dem allein am Alten Testament hängenden Israel die im Neuen Testament bezeugte Herrlichkeit seines Königs nicht vorenthalten werden. Der Christus, über dessen Kreuz im *titulus* stand ‚König der Juden', ist keine aus der Geschichte Israels zu eliminierende Gestalt" (Walter Zimmerli, Biblische Theologie: Berliner Theol. Zeitschr. 1, 1984, 5–26, Zitat: 25 f.).

Nachweis der Erstveröffentlichungen

Der Alte Bund im Neuen (unveröffentlicht)

Die antijüdische Polemik im Johannesevangelium. Aus: New Testament Studies. An International Journal 11, 1964/65, 74–90; Cambridge University Press, London (= E. Gräßer, Text und Situation. Gesammelte Aufsätze zum Neuen Testament, 1973, 50–69; Gütersloher Verlagshaus Gerd Mohn).

Die Juden als Teufelssöhne in Joh 8,37–47. Aus: Antijudaismus im Neuen Testament? Exegetische und Systematische Beiträge, hrsg. von W. Eckert, N. P. Levinson, M. Stöhr, 1967, 157–170; Chr. Kaiser Verlag, München (= E. G., Text und Situation, 70–83).

Nachfolge und Anfechtung bei den Synoptikern. Aus: Angefochtene Nachfolge. Beiträge zur Theologischen Woche 1972 von V. Alsen, G. Ebeling, M. Fischer, E. Gräßer, H.-J. Kraus, E. Lange. In: Bethel. Beiträge aus der Arbeit der v. Bodelschwinghschen Anstalten in Bethel bei Bielefeld, hrsg. v. A. Funke, Heft 11, 1973, 44–57; Verlagshandlung der Anstalt Bethel, Bethel bei Bielefeld.

Jesus und das Heil Gottes. Bemerkungen zur sog. „Individualisierung des Heils". Aus: Jesus Christus in Historie und Theologie. Neutestamentliche Festschrift für Hans Conzelmann zum 60. Geburtstag, hrsg. von Georg Strecker, 1975, 167–184; J. C. B. Mohr (Paul Siebeck), Tübingen.

Antijudaismus bei Bultmann? Eine Erwiderung. Aus: Wissenschaft und Praxis in Kirche und Gesellschaft 67, 1978, 419–429; Vandenhoeck & Ruprecht, Göttingen.

Zwei Heilswege? Zum theologischen Verhältnis von Israel und Kirche. Aus: Kontinuität und Einheit. Für Franz Mußner, hrsg. von P.-G. Müller und W. Stenger, 1981, 411–429; Verlag Herder, Freiburg · Basel · Wien.

„Ein einziger ist Gott" (Röm 3,30). Zum christologischen Gottesverständnis bei Paulus. Aus: „Ich will euer Gott werden". Beispiele biblischen Redens von Gott. Stuttgarter Bibelstudien 100 (Jubiläumsband), 1981 (= ^{2}1982), 177–205; Verlag Katholisches Bibelwerk, Stuttgart.

Exegese nach Auschwitz? Kritische Anmerkungen zur hermeneutischen Bedeutung des Holocaust am Beispiel von Hebr 11. Aus: Kerygma und Dogma 27, 1981, Heft 3 (= Theologie nach Holocaust? Mit Beiträgen von E. Gräßer, A. H. J. Gunneweg, F. Hesse, M. Honecker und H. Hübner), 152–163; Vandenhoeck & Ruprecht, Göttingen.

Christen und Juden. Neutestamentliche Erwägungen zu einem aktuellen Thema. Aus: Pastoraltheologie. Monatsschrift für Wissenschaft und Praxis in Kirche und Gesellschaft 71, 1982, 431–449; Vandenhoeck & Ruprecht, Göttingen.

Mose und Jesus. Zur Auslegung von Hebr 3,1–6. Aus: Zeitschrift für die neutestamentliche Wissenschaft und die Kunde der älteren Kirche 75, 1984, 2–23; Walter de Gruyter, Berlin – New York.

Stellenregister

I. Altes Testament

II. Alttestamentliche Apokryphen und Pseudepigraphen

III. Qumrantexte

VI. Neues Testament

VII. Frühchristliche Schriften

VIII. Antike Schriftsteller

Namenregister

Abramowski, L. 21
Aland, K. 8, 169, 292, 294, 298
Andriessen, P. 49, 112
Atige, H. J. S. 82

Baeck, L. 226, 238, 239f., 241, 249
Baldensperger, W. 139, 149, 152, 191
Balz, H. 106
Bammel, E. 2, 9, 56, 58f.
Barkenings, H.-J. 287
Barrett, C. K. 16, 69, 77, 81, 84, 141, 143f., 145, 152, 153, 155, 163
Barth, G. 11, 78, 79, 168
Barth, K. 15, 22, 216, 220, 221, 222, 227, 229, 252, 253, 282, 283
Barth, M. 25, 30, 250
Barthélemy, D. 161
Bartsch, H.-W. 200
Bauer, W. 79, 136, 137, 147, 155, 156, 159, 233
Bauernfeind, O. 38, 40, 41, 42
Baum, G. 135, 137, 138, 139, 141, 145, 149, 150, 152, 157, 165
Baumbach, G. 287
Baur, F. C. 232
Becker, J. 3, 56, 69, 74, 189, 221
Behm, J. 1, 3, 5, 8, 9, 16, 18, 21, 27, 51, 58, 59, 95, 106, 115, 118, 119, 122, 141, 145, 149, 150, 152, 153, 154, 196, 197, 298
Beierwaltes, W. 235f.
Beilner, W. 146, 154
Bengel, J. A. 198, 269, 296
Berger, K. 69
Bernard, J. H. 139
Bernecker, E. 56
Bernsdorf, W. 1
Bethge, E. 259, 260, 271
Betz, H. D. 56, 59, 62, 64, 65, 66, 70, 169, 170, 171
Betz, O. 44, 161, 235?
Beutler, J. 13, 141, 145
Billerbeck, P. 154, 158, 159, 274
Bizer, E. 21
Bjerkelund, C. J. 58

Blank, J. 150, 155, 157, 158, 160, 161, 162, 163, 250
Blass, F. – A. Debrunner – (F. Rehkopf) 160, 262
Bleek, F. 47, 103, 292, 293, 295, 297
Blendinger, Ch. 169
Bligh, J. 147
Bloch, J. 250
Böcher, O. 161, 163
de Boer, P. A. H. 36
Boismard, M.-É. 140, 141
Bonhoeffer, D. 175, 182
Bornhäuser, K. 140, 145, 149
Bornkamm, G. 11, 77f., 115, 117, 118, 121, 168, 170, 171, 176, 194, 197, 199, 231, 235, 258, 275, 276, 277, 296, 298, 307
Borse, V. 56
Bousset, W. 18, 47, 51, 191, 274
Bowman, J. 153
Braun, H. 5, 47, 48, 50, 78, 95, 96, 109, 133, 161, 190, 300, 304, 309, 310
Bring, R. 56, 62, 65, 70
Brocke, M. 238
Brosseder, J. 213
Bruce, F. F. 56
Brütsch, Ch. 47, 52, 53, 54
Buber, M. 127, 288, 325
Buchanan, G. W. 95, 310
Bultmann, R. 12, 35, 55, 77, 78, 79, 80, 83, 84, 86, 89, 90, 125, 127, 131, 138, 139, 140, 141, 142, 144, 145, 146, 147, 150, 151, 152, 153, 155, 156f., 158, 159, 160, 161, 163, 164, 165, 167, 172, 176, 184, 185, 186, 190, 196, 197, 204, 205, 206, 207, 209, 210, 219, 221, 222, 223, 237, 238, 243, 244, 245, 252, 273, 280, 297, 302, 308, 309
Burgsmüller, A. 199, 272
Bussmann, C. 252

Campbell, K. M. 56
Campenhausen, H. Freiherr v. 132, 134
Caroll, K. L. 143, 149
Carr, A. 95
Casper, B. 233, 238